MAXIMILIAN 1

AUFBRUCH
IN DIE NEUZEIT

Monika Frenzel,
Christian Gepp,
Markus Wimmer
(Hrsg.)

EINLEITUNG

Maximilian I. – Landesfürst, Kaiser, erster Europäer, letzter Ritter, Kriegsherr, Kunstmäzen, Erfinder, Jäger, Großvater, Mensch. Nur wenige Personen auf dem Kaiserthron des Heiligen Römischen Reiches sind so facettenreich wie Kaiser Maximilian I., der auch lange nach seinem Tod am 12. Januar 1519 die Geschichte Tirols, Österreichs und Europas prägte. Zahlreiche Kunstschätze und international bedeutende Sehenswürdigkeiten gehen auf seine drei Jahrzehnte dauernde landesfürstliche Herrschaft zurück. In Innsbruck, das während seiner Regentschaft auf Grund der hier ansässigen Gießereien und Plattnereien, in denen Kanonen und Harnische gefertigt wurden, für die militärischen Unternehmungen Maximilians rasch an Bedeutung gewann, wählte er die Hofburg als seine Residenz. Die bisher bestehende mittelalterliche Burg, eine Gründung Erzherzog Sigmunds des Münzreichen, ließ er ausbauen und richtete eine Wohnstätte für seine zweite Gemahlin Bianca Maria Sforza ein. Durch die Umbauten unter Maria Theresia in der zweiten Hälfte des 18. Jahrhunderts ist äußerlich von der maximilianischen Residenz kaum noch etwas zu erkennen. Die Hofburg Innsbruck steht heute unter der Verwaltung der Burghauptmannschaft Österreich, die für den Erhalt und die nachhaltige Bewirtschaftung des baulichen kulturellen Erbes der Republik Österreich verantwortlich ist.

Die Ausstellung *„Maximilian I., Aufbruch in die Neuzeit“* wird vom 25. Mai bis 12. Oktober 2019 in der Hofburg Innsbruck, in den historischen Räumlichkeiten der ehemaligen Statthalterei, auf einer Gesamtfläche von rund 800 Quadratmetern gezeigt und im Anschluss in eine Dauerausstellung umgewandelt. Die Ausstellung widmet sich den verschiedensten Facetten der Persönlichkeit des Kaisers und stellt diese in den Kontext seiner Zeit. Der Übergang vom Mittelalter zur Neuzeit war gezeichnet von Veränderungen. Die europäischen Überseeexpeditionen, die Eroberung Konstantinopels durch ein Osmanisches Heer und die beginnende Reformation sind nur einige der markantesten Veränderungen dieser Zeit. Über 80 Exponate von renommierten nationalen sowie internationalen Leihgebern und bisher wenig gezeigte Objekte aus privaten Sammlungen gewähren, neben einer großen Anzahl von digitalen Inszenierungen, Einblicke in das Leben und die Zeit Kaiser Maximilians I. Darüber hinaus zeigt die Ausstellung neue multimediale Präsentationen des in der Hofkirche befindlichen Kenotaphs, des Ambraser Heldenbuchs und zur Baugeschichte der Hofburg Innsbruck. In diesem Zusammenhang bedankt sich die Burghauptmannschaft Österreich bei allen Institutionen, die Leihgaben zur Verfügung gestellt haben oder an der Umsetzung der digitalen Präsentationen beteiligt waren.

Der vorliegende Katalog begleitet die Ausstellung, präsentiert die wesentlichsten Exponate und bietet durch fundierte Beiträge, die einzelne thematische Schwerpunkte beleuchten, Möglichkeiten zur inhaltlichen Vertiefung. Diese Beiträge im ersten Teil des Kataloges befassen sich unter anderem mit aktuellen Erkenntnissen zur Baugeschichte der Hofburg Innsbruck sowie zu Bianca Maria Sforza, beschreiben Rüstungen und Kunstwerke, erläutern die Beziehungen Kaiser Maximilians I. zu Burgund, dem Papst und Religion, zu Jakob Fugger und Tirol und vermitteln einen Überblick über Wirtschaft, Klima, Produktionsstätten und den Orden vom Goldenen Vlies. An dieser Stelle möchte sich die Burghauptmannschaft Österreich bei allen Autorinnen und Autoren für ihre Beiträge bedanken.

Weiters bedankt sich die Burghauptmannschaft Österreich bei allen Unterstützerinnen und Unterstützern, die das Ausstellungsprojekt „Maximilian I., Aufbruch in die Neuzeit" finanziell gefördert haben. Neben dem Land Tirol, der Stadt Innsbruck und dem Tourismusverband Innsbruck gebührt in diesem Zusammenhang ein besonderer Dank Frau Cornelia Zogg-Troller für ihre Zuwendungen. Weitere Unterstützerinnen und Unterstützer sind auf der Sponsorenseite zu finden.

Abschließend sei auch dem Ausstellungsteam gedankt, Kuratorin Dr. Monika Frenzel, Stefanie Heim BA MA, Ausstellungsarchitekt Gerhard Veigel und Art-Director Manfred Corrine, die durch ihre Leistungen und kreativen Ideen die Ausstellung gestalteten, sowie Dr. Manfred Hollegger, der dem Projekt als wissenschaftlicher Beirat zur Seite stand.

HR Mag. Reinhold Sahl
Burghauptmann

HR Mag. Markus Wimmer
Stv. Burghauptmann,
Projektleiter der Ausstellung

MAXIMILIAN BEITRÄGE 1

Joos van Cleve,
Kaiser Maximilian I., 1530
Rijksmuseum Amsterdam,
Inv. Nr. SK-A-3293.

Manfred Hollegger

MAXIMILIAN I. – DIMENSIONEN SEINER HERRSCHAFT

Der von Maximilian I. gemäß seiner Devise „Per tot discrimina rerum" („Durch so viele Gefahren") zeitlebens unbeirrt und zugleich rücksichtslos mit den Mitteln von Krieg und Diplomatie betriebene Ausbau der Machtgrundlagen der Habsburger führte im Verein mit Erbglück dazu, dass sie als Haus Österreich/Casa d'Austria/Maison d'Autriche binnen dreier Generationen zu einer der führenden europäischen Dynastien aufstiegen und Weltgeltung erlangten. Hatte sich der Vater, Kaiser Friedrich III., noch unter den Schmährufen der Bürger, „Ghetz gen Grätz" (Geht nach Graz), aus Wien verjagen lassen müssen, herrschte der älteste Enkel, Kaiser Karl V., bereits über ein Reich, in dem die Sonne nicht mehr unterging.[1]

Als Sohn Kaiser Friedrichs III. und Eleonores von Portugal am 22. März 1459 in der Burg von Wiener Neustadt geboren,[2] gibt es zwar Hinweise auf eine kränkliche Konstitution und eine frühkindliche Störung seiner Sprachentwicklung, aber als Erwachsener verfügte Maximilian I. über eine kräftige Statur *(statura quadrata)*, erfreute sich, abgesehen von fallweise Atemwegserkrankungen und einer Beinverletzung infolge eines Turnierunfalls, einer robusten Gesundheit und beherrschte drei Sprachen in Wort und Schrift, nämlich Deutsch, Latein und Französisch. Deutsch und Französisch schrieb er in einem nordwesteuropäischen Buchstabenduktus, sodass seine Schrift wohl erst in Burgund ihre endgültige Form gefunden hat,[3] und in enger Anlehnung an den Lautstand in seinem südbayerischen Dialekt („y" statt i, „ae" statt ei, „b" statt w, „w" statt u, „cz" statt tz, „x" statt g)[4] bzw. an die Aussprache im Französischen.[5] In der Regel drückte er sich in kurzen Sätzen aus wie bei seinen eigenhändigen Zusätzen auf verschiedenen Schreiben oder Mandaten,[6] worunter sich auch zwei finden, die nahelegen, dass er sogar das Flämische

1 Noflatscher, Heinz, Maximilian I. (1486/93–1515). In: Paravicini, Werner, Hirschbiegel, Jan, Wettlaufer, Jörg (Hg.), Höfe und Residenzen im spätmittelalterlichen Reich. Ein dynastisch-topographisches Handbuch, Teilbd. 1: Dynastien und Höfe, Residenzenforschung 15.I., Ostfildern 2003, 351–360, hier 351f.; Hollegger, Manfred, Persönlichkeit und Herrschaft. Zur Biographie Kaiser Maximilians I. In: Michel, Eva, Sternath, Maria Luise (Hg.), Kaiser Maximilian I. und die Kunst der Dürerzeit, München/London/New York 2012, 23–35, hier 25.

2 Dazu und zum Folgenden, soweit nicht anders zitiert, Hollegger, Manfred, Maximilian I. (1459–1519). Herrscher und Mensch einer Zeitwende, Stuttgart 2005. Die dortige Darstellung stützt sich insbesondere auf die große, nach wie vor maßgebliche wissenschaftliche Biographie Maximilians I. von Wiesflecker, Hermann, Kaiser Maximilian I. Das Reich, Österreich und Europa an der Wende zur Neuzeit, 5 Bde, Wien 1971–1986.

3 Dies ist das Ergebnis jüngster Untersuchungen zur Handschrift Maximilians I. durch Andreas Zajic, der in Kürze dazu publizieren wird und dem ich für die freundliche Mitteilung schon vorab herzlich danke.

4 Beispiele für seine typische Schreibweise im Deutschen: ÖNB Cod. Ser. n. 2626, online unter ‹http://data.onb.ac.at/rep/100B8120› (10.02.2019), fol. 119: Item Eysnen geter [Eisengatter] auf tanhaem [Tannheim] vnd Nasereyt [Nassereith] vnd vnden Imst vnd Rewte [Reutte] Ens [eines machen lassen]. Item menchingen [Schwabmünchen] Cyto [cito = rasch] pawen. Item phalcz auxpurg [Augsburg] M M [2000, gemeint Gulden], fol. 141: Peter gemsjeger taelen myt Lechtaler gen ausse [Bad Aussee] und fol. 141v: Item das gejaedpuech vnd mapenpuech zbae puech machen Cytissime.

5 Beispielsweise *mesterdostel* statt maître d'hôtel, *ordinnuns* statt ordonnons, *requiruns* statt requérons, *troes* statt trois; auch für diese Hinweise sei Andreas Zajic herzlich gedankt.

6 Böhmer, J(ohann) F(riedrich) (Begr.), Wiesflecker, Hermann, Wiesflecker-Friedhuber, Ingeborg, Hollegger, Manfred (Bearb.), Regesta Imperii, XIV: Ausgewählte Regesten des Kaiserreiches unter Maximilian I. 1493– 1519, 4 Bde, Wien/Köln/Weimar 1990–2004, online unter ‹www.regesta-imperii.de› (10.02.2019), Bd. 1/1, Nr. 2085, Nr. 2368, Bd. 2/1, Nr. 4968, Nr. 5775, Bd. 3/1, Nr. 9772, Nr. 9895, Bd. 4/1, Nr. 18040.

zumindest grob beherrschte.[7] Relativ kurze Sätze wie *„Non volo Italia, que mea est, deveniat ad manus alienas“* (Ich will nicht, dass Italien, das mir gehört, in andere Hände kommt)[8] zeigt auch sein Latein, das also zwar kein Humanistenlatein war, aber ein solides Gebrauchslatein.

Damit erfüllte er nicht nur die spätmittelalterliche Erwartung an einen König, der ohne Bildung nur ein gekrönter Esel wäre, und repräsentierte nicht nur über weite Strecken bereits den „modernen“, an allem Neuen interessierten und daran durch Bildung auch teilhaben könnenden Typus eines Renaissancefürsten, sondern seine Sprach- und Schreibgewandtheit *(secretari kunst)* hatte auch sehr handfeste Gründe, nämlich höchst Geheimes allein verhandeln oder selbst schreiben zu können, ohne Räte oder Sekretäre beiziehen zu müssen.[9] Geheimhaltung wurde in einer Zeit des Umbruchs, nachdem die beiden universalen Gewalten des Mittelalters, Papsttum und Kaisertum, bis zur Mitte des 15. Jahrhunderts einen solchen Ansehens-, Autoritäts- und Machtverlust erlitten hatten, dass dieses Jahrhundert voll war von Entwürfen zur Reformation von Kirche und Reich an Haupt und Gliedern im *„Zwiespalt zwischen Zentralität und Regionalismus sowie monarchisch-dynastischen und republikanisch-kommunalistischen Modellen“*[10], immer wichtiger.

Ebenso immer wichtiger wurde vor dem Hintergrund der Verteilungskämpfe im Zuge der *„Neuaustarierung der europäischen dynastischen Ansehens-Hierarchien“*[11], wie sie ebenfalls seit der Mitte des 15. Jahrhunderts in Gang kam, die Herrschaftstechnik des Simulierens und Dissimulierens,[12] also seine wahren Pläne möglichst lange zu verschleiern. In diesen Verteilungskämpfen, allen voran im Hegemoniekampf der Häuser Habsburg und Valois, der im Ringen um das Erbe des letzten Burgunderherzogs begonnen hatte und sich nach der Eroberung des Königreichs Neapel durch Karl VIII. von Frankreich (1494) auf Italien verlagerte,[13] zeichnet sich bereits deutlich das zunächst kaum bis gar nicht nationalstaatlich, sondern vielmehr dynastisch bestimmte[14] Mächte-Europa der Neuzeit ab. Aus dem Hegemoniekampf mit den französischen Königen ergab sich eine starke West- und Südorientierung,[15] zumal Italien von allen drei in Europa rivalisierenden Dynastien, Trastamara, Valois und Habsburg, neben ideologischen Gründen, die auf das Kaisertum des Heiligen Römischen Reichs zielten, auch wegen der Kontrolle über Papstwahl und Papsttum sowie wegen seiner wirtschaftlichen und finanziellen Leistungsfähigkeit als Machtbasis für eine Vorherrschaft in Europa und in der Folge für eine Weltherr-

---

7 Kraus, Victor von, Maximilians I. vertraulicher Briefwechsel mit Sigmund Prüschenk Freiherrn zu Stettenberg nebst einer Anzahl zeitgenössischer das Leben am Hofe beleuchtender Briefe, Innsbruck 1875, 10 Anm. 2. Besonders interessant, weil von Maximilian I. später ziemlich ähnlich immer wieder verwendet, die Nachschrift *„Live vrunden duet hierin t'best, want alle onse ende u waelfaert daran cleft“*.

8 Wiesflecker, Kaiser Maximilian I., Bd. II, 1975, 353.

9 Stauber, Reinhard, Kaiser Maximilian – der letzte Ritter oder „Virtuose in nutzlosen Taten“? In: Drobesch, Werner, Wadl, Wilhelm (Hg.), Klagenfurt 1518. Eine Stadt im Aufbruch, Archiv für Vaterländische Geschichte und Topographie 110, Klagenfurt 2018, 11–24, hier 14.

10 Heinig, Paul-Joachim, Konjunkturen des Auswärtigen. „State formation“ und internationale Beziehungen im 15. Jahrhundert. In: Dünnebeil, Sonja, Ottner, Christine (Hg.), Außenpolitisches Handeln im ausgehenden Mittelalter. Akteure und Ziele, Forschungen zur Kaiser- und Papstgeschichte des Mittelalters, Beihefte zu J. F. Böhmer, Regesta Imperii, 27, Wien/Köln/Weimar 2007, 21–57, hier 21 und 26 f.

11 Heinig, Konjunkturen des Auswärtigen, 2007, 27.

12 Hollegger, Manfred, *Communiciren mit all ding.* Die sogenannte „Hecke“ um Kaiser Maximilian I. In: Huth, Volkhard (Hg.), Geheime Eliten? Bensheimer Forschungen zur Personengeschichte 1, Frankfurt 2014, 71–98, hier 80–85.

13 Mertens, Dieter, Sebastian Brant, Kaiser Maximilian, das Reich und der Türkenkrieg. In: Bergdolt, Klaus, Knape, Joachim, Schindling, Anton, Walter, Gerrit (Hg.), Sebastian Brant und die Kommunikationskultur um 1500, Wolfenbütteler Abhandlungen zur Renaissanceforschung 26, Wiesbaden 2010, 173–218, hier 175.

14 Heinig, Konjunkturen des Auswärtigen, 2007, 25.

15 Dazu in Kürze Hollegger, Manfred, Im Osten nichts Neues? Kernräume der Politik Maximilians I. In: Dybaś, Bogusław, Klecker, Elisabeth (Hg.), Der Wiener Kongress 1515. Zentraleuropa zwischen Jagiellonen und Habsburgern [in Druck].

schaft angesehen wurde.[16] Aber wegen der vom Osmanischen Reich drohenden Gefahr und zur Wahrung der im Frieden von Preßburg (1491) zumindest als Anwartschaft festgeschriebenen Rechte auf das ungarische Königtum durfte Maximilian I. auch den Osten nicht aus den Augen verlieren. Gerade hier spannte er sein diplomatisches Netz weit, für das er in seiner Regierungszeit insgesamt rund 300 Gesandte beschäftigte, und suchte über Dänemark und Schweden im Norden, den Deutschen Orden, Russland und Moldau im Osten bis in den vorderen Orient[17] Kontakte und Bündnisse. Während mit den Trastamara, deren Nebenlinie auch in Neapel regierte, durch die spanische Doppelhochzeit (1495/96) und mit den Jagiellonen durch die ungarische Doppelhochzeit (1515) dynastische Lösungen gelangen, die den Habsburgern über einen für sie glücklichen Erbgang 1516 die spanischen sowie 1526 die ungarisch-böhmischen Länder einbrachten, misslang ein solcher Ausgleich mit den Valois, da Ludwig XII. von Frankreich eine bereits vereinbarte Heirat seiner Tochter Claudia mit Karl (V.) widerrief.

Mit diesen politischen und räumlichen Dimensionen eng verschränkt war die Dimension einer beschleunigten Zeit, wie sie für alle Sattelzeiten, neben der von 1450–1550 z. B. auch jene von 1750–1850,[18] charakteristisch ist. Die Jahrzehnte ab 1450 gewannen ihre Beschleunigung sowohl durch militärische Ereignisse wie die Eroberung Konstantinopels durch die Osmanen (1453) oder den burgundischen Erbfolgekrieg (1477–1493) und den Ausbruch der Kämpfe um Italien (1494)[19] als auch durch epochale Erfindungen wie die des Buchdrucks mit beweglichen Lettern (1451/57)[20] oder epochale Entdeckungen wie die Amerikas (1492) und alle folgenden im Zuge der weiteren Seefahrten der Spanier und Portugiesen[21] und nicht zuletzt auch durch den Frühkapitalismus.[22] Die Dynamisierung der Zeit machte schnellere Entscheidungen und schnellere Reaktionen notwendig, Uhren hielten Einzug in die Ratsstuben und Kanzleien, auf den Dokumenten tauchen immer öfter die Vermerke *cito* (schnell, rasch) bis hin zu *cito, cito, cito* bzw. *cito citissime* auf.[23] Beim Postwesen reagierten die Tassis (später Thurn und Taxis) auf die Erfordernisse einer schnellen Nachrichtenübermittlung mit der Einrichtung von Poststationen und eines Stafettensystems, wodurch sie sogar Entfernungen von 900 Kilometern in fünfeinhalb Tagen schafften,[24] im eigenen Kurierdienst Maximilians I. wurden die reitenden Boten angewiesen, Tag und Nacht zu reiten und kein Pferd zu sparen. Nur das, was nicht so dringend war und Zeit hatte, erledigten weiterhin Fußboten. Eine neue Dynamik gewann die Zeit nicht zuletzt auch durch die wissenschaftlich-künstlerische Revolution von Renaissance und Humanismus, der nun nicht nur den Menschen als Individuum und

---

16 Hollegger, Manfred, „Damit das Kriegsgeschrei den Türken und anderen bösen Christen in den Ohren widerhalle". Maximilians I. Rom- und Kreuzzugspläne im Spannungsfeld zwischen propagierter Bedrohung und unterschätzter Gefahr. In: Helmrath, Johannes, Kocher, Ursula, Sieber, Andrea (Hg.), Maximilians Welt. Kaiser Maximilian I. im Spannungsfeld zwischen Innovation und Tradition, Berliner Mittelalter- und Frühneuzeitforschung 22, Göttingen 2018, 191–208.

17 Hollegger, Manfred, „Großmächtiger und gewaltiger Gubernator des ganzen Orients". Osmanen, Safawiden und Mamluken in der Wahrnehmung und politischen Konzeption Maximilians I. In: Haider-Wilson, Barbara, Graf, Maximilian (Hg.), Orient und Okzident. Begegnungen und Wahrnehmungen aus fünf Jahrhunderten, Forschungen zu Orient und Okzident 4, Wien 2016, 143–185.

18 Clark, Christopher, Von Zeit und Macht. Herrschaft und Geschichtsbild vom Großen Kurfürsten bis zu den Nationalsozialisten, München 2018, 15.

19 Der damit einhergehende Wandel der Kriegs- und Belagerungstechniken brachte die Ablösung der Ritterheere durch in geschlossenen Verbänden, sogenannten „Gewalthaufen", kämpfende Fußtruppen (Landsknechte) bei gleichzeitiger Fortentwicklung der Belagerungs- und Feldartillerie.

20 Er ließ nicht nur die Zahl der Bücher rasch anschwellen, sondern brachte auch neue schnelle Massenmedien wie Einblattdrucke und Flugschriften hervor.

21 Das ließ die Kartographie aufblühen, die im wahrsten Sinne des Wortes den Horizont erweiterte und das Weltbild veränderte.

22 Aus den süddeutschen Handelshäusern, allen voran den Fuggern, wurden zunehmend Banken, mit deren vor allem auf das Tiroler Silber und Kupfer sichergestellten Krediten Maximilian I. ganz wesentlich seine Kriege finanzierte, wobei das gewinnträchtige Edelmetallgeschäft zugleich die ersten Monopolschlachten auf Tiroler Boden auslöste und zu einer allgemeinen Monopol- und Gemeinwohldebatte führte.

23 Hollegger, Manfred, Unerhörte Neuerungen. Maximilians I. Gesamtstaatsbestrebungen von Land und Herrschaft zu Staat und Hoheit. In: Noflatscher, Heinz, Chisholm, Michael A., Schnerb, Bertrand (Hg.), Maximilian I. Wahrnehmung – Übersetzung – Gender, Innsbrucker Historische Studien 27, Innsbruck 2011, 341–356, hier 342.

24 Behringer, Wolfgang, Im Zeichen des Merkur. Reichspost und Kommunikationsrevolution in der Frühen Neuzeit, Veröffentlichungen des Max-Planck-Instituts für Geschichte 189, Göttingen 2003, 59–64.

die Welt in den Mittelpunkt rückte, sondern mit dem Aufstieg neuer Bildungseliten aus bürgerlichen, ja fallweise sogar bäuerlichen und unfreien Schichten im Dienst Maximilians I. auch dessen Hof transfeudale Dimensionen gewinnen ließ.[25]

Wichtige Helfer waren diese gebildeten Aufsteiger, die ihren Adel von Gott hatten, wie Maximilian I. das nannte, und deren Amtsrang im Zweifel vor Geburtsrang galt, für die Reformen, mit denen Reich und Erbländer auf den König bzw. Landesfürsten hin ausgerichtet werden sollten. Anders als in den burgundischen Niederlanden, wo er im Zuge einer ständischen Rebellion sogar in Gefangenschaft geriet (Brügge 1488), hatte es Maximilian I. im Reich zwar nie mit gewaltsamem Widerstand gegen seine kostspielige Kriegspolitik und den damit verbundenen Steuerdruck zu tun, aber seine Abwahl musste er zeitweise fürchten und seine faktische Entmachtung durch das Nürnberger Reichsregiment (1500–1502) zeitweise hinnehmen. Grundsätzlich zwar durchaus zu „konsensualer Herrschaft“ (Stefan Weinfurter) bereit, was bei der „verschränkten Herrschaft“ (Bernd Schneidmüller) im Reich als einer aus vielen Fürstentümern, Graf- und Herrschaften sowie Frei- und Reichsstädten zusammengewürfelten Wahlmonarchie gar nicht anders möglich war, wollte Maximilian I. sich deswegen jedoch nicht „an Händen und Füßen binden“ und seine Politik vorschreiben lassen, während die Reichsstände meinten, seine Majestät möge sich doch *irs ungebunden gewallts ettwas restringiern.*[26] Der Dissens zwischen ihm und den Reichsständen über die politischen Prioritäten, die er im Außenpolitischen sah, während sie die Stände im Innenpolitischen sahen, konnte ebenso wenig aufgelöst werden wie der Dissens über die Organisation des Reiches, ob stärker monarchisch oder ständisch. Das seit Maximilians I. Königswahl (1486) und dann verschärft seit dem ersten Wormser Reichstag (1495) andauernde Ringen zwischen monarchischem Zentralismus und ständischer Oligarchie bzw. „zwischen monarchischen, gesamtständischen und territorialen Interessen“ (Dietmar Heil) blieb noch lange über Maximilians Regierungszeit hinaus unentschieden, bis es 1555 mit der Augsburger Religions- und Landfriedensordnung zugunsten des Territorialfürstentums entschieden wurde.[27] Auch in seinen österreichischen Erbländern, in denen er mit seinen Reformen Grundlegendes leistete,[28] tat er sich mit einer Selbstbindung schwer, denn *es gezimb oder fueg sich nit*, dass er mit seinen *untertanen dergleichen vertreg machen sol.*[29]

Neue Dimensionen stieß Maximilian I. auch mit seinen höfischen Aufgipfelungen auf, seinen Schaujagden, Turnieren, Banketten, Tanz- und Maskenfesten (Mummereien) sowie dem breiten Raum, den Musik an seinem Hof einnahm.[30] Hier weist die große Linie in Richtung glanzvolle Repräsentation und Inszenierung eines Renaissancefürsten bis hin zur Imagination, Darstellung, Nachahmung und Assimilation des Fremden, was im Gegensatz zur einfachen Ablehnung eine wesentlich höhere soziale Kompetenz und „beherrschen“ im doppelten Wortsinn ausdrückt, wie das auch Ehrenpforte und Triumphzug mit ihren fremdländischen Wappen, Tieren und Menschen veranschaulichen.[31] In diesem Sinn nahm man „Sarazenisches“, „Maurisches“ und „Türkisches“ als exotisch-fremdländisches Moment in die höfische Repräsentation und Festkultur auf, wodurch man es sich gleichzeitig bei- und unterordnete. Überdies stellte man damit zur Schau, dass man nicht nur auf der Höhe der Zeit war, was das Wissen über die Welt über

25 Hollegger, Die sogenannte „Hecke“, 2014, 79 f.

26 Böhmer, Regesta Imperii XIV, Bd. 2/1, Nr. 8802.

27 Angermeier, Heinz, Die Reichsreform 1410–1555. Die Staatsproblematik in Deutschland zwischen Mittelalter und Gegenwart, München 1984, 317–328.

28 Hollegger, Manfred, Verfassungs- und Verwaltungsreformen Maximilians I. Entstehung des frühmodernen Staates. In: Pferschy, Gerhard (Hg.), Die Steiermark im Spätmittelalter, Geschichte der Steiermark 4, Wien/Köln/Weimar 2018, 135–146. Dazu in Kürze weiters Hollegger, Manfred, Die maximilianeischen Reformen. In: Winkelbauer, Thomas, Hochedlinger, Michael, Mata, Petr (Hg.), Verwaltungsgeschichte der Habsburgermonarchie in der Frühen Neuzeit [in Druck].

29 Hollegger, Unerhörte Neuerungen, 2011, 353. Hollegger, Die sogenannte „Hecke“, 2014, 74.

30 Noflatscher, Maximilian I., 2003, 353, 354, 357 f. Hollegger, Persönlichkeit und Herrschaft, 2012, 23.

31 Hollegger, Persönlichkeit und Herrschaft, 2012, 25.

Freydal, Mummerey,
512-15, süddeutsch.
KHM, Wien, KK,
Inv. Nr. 5073 Fol. 8.

den engeren Horizont hinaus betrifft, sondern zugleich auch auf dem letzten Stand von Festgestaltung und den aktuellsten Moden, wie am Beispiel des so genannten „Moriskentanzes" und der Verkleidung als Mohren gut zu sehen ist. Was Maximilian I. betrifft, so ist das Goldene Dachl in Innsbruck mit seinem Prunkerker das bis heute sichtbarste öffentliche Zeugnis dafür,[32] aber auch im Freydal findet sich eine entsprechende Abbildung.[33]

Fiktion und Realität, Inszenierung und Tatsächliches, damit spielt Maximilian I. auch bei seinem „Marketing"[34], seiner Selbstdarstellung in den Bildgeschichten des Weißkunig, Theuerdank und Freydal sehr gekonnt, Hauptgrund dafür, warum man ihn heute auch als „Medienkaiser" bezeichnet. In der weiten Spanne der Zeit, hätte Maximilian I., gerade was sein Andenken *(gedechtnus)* betrifft, gewiss seine Freude mit der aktuellen Innsbrucker Ausstellung und ihrem Titel „Aufbruch in die Neuzeit". Entspricht dieser doch seinem vor 500 Jahren noch ganz neuen Fortschrittsgedanken, *„das die welt teglich geschikhter wirdet, dann sy vor zeiten gewesen ist"*.[35]

Ordenscollane KHM, mit Goldenem Vlies
KHM, SK_WS_XIV_263_7035.

32 Franke, Birgit, Welzel, Barbara, Morisken für den Kaiser: Kulturtransfer? In: Müller, Matthias, Spiess, Karl-Heinz, Friedrich, Udo (Hg.), Kulturtransfer am Fürstenhof. Höfische Austauschprozesse und ihre Medien im Zeitalter Maximilians I., Schriften zur Residenzkultur 9, Berlin 2013, 15–51, hier 21 f., 23, 25, 27, 30–34, 41–45.

33 Schwindt, Nicole, Maximilians Lieder. Weltliche Musik in deutschen Landen um 1500, Kassel 2018, 131 Abb. II.3.5.

34 Silver, Larry, Marketing Maximilian. The Visual Ideology of a Holy Roman Emperor, Princeton 2008.

35 Hollegger, Unerhörte Neuerungen, 2011, 341.

LITERATUR

Angermeier, Heinz, Die Reichsreform 1410–1555. Die Staatsproblematik in Deutschland zwischen Mittelalter und Gegenwart, München 1984.

Behringer, Wolfgang, Im Zeichen des Merkur. Reichspost und Kommunikationsrevolution in der Frühen Neuzeit, Veröffentlichungen des Max-Planck-Instituts für Geschichte 189, Göttingen 2003, 59–64.

Böhmer, J(ohann) F(riedrich) (Begr.), Wiesflecker, Hermann, Wiesflecker-Friedhuber, Ingeborg, Hollegger, Manfred (Bearb.), Regesta Imperii, XIV: Ausgewählte Regesten des Kaiserreiches unter Maximilian I. 1493–1519, 4 Bde, Wien/Köln/Weimar 1990–2004

Clark, Christopher, Von Zeit und Macht. Herrschaft und Geschichtsbild vom Großen Kurfürsten bis zu den Nationalsozialisten, München 2018.

Franke, Birgit, Welzel, Barbara, Morisken für den Kaiser: Kulturtransfer? In: Müller, Matthias, Spiess, Karl-Heinz, Friedrich, Udo (Hg.), Kulturtransfer am Fürstenhof. Höfische Austauschprozesse und ihre Medien im Zeitalter Maximilians I., Schriften zur Residenzkultur 9, Berlin 2013, 15–51.

Heinig, Paul-Joachim, Konjunkturen des Auswärtigen. „State formation" und internationale Beziehungen im 15. Jahrhundert. In: Dünnebeil, Sonja, Ottner, Christine (Hg.), Außenpolitisches Handeln im ausgehenden Mittelalter. Akteure und Ziele, Forschungen zur Kaiser- und Papstgeschichte des Mittelalters, Beihefte zu J. F. Böhmer, Regesta Imperii, 27, Wien/Köln/Weimar 2007, 21–57

Hollegger, Manfred, Maximilian I. (1459–1519). Herrscher und Mensch einer Zeitwende, Stuttgart 2005.

Hollegger, Manfred, Unerhörte Neuerungen. Maximilians I. Gesamtstaatsbestrebungen von Land und Herrschaft zu Staat und Hoheit. In: Noflatscher, Heinz, Chisholm, Michael A., Schnerb, Bertrand (Hg.), Maximilian I. Wahrnehmung – Übersetzung – Gender, Innsbrucker Historische Studien 27, Innsbruck 2011, 341–356.

Hollegger, Manfred, Persönlichkeit und Herrschaft. Zur Biographie Kaiser Maximilians I. In: Michel, Eva, Sternath, Maria Luise (Hg.), Kaiser Maximilian I. und die Kunst der Dürerzeit, München/London/New York 2012, 23–35.

Hollegger, Manfred, *Communiciren mit all ding.* Die sogenannte „Hecke" um Kaiser Maximilian I. In: Huth, Volkhard (Hg.), Geheime Eliten? Bensheimer Forschungen zur Personengeschichte 1, Frankfurt 2014, 71–98.

Hollegger, Manfred, „Großmächtiger und gewaltiger Gubernator des ganzen Orients". Osmanen, Safawiden und Mamluken in der Wahrnehmung und politischen Konzeption Maximilians I. In: Haider-Wilson, Barbara, Graf, Maximilian (Hg.), Orient und Okzident. Begegnungen und Wahrnehmungen aus fünf Jahrhunderten, Forschungen zu Orient und Okzident 4, Wien 2016, 143–185.

Hollegger, Manfred, „Damit das Kriegsgeschrei den Türken und anderen bösen Christen in den Ohren widerhalle". Maximilians I. Rom- und Kreuzzugspläne im Spannungsfeld zwischen propagierter Bedrohung und unterschätzter Gefahr. In: Helmrath, Johannes, Kocher, Ursula, Sieber, Andrea (Hg.), Maximilians Welt. Kaiser Maximilian I. im Spannungsfeld zwischen Innovation und Tradition, Berliner Mittelalter- und Frühneuzeitforschung 22, Göttingen 2018, 191–208.

Hollegger, Manfred, Verfassungs- und Verwaltungsreformen Maximilians I. Entstehung des frühmodernen Staates. In: Pferschy, Gerhard (Hg.), Die Steiermark im Spätmittelalter, Geschichte der Steiermark 4, Wien/Köln/Weimar 2018, 135–146.

Hollegger, Manfred, Im Osten nichts Neues? Kernräume der Politik Maximilians I. In: Dybaś, Bogusław, Klecker, Elisabeth (Hg.), Der Wiener Kongress 1515. Zentraleuropa zwischen Jagiellonen und Habsburgern [in Druck].

Hollegger, Manfred, Die maximilianeischen Reformen. In: Winkelbauer, Thomas, Hochedlinger, Michael, Mata, Petr (Hg.), Verwaltungsgeschichte der Habsburgermonarchie in der Frühen Neuzeit [in Druck].

Kraus, Victor von, Maximilians I. vertraulicher Briefwechsel mit Sigmund Prüschenk Freiherrn zu Stettenberg nebst einer Anzahl zeitgenössischer das Leben am Hofe beleuchtender Briefe, Innsbruck 1875.

Mertens, Dieter, Sebastian Brant, Kaiser Maximilian, das Reich und der Türkenkrieg. In: Bergdolt, Klaus, Knape, Joachim, Schindling, Anton, Walter, Gerrit (Hg.), Sebastian Brant und die Kommunikationskultur um 1500, Wolfenbütteler Abhandlungen zur Renaissanceforschung 26, Wiesbaden 2010, 173–218.

Noflatscher, Heinz, Maximilian I. (1486/93–1515). In: Paravicini, Werner, Hirschbiegel, Jan, Wettlaufer, Jörg (Hg.), Höfe und Residenzen im spätmittelalterlichen Reich. Ein dynastisch-topographisches Handbuch, Teilbd. 1: Dynastien und Höfe, Residenzenforschung 15.I., Ostfildern 2003, 351–360.

Schwindt, Nicole, Maximilians Lieder. Weltliche Musik in deutschen Landen um 1500, Kassel 2018,

Silver, Larry, Marketing Maximilian. The Visual Ideology of a Holy Roman Emperor, Princeton 2008.

Stauber, Reinhard, Kaiser Maximilian – der letzte Ritter oder „Virtuose in nutzlosen Taten"? In: Drobesch, Werner, Wadl, Wilhelm (Hg.), Klagenfurt 1518. Eine Stadt im Aufbruch, Archiv für Vaterländische Geschichte und Topographie 110, Klagenfurt 2018, 11–24

Wiesflecker, Hermann, Kaiser Maximilian I. Das Reich, Österreich und Europa an der Wende zur Neuzeit, Bd I–V, Wien 1971–1986.

Karl Schütz

MAXIMILIAN I. IM BILDNIS

Am Übergang vom Mittelalter zur Neuzeit, als neue Ideen neben überlieferten Formen standen, setzte Maximilian I. bildende Kunst und Literatur, Bild und Text, zur Vergegenwärtigung und Verewigung seiner Ideen und Pläne ein.[1]. Der bewusste Einsatz künstlerischer Mittel zur Propagierung und Rechtfertigung seiner Projekte wie seiner Taten lässt Maximilian als modernen Menschen erkennen. Zugleich war er zutiefst von mittelalterlichen Vorstellungen seiner besonderen Sendung überzeugt, auf altem Recht des Geblüts und der Vorrangstellung des Hauses Habsburg beruhend. Er wurzelte damit einerseits in der Ideenwelt seiner Vorfahren, andererseits im Milieu der burgundischen Herzöge und der verfeinerten Kultur ihres Hofes, geprägt vom *„Herbst des Mittelalters"*[2], die er durch seine Heirat mit Maria von Burgund kennengelernt hatte.

Die ersten kurz nach seiner Ankunft in den Niederlanden entstandenen Bildnisse zeigen ihn entweder als jungen Höfling mit langem gewelltem Haar in eleganter Kleidung, wie die wohl anlässlich der Vermählung entstandene Medaille von Giovanni Filangieri Candida[3], oder aber als Heerführer im Harnisch zu Pferd, wie ihn Pierre Coustain während des Feldzugs von 1480 gegen Frankreich[4] darstellte. Ebenfalls in den Niederlanden, allerdings viel später, etwa 1510, entstand ein Porträt Maximilians von Joos van Cleve[5], der, am Niederrhein geboren, ab 1511 in Antwerpen als Maler tätig war. Es beruht auf einer älteren Vorlage und zeigt Maximilian als jungen Mann in eleganter Kleidung mit der Collane des Ordens vom Goldenen Vlies. Die Nelken, die er in der Rechten hält, deuten auf die Eheschließung mit Maria von Burgund. Maximilian I. bereiste 1508/09 die Niederlande und besuchte unter anderem s'-Hertogenbosch, Leiden, Den Haag, Antwerpen und Mecheln (nicht jedoch die weiter im Westen gelegenen flämischen Städte Gent und Brügge). Er wollte damit die nach dem Tod Philipps des Schönen (1506) angespannte Situation beruhigen und die Autorität seiner zur Generalstatthalterin der Niederlande bestellten Tochter Margarete festigen. Das Bild Joos van Cleves, von dem mehrere Wiederholungen existieren, könnte in Zusammenhang mit der Ernennung Erzherzogin Margaretes stehen und entweder von Maximilian oder von ihr selbst in Auftrag gegeben worden sein. In ihrer eigenen Sammlung befanden sich zwei Versionen dieses Porträts.

Maximilian sorgte auch sonst selbst durch eigene Aufträge für Bildnisse[6] für die weite Verbreitung seines Aussehens, wobei die charakteristische Physiognomie, seine *„gepogne*

---

1 Schütz, Karl, Maximilian I. und die Kunst. In: Hispania – Austria. Die Katholischen Könige, Maximilian I. und die Anfänge der Casa de Austria in Spanien. Ausstellungskatalog Innsbruck, Schloß Ambras 1992, 155–181.

2 Huizinga, Johan, Herbst des Mittelalters, Studien über Lebens- und Geistesformen des 14. und 15. Jahrhunderts in Frankreich und in den Niederlanden, Erstausgabe 1924, zahlreiche Auflagen und Übersetzungen.

3 Winter, Heinz, Glanz des Hauses Habsburg. Die habsburgische Medaille im Münzkabinett des Kunsthistorischen Museums Wien, Wien 2009, 69, Kat. Nr. 4. Polleroß, Friedrich, Tradition und Innovation. Kaiser Maximilian I. im Porträt. In: Kaiser Maximilian I. und die Kunst der Dürerzeit. Ausstellungskatalog Albertina, Wien 2012, 101.

4 Ausstellungskatalog Albertina, Wien 2012, Kat. Nr. 97.

5 Wien, Kunsthistorisches Museum, Gemäldegalerie, Inv. Nr. 972. In: Ausstellungskatalog Albertina, Wien 2012, Kat. Nr. 2. Eine zweite Fassung des Porträts (Paris, Institut de France – Musée Jacquemart-André) trägt am Originalrahmen die Datierung 1510.

6 Baldass, Ludwig, Die Bildnisse Maximilians I. In: Jahrbuch der kunsthistorischen Sammlungen des Allerhöchsten Kaiserhauses 31, 1913, 247–334. Müller, Matthias, Die Individualität des Fürsten als Illusion der Malerei. Zum Verhältnis von Individualität, Typus und Schema in Regentenporträts der beginnenden Frühen Neuzeit. In: Fürsten an der Zeitenwende zwischen Gruppenbild und Individualität. Formen fürstlicher Selbstdarstellung und ihre Rezeption (1450–1550), Ostfildern 2009, 103–127. Polleroß, 2012, 101–115.

Joos van Cleve,
Kaiser Maximilian I., 1509/10
KHM, Wien, GG, Inv. Nr. 972.
(s. Kat. Nr. 06_09)

adlerische nasen", wie sie der Nürnberger Humanist Christoph Scheurl[7] beschrieb, die Wiedererkennbarkeit erleichterte und förmlich zu einem Markenzeichen wurde. Maximilian verstand die Verbreitung seines Bildnisses als Teil der „gedechtnus", eines zentralen Aspekts seines Selbstbildes, unter der er mehr sein Ansehen bei den Lebenden als das Nachleben nach seinem Tode im Auge hatte[8]. Er förderte die Anfertigung seiner eigenen Porträts, von Künstlern, die sich aufdrängten, meinte er der Überlieferung zufolge, dass jeder, der eine große Nase nachmachen könne, von ihm einen Porträtauftrag erwarte.[9]

Bernhardin Strigel wurde von Maximilian lange Zeit als ausschließlicher Hofporträtist beschäftigt, so dass er sich selbst mit Apelles vergleichen konnte, der als Einziger Alexander den Großen porträtieren durfte. Er schuf das am weitesten verbreitete Bildnis Maximilians I. als König bzw. später als Kaiser. Strigel griff seinerseits auf ein älteres Bildschema zurück, das von einem unbekannten Künstler der Spätgotik für ein Kaiserbildnis Friedrichs III. entwickelt worden war, das nur in einer späteren Kopie, vermutlich von Hans Burgkmair d. Älteren, überliefert ist[10]. Dieses offizielle Herrscherbildnis zeigt Maximilian im Dreiviertelprofil, er trägt einen Harnisch und Herrscherinsignien, einen bestickten Krönungsmantel, Krone, Zepter und Schwert. Es ist in mehreren, zeitlich aufeinander folgenden Varianten verbreitet[11], wobei die älteste Fassung noch vor 1500 entstanden sein dürfte.

7 Zit. nach Polleroß, 2012, 101.

8 Müller, Jan-Dirk, Gedechtnus, Literatur und Hofgesellschaft um Maximilian I., München 1982. Müller, Jan-Dirk, Literatur und Kunst unter Maximilian I. In: Kaiser Maximilian I. Bewahrer und Reformer, Ausstellungskatalog Reichskammergerichtsmuseum Wetzlar, Wetzlar 2002, 141–150.

9 Polleroß, 2012, 101.

10 Heinz, Günther, Schütz, Karl, Porträtgalerie zur Geschichte Österreichs 1400–1800, Kunsthistorisches Museum Wien, Wien 1976, 50, Kat. Nr. 7.

11 Stange, Alfred, Kritisches Verzeichnis der deutschen Tafelbilder vor Dürer, Band 2, München 1970, Nr. 934–940. Katalog Porträtgalerie 1976, 20, 53 ff., Kat. Nr. 11–14.

Maximilian trägt nicht die damals bereits fünfhundertjährige ottonische Reichskrone, sondern eine sogenannte Privatkrone. Die in Nürnberg verwahrte Reichskrone stand nur zur Krönung in Aachen oder zur Kaiserkrönung in Rom zur Verfügung. Zu allen anderen Anlässen wurden seit dem 14. Jahrhundert von den Kaisern Privatkronen verwendet. Dabei wird die Königskrone von einem edelsteinbesetzten Kronreif mit stilisierten Blattaufsätzen und einem von der Stirn zum Nacken führenden Bügel gebildet, die Kaiserkrone verbindet die königliche Krone mit einer bischöflichen Mitra und symbolisiert damit die dem Kaiser vorbehaltene geistliche Sonderstellung, sie wird auch als Infelkrone bezeichnet. Keine dieser spätmittelalterlichen kaiserlichen Privatkronen existiert mehr, erst die letzte, die Kaiserkrone Kaiser Rudolfs II., blieb erhalten; zur habsburgischen Hauskrone erklärt, symbolisierte sie bis 1918 das Kaiserreich Österreich.

Es gibt Versionen des Porträts, auf denen Maximilian eine Königskrone trägt, wie auch solche mit einer kaiserlichen Infelkrone. Auch Harnisch und Mantel wechseln und zeigen vor allem bei den Harnischen eine stilistische Abfolge dem Entstehungsdatum folgend von frühen spätgotischen Harnischen zu glatten Renaissanceformen.

Bernhard Strigel, Maximilian I. als Kaiser im goldenen Harnisch, um 1500. KHM, Wien, GG, Inv. Nr. 922.

Eine ähnliche Bildnisaufnahme, die Maximilian in reinem Profil zeigt, verwendete Strigel für das Familienbild[12], das die 1515 geschlossene Wiener Doppelhochzeit zwischen den Kindern König Wladislaws II. und den Enkeln Maximilians festhält und sich im Besitz von Johannes Cuspinian befand, der den politischen Heiratsvertrag im Auftrag des Kaisers verhandelt hatte.

Maximilians Überzeugung von der Bedeutung der „gedechtnus" schlug sich auch in den Holzschnittillustrationen in den von ihm veranlassten Publikationen, vor allem den autobiographischen Werken wie „Theuerdank" und dem zu seinen Lebzeiten unpublizierten „Weißkunig" nieder[13], die ihn in unterschiedlichen Begegnungen und Tätigkeiten darstellen und die zusammen mit den Gedenkmünzen das Aussehen des Kaisers weithin bekannt machten.

Als Albrecht Dürer 1506 im Auftrag der deutschen Kaufleute in Venedig das große Altarbild mit dem „Rosenkranzfest"[14] malte, war er Maximilian I. noch nicht persönlich begegnet und konnte daher für das Bildnis des Kaisers auf kein eigenes Werk zurückgreifen, sondern musste sich der Bildniszeichnung eines italienischen Malers bedienen[15]. Dürer war bereits mehrere Jahre für Maximilian tätig, zuerst 1512 mit einer ersten Zeichnung für einen Triumphwagen[16], ab 1515 als Entwerfer der monumentalen Ehrenpforte, als er am 28. Juni 1518 während des Augsburger Reichstags den Kaiser selbst in Form einer schnell skizzierten Kreidezeichnung porträtieren konnte, wie er in der Inschrift festhielt: *„Das ist keiser Maximilian den hab ich Albrecht Dürer zw Awgspurg hoch oben awff der pfaltz* (im bischöflichen Fronhof) *in seinem kleinen stüble künterfett, do man czahlt 1518 am mandag noch Johannis tawffer"*[17].

Diese Zeichnung diente Dürer für drei Werke: einmal als Vorzeichnung für ein Holzschnittbildnis[18] sowie als Vorlage für zwei Gemälde, eine Fassung in Wasserfarben auf Leinwand, später mit Ölfarben übermalt und gefirnist[19], und eine endgültige Version.[20] Die gemalten Porträts zeigen im Gegensatz zur Zeichnung und dem Holzschnitt den Kaiser in einem größeren Bildausschnitt bis zur Hüfte; in den Händen hält er einen Granatapfel, den er zur Erinnerung an die Einnahme Granadas 1492 durch König Ferdinand von Aragon als persönliches Abzeichen gewählt hatte. Das Nürnberger Bild, in den verwendeten Materialien weniger kostbar, in der Technik weniger aufwendig, wird heute allgemein als Zwischenstadium auf dem Weg zur endgültigen, auf Holz gemalten Wiener Fassung betrachtet. Dürer verzichtet in diesem erst 1519, nach dem Tod des Kaisers, vollendeten Bild, wie sich auch aus der Formulierung der Inschrift ergibt, völlig auf äußere Zeichen der Macht wie Krone, Zepter und Königsmantel, sondern stellt den Kaiser in einem pelzgefütterten Seidenmantel mit breitem Pelzkragen wie einen städtischen Patrizier dar. Der monumentale Eindruck wird durch die feierliche Farbigkeit des Bildes noch weiter gesteigert. Dürer schuf damit den neuen Typ des fürstlichen Repräsentationsporträts,

12 Wien, Kunsthistorisches Museum, Gemäldegalerie, Inv.Nr. 832. In: Kaiser Ferdinand I. 1503–1564. Das Werden der Habsburgermonarchie, Ausstellungskatalog Kunsthistorisches Museum Wien, Wien 2003, 335, Kat.Nr. II. 18.

13 Silver, Larry, Der Papier-Kaiser, Burgkmair, Augsburg und das Bild des Kaisers. In: Kaiser Maximilian I. und die Kunst der Dürerzeit, Ausstellungskatalog Albertina, Wien 2012, 91–99.

14 Prag, Nationalgalerie. Anzelewsky, Fedja, Albrecht Dürer. Das malerische Werk, Berlin 1991, 191–202, Nr. 93; Albrecht Dürer, The Feast of the Rose Garlands 1506–2006, Ausstellungskatalog Nationalgalerie, Prag 2006, 82 f., Kat.Nr. I./13.

15 Berlin, Staatliche Museen, Kupferstichkabinett, Venezianisch um 1500, traditionell Ambrogio de' Predis zugeschrieben. Schulze-Altcappenberg, Hein-Th., Die italienischen Zeichnungen des 14. und 15. Jahrhunderts im Berliner Kupferstichkabinett: Kritischer Katalog, Berlin 1995, 279–282; Ausst.kat. Prag 2006, 73, Kat.Nr. I./4.

16 Wien, Albertina, Inv. 3140. In: Ausstellungskatalog Albertina, Wien 2012, Kat.Nr. 58.

17 Wien, Albertina, Inv. 4852, W. 567, St. 1518/19. In: Ausstellungskatalog Albertina, Wien 2012, Kat.Nr. 75.

18 Crawford Luber, Katherine, Albrecht Dürer's Maximilian Portraits, An Investigation of Versions. In: Master Drawings 29, 1991, 30–47. Ausstellungskatalog Albertina, Wien 2012, Kat.Nr. 78.

19 Nürnberg, Germanisches Nationalmuseum, Anzelewsky, 1991, Nr. 145.

20 Wien, Kunsthistorisches Museum, Gemäldegalerie, Inv.Nr. 825. In: Anzelewsky, 1991, 51, 85, Nr. 146. Schütz, Karl, Albrecht Dürer im Kunsthistorischen Museum, Ausstellungskatalog, Wien 1994, 82, Kat.Nr. 7; Ausstellungskatalog Albertina, Wien 2012, Kat.Nr. 77.

das allein durch Präsenz und Haltung des Porträtierten den Eindruck von Macht und Würde eines Herrschers vermittelt. Dieses Bildnis hat wie kein anderes, seit es mit der Öffnung der kaiserlichen Gemäldegalerie 1780 für alle zugänglich wurde, unser Bild von Aussehen und Auftreten Kaiser Maximilians I. geprägt. Er ist es, so wie wir uns gerne vorstellen, dass er gewesen sei.

In krassem Gegensatz zu diesem berühmten Porträt und großem Kunstwerk steht das Bildnis des verstorbenen Kaisers auf dem Totenbett[21]. Vielleicht auf Anweisung des Kaisers selbst wurde er von einem anonym gebliebenen Lokalkünstler ohne hohen künstlerischen Anspruch, aber mit großer Detailtreue wiedergegeben. In mehreren Versionen erhalten vermittelt die Darstellung in ihrem erschreckenden Verismus ein wahres Bild menschlicher Hinfälligkeit, Zugleich begründet es eine Tradition der habsburgischen Totenbilder, die bis zur Darstellung der Aufbahrung des 1765 in Innsbruck verstorbenen Kaisers Franz I. Stephan[22] reicht.

LITERATUR

Anzelewsky, Fedja, Albrecht Dürer. Das malerische Werk, Berlin 1991.

Albrecht Dürer, The Feast of the Rose Garlands 1506–2006, Ausstellungskatalog Nationalgalerie, Prag 2006.

Baldass, Ludwig, Die Bildnisse Maximilians I. In: Jahrbuch der kunsthistorischen Sammlungen des Allerhöchsten Kaiserhauses 31, 1913, 247–334.

Heinz, Günther, Schütz, Karl, Porträtgalerie zur Geschichte Österreichs 1400–1800, Kunsthistorisches Museum Wien, Wien 1976.

Stange, Alfred, Kritisches Verzeichnis der deutschen Tafelbilder vor Dürer, Band 2, München 1970.

Huizinga, Johan, Herbst des Mittelalters, Studien über Lebens- und Geistesformen des 14. und 15. Jahrhunderts in Frankreich und in den Niederlanden, Erstausgabe 1924, zahlreiche Auflagen und Übersetzungen.

Kaiser Ferdinand I. 1503– 1564. Das Werden der Habsburgermonarchie, Ausstellungskatalog Kunsthistorisches Museum Wien, Wien 2003.

Müller, Jan-Dirk, Gedechtnus, Literatur und Hofgesellschaft um Maximilian I., München 1982.

Müller, Jan-Dirk, Literatur und Kunst unter Maximilian I. In: Kaiser Maximilian I. Bewahrer und Reformer, Ausstellungskatalog Reichskammergerichtsmuseum Wetzlar, Wetzlar 2002, 141–150.

Müller, Matthias, Die Individualität des Fürsten als Illusion der Malerei. Zum Verhältnis von Individualität, Typus und Schema in Regentenporträts der beginnenden Frühen Neuzeit. In: Fürsten an der Zeitenwende zwischen Gruppenbild und Individualität. Formen fürstlicher Selbstdarstellung und ihre Rezeption (1450–1550), Ostfildern 2009.

Polleroß, Friedrich, Tradition und Innovation. Kaiser Maximilian I. im Porträt. In: Kaiser Maximilian I. und die Kunst der Dürerzeit. Ausstellungskatalog Albertina, Wien 2012.

Schulze-Altcappenberg, Hein-Th., Die italienischen Zeichnungen des 14. und 15. Jahrhunderts im Berliner Kupferstichkabinett: Kritischer Katalog, Berlin 1995.

Crawford Luber, Katherine, Albrecht Dürer's Maximilian Portraits, An Investigation of Versions. In: Master Drawings 29, 1991.

Schütz, Karl, Maximilian I. und die Kunst. In: Hispania – Austria. Die Katholischen Könige, Maximilian I. und die Anfänge der Casa de Austria in Spanien. Ausstellungskatalog Innsbruck, Schloß Ambras 1992, 155–181.

Schütz, Karl, Albrecht Dürer im Kunsthistorischen Museum, Ausstellungskatalog, Wien 1994.

Silver, Larry, Der Papier-Kaiser, Burgkmair, Augsburg und das Bild des Kaisers. In: Kaiser Maximilian I. und die Kunst der Dürerzeit, Ausstellungskatalog Albertina, Wien 2012.

Winter, Heinz, Glanz des Hauses Habsburg. Die habsburgische Medaille im Münzkabinett des Kunsthistorischen Museums Wien, Wien 2009.

21 Monogrammist A.A., Graz, Universalmuseum Joanneum, Alte Galerie, Ausstellungskatalog Albertina, Wien 2012, Kat. Nr. 127. Eine Kopie im Stadtmuseum Wels, eine leicht abweichende Variante, die Maximilian auf dem Totenbett zeigt, im Ferdinandeum, Innsbruck.

22 Gabrielle Beyer-Bertrand zugeschrieben, Wien, Wien Museum. Maria Theresia und ihre Zeit, Ausstellungskatalog Schloß Schönbrunn, Wien 1980, Kat. Nr. 30.03.

Monika Frenzel

KUNST IN BURGUND

DER EINFLUSS DER BILDENDEN KÜNSTE AUF MAXIMILIAN I.

Als Maximilian I. 18-jährig nach Burgund kam, um die Erbtochter Maria zu heiraten, war sein Kunstgeschmack noch nicht geschult. Entscheidende Einflüsse bekam er in seiner neuen Umgebung, hier wurde er geprägt für sein weiteres Leben. Er war in der bescheidenen Hofhaltung seines Vaters, Kaiser Friedrich III., aufgewachsen. Erzählungen von prunkvollen Höfen kannte er vermutlich von seiner Mutter Eleonore, einer portugiesischen Prinzessin. Doch sie starb, als Maximilian acht Jahre alt war. Ihre Berichte von glanzvollen Fürstenhöfen und Abenteuern in der Ferne prägten den jungen Erzherzog und weckten in ihm früh eine Sehnsucht nach Ritterheldentum.

Glänzende Festlichkeiten, tollkühne Turnierkämpfe und großartige Festessen lernte er als 14-Jähriger beim Treffen seines Vaters mit Herzog Karl d. Kühnen in Trier kennen (s. S. 31 ff). Während der Belagerung von Neuss, wo sein Vater nach erfolglosem Abbruch der Verhandlungen gegen Karl in den Krieg zog, musste sich der Knabe zu seinem großen Bedauern in die Obhut des Augsburger Bischofs nach Dillingen begeben, wo er sich im Jagdhandwerk übte.

Burgund wurde für ihn zum Schlüsselerlebnis: Hier lernte er ein glanzvolles Hofleben an der Seite seiner jungen Frau kennen mit vielen Zerstreuungen wie Tanzveranstaltungen, Turnieren und Maskeraden. Er studierte mit Eifer Französisch und Flämisch, um sich mit Maria und der Bevölkerung besser unterhalten zu können. Maximilian äußerte sich über diese glücklichste Zeit in seinem Leben ... *„Wir säßen in einem Rosengarten, gäbe es nicht den Krieg ...!“*

Er bewährte sich auch bei kriegerischen Auseinandersetzungen und sein erster militärischer *Sieg von Guinegate* verschaffte ihm wenigstens für einige Zeit eine familiäre Pause.

Die Kunst Burgunds bewunderte Maximilian sehr – sie bildete den Grundstock für sein späteres *künstlerisches Mäzenatentum. Rogier van der Weyden* hat die beiden letzten Herzöge von Burgund, Philipp d. Guten und Karl d. Kühnen, gemalt. Gemeinsam ist beiden Bildern die vornehme Haltung der Dargestellten, die durch das schwarze Gewand eine feierliche Note bekommt. Umso eleganter hebt sich vor dem dunklen Hintergrund der Orden vom Goldenen Vlies ab.

Philipp ist in ernster, würdevoller Haltung wiedergegeben. Er trägt die burgundische Kopfbedeckung, den Chaperon, und hält eine Schriftrolle in Händen. Die *Inszenierung dynastischer Kontinuität* war ein wichtiges Anliegen der Herzöge, die nur die besten Künstler beauftragten, sie zu portraitieren. Ein weiteres typisches Beispiel waren auch sog. *„Kryptoportraits“*, wo Karl d. Kühne am sog. Columbia-Altar (um 1455, Pinakothek München) als jüngster König mit auffallend ähnlichen Gesichtszügen erscheint. Parallele Darstellungen sind später von Maximilian überliefert (s. Belvedere, Dreikönigsaltar).

Philipp der Gute verlagerte das künstlerische Zentrum von Dijon nach *Brügge, Tournai und Brüssel.* Der Herzog spielte dabei als *Mäzen* eine große Rolle, zudem kamen noch bedeutende bürgerliche Auftraggeber, wie etwa der *Kanzler Rolin* („Madonna des Kanzlers Rolin“, 1435 von Jan van Eyck) oder der Brüggener *Großkaufmann Arnulfini* („Arnulfini-Hochzeit“, 1434 von Jan van Eyck) hinzu. Auch der Genter *Kaufmann Joos* (auch Jodocus, Joost) *Vijd* und seine Frau Elisabeth Borluut gehören zu den wichtigen Auftraggebern dieser Glanzzeit, stifteten sie doch 1432 den berühmten „Genter Altar“ der Brüder

Jan und Hubert van Eyck. Dieses in Ölmalerei geschaffene Kunstwerk wurde zum bevorzugten Ziel aller Maler, so auch von Albrecht Dürer, der 1521 den Genter Altar sah und sich dazu äußerte: *„... das ist ein über köstlich, hoch verständig gemähl, und sonderlich die Eva, Maria und Gott der vatter sind fast [=sehr] gut ...“*

Neben bedeutenden Werken der Tafelmalerei waren die *Tapisserien* von großem künstlerischem Wert und von Bedeutung. Tournai und Arras wurden die Zentren: Hier produzierte man großartige und berühmte Wandteppiche auf Hoch- oder Flachwebstühlen. Zur Ordensgründung entstand 1449 der *Gideonszyklus* (8 Einzelteile, 100 m Länge). Der *„fin fil d'Arras“* wurde zum Markenzeichen, der Herzog verpflichtete zur Pflege seiner Tapisserien einen eigenen „valet de chambre“.

Mit diesen Wandteppichen konnte man unwirtliche Räume wohnlich machen, hatte ein schmückendes Beiwerk bei großen Festen und stattete Kirchenräume damit aus. Ein Teil der berühmten Tapisserien Karls d. Kühnen wurde nach der verlorenen Schlacht von Murten eidgenössisches Beutegut.[1]

Wesentliche Impulse empfing Maximilian auch in der *Sepulkralkunst*. Vielleicht kannte er die *Herzogsgräber in Dijon* vom berühmten Künstler Claus Sluter? Da es sich um die Grablege der Herzöge von Burgund handelt, ist es naheliegend, dass er zumindest davon gehört hatte.

Philipp der Kühne (1364–1404) begann 1377 in der *Kartause von Champmol* ein Kloster zu errichten, welches von Kartäusermönchen[2] betreut wurde. Inmitten des Kreuzganges lag der Friedhof mit dem *Mosesbrunnen* im Mittelpunkt. Als Kalvarienberg konzipiert, wurden die Figuren ab 1389 dem bedeutendsten Bildhauer seiner Zeit, *Claus Sluter* (1350–1405) aus Haarlem, übertragen[3]. Es sind die Propheten Moses, David, Jeremia, Sacharja, Daniel und Jesaja, welche am Brunnensockel stehen, der obere Aufbau wurde während der Revolution zerstört. Jede der beeindruckenden Figuren trägt ein Schriftband und über den Häuptern der Propheten scharen sich köstliche Engel mit ausgebreiteten Flügeln in nachdenklichen Posen.[4]

Werkstatt Claus Sluter, Grabmal Philipps d. Kühnen, Pleurants an der Tumba, Dijon, Musée des Beaux-Arts, nach 1404.
Foto Frenzel.

Im Zentrum des Heiligtums stand das *Grabmal Philipps d. Guten*, welches noch von Sluters Lehrer Jean de Marville (+1389) konzipiert, von ihm aber fertiggestellt worden ist. Es war eine Liegefigur sowie *40 Pleurants* (10 geistliche und 30 weltliche weinende Figuren), welche den Trauerzug bildeten. In gotischen Nischen am Sockel in Zweiergruppen angeordnet, drücken sie die *Trauer um den Verstorbenen* aus. Die Mönche sind meist mit großen, weit ins Gesicht gezogenen Kapuzen dargestellt.[5]

Ganz anders hingegen präsentiert sich das Grabmal der *Isabella v. Bourbon*, welches 1475/76 von Maria v. Burgund für ihre Mutter[6] beauftragt worden ist und ursprünglich in der ehemaligen St.-Michaels-Abtei in Antwerpen stand. Die ausführenden Künstler waren Jan Borman d. J. und Renier van Thienen, die nun nicht mehr anonyme Trauernde schufen, sondern *Verwandte aus dem Stammbaum der Verstorbenen*. Diese 24 Bronzefiguren (H 54,5 cm) waren *lebensnahe Abbilder* von Angehörigen.[7]

1 So etwa der berühmte „Millefleur-Teppich“, heute neben anderen Beutestücken im Historischen Museum von Bern zu sehen.

2 Die Kartäuser galten als „der Orden, der nie reformiert wurde, weil er niemals entartet war“.

3 Der Mosesbrunnen, welcher ursprünglich von einem Kruzifix, umgeben von den Figuren Maria, Maria Magdalena und Johannes, bekrönt war, wurde während der Franz. Revolution teilweise zerstört. Nur die Sockelfiguren blieben erhalten, sie gehören zu den bedeutendsten Kunstwerken dieser Zeit.

4 Heute ist die Anlage versteckt in einer psychiatrischen Klinik.

5 Das Grabmal Philipps d. Guten (Liegefigur, im 19. Jhdt. erneuert) befindet sich heute im Musée des Beaux-Arts in Dijon. Auch das Grabmal von Herzog Johann ohne Furcht und seiner Gemahlin Margarete v. Bayern 1443 von Claus van de Werve, einem Schüler Sluters, ist dort zu sehen.

6 Maria stammte aus der Ehe Karls d. Kühne mit Isabella v. Bourbon und war die einzige Tochter.

7 Von den ursprünglich 24 Figuren sind nur noch 10 erhalten geblieben, die heute im Rijksmuseum in Amsterdam, Inv.-Nr. BK-AM-33e, zu bewundern sind. Ihre Gewänder sind ins 14. Jhdt. zu datieren und scheinen Kopien einer Vorlage aus der Epoche Philipps d. G. zu sein.

Jan Borman d. Jüngere und Renier van Thienen, Figuren vom Grabmal der Isabella v. Bourbon, 1475/76, urspr. St.-Michaels-Abtei, Antwerpen. Rijksmuseum Amsterdam, Inv. Nr. BK-AM-33e.

Maria heiratete 1477 Maximilian, sodass man mit einiger Sicherheit annehmen kann, dass dieser das Grab seiner Schwiegermutter, die er zwar nicht persönlich gekannt hatte (+1465), gesehen hat. Vermutlich wurde er hier erstmals mit der *Idee des Trauerzuges von Ahnen und Familienmitgliedern* konfrontiert. Die Dargestellten verkörpern das *dynastische Bewusstsein* weit mehr als die Trauer um den Verstorbenen. Dieser *Ahnenkult* wurde von Maximilian weiterentwickelt, indem er bei den Planungen zu seinem Grabmal in Innsbruck neben den *realen Ahnen* auch noch *Helden der Geschichte* und *imaginäre Vorfahren* darstellen ließ. Sowohl das *Material* (Bronze) als auch die *dynastische Ikonografie* dürfte Maximilian beeinflusst haben. Er nahm diese Idee auf und schuf mit seinen ursprünglich 40 überlebensgroßen geplanten Bronzefiguren eine *übersteigerte Form des burgundischen Totengeleits* – wie es seinem Verständnis einer „immerwährenden Gedechtnus" nahekam.

Die Pracht des burgundischen Hofes wurde auch in damaligen Reisebeschreibungen festgehalten; so wurde 1465 der Hof Philipps d. Guten derart beschrieben, dass *„... es keinen christlichen Fürsten gebe, der einen so glänzenden und grossartigen Hof habe"*.[8]

Bereits zu Philipps Zeiten wurde ein *Ämtercodex* ausgearbeitet – die Urform der Hofämter –, der neben der Finanzierung auch die Amtsinhaber auflistete. Der *„maistre de la chambre au deniers"* (Zahlmeister) war für die Finanzen zuständig. Er notierte die täglichen Ausgaben *(gages)* wie auch die Materialausgaben *(escroes de la despense)* und machte daraus bereits einen Jahresabschluss! 13 Personen waren *conseilliers & chambellans* (Räte & Kammerherren) nebst der Hofmeisterin *(maitres d'hostel)*. Die Hauptämter waren die *pannetrie* (Brotamt), die *echanconnerie* (Mundschenkamt), die *cuisine* mit der *saulserie* (Soßenamt), die *fruyterie* (Fruchtamt), die *escuerie* (Stallamt), die *fourriere* (Quartiermeisteramt, zuständig für Holz und Ortswechsel).

Weiters gab es *Vorschneider, Kammerdiener, Gewürzdiener, Apotheker, Schreibkräfte, Wappenkönige, Herolde, Musiker, Leibwächter, Jäger & Falkner, Juwelenwächter, Bogenschützen, Kapläne und Beichtväter* ... sie alle bildeten den Hofstaat und waren dem Herzog persönlich verpflichtet. Unter Philipp d. Guten war der Hofstaat auf 1600 Personen angewachsen (mit 1300 Pferden). Der Hof war auch ein Heiratsmarkt für die vielen Verwandten und Bastarde des Herzogs und seiner Frau.

8 Kraume, Herbert, Glanzvolles Burgund: Blütezeit im Mittelalter, Darmstadt 2010, 105 ff., beschreibt die mittelalterliche Tradition am Burgunderhof von den Anfängen bis zu Karl d. Kühnen. Zudem gibt er genaue Aufstellungen Einblick in die Hofstruktur.

Diesen Prunk erfuhr der junge, 18-jährige Maximilian an der Seite Marias und vermutlich hätte er in seinem späteren Leben gerne manches davon umgesetzt, hätte er das notwendige Geld besessen! Jedoch reichten seine finanziellen Mittel nicht aus, um dieses glanzvolle Hofleben nachahmen zu können. Er schuf Abhilfe, indem er z. B. seine *„Gebrauchsschätze“*, die er sicher öfters wegen Geldnot einschmelzen lassen musste, malen ließ und in seinem virtuellen Triumphzug mitführte.

Das Hofzeremoniell, welches Maximilian bei seinem unsteten Leben nie vorrangig angesehen hat, fand dann bei seinen Nachkommen über den Umweg von Spanien eifrige Nachahmer.

Was er aber stets beibehielt, war nach Jagden oder Turnieren die Abhaltung sogenannter „Mummereyen“, Kostümfeste, wie er sie aus seiner burgundischen Zeit kannte (12_13, 12_14).

Was er teilweise umsetzen konnte, waren Neuheiten in punkto *Verwaltung*. Die *Hofordnungen Philipps d. Guten* waren Verwaltungsinstrumente und hielten penibel die täglichen Gagen und Kostenabrechnungen fest. Karl wandelte diese in Prachthandschriften um, die jedoch über einfache Finanzdokumente weit hinausgingen: Sie regelten das gesamte Hofleben und wurden zu Mitteln der Repräsentation und der Disziplin. So gab es bereits Ausgaben- und Gagenlisten unter Karl d. Kühne[9] – mit solchen Vorbildern hätte Maximilian in seinen späteren Jahren die Finanzen besser in den Griff bekommen müssen, aber seine Vorgaben waren nicht so ideal wie am Burgunderhof, wo Geld kein Thema war. Seine Politik des Schuldenmachens ging weit über die Darlehen der Fugger hinaus (s. Fugger Raum 11).

Maximilian veränderte insofern, indem er eine Zentralisierung der Behörden einleitete; er verlegte mehrere Ämter nach Innsbruck, wie z. B. die *Finanzkammer* des Reiches, um besseren Einblick und Zugriff in die Finanzgebarung zu haben. Die burgundischen Vorbilder blieben aber für ihn unerreicht.

Solange Maria lebte, schwelgte Maximilian in einem nach Luxus ausgerichteten Leben, wo adelige Vergnügungen wie Jagd, Turniere, Tanz und Maskenfeste ganz nach seinem Geschmack waren und nur durch gelegentliche Kriegshandlungen unterbrochen wurden. Die „gottähnliche Überhöhung des Herrschers“[10] wirkte prägend auf den jungen Erzherzog: Diese in frühen Jahren erworbene „adelig-ritterliche Lebensführung und herrscherliche Selbstdarstellung“ (Hollegger) stand bei ihm stets im Vordergrund, ohne Rücksicht auf die tatsächlichen Gegebenheiten.

In Burgund lernte er Selbstdarstellung und das Inszenieren der Herrscherpersönlichkeit kennen, aber auch die Bedeutung des ständigen Kontaktes mit Künstlern und Dichtern, die ja mit ihren Werken zu seinem Ruhm beitrugen.

Diese Grundhaltung behielt er sein ganzes Leben bei, sie beeinflusste auch seine Beziehung zu Kunst und Kultur: Nicht um ihrer selbst willen, sondern zur Überhöhung seiner Herrschertugenden engagierte er für seine Ruhmeswerke die besten Künstler seiner Zeit.

Zusammenfassend kann festgehalten werden, dass Maximilian niemals der große Kunstförderer und Kunstmäzen geworden wäre, hätte er seine Zeit in Burgund nicht erlebt. Konfrontiert mit einer völlig neuen Lebensweise, wo Großzügigkeit und Weltoffenheit herrschte, lernte er rasch und leistete gerade auf kulturellem Gebiet Beachtliches. Kein Habsburger hat so viele Zeugnisse aus seinem Leben überliefert, so viele Kunstwerke beauftragt. Auch wenn die Kunst für ihn ein Mittel zu Propaganda und Selbstzweck war, ist es nach 500 Jahren noch faszinierend, seinen Spuren zu folgen. Dem ständigen Geldmangel zum Trotz hat er großartige Werke geschaffen wie nach ihm kein anderer Herrscher. Die Wurzeln dazu lagen in Burgund – er ergriff sie und hat sie auf seine Weise umgesetzt.

---

9 Hiltmann, Torsten, Die Organisation des Hofes. In: AK Karl der Kühne. Kunst, Krieg und Hofkultur, Ausstellungen in Bern & Brügge, 2008/09, Kat. Nr. 43–46.

10 Hollegger, Manfred, Maximilian I. (1449–1519). Herrscher und Mensch einer Zeitenwende, Stuttgart 2005, 38 ff.

Der plötzliche und überraschende Tod Marias änderte das Leben Maximilians in Burgund schlagartig: Vorbei waren die glänzenden Darbietungen des Hoflebens in all seinen Facetten, auch wenn man schon zu Lebzeiten Marias „auf dem Vulkan tanzte“. Der Tradition und auch dem Reichtum der Burgunderherzöge wurden durch die äußerst verschwenderische Lebensführung Karls d. Kühne und seine überbordenden Ansprüche ein langsames, aber stetes Ende gesetzt. Ein letztes Aufflammen erfolgte durch die kurze Hofhaltung Marias, durch deren Tod die große Ernüchterung in Form von Krieg das Land überzog und für Jahre lähmte.

LITERATUR

Hiltmann, Torsten, Die Organisation des Hofes. In: AK Karl der Kühne. Kunst, Krieg und Hofkultur, Ausstellungen in Bern & Brügge, 2008/09, Kat. Nr. 43–46.

Hollegger, Manfred, Maximilian I. (1449–1519). Herrscher und Mensch einer Zeitenwende, Stuttgart 2005.

Kraume, Herbert, Glanzvolles Burgund: Blütezeit im Mittelalter, Darmstadt 2010.Marti, Susan, Borchert, Till-Holger, Keck, Gabriele (Hg.), AK Karl der Kühne, Kunst, Krieg und Hofkultur, Ausstellungen in Bern & Brügge, 2008/09.

Wiesflecker, Hermann, Kaiser Maximilian I., Bd 1, Wien 1971.

Flandrischer Meister, Philipp der Gute, Gründer des Ordens vom Goldenen Vlies, Statutenbuch zw. 1481–1486.
The British Library London, Inv. Nr. Harley MS 6199, Fol. 57 v.

Monika Frenzel

BURGUND – AUFSTIEG UND GLANZ

INSZENIERUNGEN EINES FÜRSTENHOFES

Die Herzöge von Burgund waren in doppelter Weise lehensrechtlich abhängig: Einerseits waren sie enge Verwandte und Vasallen des französischen Königs, gleichzeitig aber auch Lehensleute des Römischen Kaisers. Mitten durch den burgundischen Herrschaftsbereich verlief die Grenze zwischen den beiden Reichen, was manchen Loyalitätskonflikt mit sich brachte. Auch innerhalb des Hauses Valois blickte man argwöhnisch auf den Aufstieg Burgunds unter seinen Herzögen im 15. Jahrhundert. Das Territorium umfasste kleinere und größere Grafschaften neben mächtigen stolzen Städten und Bischofssitzen. Erschwerend war, dass es keine zentrale Residenz gab und die Herrscher zuerst Dijon als Verwaltungssitz vorzogen – und hier ihre Grablege errichten ließen (Kartause von Champmol), später aber mehr in das durch Handel reiche Flandern tendierten, wo Gent, Brügge und Brüssel die Zentren bildeten.

Die größte kulturelle Blüte erfuhr Burgund unter seinem Herzog *Philipp III. d. Guten* (1396–1467), welcher während des 100-jährigen englisch-französischen Krieges die englische Seite bevorzugte und sein Machtgebiet erweiterte: Naumur, Hennegau, Holland, Brabant, Limburg, Luxemburg und Utrecht kamen zu seinem Landbesitz hinzu. Er verlagerte den Schwerpunkt in den reichen Norden, was er durch seine dritte Hochzeit mit Isabella v. Portugal in Brügge bestätigte.

Anlässlich dieses Festes wurde, wie der Chronist *Chastellain*[1] schreibt, 1430 der *„Orden vom Goldenen Vlies"* gegründet, da der Herzog einen eigenen Orden haben wollte, nachdem ihn der Herzog von Bedford als Mitglied des englischen Hosenbandordens enger an das englische Königshaus zu binden versuchte. *„... Der junge und weise Herzog habe die Entscheidung so lange hinausgezögert, sich seiner Wurzeln besonnen und die Absage mit der Gründung eines eigenen Ordens ermöglicht"*. Die Ordensgründung bedeutete, nach Chastellain, nicht nur eine *„... Demonstration der Unabhängigkeit gegen England, sondern auch eine Machtposition gegenüber Frankreich und andern Fürstenhäusern ...*"[2] 24 edle Ritter gehörten außer Monseigneur (Philipp d. Gute) diesem Ritterorden an, dessen Emblem auf den griechischen Mythos der Sage vom Goldenen Vlies zurückgeht, welches Jason mit seinen Argonauten aus Kolchis mitgebracht hatte.

Die Zahl der Mitglieder wurde ständig erhöht, 1477 gab es bereits 77 Ordensritter. Als äußeres Zeichen galt der *rote Ordensmantel*, für den neue Mitglieder 100 Francs bezahlen mussten. Die *Collane* war unveräußerlich und durfte nicht mit Schmucksteinen verziert werden, sie war eine schwere Goldkette, bestehend aus Gliedern, welche Feuerstrahl und Feuersteine darstellten und an deren Ende das vergoldete Widderfell hing.

Die Ordensmitglieder waren einander in „guter Freundschaft" verpflichtet, hatten sich gegenseitig beizustehen und sich für „die Würde, den Stand und die Freiheit unserer

1 Chastellain (1405–1475) war Historiograph der Herzöge v. Burgund, aber ebenso war er auch Kriegsmann – er fiel bei der Belagerung von Neuss.

2 Régnier-Bohler, Danielle (Hg.), darin: Thiry, Claude, Splendeurs de la Cour de Bourgogne. Récits et chroniques, darin: Oeuvres de Georges Chastellain, Paris 1995.

heiligen Mutter Kirche" einzusetzen. Durch Maximilian kam der Orden in das Haus Habsburg (30.04.1478 Brügge).

Das berühmte *„Fasanenfest"* wurde 1454 in Lille ausgerichtet und ist in die Annalen eingegangen. Nachdem 1453 Konstantinopel von Sultan Mehmed II. erobert worden war, sollte beim Fasanenfest ein Kreuzzugsgelübde abgelegt werden. Jean de Lannoy, Ritter zum Goldenen Vlies, organisierte ein Fest, das alles, was man bisher kannte, übertraf. Besonders prächtig waren die *„Entremets"* (Zwischengänge bei den Mahlzeiten) gehalten. In bewegten, mit dramatischen Elementen versehenen Bildern wurden heraldische und allegorische Themen dargestellt, die auch politische Ziele zum Inhalt hatten. Die Gäste sollten sich unterhalten und ein Ziel war es, den Glanz des Burgunderhofes darzustellen. *Oliver de La Marche*[3] überliefert diese üppigen Festivitäten: *„... an einem Tisch war eine Pastete, aus der 24 Musiker stiegen und verschiedene Instrumente spielten ...* "[4] Die Speisen umfassten bei jedem Gang 48 Gerichte,

„... ein Riese führte bei einem entremets einen Elefanten, auf dem eine Dame in einer Sänfte saß. Sie trug einen weißen Schleier und war wie eine Begine bekleidet. Sie beklagte die Bedrängnis der Christen im Orient ... " Als Höhepunkt trug der *Wappenkönig Toison d'or* einen lebenden Fasan herein, der ein äußerst kostbares Halsband aus Gold, Edelsteinen und Perlen trug. Der Herrscher gelobte, so La Marche, einen Kreuzzug auszurichten und die Heiligen Stätten zurückzuerobern ... der Schwur wurde an den Fasan gerichtet.

Zwei Monate nach dem Fasanenfest reiste Philipp mit nur 50 Begleitern nach Regensburg, um auf dem Reichstag Kaiser Friedrich III. und die deutschen Fürsten für seinen Plan zu gewinnen.

Doch Friedrich III. zeigte wenig bis kein Interesse daran, worauf man ihn als „wankelmütig, heuchlerisch und falsch" bezeichnete. Der Kreuzzug kam trotz des mit großem Pomp versehenen Schwurs nie zustande.

Die Pracht des burgundischen Hofes wurde auch in Reisebeschreibungen festgehalten; so wurde 1465 zum Hof Philipps d. Guten festgestellt, dass *„... es keinen christlichen Fürsten gebe, der einen so glänzenden und grossartigen Hof hat".*

Der einzige Sohn Philipps d. Guten, *Herzog Karl d. Kühne* (1433–1477), auch Graf von Charolais genannt, wurde 1465 zum Statthalter ernannt. Aus seinen drei Ehen hatte er nur eine Tochter, *Maria* (1457–1482), die ein gewaltiges Erbe antreten sollte. Schon früh begannen Eheverhandlungen. Der Erste, der eine Beziehung zwischen Burgund und Habsburg empfahl, war *Enea Silvio Piccolomini*[5], seit 1458 Papst Pius II., der in Jugendjahren als Sekretär bei Friedrich III. in Diensten stand. Diese Verbindung wurde auch von Friedrich III. begrüßt, hätte Karl d. Kühne nicht eine Bedingung daran geknüpft: Er wollte eine Standeserhöhung, nämlich die Königswürde. Diesen Wunsch, Römischer König zu werden, lehnte aber der Kaiser vehement ab, denn dadurch hätte er die Rechte seines eigenen Sohnes beschränkt. Einer ehelichen Verbindung zwischen Maximilian und Maria aber stand er positiv gegenüber. Sigmund d. Münzreiche, der 1469 dem Burgunderherzog das Elsass und die Grafschaft Pfirt verpfändet hatte, drängte Friedrich, diesem Heiratsplan zuzustimmen, und so wurde der Gedanke wieder aufgenommen und man beschloss, sich persönlich zu treffen. Beim *Fürstentag in Trier 1473* (28. Sept.–25. Nov.) wollte man neben dem Projekt eines Türkenfeldzuges auch über diese privaten Dinge sprechen.

---

3 *Olivier de la Marche* (1425–1502) diente den Herzögen von Burgund, Philipp d. Gute und Karl d. Kühne und war Erzieher Philipps d. Schönen. Hauptwerk „Mémoires" (1435–1488), wichtige Quelle zur burgundischen Geschichte. – *Philippe de Commynes* (1447–1512) war in jungen Jahren Höfling bei Karl d. Kühnen, wurde zum Rat und Kammerherrn ernannt, bis er dessen aufwändigen Lebensstil nicht mehr gutheißen konnte: Er verließ heimlich das Feldlager Karls und lief zum französischen König Ludwig XI. über. Schrieb auch „Memoires", eine Art Fürstenspiegel, einen Vorläufer des „Principe" von Macchiavelli.

4 Beaune, Henri, d'Arbaumont, Jean (Hg.), Olivier de la Marche. Memoires, 4 Bd., Paris 1883–1888; in modernem Französisch in Régnier-Bohler, 1995.

5 Aeneas Silvius Piccolomini (1405–1464), Papst seit 1458. Humanist, Historiker und Schriftsteller, Gelehrter und Poet. 1443–1455 am Hofe Friedrichs III. War Berater von Friedrich III. und förderte seine naturwissenschaftlichen Neigungen.

Burgundische Niederlande, Wandteppich mit Ordenssymbolen. Histor. Museum Bern, Inv. Nr. 310a.
(s. Kat. Nr. 08_09)

Friedrich III. reiste mit seinem 14-jährigen Sohn Maximilian und einem Gefolge von drei Kurfürsten (EB von Trier, Mainz und Markgraf v. Brandenburg) sowie zahlreichen weltlichen und geistlichen Reichsfürsten an. Zuvor hatte der Kaiser noch in Augsburg Station gemacht und sich mit Fuggers finanzieller Hilfe neu eingekleidet. Denn auch der sonst so sparsame Friedrich wusste, dass es bei einem Treffen von solch politischer Brisanz auch auf die äußere Erscheinung ankam[6].

Diese gesellschaftliche Inszenierung trug viel zum Zustandekommen des Treffens bei – allerdings konnte Friedrich mit der Prunkentfaltung des Burgunderherzogs in keinster Weise mithalten. Bei der deutschen Delegation rief sie Befremden und Misstrauen hervor. Der jugendliche Maximilian aber war geblendet von der funkelnden Pracht, die der Burgunderherzog zur Schau stellte. Ihm galt das Interesse aller als zukünftiger Regent und Hoffnungsträger!

Neben dem persönlichen Auftreten waren auch die Ausstattung der Räume, die üppigen Mahlzeiten und die genaueste Einhaltung der Rang- und Sitzordnung wichtig.

Karl kam mit 3000 schweren Panzerreitern, 5000 leichten Reitern und 6000 Knechten und hielt am 30.09. feierlichen Einzug in Trier. Seine Bediensteten waren nach der neuesten Mode gekleidet – allein für die Ausstattung seines Gefolges hatte er beim Florentiner Kaufmann Portinari 40.000 Livres ausgegeben! Er selbst erschien in vergoldeter Rüstung; darüber trug er einen Mantel, bestickt mit 23 Rubinen, über 1000 Perlen und einigen Unzen Gold, der allein auf 100.000 Gulden geschätzt wurde![7] Die deutsche Delegation logierte im bischöflichen Palais, während Karl eine Zeltstadt mit über 100 Zelten aufbauen ließ nahe der alten Abtei St. Maximin. Der Herzog wohnte in einem hölzernen Haus, das mit Tapisserien („*Millefleur-Teppich*“) und Kostbarkeiten ausgestattet war.

---

6 Grundlegend: Wiesflecker, Hermann, Kaiser Maximilian I., Bd. I, Jugend, burgundisches Erbe und Römisches Königtum bis zur Alleinherrschaft 1459–1493, Wien 1971, 96 ff.

7 Wiesflecker, 1971, 97.

Maximilian als dritter Ordenssouverän, Statutenbuch des Ordens vom Goldenen Vlies, Gent-Brüggener Schule, Flandern, Miniatur auf Pergament, 1519/20.
ÖNB, Wien, Handschriften-, Autographen- und Nachlass-Sammlung,
Inv. Nr. Codex 2606, Fol.76v–77r.
(s. Kat. Nr. 08_07 c)

Die Wände der Repräsentationsräume, in denen man sich traf, waren ebenfalls mit wertvollen Tapisserien geschmückt (Alexander d. Große Zyklus, Argonautensage ...), Schaubuffets mit erlesenem Gold- und Silbergeschirr (=Kredenz) wurden präsentiert. Der Luxus setzte sich auch in der Speisenabfolge fort. Bei einem Bankett, von Karl am 7. Oktober ausgerichtet, stellte er in zahlreichen Wagen seinen gesamten Hausschatz an Gold- und Silbergeschirr, Sakralgeräten und Tapisserien zur Schau.[8] Er selbst trug ein rotdurchwirktes, edelsteinüberladenes Gewand und den berühmten *Hut*, der ebenfalls mit Perlen und Edelsteinen reich verziert war.[9] Eine Abfolge mit drei Gängen zu je 42 Speisen sowie erlesener Tafelmusik erfreute die hohen Gäste.

Für Maximilian stellte Karl den Inbegriff eines luxuriösen Lebens dar, das er bisher nicht gekannt hatte und das ihm sehr gefiel: Der Burgunderherzog verkörperte all jene Eigenschaften, die seinem Vater fehlten. Auch Karl hatte am jungen Prinzen Gefallen gefunden. Einmal ließ er den 14-Jährigen in sein Zelt kommen und führte ihm einen sprechenden Papagei vor. Zudem schenkte er ihm eine *Burgundische Heeresordnung*[10] mit den Wappen seiner Länder. Dieses Buch wurde für Maximilian zum bedeutendsten Schatz seines Lebens, das er hochhielt. Es war das einzige Geschenk, das er je von Karl bekommen hatte. Er sollte seinen Schwiegervater in spe nicht mehr lebend sehen.

Bei den politischen Verhandlungen kam man allerdings nicht weiter, sie zogen sich in unterschiedlicher Intensität hin. Während es Karl von Anfang an auf die Würde eines Römischen Königs abgesehen hatte, die nach seinem Tod seinem Schwiegersohn (Maximilian) zufallen sollte, blieb diese Forderung für Friedrich unannehmbar.

8 Maximilian übernahm das dann im Triumphzug s. 06_14 Gebrauchsschatz

9 Dieser Herzogshut Karls d. Kühnen, mit Perlenschnüren und Edelsteinen verziert, den Karl während der Fürstentage in Trier trug, war auch unter der Beute der Eidgenossen, ebenso die kostbaren Mäntel und wertvolle Pretiosen.

10 Maximilian hielt dieses militärische Buch sein ganzes Leben in hohen Ehren! 06_05.

Sie war, abgesehen vom dynastischen Kalkül, auch nicht vereinbar mit den Reichsgesetzen, wonach die sieben Kurfürsten seit der Goldenen Bulle von 1356 das alleinige Recht hatten, den Römischen König zu wählen. Friedrich, der die Hochzeit nicht gefährden wollte, war zu einem Zugeständnis bereit, indem er dem Burgunderherzog ein Königtum auf Basis seiner Reichsterritorien anbot. Doch dies schien für den nach Macht strebenden Karl nicht gut genug, auch konnte er sich nicht entscheiden, welches seiner Länder zum Königreich erhoben werden sollte. Das wiederum verärgerte den Kaiser derart, dass er am 25. November abreiste, ohne seine Schulden bezahlt zu haben.[11]

Karl belagerte daraufhin im Juli 1474 die Stadt Neuss, wo sich Widerstand gegen den burgundischen Einfluss regte. Mit dem Anmarsch eines Reichsheeres aber sah er sich gezwungen, die Belagerung aufzugeben. Im Friedensschluss mit dem Kaiser und im gegenseitigen Einvernehmen kam es zu einer Bekräftigung des Heiratsversprechens.

Weitere Kriege, die er gegen Herzog René von Lothringen anzettelte, scheiterten und der gewaltige Burgunderschatz wurde nach den verlorenen Schlachten von *Grandson* und *Murten* Kriegsbeute der Eidgenossen[12]. Bei der *Schlacht von Nancy* am 5. Jänner 1477 fiel Karl d. Kühne.

Marie, die nun von verschiedenen Brautwerbern bedrängt wurde, schrieb hilfesuchend einen flehentlichen Brief an Maximilian, er möge doch eilends nach Burgund kommen und ihr beistehen (06_07).

In aller Eile wurde ein Brautzug zusammengestellt, erschwert durch den fast völligen Mangel an Bargeld. In Köln musste Maximilian von seiner Schwiegermutter, Margarete von York, (06_08) ausgelöst werden, da er seine Schulden nicht bezahlen konnte. Sie schickte ihm 100.000 Gulden und so war es Maximilian möglich, nach Abbezahlung der Schulden auch noch Geschenke und ordentliche Kleidung zu kaufen.

Einem glanzvollen Einzug in Gent stand nun nichts mehr im Weg.

LITERATUR

Franke, Birgit, Welzel, Barbara, Paläste und Zelte voller Kunst. Zur Hofkultur Karls des Kühnen. In: AK Karl d. Kühne, Kunst, Krieg und Hofkultur, Ausstellungen in Bern & Brügge, 2008/09.

Hollegger, Manfred, Maximilian I., 2005.

Kraume, Herbert, Glanzvolles Burgund. Blütezeit im Mittelalter, Darmstadt 2010.

Marti, Susan, Festkultur: Das Fürstentreffen von Kaiser Friedrich III. und Karl d. Kühnen in Trier (1473), AK Karl d. Kühne 2008, Brügge/Bern/Wien 2008.

Paravicini, Werner, „Vernünftiger Wahnsinn". Karl d. Kühne. Herzog von Burgund.

Pastoureau, Michel, de Castelbajac, Jean-Charles (Hg.), Das große Wappenbuch der Ritter vom Goldenen Vlies, Faks. Ausgabe 2018 (Übersetzung Gisella M. Vorderobermeier).

Wiesflecker, Herrmann, Bd I, Jugend, Burgundisches Erbe und Römisches Königtum bis zur Alleinherrschaft 1459–1493, Wien 1971.

Weiss Sabine, Zur Herrschaft geboren. Kindheit und Jugend im Hause Habsburg, Innsbruck/Wien 2008.

Weiss Sabine, Maximilian I.: Habsburg faszinierender Kaiser, Wien 2018.

11 **Weiss, 2018, 51 ff.**

12 **Zum Burgunderschatz, den die Eidgenossen nach der gewonnenen Schlacht von Murten und Grandson eroberten, gehörten u. a. die berühmten Tapisserien, allen voran der „Millefleur-Teppich" – diese Kostbarkeiten befinden sich heute im Historischen Museum der Stadt Bern. – Karl wollte auch im Feldlager nicht auf seinen gewohnten Luxus verzichten.**

Marco Freek

DIE EUROPÄISCHE DIMENSION DES ORDENS VOM GOLDENEN VLIES

Im Jahr 2030 wird der Orden vom Goldenen Vlies ununterbrochen seit genau 600 Jahren bestehen. Kraft Statut mit eigenständiger Rechtspersönlichkeit ausgestattet, gelangte die Führungsposition dieser durch Herzog Philipp den Guten von Burgund gegründeten Ritter- und Bruderschaft durch die Heirat Maximilians mit der Erbtochter Maria von Burgund an das Haus Habsburg. Wiewohl das „Goldene Vlies" als höfische Organisation schon zu Lebzeiten Karls des Kühnen ein europäischer Mythos und ein bedeutender Akteur in Burgund war, so ist die ultimative Rangerhöhung des Ordens auf die Ebene der Reichspolitik Maximilian zu verdanken. Er integrierte die Ordenssymbole – Feuer, Feuerstein, Feuereisen und das Fell des goldenen Widders – in die dynastische und imperiale Bildprogrammatik, welche heutzutage viele Kunstwerke auf dem europäischen Kontinent – darunter zahllose Habsburger-Portraits – bezeugen. Eingedenk der Niederlegung der Krone des Heiligen Römischen Reiches (6. August 1806) ist der seit über einem halben Jahrtausend bestehende Vlies-Orden das wohl nachhaltigste generationenübergreifende Familien-Projekt Maximilians geblieben, welches nach wie vor prosperiert.[1]

ZUR SAKRALKULTUR DER ORDENSGRÜNDUNG

Während mehrtägiger Hochzeitsfeierlichkeiten mit der portugiesischen Infantin Isabella ließ Herzog Philipp der Gute (1396–1467) bei einem Festmahl am 10. Jänner 1430 durch den Herold von Flandern die Stiftung des Ordens vom Goldenen Vlies verkünden. Der *„ordre illustre de la toison d'or"* ist ein weltlicher Personenverband (Ritterschaft) und zugleich eine kirchliche Vereinigung von Gläubigen (Bruderschaft) der europäischen Hochnobilität, die *„in der Hauptsache einen religiösen Zweck"*[2] verfolgt. Dieser landesherrliche Gründungsakt durch einen weltlichen Fürsten stand in der Tradition zahlreicher mittelalterlicher geistlicher Ritterorden und war sozusagen deren organisationale Weiterentwicklung: *„Die Stiftung des Burgunders, ein Ereignis von renaissancehaftem Anstrich, charakterisierte sich gewissermaßen als halbmilitärischer und halbreligiöser Orden zugleich"*, dem Orden ist *„ein gewisser geistlicher Bezug zu eigen"*[3]. Johan Huizinga, der wohl berühmteste Spätmittelalter-Experte, attestierte Philipp dem Guten *„hohes ethisches Streben"*[4] und zitierte eine dem Ordensgründer zugeschriebene Inschrift: *„Nicht zum Spiel noch zur Ergötzung, sondern darum, daß zu allererst Gott Lob erwiesen werde, und den Guten Ehre und hoher Ruhm."* In den Ordensstatuten wird eine ebenso feierliche Tonlage angeschlagen, in welchen bekräftigt wird, dass die *„Förderung unseres heiligen Glaubens und der katholischen Religion, sowie deren und unserer heiligen Mutter Kirche Erhaltung*

---

1 Diesem Artikel liegt das rezenteste rechtswissenschaftliche Werk über den Orden zugrunde: Freek, Marco, Zur Rechts- und Sakralkultur des Ordens vom Goldenen Vlies. Kirchenrecht, Habsburgergesetz, Kulturgüterschutz. Ordensexemplar, Innsbruck/Wien 2018.

2 Terlinden, Charles de, Der Orden vom Goldenen Vlies, Wien 1970, 19.

3 Merzbacher, Friedrich, Aus der Rechtsgeschichte des Ritterordens vom Goldenen Vlies. In: Grass, Nikolaus, Ogris, Werner (Hg.), Festschrift Hans Lentze, Innsbruck 1969, 431.

4 Huizinga, Johan, Herbst des Mittelalters, Stuttgart 2006, 114.

Collanen des Ordens vom Goldenen Vlies
Kanzlei des Ordens vom Goldenen Vlies,
Fotograf: K. Oberhauser.

der hauptsächliche Grund der Ordensstiftung war“[5]. Dementsprechend kann resümiert werden, dass die Ordensgründung „*vorherrschend religiöse(n) Charakter*“[6] hatte. Auf Grundlage von Huizingas Expertise schrieb Psychiater Manfred Lütz über den Ordensgründer, dass Philipp der Gute von einer inneren Zerrissenheit getrieben war, was auch anderen Fürsten seiner Zeit zuzuschreiben sei; charakteristisch für diese seien – trotz großer Frömmigkeit – heftige und ungerechte Reaktionen, die im Bewusstsein der Sündhaftigkeit zu großem Selbstzweifel geführt hätten.[7] Jedenfalls verfügte seine Intention zur Stiftung des Ordens neben den offenkundigen feudalherrschaftlich-politischen Absichten über ein religiöses Fundament, welches eine „*societas amicabilis*“ und „*fraternitas milicie*“[8] überragt, wie es auch die Ordenssymbolik – das goldene Widderfell – vermuten lässt: Das goldene Vlies ist der antiken Sage von Jason entlehnt, die der spätmittelalterlichen Oberschicht wohlbekannt war. Diese der griechischen Mythologie entspringende Argonautensage um Medea, Jason und die ihm gleichgestellten Mitstreiter, die auch heute noch den Ordenssouverän sowie die Ordensritter in „sagenhafter“ Weise widerspiegeln, sorgte bereits im 15. Jahrhundert ob des heidnischen Quellencharakters für offenbar große Zweifel hinsichtlich der religiösen Ordensintentionen. Diese Zweifel konnte auch der dem Papst angebotene Kreuzzug nicht beseitigen, weil eine solche Höflichkeitsgeste weltlicher Herrschaft gegenüber dem *Pontifex maximus* in spätmittelalterlichen Zeiten schon allein wegen mangelnder Kapazitäten eine reine Metapher bleiben musste.

ZUR RECHTSKULTUR DER ORDENSGRÜNDUNG

Realpolitisch wurde mit dem prestigeträchtigen „Goldenen Vlies“ eine feudale Gemeinschaft im territorial zersplitterten Herzogtum Burgund gegründet, die sich im Kern aus einer militärisch-politischen Elite zusammensetzte; als Erfolgsrezept im 15. Jahrhundert erwies sich die Mischung aus betonter Brüderlichkeit und der Schaffung von Hierar-

5 Kanzlei des Ordens vom Goldenen Vlies, Statuten des Ordens vom Goldenen Vließ, Kapitel XVII, Manuskript, Wien o. J., 31.

6 Probszt, Günther, Der Schatz des Ordens vom Goldenen Vließe, Wien 1926, 26.

7 Vgl. Lütz, Manfred, Die geheime Geschichte des Christentums, Freiburg 2018, 118.

8 Merzbacher, 1969, 431.

Einzug des Chefs und Souveräns in Begleitung des Kanzlers sowie Trésoriers in die Innsbrucker Hofkirche zum Pontifikalamt am Andreastag 2016.
Kanzlei des Ordens vom Goldenen Vlies, Fotograf: K. Oberhauser.

chie in Person des Ordenschefs und -souveräns, die als Vergesellschaftung „einzelunternehmerisch" agierender Ritter, des Adels, zu interpretieren ist. In rechtlicher Hinsicht wurde der Orden vom Goldenen Vlies wie ein geistlicher Ritterorden konstituiert: Statuten regelten genau, wer die Souveränität über den Orden innehat, die Anzahl der Ritter, den Erwerb der Mitgliedschaft kraft Beschluss durch das Kapitel (Ritter-Versammlung) samt Schlussakt durch den Ordenssouverän, die Herzogskapelle von Dijon als Ordenssitz, die Titulatur der Ordensbeamten (Kanzler, Herold, *Greffier*, *Trésorier*, *Aumônier* und zeitweise *Gardien*) und die Ordensziele – Gehorsam, christliche Lebensweise, Tapferkeit, Verpflichtung zur Gemeinschaftsbildung durch Treffen und Tragen des Ordenskleinods. *„Nüchtern betrachtet"*, so Sonja Dünnebeil, *„handelt es sich beim Orden vom Goldenen Vlies um eine von vielen im Mittelalter in allen Bevölkerungsschichten bestehenden freiwilligen, auf gegenseitigen Eid basierenden Vereinigungen Gleichgesinnter mit Ehrenkodex, gegenseitiger Hilfsverpflichtung, interner Schiedsgerichtsbarkeit, Totenmemoria und regelmäßigen Festen zur Förderung des Zusammenhalts der Gruppe."*[9] Die Exklusivität des Ordens, dessen intern gelebte Egalität in Kombination mit der hierarchischen Hervorhebung des Chefs und Souveräns ließen schon nach wenigen Jahrzehnten das *Toison d'or* zu einem europäischen Mythos werden. Die Verehrung Mariens, des heiligen Andreas, antiker Sagenmythos und bruderschaftliche Gemeinschaftselemente entsprangen der ritterlich-burgundischen Weltanschauung, die im Laufe der Jahrhunderte an verschiedenen Schauplätzen europäischer Politik eine erstaunliche Langlebigkeit bewies. So konstatierte der Ordensgreffier und nunmehrige Kanzler anlässlich des 90. Geburtstages Otto von Habsburgs im Jahr 2002: *„Der Orden vom Goldenen Vlies besteht seit der Gründung im Jahre 1430 ohne je von den damals in den burgundischen Statuten festgehaltenen Regeln*

9 Dünnebeil, Sonja, Die Entwicklung des Ordens unter den Burgunderherzögen, in Auer, Leopold, Dünnebeil, Sonja, Glaser, Birgit-Charlotte, Pachta-Reyhofen, Alexander (Hg.), Das Haus Österreich und der Orden vom Goldenen Vlies, Graz 2007, 33.

und Prinzipien abgewichen zu sein.“[10] Ermöglicht wurde diese Konstanz durch die Weitsicht des Ordensgründers, der zwar den Großteil der Statuen für unabänderlich erklärte, aber dennoch Praktikabilität durch Flexibilität ermöglichte – die auch beim Übergang der Ordenssouveränität von Karl dem Kühnen (1433–1477) im Erbweg über seine Tochter Maria von Burgund (1457–1482) an das Haus Habsburg notwendig war. In dieser statutarischen Qualität, die die rechtliche Eigenständigkeit unabhängig von der Führung durch eine bestimmte Dynastie sicherstellte, liegen nicht zuletzt die vielfältigen geographischen Verankerungen des Ordens begründet: im Herzogtum Burgund (Dijon, Frankreich), den Burgundischen Niederlanden (v. a. Brügge, Gent, Brüssel; bis 1522), den Spanischen/Österreichischen Niederlanden (1522 bis 1795), Spanien (1516 bis heute) und Österreich (1477 bis heute).

ZUR VERORTUNG DES ORDENS AM BURGUNDER HOF

Die Pracht des Hofes der Herzöge von Burgund überragte dank ihrer enormen finanziellen Möglichkeiten den Glanz aller anderen europäischen Herrscherhäuser. Der Orden vom Goldenen Vlies genoss dabei eine zeremonielle Vorrangstellung, man legte auch im Alltag großen Wert auf die Einhaltung eines genauen Protokolls. Die dargestellte Würde des Hauses Valois-Burgund und deren angestrebte Vormachtstellung in der Christenheit bildete die Grundlage für spektakuläre Festivitäten, die nicht nur den jungen Maximilian stark beeindruckten und seine Affinität zur Repräsentation prägten. Seine dynastische Expansionspolitik, die auch Spanien umfasste, führte über diesen Umweg dazu, dass das burgundische Hofzeremoniell als „Spanisches Hofzeremoniell“ bis ins 20. Jahrhundert am Wiener Hof konserviert werden konnte.[11] Neben diesem strengen Hofprotokoll sind der Orden vom Goldenen Vlies sowie die (Wiltener und) Wiener Sängerknaben (gegründet 1498), die ebenfalls der burgundischen Sakraltradition entspringen, nachhaltige Institutionen geblieben, die den Glanz des Burgunder Hofes auch Jahrhunderte nach dessen Ende weiterblühen ließen.

ZUR ORDENSPOLITIK MAXIMILIANS

Der letzte Chef und Souverän des Ordens vom Goldenen Vlies aus dem Haus Valois-Burgund fiel 1477 auf dem Schlachtfeld von Nancy. Nicht nur der Herzogstitel, sondern auch der des Ordenssouveräns gingen über die Eheschließung mit Maria von Burgund am 19. August 1477 auf Maximilian über, der diese – mehr oder weniger – zumindest bis zur Geburt bzw. Großjährigkeit des ersten gemeinsamen Sohnes Philipp (1478–1506) innehaben konnte. Am 22. August 1477 präsentierten sich vier Ordensritter in Gent dem neuen Herrscher und trugen ihm die Würde des „Chefs und Souveräns“ an; Maximilians Ordensaufnahme erfolgte jedoch erst am 30. April 1478 in Brügge.[12] Die Lage innerhalb des Vlies-Ordens war für Maximilian gleich unfriedlich wie im gesamten Herzogtum Burgund: Die Ritter erhielten für seine Führungsrolle teure politische Zugeständnisse, der Tod seiner Gattin Maria war Vorwand für weitere Forderungen, in seinem heranwachsenden Sohn Philipp sah man den wahren Herzog und Ordenschef. Letzten Endes wurde Maximilian mit dem leicht abgewerteten Titel *„chef et père du souverain“* ausgestattet. In Innsbruck

10 Kanzlei des Ordens vom Goldenen Vlies, Le très admirable triumphe de la noble Ordre de la Thoison d’Or – Eine Festschrift des Ordens vom Goldenen Vlies anläßlich des 90. Geburtstages Otto von Österreichs, Souverän des Ordens von 1930 bis 2000, Wien 2002.

11 Hofmann, Christina, Das Spanische Hofzeremoniell von 1500 bis 1700, Frankfurt 1985, 147.

12 Vgl. Kalff, Friedrich Johannes, Funktion und Bedeutung des Ordens vom Goldenen Vlies in Spanien vom XVI. bis zum XX. Jahrhundert, Dissertation, Bonn 1963, 25.

unternahm Maximilian einen Versuch zur Erlangung der vollen Souveränität, als er am 22. August 1497 einen Brief an das Ordenskapitel bzw. seinen Sohn Philipp in Brüssel richtete: Er intendierte die Gründung eines österreichischen Ordenszweiges mit Sitz in Freiburg im Breisgau, um die „größten und adligsten Häuser der Christenheit" – also Valois-Burgund und Habsburg – entsprechend zu positionieren. Sein Antrag wurde mit Entsetzen unter Verweis auf die Ordensstatuten abgelehnt. Dieser Konflikt, der auch einer zwischen Vater und Sohn war, spricht Bände über deren Selbstidentität: Während Maximilian sich als „Österreicher" sah, so betrachteten sich sein Sohn Philipp und später sein Enkel Karl V. (1500–1558) als „Burgunder" – auch nach der Migration des Ordens nach Spanien, von wo aus nach dem Aussterben der spanischen Habsburger im 18. Jahrhundert die Ordenssouveränität endlich Wien erreichte.[13]

LITERATUR

Freek, Marco, Zur Rechts- und Sakralkultur des Ordens vom Goldenen Vlies. Kirchenrecht, Habsburgergesetz, Kulturgüterschutz. Ordensexemplar, Innsbruck/Wien 2018.

Dünnebeil, Sonja, Der Orden vom Goldenen Vlies zwischen Burgund und dem Hause Österreich. In: Cauchies, Jean-M., Noflatscher, Heinz (Hg.), Interkulturelle Kontakte und Konflikte – Pays bourguignons et autrichiens (XIV–XVI siècles), une confrontation institutionelle et culturelle, Neuchâtel 2006.

Dünnebeil, Sonja, Die Entwicklung des Ordens unter den Burgunderherzögen. In: Auer, Leopold, Dünnebeil, Sonja, Glaser, Birgit-Charlotte, Pachta-Reyhofen, Alexander (Hg.), Das Haus Österreich und der Orden vom Goldenen Vlies, Graz 2007.

Hofmann, Christina, Das Spanische Hofzeremoniell von 1500 bis 1700, Frankfurt 1985.

Huizinga, Johan, Herbst des Mittelalters, Stuttgart 2006.

Kalff, Friedrich Johannes, Funktion und Bedeutung des Ordens vom Goldenen Vlies in Spanien vom XVI. bis zum XX. Jahrhundert, Dissertation, Bonn 1963.

Kanzlei des Ordens vom Goldenen Vlies, Le très admirable triumphe de la noble Ordre de la Thoison d'Or – Eine Festschrift des Ordens vom Goldenen Vlies anläßlich des 90. Geburtstages Otto von Österreichs, Souverän des Ordens von 1930 bis 2000, Wien 2002.

Kanzlei des Ordens vom Goldenen Vlies, Statuten des Ordens vom Goldenen Vließ, Kapitel XVII, Manuskript, Wien o. J.

Lütz, Manfred, Die geheime Geschichte des Christentums, Freiburg 2018.

Merzbacher, Friedrich, Aus der Rechtsgeschichte des Ritterordens vom Goldenen Vlies. In: Grass, Nikolaus, Ogris, Werner (Hg.), Festschrift Hans Lentze, Innsbruck 1969.

Probszt, Günther, Der Schatz des Ordens vom Goldenen Vließe, Wien 1926.

Terlinden, Charles de, Der Orden vom Goldenen Vlies, Wien 1970.

13 Vgl. Dünnebeil, Sonja, Der Orden vom Goldenen Vlies zwischen Burgund und dem Hause Österreich. In: Cauchies, Jean-M., Noflatscher, Heinz (Hg.), Interkulturelle Kontakte und Konflikte – Pays bourguignons et autrichiens (XIV–XVI siècles), une confrontation institutionelle et culturelle, Neuchâtel 2006, 25f.

Annette Ahrens

ALS SILBERNE TISCHGERÄTE NOCH EINE KULISSE FÜR GROSSE POLITIK BOTEN

Maximilians rege Reisetätigkeit zog eine Hofhaltung nach sich, die alle Utensilien stets zu verpacken und mitzuführen hatte. Neben umfangreichen Unterlagen der Hofkanzlei, schweren Waffen und aufwendiger Garderobe des Herrschers mussten auch die Lebensmittel für den Hofstaat, Futter für die zahlreichen Pferde[1] und das umfangreiche Tafelsilber mitgeschleppt werden. Da Maximilian oftmals bei den Augsburger Fuggern verschuldet war, ist es nicht verwunderlich, dass zeitweise auch sein Prunkgeschirr verpfändet war. Es wird berichtet, dass er wegen des Mangels an großen, schweren Serviceteilen aus kleiner, silberner Schüssel zu essen hatte. Unter diesem Aspekt ist auch die Betrachtung der Schaubuffets nach burgundischem Vorbild kritisch zu sehen. Die überlieferten Bildquellen können zur eigenen, verherrlichten Geschichtsschreibung einer prachtvollen Hofhaltung bis heute beigetragen haben. Das spezifische burgundische Hofzeremoniell wurde anlässlich der Hochzeit von Maximilian I. mit Maria von Burgund im Jahr 1577 für die Habsburger für viele Jahrzehnte Vorbild gebend. Das Mittelreich Burgund war hier besonders ausgeprägt, da die Verhöflichung des kriegerischen Adels fortgeschrittener war als in den habsburgischen Ländern.

Beim Fürstentag in Trier lernte bereits Maximilians Vater Kaiser Friedrich III. (1415–1493) 1473 erstmals die burgundische Hofhaltung kennen, deren unglaublicher Reichtum durch den Tuchhandel, das Stapelrecht auf Getreide und einem damit möglichen Gold- und Silberschmiede-Handwerk begründet war. Die vornehme Etikette der burgundischen Hofkultur, die reichen Bibliotheken, die von vielen Gelehrten Europas in Anspruch genommen wurden, und die Gartenarchitektur nach Vorbild der Gärten in Mecheln beeindruckten Maximilian bei seinem Brautzug nach Gent. Die gottesähnliche Stellung des Herrschers, die Propaganda der Meinungsbildung wären ohne das burgundische Vorbild für die Habsburger nicht nachvollziehbar. Es ist jedoch für Historiker heute fraglich, inwieweit Maximilian während seiner immerhin 16-jährigen Regierungszeit in den Niederlanden den Reichtum der Stände, der auf Handelsbeziehungen aufbaute, verstehen und schätzen konnte. In seinem „Weisskunig" äußerst er sich abfällig über die Stände: *„die maisten waren mit gelt ubergeben. Aus dem ist zu gedenken, das etlich das gelt heten genomen, die kunigin [d. h. die Herzogin Maria] het wol oder ubl geheiratet"*.[2] Diese waren ihm zeitlebens mit ihrer städtebündischen Selbstherrlichkeit[3] ein Dorn im Auge.

Zeremonien und Rituale ebenso wie öffentliche Tafeln dienten auch als nonverbale Kommunikationsformen der Macht und hatten für den Besucher des Hofes eine nicht minder gesellschaftliche wie politische Wirkung. Die hiermit verbundenen Ansprüche waren für alle Besucher der damaligen europäischen Welt trotz unterschiedlicher Sprachen gleichsam lesbar.[4] Die gemeinsame Mahlzeit dient als Ausdruck des Friedens, daher

---

1 Weiss, Sabine, Maximilian I. Habsburgs faszinierender Kaiser, Innsbruck 2018, 152. Im Jahre 1496 berichtet ein venezianischer Gesandter, er habe 600 Pferde bei Maximilian gesehen.

2 Königsberger, Helmut Georg, Fürst und Generalstaaten. Maximilian I. in den Niederlanden (1477–1493), München 1987, 14. In: Musper, Heinrich Theodor u. a. (Hg.), Weisskunig, Stuttgart 1956, Kap. 56, 242.

3 Stolberg-Wernigerode, Otto zu, Neue deutsche Biographie, Bd. 16, Maly/Melanchthon, Berlin 1990, 459.

4 Ottomeyer, Hans, Vorwort. In: Ottomeyer, Hans, Völkel, Michaela (Hg.), Die öffentliche Tafel. Das Tafelzeremoniell in Europa 1300–1900, Ausstellungskatalog, Berlin 2002, 6

Tapisserienzyklus, Festtafel des Assueres, Franko-flämisch 1470–1490.
Museo Catedralico de la Seo, Saragossa, Inv. Nr. 15211.

werden bis heute Staatsakte auch bei Tisch besiegelt. Die öffentliche Tafel war zeitlich eng mit einer geistlichen Messe verbunden. Stellvertretend war diese an eine Krönung oder Erbhuldigung quasi als Reinszenierung[5] angebunden. Die erste öffentliche Tafel ist für den Wiener Hof in der Instruktion des Stabelmeisters von 1572 belegt.[6] Diese wichtige, bisher in der Literatur allerdings weitgehend unbeachtete Handschrift macht deutlich, dass Zeremoniell und Organisation des Hofs der Habsburger nicht aus Spanien, sondern aus Burgund stammen.[7] Ein Essen beginnt und endet mit einem Gebet, denn das Mahl bei Hof wurde als Glaubens- und Essgemeinschaft verstanden. So ist Religion sogar bei Tisch ein Teil des Zeremoniells. Tafeln „en cérémonie" bei kirchlichen Feiertagen wie Ostern, Pfingsten und Weihnachten sind als bildliche Quellenlage in der Zeit um 1500 schwierig zu finden. Doch was genau versteht man unter einem burgundischen Schaubuffet? Welche Elemente muss es enthalten und wo ist das heute noch zu sehen?

Prunkbuffets und Kredenzen gehörten spätestens seit dem 14. Jahrhundert zur standesgemäßen Möblierung fürstlicher Gemächer. Schon der Ursprung des italienischen Wortes „credere – glauben, vertrauen" verrät deren Funktion: Als fester Bestandteil des Zeremoniells hatte der Monarch seinem persönlichen Vorkoster mit der Giftprobe zu vertrauen, dass die kredenzten Speisen nicht in böswilliger Absicht vergiftet waren. Eine weitverbreitete, nicht unbegründete Angst unter den Machthabern des Mittelalters. Die seit 2015 neu aufgestellte Kunstkammer in Wien zeigt Pokale, Schiffe (nefs), Salzfässer und Exotika und sollte als Schaubuffet die Stellung des Herrschers unterstreichen. Besonders die auch als Tafelschmuck aufgestellte Natternzungenkredenz[8] verlieh den Glauben, sich durch die verfärbenden, warnenden Zungenspitzen schützen zu können. Die versteinerten Haifisch-

5 Ottomeyer, 2002, 5.

6 ÖNB, Handschriftensammlung „burgundischer Hofstaat", HS 14676, fol. 9v–13r. Zitiert nach Haslinger, Ingrid, Der Kaiser speist en public. Die Geschichte der öffentlichen Tafel bei den Habsburgern vom 16. bis ins 20. Jahrhundert. In: Die öffentliche Tafel. Das Tafelzeremoniell in Europa 1300–1900, Ausstellungskatalog, Berlin 2002, 49.

7 Ich danke Ingrid Haslinger persönlich für diesen wichtigen Hinweis.

8 Natternzungenbaum, Nürnberg, um 1450, H 27 cm, KHM Wien, Kunstkammer Inv. Nr. 89.

zähne wurden allerdings schon bald entzaubert, die Vergiftungen mit einer Verfärbung anzeigen zu können. Daher fanden Natternzungen um 1600 keine Aufstellung mehr. Von exotischen Materialien wie Bezoaren, Steinbockhorn oder Serpentin erhoffte man sich schützende Heilwirkung oder zumindest ein wirksames Gegengift.

Heute haben sich nur wenige Schaubuffets des 15. Jahrhunderts erhalten. Aus der Zeit um 1590 finden wir eine seltene, denn fix in Fensternischen eingebaute Kredenz[9] aus Holz im Antiquarium der Münchner Residenz. Obwohl sie rund 70 Jahre nach dem Ableben von Maximilian I. zu datieren ist, vermag sie uns am besten eine Vorstellung so eines stufenförmigen Aufbaus zu geben. Darüber hinaus liefert uns der Augsburger Philipp Haindorfer bei seinem Besuch im Jahr 1611 eine Beschreibung des Gesehenen: „... *auf der rechten und linckhen Seite stehen zwei grosse Credentztisch, oder tresor mit schönen Heidnischen kruegen, schaalen und anderen geschürren darob* ...“[10] Die prunkvollen Möbel wurden wohl nach einem Entwurf von Friedrich Sustris (um 1540 wohl Padua – 1600 München) aus massivem Nussholz mit Fichte als Blindholz gefertigt. Eine umfassende Forschungsarbeit zur kunsthistorischen Würdigung konnten Brigitte Langer[11] für das Möbel und Gudrun Szczepanek[12] für die wohl hier ausgestellten fürstlichen Majoliken vorlegen. Das prächtige, nahezu ohne Gebrauchsspuren erhaltene Majolika-Service von Herzog Albrecht V. (Regierungszeit 1550–1579) wurde in Faenza 1576 gefertigt und dürfte, Silber gleichwertig, hier als herzoglicher Schatz Aufstellung gefunden haben. Die Anzahl der Regale spiegelte die gesellschaftliche Stellung des Fürsten oder der Fürstin wider, wobei die unterste Stufe einer Kredenz auch Platz für das Servieren von Speisen bot. Das Schaubuffet diente nicht ausschließlich der Repräsentation, sondern auch der Praktikabilität. Dem nur flüchtig aufgeworfenen Gedanken Hans Ottomeyers[13], dass sich die Architekturen der Schaubuffets meist nur ephemer erhalten haben, sollte an anderer Stelle nochmals nachgegangen werden. Er meint, dass diese einfachen Aufbauten aus Holz meist mit Tüchern aus edlem Damast bedeckt waren, um in symmetrischer Anordnung den Silberschatz zu präsentieren. Ein bildliches Zeugnis einer öffentlichen Tafel mit Schaubuffet finden wir auf einer „cassone“, einer Hochzeitstruhe[14] im venezianischen Museo Correr. Zwei- oder dreistufige Schaubuffets wurden mit Hilfe von zwei quergestellten Tischen aufgebaut und mit einem Tafeltuch bedeckt, während der Herrscher meist allein und zentral unter einem Baldachin auf einer Estrade an einer rechteckigen Tafel sitzt. Zu sitzen kam allerdings wirklich nur der Herrscher, alle anderen hatten laut Zeremoniell und Rang zu stehen. Dies erklärt die seltene Überlieferung von Sitzmöbeln aus dieser Zeit.

Eine Federzeichnung[15] nimmt wohl auf ein Ereignis von 1488 Bezug, wo Maximilian I. „en public“ vor Bürgern der Stadt Brügge speist.[16] Dem burgundischen Hofzeremoniell zufolge sitzt er allein bei der öffentlichen Tafel. Beim Speisen „en public“ hatte man nicht nur Gelegenheit, dem Herrscher beim Speisen zuzuschauen und die zur Schau gestellten Prunkgefäße als Machtdemonstration anzusehen, sondern konnte sich selbst durch die alleinige Anwesenheit höherstellen. Zwei Personen reichen Servietten. Die symmetrisch platzierten, jedoch abgedeckten Schüsseln zeigen leider nicht deren Inhalt. Sie schützen jedoch vor dem Auskühlen der Speisen. Ein jugendlicher Vorschneider mit Serviette um die Schulter ist prominent im Bildvordergrund in Szene gesetzt, der restliche Hofstaat

9 Kredenz, Inv. Nr. Res. Mü M136 und 137.

10 Haeutle, Christian, Die Reisen des Augsburger Philipp Haindorfer nach Eichstädt, München und Regensburg, Augsburg 1881, 71.

11 Langer, Brigitte, Die Möbel der Residenz München II. Die deutschen Möbel des 16. bis 18. Jahrhunderts, München 2002, 46.

12 Szczepanek, Gudrun, Fürstliche Majolika, Das Majolikaservice für Herzog Albrecht V. von Bayern, München 2009.

13 Ebenda, 14.

14 Hochzeitstruhe, Meister dei cassoni di Jarves, Aus der Geschichte von Alatiel, 1. Hälfte 15. Jahrhundert, 149 × 38 cm, Museo Correr, Venedig, Inv. Cl. I n. 0006 (1949).

15 Maximilian I. an der öffentlichen Tafel, Meister des Hausbuches, Federzeichnung, Deutsch, um 1500, Staatliche Museen zu Berlin, Kupferstichkabinett, Inv. Nr. KdZ 4442.

16 Ottomeyer, 2002, 213. Die historisch richtige Identifikation nach Aby Warburg ist heute nicht restlos geklärt.

säumt das Festmahl. An der vorderen Tischkante ist Brot in Turmform aufgestapelt. Die exzentrische Präsentation des Vorschneidebestecks übereinander unterstreicht den narrativen Gehalt dieser Zeichnung als Träger burgundischen Hofzeremoniells. Bestehend aus einem breiten, stumpfen Vorlegemesser, einem Vorschneidemesser, auch Plötzen (Weidmesser), und einem spitzen Messer zum Zerteilen von Fleisch erinnert es an ein Ensemble von drei Messern[17] mit kunstvoll gearbeiteten Elfenbeingriffen. Im Relief gearbeitete Figuren dienen nicht nur als fein gearbeiteter Dekor für den Elfenbeingriff, sondern erzählen dem heutigen Betrachter von der burgundischen Hofkleidung um 1470.[18] Der übereinstimmende Dekor der drei Messer spricht für ein Vorlegebesteck, zumal die Federzeichnung von Maximilian I. an der öffentlichen Tafel eine übereinandergelegte Anordnung der Messer zeigt. Die Messerspitze hatte laut burgundischer Tradition zum Herrscher zu zeigen.

Das Aufwarten galt sowohl für das Hofpersonal im Sinne des Bedienens, hatte jedoch auch seinen Ursprung im Abwarten[19] der ordentlich gekleideten Besucher und Zaungäste einer öffentlichen Tafel. Die Menge der Teilnehmer hatte man zu reglementieren, denn die Anzahl der Gäste war beschränkt, so sorgte man für rechtzeitiges Schließen der Türen. Ungesund und übel aussehende Besucher wurden laut Rohr vom Herrscher sogar ferngehalten, um ihm nicht den Appetit zu verderben[20]. Das Schaubuffet durfte nur während der Anwesenheit des Silberkämmerers bestückt werden. Seine Aufgaben sind in der ältesten Tischordnung des Wiener Hofes unter Kaiser Ferdinand aus den Jahren 1527 und 1537 genau geregelt. „Die Truchsessen“[21] mögen nicht auf die Tafel drängen, jedoch entwickelte sich das Amt des Vorschneiders im 15. Jahrhundert aus dem Kreis der höchsten Ämter. Die Unterscheidung zum Nächsten gelang dem Herrscher durch eine Art „Sozialdisziplinierung“, mit scharfen Messern umgehen zu können, eine Art Spiel von Nähe und Distanz zum speisenden Fürsten[22]. Der „Écuyer trenchant“ hatte das Vorrecht, den Herzog an hohen Festtagen zu bedienen. Neben eigenen Mundköchen ist als persönlicher Pastetenbäcker Maximilians der Name „Jan de Berlis“ dokumentiert. Die geografisch günstige Lage zu Italien ermöglichte eine Versorgung des Innsbrucker Hofes mit Früchten aus dem Süden, deren leidenschaftlicher Verzehr Maximilian nachgesagt wird. Sein „fructier“ wusste nicht nur die richtige Reife zu überprüfen, sondern hatte auch die Früchte kunstvoll zu schnitzen, wie eine Anleitung zum Tranchieren[23] von Früchten illustriert. Hier soll aus einer einfachen Birne ein kunstvoller Schwan entstehen, um den Adressaten zu entzücken. Um die Frische der Früchte zu garantieren, ist eine Anweisung Maximilians vom August 1500 belegt, die Körbe mit Melonen besser nachts zu transportieren.

Es ist durchaus lohnend, Äquivalente von Goldgefäßen der Schaubuffets auf Tapisserien und erhaltenen Objekten in Habsburger Sammlungen zu suchen. Ein erhaltener Tapisserien-Zyklus[24] von 1470 zeigt eine Festtafel nach burgundischem Hofzeremoniell.[25]

1494 erfolgte die nicht standesgemäße Heirat Maximilians in zweiter Ehe mit Bianca Maria Sforza (1472–1510), die ihm allerdings eine stattliche Mitgift in der Höhe von 400.000 Golddukaten in bar und zahlreiche Juwelen einbrachte. Ein Schaubuffet wird mit zwei großen und zwei mittleren Becken samt Krügen zum Händewaschen, vier Konfektschalen mit Deckel, je vier großen, mittleren und kleineren Platten, je 24 größeren und kleineren

17 Besteckteile, Burgund, um 1470, KHM, Wien, Hofjagd- und Rüstkammer, Inv. Nr. D 259.

18 Kirchweger, Franz, Schätze burgundischer Hofkunst in Wien, Wien 2009 (gem. mit S. Haag und K. Schmitz-von Ledebur).

19 Haslinger, 2002, 48–57.

20 Von Rohr, Julius Bernhard, Einleitung zur Ceremoniel-Wissenschafft der großen Herren, Berlin 1733, 75, Schlechte, Monika (Hg.), Zwickau 1990.

21 Edelknabeninstruktion, zitiert nach Haslinger, 2002, 49.

22 Völkel, Michaela, In: Ottomeyer, Hans, Völkel, Michaela (Hg.), Die öffentliche Tafel. Das Tafelzeremoniell in Europa 1300–1900, Ausstellungskatalog, Berlin 2002, 18.

23 Giegher, Mattia, Le tre trattati, Padua 1639, siehe Staatliche Museen zu Berlin, Kupferstichkabinett Lipp Va 7kl.

24 Festtafel des Assuerus, Franko-flämisch 1470–1490, Saragossa, Museo Catedralico de la Seo, Inv. Nr. 15211.

25 Franke, Birgit, Pracht und Zeremoniell. Burgundische Tafelkunst in franko-flämischen Bildteppichen des 15. Jahrhunderts. In: Ottomeyer, Hans, Völkel, Michaela (Hg.), Die öffentliche Tafel. Tafelzeremoniell in Europa 1300–1900, Berlin 2002, 38.

Deckelpokal, sogenannter Maximilianspokal, Nürnberg, um 1510, Höhe 56 cm.
KHM, Wien, Kunstkammer, Inv. Nr. 110.
(s. Kat. Nr. 06_15 a)

Schüsseln, 36 Tabletts, 24 flachen Schalen, zwei Eierbechern, zwei Gewürzbüchsen, einem Deckelkrug, acht Salzgefäßen und acht Kandelabern beschrieben.[26] Inwieweit die in Burgund kennengelernten Schaubuffets durch Maximilians Heirat ins Haus Sforza die „studiolos", die privaten Schatzkammern der italienischen Fürsten, ablösten, ist Gegenstand einer anderen Betrachtung.

LITERATUR

Franke, Birgit, Pracht und Zeremoniell. Burgundische Tafelkunst in franko-flämischen Bildteppichen des 15. Jahrhunderts. In: Ottomeyer, Hans, Völkel, Michaela (Hg.), Die öffentliche Tafel. Tafelzeremoniell in Europa 1300–1900, Ausstellungskatalog, Berlin 2002.

Giegher, Mattia, Le tre trattati, Padua 1639.

Haeutle, Christian, Die Reisen des Augsburger Philipp Haindorfer nach Eichstädt, München und Regensburg, Augsburg 1881.

Haslinger, Ingrid, Der Kaiser speist en public. Die Geschichte der öffentlichen Tafel bei den Habsburgern vom 16. bis ins 20. Jahrhundert. In: Ottomeyer, Hans, Völkel, Michaela (Hg.), Die öffentliche Tafel. Das Tafelzeremoniell in Europa 1300–1900, Ausstellungskatalog, Berlin 2002.

Kirchweger, Franz, Schätze burgundischer Hofkunst in Wien, Wien 2009 (gem. mit S. Haag und K. Schmitz-von Ledebur).

Königsberger, Helmut Georg, Fürst und Generalstaaten. Maximilian I. in den Niederlanden (1477–1493), München 1987. In: Musper, Heinrich Theodor u. a. (Hg.), Weisskunig, Stuttgart 1956, Kap. 56.

Langer, Brigitte, Die Möbel der Residenz München II. Die deutschen Möbel des 16. bis 18. Jahrhunderts, München 2002.

Ottomeyer, Hans, Vorwort. In: Ottomeyer, Hans, Völkel, Michaela (Hg.), Die öffentliche Tafel. Das Tafelzeremoniell in Europa 1300–1900, Ausstellungskatalog, Berlin 2002.

Stolberg-Wernigerode, Otto zu, Neue deutsche Biographie, Bd. 16, Maly/Melanchthon, Berlin 1990.

Szczepanek, Gudrun, Fürstliche Majolika, Das Majolikaservice für Herzog Albrecht V. von Bayern, München 2009.

Völkel, Michaela, In: Ottomeyer, Hans, Völkel, Michaela (Hg.), Die öffentliche Tafel. Das Tafelzeremoniell in Europa 1300–1900, Ausstellungskatalog, Berlin 2002.

Von Rohr, Julius Bernhard, Einleitung zur Ceremoniel-Wissenschafft der großen Herren, Berlin 1733. Schlechte, Monika (Hg.), Zwickau 1990.

Weiss, Sabine, Maximilian I. Habsburgs faszinierender Kaiser, Innsbruck 2018.

26 Zitiert nach Weiss, 2018, 87f.

Hofansicht der Innsbrucker Burg gegen Norden (mit Wolken), um 1496, Albertina, Wien, Inv. Nr. 3058

Nicole Riegel

ZUR BAUGESCHICHTE DER INNSBRUCKER HOFBURG UNTER MAXIMILIAN I.[1]

Die Innsbrucker Hofburg in ihrer heutigen Erscheinung als spätbarocke Stadtresidenz gibt ihr Alter nicht ohne weiteres preis. Doch anders als mit den Baumaßnahmen unter Maria Theresia ab 1765 vielleicht beabsichtigt, ist für das Auge des Architekturhistorikers erkennbar, dass der 130 Meter lange Baukomplex durch eine sukzessive Verschmelzung heterogener Bausubstanz und durch seine Erweiterung in mehreren Phasen geprägt ist. Die vergleichsweise dichte Dokumentation der Hofburg durch historische Schriftquellen, Ansichten und Pläne in Verbindung mit der Analyse der Gestalt, der Auswertung bauarchäologischer Befunde und den Methoden digitaler Visualisierung erlaubt heute, die Entstehungsgeschichte in ihren wichtigsten Etappen nachzuzeichnen und die Bautätigkeit Maximilians klarer auszuleuchten, als dies der älteren Forschung möglich war.[2]

Dennoch haben eine Reihe von Erkenntnissen Bestand. Dazu gehört die Identifizierung zweier Albrecht Dürer zugeschriebener Aquarelle als Hofansichten der Innsbrucker Burg in ihrem Zustand zuzeiten Maximilians (Kat. Nr. 15_01, 15_02).[3] Diese Blätter, die gemeinsam mit einer Stadtansicht von Innsbruck im Umfeld von Dürers erster italienischen Reise geschaffen worden sein dürften und heute um 1496 datiert werden,[4] zeigen in großer Detailtreue den Burghof in einem Zeitraum, in dem das bis dahin erzherzogliche Schloss definitiv in den alleinigen Besitz Maximilians überging und damit den Anforderungen einer königlichen Hofhaltung zu entsprechen hatte.

Die Baufreudigkeit und Prunkliebe Erzherzog Sigmunds, die hohe Verschuldung verursacht und neben anderem zu einer eher unfreiwilligen Abdankung des Landesfürsten geführt hatten,[5] kamen Maximilian nun zugute: Die Stadtburg war von beachtlicher Ausdehnung, vermutlich repräsentativer Ausstattung und rezenter Entstehung. Sigmund, der zunächst, wie schon sein Vater Friedrich, im Neuenhof am Stadtplatz residierte, hatte

1 Der vorliegende Beitrag versteht sich als ein für die Aufbereitung als Katalogtext stark verdichtetes, auf die Darlegung der historischen Umstände, auf architekturhistorische Argumentation, Deutung und Quellennachweise weitgehend verzichtendes und in den Literaturbelegen auf ein Minimum beschränktes Abstract eines umfänglichen wissenschaftlichen Aufsatzes, der unter dem Titel „Zwischen Prätention und Pragmatik. Maximilians I. Bautätigkeit an der Innsbrucker Hofburg" in: Marburger Jahrbuch für Kunstwissenschaft 45, 2018 (2019) erscheinen wird.

2 Vgl. grundlegend Dreger, Moriz, Zur ältesten Geschichte der Innsbrucker Hofburg. In: Kunst und Kunsthandwerk 24, 1921, 133–201; Werkner, Patrick, Die Innsbrucker Burgen. In: Trapp, Oswald (Hg.), Mittleres Inntal, Tiroler Burgenbuch, 6, Bozen 1982, 107–132; Oettinger, Ricarda, „Hofburg" und „Adeliges Damenstift". In: Felmayer, Johanna (Hg.), Die Kunstdenkmäler der Stadt Innsbruck. Die Hofbauten, Österreichische Kunsttopographie, 47, Wien 1986, 55–235; Hanzl-Wachter, Lieselotte, Hofburg zu Innsbruck, Architektur, Möbel, Raumkunst. Repräsentatives Wohnen in den Kaiserappartements von Maria Theresia bis Kaiser Franz Joseph, Wien 2004. Siehe auch Riegel, Nicole, Bausteine eines Residenzprojekts. Kaiser Maximilian I. in Innsbruck. In: Karner, Herbert, Ciulisová, Ingrid, García García, Bernardo J. (Hg.), The Habsburgs and their Courts in Europe, 1400–1700. Between Cosmopolitism and Regionalism, 2014, 28–45.

3 Dreger, 1921.

4 Großmann, Georg Ulrich, Albrecht Dürer in Innsbruck. Zur Datierung der ersten italienischen Reise. In: Ders., Sonnenberger, Franz (Hg.), Das Dürer-Haus. Neue Ergebnisse der Forschung, Nürnberg 2007, 227–240; Metzger, Christof, Innsbruck Castle Court. Innsbruck Castle Court with Clouds, in: Robinson, Andrew, Schröder, Klaus Albrecht, Hinz, Berthold (Hg.), Albrecht Dürer. Master drawings, watercolors and prints from the Albertina. AK National Gallery of Art Washington 2013, München 2013, 84–85.

5 Dankl, Günther, Die Bauten Erzherzog Sigmunds. In: Der Herzog und sein Taler. Erzherzog Sigmund der Münzreiche. Tiroler Landesmuseum Ferdinandeum, Innsbruck 1986, 66–78; Werkner, 1982; Oettinger, 1986, 55; Hollegger, Manfred, Maximilian I. (1459–1519), Herrscher und Mensch einer Zeitenwende, Stuttgart 2005, 68–72.

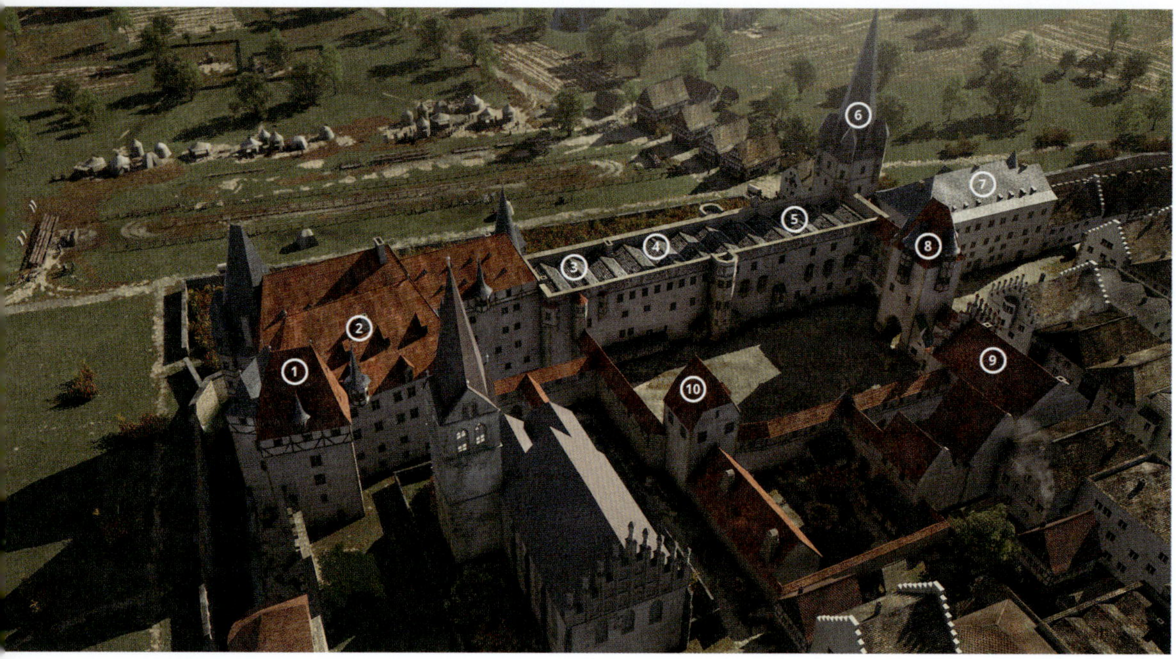

1 Schatzturm
2 Frauenzimmerbau
3 Paradeis
4 Saalbau
5 Neuer Bau
6 Wappenturm
7 Harnaschhaus / Wappenhaus
8 Torturm
9 Kanzlei
10 Turm bei Kirche

Innsbrucker Hofburg um 1510, digitales Volumenmodell, Archimedix, wiss. Beratung Nicole Riegel.

nach 1450 mit zahlreichen Hauserwerbungen begonnen, den habsburgischen Grundbesitz an der östlichen Stadtmauer zuseiten des Rumertors systematisch zu erweitern und dort eine neue Residenz zu etablieren. Über die räumliche und funktionale Verbindung der heterogenen Baulichkeiten hinaus überbaute Sigmund die Stadtmauer wie den Zwinger und setzte die Außenfront des so gewonnenen Ostflügels auf die alte Zwingermauer auf.[6] Dieser aus fortifikatorischen Gesichtspunkten nicht unproblematische Schritt zog weitere Maßnahmen nach sich: Dem Rumertor wurde um 1465 der Saggenturm vorgesetzt, der im Stadtgraben zu stehen kam, und in dem Sigmund sich ein Appartement einrichten ließ.[7] Die südlich des neuen Turms erworbenen Häuser transformierte der Erzherzog in das sog. Harnaschhaus (später Wappenhaus und Äußere Burg, heute Adeliges Damenstift), in dem er Rüstungen aus der weitherum geschätzten Innsbrucker Produktion präsentierte.[8] Und höchstwahrscheinlich war es auch Sigmund, der gegen Ende seiner Amtszeit an der Nordostecke der Stadt über die alten Befestigungswerke hinausgehend ein Rondell errichtete und dieses durch einen neuen Trakt, den Kern des Frauenzimmerbaus, mit der bestehenden Burg verband.[9]

Der 1496, im Todesjahr Sigmunds erreichte Zustand ist in wesentlichen Zügen durch Dürers Ansichten dokumentiert: Der Besucher, der die Burg über den Torturm an der Hofgasse etwa an derselben Stelle wie heute betrat, blickte gegen Norden in einen großen,

6 Mittermair, Martin, Das Adelige Damenstift zu Innsbruck. Ein Beitrag zur mittelalterlichen Stadtgeschichte. In: Stadler, Harald (Hg.), Zwischen Schriftquelle und Mauerwerk. Festschrift für Martin Bitschnau, Nearchos, 20, Innsbruck 2012, 80–98, hier 95 f., schreibt die Vorverlegung der gesamten Ostfront Maximilian zu, doch belegen Dürers Ansichten die Existenz tief über die Stadtmauer hinausreichender Trakte für die Zeit um 1496.

7 Werkner, 1982, 117; Mittermair, 2012, 94 f; Hagen, Christian, Vom Stadttor zum Wappenturm. Über Gestaltung, Funktion und Wahrnehmung eines repräsentativen Bauwerks in der Residenzstadt Innsbruck. In: Hirschbiegel, Jan (Hg.), In der Residenzstadt. Funktionen, Medien, Formen bürgerlicher und höfischer Repräsentation, Residenzenforschung, N. F., 1, Ostfildern 2014, 131–143, hier 134.

8 Mittermair, 2012, 94f.

9 Die ältere Forschung sah in Maximilian den alleinigen Erbauer des Frauenzimmerbaus: Oettinger, 1986, 57; Werkner, 1982, 116. Vorsichtiger Dreger, 1921, 198.

von Steinbauten unterschiedlichen Alters und von Verbindungstrakten in Fachwerk über Arkaden umschlossenen Burghof (Kat. Nr. 15_01). Rechterhand befand sich der langgestreckte, durch einen polygonalen Turm über den Treppenaufgängen akzentuierte, Repräsentationsräume enthaltende Ostflügel, dessen tief heruntergezogenes Dach an einen höheren Baukörper stieß, das später sogenannte Paradeis. Über den hofbegrenzenden Fachwerkgang war das Paradeis mit einem Wohnturm im Nordwesten verbunden, der seinerseits mittels einer Gangverbindung an die Kanzlei angeschlossen war, deren gezinnter Treppengiebel und Erker vom Bildrand angeschnitten sind. Eine Arkade des nördlichen Verbindungsgangs öffnete sich auf einen zweiten, kleineren Hof vor einem breiten und hohen Baukomplex mit erkerreichem Fachwerkaufsatz, dem Frauenzimmer. Die Hofansicht ist von außerordentlicher Detailtreue, weist allerdings perspektivische Ungenauigkeiten auf und verzichtet auf die Wiedergabe des an den Frauenzimmerbau westlich anschließenden Schatzturms und des links des Eckturms sicherlich zu sehenden Pfarrkirchenturms, genauso wie in der Hofansicht gegen Süden zwar der Torturm der Burg, nicht aber der damals wahrscheinlich schon hoch aufragende, eingerüstete Wappenturm dargestellt ist.

In der Frage, inwieweit in den von Dürer festgehaltenen Bauzustand bereits Veränderungen seitens Maximilians eingegangen sind, müssen die Schriftquellen konsultiert werden. Nach der Abdankung Sigmunds im Frühjahr 1490 ist Maximilian zwischen Herbst 1491 und Anfang 1492 mehrfach in Innsbruck dokumentiert und könnte in dieser Zeit erste Überlegungen zum Handlungsbedarf an der Burg angestellt haben.[10] 1492 sicherte er Sigmunds zweiter Gemahlin Katharina zu, das Frauenzimmer, in dem sie ihre Wohnung habe, *„zu pawen und zu pessern"*, und räumte ihr bis zu einer Wiederverheiratung Wohn- und Nutzungsrecht ein, wobei der Wortlaut des Dokuments nicht etwa für das Vorhaben eines völligen Neubaus, sondern vielmehr für einen vergrößernden Ausbau und die Adaption des im Kern schon bestehenden Frauenzimmerbaus spricht.[11] Alles deutet darauf, dass Maximilian seinem Versprechen nachkam, das Frauenzimmer erweiterte, erhöhte und für eine geteilte Nutzung vorbereitete: Es sollte das königliche Logis aufnehmen und zusätzlich Raum für den Witwensitz Katharinas bereithalten. 1496 scheinen die Baumaßnahmen abgeschlossen gewesen zu sein, die Ausstattung erfolgte teilweise erst später.

Für eine weitere, umfänglichere Bautätigkeit im Burginneren in den ersten Jahren von Maximilians Regierung gibt es keine Indizien. Wohl aber hatte er schon bald nach 1490 in Fortführung von Sigmunds „Bauprogramm" das Harnaschhaus, die äußere Burg, bis auf die Zwingermauer verbreitert,

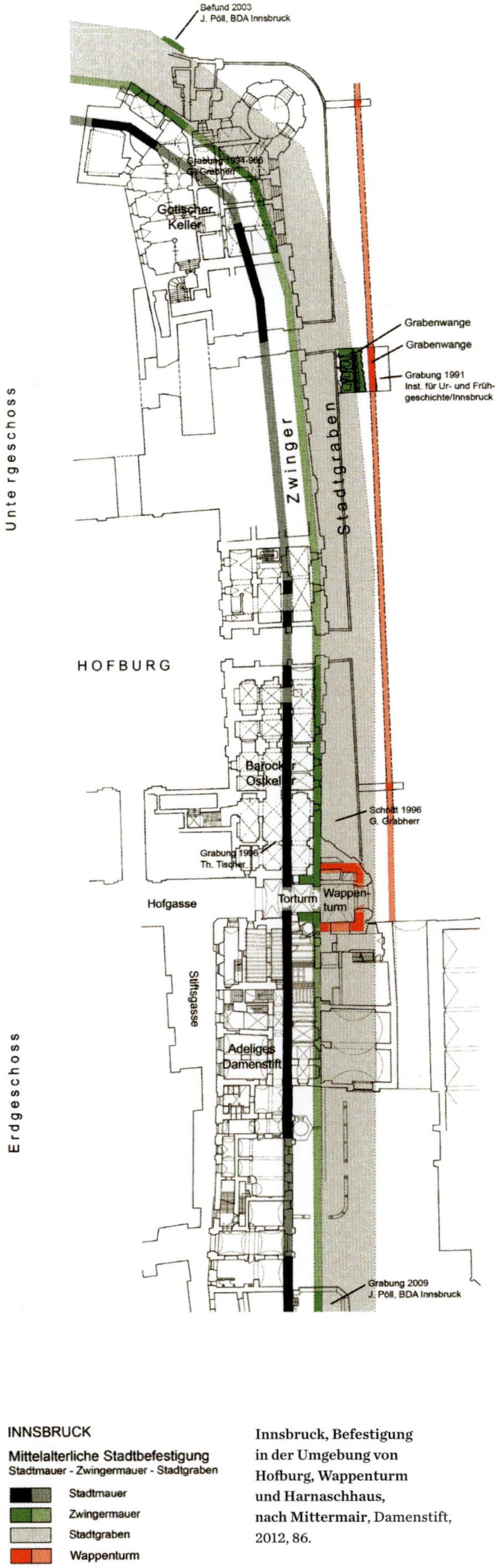

Innsbruck, Befestigung in der Umgebung von Hofburg, Wappenturm und Harnaschhaus, nach Mittermair, Damenstift, 2012, 86.

10 Wolf, Susanne, Die Doppelregierung Kaiser Friedrichs III. und König Maximilians (1486–1493), Köln/Weimar/Wien 2005, 272 f.

11 Tiroler Landesarchiv Innsbruck, Ältere Kopialbücher 15 (Lit. O), 1492, 18 f.

wie aus dendrochronologischen Befunden zu ersehen ist.[12] Im Frühjahr 1494, im Umfeld von Maximilians Hochzeit mit Bianca Maria Sforza in Innsbruck, dürfte der Wiederaufbau des zu Jahresbeginn durch einen Brand in Mitleidenschaft gezogenen Saggenturms in Angriff genommen worden sein. Maximilian nutzte die Gelegenheit, hier ein erstes, weithin sichtbares Zeichen seiner Autorität zu setzen, indem er den neuen Turm mit einem hochaufragenden Helm versah und seine Außenfassade von Jörg Kölderer mit den Wappen der gegenwärtigen und beanspruchten Herrschaftsgebiete des Römischen Königs und des Hauses Habsburg dekorieren ließ (Kat. Nr. 15_12).[13]

Damals, 1494, scheint Maximilian auch bereits mit dem kostspieligen Bau des neuen, befestigten Zeughauses vor der Stadt begonnen zu haben,[14] das nicht nur seinen Rüstungsvorhaben und Kriegsplänen entsprach, sondern auch das gesamte östliche Vorfeld der Burg sichern sollte, die möglicherweise noch von Sigmund bewohnt wurde. Maximilian pflegte weiterhin die Reiseherrschaft und erschien nicht vor Sommer 1496 – nach Sigmunds Tod – wieder in Innsbruck, wo er sich erfolgreich um eine Neuvermählung der Witwe Katharina bemühte, um dann nach Italien zu ziehen.[15] Längere Aufenthalte des Königspaars in Innsbruck sind zwar zwischen Sommer 1497 und Frühjahr 1498 bezeugt, dürften jedoch nicht für tiefer greifende Veränderungen an der Burg genutzt worden sein. Möglicherweise genossen nun die Einrichtung der Hauskammer im Neuenhof und die Ausgestaltung des dortigen Goldenen Dachls Vorrang.[16]

Während die Jahre 1499 und 1500 längere Absenzen mit sich brachten, so dass Maximilian einen Teil des Frauenzimmerbaus seinem Landhofmeister Michael von Wolkenstein zur Verfügung stellen konnte,[17] fand sich das Königspaar im Mai 1501 wieder in Innsbruck ein, wo man vorübergehend auch die zahlreichen Mailänder aufnahm, die nach der Absetzung von Bianca Marias Onkel Ludovico il Moro am königlichen Hof Zuflucht suchten.[18] Hinweise auf Bautätigkeit fehlen auch jetzt. Erst 1503, als Maximilian einen Besuch seines Sohnes Philipp des Schönen erwartete, der seine Rückkehr von einer fast zweijährigen Reise nach Frankreich und Spanien in Innsbruck unterbrach, ordnete Maximilian am Harnaschhaus und in dessen näherem Umfeld Veränderungen an,[19] die darauf deuten, dass Philipp das Harnaschhaus, das mit der Hauptburg über einen Gang beim Wappenturm in direkter Verbindung stand, als Gastwohnung zur Verfügung gestellt wurde – ein durchaus zeitgemäßes Konzept, dessen Realisierung möglicherweise noch nicht zur völligen Zufriedenheit ausgefallen war, denn unmittelbar nach Philipps Abreise folgten weitere Aufträge, die die umgebenden Häuser betrafen: Hier sollte Hofmarschall Paul von Liechtenstein Huf- und Goldschmiedhaus erwerben, zu einem *„schön haus mit zinnen und gemechen"* umbauen und im Dach für Maximilian ein aus dem Harnaschhaus zugängliches Drechselappartement einrichten (vgl. Kat. Nr. 15_11).[20] Das Harnaschhaus blieb auch weiterhin Gegenstand des Interesses, wie etwa die 1505 datierte illusionistische Außenbemalung belegt, die sich im Inneren des Stiftskellers fragmentarisch erhalten hat.[21] Ferner ist aus dem Jahr 1507 eine Aufstellung von Hofmaler Kölderer überliefert,

12 Mittermair, 2012, 95 f.

13 Hagen, 2014, 135–139.

14 Regesta Imperii XIV, 1, Nr. 3148; Nicolussi, Kurt, Jahrringdatierungen zur Baugeschichte des Zeughauses in Innsbruck. In: Veröffentlichungen des Tiroler Landesmuseums Ferdinandeum 82, 1, 2002, 139–144.

15 Strnad, Alfred A., Die zweite Hochzeit der Tiroler Landesfürstin Katharina von Sachsen, Witwe nach Erzherzog Sigmund von Österreich. In: Thurnher, Eugen (Hg.), Tirol zwischen Zeiten und Völkern. Festschrift für Helmut Gritsch, Innsbruck 2002, 93–109.

16 Hye, Franz-Heinz, Das Goldene Dachl Kaiser Maximilians I. und die Anfänge der Innsbrucker Residenz, Innsbruck 1997.

17 Regesta Imperii, 3, 1, Nr. 10797.

18 Regesta Imperii, 3, 1, Nr. 12443.

19 Regesta Imperii, 4, 1, Nr. 17151 (30).

20 JKSAK 3, 1885, Reg. 2542, 2543.

21 Oettinger, 1986, 224–227.

Anonym, Innsbrucker Hofburg von Osten, 1525/34, Universitätsbibliothek Erlangen, Inv. B 458.

Innsbrucker Hofburg um 1510, digitale Rekonstruktion der Ostfassade, Archimedix, wiss. Beratung Nicole Riegel.

die die Existenz einer Kürnstube im Harnaschhaus, das nun als Wappenhaus bezeichnet wurde, belegt.[22]

Im selben Dokument erklärt Kölderer, auch Entwürfe für die Hofkapelle und für den *„newen paw bey dem wappenhaus"* geliefert zu haben. Die Entwürfe für die Kapelle bezogen sich vermutlich auf deren malerische Ausstattung, die Visierungen zum Neuen Bau lassen sich in diesem Kontext nicht eindeutig zuordnen. Möglicherweise betrafen sie eine Baumaßnahme direkt nördlich des Wappenturms, wo 1510 noch einmal von einem Neuen Bau die Rede ist: Anfang jenes Jahres beabsichtigte Maximilian laut eigener Aussage, *„zwischen dem Paradeis und dem Newenpaw auf dem lanngen sal etwas pawen ze lassen"*.[23] Dabei zeigten sich Probleme an Statik und Bausubstanz des Bestehenden, was ausnahmsweise ausführlich dokumentiert ist und in der Verknüpfung mit weiteren früheren und späteren Quellen, Dürers Hofansichten sowie dem historischen Planmaterial Einblick in die funktionalen Strukturen gewährt: An das Paradeis grenzte gegen Süden ein Saalbau, gefolgt von dem Neuen Bau und dem Wappenturm. Im Sinne von Maximilians Projekt schlugen die Sachverständigen, Baumeister Niklas Türing und Zimmer-

22 JKSAK 2, 1884, Reg. 831.

23 JKSAK 2, 1884, Reg. 978.

mann Hans Telhas, vor, die Wände ein Stück weit abzutragen und neu aufzumauern, um dann den rund 28 Meter langen und zirka 12 Meter breiten Saal anstelle des alten Holzgewölbes mit einer Flachdecke zu versehen und das Dach auf dieselbe Höhe wie das des Neuen Baus zu bringen. Der Saal sollte zur Hof- wie zur Feldseite je zehn Kreuzfenster, darunter zwei Erker erhalten.[24] Betrachtet man die früheste Ansicht der Innsbrucker Burg von Osten, eine in der Universitätsbibliothek Erlangen bewahrte, etwas kursorische Zeichnung aus den Jahren 1525–1534 (Kat. Nr. 15_07),[25] so scheint dies ausgeführt worden zu sein: Neben dem Wappenturm, dessen hohes Dach nach Blitzeinschlag 1522 schon wieder abgetragen worden war, erscheint rechts der Neue Bau mit einem mehrgeschossigen Kapellenerker, angrenzend der Saalbau mit seiner dichten Durchfensterung und den beiden Erkern im obersten Geschoß, anschließend der Paradeisbau mit Runderker und zuletzt, eingespannt zwischen mächtigen, erkerbesetzten Rundtürmen, der Frauenzimmerbau als königliches Logis. Links des Wappenturms ist das Harnaschhaus bzw. Wappenhaus dargestellt. Den Neuen Bau, Saalbau und das Paradeis vereint ein verborgenes Dach hinter einer mit Malereien gezierten Mantelmauer – in enger Entsprechung zu dem, was Maximilian im Hinblick auf den Feuerschutz bekanntlich für ganz Innsbruck forderte.

Innsbruck, Stiftskeller, Fassadenmalerei des Harnaschhauses, 1505. BHÖ.

Nach dem Tod Bianca Maria Sforzas Ende 1510 scheint Maximilian von größeren Aufwendungen für die verwaiste Innsbrucker Burg abgesehen zu haben, erst 1515 liegen Indizien für Umbaumaßnahmen am Frauenzimmer vor, das den beiden jungen, erst zehn- und zwölfjährigen Bräuten der habsburgisch-jagiellonischen Doppelhochzeit für die folgenden Jahre und zur Vorbereitung auf ihre Aufgaben als Königinnen zur Verfügung stehen sollte.[26] Vermutlich entschied Maximilian nun, sich aus dem Frauenzimmerbau zurückzuziehen und seine Wohnung im Harnaschhaus aufzuschlagen, wo der leidenschaftliche Jäger eine Kürnstube eingerichtet hatte und von wo das mutmaßlich realisierte Drechselappartement leicht erreichbar war.

Überblickt man die – freilich lückenhaft überlieferten – Bau- und Ausstattungsinitiativen Maximilians im Ganzen, so konzentrieren sie sich nach der Erweiterung und Vollendung des Frauenzimmerbaus primär auf das Harnaschhaus und die vereinheitlichende Aufstockung von Neuem Bau und Saalbau. Sigmund hatte hierfür die Voraussetzungen geschaffen, doch erst Maximilian schuf die geschlossene und monumentale, fernwirksame Schaufassade, mit der man dem fremden, von Hall sich der Stadt nähernden Besucher imponieren konnte. Die lange Fassade, die in der Folge eine ganze Reihe habsburgischer Schlossbauten kennzeichnen sollte, vermittelte den Eindruck einer Dominanz der Burg gegenüber der Stadt, welche primär als Residenz des Landesherrn in Erscheinung treten sollte.

Das Innere der Burg hingegen dürfte sich noch um 1510 gegenüber dem von Dürer Dokumentierten nur punktuell verändert haben. Auch hier hatte Sigmund Entscheidendes geleistet: Vom Haupthof war der repräsentative Ostflügel zugänglich, der im Hochparterre über eine Türnitz (Hofstube) verfügte, im ersten Obergeschoß eine Kapelle mit Vorsaal sowie einen älteren Tanzsaal aufzuweisen hatte, während das zweite Obergeschoß den von Maximilian schließlich modernisierten Langen Saal aufnahm. Hieran fügte sich im Norden das Paradeis, das – zunächst vielleicht als erzherzogliches Logis genutzt – im Zuge der von Sigmund begonnenen Errichtung des Frauenzimmerbaus als neuem Wohnkomplex zu einem repräsentativen Annex des Festsaals wurde. Sein hofseitig gelegener Hauptraum, der zu unbestimmter Zeit mit Paradiesdarstellungen geschmückt wurde, könnte als vornehme Tafel- oder Audienzstube genutzt worden sein. Von hier aus

24 JKSAK 2, 1884, Reg. 980.

25 Demele, Christine, Die Hofburg in Innsbruck. In: Dickel, Zeichnen seit Dürer. Die süddeutschen und schweizerischen Zeichnungen der Renaissance in der Universitätsbibliothek Erlangen, Petersberg 2014, 279 f.

26 JKSAK, 1, 1883, Reg. 366. Vgl. Hollegger, 2005, 214–219.

führte ein Gang nach Westen in den Eckturm und von dort in den Küchenhof oder zur Kanzlei. Zugleich bestand eine Gangverbindung zur Pfarrkirche. Im Norden grenzte das Paradeis an den Frauenzimmerbau, dessen zweites Obergeschoß als königliches Logis konzipiert war. Die Raumaufteilung dieses öffentlich nicht zugänglichen Trakts war in ihrer symmetrischen Disposition modern und komfortabel, mit getrennten Tafelstuben und eigenen Wohnbereichen beider Partner, direktem Zugang zu den Schatzgewölben und einer im Gebäudeinneren gut gesicherten Vertikalverbindung bis in das Untergeschoß. Mit der Vielzahl der Erker und dem Fachwerkaufsatz entsprach man überdies dem Zeitgeschmack.

Nicht herrschaftliche Pracht, sondern Funktionalität und Weitläufigkeit kennzeichneten die binnen weniger Jahrzehnte aus Bürgerbauten zu einem Schloss gewachsene Anlage. So detailgenau und in ihrem Quellenwert unschätzbar Dürers Hofansichten sind, so sehr frappiert die Ausdehnung der Stadtresidenz, wenn sie in der Verknüpfung der Veduten mit den Grundrissen rekonstruiert wird. Die Dimensionen und ein Großteil der Grundstrukturen sind die heutigen.

LITERATUR

Böhmer, Johann Friedrich, Regesta Imperii XIV. Ausgewählte Regesten des Kaiserreiches unter Maximilian I. 1493–1519, bearb. v. Hermann Wiesflecker u. a., 1–4, Wien/Köln/Weimar 1990–2004.

Dickel, Hans (Hg.), Zeichnen seit Dürer. Die süddeutschen und schweizerischen Zeichnungen der Renaissance in der Universitätsbibliothek Erlangen, Petersberg 2014.

Dreger, Moriz, Zur ältesten Geschichte der Innsbrucker Hofburg. In: Kunst und Kunsthandwerk 24, 1921, 133–201.

Grossmann, G. Ulrich, Albrecht Dürer in Innsbruck. Zur Datierung der ersten italienischen Reise. In: ders., Sonnenberger, Franz (Hg.), Das Dürer-Haus. Neue Ergebnisse der Forschung, Nürnberg 2007, 227–240.

Hagen, Christian, Vom Stadttor zum Wappenturm. Über Gestaltung, Funktion und Wahrnehmung eines repräsentativen Bauwerks in der Residenzstadt Innsbruck. In: Hirschbiegel, Jan (Hg.), In der Residenzstadt. Funktionen, Medien, Formen bürgerlicher und höfischer Repräsentation, Residenzenforschung, N. F., 1, Ostfildern 2014, 131–143.

Hanzl-Wachter, Lieselotte, Hofburg zu Innsbruck. Architektur, Möbel, Raumkunst. Repräsentatives Wohnen in den Kaiserappartements von Maria Theresia bis Kaiser Franz Joseph, Wien 2004.

Hollegger, Manfred, Maximilian I. (1459–1519). Herrscher und Mensch einer Zeitenwende, Stuttgart 2005.

Hye, Franz-Heinz, Das Goldene Dachl Kaiser Maximilians I. und die Anfänge der Innsbrucker Residenz, Innsbruck 1997.

Metzger, Christof, Innsbruck Castle Court. Innsbruck Castle Court with Clouds. In: Robinson, Andrew, Schröder, Klaus Albrecht, Hinz, Berthold (Hg.), Albrecht Dürer. Master drawings, watercolors and prints from the Albertina. AK National Gallery of Art Washington 2013, München 2013, 84–85.

Mittermair, Martin, Das Adelige Damenstift zu Innsbruck. Ein Beitrag zur mittelalterlichen Stadtgeschichte. In: Stadler, Harald (Hg.), Zwischen Schriftquelle und Mauerwerk. Festschrift für Martin Bitschnau, Nearchos, 20, Innsbruck 2012, 80–98.

Nicolussi, Kurt, Jahrringdatierungen zur Baugeschichte des Zeughauses in Innsbruck. In: Veröffentlichungen des Tiroler Landesmuseums Ferdinandeum 82,1, 2002, 139–144.

Oettinger, Ricarda, „Hofburg" und „Adeliges Damenstift". In: Felmayer, Johanna (Hg.), Die Kunstdenkmäler der Stadt Innsbruck. Die Hofbauten, Österreichische Kunsttopographie, 47, Wien 1986, 55–235.

Riegel, Nicole, Bausteine eines Residenzprojekts. Kaiser Maximilian I. in Innsbruck, in: Karner, Herbert, Ciulisová, Ingrid, García García, Bernardo J. (Hg.), The Habsburgs and their Courts in Europe, 1400–1700. Between Cosmopolitism and Regionalism, 2014, 28–45. PALATIUM e-Publications, arthistoricum.net, Heidelberg. DOI: 10.11588/arthistoricum.86.81 [27.2.2019].

Sauer, Benedikt, Hofburg Innsbruck, Wien/Bozen 2010.

Strnad, Alfred A., Die zweite Hochzeit der Tiroler Landesfürstin Katharina von Sachsen, Witwe nach Erzherzog Sigmund von Österreich. In: Thurnher, Eugen (Hg.), Tirol zwischen Zeiten und Völkern. Festschrift für Helmut Gritsch, Innsbruck 2002, 93-109.

Werkner, Patrick, Die Innsbrucker Burgen. In: Trapp, Oswald (Hg.), Mittleres Inntal, Tiroler Burgenbuch, 6, Bozen 1982, 107–132.

Wolf, Susanne, Die Doppelregierung Kaiser Friedrichs III. und König Maximilians (1486–1493), Köln/Weimar/Wien 2005.

Petra Mayrhofer, Markus Wimmer

AKTUELLE FORSCHUNGEN RUND UM DIE SPÄTGOTISCHE BURG

NEUESTE ERKENNTNISSE AUS DER BAUFORSCHUNG ZUR HOFBURG ZU INNSBRUCK

Die Burghauptmannschaft Österreich widmet Kaiser Maximilian I. zum Gedenkjahr 2019 nicht nur eine temporäre Sonderausstellung, sondern beabsichtigt in den Räumlichkeiten der ehemaligen Statthalterei in der Innsbrucker Hofburg eine dauerhafte Ausstellung einzurichten. Um diese Dauerausstellung lebendig zu gestalten, ist es unerlässlich, neben der Sammlung und Vermittlung auch Forschung am Gebäude selbst zu betreiben. Für die Burghauptmannschaft Österreich als Baudienststelle ist es zudem auch für die Pflege und Erhaltung des Komplexes der Innsbrucker Hofburg äußerst wichtig, neue Forschungsergebnisse zu erlangen, um diese in die laufenden baulichen Maßnahmen einfließen lassen zu können.

Im vorliegenden Artikel werden die neuesten Bauforschungsergebnisse der letzten Jahre sowie die dabei angewandten Forschungsmethoden kurz präsentiert. Es werden hier nicht bereits bekannte Fakten[1] wiedergegeben, sondern einige der derzeit laufenden sowie der jüngst durchgeführten und bislang noch unpublizierten Forschungen und ihre vorläufigen Ergebnisse im Überblick dargelegt.

GEOPHYSIKALISCHE PROSPEKTION

Im April 2018 wurde im Auftrag der Burghauptmannschaft Österreich im Großen Burghof und im sogenannten Küchenhof eine geophysikalische Prospektion des Untergrundes durchgeführt[2]. Dabei wurden die beiden Höfe in regelmäßigen Abständen in Längs- und Querrichtung mit einem Bodenradar-Messgerät abgefahren. Der Untergrund konnte dabei mit hochfrequenten elektromagnetischen Wellen zerstörungsfrei untersucht werden. Ziel dieser Maßnahme war festzustellen, inwieweit Gebäudeteile der gotischen Burg nachgewiesen werden können, wie sie schon 1495 von Albrecht Dürer in seinen beiden Schloßhofansichten[3] dargestellt wurden. Die Messungen konnten bis in eine Tiefe von annähernd drei Metern mit guten Ergebnissen durchgeführt werden, wobei sich je nach Tiefenlage verschiedene Bereiche deutlich vom umgebenden Material absetzten. In den oberen Erdschichten waren, wie erwartet, alle in jüngerer Zeit verlegten Kanäle und Leitungen und keine historischen Baureste zu sehen. Aber darunter in den tiefer liegenden Bereichen wurden, ebenfalls wie vermutet, einige archäologische Strukturen entdeckt.

Im Küchenhof konnte an der Nordseite der Verlauf eines großen Wasserkanals mit 0,80 Metern Breite weiter verfolgt werden, der schon bei archäologisch begleiteten

1 Die gesamte Baugeschichte der Hofburg wurde sehr ausführlich in der Österreichischen Kunsttopographie aufgearbeitet: Oettinger, Riccarda, Die Hofbauten. In: ÖKT XLVII, Die Kunstdenkmäler der Stadt Innsbruck, Wien 1986.

2 Posselt & Zickgraf Prospektionen GbR, Marburg, Innsbruck Hofburg, Großer Burghof und Küchenhof, archäologisch-geophysikalische Prospektion, 2018 (unpubl.).

3 Albrecht Dürer, zwei Aquarelle, 1495, Albertina: Schloßhofansicht ohne Wolken, Inv. Nr. 3057 D. S. Nr. 37; Schloßhofansicht mit Wolken, Inv. Nr. 3058 D. S. Nr. 38.

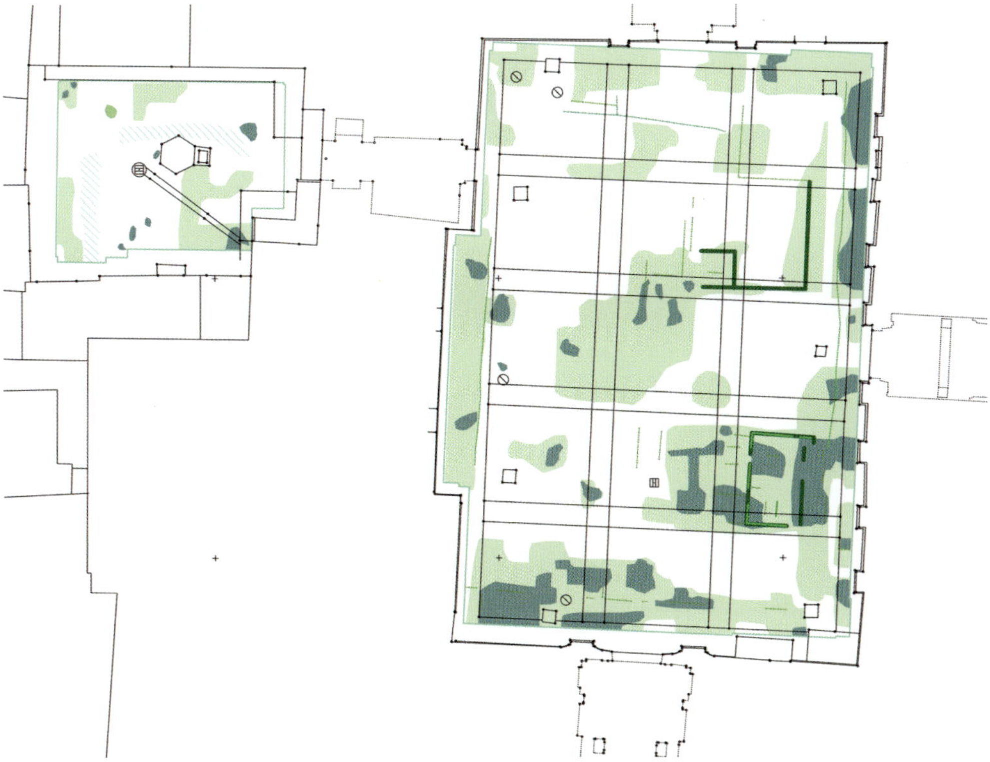

Interpretierende Umzeichnung der mutmaßlichen archäologischen Befunde der Bodenradarprospektion im Großen Burghof und Küchenhof.
Posselt&Zickgraf Prospektionen GbR, Marburg, Innsbruck Hofburg, Großer Burghof und Küchenhof, archäologisch geophysikalische Prospektion, 2018, Plan 11 (unpubl.).

Grabungsarbeiten zur Verlegung von Leitungen im Jahr 2014 teilweise aufgedeckt worden war[4] und der den Küchenhof von Nordosten nach Südwesten quert. Auch im Großen Burghof konnten an mehreren Stellen potentielle Gebäudereste geortet werden. In der Mitte des Hofes wurden mehrere geschlossene Mauerstrukturen sichtbar, die als architektonische Reste von vermutlich romanischen Vorgängerbauten aus dem 13. Jahrhundert interpretiert werden, die im Zuge der Errichtung der Hofburg abgebrochen wurden und nun in der geophysikalischen Prospektion nur mehr als Fundamentreste in Erscheinung treten. Diese Strukturen verlaufen in einem sehr gleichmäßigen Abstand parallel zur Ostfassade des Großen Burghofes und bilden dadurch in der Auswertung der Prospektion sehr deutlich das sogenannte „Hofgäßl" ab, das sich in der Verlängerung der heutigen Stiftsgasse nach Norden erstreckte. In den tieferen Schichten konnte man innerhalb dieser Strukturen Bereiche mit hoher Verdichtung erkennen, was auf noch teilweise erhaltene Planierschichten beziehungsweise Kellerböden schließen lässt. Entlang der Ostfassade und der westlichen Hälfte der Südfassade des Burghofes wurden mehrere Bereiche mit erhöhter Reflexionsenergie sichtbar, die auf Schuttkonzentrationen bzw. stark verdichtetes Material hinweisen.

Nach Vergleich der geophysikalischen Untersuchungsergebnisse mit den in das Jahr 1495 datierten Schloßhofansichten von Albrecht Dürer und den 1754–56 entstandenen Bestandsplänen von Keller- und Erdgeschoß[5] von Johann Martin Gumpp d. J. zeigt sich, dass die in den Hof vorspringenden Stiegenanlagen und Türme der mittelalterlichen Burg bei umfassenden Umbauarbeiten zur Zeit Maria Theresias abgebrochen wurden und der Schutt bzw. die Mauerreste planiert wurden. Ein Vergleich der erwähnten Bestandspläne mit den daraus entwickelten Umbauplänen[6] von Gumpp zeigt ebenfalls,

4 ARDIS Archaeology, Archäologische Dokumentation sogenannte Gotische Hofküche Hofburg, 2014, 19–22. (unpubl.)

5 Gumpp d. J., Johann Martin, Kellergeschoß, 1754–1756, Albertina, Architekturzeichnungen, Mappe 4, Inv. Nr. 7546.

6 Gumpp d. J., Johann Martin, Erdgeschoß, 1754–1756, Albertina, Architekturzeichnungen, Mappe 4, Inv. Nr. 7547.

dass zu dieser Zeit auch die an der Rennwegfassade situierten Türme, Erker und sonstigen vorspringenden Bauteile abgebrochen wurden, zugunsten einer mit regelmäßigen Fensterachsen gegliederten Fassade, wie es ihrem heutigen Erscheinungsbild entspricht.

DENDROCHRONOLOGISCHE UNTERSUCHUNG DER DACHSTÜHLE

Im Herbst 2018 wurde von der Burghauptmannschaft Österreich eine dendrochronologische Untersuchung eines Teils der Dachstühle im Süd- und Osttrakt der Hofburg Innsbruck veranlasst.[7] Es handelt sich dabei um eine Untersuchungsmethode, bei der kleine Bohrkerne aus den Holzbalken der Dachkonstruktion entnommen werden. Anhand der Wachstumsringe kann die Holzart, die Herkunft und das Fälldatum der einzelnen Hölzer festgestellt werden. Anzumerken ist, dass das damals verwendete Bauholz kurz nach der Fällung verbaut wurde, was an den Trocknungsrissen zu erkennen ist. Der Grund dafür war, dass sich das noch nicht ausgetrocknete Holz wesentlich einfacher verarbeiten ließ. Durch diese kurze Zeitspanne zwischen der Fällung des Baumes und dem Einbau der gehackten Balken entspricht das Fälldatum der Bäume auch ziemlich genau dem Einbaudatum der Hölzer, was wiederum Rückschlüsse auf die Entstehungszeit der Dachstühle ermöglicht.

Die verbauten Hölzer der untersuchten Hofburgdachstühle stammen aus dem Tiroler Oberland westlich von Innsbruck. Eine genauere Herkunftsanalyse war jedoch nicht möglich. Es wurden bislang drei Dachbereiche der Hofburg untersucht[8], wobei festgestellt werden konnte, dass bei zweien davon, nämlich bei denjenigen über dem Riesensaal und dem Gardesaal, Fichtenholz sehr dominant in Erscheinung tritt. Tanne, Lärche und Föhre treten hier hingegen nur vereinzelt auf. Der dritte untersuchte Dachstuhl über einem Teil der Kaiserappartements wurde sogar ausschließlich aus Fichte gefertigt.

Das Holz des Gardesaaldachstuhls wurde zur Gänze zwischen Sommer 1638 und Herbst/Winter 1639/40 gefällt. Dies weist darauf hin, dass die Hölzer genau für diesen Zweck bestellt und erworben wurden und die gesamte Dachkonstruktion aus diesen ungebrauchten Hölzern errichtet wurde. Auch der sehr einheitliche handwerkliche Gesamteindruck des Dachstuhles unterstreicht das Ergebnis. In diesem genannten Zeitraum sind allerdings keine Bautätigkeiten bekannt. Da aber schon seit dem Ende des 16. Jahrhunderts Schäden bei den Dächern auftraten[9], besteht Grund zur Annahme, dass der Dachstuhl über dem Rennwegtrakt teilweise oder vermutlich sogar zur Gänze erneuert wurde, da er auf alten Schnittzeichnungen[10] in einer sehr einheitlichen Konstruktionsweise dargestellt ist.

Die Hölzer des Dachstuhls über den Kaiserappartements ergaben ebenfalls eine kurze Zeitspanne bei den Fälldaten, nämlich zwischen Herbst/Winter 1765/66 und Sommer 1766. Diese Jahre sind sehr gut mit den großen Umbauten in der Hofburg unter Maria Theresia in Einklang zu bringen.[11] Wie zu erwarten war, finden sich im Bereich der Dachstühle über dem Gardesaal und den Kaiserappartements keine dendrochronologischen Hinweise aus der Zeit Kaiser Maximilians I., da diese Abschnitte der Hofburg wesentlich später in ihrer jetzigen Erscheinungsform errichtet wurden. Interessant ist aber, dass

---

7 Durchgeführt von ao Univ. Prof. Dr. Kurt Nicolussi, AG Alpine Dendrochronologie, Institut für Geographie, Universität Innsbruck.

8 Informationen bzgl. Holzarten und Fälldaten von Dr. Kurt Nicolussi im Zuge einer Begehung der Dachstühle im Dezember 2018.

9 Oettinger, ÖKT XLVII, 65.

10 Walter, C. J., Längsschnitt durch den Rennwegtrakt mit Wappenturm, 1765, Museum Ferdinandeum, Innsbruck, Aigner-Codex, FB 1673 Blatt 3.

11 Oettinger, ÖKT XLVII, 68.

durch das Ergebnis der Analyse die Wiederverwendung von Altholz in diesen Bereichen ausgeschlossen werden konnte.

Nur der Dachstuhl über dem Riesensaal zeigt drei Phasen mit unterschiedlichen Fälldaten, nämlich 1530, 1732 und auch wieder 1765. Das kann dadurch erklärt werden, dass bei der Errichtung dieser Dachkonstruktion, die in ihrer jetzigen Erscheinungsform nach 1766 entstanden ist, neben frisch gefälltem Holz offensichtlich auch einige Hölzer aus früheren Bauphasen wiederverwendet wurden. Man kann dies auch vor Ort deutlich an jetzt funktionslosen Einschnitten und Ausnehmungen in den Dachbalken erkennen. Hinweise, woher diese Althölzer stammen, finden sich in der Baugeschichte der Hofburg. Nach einem Brand im Jahr 1534 wurde unter anderem der Goldene Saal (ein ungefährer Vorgängerbau des heutigen Riesensaales) im Rennwegtrakt erneuert.[12] Dabei wurden vermutlich Hölzer verwendet, die um 1530 gefällt wurden. Für das Jahr 1733 ist eine Renovierung des Wappenturms belegt.[13] Möglicherweise wurden im Zuge dessen auch andere Ausbesserungsarbeiten an den Dächern durchgeführt, oder beim Wappenturm nicht benötigtes Holz wurde zur späteren Verwendung aufbewahrt. Alle diese Vorkommnisse und ihre Auswirkungen könnten die unterschiedlichen Fälldaten im Riesensaaldachstuhl erklären.

Aufgrund der äußerst spannenden Ergebnisse dieser ersten dendrochronologischen Untersuchungen werden von der Burghauptmannschaft Österreich weitere Dachstuhl-Analysen beauftragt.

ARCHÄOLOGISCHE GRABUNGEN UM DIE HOFBURG

Grabungen im Bereich Rennweg-Universitätsstraße. Bei Grabungsarbeiten zur Leitungslegung entlang der Universitätsstraße und des Rennwegs im Frühsommer 2016 wurden unterschiedliche historische Mauerstrukturen entdeckt.[14] An zwei Stellen am Rennweg wurde die östliche Begrenzungsmauer des Stadtgrabens angeschnitten. Es waren im Maueraufbau deutlich drei Bauphasen zu unterscheiden. Zuunterst befanden sich mehrere Lagen schräg oder hochkant verlegte Bachsteine, was eindeutig auf eine romanische Entstehungszeit hinweist. Darüber befand sich ein in etwas unregelmäßigeren Lagen aus Bachsteinen aufgemauerter Abschnitt an der Ostseite der Mauer und großen bearbeiteten Tuffsteinen an der westlichen Ansichtsseite. Der dritte und somit oberste Abschnitt war sehr unregelmäßig aus kleinen Bachsteinen, Tuffstücken und Ziegelbruch aufgemauert.[15]

Nördlich der Universitätsstraße kamen Boden- und Mauerreste von barocken Kellerräumen aus dem 16. bis 18. Jahrhundert zutage, die durch ihre parallele Ausrichtung auf ein großes Gebäude schließen lassen. Es dürfte sich hierbei um Strukturen von Schloss Ruhelust und dem dazugehörigen Verbindungsgang zur Hofburg handeln. Diese weitläufige Schloss- und Gartenanlage wurde in der zweiten Hälfte des 16. Jahrhunderts im Bereich des heutigen Hauses der Musik und des Landestheaters errichtet und fiel im Jahr 1636 einem Brand zum Opfer. Der Verbindungsgang blieb noch bis Mitte des 19. Jahrhunderts in Verwendung.[16]

Auch ein Kanal aus Breccie-Blöcken mit einer Abdeckung aus großen Steinplatten wurde vor der Hofkirche entdeckt. Auf den heute nicht mehr vorhandenen ursprünglich hölzernen Kanalboden über der Rollierung aus Bachsteinen lassen die quer zum Kanalverlauf liegenden Balkengräben schließen sowie das Fehlen einer wasserdichten

12 Oettinger, ÖKT XLVII, 63.

13 Oettinger, ÖKT XLVII, 65.

14 TALPA GnbR, Archäologische Baubegleitung Rennweg, 2016 (unpubl.).

15 TALPA, 9–10.

16 TALPA, 10–14, 21–22.

Grabung südlich des Leopoldbrunnens: Nord-Süd verlaufende Mauerstruktur mit parallel dazu verlaufendem Kanal aus Ziegeln.
ARDIS Archaeology, Nahbereich des Leopoldbrunnens und Vorplatz Haus der Musik, 2018, Kurzbericht (unpubl.).

Auskleidung der Kanalsohle mit Mörtel. Die Funde aus diesem Bereich deuten auf eine Entstehungszeit im 19. Jahrhundert hin.[17]

Grabungen beim Leopoldbrunnen. Anlässlich der Neusituierung des Leopoldbrunnens vor dem Haus der Musik am Rennweg wurden archäologische Untersuchungen am geplanten Standort des Brunnens durchgeführt. Dabei wurde bei der ersten Grabung im Jahr 2017[18] ca. 20 cm unter dem heutigen Oberflächenniveau flächendeckend ein Kopfsteinpflaster entdeckt. Darunter fanden sich zwei mit Metalldeckeln verschlossene Kanalschächte, die auf einen älteren Nord-Süd verlaufenden und 1,14 Meter breiten Kanal aufgesetzt waren. Dieser Kanal wurde auf einer Länge von sieben Metern aufgedeckt und bestand aus zwei 0,45 Meter hoch aufgemauerten Kanalwangen aus Ziegeln sowie großformatigen Abdeckplatten aus Schiefer. Den Boden des Kanals bildeten dicht gelegte Bachsteine. Auf der Kanalsohle fand sich eine dünne großteils organische Ablagerung, aus der einige keramische Fundstücke stammten. Durch die Datierung dieser Scherben konnte die Nutzung des Kanals mindestens seit dem 18. Jahrhundert nachgewiesen werden.[19] Von Osten mündete ein kleiner rezenter Kanal aus Zementplatten in den Hauptkanal ein, der über mehr als acht Meter aufgedeckt wurde. Der Kanal durchschlug bereits vorhandene ältere Mauerstrukturen, die chronologisch schwer einzuordnen waren, vermutlich aber auch als ein Teil der Gartenanlage von Schloss Ruhelust anzusprechen sind.[20]

Bei der zweiten Grabung im Sommer 2018[21] wurde der Bereich unmittelbar südlich der Fläche von 2017 (also südlich vom jetzigen Standpunkt des Leopoldbrunnens) untersucht. Der Nord-Süd verlaufende Kanal, der schon im Jahr zuvor angetroffen wurde, konnte weitere 18 Meter nach Süden verfolgt werden. Östlich davon wurden verschiedene Mauerstrukturen aufgedeckt, die verschiedenen Bauphasen zuzuordnen waren. Bemerkenswert war eine parallel zum Kanal verlaufende Mauer aus Bach- und Bruchsteinen, die sich bei einer Breite von 73 cm über mehr als neun Meter Länge erstreckte. An der westlichen Außenseite dieser Mauer befanden sich drei halbrunde vermörtelte Ausnehmungen. Anhand von genau dort aufgefundenen Holzresten und Eisennägeln kann auf ehemals dort vorhandene hölzerne Konstruktionselemente geschlossen werden.[22]

17 TALPA, 15–17.

18 ARDIS Archaeology, Nahbereich Leopoldbrunnen, 2017, Teil B (unpubl.).

19 ARDIS 2017, 8–12.

20 ARDIS 2017, 10–15, 22.

21 ARDIS Archaeology, Nahbereich des Leopoldbrunnens und Vorplatz Haus der Musik, 2018, Kurzbericht (unpubl.).

22 ARDIS 2018, 3–5.

In einem weiteren kleinen Grabungsbereich nordwestlich der oben erwähnten Mauer wurde eine zweite in Nord-Süd-Richtung verlaufende Mauer mit 95 cm Breite angetroffen, die neben Bruchsteinen auch Ziegelbruchstücke enthielt.[23] Die erste Vermutung, es könnte sich auf Grund ihrer Lage um eine Einfriedungsmauer des spätgotischen Turnierplatzes handeln, wie sie schon auf der sogenannten „Erlanger Zeichnung"[24] dargestellt wurde, ist nicht zutreffend, da diese Mauer durch ihren unregelmäßigen Aufbau und das verwendete Material zeitlich nicht vor dem 16. Jahrhundert einzuordnen ist.

Wie schon bei den Grabungen im Bereich Rennweg-Universitätsstraße festgestellt wurde, sind alle diese Mauerstrukturen rund um den Leopoldbrunnen sehr wahrscheinlich dem Schloss Ruhelust und den dazugehörigen Gartenanlagen zuzuordnen. Diese zeitliche Zuordnung wird auch durch die Datierung des keramischen Fundmaterials in das 16. und 17. Jahrhundert gestützt.[25]

Da alle archäologischen Grabungen im Bereich der Hofburg Innsbruck in den letzten Jahren nur als Vorbereitungs- und Begleitmaßnahmen von Bauarbeiten durchgeführt wurden, konnten immer nur kleine Ausschnitte ergraben werden. Folglich ergibt sich kein gesamtheitlicher Überblick über die archäologischen Strukturen. Hier ist zuerst eine Zusammenführung der Befunde nötig, um etwaige Übereinstimmungen erkennen und auswerten zu können.

Abschließend ist zu sagen, dass im Zuge der laufenden Forschungen einige interessante neue Erkenntnisse über die Hofburg in Innsbruck mit Spannung erwartet werden, die im Rahmen dieses Artikels nur in der gebotenen Kürze angedeutet werden konnten.

LITERATUR

Oettinger, Riccarda, Die Hofbauten. In: ÖKT XLVII, Die Kunstdenkmäler der Stadt Innsbruck, Wien 1986.

ARDIS Archaeology, Archäologische Dokumentation sogenannte Gotische Hofküche Hofburg, 2014 (unpubl.).

ARDIS Archaeology, Nahbereich Leopoldbrunnen, 2017, Teil B (unpubl.).

Kurt Nicolussi, Thomas Pichler, Dendrochronologische Untersuchungen an Dachstühlen der Innsbrucker Hofburg, Innsbruck 2019 (unpubl.)

ARDIS Archaeology, Nahbereich des Leopoldbrunnens und Vorplatz Haus der Musik, 2018, Kurzbericht (unpubl.).

Posselt & Zickgraf Prospektionen GbR, Marburg, Innsbruck Hofburg, Großer Burghof und Küchenhof, archäologisch-geophysikalische Prospektion, 2018 (unpubl.).

TALPA GnbR, Archäologische Baubegleitung Rennweg, 2016 (unpubl.).

23 ARDIS 2018, 6.

24 Hirschvogel, Augustin, sog. „Erlanger Zeichnung", braune Federzeichnung auf Papier, entstanden zw. 1525–1534, Graphische Sammlung der Universität Erlangen, Inv. Nr. B 458.

25 ARDIS 2018, 6–7.

Reinhard Munzel, Nicole Riegel

BEFUND SCHLÄGT DARSTELLUNG – DARSTELLUNG ERHELLT BEFUND

ZUR DIGITALEN REKONSTRUKTION DER INNSBRUCKER BURG IN IHREM URBANEN KONTEXT UM 1500

Die Beschäftigung mit verlorenen Objektzuständen zielt meist auf Visualisierung und anschauliche Vergegenwärtigung, denn je komplexer das Objekt, desto wichtiger das Bild. Komplexität zeichnet die Innsbrucker Hofburg in besonderer Weise aus, nicht nur hinsichtlich ihrer Baugeschichte, die sich selbst in den entscheidenden Phasen über mehrere Jahrhunderte hinzog und zahlreiche Veränderungen bewirkt hat, sondern auch hinsichtlich ihrer Bausubstanz, der Strukturen und der Nutzung. Komplexität kennzeichnet darüber hinaus die Position der Hofburg im Zusammenhang der umgebenden Stadt, deren historischer Kern sich trotz einer bemerkenswerten Dichte besterhaltener Bauten verändert hat. Wer heute in der barocken Hofburg die Residenz Maximilians I. sucht, wird nicht ohne weiteres fündig, die wenigen zugänglichen Sondagen und als solche erkennbaren Fragmente fügen sich nicht zu einem Bild: Wie groß war die Burg um 1500, wie hat man sich Lage und Gestalt vorzustellen? Diese Fragen standen am Beginn einer wissenschaftlich fundierten digitalen Rekonstruktion der Burg selbst und der Burg in der Stadt, welche nicht nur den historischen Zustand veranschaulichen, sondern auch die Einzigartigkeit des Ensembles näher beleuchten will.

Die wissenschaftlichen Grundlagen der Unternehmung sind vielfältig: Vor dem tiefgreifenden Umbau unter Maria Theresia wurden Bestandsaufnahmen des seit dem frühen 16. Jahrhundert nur wenig veränderten Schlosses angefertigt – Grund- und Aufrisse, die im Vergleich mit aktuellen Plänen darüber aufklären, wie viel der alten Substanz auch im heutigen Bau noch steckt: Sucht man die historischen Bauaufnahmen mit einem präzisen Aufmaß zur Deckung zu bringen, so offenbaren sich neben einer Vielzahl übereinstimmender Strukturen auch Details, die heute im Bestand nicht mehr ablesbar sind. Zugleich zeigen sich in den älteren Plänen Abweichungen von der durch Befunde dokumentierten tatsächlichen Bausituation. Diese Informationen lassen sich korrelieren mit weiteren Bildquellen, d. h. historischen Ansichten, die die Außenerscheinung und den Hof der Residenz zu verschiedenen Zeiten festhalten. Bereits aus diesem Material ist eine relative Chronologie zu ziehen. Ihr antwortet die Arbeit mit Befunden und Schriftquellen. Hier wird von veröffentlichten Voruntersuchungen ausgehend möglichst umfassend archivalisches Material – Urkunden, Akten, Inventare, Rechnungen, Chroniken, Briefe u. a. –, das mit der Geschichte des Baus bislang in Verbindung gebracht werden kann, recherchiert und ausgewertet. So lassen sich eine Reihe von Eckdaten gewinnen, die sich mit zunehmender Verdichtung und unter Einbeziehung der Bildquellenanalyse zu einer absoluten, wenn auch nicht lückenlosen Chronologie fügen. Von zentraler Bedeutung ist die Arbeit mit den Befunden, d. h. die Autopsie des Objekts: Archäologische Grabungen, bauarchäologische Befunde und dendrochronologische Untersuchungen können präzise Anhalte zu historischen Zuständen und ihrer Datierung liefern. Aus der argumentativen

Innsbrucker Hofburg um 1510, digitale Rekonstruktion gegen Norden, Archimedix, wiss. Beratung Nicole Riegel.

Verknüpfung dieser Methoden ergibt sich das Wissen um die Baugeschichte und eine Vorstellung von der Baugestalt. Auf dieser Basis kann die digitale Rekonstruktion zum Einsatz kommen – und sie erweist sich sehr bald nicht nur als ein Medium der Veranschaulichung, sondern als wissenschaftlicher Härtetest.

Nachdem 1921 Moriz Dreger die Identifizierung zweier in der Albertina in Wien liegender, Albrecht Dürer mit großer Sicherheit zugeschriebener Aquarelle als Hofansichten der Innsbrucker Burg gelang und ihre Entstehung im Zusammenhang von Dürers erster Italienreise um die Mitte der neunziger Jahre des 15. Jahrhunderts wahrscheinlich gemacht werden konnte, gehört die Innsbrucker Residenz zu den bestdokumentierten Bauten der Spätgotik. Größte Detailgenauigkeit und Differenzierung der Materialität zeichnen die Blätter aus, die trotz gewisser Schwächen in der perspektivischen Darstellung auch eine klare Vorstellung von den räumlichen Verhältnissen vermitteln. Die Zuverlässigkeit dieser Ansichten geht so weit, dass wir vieles durch andere Methoden Erschlossene in den Aquarellen bestätigt finden – Rechtfertigung genug, sie einer Rekonstruktion zugrunde zu legen. Dabei fungiert die dreidimensionale digitale Darstellung auch als Instrument der Analyse, denn zum einen erlaubt sie, den Standort Dürers bei der zeichnerischen Vorbereitung seiner Aquarelle recht genau zu bestimmen, zum anderen liefert sie die Erkenntnis, dass der Künstler bauliche Details bzw. einen ganzen Baukörper – etwa den zum Zeitpunkt der Erstellung des Aquarells gesichert vorhandenen Schatzturm – zum Erzielen einer ausgewogenen Bildkomposition „ausgeblendet“ hat.

Zugleich bleibt hinsichtlich des Quellenwerts von Dürers Aquarellen zu berücksichtigen, dass Maximilian in der Folgezeit Veränderungen am Bau vornahm, doch hielten sich diese, wie aus den Schriftquellen erkennbar, in überschaubaren Grenzen und betrafen vor allem das zweite Obergeschoß des Hauptflügels. Die Außenfassaden der Burg scheint Dürer nicht gezeichnet zu haben, oder Entsprechendes hat sich nicht erhalten. Für die Feldseite verfügen wir hingegen über eine anonyme, eher kursorisch angelegte Zeichnung, die heute in der Erlanger Universitätsbibliothek liegt (Kat. Nr. 15_07), und die anhand des Zustands, den sie darstellt, zwischen 1525 und 1534 entstanden sein muss, nach der Abtragung des Dachs des Wappenturms und vor dem Brand des Saals im Obergeschoß. Die Rekonstruktion strebt die Visualisierung des Zustands der Burg um 1510 an, dem Zeitpunkt, als die Bautätigkeit Maximilians mit der Errichtung eines neuen Saals ihren abschließenden Höhepunkt fand. Dementsprechend muss sie Dürers Ansichten mit der Erlanger Zeichnung in Einklang bringen.

Albrecht Dürer, Hofansicht der Innsbrucker Burg gegen Norden (mit Wolken), um 1496, Albertina Wien, Inv. 3058.

Innsbrucker Hofburg, Innerer Hof, Blendarkade der maximilianeischen Hofburg.

Im Rekonstruktionsaufbau geht es zunächst darum, die heterogenen Ansichten über klar bestimmbare Fixpunkte mit den Grundrissen zu verknüpfen und so ein vorläufiges Volumenmodell zu erstellen. Der erste Gewinn liegt in der dreidimensionalen Erscheinung, der Veranschaulichung der Kubatur der einzelnen Trakte und im Wechsel der Perspektive: Mit der Vogelschau wird der gesamte Komplex erfasst. Der Blick zurück auf die Bildquellen zwingt zu kleineren Korrekturen im Aufgehenden. Wo keine absoluten Maße vorliegen, ist vorläufig das Augenmaß Korrektiv. Sodann beginnt eine erste vorsichtige Detaillierung, die digitale Umsetzung der zeichnerisch festgehaltenen Baugliederung. Gewisse Schwierigkeiten bringt der Aufbau der Hofarkaden mit sich: Da Dürer den Hof perspektivisch darstellt, sind nicht alle Arkaden zu sehen, zudem sind sie von unterschiedlicher Weite. Ausnahmsweise verfügen wir über einen Befund: In der Südwestecke des Inneren Hofes haben sich eineinhalb Arkaden im Originalzustand erhalten. Sie entsprechen hinsichtlich der Formensprache der Darstellung Dürers. Projizieren wir allerdings die Arkaden in ihrer tatsächlichen Weite in den großen Hof, so ergibt sich eine Anzahl von Bögen, die mit den Hofansichten nicht in Einklang zu bringen ist.

Probleme bereitet zunächst auch die Korrelation des Quergangs zwischen Haupthof und Innerem Hof in Beziehung zum Eckturm links und dem Paradeisbau rechts. Der Anschluss des Gangs an den Eckturm bleibt für den Betrachter der Dürerschen Ansicht verborgen. Der Anschluss an das Paradeis hingegen ist präzise erfasst: Ein schlankes Treppentürmchen führt in den Gang hinein und verbindet die Obergeschosse des Paradeisbaus mit den westlichen Trakten, dem Frauenzimmerbau und der Pfarrkirche. Die Lokalisierung ist unzweifelhaft. Die Wendeltreppe findet sich nicht nur in den historischen Grundrissen, sondern ist im Kern erhalten: Befund und Darstellung gehen überein. Durch verschiedene Experimente, bei denen die im heutigen Bestand noch vorhandenen Mauerzüge berücksichtigt werden, kann auch im digitalen Modell die Position des Ganges schlüssig erfasst werden. Anstelle der fünfeinhalb von Dürer gezeigten muss der Gang jedoch sieben Arkaden enthalten haben – Indiz dafür, dass Dürer sich von der exakten Wiedergabe löste, wo dies die Gesamterscheinung nicht wesentlich beeinträchtigte und angesichts des Formats des Bildträgers vielleicht nahelag.

Die weitere Detaillierung gilt dem repräsentativen Hauptflügel im Osten. Die Barockisierung hat hier am stärksten eingegriffen. Dies betrifft die Raumaufteilung und insbesondere die Geschoßebenen, die aufgrund des Gewachsenseins des Schlosskomplexes variierten und unter Maria Theresia vereinheitlicht wurden, um ein stufenfreies Laufniveau zu erhalten. Veränderungen des von Dürer Dargestellten gab es freilich schon unter Maximilian. Die Quellen berichten von zwei Erhöhungen, d. h. einer Saalerhöhung und Neubedachung für das Jahr 1510, der eine Aufstockung am sog. Neuen Bau (zwischen Saalbau und Wappenturm) vorhergegangen war. Um den Burgzustand von etwa 1510 zu rekonstruieren, muss hier von Dürer abweichend ein Zustand imaginiert werden, den die Erlanger Zeichnung, die detaillierte Beschreibung des Geplanten in den Akten und die architekturgeschichtliche Erfahrung nahelegen. Der Einsatz der Fenster ist kritisch: Die ehemaligen Geschoßebenen, bekannt aus einem historischen Längsschnitt und in der digitalen Rekonstruktion sichtbar gemacht, sind mit den Geschoßhöhen bei Dürer nicht kompatibel. Dies lässt sich nur durch perspektivische Unregelmäßigkeiten in Dürers Ansichten erklären, die dem Betrachter zunächst nicht auffallen, jedoch in der digitalen Umsetzung mit aller Klarheit zutage treten. Für die Rekonstruktion bedeutet dies, sich von Dürers Proportionen zu lösen und die Höhenabstände am Ostflügel zu modifizieren – eine hinsichtlich des Respekts vor dem Kunstwerk problematische, doch aus Rücksicht auf die zweifelsfrei nachzuweisenden baulichen Strukturen unvermeidliche Entscheidung: Hier schlägt der Befund die Darstellung. Und noch eine dritte Komponente der Rekonstruktion muss in diesem Teilbereich verstärkt zum Einsatz kommen – der Analogieschluss. Da die Fensteröffnungen in den folgenden Jahrhunderten überformt wurden, die Erlanger Zeichnung jedoch eine starke Durchfensterung andeutet, wird auf zeitgenössische, heute erhaltene Fenstergrößen und -profile aus vergleichbaren Bauwerken zurückgegriffen, um einen stimmigen Gesamteindruck zu erzielen.

Unabhängig von der Festigkeit des wissenschaftlichen Fundaments zwingt jede Rekonstruktion zu Entscheidungen, die mit Fragezeichen behaftet bleiben, sich als Diskussionsgrundlage verstehen. Den Autoren ist es ein wichtiges Anliegen, Abweichungen von den überlieferten Darstellungen zu begründen und für den Betrachter transparent zu machen. Im Falle der Innsbrucker Burg freilich ist das Fundament angesichts der Aussagekraft der Bildquellen außergewöhnlich sicher. Überdies unterzieht die digitale Rekonstruktion das, worauf sie aufbaut, einer ständigen Überprüfung, seien es Bildquellen, langgehegte Forschungsmeinungen oder neu entworfene Hypothesen. Der über die vielstufige Detailarbeit errungene Erkenntnisgewinn ist evident: Vor Augen steht die spätgotische Burg in ihrem urbanen Kontext, so wie er sich unter Einbeziehung der Bauinitiativen Maximilians in der Stadt erschließen lässt. Auch das städtische Umfeld wird nicht nur auf Grundlage der vorhandenen, oftmals ca. eine Generation später datierenden bildlichen Darstellungen von Innsbruck hergeleitet. Auch hier werden schriftliche Quellen herangezogen und die Geschichte verlorener oder veränderter Bauten recherchiert, welche oftmals erst durch die perspektivische Darstellung im 3D-Programm überhaupt sinnfällig verortet werden können. Auch hier gelingt es, die Standorte der Zeichner im digitalen Modell zu ermitteln und so wichtige Informationen über die Stadtgestalt des frühen 16. Jahrhunderts zu gewinnen. Dies berücksichtigend, kann auch eine Darstellungsform gewählt werden, die ein sehr eindrückliches Bild der Vergangenheit zeichnet. So stellt die digitale Visualisierung Befund, Fragment und Quelle in einen Zusammenhang, der den aktuellen Wissensstand dokumentiert, als Bild wahrgenommen und als solches erinnert werden kann: Die Darstellung erhellt den Befund.

Innsbrucker Hofburg und Umgebung um 1510, Vogelschau, digitale Rekonstruktion, Archimedix, wiss. Beratung Nicole Riegel.

Ambrogio de Predis, Bianca
Maria Sforza, Profilbildnis
1493/95.
KHM, Wien, GG, Inv. Nr. 5622.

Christina Antenhofer

BIANCA MARIA SFORZA UND IHR HOF IM SPIEGEL IHRES BRAUTSCHATZES

Als Bianca Maria Sforza am 2. Dezember 1493 ihre Heimatstadt Mailand verlässt, um sich mit reichem Gefolge und mehr als 600 Pferden, begleitet vom Hofdichter Gaspare Visconti, dem Hofmaler Giovanni Ambrogio de Predis, dem Humanisten Jason Mayno, den Gesandten Balthasar de Pusterla und Erasmo Brascha,[1] auf den Weg über die Alpen nach Innsbruck zu machen, führt sie mit sich auch eine der prachtvollsten Ausstattungen, die eine fürstliche Braut des Spätmittelalters je erhalten hat. Die kostbaren Gegenstände und Textilien mussten auf über 60 Maultiere verladen werden, um sie auf den beschwerlichen Wegen über die Alpen transportieren zu können.[2]

Es ist kein Geheimnis, dass diese reiche Ausstattung im Wert von 100.000 Dukaten zusammen mit der Mitgift im Wert von 400.000 Dukaten[3] wohl der Hauptgrund für Maximilian gewesen war, die Ehe mit der Tochter des 1476 ermordeten Mailänder Herzogs Galeazzo Maria Sforza einzugehen. Der Condottiere Francesco Sforza hatte 1450 erst die Herrschaft über Mailand an sich reißen und durch die Ehe mit der Visconti-Tochter Bianca Maria legitimieren können. Die Sforza zählten damit zu den jüngeren der meist gewaltsam an die Macht gelangten italienischen Fürstenfamilien des Spätmittelalters, denen allen der Makel der gewaltsam usurpierten Herrschaft sowie der großteils mangelnden, unklaren oder dürftigen adeligen Herkunft anhaftete.[4] Die Eheschließung war somit für Maximilian keineswegs standesgemäß. Die Heiratsverhandlungen konnten entsprechend erst nach dem Tod Friedrichs III. am 19. August 1493 offiziell geführt werden, dann aber mit erstaunlicher Eile, die bereits am 30. November desselben Jahres zur Trauung per Stellvertreter in Mailand führte.[5]

Welche Bedeutung der immense Brautschatz als Kapital für die Braut hatte, zeigt das berühmte Portrait Bianca Maria Sforzas aus dem Jahr 1493, das sie in ihrer kostbaren Kleidung, geschmückt mit den Juwelen des Brautschatzes, zeigt und sich heute in der National Gallery in Washington befindet. (12_08) Solche Brautportraits sollten den interessierten Werbern sowohl die Wohlgestalt und damit Gesundheit der Braut vor Augen führen wie auch zugleich ihr Vermögen in Form der am Körper getragenen kostbaren Textilien und Juwelen.[6] Die über den engen Familienkreis hinausgehende Bedeutung der Ausstattung der Braut, die hier als „Brautschatz" im engeren Sinn bezeichnet wird, zeigt sich nicht

1 Zur ehrenvollen Behandlung der höchsten Vertreter des Gefolges durch Maximilian bei der Hochzeit siehe Regesta Imperii (= RI) XIV,1 n. 479. In: Regesta Imperii Online, http://www.regesta-imperii.de/ (Abgerufen am 21.02.2019).

2 Vgl. Weiss, Sabine, Die vergessene Kaiserin. Bianca Maria Sforza. Kaiser Maximilians zweite Gemahlin, Innsbruck/Wien 2010, 60.

3 Der Wert der Ausstattung erschließt sich aus einer Abrechnung Ludovico Sforzas von ca. 1498: Archivio di Stato di Milano (=ASMi) Archivio Sforzesco (=ASforz) potenze sovrane (=pot. sovr.) carteggio (=cart.) 1467 c. 75; RI XIV,2 n. 8009. Der Wert der Mitgift ist im Notariatsinstrument über die Übergabe der Ausstattung dokumentiert: Österreichisches Staatsarchiv, Haus-, Hof- und Staatsarchiv (= HHStA) Familienurkunden (= UR FUK) 830/1,2; ebenso im Hochzeitsvertrag: HHStA UR FUK 829/1,2; vgl. auch Weiss, 2010, 56.

4 Vgl. Antenhofer, Christina, Mensch-Objekt-Beziehungen im Mittelalter und in der Renaissance am Beispiel der fürstlichen Höfe des süddeutschen und oberitalienischen Raums (Habsburg – Tirol – Görz – Wittelsbach – Württemberg – Visconti – Sforza – Gonzaga). Habilitationsschrift, Innsbruck 2014, 213. (Erscheint in der Reihe der Mittelalter-Forschungen bei Thorbecke.) Vgl. insgesamt zur Auswertung des Brautschatzes der Bianca Maria Sforza und damit auch zu den folgenden Ausführungen ebd., 418–481.

5 Vgl. Weiss, 2010, 56.

6 Vgl. hierzu grundlegend Spieß, Karl-Heinz, Familie und Verwandtschaft im deutschen Hochadel des Spätmittelalters. 13. bis Anfang des 16. Jahrhunderts. Vierteljahrschrift für Sozial- und Wirtschaftsgeschichte. Beihefte 111, Stuttgart 1993, 36–82.

zuletzt in der Tatsache, dass dieser sowohl im Castello Sforzesco in Mailand[7] als auch in Innsbruck in der Hofburg ausgestellt wurde.[8]

War für das zeitgenössische Publikum wohl der Wert der Ausstattung von größter Bedeutung, so interessieren heute insbesondere die Gegenstände des Brautschatzes und die Erkenntnisse, die sich daraus über das Leben Bianca Marias am Hof gewinnen lassen. Glücklicherweise haben sich für Bianca Maria Sforza gleich mehrere Quellen erhalten, die Einblick in die Zusammensetzung ihres Brautschatzes geben: zwei vom Mailänder Hof am 18. November 1493 ausgestellte Aufstellungen über die Objekte,[9] eine schmuckhaft in Libellform verfasste Version des Inventars[10] sowie die als Insert im lateinischen Notariatsinstrument vom 2. Dezember 1493 überlieferte Fassung, mit der die Übergabe der Ausstattung bestätigt wurde.[11] Der Reichtum der Ausstattung zeigt sich allein an der beeindruckenden Länge des auf Pergament ausgestellten Instruments: Fast zwei Meter, genau 184 cm, waren notwendig, um die Aufzählung aller Objekte festzuhalten.[12] (12_08)

Zusätzlich hat sich im Tiroler Landesarchiv in Innsbruck ein Verzeichnis über die Garderobe Bianca Marias erhalten. Ihr Garderobier Francesco de Vegy gab mit dieser Aufstellung Rechenschaft über seine gesamte Tätigkeit am Hof Bianca Marias von der Entgegennahme der Textilien im Castello Sforzesco am 3. Dezember 1493 bis zum Jahr 1508, das die letzten Einträge verzeichnet.[13] Vegy notierte hier nicht nur, welche Kleidungsstücke und Textilien Bianca Maria erhielt, sondern auch, was mit diesen geschah. Das Verzeichnis liefert somit wertvolle Erkenntnisse für die Frage, warum Bianca Maria trotz ihres immensen Brautschatzes in ihren späteren Jahren so schlecht ausgestattet war, dass sie ihren Repräsentationspflichten nicht mehr nachkommen konnte: So vermied Maximilian im Jänner 1505, dass seine Frau französische Gesandte treffen sollte, da sie *„nit wol gestaffirt“* war.[14] Im selben Jahr ließ Hofmeister Firmian Maximilian gegenüber Mängel berichten, nämlich dass der Frauenhof in den letzten drei Jahren keine Winterkleidung erhalten hatte und *„deshalben an denselben klaidln ganz plos auch mit grosser gedult und ganz mitleident“* sei. Auch das Hofgesinde litt Mangel an Kleidern und man schuldete den Leuten Sold.[15]

Bedingt waren diese Engpässe durch die notorische Finanznot Maximilians, aber auch dadurch, dass vieles aus dem Brautschatz nicht mehr vorhanden war. Vegys Aufzeichnungen machen deutlich, dass Bianca Maria ihre reiche Kleidung nicht nur für sich selbst nutzte, sondern vor allem, um sie an Personen aus ihrem Hof zu verschenken. Die Auswertung anderer Brautschatzinventare der Zeit zeigt, dass dies eine übliche Praxis war und die Fürstinnen darüber Netzwerke etablierten.[16] Da die beschenkten Personen im Garderoben-

7 Vgl. Calvi, Felice, Bianca Maria Sforza-Visconti regina dei romani imperatrice germanica e gli Ambasciatori di Lodovico il Moro alla corte cesarea secondo nuovi documenti, Milano 1888, 31.

8 RI XIV,1 n. 476. In: Regesta Imperii Online, http://www.regesta-imperii.de/ (Abgerufen am 21.02.2019).

9 ASMi ASforz pot. sovr. cart. 1467 c. 45; ASMi ASforz pot. sovr. cart. 1467 c. 63 war die erste Reinschrift. Gedruckt bei Calvi, 1881, 131–147.

10 HHStA UR FUK 828.

11 HHStA UR FUK 830/1,2; Zimerman, Heinrich (Hg.), Urkunden und Regesten aus dem k. u. k. Haus-, Hof- und Staats-Archiv in Wien. In: Jahrbuch der Kunsthistorischen Sammlungen des Allerhöchsten Kaiserhauses 1.II, 1883, I–LXXVIII, hier: XXX–XXXII, Nr. 191; gedruckt in Herrgott, Marquardus, Monumenta Augustae Domus Austriacae, Monumenta 3/1, Wien 1760, 61–67, Nr. 60.

12 Regest in RI XIV,1 n. 2862. In: Regesta Imperii Online, http://www.regesta-imperii.de/ (Abgerufen am 21.02.2019). Vgl. Weiss, 2010, 58–59, Abb. 60.

13 Tiroler Landesarchiv (= TLA) Inventare 1.2. Eine ausführliche Analyse des Inventars erfolgt in Antenhofer, 2014, 448–468. Zu einer ersten Auswertung dieses Inventars siehe Sailer, Sabine, Kleidung und Mode – am Hof Königin Bianca Maria Sforzas (1472–1510), Univ. Dipl., Innsbruck 2010; Sailer, Sabine, Kleidung und Mode am Hof Königin Bianca Maria Sforzas (1493–1510). In: Noflatscher, Heinz, Chisholm, Michael, Schnerb, Bertrand (Hg.), Maximilian I. (1459–1519). Wahrnehmung – Übersetzungen – Gender, Innsbrucker Historische Studien 27, Innsbruck 2011, 171–189.

14 Matthäus Lang an Serntein, 9. Januar 1505: „nachdem sy nit wol gestaffirt“ ist; HHStA Maximiliana (= Max) 14/9a f. 14a r; umgeordnet mit korrigiertem Datum; olim HHStA Max 14/8a/1 f. 24r; zit. nach Weiss, 2010, 122, 291 Anm. 381; Hochrinner, Heidemarie, Bianca Maria Sforza. Versuch einer Biographie, Univ. Diss., Graz 1966, 83, Anm. 11; ebd., 85.

15 TLA Max XIV (1505) f. 19r–22v.

16 Vgl. die Auswertungen in Antenhofer, 2014, 191–526.

inventar meist namentlich genannt werden, erhalten wir über diese Quelle zugleich wertvolle Einblicke in die Zusammensetzung des Hofes Bianca Maria Sforzas. Die Geschenke zeigen, wer zu Bianca Marias Favoritinnen und Favoriten gehörte. Deutliche Spitzenreiterin ist mit sieben erhaltenen Geschenken aus den Beständen des Brautschatzes die Hofdame Lucrezia Caima, gefolgt vom italienischen Koch Giacomo sowie dem Kammerdiener Barbanto mit je drei Geschenken. Die Beschenkten stammen fast zur Gänze aus dem Hofpersonal Bianca Maria Sforzas, mit wenigen Ausnahmen, nämlich ihrem Bruder, dem Gesandten Erasmo Brascha sowie einigen Nonnen und einer Kirche, die 1495–1496 beschenkt wurden. Die Verteilung der Geschenke aus ihrem Brautschatz setzt nach dem Vollzug der Eheschließung am 9. März 1494 durch das Beilager in Hall am 14. März mit drei Geschenken ein. Danach folgt über das gesamte Jahr hinweg eine beinahe monatliche Verteilung von Geschenken. Von insgesamt 45 Textilien und Kleidungsstücken, die aus dem Brautschatz verschenkt wurden, verteilen sich 17 auf 1494, die restlichen auf die einzelnen Jahre bis in das Jahr 1500/1501.[17]

Die Geschenkeverteilung unterstreicht den Befund, den bereits Bianca Marias erste Biographin Hochrinner in ihrer Dissertation gezeichnet hatte, nämlich dass sie unter starkem Einfluss ihres italienischen Umfelds stand, was zu Spannungen mit dem deutschen Hof bis hin zu Entlassungen führte. Solche Spannungen zwischen den fremden Hofleuten und jenen des Ankunftshofes zeigen sich auch in anderen Fällen internationaler Eheschließungen.[18] Die mangelnde Handlungsfähigkeit vieler italienischer Fürstinnen an den deutschen Höfen war mit Sicherheit durch deren unzureichende Integration in das deutsche Umfeld mit bedingt, ein Umstand, der durch den ausbleibenden Nachwuchs verstärkt werden konnte, wie sich deutlich bei Bianca Maria Sforza abzeichnet.[19]

Neben der Garderobe bildet das Brautschatzinventar weitere große Objektgruppen ab, die Einblicke in die Handlungsräume

Lateinisches Notariatsinstrument zur Übergabe des Brautschatzes von Bianca Maria Sforza vom 2. Dezember 1493.
HHStA, Wien, Sig. FUK 830/1.
(s. Kat. Nr. 12_05)

17 Vgl. hierzu Antenhofer, 2014, 460-468.

18 Vgl. Spieß, Karl-Heinz, Unterwegs zu einem fremden Ehemann. Brautfahrt und Ehe in europäischen Fürstenhäusern des Spätmittelalters. In: Erfen, Irene, Spieß, Karl-Heinz (Hg.), Fremdheit und Reisen im Mittelalter, Stuttgart 1997, 17–36; Spieß, Karl-Heinz, Fremdheit und Integration der ausländischen Ehefrau und ihres Gefolges bei internationalen Fürstenheiraten. In: Zotz, Thomas L. (Hg.), Fürstenhöfe und ihre Außenwelt. Aspekte gesellschaftlicher und kultureller Identität im deutschen Spätmittelalter, Identitäten und Alteritäten 16, Würzburg 2004, 267-290; Nolte, Cordula, „Ir seyt ein frembs weib, das solt
ir pleiben, dieweil ihr lebt". Beziehungsgeflechte in fürstlichen Familien des Spätmittelalters. In: Ruhe, Doris (Hg.), Geschlechterdifferenz im interdisziplinären Gespräch, Würzburg 1998, 11–42.

19 Vgl. Antenhofer, Christina, Emotions in the Correspondence of Bianca Maria Sforza. In: Noflatscher, Heinz, Chisholm, Michael, Schnerb, Bertrand (Hg.), Maximilian I. (1459–1519). Wahrnehmung – Übersetzungen – Gender, Innsbrucker Historische Studien 27, Innsbruck 2011, 267–286; Lutter, Christina, Geschlecht, Beziehung, Politik. Welche Möglichkeiten und Grenzen „erfolgreichen" Handelns hatte Bianca Maria Sforza?, In: Noflatscher, Heinz, Chisholm, Michael, Schnerb, Bertrand (Hg.), Maximilian I. (1459–1519). Wahrnehmung – Übersetzungen – Gender, Innsbrucker Historische Studien 27, Innsbruck 2011, 251–266; Lutter, Christina, Zur Repräsentation von Geschlechterverhältnissen im höfischen Umfeld Maximilians I. In: Helmrath, Johannes, Kocher, Ursula, Sieber, Andrea (Hg.), Maximilians Welt. Kaiser Maximilian I. im Spannungsfeld zwischen Innovation und Tradition, Berliner Mittelalter- und Frühneuzeitforschung 22, Göttingen 2018, 41–60.

Bianca Marias ermöglichen: Es beginnt mit den Kleinodien zu ihrer persönlichen Zierde, gefolgt vom Silber für die Kredenz, also dem Tafelsilber, das zum Schmuck der Festtafel diente.[20] Für die Ausstattung der Hofkapelle brachte Bianca Maria sowohl Silber als auch Paramente mit, was den Bereich der Frömmigkeit als eine herausragende Sphäre weiblichen Handelns markiert. In den Zuständigkeitsbereich der Garderobe fielen sodann sowohl die Kleidung als auch alle Textilien und Paramente, die zur Ausstattung der Räume des Frauenzimmers nötig waren. Die Repräsentation unterwegs spiegelt sich im abschließenden Abschnitt zu Sätteln, Decken und Zaumzeug sowohl für die Herrscherin wie für ihre Hofdamen. Schließlich nennt das Inventar noch eine Reihe von Objekten zur Körperpflege und zum Zeitvertreib wie der persönlichen Devotion: Parfümpasten, Seifen und Pülverchen, einen Spiegel, sechs silberne Fingerhüte, diverse Paternoster, 9.000 Näh- und 9.000 Stopfnadeln. Heraus stechen ferner das silberne Urinal und der Bettwärmer aus Silber, die neben den zahlreichen Devisen der Sforza, die sich auch in Stoffmustern und -farben abbildeten, die Raffinesse der Hofhaltung der Sforza dokumentieren.

Angesichts des Reichtums stellt sich die Frage, welche Objekte in diesem Brautschatz fehlen. Genannt werden an dieser Stelle oft die Bücher.[21] In der Tat nennt das Brautschatzinventar nur drei Bücher, ein Stundenbuch, ein Missale und ein Brevier, die aufgrund ihrer silbernen Beschläge zum Silber für die Kapelle gerechnet wurden. Dieser Tatsache gegenüber steht allerdings der Umstand, dass die Forschung mehrere Bücher und Handschriften auf den Besitz Bianca Marias zurückführen konnte, wovon sie etliche bereits auf ihrer Hochzeitsreise mitführte: so wohl zwei Lehrbücher für den Lateinunterricht, wovon eines[22] ursprünglich für ihren Bruder verfasst worden war. Das zweite Lehrbuch erhielt sie wohl von ihrer Mutter Bona von Savoyen. Es beinhaltet ein Doctrinale des Alexander de Villa. Unter anderem zeigt es in einer Darstellung entweder Bianca Maria oder ihre Mutter Bona an einer Schreibkommode mit dem Savoyer-Kreuz, ein Buch lesend – deutliche Hinweise auf Lesen und Schreiben als Tätigkeiten der fürstlichen Frau.[23] Sicher können zwei Andachtsbücher ihrem Besitz zugewiesen werden.[24] Ferner übergab ihr der Mailänder Hofdichter Gaspare Visconti Gedichte[25] und es wurden ihr Epithalamien anlässlich ihrer Hochzeit zugeeignet.[26] Verbindungen zu Bianca Maria lassen sich zudem für eine Musikhandschrift,[27] eine gedruckte Vergilausgabe[28] und die ins Italienische übersetzte gedruckte Liebesgeschichte Euryalus und Lucretia des Enea Silvio Piccolomini[29] nachweisen.

20 Zur Bedeutung der Tafel im Frauenzimmer siehe Unterholzner, Daniela, Essensalltag bei Hof. Zum Frauenzimmer Bianca Maria Sforzas. In: Noflatscher, Heinz, Chisholm, Michael, Schnerb, Bertrand (Hg.), Maximilian I. (1459–1519). Wahrnehmung – Übersetzungen – Gender, Innsbrucker Historische Studien 27, Innsbruck 2011, 287–301, sowie generell ihre Dissertation: Unterholzner, Daniela, Bianca Maria Sforza (1472–1510). Herrschaftliche Handlungsspielräume einer Königin vor dem Hintergrund von Hof, Familie und Dynastie, Univ. Diss., Innsbruck 2015.

21 Vgl. hierzu auch Lutter, Christina, Unterholzner, Daniela, Fürstin ohne Ort. Vom Scheitern der Bianca Maria Sforza. In: Braun, Bettina, Keller, Katrin, Schnettger, Matthias (Hg.), Nur die Frau des Kaisers? Kaiserinnen in der Frühen Neuzeit, Veröffentlichungen des Instituts für Österreichische Geschichtsforschung 64, Wien/Köln/Weimar 2016, 65–83.

22 Eine lateinische Grammatik, die Disticha Catonis, und ein Gebet enthält Österreichische Nationalbibliothek (= ÖNB) Codex 2417. Vgl. Unterkircher, Franz, Bücher aus dem Besitz der Kaiserin Bianca Maria in der österreichischen Nationalbibliothek. In: Höflechner, Walter, Mezler-Andelberg, Helmut J., Pickl, Othmar (Hg.), Domus Austriae. Eine Festgabe. Hermann Wiesflecker zum 70. Geburtstag, Graz 1983, 407–411, hier: 407; Gottlieb, Theodor, Büchersammlung Kaiser Maximilians. Mit einer Einleitung über älteren Bücherbesitz im Hause Habsburg, Die Ambraser Handschriften. Beitrag zur Geschichte der Wiener Hofbibliothek 1, Neudr. 1968 der Ausg. Leipzig 1900, Amsterdam 1968, 28.

23 ÖNB Cod. 2369. Vgl. Unterkircher, 1983, 407–408; Gottlieb, 1968, 77, 108; Lutter, Unterholzner, 2016, 72–73. Weiss identifiziert die Figur als Bianca Maria Sforza, Weiss, 2010, 51–52; Besitzeintragungen und ihr Monogramm verweisen darauf, dass das Buch Bianca Maria gehörte.

24 Offensichtlich erhielt sie diese jedoch erst nach ihrer Hochzeit, vgl. Weiss, 2010, 216–218, 305 Anm. 1146 und 1148. ÖNB Cod. Ser. n. 2597; ÖNB Cod. Ser. n. 2622, vgl. Unterkircher, 1983, 408–410.

25 ÖNB Cod. Ser. n. 2621, vgl. Weiss, 2010, 216, 305 Anm. 1142; Unterkircher, 1983, 409.

26 ÖNB Cod. Ser. n. 12594; ÖNB Cod. 2494, vgl. Unterkircher, 1983, 410.

27 ÖNB Cod. Ser. n. 2660, zugleich Mus. Hs. 15495 = olim Kunsthistorisches Museum (= KHM) Ms. mus. 5248, vgl. Weiss, 2010, 218, 305 Anm. 1149.

28 Inkunabel Universitäts- und Landesbibliothek, Innsbruck (= ULB) Sign. 109 G 8, vgl. Weiss, 2010, 220, 305 Anm. 1152; Wieser, Hans, Zwei Bände aus dem Besitz Blanca Maria Sforzas. In: Biblos 5/3, 1956, 98–104, hier 98–102.

29 ULB Sign. 204.866, vgl. Weiss, 2010, 220, 305 Anm. 1154; Wieser, 1956, 102–104.

Die fehlende Bibliothek in Bianca Marias Brautschatzinventar lässt sich im Vergleich mit dem überlieferten Brautschatzinventar ihrer Tante Ippolita Sforza aus dem Jahr 1465 erklären. Dieser Unterschied zwischen Dingen, die mit ihrem Geldwert zur Mitgift gezählt wurden, und jenen, die nicht darunter gerechnet wurden – beispielsweise geschenkte Objekte.[30] Es lässt sich daraus somit schließen, dass Bianca Marias Brautschatzinventar nicht alle Objekte erfasste, die sie mit nach Innsbruck nahm, sondern nur jene, die ihr von ihrem Onkel Ludovico il Moro und ihrem Bruder Gian Galeazzo Sforza als Teil ihrer finanziell bezifferten Brautausstattung übergeben wurden. Das Fehlen von Büchern in ihrer Brautausstattung weist somit nicht auf deren Fehlen insgesamt hin. Die auf Bianca Maria zurückzuführenden Handschriften und Bücher verdeutlichen vielmehr, dass diese auf anderen Wegen, als Geschenke, Widmungsexemplare oder erst während bzw. nach der Hochzeit an sie gingen. Sie betonen die Bedeutung des Buchbesitzes für die Sforza-Frauen, wie auch das ebenfalls in Innsbruck überlieferte Nachlassinventar ihrer Mutter Bona von Savoyen, das 42 Bücher auflistet.[31]

Wie das weitere Schicksal der Objekte des Brautschatzes nach dem Tod Bianca Marias 1510 verlief, lässt sich anhand einiger schlaglichtartiger Einblicke der späteren Jahre nachvollziehen: Maximilian behielt ein rotes Miederstück, mit Perlen und dem Monogramm Bianca Marias bestickt, und ließ es in einer kleinen Truhe aus Zypressenholz in der Innsbrucker Hofburg aufbewahren.[32] Zudem bewahrte er einen Siegelring. Mieder und Ring sind somit zwei persönliche Stücke Bianca Marias, die Maximilian wohl zur Erinnerung an sie behielt, vielleicht ein Zeichen seiner Zuneigung. Beide Objekte wurden später Erzherzog Ferdinand übergeben, wie im Inventar von 1524 ersichtlich.[33] 1517 hatte Maximilian einen von Bianca Marias Hüten mit Perlen an seine Enkelin Maria verschenkt, die dafür Bianca Maria zwei Messen stiften sollte.[34] Karl V. entschied 1521, die noch verbliebenen Mailänder Kleinodien, Kleider und Silberzeug zwischen den beiden Bräuten Maria von Ungarn und Anna Jagiello aufzuteilen[35] und das Prunkbett, das sie aus Mailand mitgebracht hatte, seinem Bruder Ferdinand zu geben.[36] Insgesamt zog sich die Übergabe des in Innsbruck verwahrten Restbestandes von Bianca Marias Schatz über Jahre hin. Verteilt wurde er über fromme Stiftungen, Übergaben an die Sforza in Form von Silbergeschirr sowie Geschenke innerhalb der Habsburger-Dynastie.[37]

---

30 ASMi Registri Ducali 24 f. 140r–145v.

31 Gottlieb, 1968, 123–125. Vgl. zur Bibliothek der Sforza Rozzo, Ugo, La biblioteca visconteo-sforzesca. In: Arbizzoni, Guido, Bianca, Concetta, Peruzzi, Marcella (Hg.), Principi e signori. Le biblioteche nella seconda metà del Quattrocento, atti del convegno (Urbino, 5–6 giugno 2008), Collana di Studi e Testi 25, Urbino 2010, 3–38. Zu den Frauen am Hof der Sforza vgl. Covini, Nadia Maria, Donne, emozioni e potere alla corte degli Sforza. Da Bianca Maria a Cecilia Gallerani, Storia lombarda 24, Milano 2012.

32 Es wird in seinem Nachlassinventar von 1519 wie folgt erwähnt: „ain perlein prusttuch auf rotem samat mit den buchstaben MAB", zit. nach Weiss, 2010, 191, Anm. 993; TLA Inventare A 1.3 f. 4r, wo auch der Petschaftring der Kaiserin erwähnt wird, samt Skizze des Wappens mit Sforza-Schlange, vgl. Schönherr, David (Hg.), Urkunden und Regesten aus dem k. k. Statthalterei-Archiv in Innsbruck. In: Jahrbuch der Kunsthistorischen Sammlungen des Allerhöchsten Kaiserhauses 2.II, 1884, I–CLXXII, hier: CIII–CVI, Nr. 1511. Vgl. hierzu und zum Folgenden Antenhofer, 2014, 474–475.

33 Weiss, 2010, 191; Schönherr, 1884, CIII–CVI, Nr. 1511, TLA Inventare A 1.3.

34 HHStA Max. 40, Haus- und Hofsachen, zit. nach Zimerman, 1883, LXXVIII, Nr. 494; Weiss, 2010, 191.

35 TLA oberösterreichisches (= o. ö.) Kammer-Kopialbuch Geschäft von Hof Bd. 76 / Nr. 20 (1519–1523) (= olim Register Karl V. 1521) f. 46r, 79v–80v; vgl. Schönherr, 1884, XCI, Nr. 1389. Für die Recherche zur aktuellen Signatur danke ich Michaela Fahlenbock (Tiroler Landesarchiv, Innsbruck).

36 TLA o. ö. Kammer-Kopialbuch Geschäft von Hof Bd. 76 / Nr. 20 (1519–1523) (= olim Register Karl V. 1521) f. 62v; vgl. Schönherr, 1884, XCIII, Nr. 1408; vgl. Weiss, 2010, 191.

37 Weiss, 2010, 191–192; dies hängt allgemein mit der Umverteilung der Schätze zusammen, auch jener aus dem Bestand Erzherzog Sigmunds, was letztlich zu groß angelegten Einschmelzungen der mittelalterlichen Stücke wohl erst unter Karl V. führte, vgl. hierzu auch Maleczek, Werner, Die Sachkultur am Hofe Herzog Sigismunds von Tirol († 1496). In: Kühnel, Harry (Hg.), Adelige Sachkultur des Spätmittelalters, Veröffentlichungen des Instituts für Mittelalterliche Realienkunde Österreichs 5, Wien 1982, 133–167, hier: 136; Kirchweger, Franz, Die Schatzkammern des Hauses Habsburg im Mittelalter und die Wiener Hofburg. In: Schwarz, Mario (Hg.), Die Wiener Hofburg im Mittelalter. Von der Kastellburg bis zu den Anfängen der Kaiserresidenz, Österreichische Akademie der Wissenschaften. Philosophisch-Historische Klasse. Denkschriften 443/Veröffentlichungen zur Kunstgeschichte 12/Veröffentlichungen zur Bau- und Funktionsgeschichte der Wiener Hofburg 1, Wien 2015, 447–461.

LITERATUR

Antenhofer, Christina, Emotions in the Correspondence of Bianca Maria Sforza. In: Noflatscher, Heinz, Chisholm, Michael, Schnerb, Bertrand (Hg.), Maximilian I. (1459–1519). Wahrnehmung – Übersetzungen – Gender, Innsbrucker Historische Studien 27, Innsbruck 2011, 267–286.

Antenhofer, Christina, Mensch-Objekt-Beziehungen im Mittelalter und in der Renaissance am Beispiel der fürstlichen Höfe es süddeutschen und oberitalienischen Raums (Habsburg – Tirol – Görz – Wittelsbach – Württemberg – Visconti – Sforza – Gonzaga), Habilitationsschrift, Innsbruck 2014. (Erscheint in der Reihe der Mittelalter-Forschungen bei Thorbecke.)

Calvi, Felice, Bianca Maria Sforza-Visconti regina dei romani imperatrice germanica e gli Ambasciatori di Lodovico il Moro alla corte cesarea secondo nuovi documenti, Milano 1888.

Covini, Nadia Maria, Donne, emozioni e potere alla corte degli Sforza. Da Bianca Maria a Cecilia Gallerani, Storia lombarda 24, Milano 2012.

Gottlieb, Theodor, Büchersammlung Kaiser Maximilians. Mit einer Einleitung über älteren Bücherbesitz im Hause Habsburg, Die Ambraser Handschriften. Beitrag zur Geschichte der Wiener Hofbibliothek 1, Neudr. 1968 der Ausg. Leipzig 1900, Amsterdam 1968.

Herrgott, Marquardus, Monumenta Augustae Domus Austriacae, Monumenta 3/1, Wien 1760.

Hochrinner, Heidemarie, Bianca Maria Sforza. Versuch einer Biographie, Univ. Diss., Graz 1966.

Kirchweger, Franz, Die Schatzkammern des Hauses Habsburg im Mittelalter und die Wiener Hofburg. In: Schwarz, Mario (Hg.), Die Wiener Hofburg im Mittelalter. Von der Kastellburg bis zu den Anfängen der Kaiserresidenz, Österreichische Akademie der Wissenschaften, Philosophisch-Historische Klasse, Denkschriften 443/Veröffentlichungen zur Kunstgeschichte 12/Veröffentlichungen zur Bau- und Funktionsgeschichte der Wiener Hofburg 1, Wien 2015, 447–461.

Lutter, Christina, Geschlecht, Beziehung, Politik. Welche Möglichkeiten und Grenzen „erfolgreichen" Handelns hatte Bianca Maria Sforza? In: Noflatscher, Heinz, Chisholm, Michael, Schnerb, Bertrand (Hg.), Maximilian I. (1459–1519). Wahrnehmung – Übersetzungen – Gender, Innsbrucker Historische Studien 27, Innsbruck 2011, 251–266.

Lutter, Christina, Unterholzner, Daniela, Fürstin ohne Ort. Vom Scheitern der Bianca Maria Sforza. In: Braun, Bettina, Keller, Katrin, Schnettger, Matthias (Hg.), Nur die Frau des Kaisers? Kaiserinnen in der Frühen Neuzeit, Veröffentlichungen des Instituts für Österreichische Geschichtsforschung 64, Wien/Köln/Weimar 2016, 65–83.

Lutter, Christina, Zur Repräsentation von Geschlechterverhältnissen im höfischen Umfeld Maximilians I. In: Helmrath, Johannes, Kocher, Ursula, Sieber, Andrea (Hg.), Maximilians Welt. Kaiser Maximilian I. im Spannungsfeld zwischen Innovation und Tradition, Berliner Mittelalter- und Frühneuzeitforschung 22, Göttingen 2018, 41–60.

Maleczek, Werner, Die Sachkultur am Hofe Herzog Sigismunds von Tirol († 1496). In: Kühnel, Harry (Hg.), Adelige Sachkultur des Spätmittelalters, Veröffentlichungen des Instituts für Mittelalterliche Realienkunde Österreichs 5, Wien 1982, 133–167.

Nolte, Cordula, „Ir seyt ein frembs weib, das solt ir pleiben, dieweil ihr lebt". Beziehungsgeflechte in fürstlichen Familien des Spätmittelalters. In: Ruhe, Doris (Hg.), Geschlechterdifferenz im interdisziplinären Gespräch, Würzburg 1998, 11–42.

Rozzo, Ugo, La biblioteca visconteo-sforzesca. In: Arbizzoni, Guido, Bianca, Concetta, Peruzzi, Marcella (Hg.), Principi e signori. Le biblioteche nella seconda metà del Quattrocento, atti del convegno (Urbino, 5–6 giugno 2008), Collana di Studi e Testi 25, Urbino 2010, 3–38.

Sailer, Sabine, Kleidung und Mode – am Hof Königin Bianca Maria Sforzas (1472–1510), Univ. Dipl., Innsbruck 2010.

Sailer, Sabine, Kleidung und Mode am Hof Königin Bianca Maria Sforzas (1493–1510). In: Noflatscher, Heinz, Chisholm, Michael, Schnerb, Bertrand (Hg.), Maximilian I. (1459–1519). Wahrnehmung – Übersetzungen – Gender, Innsbrucker Historische Studien 27, Innsbruck 2011, 171–189.

Schönherr, David (Hg.), Urkunden und Regesten aus dem k. k. Statthalterei-Archiv in Innsbruck. In: Jahrbuch der Kunsthistorischen Sammlungen des Allerhöchsten Kaiserhauses 2.II, 1884, I–CLXXII.

Spieß, Karl-Heinz, Familie und Verwandtschaft im deutschen Hochadel des Spätmittelalters. 13. bis Anfang des 16. Jahrhunderts. Vierteljahrschrift für Sozial- und Wirtschaftsgeschichte. Beihefte 111, Stuttgart 1993.

Spieß, Karl-Heinz, Fremdheit und Integration der ausländischen Ehefrau und ihres Gefolges bei internationalen Fürstenheiraten. In: Zotz, Thomas L. (Hg.), Fürstenhöfe und ihre Außenwelt. Aspekte gesellschaftlicher und kultureller Identität im deutschen Spätmittelalter, Identitäten und Alteritäten 16, Würzburg 2004, 267–290.

Spieß, Karl-Heinz, Unterwegs zu einem fremden Ehemann. Brautfahrt und Ehe in europäischen Fürstenhäusern des Spätmittelalters. In: Erfen, Irene, Spieß, Karl-Heinz (Hg.), Fremdheit und Reisen im Mittelalter, Stuttgart 1997, 17–36.

Unterholzner, Daniela, Bianca Maria Sforza (1472–1510). Herrschaftliche Handlungsspielräume einer Königin vor dem Hintergrund von Hof, Familie und Dynastie, Univ. Diss., Innsbruck 2015.

Unterholzner, Daniela, Essensalltag bei Hof. Zum Frauenzimmer Bianca Maria Sforzas. In: Noflatscher, Heinz, Chisholm, Michael, Schnerb, Bertrand (Hg.), Maximilian I. (1459–1519). Wahrnehmung – Übersetzungen – Gender, Innsbrucker Historische Studien 27, Innsbruck 2011, 287–301.

Unterkircher, Franz, Bücher aus dem Besitz der Kaiserin Bianca Maria in der österreichischen Nationalbibliothek. In: Höflechner, Walter, Mezler-Andelberg, Helmut J., Pickl, Othmar (Hg.), Domus Austriae. Eine Festgabe. Hermann Wiesflecker zum 70. Geburtstag, Graz 1983, 407–411.

Weiss, Sabine, Die vergessene Kaiserin. Bianca Maria Sforza. Kaiser Maximilians zweite Gemahlin, Innsbruck/Wien 2010.

Wieser, Hans, Zwei Bände aus dem Besitz Blanca Maria Sforzas. In: Biblos 5/3, 1956, 98–104.

Zimerman, Heinrich (Hg.), Urkunden und Regesten aus dem k. u. k. Haus-, Hof- und Staats-Archiv in Wien. In: Jahrbuch der Kunsthistorischen Sammlungen des Allerhöchsten Kaiserhauses 1.II, 1883, I–LXXVIII.

Christina Lutter

BIANCA MARIA SFORZA

EINE NEUBEWERTUNG AUS VERGLEICHENDER PERSPEKTIVE

Bianca Maria aus der Familie der Mailänder Sforza, die zweite Frau an Maximilians Seite, spielte in der einschlägigen Forschung lange eine untergeordnete Rolle.[1] Das Herzogtum Mailand, dessen Gewinn für den König ein wichtiges strategisches Ziel und maßgeblicher Teil seiner Italienpolitik war, ging schließlich verloren. Damit verbunden war der politische Bedeutungsverlust Biancas, denn die Ehe hatte ja maßgeblich der Befestigung der Beziehungen zu den Sforza gedient und die für sie gestellte enorme Mitgift das letztlich gescheiterte militärische Unternehmen des Königs finanziert. Um 1500 schien alles verloren. Mailand wurde französisch, Bianca Maria hatte keinen politischen Auftrag mehr. Während sie nach über sechs Jahren Ehe immer noch kinderlos war, wurde im selben Jahr Maximilians erster Enkel, der spätere Kaiser Karl (V.), geboren. Zeitgenössische Einschätzungen zur Person Biancas waren allerdings zunächst oft positiv und erst allmählich ambivalent. Es waren schließlich moderne Interpretationen, welche die heterogene Überlieferung zunehmend zu einem Bild des Scheiterns verdichteten.[2] Solche Bewertungen gingen einher mit einer Konzentration auf Maximilians Person, die Ausdruck einer auf individuelle Persönlichkeiten und deren Eigenschaften fokussierenden älteren Forschung war.

KULTURGESCHICHTE DES POLITISCHEN

Eine neue Kulturgeschichte des Politischen hat seit den 1990er Jahren neue Aspekte der Herrschaftsausübung Maximilians herausgearbeitet[3]: zur Zusammensetzung seines Hofes mit seiner Kultur und Repräsentationspolitik, zu Selbstbildern und Fremdwahrnehmungen, zur politischen Kommunikations- und Konfliktkultur und zuletzt auch zur vergleichenden Geschlechtergeschichte. Seit dem 15. Jahrhundert hatte sich die Habsburger-Herrschaft zu einer „zusammengesetzten" Monarchie in europäischen Dimensionen formiert. Die zeitlich und räumlich unterschiedlichen Bedingungen von Landesherrschaft und überregionaler Machtausübung bieten ein weites Feld für vergleichende Analysen der Handlungsspielräume von Fürsten beiderlei Geschlechts.[4] Vormoderne politische Willensbildung fand in komplexen Prozessen der Ausverhandlung statt, an denen viele unterschiedliche Akteure beteiligt waren. Deren Handlungen hatten unterschiedliche Reichweiten und verweisen auf die Diskrepanz von beanspruchter Macht und den Möglichkeiten, ihr Geltung zu verschaffen.

1 Programmatisch Weiss, Bianca Maria Sforza, Innsbruck 2010.

2 Exemplarisch Wiesflecker, Kaiser Maximilian Bd. I–V, München 1971–1986, I 371.

3 Stollberg-Rilinger, Barbara (Hg.), Was heißt Kulturgeschichte des Politischen? Zeitschrift für Historische Forschung, Beiheft 35, Berlin 2005; Übersichten von Noflatscher, Heinz u. a. (Hg.), Maximilian I. (1459–1519). Wahrnehmung – Übersetzungen – Gender, Innsbruck 2011 und Helmrath, Johannes u. a. (Hg.), Maximilians Welt. Kaiser Maximilian I. im Spannungsfeld zwischen Innovation und Tradition, Berlin 2018.

4 Forschungsüberblick in den Beiträgen in Zey, Claudia (Hg.), Mächtige Frauen? Königinnen und Fürstinnen im europäischen Mittelalter (11.–14. Jahrhundert). Vorträge und Forschungen 81, Ostfildern 2015 und Braun, Bettina u. a. (Hg.), Nur die Frau des Kaisers? Kaiserinnen in der Frühen Neuzeit, Wien 2016. Vgl. außerdem exemplarisch Fößel, Amalie, Die Königin im mittelalterlichen Reich. Herrschaftsausübung, Herrschaftsrechte, Handlungsspielräume, Darmstadt 2000; Monter, William, The Rise of Female Kings in Europe, 1300–1800, Yale 2012; Earenfight, Theresa, Queenship in Medieval Europe, New York 2013.

Fragt man nach den Beziehungen zwischen Geschlechter- und Machtverhältnissen, rückt die Einzigartigkeit „besonderer“ Frauen und Männer in den Hintergrund und gibt den Blick frei auf Möglichkeiten und Grenzen des politischen Handelns von Menschen beiderlei Geschlechts. Scheinbar rein individuelle Handlungen werden als Ausdruck politischer Muster, sozialer Rollenbilder und kultureller Traditionen sichtbar. Dynastische Politik war ein zentraler Faktor frühmoderner Machtpolitik – Familie und Verwandtschaft waren Felder, auf denen territoriale, ökonomische und symbolische Ansprüche ausverhandelt wurden. Politische Erwartungen folgten Rollenmodellen, die auch geschlechtlich kodiert waren.

ROLLENMODELLE UND HANDLUNGSSPIELRÄUME IM VERGLEICH

Bianca Maria war fraglos keine „große Herrscherin“ im traditionellen Sinn. Gerade diese „Nicht-Exzellenz“, sowohl im Vergleich mit dem spektakulären Ehemann als auch mit weiblichen Verwandten, macht sie interessant. Ihr „Gegenbild“ zu „mächtigen Frauen“ zeigt den Konstruktionscharakter solcher Bilder besonders gut. Bianca Maria wurde als zweite Ehefrau Maximilians vor allem mit ihrer Vorgängerin verglichen, mit Maria von Burgund, der Mutter Philipps des Schönen und Margarethes, der späteren Statthalterin der habsburgischen Niederlande. Maria und Margarethe stehen für Rollenmodelle erfolgreicher Fürstinnen: Maria repräsentiert als Erbtochter und Mutter des Thronfolgers das traditionellere Bild, das durch ihren frühen Tod fixiert wurde.[5]

Margarethe hingegen konnte ihre schwierigen Ausgangsbedingungen als zweifache Witwe für die Entwicklung eines neuen Typs weit über ihr eigenes Leben hinausreichender Herrschaft nutzen.[6] Dabei griff sie auf Rollenmodelle an den Höfen zurück, an denen sie erzogen wurde und später lebte – in Burgund, Frankreich, Spanien und Savoyen –, und baute sie in ihrer eigenen Residenz in Mecheln weiter aus. Wie kann man im Vergleich mit diesen beiden Fürstinnen die Rahmenbedingungen für Bianca Marias Herrschaftshandeln beschreiben?[7]

JUGEND UND EHESCHLIESSUNG

Bianca wurde 1472 als Tochter des Mailänder Herzogs Galeazzo Maria Sforza und der Bona von Savoyen geboren und wuchs mit ihren drei Geschwistern im repräsentationsbewussten Umfeld des Mailänder Hofes auf. Sie lernte tanzen, reiten und jagen. Über ihre intellektuelle Ausbildung wissen wir wenig: Bekannt sind zwei Lehrbücher für den Lateinunterricht. Das Inventar von Biancas Aussteuer nennt reich ausgestattete Gebetbücher. Eine eigene Bibliothek besaß sie nie, wohl auch aufgrund der knappen Ressourcen am Innsbrucker Hof. Dieser Befund verweist also auf ganz andere Voraus-

---

5 Roberts, Ann M., The Posthumous Image of Mary of Burgundy, in: Pearson, Andrea (Hg.), Women and Portraits in Early Modern Europe. Gender, Agency, Identity, Aldershot 2008, 55–70, zu Maria; Lutter, Christina, Zur Repräsentation von Geschlechterverhältnissen im höfischen Umfeld Maximilians, in: Helmrath, Johannes u. a. (Hg.), Maximilians Welt. Kaiser Maximilian I. im Spannungsfeld zwischen Innovation und Tradition, Berlin 2018, 41–60, zum Vergleich.

6 Vgl. Katalogbeitrag Eichberger mit weiteren Referenzen sowie besonders Eichberger, Dagmar (Hg.), Women at the Burgundian Court: Presence and Influence, Burgundica 17, Turnhout 2010.

7 Vgl. aktuell die Beiträge von Antenhofer, Lutter, Sailer und Unterholzner im Abschnitt „Gender“ in: Noflatscher u. a., 2011; Unterholzner, Daniela, Bianca Maria Sforza (1472–1510). Herrschaftliche Handlungsspielräume einer Königin vor dem Hintergrund von Hof, Familie und Dynastie, phil. Diss., Innsbruck 2015 (https://danielaunterholzner.wordpress.com/2016/01/16/konigin-bianca-maria-sforza/); Lutter, Christina, Unterholzner, Daniela, Fürstin ohne Ort. Vom Scheitern der Bianca Maria Sforza, in: Braun, 2016, 65–83; Katalogbeitrag Antenhofer.

Offizienbuch Bianca Maria Sforza.
ÖNB, Wien,
Inv. Nr. SN 2622, Fol. 5 v.
(s. Kat. Nr. 12_02)

setzungen für eine eigenständige politische Tätigkeit als jene, die Maria von Burgund und ihre Tochter mitbrachten.[8]

Hingegen erfolgten die Eheschließungen zwischen Maximilian und Maria von Burgund bzw. Bianca Maria Sforza unter vergleichbaren Bedingungen: Beide waren strategisch-politische Projekte. In beiden Fällen erhofften die Habsburger neben der Erbfolge territorialen und ökonomischen Gewinn und akzeptierten daher den niedrigeren Rang der Braut, deren Familien nach Rangerhöhung strebten. Beide Male begleiteten militärische Unternehmungen die Heiratsprojekte. Ein zentraler Unterschied bestand darin, dass Maximilian ins Land seiner Braut „einheiratete", während es sich in Biancas Fall genau umgekehrt verhielt.

Wichtige zeitgenössische Kriterien zur Beurteilung der Braut waren Schönheit, Benehmen und potentielle Gebärfähigkeit. Alle Berichte über die Mailänder Hochzeit, die Brautfahrt nach Innsbruck und Biancas erste Monate bei Hof belegen eine positive Einschätzung der Königin. In diesem Punkt lassen sich im Vergleich mit Maria von Burgund keine nennenswerten Unterschiede feststellen. Das änderte sich erst mit dem Ausbleiben des erhofften Nachwuchses, denn ab nun hört man auch Klagen über Biancas Mangel an Klugheit und Erfahrung, über Unordnung und hohe Ausgaben ihres Hofstaates.[9]

8 Mit weiteren Verweisen: Lutter/Unterholzner, Fürstin ohne Ort, 2016, 70–74; Abbildungen: Weiss, 2010, 214–222.

9 Zu dieser Koinzidenz Lutter/Unterholzner, Fürstin ohne Ort, 2016, 75 mit Belegen.

BEZIEHUNGEN BEI HOF

Die Konfiguration des Hofstaates war ein zentraler Faktor für Reichweite und Effektivität herrschaftlichen Handelns. Biancas Hofstaat bestand aus teils konkurrierenden italienischen und deutschsprachigen Gruppen, welche die Interessen Herzog Ludovicos und der Königinmutter Bona vertraten und Kontakte zu den Höfen der Gonzaga und Este pflegten.[10] Viele Hofleute waren untereinander verwandt und verschwägert. Die oft heftigen Konflikte um die Integration dieser Gruppen und deren starke Fluktuation spiegeln die politischen Kämpfe um das Herzogtum Mailand wider. Ein strategischer Aufbau von Beziehungen war durch die ständigen kriegerischen Auseinandersetzungen kaum möglich.

Das „Frauenzimmer" unterstand formal dem König. Maximilian bestellte, empfahl und versorgte Bedienstete und bemühte sich persönlich um die Verheiratung der Angehörigen des Frauenzimmers. Aus der Zeit vor und nach seiner Herrschaft erhaltene Hofordnungen vermitteln recht strenge Regeln. Die Praxis sah auch reisebedingt oft anders aus. So gibt es laufend Berichte über die Besuche im Frauenzimmer, hier wurden Gesandte empfangen und Beziehungen geknüpft, wurde getanzt und gefeiert. Ab 1496 führten die Kriege aber zu dramatischem Geldmangel und monatelangen Verpfändungen der Königin und ihres Hofstaates. Versorgungsengpässe verschränkten sich mit Meinungsverschiedenheiten mit den „welschen" Hofleuten. Der strukturelle Mangel blieb eine Konstante sowohl Maximilians als auch Biancas Hofhaltung. Für das Handeln der Königin erschwerte er jegliche Planung der ohnehin eingeschränkten Repräsentationsaufgaben.

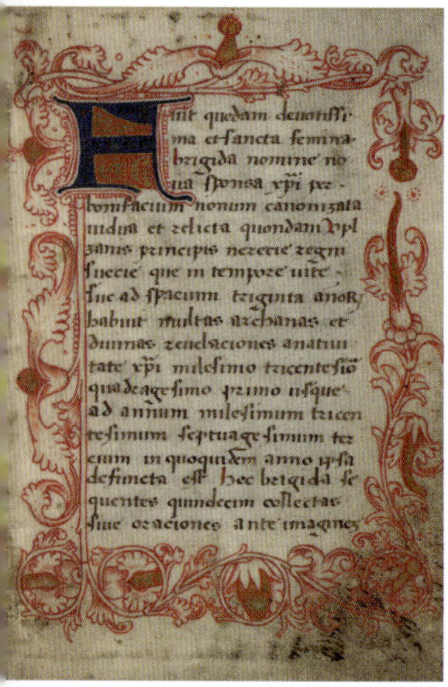

Andachtsbuch des Brigittenordens.
ÖNB, Wien,
Inv. Nr. SN 2597, Fol. 2.
(s. Kat. Nr. 12_03)

GEMEINSAMES HANDELN DES KÖNIGSPAARES

Bis zum Verlust von Mailand 1500 war Bianca oft bei Reichstagen präsent, so etwa 1495 bei dem für Maximilian prekären Reichstag in Worms. Dort empfing sie Gesandtschaften und sprach Empfehlungen aus. Zehn Briefe an Ludovico Sforza und zwei an Papst Alexander VI. sind aus dieser Zeit erhalten.[11] Allerdings wirken die Handlungen des Königspaares kaum koordiniert und oft widersprüchlich. Beiden fehlten finanzielle Mittel, politischer Rückhalt und koordinierte Kommunikation, um erfolgreich zu handeln. Das gilt auch für die Lage, die zur Einnahme Mailands durch die Franzosen führte. Wieder erhoffte sich der König Truppenhilfe von den Reichsständen, wieder holte er die Königin auf den Reichstag nach Augsburg, wo sie feierlich einzog; wieder hatte ihr Auftritt keinen Effekt. Das Jahr 1500 markiert einen mehrfachen Bruch. Zwar verlor Bianca mit der Aufgabe von Mailand ihr politisches Tätigkeitsfeld, für Maximilian bedeutete der Verlust hingegen auch, dass er seine Herrschaft im Reich stabilisieren konnte. Damit drifteten die gemeinsamen Interessen des Paares noch mehr auseinander, unterstrichen durch das dynastische „Defizit" Biancas.

Ein vergleichender Blick macht deutlich, dass sich Biancas Scheitern als Fürstin keineswegs auf das Ausbleiben der Nachkommenschaft reduzieren lässt. Die Karriere ihrer Stieftochter Margarethe zeigt, dass es im „Familienunternehmen Habsburg" zu Beginn des 16. Jahrhunderts möglich wurde, ein solches „Defizit" sogar in einen Vorteil zu verwandeln: Margarethe entwickelte eine eigene politische Agenda. Sie hatte als Statthalterin der habsburgischen Niederlande einen wichtigen Anteil daran, dass trotz des frühen Todes ihrer Mutter Maria die nachhaltige Integration Burgunds erfolgreich war. Ihr Witwenstand eröffnete ihr diesen Handlungsspielraum. Bianca hingegen blieb nach dem Schei-

10 Vgl. zu den in diesem Abschnitt skizzierten Aspekten Katalogbeitrag Antenhofer; Lutter/Unterholzner, 2016; Unterholzner, 2015, sowie die Beiträge von Antenhofer, Lutter, Sailer und Unterholzner im Abschnitt „Gender" in: Noflatscher u. a., 2011.

11 Im Detail: Lutter/Unterholzner, Fürstin ohne Ort, 2016, 80.

tern des Mailänder Projekts ihres Gatten ohne Auftrag. Damit verlor nicht nur die zweite Ehe des Königs ein Hauptziel, sondern die Königin selbst den politischen Bezug zu ihrer Herkunftsfamilie. Die Integration ihres Hofes wurde blockiert und der Spielraum für eine effektive Patronage-Politik drastisch eingeengt. Die Konflikte an ihrem Hof scheinen weniger individuellen Befindlichkeiten geschuldet als der Komplexität der Herrschaft Maximilians als röm.-dt. König, in seinen Erbländern und als Initiator aufwändiger politischer Projekte, deren Realisierung oft an ihrem Umfang scheiterte.

Der Vergleich nicht nur mit Bianca Marias weiblichen Verwandten, sondern gerade auch mit Maximilian selbst unterstreicht die Bedeutung von Forschungen zu Geschlechterdimensionen bei der Untersuchung von Macht und Herrschaft in vormoderner Zeit. Politische Willensbildung fand in langwierigen Prozessen der Ausverhandlung statt. In sie waren Akteure beiderlei Geschlechts in unterschiedlichen Positionen und Funktionen involviert. Wer welche politischen Ziele durchsetzen konnte, wer erfolgreich war und es auch blieb, hing von verschiedenen Aspekten in sozial spezifischen Konstellationen ab. Herrschaftsausübung ist durch relationale Faktoren bedingt. Geschlecht ist ein wesentlicher unter ihnen.

LITERATUR

Antenhofer, Christina, Emotions in the Correspondence of Bianca Maria Sforza. In: Noflatscher, Heinz, Chisholm, Michael, Schnerb, Bertrand (Hg.), Maximilian I. (1459–1519). Wahrnehmung – Übersetzungen – Gender, Innsbrucker Historische Studien 27, Innsbruck 2011, 267–286.

Braun, Bettina u. a. (Hg.), Nur die Frau des Kaisers? Kaiserinnen in der Frühen Neuzeit, Wien 2016.

Earenfight, Theresa, Queenship in Medieval Europe, New York 2013.

Eichberger, Dagmar (Hg.), Women at the Burgundian Court: Presence and Influence, Burgundica 17, Turnhout 2010.

Fößel, Amalie, Die Königin im mittelalterlichen Reich. Herrschaftsausübung, Herrschaftsrechte, Handlungsspielräume, Darmstadt 2000.

Helmrath, Johannes u. a. (Hg.), Maximilians Welt. Kaiser Maximilian I. im Spannungsfeld zwischen Innovation und Tradition, Berlin 2018.

Lutter, Christina, Geschlecht, Beziehung, Politik. Welche Möglichkeiten und Grenzen „erfolgreichen" Handelns hatte Bianca Maria Sforza? In: Noflatscher, Heinz, Chisholm, Michael, Schnerb, Bertrand (Hg.), Maximilian I. (1459–1519). Wahrnehmung – Übersetzungen – Gender, Innsbrucker Historische Studien 27, Innsbruck 2011, 251–266.

Lutter, Christina, Unterholzner, Daniela, Fürstin ohne Ort. Vom Scheitern der Bianca Maria Sforza, in: Braun, Bettina u. a. (Hg.), Nur die Frau des Kaisers? Kaiserinnen in der Frühen Neuzeit, Wien 2016, 65–83.

Lutter, Christina, Zur Repräsentation von Geschlechterverhältnissen im höfischen Umfeld Maximilians, in: Helmrath, Johannes u. a. (Hg.), Maximilians Welt. Kaiser Maximilian I. im Spannungsfeld zwischen Innovation und Tradition, Berlin 2018, 41–60.

Monter, William, The Rise of Female Kings in Europe, 1300–1800, Yale 2012.

Noflatscher, Heinz u. a. (Hg.), Maximilian I. (1459–1519). Wahrnehmung – Übersetzungen – Gender, Innsbruck 2011.

Roberts, Ann M., The Posthumous Image of Mary of Burgundy, in: Pearson, Andrea (Hg.), Women and Portraits in Early Modern Europe. Gender, Agency, Identity, Aldershot 2008, 55–70.

Sailer, Sabine, Kleidung und Mode am Hof Königin Bianca Maria Sforzas (1493–1510). In: Noflatscher, Heinz, Chisholm, Michael, Schnerb, Bertrand (Hg.), Maximilian I. (1459–1519). Wahrnehmung – Übersetzungen – Gender, Innsbrucker Historische Studien 27, Innsbruck 2011, 171–189.

Stollberg-Rilinger, Barbara (Hg.), Was heißt Kulturgeschichte des Politischen? Zeitschrift für Historische Forschung, Beiheft 35, Berlin 2005.

Unterholzner, Daniela, Essensalltag bei Hof. Zum Frauenzimmer Bianca Maria Sforzas. In: Noflatscher, Heinz, Chisholm, Michael, Schnerb, Bertrand (Hg.), Maximilian I. (1459–1519). Wahrnehmung – Übersetzungen – Gender, Innsbrucker Historische Studien 27, Innsbruck 2011, 287–301.

Unterholzner, Daniela, Bianca Maria Sforza (1472–1510). Herrschaftliche Handlungsspielräume einer Königin vor dem Hintergrund von Hof, Familie und Dynastie, phil. Diss., Innsbruck 2015 (https://danielaunterholzner.wordpress.com/2016/01/16/konigin-bianca-maria-sforza/)

Weiss, Bianca Maria Sforza, Innsbruck 2010.

Wiesflecker, Kaiser Maximilian Bd. I–V, München 1971–1986.

Zey, Claudia (Hg.), Mächtige Frauen? Königinnen und Fürstinnen im europäischen Mittelalter (11.–14. Jahrhundert). Vorträge und Forschungen 81, Ostfildern 2015.

Dagmar Eichberger

„TRÈS CHIERE ET TRÈS AIMÉE FILLE“ – „MON TRES REDOUBTÉ SEIGNEUR ET PÈRE“.

FAMILIÄRE BEZIEHUNGEN IN DER KORRESPONDENZ ZWISCHEN MAXIMILIAN I. UND MARGARETE VON ÖSTERREICH

1839 entschloss sich der französische Historiker André-Joseph-Ghislain Le Glay zur Herausgabe des umfangreichen Briefwechsels zwischen Kaiser Maximilian I. und seiner Tochter Margarete von Österreich (1480–1530). Das Konvolut von 667 Briefen in französischer beziehungsweise lateinischer Sprache wird in den *Archives départmentales du Nord* in Lille aufbewahrt[1] und deckt den Zeitraum von Margaretes Antritt der Regentschaft (1507) bis kurz vor dem Tod ihres Vaters ab. In seiner Einleitung erklärt Le Glay, dass er ganz bewusst darauf verzichtet hat, Briefe unter bestimmten Gesichtspunkten auszusortieren[2]. Diesem Umstand verdanken wir einen reichen Schatz von Schriftstücken ganz unterschiedlicher Natur – einerseits sachlich und informativ, andererseits persönlich und privat. Besonders wichtige Briefe wurden mittels einer Geheimschrift verschlüsselt, um sie vor fremden Blicken zu schützen[3].

Erzherzogin Margarete griff meist selber zur Feder, wohingegen Maximilian das Schreiben seiner Briefe in der Regel dem anwesenden Sekretär überließ[4]. Nur wenn es ihm besonders wichtig war, direkt mit seiner Tochter zu kommunizieren, schrieb er ihr selbst in gebrochenem Französisch (*de la main de vostre bon et léal père Maxi*)[5]. Während Margarete ihre Muttersprache am französischen Hofe in Amboise erlernt hatte, ließ Maximilians Beherrschung der französischen Sprache einiges zu wünschen übrig[6]. Trotz der grammatikalischen Schwächen attestiert Le Glay dem Kaiser in den Autographen dennoch Originalität und Ausdruckskraft. Als ein Beispiel soll hier sein Brief vom 18. September 1512 dienen, in dem Maximilian seiner Tochter mitteilt, dass er keinesfalls ein weiteres Mal heiraten möchte[7]. Darüber hinaus lässt er sie wissen, dass er in Zukunft keine nackten Frauen mehr verfolgen möchte. Er teilt Margarete des Weiteren seine Absicht mit, eine geistliche Laufbahn einzuschlagen, um Papst zu werden, verbunden mit dem Wunsch, nach seinem Tode heiliggesprochen zu werden. Der letzte Zusatz überrascht: *„[…] und nach meinem Tod, wirst Du dazu verpflichtet sein mich anzubeten, was ich glorios finde“*.

1 Le Glay, André-Joseph-Ghislain (Hg.), *Correspondance de l'Empereur Maximilien Ier et de Marguerite d'Autriche, sa fille, gouvernante des Pays-Bas, de 1507 à 1519*, 2 Bände, Paris 1839. Diese Ausgabe ist digital über den Katalog der Österreichischen Nationalbibliothek abrufbar.

2 Le Glay, 1839, Bd. 1, xj.

3 Le Glay, 1839, Bd. 1, Nr. 8, 14: Am 16. Oktober 1507 sendet Maximilian seiner Tochter einen Geheimcode, der für besonders wichtige Nachrichten verwendet werden soll.

4 Hierzu gehören u. a.: Eustache de Waudripaut, Jean Hannart, Conrart Renner und Jacques Botechou.

5 Zum Beispiel: Le Glay, 1839, Bd. 1, Nr. 3, 7.

6 Le Glay, 1839, Bd. 1, xij.

7 Le Glay, 1839, Bd. 2, Nr. 411, 39.

Meint Maximilian das wirklich ernst oder kokettiert er mit seiner Neigung, das Amt des Kaisers aufzugeben und sich anderen Aufgaben zuzuwenden? Der Humor Maximilians tritt auch an anderer Stelle zu Tage, zum Beispiel als er von der Jagdbegeisterung des jungen Karl erfährt. Er kommentiert mit einem Augenzwinkern: *„Wenn das nicht der Fall wäre, könnte man meinen, er sei ein Bastard“* [8].

In der Mehrzahl der Briefe geht es jedoch um sehr ernste Angelegenheiten, um Krieg und Frieden, um Diplomatie und Heiratsverhandlungen, um Ämterbesetzungen und finanzielle Engpässe. Maximilian informiert seine Stellvertreterin in den Niederlanden regelmäßig über den Stand der Dinge. Er fragt sie um ihren Rat und bittet sie darum, in seinem Namen zu handeln. Margarete greift ihrerseits häufig in den Entscheidungsprozess ein und versucht ihre Kenntnisse sowie ihre langjährigen Kontakte nach Spanien einzubringen. Wie wichtig ein solcher Briefwechsel war, wenn der Souverän meist durch Abwesenheit glänzte und die politisch wichtigen Niederlande durch enge Verwandte verwalten ließ, hat jüngst Gilles Docquier untersucht [9]. Während Margarete in der Regel aus Brüssel oder Mechelen schrieb, änderte Maximilian permanent seinen Standort. Nur auf Grund der gut entwickelten kaiserlichen Kurierpost war es möglich, seine Briefe zu befördern und immer auf dem letzten Stand der Dinge zu sein.

Gleich mehrere politische Brennpunkte bestimmen den Zeitraum, in dem diese Briefe entstanden sind. Der Krieg mit Karl von Egmont, dem Herzog von Geldern, zieht sich wie eine schwärende Wunde durch den gesamten Briefwechsel. Die Auseinandersetzungen mit dem französischen König in Italien fanden gleichermaßen ihren Niederschlag – Siege und Niederlagen wechseln sich ab. Die Schweizer Truppen versuchten sich der Freigrafschaft Burgund zu bemächtigen, die damals zum Heiligen Römischen Reich gehörte; auch hier wurde über einen längeren Zeitraum hinweg verhandelt.

Immer wieder wurde Margarete mit diplomatischen Aufträgen bedacht, wie etwa der Verhandlungsführung für die „Liga von Cambrai“ [10] und der Kommunikation mit dem englischen Königshaus. Des Weiteren sollte sie der französischen Königin, Anne de Bretagne (1477–1514), in seinem Namen antworten. Sie hatte sich im Herbst 1513 an Maximilian gewandt, um einen Frieden zwischen den verfeindeten Herrschern herbeizuführen [11]. Wie dezidiert Margarete gegen diesen Vorstoß von französischer Seite Stellung nimmt, zeigt ein langer Brief, den sie am 14. Februar 1514 an ihren Vater richtet [12]. Der Wortlaut lässt keinen Zweifel daran, dass Margarete es als ihre Pflicht ansah, ihren Vater vor den französischen Nachbarn zu warnen, auch wenn sie sich damit gegen seine Direktive stellte [13].

Im Folgenden soll jedoch nicht näher auf die kriegerischen Konflikte der Zeit eingegangen werden, und auch die regelmäßige Vergabe von Hofämtern und Präbenden wird unbeachtet bleiben. Vielmehr wird sich das Augenmerk im Folgenden auf das Familienleben der Habsburger richten, d. h. Nachrichten über Krankheit und Tod, die Erziehung des kaiserlichen Nachwuchses sowie das enge Verhältnis von Vater zu Tochter, das sich in diesen Briefen widerspiegelt [14]. Selten bekommt man solche ähnliche Einblicke in das tägliche Leben und die Charaktere hochstehender Persönlichkeiten.

---

8 Le Glay, 1839, Bd. 1, Nr. 182, 241–242.

9 Gilles Docquier, Escript de la main de vostre bon et leal pere. La correspondance politique échangée entre Maximilien et Marguerite d'Autriche (1507–1519). In: Dumézil, Bruno, Vissière, Laurent (Hg.), *Épistolaire politique I. Gouverner par les lettres*, Paris 2014, 143–160. Dieser Artikel konzentriert sich vor allem auf den Konflikt mit dem Herzogtum Geldern.

10 Le Glay, 1839, Bd. 1, Nr. 75, 76, 78, 80, 82, 90 etc.; siehe auch Le Glay, 1839, Bd. 2: Notice sur Maximilien Ier, Empereur d'Allemagne, 434.

11 Le Glay, 1839, Bd. 2, Nr. 525, 190.

12 Le Glay, 1839, Bd. 2, Nr. 554, 221–224; zwei weitere Briefe zu diesem heiklen Thema folgen am 24. Februar und am 6. März desselben Jahres, Nr. 555 und Nr. 556.

13 Le Glay, 1839, Nr. 554, 221.

14 Die Anmerkungen zu möglichen Heiratsallianzen der Enkelkinder sind zu zahlreich, um sie hier im Einzelnen aufzuführen.

GESUNDHEIT – KRANKHEIT – TOD

Der Erhalt der Gesundheit spielt in dem hier untersuchten Briefwechsel eine feste Rolle. Detaillierte Berichte über den Gesundheitszustand und die Genesung der Enkelkinder bezeugen den Wert, den der kaiserliche Nachwuchs für die Dynastie hatte[15]. Auch wenn keine Komplikationen vorlagen, wurde dies von Zeit zu Zeit erwähnt[16].

Im September 1507 fordert Maximilian seine Tochter auf, mit den Enkeln nach Antwerpen überzusiedeln, weil in Mechelen die Pest herrsche[17]. Im Oktober 1509 berichtet Margarete, dass sie die Reise von Brüssel nach Mechelen verschoben habe, weil Elisabeth (1501–1526) und Maria (1505–1558) an den Pocken erkrankt seien und Karl sich nicht bei seinen Schwestern anstecken solle[18]. Im Mai 1514 leidet der junge Erzherzog Karl vier Tage lang an einer fiebrigen Erkrankung, angeblich weil er auf der Hochzeit seiner Schwester Elisabeth zu viel getanzt habe[19]. Erst am 25. Juni kommt die Entwarnung, der junge Prinz ist wieder vollständig genesen[20]. Margarete verleiht ihrer Hoffnung Ausdruck, dass diese positive Nachricht Maximilians Trübsinn (*mélancolie*) ein Ende setzen wird. Maximilian zeigt den unter Margaretes Schutz stehenden Enkeln gegenüber trotz der räumlichen Distanz immer wieder große Fürsorge und Zuneigung (*nos très chiers et très amez enfans*)[21].

Auch die Gesundheit Margaretes bzw. die von Kaiserin Bianca Maria Sforza (1472–1510), Maximilians zweiter Ehefrau, sind gelegentlich Gegenstand des Briefwechsels[22]. Als Bianca Maria im Dezember 1510 ernsthaft erkrankt, bittet Maximilian seine Tochter darum, die besten Ärzte in Löwen zu konsultieren[23]. Am 3. Januar 1511 diktiert Maximilian einen emotional bewegten Brief, in dem er seiner tiefen Trauer Ausdruck verleiht und vom christlichen Tod seiner Gemahlin berichten lässt[24].

DIE ERZIEHUNG DES KAISERLICHEN NACHWUCHSES

Maximilian nimmt in seinen Briefen regen Anteil an der Erziehung seiner Enkelkinder. Dies schlägt sich zum einen in der Auswahl des richtigen Umgangs nieder, zum anderen in dem Auffinden geeigneter Höflinge, die sich um die Ausbildung der Kinder kümmern können. Kontinuierlich werden geeignete Schulmeister, Beichtväter, Musiker, Bogenschützen, Kammerherren etc. in Augenschein genommen und empfohlen[25].

In regelmäßigen Abständen werden Töchter und Söhne des internationalen Adels an den Hof in Mechelen eingeladen, um Karl und seinen Schwestern als Ehrendamen und Ehrenherren Gesellschaft zu leisten. Hier sind zum Beispiel der junge Markgraf von Brandenburg, eine Nichte des Haushofmeisters Diego de Guevaras, eine Nichte der Ehrendame Anne de Beaumont (Anna Carlus) und Catherine de Hermèle zu nennen[26].

15 Le Glay, 1839, Bd. 1, Nr. 120, 145–149, Bd. 2, Nr. 563, 241.

16 Le Glay, 1839, Bd. 1, Nr. 302, 394.

17 Le Glay, 1839, Bd. 1, Nr. 6, 12–13.

18 Le Glay, 1839, Bd. 1, Nr. 153, 202–203.

19 Le Glay, 1839, Bd. 2, Nr. 572, 260.

20 Le Glay, 1839, Bd. 2, Nr. 574, 261 und Nr. 577, 265.

21 Während eines Aufenthaltes in den Niederlanden gibt er Margarete Anweisungen, sich mit den Enkeln nach Tervuren zu begeben, damit sie im Park spielen können: Le Glay, 1839, Bd. 2, Nr. 392 und Nr. 571.

22 Im Falle Margaretes handelt es sich um eine einfache Erkältung und Zahnschmerzen, Le Glay, 1839, Bd. 2, Nr. 564.

23 Le Glay, 1839, Bd. 1, Nr. 277, 367.

24 Le Glay, 1839, Bd. 1, Nr. 351, 466–467; Margaretes Kondolenzbrief hat sich erhalten, Nr. 361, 481.

25 Le Glay, 1839, Bd. 1, Nr. 23, 35–36 (Loys Vaca, Lehrer); Nr. 156, 205f. (Michel Pavie, Beichtvater); Nr. 205, 267–268 (Henry Bredemers, Organist); Nr. 208, 273f. (Symonnet, Bogenschütze); Nr. 246, 330f. (Baron de Viry, Kammerherr); Nr. 341, 453 f. (Francois de Gosmans).

26 (Markgraf von Brandenburg), Le Glay, 1839, Bd. 1, Nr. 141, 188; (Anne de Beaumont) Le Glay, 1839, Bd. 1, Nr. 39, 56; (Don Diego) Le Glay, 1839, Bd. 2, Nr. 443, 81f. (Catherine de Hermèle), Le Glay, 1839, Bd. 1, Nr. 215, 285.

Jean Hey, Margarete von Österreich, um 1490. Metropolitan Museum of Art New York, Robert Lehmann Collection (1975), Inv. Nr. 1975.1.130. (s. Kat. Nr. 04_10)

Eine besondere Rolle spielte der junge Herzog von Mailand, Massimiliano Sforza (1493–1530), der sich ebenfalls mehrere Jahre am Mechelner Hof aufhielt[27]. Er war nach dem Tod seines Vaters, Ludovico Sforza (1452–1508), von Maximilian und Bianca Maria nach Innsbruck gebracht worden und wohnte anschließend mehrere Jahre am Hof in Mechelen. Wie auch der Markgraf von Brandenburg erhielt er eine jährliche Pension, um standesgemäß leben zu können. Maximilians Brief vom 13. August 1510 spricht von der akuten Lebensgefahr, in der Massimiliano schwebt, weil der Papst und die Venezianer ihn angeblich entführen oder vielleicht sogar umbringen lassen wollen[28]. Margarete sieht die politische Brisanz der Angelegenheit und empfiehlt dem Kaiser im August 1512, den neunzehnjährigen Herzog unverzüglich nach Italien zurückzuschicken[29].

Im Januar 1512 wünscht Maximilian, dass Erzherzog Karl mit Unterstützung des Spaniers Jehan de Spornède an seinen Großvater, Ferdinand von Aragon (1452–1516), seine Mutter, Juana von Kastilien (1479–1555), und seinen Bruder Ferdinand (1503–1564) schreibe[30]. Gleichermaßen schlägt er vor, dass Karl die niederländische Sprache (*thiois*) erlernen solle[31]. Von einem tragischen Unglücksfall berichtet Margarete ihrem Vater im Mai 1513[32]. Durch ein Missgeschick hatte Erzherzog Karl mit seiner Armbrust einen betrunkenen Handwerker getötet.

Maximilian möchte nicht nur brieflich auf dem Laufenden gehalten werden, sondern bittet gelegentlich auch um aktuelle Porträts seiner männlichen Enkelkinder. Im Oktober 1511 verspricht Margarete, dass sie so bald als möglich ein Porträt von Erzherzog Karl

27 Le Glay, 1839, Bd. 1, Nr. 147; Nr. 301; Bd. 2, Nr. 469.

28 Le Glay, 1839, Bd. 1, Nr. 235, 311.

29 Le Glay, 1839, Bd. 2, Nr. 406, 28.

30 Le Glay, 1839, Bd. 2, Nr. 440, 79.

31 Le Glay, 1839, Bd. 2, Nr. 511, 175f, der Ausdruck „thiois“ steht für Deutsch, nicht für Niederländisch.

32 Le Glay, 1839, Bd. 2, 498, 155.

anfertigen lassen werde, um es ihm zuzuschicken[33]. Im Oktober 1518 verlangt Maximilian nach einem neuen Porträt seines zweiten Enkels, Erzherzog Ferdinand[34]. Er selbst schickt Margarete 1512 ein Porträt seiner selbst und seiner Mutter, Kaiserin Eleonore von Portugal (1434–1467)[35], um sie in den Niederlanden kopieren zu lassen[36].

Brief de l'Empereur Maximilian an seine Tochter Margarete.
Archives du Nord, série B, plus précisément, sous la cote, Inv. Nr. B18856/30457.
(Kat. Nr. 16_14)

DER UMGANGSTON ZWISCHEN VATER UND TOCHTER

Hunderte von Briefen gingen im Laufe von zwölf Jahren zwischen Maximilian und Margarete hin und her. Man tauschte sich regelmäßig aus – in manchen Wochen wurden mehrere Briefe hintereinander abgeschickt, um den Informationsfluss zu beschleunigen. Wie war es um den Umgangston zwischen Vater und Tochter bestellt? Wie stimmte man sich ab, wenn es um wichtige Entscheidungen und um die Umsetzung kaiserlicher Direktiven ging? In der Regel blieb der Ton sachlich und informativ. Der Kontakt war meist geprägt von gegenseitigem Wohlwollen und Vertrauen, denn man zog am selben Strang. Die Interessen des Hauses Habsburg, der Fortbestand des Heiligen Römischen Reiches und das Wohl der Familie standen immer im Vordergrund.

Margarete betont in regelmäßigen Abständen, dass sie *„seine sehr demütige und sehr gehorsame Tochter"* sei[37]. Sie kennt ihren Platz und trägt ihre Kommentare und Vorschläge mit Vorsicht und Bedacht vor (*mon petit avis*), um nicht in den Verdacht zu geraten, eigenmächtig zu handeln. Dennoch kommt es gelegentlich zu Spannungen zwischen den beiden. Im März 1510 weist der Kaiser Margarete zurecht, sich nicht in seine Verhandlungen mit Spanien einzumischen; er zieht es vor, die Angelegenheit selber in die Hand zu nehmen[38]. Einmal ist Maximilian empört, weil seine Tochter Vorkehrungen – die Hofhaltung Erzherzog Karls betreffend – getroffen hat, ohne ihn vorher zu informieren und um sein Einverständnis zu bitten[39]. Im September 1513 beschwert er sich über den negativen Ton ihrer Briefe (*mauvais lettres*)[40]. Er fühlt sich zu Unrecht von ihr kritisiert und wehrt sich gegen die Unterstellungen, die sie in einem nicht erhalten gebliebenen Brief gemacht hatte. Auch Margarete äußerte sich gelegentlich verärgert über den rüden Umgangston ihres Vaters. In seinem Antwortschreiben zeigt Maximilian Reue und entschuldigt sich bei seiner Tochter[41]. Um wieder Frieden mit ihr zu schließen, schickt er ihr einen kostbaren Stein, der ihrem Großvater, Kaiser Friedrich, gehört hatte und den er gestern zufällig in einer Schachtel gefunden habe.

Dem gegenüber stehen Briefe, in denen der Kaiser Margaretes Fähigkeit als Regentin der Niederlande überschwänglich lobt und ihr sein volles Vertrauen ausspricht. Im Februar 1512 äußert er, dass er mit ihr so zufrieden sei, wie ein Vater mit einer wohlgeratenen Tochter zufrieden nur sein könne, und dass die ganze Welt davon erfahren solle[42]. Er ermuntert sie dazu, die Regierungsgeschäfte weiter so zu führen wie bisher. Überhaupt machen die beiden einander immer wieder Geschenke, um sich der Gunst des anderen zu versichern. Im Juli 1513 schickt Margarete ihrem Vater ein Sortiment selbstgemachter Konfitüre und wenig später einen Ring, für den er sich überschwäng-

33 Le Glay, 1839, Bd. 1, Nr. 333, 444.

34 Le Glay, 1839, Bd. 2, Nr. 656, 369.

35 Le Glay, 1839, Bd. 2, Nr. 471, 112.

36 Eichberger, Dagmar, Beaven, Lisa, Family Members and Political Allies. The Portrait Gallery of Margaret of Austria in Mechelen. In: *Art Bulletin*, LXXVII, 2 (1995), 225–248.

37 Le Glay, 1839, Bd. 1, Nr. 288, 377.

38 Le Glay, 1839, Bd. 1, Nr. 189, 252.

39 Le Glay, 1839, Bd. 1, Nr. 374, 498.

40 Le Glay, 1839, Bd. 2, Nr. 543, 204–207.

41 Le Glay, 1839, Bd. 1, Nr. 223, 203.

42 Le Glay, 1839, Bd. 2, Nr. 447, 87.

lich bedankt[43]. Im selben Jahr antwortet Margarete voller Freude auf einen Brief, in dem Maximilian seiner väterlichen Liebe und Zuneigung Ausdruck verliehen hatte[44]. Als Zeichen besonderer Zuneigung und Fürsorge werden die von Margarete selbst genähten Hemden von Maximilian in Empfang genommen, die er mit einer wahren Lobeshymne quittiert[45]. Der wohlriechende und überaus feine Stoff, aus dem die Hemden gefertigt sind, gleiche den Gewändern, welche die Engel im Paradies tragen. Maximilian hat wie seine Tochter eine poetische Ader und schreibt gelegentlich in blumigen Worten.

Schwieriger werden die Zeiten, als Margarete ihr Amt 1515 an den volljährig gewordenen Neffen Karl abtreten muss, der fortan lieber auf den Hofbeamten Guillaume de Croy als auf seine Ziehmutter Margarete hört[46]. Nun ist die Atmosphäre von gegenseitigem Misstrauen geprägt, Margarete beschwert sich wiederholt, dass wichtige Informationen bewusst von ihr ferngehalten werden. Dieser Umstand belastete auch das Verhältnis von Tochter zu Vater und führt dazu, dass Maximilian einschreiten muss. Er ordnet am 18. Januar 1516 an, dass seine Briefe auch wirklich an Margarete ausgeliefert werden, und fordert Karl dazu auf, seine Tante in Zukunft mit mehr Respekt und Dankbarkeit für ihre Leistungen zu behandeln[47]. Dass das Verhältnis zwischen Karl und Margarete auch in den folgenden Jahren nicht unbelastet bleiben sollte, hat Jean-Paul Hoyois in seiner Untersuchung des Briefwechsels von Karl mit Margarete und Maria von Ungarn in den Jahren nach Maximilians Tod nachgewiesen[48].

Die hier vorliegende Analyse der Korrespondenz zwischen Vater und Tochter kann nur einen sehr kleinen Ausschnitt dieser überaus umfangreichen Quellensammlung beleuchten. Ziel war es, das persönliche Band zwischen den einzelnen Familienmitgliedern ins Blickfeld zu rücken. Denn nur wenn der Informationsfluss zwischen zwei Individuen wie Maximilian und Margarete harmonisch funktionierte, konnte die Führung der gemeinsam verwalteten Provinzen trotz der räumlichen Distanz erfolgreich verlaufen und der gemeinsamen Sache dienen.

LITERATUR

Eichberger, Dagmar, Beaven, Lisa, Family Members and Political Allies. The Portrait Gallery of Margaret of Austria in Mechelen. In: Art Bulletin, LXXVII, 2 (1995), 225–248.

Gilles Docquier, Escript de la main de vostre bon et leal pere. La correspondance politique échangée entre Maximilien et Marguerite d'Autriche (1507–1519). In: Dumézil, Bruno, Vissière, Laurent (Hg.), Épistolaire politique I. Gouverner par les lettres, Paris 2014, 143–160.

Hoyois, Jean-Paul, Des princes correspondants: Charles Quint, Marguerite d'Autriche, Marie de Hongrie et la régence des Pay-Bas (ca. 1520–1535). In: Dumézil, Bruno, Vissière, Laurent (Hg.), Épistolaire politique I. Gouverner par les lettres, Paris 2014, 161–180..

Le Glay, André-Joseph-Ghislain (Hg.), Correspondance de l'Empereur Maximilien Ier et de Marguerite d'Autriche, sa fille, gouvernante des Pays-Bas, de 1507 à 1519, 2 Bände, Paris 1839.

43 Le Glay, 1839, Bd. 2, Nr. 522, 187–188; Nr. 530, 195.

44 Le Glay, 1839, Bd. 2, Nr. 564, 241.

45 Le Glay, 1839, Bd. 2, Appendix, Nr. 3, 380.

46 Siehe zum Beispiel Le Glay, 1839, Bd. 2, Nr. 614, 312–314.

47 Le Glay, 1839, Bd. 2, Nr. 634, 341.

48 Hoyois, Jean-Paul, Des princes correspondants: Charles Quint, Marguerite d'Autriche, Marie de Hongrie et la régence des Pay-Bas (ca. 1520–1535). In: Dumézil, Bruno, Vissière, Laurent (Hg.), Épistolaire politique I. Gouverner par les lettres, Paris 2014, 161–180.

„Basilisken" aus Zeugbuch
KHM, Wien, KK, Inv. Nr. P 5074,
Teil 1, Fol. 25.

Christian Gepp

INNSBRUCK ALS WIRTSCHAFTSSTANDORT

Für den alpenländischen Warenverkehr, der Salz sowie Leinen und Wolle nach Süden transportierte und im Austausch Seide, Baumwolle und Wein in den Norden brachte, war vor allem das in Tirol gewonnene Kupfer von Bedeutung, das gleichermaßen in beide Richtungen exportiert wurde. Innsbruck stellte seit seiner Gründung 1180 einen bedeutenden Stützpunkt entlang dieser Routen dar, die die Bozener Messe mit jenen nördlich der Alpen verband.[1] Dazu kamen die wirtschaftlich bedeutsamen Ost-West-Verbindungen über das Inntal, den Arlberg oder den Fernpass. Die Schifffahrt auf dem Inn spielte für Innsbruck nur eine untergeordnete Rolle, da sie nur mit Mühe über Hall hinausgeführt werden konnte. In entgegengesetzter Richtung wurde vorwiegend mit Flößen Salz transportiert, die flussaufwärts von Pferden gezogen werden mussten.

Die Stadt Innsbruck bildete den Mittelpunkt eines überwiegend bäuerlichen Umlandes, in dem sich Handwerk und Gewerbe konzentrierten. Die ländlichen Strukturen waren durch die feudalen Grundherrschaften des Adels und der Klöster geprägt. Bauern erhielten das von ihnen bestellte Land als Lehen übertragen, das somit im Besitz des Grundherrn verblieb. Im Gegenzug lieferten die Bauern Naturalien an ihre Grundherren und hatten Robotleistungen zu erbringen. Die Besitzungen des Landesfürsten wurden durch eigene Verwalter geführt, die diese Domänen im Auftrag des Landesherrn eigenständig bewirtschafteten oder die aus dem Urbar hervorgehenden Bezugsrechte einhoben. Hierzu konnten sie sich der sogenannten Urbarämter bedienen[2]. Bereits im Spätmittelalter wurde die Abgabe von Naturalien immer häufiger durch monetäre Leistungen ersetzt. Da die Preise für landwirtschaftliche Erzeugnisse im 15. und am Anfang des 16. Jahrhunderts sanken, gleichzeitig aber die Preise für in den Städten erzeugte, gewerbliche Produkte stiegen, entwickelte sich eine Preisspanne. Gemeinsam mit steigenden Abgabeforderungen an die Bauern, die über die Eigenwirtschaft hinaus produzieren mussten, kam es zu einer Krise der bäuerlich-herrschaftlichen Verhältnisse, die in Tirol mit dem Bauernaufstand von 1525 ihren Höhepunkt fand[3], obwohl der Bauernstand bereits seit Beginn des 15. Jahrhunderts politische Bedeutung gewonnen hatte.

Unter Druck der Stände trat Erzherzog Sigmund d. Münzreiche (1446–1496) die Regierung der Grafschaft Tirol 1490 an Maximilian I. ab. Nun waren die habsburgischen Territorien in der Hand eines Fürsten vereint, was für Innsbruck entscheidende Veränderungen mit sich brachte. Etwa sorgte Maximilian I. bereits 1489 für die Einrichtung einer Postlinie von Mailand über Innsbruck nach Brüssel, die später durch Franz von Taxis (1459–1517) bis Frankreich und Spanien ausgedehnt wurde und nach 1516 auch Privatkorrespondenz transportierte. Innsbruck wurde zum zentralen Umschlagplatz und Verwaltungssitz des Postwesens[4]. Auch die Zuwanderung von Hofbediensteten und Beamten belebte die Wirtschaft deutlich. Durch das Anwachsen kaufkräftiger, städtischer Bevölkerungs-

1 Vgl. Zöllner, Erich, Geschichte Österreichs, Wien 1990, 176.

2 Domänenverwaltung, Archivglossar, online unter: Land Tirol, https://www.tirol.gv.at/kunst-kultur/landesarchiv/glossar/archivglossar-d/ (15.01.2019).

3 Sandgruber, Roman, Ökonomie und Politik, Österreichische Wirtschaftsgeschichte vom Mittelalter bis zur Gegenwart, Österreichische Geschichte, Wien 2005, 57.

4 North, Gottfried, Von der Taxis-Post zur Post des Deutschen Reichs – von der Zersplitterung zur postalischen Einheit, Archiv für deutsche Postgeschichte, Frankfurt am Main 1984, 14–35.

schichten entwickelte sich ein neuer Absatzmarkt für handwerkliche und gewerbliche Produkte, der für einen weiteren Anstieg der Einwohnerzahlen sorgte. So erreichte die Stadt bald eine Größe von 4.000 Einwohnern[5]. Von dieser Entwicklung profitierten auch die ansässigen Wirtshäuser und Gaststätten, deren Zahl ebenso rasch anstieg.

Bereits kurze Zeit nach Übernahme der landesfürstlichen Herrschaft durch Maximilian I. wurde die Verwaltung reformiert. Nach dem Landtag von Sterzing 1499 richtete der Landesfürst ein ständiges „oberösterreichisches Regiment" zur Verwaltung der Grafschaft Tirol und der „Vorderen Länder" ein und erließ eine Halsgerichtsordnung[6]. Das neugeschaffene Regiment bildete die zentrale Verwaltungseinheit, während die sogenannte Raitkammer die Oberaufsicht über alle finanziellen Belange führte. Dem Regiment gehörte etwa Paul von Lichtenstein (1460–1513) an, während der Bischof von Brixen, Melchior von Meckau (1440–1509), Mitglied der Kammer wurde[7]. Neben diesen beiden Institutionen ist noch die Hauskammer zu nennen, welche die Agenden des Bau-, Zug- und Hüttenwesens wahrnahm.[8]

Sowohl die Rait- als auch die Hauskammer hatten ihren Sitz im Neuhof, dem seit 1500 mit 2.657 feuervergoldeten Kupferschindeln ausgestatteten und von Niklas Türing (gest. 1517) realisierten Goldenen Dachl.[9] Ein weiterer repräsentativer Bau im landesfürstlichen Auftrag aus dieser Zeit ist der durch Jörg Kölderer (1465/70–1540) mit 54 Wappen verzierte Wappenturm der Hofburg. Die Künstlerfamilie Türing führte zudem zahlreiche Arbeiten an Innsbrucker Bürgerhäusern im spätgotischem Stil aus, die ebenfalls das wirtschaftliche Erblühen der Stadt bezeugen.

Mit dem Ausbau wurden auch Verbesserungen an der Infrastruktur vorgenommen. Um im Falle eines Brandes das Übergreifen auf Nachbarhäuser zu verhindern, erließ Maximilian I. eine Feuerordnung. Diese sah vor, dass auch die oberen Stockwerke der Häuser aus Mauerwerk bestehen sollten. Um besonders das Dach zu schützen, sollten die Mauern über das Dach hinausreichen[10]. Am 21. Februar 1500 verlieh Maximilian I. der Stadt Innsbruck das Recht, in der Silbergasse, beim Stadttor zur Neustadt sowie in der unteren Anbruggen ein Weggeld einzuheben. Die Einnahmen waren für die Finanzierung der Straßenpflasterung vorgesehen[11], die nicht nur ästhetische Gründe hatte und dem Fuhrwesen diente, sondern auch erheblich zur Verbesserung der sanitären Situation beitrug. Um die gleiche Zeit wurde auch zwischen Anbruggen und Mühlau, auf dem steilen Nordufer des Inns, ein neuer Straßenzug angelegt, der die alten Straßen entlastete.

An der in der Mitte des 15. Jahrhunderts einsetzenden Montankonjunktur hatte bekanntlich auch Tirol entscheidenden Anteil. Besonders der alpine Gold- und Silberbergbau war in dieser Phase von Bedeutung. Die Edelmetalle waren für den Handel mit dem Orient, über den etwa Gewürze und andere Luxuswaren nach Europa gelangten, unerlässlich. Daneben stieg auch die Nachfrage nach Kupfer und Blei deutlich an. Zu den Zentren des Bergbaus sind Schwaz, Rattenberg und Kitzbühel zu zählen sowie die in der Nähe der Stadt Innsbruck gelegenen Salinen in Hall.

Das lukrative Recht, Bergbau zu betreiben, besaßen neben dem Landesfürsten zunächst nur die Bischöfe von Trient und Brixen. Um 1500 gelangten immer mehr Bergwerke in den Besitz reicher Handelshäuser, allen voran in den der Familie Fugger aus Augsburg. Diese

5 Weiss, Sabine, Maximilian I., Habsburgs faszinierender Kaiser, Innsbruck 2018, 324.

6 Egger, Josef, Geschichte Tirols von den ältesten Zeiten bis in die Neuzeit, 2. Bd, Innsbruck 1876, 49; Unterkircher, Carl, Chronik von Innsbruck, Innsbruck 1897, 315, online unter: Innsbrucker Stadtarchiv, https://www.innsbruck.gv.at/data.cfm?vpath=redaktion/ma_v/kultur/dokumente33/stadtarchiv1/unterkircher-chronik (15.01.2019).

7 Zoller, Franz Karl, Geschichte und Denkwürdigkeiten der Stadt Innsbruck und der umliegenden Gegend von den ältesten Zeiten bis zur Erlöschung der österreichisch-tirolischen Linie mit Erzherzog Sigmund Franz, Innsbruck 1816, 170.

8 Zöllner, 1990, 157.

9 Weiss, 2018, 317.

10 Kohler, Alfred (Hg.), Tiroler Ausstellungsstraßen: Maximilian I., Wien 2016, II, 1, g.

11 Unterkircher, 1897, 318.

„Die geschicklichkeit und newerfyndung der harnaschmeisterey“.
Weisskunig, Cod. 3033, Fol. 184 b., in: Jahrbuch der Kunsthistorischen Sammlungen des Allerhöchsten Kaiserhauses, VI. Band, Wien 1889.

vereinheitlichten den Betrieb und steigerten die Produktivität. Waren es 1490 noch 17.700 kg Silber und 1.450 kg Kupfer, die in Schwaz gefördert wurden, so waren es um das Todesjahr Maximilians I. 20.700 kg Silber und 1.650 kg Kupfer, womit annähernd der Höhepunkt der Produktion erreicht wurde[12]. Das Tiroler Münzwesen beschäftigte zu seiner Blütezeit rund 30.000 Menschen. Die Prägung der sogenannten Vierer sowie des Haller Guldiners ab 1486, des ersten Talers der Welt, sorgte für einigermaßen stabile Währungsverhältnisse, während es in anderen Teilen des heutigen Österreich immer wieder zu Münzverrufen kam. Die süddeutschen Handelshäuser verdrängten zunehmend ihre italienischen Konkurrenten und wurden auf Grund ihrer wachsenden internationalen Bedeutung auch in Innsbruck immer mehr präsent. Wie groß der Einfluss der Handelshäuser, die gleichzeitig die wichtigsten Geldgeber des Kaisers waren, und wie erdrückend die Geldsorgen für den Kaiser am Ende seines Lebens gewesen sein müssen, schildert der Hofchronist Georg Kirchmair (1481–1554): *„[...] in diesem Land ist Alles versetzt, was Geld trägt, die Fugger von Augsburg haben das groß Gut aus dem Bergwerke zu Schwaz inne [...] das Pfannhaus zu Hall ist fast ganz vertheilt, die Zölle zu Lueg, am Kuntersweg und zu Bozen gehören den Provisoren; alle einträglichen Herrschaften und Gerichte sind verpfändet, nicht ein einziges im ganzen Lande steht dem Landesfürsten zu; [...]“.*[13]

In ihrer Funktion als Residenzstadt Maximilians I. geriet die Stadt Innsbruck immer mehr ins Blickfeld der internationalen Politik und Diplomatie. Zahlreiche Gesandtschaften mussten einquartiert, versorgt und unterhalten werden. So etwa jene des Osmanischen Reiches, die sich im Juli 1497 in Innsbruck aufhielt. Beliebte Ausflugsziele zur Belustigung der höfischen Gesellschaften waren u. a. die Jagdreviere am Zirler Joch bei Fragenstein, am vorderen Solstein und im Karwendel, die sich besonders für die Gamsjagd eigneten. Nicht minder beliebt waren die Fischausflüge an den Völser See in

12 Sandgruber, 2005, 73; vgl. Zöllner, 1990, 173.

13 Georg Kirchmair, zitiert nach: Egger, 1876, 57.

der Nähe von Innsbruck, die häufig mit Tanz und Musik begleitet wurden.[14] Um seiner Jagdleidenschaft auch bei seinen Aufenthalten in Innsbruck nachkommen zu können, ließ Maximilian I. vor der Hofburg, östlich des Rennplatzes auf der sogenannten Rennwiese einen kleinen See anlegen. Neben der Fischerei diente er der Falkenbeize, bei der auf Wildenten Jagd gemacht wurde.[15] In der Stadt veranstaltete Maximilian I. mehrere Ritterturniere, an denen er selbst teilnahm und die entweder am Rennplatz oder vor dem Neuhof ausgetragen wurden. Das erste Turnier fand anlässlich des Landtags vom 21. März 1490 statt.[16] Diese Belustigungen, die sich nicht ausschließlich an die höfische Gesellschaft wandten, brachten vorübergehend eine große Anzahl von Besuchern in die Stadt. Dies gilt ebenso für große Feierlichkeiten, etwa jene vom 16. März 1494 anlässlich der Vermählung Maximilians I. mit Bianca Maria Sforza von Mailand.

Mit der ständigen Anwesenheit ausländischer Gäste und der rasch wachsenden Einwohnerzahl stieg auch die Nachfrage nach handwerklichen Erzeugnissen an. Ansässige Handwerksmeister, die für den täglichen Bedarf produzierten, wie etwa Bäcker, Schuster oder Schneider, profitierten davon ebenso wie die vor den Stadttoren gelegenen Betriebe. Erste unterhielten ihre Produktionsstätten und Geschäfte direkt in der Stadt und waren häufig auch Hausbesitzer, wodurch sie eine Stimme im Stadtrat hatten. Die Handwerker organisierten sich in Bruderschaften oder Zünften, wie beispielsweise die Goldschmiede und Maler, die am 2. Juli 1507 die St.-Barbara-Bruderschaft gründeten, der sich später auch die Plattner und Hufschmiede anschlossen und die sogar Maximilian I. als Ehrenmitglied aufnahm.[17] Derartige Zünfte griffen regulierend in das berufliche, religiöse oder soziale Leben ihrer Mitglieder ein und legten Arbeitsbedingungen sowie die Stellung von Lehrlingen und Gesellen fest. Auch Maßnahmen gegen die sogenannten Störer, die zumeist auswärtige Handwerker und nicht Mitglied der Zunft waren, finden sich darin. Dies konnte unter Umständen zu Spannungen zwischen den städtischen und landesfürstlichen Handwerkern führen, da letztere häufig aus dem Ausland in die Stadt geholt wurden.

Landesfürstliche Betriebe, allen voran die Metall verarbeitenden Gewerke, erlebten um 1500 einen steten Aufschwung. Werkstätten von Plattnern, die zunächst noch auf die Anfertigung von Turnier- und Prunkharnischen spezialisiert gewesen waren, produzierten bald für die Heeresausstattung. Diese war vorwiegend in den Vorstädten, wie etwa Mühlau, nördlich der heutigen Altstadt angesiedelt. Eine Harnischproduktion ist dort seit 1427 nachweisbar. 1504 lässt der Plattnermeister Konrad Seusenhofer (1450/1460–1517) in Wilten eine Werkstatt für die Anfertigung von Harnischen einrichten.[18] Der Hofplattner schuf damit die Voraussetzung für die im Weißkunig von Marx Treitzsaurwein (1450–1527) beschriebene Massenproduktion: *„[...] nemlich diser jung weiß kunig hat in seiner stat aine, genannt Ynsprug, ain grosse plattnerey aufgericht, darynnen hat er machen lassen manicherlay renn- und stechzewg [...] Weiter so hat der weiß kunig in der obgedachten platnerey wunderlich harnasch fur sein kriegsfolk zu den streiten und kriegen machn lassn, und nemlichen so hat diser kunig, in den kriegsharnasch ain newe kunst erdacht, das man in seiner platnerey, auf ain mal dreissig vordertail, desgleichen hindertail aufgeformbt hat, dardurch in seiner platnerey in ainem jar ain groß anzal harnasch fur die landsknecht, die zu fueß gefochtn und gestrittn haben, gemacht worden ist.“*[19]

14 Vgl. Forcher, Michael, Die Geschichte der Stadt Innsbruck, Innsbruck 2008, 99–100.

15 Tiroler Fischereibuch, 1504, fol. 9, online unter: Österreichische Nationalbibliothek, http://digital.onb.ac.at/RepViewer/viewer.faces?doc=DTL_3170054&order=1&view=SINGLE (15.01.2019).

16 Unterkircher, 1897, 283.

17 Weingartner, Josef, Beiträge zur Innsbrucker Kirchengeschichte, Veröffentlichungen des Innsbrucker Stadtarchivs 8, Innsbruck 1954, 23.

18 Unterkircher, 1897, 327; Hye, Franz-Heinz, Mühlau. Ein Beitrag zur Geschichte der Stadtteile Innsbrucks. In: Das Fenster. Tiroler Kulturzeitschrift 17, 1795–1803.

19 Schultz, Alwin (Hg.), Jahrbuch der Kunsthistorischen Sammlungen des Allerhöchsten Kaiserhauses, Der Weisskunig, Wien 1888, 108–110, online unter: Universitätsbibliothek Heidelberg, Heidelberger historische Bestände – digital, https://digi.ub.uni-heidelberg.de/diglit/jbksak1888/0138 (15.01.2019).

Als zweiter wesentlicher Gewerbezweig in Mühlau ist die Gießerei anzusehen, die bereits für Erzherzog Sigmund Kanonen fertigte. 1503 wurde eine landesfürstliche Gusshütte errichtet, der 1506 eine Kunsterzgießerei folgte. Neben Kanonen wurden hier auch einige der Bronzestatuen für die Hofkirche hergestellt. 1511 wurde die Gusshütte auf Anweisung der Raitkammer baulich erweitert. Wenige Jahre zuvor war der aus Nürnberg stammende Rotgießer Stefan Godl (1480–1534) nach Innsbruck geholt worden, um im kaiserlichen Auftrag Handbüchsen anzufertigen und Gehilfen anzulernen. Damit wurde das Nürnberger Monopol für die Herstellung dieser Feuerwaffen gebrochen.[20] Herausragende Gießer und Büchsenmeister wie Peter Laiminger, der auch als Löffler bekannt ist, hatten in Mühlau und in Anbruggen am Gänsbichl ihre Werkstätten. Die in Mühlau hergestellten Geschütze ermöglichten Maximilian I. 1504 einen entscheidenden Sieg in der Schlacht am Wenzenbach und die Eroberung von Kufstein, die ihm die von Bayern abgetretenen Herrschaften Kufstein, Kitzbühel und Rattenberg einbrachten. Die Riesengeschütze „Purlepauz" und „Weckauf" wurden vom in Kohlstatt gelegenen Zeughaus an den Inn und von dort mit Schiffen nach Kufstein transportiert.[21]

Das Gebiet der Kohlstatt lag zwischen dem Sillfluss und dem Sillkanal und erstreckte sich vor dem Wappenturm entlang der Silbergasse, die ihren Namen von den hier ansässigen landesfürstlichen Silberschmelzhütten erhielt. Heute handelt es sich um den Stadtteil Dreiheiligen. Die Bezeichnung Kohlstatt leitet sich von der Köhlerei ab, die seit 1495 nachweisbar ist und für die Schmelzen essentiell war. Ein entscheidender Produktionsfaktor in dieser Gegend war die verfügbare Wasserkraft, die die Ansiedlung von Pulvermühlen, Hammerschmieden und Bohrmühlen begünstigte. Hinzu kamen landesfürstliche Salpeter- und Pulvermagazine.[22] Das ursprüngliche Arsenal in der ehemaligen Burg der Grafen von Andechser am Inn war zu klein geworden, weshalb man zwischen 1500 und 1505 an der Sill ein neues Zeughaus errichtete.

LITERATUR

Egg, Erich, Godl, Stefan, in: Neue Deutsche Biographie 6, 1964.

Egger, Josef, Geschichte Tirols von den ältesten Zeiten bis in die Neuzeit, 2. Bd, Innsbruck 1876.

Forcher, Michael, Die Geschichte der Stadt Innsbruck, Innsbruck 2008.

Hye, Franz-Heinz, Mühlau. Ein Beitrag zur Geschichte der Stadtteile Innsbrucks. In: Das Fenster. Tiroler Kulturzeitschrift 17, 1795–1803.

Hye, Franz-Heinz, Silbergasse und Kohlstatt. Ein Beitrag zur Geschichte der Stadtteile Innsbrucks. In: Das Fenster. Tiroler Kulturzeitschrift 18, 1889–1895.

Kohler, Alfred (Hg.), Tiroler Ausstellungsstraßen: Maximilian I., Wien 2016.

North, Gottfried, Von der Taxis-Post zur Post des Deutschen Reichs – von der Zersplitterung zur postalischen Einheit, Archiv für deutsche Postgeschichte, Frankfurt am Main 1984.

Sandgruber, Roman, Ökonomie und Politik, Österreichische Wirtschaftsgeschichte vom Mittelalter bis zur Gegenwart, Österreichische Geschichte, Wien 2005.

Schultz, Alwin (Hg.), Jahrbuch der Kunsthistorischen Sammlungen des Allerhöchsten Kaiserhauses, Der Weisskunig, Wien 1888.

Unterkircher, Carl, Chronik von Innsbruck, Innsbruck 1897.

Weingartner, Josef, Beiträge zur Innsbrucker Kirchengeschichte, Veröffentlichungen des Innsbrucker Stadtarchivs 8, Innsbruck 1954.

Weiss, Sabine, Maximilian I., Habsburgs faszinierender Kaiser, Innsbruck 2018.

Zoller, Franz Karl, Geschichte und Denkwürdigkeiten der Stadt Innsbruck und der umliegenden Gegend von den ältesten Zeiten bis zur Erlöschung der österreichisch-tirolischen Linie mit Erzherzog Sigmund Franz, Innsbruck 1816.

Zöllner, Erich, Geschichte Österreichs, Wien 1990.

20 Egg, Erich, Godl, Stefan, in: Neue Deutsche Biographie 6, 1964, 498, online unter: Deutsche Biographie, https://www.deutsche-biographie.de/pnd136545033.html#ndbcontent (15.01.2019).

21 Unterkircher, 1897, 328; vgl. Zöllner, 1990, 159.

22 Hye, Franz-Heinz, Silbergasse und Kohlstatt. Ein Beitrag zur Geschichte der Stadtteile Innsbrucks. In: Das Fenster. Tiroler Kulturzeitschrift 18, 1889–1895.

Matthias Pfaffenbichler

RÜSTUNGEN UND PRODUKTIONSSTÄTTEN

Kaiser Maximilian I. hat an der Entwicklung der Herstellung von Rüstungen für Krieg, Sport und Repräsentation wie kein anderer Fürst persönlich Anteil genommen. Für den jungen Maximilian arbeitete zuerst primär der Augsburger Meister Lorenz Helmschmid, bei dem auch sein Vater Kaiser Friedrich III. bestellte. 1480 lieferte Lorenz Helmschmid Maximilian ein Ensemble für Reiter und Ross nach Gent.[1] Bei der Entwicklung neuer Turnierharnische arbeitete Maximilian eng mit Lorenz Helmschmid zusammen, der für den Kaiser unzählige Spezialharnische für das höfische Turnier schuf, so 1486 Stechzeuge für die Festlichkeiten zur Wahl Maximilians zum römischen König.[2] Für denselben Anlass ließ sich Maximilian von Lorenz Helmschmid auch einen Kolbenturnierharnisch für das Kolbenturnier der fränkischen Ritterschaft anfertigen, zu dem er nach seiner Wahl zum König eingeladen wurde.[3] Im Zusammenhang mit dieser Wahl steht auch die Entwicklung der ersten großen Garnitur, die aus 58 Einzelteilen bestand.[4] Diese von Lorenz Helmschmid geschaffene Garnitur ist noch in Einzelteilen in der Hofjagd- und Rüstkammer des Kunsthistorischen Museums in Wien vorhanden und lässt sich in ihrer Gesamtheit aus dem so genannten Thunschen Skizzenbuch rekonstruieren.[5] Als Vorläuferin der großen Harnischgarnituren konnten aus ihr Rüstungen für die verschiedenen Arten des Turniersportes gebildet werden. Neben Lorenz Helmschmid arbeitete für den späteren Kaiser auch Jörg Helmschmid, den Maximilian 1497 an seinen Hof in Wien berief. Maximilian beschäftigte mit Kolman Helmschmid, dem Sohn von Lorenz, ein weiteres Mitglied der Familie Helmschmid. Er schuf für Maximilians Vertrauten Andreas von Sonnenburg eine der ersten Harnischgarnituren, bei der der Feldharnisch mit Verstärkungsstücken zu einer Rüstung fürs Turnier umgewandelt werden konnte.[6] In Brüssel arbeitete für Maximilian I. der flämische Plattner Hugue Brugman.[7] In die Hofplattnerei im burgundischen Arbois berief Maximilian als Landesherr 1495 die aus Mailand stammenden Brüder Francesco und Gabriele da Merate.[8] In Nürnberg wurden von Maximilian Konrad Poler und Hans Grünwald mit Stech- und Rennzeugen beschäftigt.[9] 1490 übernahm Maximilian I. von seinem Onkel Sigmund die Landesherrschaft in Tirol. Der neue Landesfürst Maximilian versorgte Hans Prunner und Hans Laubermann ab 1497

1 Gamber, Ortwin, Der Turnierharnisch zur Zeit König Maximilians I. und das Thunsche Skizzenbuch. In: Jahrbuch der Kunsthistorischen Sammlungen in Wien 53, Wien 1957, 30.

2 Pfaffenbichler, Matthias, „wie der (...) kunig gar künstlichen was in der platnerey und harnaschmaisterey“ –Maximilian als Förderer des Plattnerwesens. In: Haag, Sabine, Wieczorek, Alfried, Pfaffenbichler, Matthias, Buderer, Hans-Jürgen(Hg.), Kaiser Maximilian I., der letzte Ritter und das höfische Turnier, Mannheim 2014, 109.

3 Thomas, Bruno, Gamber, Ortwin, Katalog der Leibrüstkammer. I. Teil. Der Zeitraum von 500 bis 1530, Wien 1976, 102.

4 Pfaffenbichler, Matthias, Die Produktion von Turnierrüstungen In: Stefan Krause, Matthias Pfaffenbichler (Hg.), Turnier, 1000 Jahre Ritterspiel, Wien 2017, 122.

5 Thomas, Gamber, 1976, 100–101.

6 Gamber, 1957, 146.

7 Breiding, Dirk, Rennen, Stechen, Turnier zur Zeit Maximilians I. In: „Vor Halbtausend Jahren ...“: Festschrift zur Erinnerung an den Besuch des Kaisers Maximilian I. in St. Wendel, St. Wendel 2012, 63.

8 Thomas, Gamber, 1976, 195.

9 Pfaffenbichler, 2017, 118.

Konrad Seusenhofer, Reiterharnisch für Feld und Turnier von Kardinal Matthäus Lang, Innsbruck 1511. KHM, Wien, HJRK, Inv. Nr. A 244. (s. Kat. Nr. 10_02)

mit Aufträgen.[10] 1501 wurde Laubermann zum Hofplattner Maximilians I. ernannt.[11] Um die Jahrhundertwende nahm eine neue Gruppe von Plattnern die Arbeit für Maximilian auf, zu der Konrad und Hans Seusenhofer gehörten. Nach burgundischem Vorbild errichtete Maximilian 1504 in der Wiltener Vorstadt im Süden von Innsbruck eine Hofplattnerei. Maximilian baute diese Produktionsstätte für Harnische auf, weil er auf die Erzeugung von speziellen Rüstungen für Turniere und Repräsentation Einfluss nehmen und darüber hinaus Teile der Ausrüstung für seine Truppen selber herstellen wollte.[12] Zum Leiter der Hofplattnerei bestellte er Konrad Seusenhofer zuerst für sechs Jahre. Seusenhofer war ein Cousin der Brüder Treytz. Er bekam diese Stelle, da Hans Laubermann für den Neuaufbau eines großen Betriebes bereits als zu alt eingeschätzt wurde.[13] Als Jahressold erhielt Konrad Seusenhofer zunächst 150 Gulden und ein Hofkleid, später erhöhte sich sein Salär auf 200 Gulden, was ein hohes Gehalt war. In der Hofplattnerei verdienten die einfachen Plattnergesellen etwa 50 Gulden im Jahr. Diese Werkstätte sollte vor allem in großen Mengen militärische Ausrüstungen, darunter besonders Landsknechtharnische, herstellen. Die Hofplattnerei wurde für ihren Betrieb jährlich mit 1000 Gulden ausgestattet. Davon musste der Jahressold des Hofplattners in Höhe von 200 Gulden und der der sechs Gesellen und vier Polierer von je 50 Gulden bezahlt werden. Für die zwei Lehrlinge sollten je 25 Gulden aufgewendet werden. Holz und Kohle kosteten 100 Gulden im Jahr. Für die Bleche und anderes Zubehör konnten etwa 170 Gulden ausgegeben werden.[14] Die Harnische, die von dieser mit großen finanziellen Mitteln versehenen Werkstätte hergestellt wurden, folgten den neuesten modischen Richtungen.

---

10 Pfaffenbichler, Matthias, Das Plattnerwesen zwischen Krieg, Turnier und fürstlichem Sammeln. In: Haag Sabine (Hg.), Ritter! Traum & Wirklichkeit, Innsbruck 2013, 53.

11 Thomas, Bruno, Gamber, Ortwin, Die Innsbrucker Plattnerkunst, Innsbruck 1954, 20.

12 Pfaffenbichler, 2013, 53.

13 Pfaffenbichler, 2017, 124.

14 Kurzmann, Gerhard, Kaiser Maximilian I. und das Kriegswesen der österreichischen Länder und des Reiches, Wien 1985, 164–165.

Art des Kolman Helmschmid,
Rest eines Feldküriss von
Jörg von Frundsberg, Augsburg
um 1525.
KHM, Wien, HJRK,
Inv. Nr. A 375.
(s. Kat. Nr. 09_04)

Hier wurde von Konrad Seusenhofer für den Kaiser der Kostümharnisch geschaffen, in dem Seusenhofer das Gegenstück zu den Stoffkostümen der Zeit aus Stahl anfertigte. Abgeschlossen wurde 1507 der Ausbau der Hofplattnerei mit der Erbauung einer Poliermühle an der Sill, um sich den mühsamen Weg auf das andere Innufer nach Mühlau zu sparen.[15] Die Werke dieser Hofwerkstatt waren aus härtbarem Stahl gefertigt. In Innsbruck wurden die modernsten Härteverfahren für das Harnischblech angewandt, so dass die Rüstungen gegen Kugeln und Armbrustbolzen schussfest wurden. Maximilian selbst behauptete, dieses Härtegeheimnis an Konrad Seusenhofer weitergegeben zu haben, was jedoch unwahrscheinlich ist. Es zeigt nur das starke technologische Interesse des Kaisers an der Harnischproduktion. Die Herstellung eines Harnisches war ein sehr aufwändiger und komplizierter Prozess, an dem mehrere Handwerker beteiligt waren. Der Stahl für die Rüstungen wurde von den Händlern in Form von Barren oder Platten geliefert. Die Barren mussten erst in flache Platten ausgehämmert werden. Diese Arbeit konnte natürlich auch vom Plattner selbst gemacht werden. Da sie sehr arbeitsaufwendig war, wurde diese Vorbereitungsarbeit häufig in den Produktionszentren für Eisen durchgeführt.[16] Ein wichtiges österreichisches Produktionszentrum lag in der Steiermark zu Füßen des Erzberges. Die Weiterverarbeitung fand dann sowohl südlich des Alpenhauptkammes in der Steiermark oder auch nördlich davon im südlichen Niederösterreich oder in Oberösterreich statt. Anfangs wurde dieser Arbeitsprozess mit der Hand durchgeführt, ab etwa 1500 übernahmen diese Vorbereitungsarbeiten wassergetriebene, große Schmiedehämmer. Dabei wurde versucht, das sehr heterogene Ausgangsmaterial durch mehrfaches Umschmieden und wiederholtes Zusammenfalten zu homogenisieren. Die so vorbereiteten Eisen- oder Stahlplatten wurden dann in Stücke der Größe zurechtgeschnitten, die für die Produktion der einzelnen Harnischteile notwendig waren. Kaiser Maximilian wies Hans Haug in Eisenerz an, der Hofplattnerei pro Monat acht Säm Blech,

15 Pfaffenbichler, 2014, 112.

16 Pfaffenbichler, 2013, 50.

dazu jährlich drei Säm reschen Stahl, drei Säm Zwyzäch und ein Säm Eisen zuzusenden.[17] Ein Säm war die Last, die ein Saumpferd tragen konnte, und enthielt ungefähr 70 Platten. Zunächst übertrug der Plattner die Schnittmuster nach den Körpermaßen seines Kunden auf die Eisenplatte. Dann wurde die einige Millimeter dicke Platte mit der Hilfe einer großen Blechschere, die auf einen großen Holzpflock montiert war, in die gewünschte Form geschnitten und die so gewonnenen Zuschnitte wurden über Ambossen der unterschiedlichsten Art mit dem Hammer kalt geformt. Dies wird sehr anschaulich in Hans Burgkmairs Holzschnitt des Weisskunigs gezeigt, in dem Konrad Seusenhofer vor sich auf seiner Werkbank eine große Zahl verschiedener Ambosse liegen hat. Die Gesellen neben dem stehenden Kaiser halten die Harnischteile in ihren Händen und bearbeiten sie kalt. Trotzdem brennt im Hintergrund in der Esse ein Feuer, denn auch die kalt bearbeiteten Teile mussten immer wieder erhitzt werden, um die durch die Bearbeitung entstandenen Spannungen im Metall lösen zu können.[18] Bei stärkeren Wölbungen musste das Eisen öfter erhitzt werden, um die Spannungen zu vermindern. Bei dieser Hitzebehandlung wurde das Metallstück auf relativ hohe Temperatur erhitzt und dann an der Luft abgekühlt. Große Hitze brauchte man auch, um die umgebörtelten Ränder der Rüstungsteile herstellen zu können. Die Plattner veränderten die Dicke der Platten auch je nachdem, wie gefährdet der zu schützende Körperteil war. Die Dicke einer Brustplatte war vorne größer als an den Rändern und Harnischrücken hatten geringere Dicken als Brustplatten. Auch war der Stirnteil eines Helmes dicker als der Nackenteil. Die Zahl der herzustellenden Teile war sehr groß, bis zu 170 Einzelteile verschiedenster Größe wurden benötigt, um aus ihnen einen vollständigen Harnisch zu bilden. Ob die Rüstungsteile härtbar waren, hing vom Ausgangsmaterial ab, ob es sich um Schmiedeeisen oder um Stahl handelte. Stahl hatte einen etwas höheren Kohlenstoffgehalt und wurde für hochqualitative Rüstungen verwendet. Die Harnische einfacher Soldaten bestanden aus Eisen. Nach dem Erhitzen wurde in Innsbruck in kaltem Medium wie Wasser schockartig abgekühlt, was eine besonders harte Oberfläche erzeugte, jedoch ein weiteres Wärmeverfahren notwendig machte, um die Spröde aus dem Werkstück zu beseitigen. Bei diesem zweiten Wärmeverfahren wurde dem Werkstück dosiert wieder Wärme zugeführt, die aber nicht zu groß sein durfte.[19] Durch die erneute Zufuhr von Wärme wurde die Spröde beseitigt, ohne die gesamte zuvor gewonnene Härte zu verlieren. Neben den Innsbrucker Plattnern beherrschten nördlich der Alpen nur die besten Plattner in Augsburg diesen zweistufigen Härteprozess, der die besten Ergebnisse hervorbrachte, aber wegen dem erneuten Einsatz von Wärmenergie teuer war und ein großes Erfahrungswissen der Plattner verlangte, da die Kontrolle der Temperatur mit den technischen Möglichkeiten des Spätmittelalters und der Renaissance schwierig war. Nach dem Härten wurden die Harnischteile ursprünglich mit der Hand, später mit dem Einsatz von Schleifmühlen an der Außenseite geglättet.[20] Bei diesem Arbeitsvorgang wurden die Harnischteile von den Schwärzungen der Oberfläche und den zahllosen Hammerdellen befreit. Danach wurden sie vom Polierer auf Hochglanz gebracht. Noch vor Ablauf des sechsjährigen Arbeitsvertrages erneuerte der Kaiser im Februar 1509 das Dienstverhältnis mit Seusenhofer. Seit 1511 nahmen die Aufträge des Kaisers bei Seusenhofer immer größere Formen an. Maximilian I. ließ in seiner Innsbrucker Hofplattnerei viele Prunkharnische zu Geschenkzwecken herstellen, so für den englischen König Heinrich VIII. und den englischen Gesandten.[21] 1512 bestellte Maximilian I. für seinen zwölfjährigen Enkel in seiner Innsbrucker Hofplattnerei einen prachtvollen Faltenrockharnisch. 1515 übernahm Konrad

17 Kurzmann, 1985, 165

18 Beaufort, Christian, Pfaffenbichler, Matthias, Meisterwerke der Hofjagd- und Rüstkammer, Wien 2005, 33.

19 Pfaffenbichler, Matthias, Medieval Craftsmen Armourers, London 1992, 64.

20 Pfaffenbichler, 2013, 51.

21 Thomas, Gamber, 1954, 21.

Seusenhofer außerdem die Verwaltung der kaiserlichen Harnischkammer und erweiterte die Hofplattnerei um weitere Gebäude. Diese Aufgabenfülle dürfte Seusenhofer jedoch überfordert haben, denn er konnte die Kosten nicht mehr korrekt abrechnen und sein Vermögen wurde beschlagnahmt. Im Zuge des Prozesses starb Konrad Seusenhofer und seine Erben konnten erst nach langwierigem Streit sein Erbe antreten.[22] Kaiser Maximilian förderte die Rüstungsproduktion auch in den östlichen Erblanden. Lienhard Hamer wurde als Plattner 1512 in Wiener Neustadt bestellt und mit der Produktion von 300 Landsknechtharnischen innerhalb der nächsten zwölf Monate beauftragt.[23] Da auch in der Steiermark ein Mangel an Plattnern herrschte, beauftragte Maximilian I. die Innsbrucker Regierung, mit Tiroler Plattnern wegen deren Übersiedlung nach Graz zu verhandeln. Ab 1510 war Hans Rosenbusch in Graz als Hofplattner tätig.[24] Maximilian förderte nicht nur die Harnischproduktion, ihm gelang es auch, in Mühlau bei Innsbruck unter der Leitung des Büchsengießers Linhard Offenhauser 1503 eine Messinghütte mit Nürnberger Fachleuten aufzubauen. Hier wurden Haken- und Handbüchsen aus Messing hergestellt.[25] Kaiser Maximilian war besonders an der Entwicklung der modernen Artillerie interessiert. Die reichen Vorkommen von Kupfer, das als Nebenprodukt bei der Tiroler Silberproduktion anfiel, ermöglichten den Ausbau von Innsbruck als Zentrum des Geschützgusses. Jörg Endorfer, sein Sohn Alexander Endorfer, Hans Seelos sowie Peter Löffler waren führende Meister, die für den Kaiser in Hötting Geschütze gossen. Da der Transport von großen Geschützen ein Problem war, ließ Maximilian durch Jörg Seelos auch in Straßburg und Wien Geschützgießereien einrichten. Für die Herstellung von Eisengeschützen und von Hakenbüchsen wurde Thörl in der Steiermark ein Produktionszentrum. Die größte Waffenschmiede der Obersteiermark wurde von Peter Pögl in Törl betrieben.[26]

LITERATUR

Beaufort, Christian, Pfaffenbichler, Matthias, Meisterwerke der Hofjagd- und Rüstkammer, Wien 2005.

Breiding, Dirk, Rennen, Stechen, Turnier zur Zeit Maximilians I. In: „Vor Halbtausend Jahren ...": Festschrift zur Erinnerung an den Besuch des Kaisers Maximilian I. in St. Wendel, St. Wendel 2012.

Gamber, Ortwin, Der Turnierharnisch zur Zeit König Maximilians I. und das Thunsche Skizzenbuch. In: Jahrbuch der Kunsthistorischen Sammlungen in Wien 53, Wien 1957.

Krenn, Peter, Heerwesen. Waffe und Turnier unter Kaiser Maximilian I. In: Ausstellungskatalog Maximilian I, Innsbruck 1969.

Kurzmann, Gerhard, Kaiser Maximilian I. und das Kriegswesen der österreichischen Länder und des Reiches, Wien 1985.

Pfaffenbichler, Matthias, Medieval Craftsmen Armourers, London 1992.

Pfaffenbichler, Matthias, Das Plattnerwesen zwischen Krieg, Turnier und fürstlichem Sammeln. In: Haag Sabine (Hg.), Ritter! Traum & Wirklichkeit, Innsbruck 2013.

Pfaffenbichler, Matthias, „wie der (...) kunig gar künstlichen was in der platnerey und harnaschmaisterey". Maximilian als Förderer des Plattnerwesens. In: Haag, Sabine, Wieczorek, Alfried, Pfaffenbichler, Matthias, Buderer, Hans-Jürgen (Hg.), Kaiser Maximilian I., der letzte Ritter und das höfische Turnier, Mannheim 2014.

Pfaffenbichler, Matthias, Die Produktion von Turnierrüstungen In: Krause, Stefan, Pfaffenbichler, Matthias (Hg.), Turnier. 1000 Jahre Ritterspiel, Wien 2017.

Thomas, Bruno, Gamber, Ortwin, Die Innsbrucker Plattnerkunst, Innsbruck 1954.

Thomas, Bruno, Gamber, Ortwin, Katalog der Leibrüstkammer I. Teil. Der Zeitraum von 500 bis 1530, Wien 1976.

22 Pfaffenbichler, 2017, 126.

23 Kurzmann, 1985, 166.

24 Kurzmann, 1985, 167.

25 Kurzmann, 1985, 155.

26 Krenn, Peter, Heerwesen, Waffe und Turnier unter Kaiser Maximilian I. In: Ausstellungskatalog. Maximilian I, Innsbruck 1969, 88–89.

Wolfgang Wallenta

KAISER MAXIMILIAN I. UND JAKOB FUGGER

Der Zufall wollte es, dass beide Männer nicht nur im selben Jahr, sondern im selben Monat geboren wurden, Jakob Fugger am 6. März 1459 und Maximilian am 22. März 1459. Und obwohl die Herkunft der beiden Männer unterschiedlicher nicht sein konnte – hier der Abkömmling einer Weberfamilie, die in den Kaufmannsstand aufgestiegen war, dort der Spross eines aufstrebenden Adelsgeschlechtes, das bereits Könige und einen Kaiser gestellt hatte –, hatten die beiden Protagonisten dieses Beitrages doch vieles gemein, z. B. den unbedingten Willen zum Erfolg, die Ausweitung ihrer jeweiligen Einflusssphären mit allen Mitteln, aber auch die Liebe zur Kunst und der Selbstdarstellung durch Kunst, was sich u. a. darin zeigt, dass Albrecht Dürer, der wohl bedeutendste deutsche Künstler in der Zeit um 1500, sowohl für Maximilian als auch für Jakob Fugger tätig war. Jeder der beiden ermöglichte den Aufstieg des anderen. Maximilian machte große Politik mit Fuggergeld, Jakob Fugger baute sein Handelsimperium mit kaiserlicher Hilfe kontinuierlich und zielstrebig aus. Eine klassische win-win-Situation also in einer Zeit, als es diesen Begriff noch nicht gab, aber bereits das Prinzip. Doch war es so?

Für Maximilian war Jakob Fugger zwar ab einer gewissen Zeit der wichtigste Geldgeber, aber beileibe nicht der einzige. Und Jakob Fugger genoss zwar die geschäftsfördernde Unterstützung des Herrschers, drohte diesem aber gelegentlich damit, den Geldhahn zuzudrehen, falls Maximilian eine Politik machen wollte, die den Interessen des Augsburger Kaufmanns entgegenlief.

Das Verhältnis beider Männer zueinander war vor allem geprägt von der Abwägung von Nutzen und Vorteilen. Interessant wäre die Frage, ob es persönliche Sympathien gab, doch dazu geben die zeitgenössischen Quellen zu wenig her.

Albrecht Dürer, Jakob Fugger der Reiche, Augsburg um 1518. Staatsgalerie Altdeutscher Meister, Augsburg, Inv. Nr. 717. (s. Kat. Nr. 11_04)

WIE WURDEN MAXIMILIAN UND JAKOB FUGGER GESCHÄFTSPARTNER?

Ein erstes Zusammentreffen zwischen Maximilian und Jakob gab es wohl 1473. In diesem Jahr statteten Ulrich (1441–1510) und Georg Fugger (1453–1506), Jakobs ältere Brüder, Kaiser Friedrich III. und sein Gefolge, die auf dem Weg zu Verhandlungen mit dem Burgunderherzog Karl dem Kühnen waren, mit festlichen Gewändern aus. Zum Dank verlieh der Kaiser den Fuggern am 9. Juli 1473 das Lilienwappen. In den 1470er Jahren machte Jakob Fugger seine Kaufmannslehre in Italien. In diesen Jahren erlebte Augsburg einen wirtschaftlichen Höhenflug, der die Stadt um 1500 zu einem der wirtschaftlichen und kulturellen Zentren des Heiligen Römischen Reiches machen sollte. Augsburger Handelsfirmen wie die Welser, Gossembrot, Meuting, Herwart, Höchstetter oder Baumgartner überzogen Europa in dieser Zeit mit einem engen Netz an Handelsniederlassungen, so auch die Fugger. 1485 übernahm Jakob Fugger die Niederlassung in Innsbruck. Tirol, das Land im Gebirge, war für die Augsburger Kaufleute nicht nur ein wichtiges Transitland auf dem Weg zu den italienischen Handelsmetropolen, hier vor allem Venedig. Tirol blühte durch den Bergsegen auf, dort gab es Silber und Kupfer in unglaublichen Mengen. Augsburger Kaufleute, darunter auch die Fugger, übernahmen am Ende des 15. Jahrhunderts die Nutzung des Bergsegens, indem sie Bergwerke betrieben und den Handel mit den Metallen organisierten. Jakob Fugger lieh dem stets an Geldmangel leidenden Tiroler Landesherrn Sigmund ungeheure Summen und bekam im Gegenzug dafür gewinnbringende Abbau- und Vertriebsrechte. Er spielte aber auch bei der Absetzung des lebenslustigen Sigmund 1490 eine nicht unerhebliche Rolle. Maximilian, 1486 zum römisch-deutschen König gewählt und gekrönt, setzte als neuer Tiroler Landesherr die Zusammenarbeit mit Jakob Fugger fort, unterhielt allerdings auch mit anderen Augsburger und süddeutschen Firmen intensive Handelskontakte. In den Jahren 1487/88 bis 1494 gab Jakob Fugger an die beiden Tiroler Landesfürsten Sigmund und Maximilian rund 624.000 Gulden an Darlehen.[1] Zum Vergleich: Ein Handwerksgeselle in Augsburg verdiente in dieser Zeit ca. 8–10 Gulden im Jahr! 1493, nach dem Tod seines Vaters, übernahm Maximilian das Königsamt im Reich, ein Jahr später gründeten die Fugger den „ungarischen Handel" zum Abbau und Handel mit Kupfer aus Oberungarn. Damit war, neben den Tiroler Aktivitäten, ein zweites wirtschaftliches Standbein der Fugger im Montanwesen geschaffen worden, das auch Auswirkungen auf die Beziehungen zu den Habsburgern haben sollte. In den ersten zehn Regierungsjahren Maximilians (1493–1503) beliefen sich die Darlehen, die der Herrscher von den Fuggern bekam, auf ca. eine Million Gulden.[2]

Maximilian, der berechtigterweise eine Abhängigkeit von seinem Finanzier Fugger fürchtete, baute in diesen Jahren einen anderen aus Augsburg stammenden Kaufmann zu einer Art Finanzminister und Gegenspieler zu Jakob Fugger auf, Georg Gossembrot (1445–1502). Gossembrot entwickelte sich als Finanzberater Maximilians zu einer Gefahr für die Geschäftskontakte Jakobs zu Maximilian. Gossembrot starb 1502 in Füssen, Gerüchten zufolge soll er vergiftet worden sein, manche munkelten, von den Fuggern.[3] Nach dem Tod dieses lästigen Konkurrenten stieg Jakob Fugger endgültig zum Hauptfinanzier Maximilians auf.

Auch Augsburg profitierte vom engen Verhältnis der Fugger und anderer Kaufmannsfamilien zu Maximilian. Prächtige Reichstage fanden unter Maximilian in den Mauern der altehrwürdigen Stadt, die mit ca. 30.000 Einwohnern eine der größten Städte Mitteleuropas war, statt, der Kaiser erwarb mehrere Anwesen, richtete ein privates Zeughaus für sich ein, förderte durch zahlreiche Aufträge die Rüstungsindustrie der Stadt, plante eine Art Universität dort und beauftragte Künstler mit der Erstellung eines monumentalen Reiterstandbildes in der Manier antiker Imperatoren vor der Kirche des Reichsstiftes St. Ulrich und Afra. Wie vielen anderen Projekten des Kaisers, die nicht realisiert wurden, erging es auch den beiden Projekten Universität und Reiterstandbild.

Maximilian brauchte zur Realisierung eines anderen Projektes wieder einmal Geld, viel Geld. Er wollte nach Rom ziehen und dort vom Papst zum Kaiser gekrönt werden, wie auch sein Vater in Rom zum Kaiser gekrönt worden war. Um an Geld zu kommen, verkaufte Maximilian die bei Ulm gelegene Grafschaft Kirchberg und Stadt und Herrschaft Weißenhorn für 50.000 Gulden an Jakob Fugger. Dies war der Einstieg der Fugger in die Ebene des Reichsadels, der dadurch gefestigt wurde, dass Maximilian Jakob Fugger 1511 in den erblichen Ritterstand und 1514 in den Reichsgrafenstand erhob.

Da die Venezianer den Durchmarsch Maximilians nach Rom zur Kaiserkrönung durch ihr Territorium nicht erlaubten, musste er sich in Trient mit der Annahme des Titels „Erwählter Römischer Kaiser" am 4. Februar 1508 zufrieden geben. Papst Julius II. gab dazu seine Bestätigung.

1 Unger, Eike Eberhard, Die Fugger in Hall i. T., Studien zur Fuggergeschichte Band 19, Tübingen 1967, 36 u. 247.

2 Wiesflecker, Hermann, Kaiser Maximilian I. Das Reich, Österreich und Europa an der Wende zur Neuzeit, 5 Bde., München u. a. 1971–1986, Bd 5: Kaiser Maximilian I. Der Kaiser und seine Umwelt: Hof, Staat, Gesellschaft und Kultur, München u. a. 1985, 586.

3 Wiesflecker, Hermann, Österreich im Zeitalter Maximilians I. Die Vereinigung der Länder zum frühmodernen Staat. Der Aufstieg zur Weltmacht, München u. a. 1999, 243.

Goldene Schreibstube aus dem Schwarzschen Trachtenbuch mit Jakob Fugger und Matthäus Schwarz.
Herzog Anton Ulrich Museum, Braunschweig, Inv. Nr. h-27-067a-028.

Maximilian hätte ohne Fuggergeld seine Machtpolitik nicht betreiben können. Aber auch Jakob Fugger war, um seine Geschäfte machen zu können, immer wieder auf die Hilfe Maximilians angewiesen, so z. B. in der Angelegenheit Meckau. Der Brixener Fürstbischof Melchior von Meckau (um 1440–1509), seit 1503 Kardinal und einer der Ratgeber Maximilians, hatte seit den 1490er Jahren Kontakt mit den Fuggern und bis zum Jahr 1509 152.931 Gulden in die Fuggerbank eingelegt, das Handelsvermögen der Fugger belief sich damals auf ca. 200.000 Gulden.[4] Als der Kirchenfürst 1509 starb, erhob Papst Julius

4 Pölnitz, Götz von, Jakob Fugger, Quellen und Erläuterungen, Tübingen 1951, 205.

II. Nachlassansprüche und verlangte die sofortige Auszahlung der eingelegten Gelder. Wäre dies geschehen, wäre die Fuggerfirma ruiniert gewesen. Jakob Fugger wandte sich in dieser Krisensituation an Maximilian, dem nichts am Ruin seines Hauptfinanziers liegen konnte. In langwierigen Verhandlungen zwischen Vertretern des Kaisers, den Fuggern, der Kurie und anderen Erbberechtigten gelang es schließlich, Einigungen zu erreichen, mit welchen diese für die Fugger existenzielle Krisensituation abgewendet werden konnte. Der Kaiser hatte seinen Kaufmann gerettet.

Auch im Streit zwischen Jakob Fugger und der Hanse trat der Kaiser für den Augsburger ein und verteidigte ihn gegen Vorwürfe, im Reich Handelsmonopole, vor allem im Handel mit Kupfer, aufbauen zu wollen.

Kaiser Maximilian war immer für spektakuläre Projekte bekannt, ein Projekt aus dem Jahr 1511 übertraf aber alles bis dato Dagewesene. Im Sommer diesen Jahres hatte er erfahren, dass Papst Julius II. im Sterben läge. Paul von Liechtenstein (um 1460–1513), Hofmarschall des Kaisers in Tirol und Chef des kaiserlichen Finanzwesens, bekam von Maximilian den Auftrag, bei Jakob Fugger vorzufühlen, ob dieser in der Lage wäre, für das kommende Konklave so viel Geld für die Kardinäle bereitzustellen, dass Maximilian zum Papst gewählt werden könnte. Maximilian ging von einer Summe von 200.000 bis 300.000 Dukaten für diesen Plan aus.[5] Matthäus Lang von Wellenburg (1468–1540), aus Augsburg stammend, kaiserlicher Spitzendiplomat und seit 1505 Bischof von Gurk, sollte in Rom die Sache des Kaisers vertreten und durchsetzen. Jakob Fugger, der nüchterne Kaufmann, zögerte, den Kaiser bei diesem Traum zu unterstützen. Nachdem Papst Julius II. überraschend wieder gesundet war, hatte sich das Projekt vom Papsttum des Kaisers erledigt.

Hatte Jakob Fugger beim Papstprojekt des Kaisers gezögert, dieses zu unterstützen, war er bei einem anderen Plan des Kaisers einer der eifrigsten Befürworter und trieb dessen Vorhaben nachdrücklich voran. Um die habsburgische Position im Osten und Südosten Europas zu stärken, hatte Maximilian mit König Wladislaus II. von Böhmen und Ungarn sowie dem polnischen König Sigismund I., Brüder und aus der Dynastie Jagiello stammend, seit 1514 Verhandlungen aufgenommen, die schließlich im so genannten „Wiener Kongress“ des Jahres 1515 ihren Höhepunkt und Abschluss fanden. Jakob Fugger versprach sich vom Bündnis und dem Doppelhochzeitsprojekt Maximilians mit Böhmen und Ungarn eine Festigung seiner Position im Montanwesen Oberungarns, wo es in den vergangenen Jahren immer wieder Probleme mit örtlichen Autoritäten gegeben hatte. Deswegen steuerte er zu den Festivitäten und Verhandlungen in Wien von den 200.000 Gulden, die diese Maximilian kosteten, 54.000 Gulden bei. Jakob Fugger war bei dem Gipfeltreffen der drei Monarchen als kaiserlicher Rat in Wien persönlich anwesend. Maximilian hat in einem Brief an seine Räte in Innsbruck zum Ausdruck gebracht, dass ohne Unterstützung Fuggers das Abkommen mit dem böhmisch-ungarischen König nicht zustande gekommen wäre.[6] Aus diesen Verhandlungen 1515 in Wien resultierte letztendlich, ohne dass die Protagonisten 1515 dies hätten ahnen können, die Donaumonarchie.[7] Jakob Fugger aus Augsburg war einer ihrer Geburtshelfer.

Das letzte Großprojekt, das den Kaufmann und den Kaiser miteinander verband, war der Versuch Maximilians, auf dem Augsburger Reichstag 1518 seinen Enkel Karl zum Nachfolger im Kaiseramt zu machen.

Der Versuch gelang. Nach zähen Verhandlungen hatte Maximilian fünf Kurfürsten dafür gewonnen, seinen Enkel zum römisch-deutschen König, der Vorstufe zum Kaiseramt, zu wählen.

---

5 Pölnitz, Götz von, Jakob Fugger, Kaiser, Kirche und Kapital in der oberdeutschen Renaissance, Tübingen 1949, 267.

6 Ebd., 328.

7 Hollegger, Manfred, Maximilian I. (1459–1519), Herrscher und Mensch einer Zeitenwende, Stuttgart 2005, 218f.

Nachdem aber zugesagte Gelder aus Spanien, wo Karl seit 1516 als König regierte, nicht eintrafen, zogen viele Kurfürsten ihre Stimme zurück. Als Kaiser Maximilian I. am 12. Januar 1519 starb, war die Kaiserwahl wieder offen. Mehrere Kandidaten, darunter König Franz I. von Frankreich und der englische König Heinrich VIII., rechneten sich Chancen darauf aus, Kaiser des Heiligen Römischen Reiches zu werden. Schließlich entschied Fuggergeld diese Wahl. Um Karl zum Reichsoberhaupt zu machen, waren Kosten von 852.189 Gulden entstanden, der Löwenanteil davon war nötig, um die Kurfürsten zur Wahl Karls zu bewegen. Karl aber hatte nicht die nötigen Geldsummen, er wandte sich hilfesuchend an den Kaufmann aus Augsburg, der schon seinen Großvater finanziert hatte.

Jakob Fugger unterstützte im Interesse seiner Firma nun auch den Enkel Maximilians. Er steuerte 543.585 Gulden zur Kaiserwahl bei, Bartholomäus Welser 143.333 Gulden sowie drei italienische Unternehmer jeweils 55.000 Gulden, so dass schließlich 851.918 Gulden für die Wahl des neuen Kaisers zusammenkamen.[8] Der Verbleib des Kaiseramtes bei den Habsburgern war dank Jakob Fuggers und des Augsburger Geldes gesichert. Das Haus Habsburg und die Fugger waren nun noch enger aneinander gebunden. Diese enge Verbindung sollte, mit Höhen und Tiefen, bis zum Ende des 16. Jahrhunderts andauern.

Kaiser Maximilian und Jakob Fugger, das ist die faszinierende Geschichte zweier Männer an der Zeitenwende vom Mittelalter zur Neuzeit. Es ist aber auch eine Geschichte von höchst dramatischen gegenseitigen Abhängigkeiten, die die deutsche und europäische Geschichte nicht nur zu Lebzeiten der beiden Protagonisten prägte, sondern auch für die nächsten Jahrhunderte.

LITERATUR

Unger, Eike Eberhard, Die Fugger in Hall i. T., Studien zur Fuggergeschichte Band 19, Tübingen 1967.

Wiesflecker, Hermann, Kaiser Maximilian I. Das Reich, Österreich und Europa an der Wende zur Neuzeit, 5 Bde., München u. a. 1971–1986, Bd 5: Kaiser Maximilian I. Der Kaiser und seine Umwelt: Hof, Staat, Gesellschaft und Kultur, München u. a. 1985.

Wiesflecker, Hermann, Österreich im Zeitalter Maximilians I. Die Vereinigung der Länder zum frühmodernen Staat. Der Aufstieg zur Weltmacht, München u. a. 1999.

Pölnitz, Götz von, Jakob Fugger, Quellen und Erläuterungen, Tübingen 1951.

Pölnitz, Götz von, Jakob Fugger, Kaiser, Kirche und Kapital in der oberdeutschen Renaissance, Tübingen 1949.

Hollegger, Manfred, Maximilian I. (1459–1519), Herrscher und Mensch einer Zeitenwende, Stuttgart 2005.

8 Pölnitz, Quellen und Erläuterungen, 422f.

Die Meerfahrt Balthasar Springers, „König von Gutzin“. Bayerische Staatsbibliothek, München, Inv. Nr. rAR 470, S. 7.

Stefanie Heim

AUFBRUCH NACH RUSSLAND

HERBERSTEINS ABENTEUERLICHE REISEN NACH OSTEN

Sigismund Freiherr von Herberstein wurde am 23. August 1486 in Wippach in Slowenien geboren. Er war der dritte Sohn seiner Eltern Leonhard und Barbara Herberstein. Sein Vater war dort ein kleiner rittermäßiger Schlosshauptmann, Pfleger und Landrichter, der der Krainer-Linie seines Geschlechts angehörte.[1] Schon früh erlernte er die slowenische Sprache, die ihm für das Erlernen von Polnisch, Tschechisch und Russisch und später auf seinen Reisen zu Gute kam. Die Kenntnis einer slawischen Sprache war vor allem für die Russlandreisen von Vorteil.[2]

An der Wiener Universität ausgebildet, nach 1502 Erwerb des „Baccelaureat der Artes"[3] und Studium der Rechtswissenschaften, stand er bald schon im Dienste von Kaiser Maximilian I.[4]

Herberstein reiste 1516 als Gesandter im Auftrag von Kaiser Maximilian I. zum ersten Mal nach Russland. Der Grund und das Ziel seiner Reise war es, die Eheschließung zwischen Sigismund I.[5] und Bona Sforza in Polen zu regeln[6] und zwischen Polen und Russland einen Frieden zu stiften.[7] Die Heirat zwischen den beiden fand im Jahr 1518 statt, jedoch kam kein Friedensvertrag zustande.

Insgesamt dauerte seine erste Reise zwei Jahre, davon blieb er sieben Monate in Moskau am Hofe des Großfürsten. In dieser Zeit konnte er die Stadt und somit den Hof nur einmal wirklich – für einen Ausflug zur Hasenjagd – verlassen.[8]

Im Auftrag von Karl V. fand von 1526 bis 1527 seine zweite Russlandreise statt. Grund war wieder die Vermittlung des Friedens zwischen Polen und Russland. Außerdem sollte Herberstein über die russisch-orthodoxe Religion mit Blick auf Eucharistie, Zeremonien und geistliche Literatur recherchieren. Da im Reich die Reformation im Gange war, wollte man über diese Religion informiert sein.[9]

Den Auftrag erhielt Sigismund von Herberstein meist schriftlich vom jeweiligen Herrscher. Begleitet war dieses Schreiben von einer Anweisung, die alle wichtigen Informationen über die Mission enthielt. Hinzu kam das Kreditiv für den Empfänger, das sicherstellte, dass der Gesandte im Dienste des Auftraggebers handelte und außerdem eine Vollmacht besaß, um etwaige Verträge schließen zu können.[10]

---

1 Wiesflecker, Hermann, Der Mensch Siegmund von Herberstein, In: Pferschy, Gerhard (Hg.), Siegmund von Herberstein. Kaiserlicher Gesandter und Begründer der Russlandkunde und die europäische Diplomatie, Veröffentlichungen des Steiermärkischen Landesarchives, Bd. 17, Graz 1989, 3.

2 Wiesflecker, 1989, 3.

3 Wiesflecker, 1989, 4.

4 Wiesflecker, 1989, 4.

5 Sigismund I. aus dem Hause der Jagiellonen war ab 1507 König von Polen und als Sigismund II. Großfürst von Litauen.

6 Seifert, Traudl (Hg.), Reise zu den Moskowitern 1526. Sigismund zu Herberstein, München 1966, 19.

7 Seifert, 1966, 20.

8 Moritsch, Andreas, Geographisches in Herbersteins Moscovia, In: Pferschy, Gerhard (Hg.), Siegmund von Herberstein. Kaiserlicher Gesandter und Begründer der Russlandkunde und die europäische Diplomatie, Veröffentlichungen des Steiermärkischen Landesarchives, Bd. 17, Graz 1989, 135.

9 Wiesflecker, 1989, 8.

10 Picard, Bertold, Herberstein als habsburgischer Diplomat, In: Pferschy, Gerhard (Hg.), Siegmund von Herberstein. Kaiserlicher Gesandter und Begründer der Russlandkunde und die europäische Diplomatie, Veröffentlichungen des Steiermärkischen Landesarchives, Bd. 17, Graz 1989, 105–108.

Bevor er in das ihm bis dahin unbekannte Land aufbrach, mussten einige Vorkehrungen getroffen werden. Die Reisevorbereitungen oblagen beim Gesandten selbst, dieser kümmerte sich neben den Dingen des täglichen Gebrauchs, wie Bettzeug und Trinkgeschirr, auch häufig um die Pferde und einen Teil der Knechte.[11] Den restlichen Teil der Reisekosten übernahm im Idealfall der Auftraggeber, wobei der Beauftragte das Geld oft vorstrecken musste. Für das gesamte Unterfangen war üblicherweise nur ein knappes Budget vorgesehen, einen gesonderten Lohn oder eine zusätzliche Entschädigung gab es jedoch für den Diplomaten leider nicht. Das normale Gehalt wurde in diesem Zeitraum einfach weiter ausbezahlt. Aus diesem Grund wurden die Beteiligten durch die Missionen ärmer und nicht reicher. Sie fraßen ein massives Loch in den eigenen Geldbeutel, worüber sich Herberstein in seinen Aufzeichnungen mehrfach beschwerte. Meist entstanden die Hauptkosten bei der Hin- und Rückreise, während des Aufenthaltes im Zielland hatte man meist freie Kost und Logis.[12]

Herberstein hatte seine Kontakte über die Länder verstreut, um einen regen Informationenaustausch führen zu können. Dadurch konnte er sich einen Überblick über die Situationen in den Ländern, die er durchreiste, verschaffen. Dies war vor allem für die Auswahl der Reiseroute wesentlich, denn politisch unsichere Länder, Kriegsgebiete oder Seuchengebiete mussten vermieden werden.[13]

Zur Vorbereitung auf die jeweilige Mission gehörte auch eine genaue Recherche der bereits vorhandenen Literatur. Die meisten Nachschlagewerke zu Russland entstanden aber erst während seines zweiten Aufenthalts im Osten.[14] Wobei er sich dadurch vor allem auf seine eigenen gewonnenen Erfahrungen und auf sein gutes Gespür verlassen musste.

Wenn Ausrüstung, Mitreisende, Reiseroute, Transportmittel organisiert waren und die Instruktionen über die Ziele der Mission erfolgten, hieß es im Falle von Herberstein Aufbruch nach Russland. Im zweiten Monat des Jahres 1516 startete die Delegation von Augsburg aus über folgende Stationen: Krakau, Grodno, Wilna, Nowgorod, über Twer und Klein nach Moskau,[15] wo sie sich am 26. April der Stadt näherten.[16] Die Reiseroute, die Herberstein bei der zweiten Mission nach Russland wählte, war mit der ersten fast ident.[17]

Den meisten Teil seiner Russlandreise legte er auf dem Rücken eines Pferdes zurück, was seinem ohnehin aufgrund einer Syphilis-Erkrankung geplagten Körper[18] zu schaffen machte. Sein großes Pflichtbewusstsein gegenüber seinen Dienstherren war es, warum er keine Reisen, die ihm aufgetragen wurden, absagte, obwohl sie ihm zu anstrengend und zu viel waren.[19] *„In Ungarn benutzte Herberstein gern die landesüblichen korbgeflochtenen Kutschenwagen.“*[20] Diese Dreigespanne boten Platz für den Kutscher und weitere vier Personen.[21] Und wo immer es möglich war, wurde der Wasserweg verwendet. In Polen, genauer gesagt in der Hauptstadt Krakau, wurde das Transport-

11 Picard, Bertold, Das Gesandtschaftswesen Ostmitteleuropas in der Frühen Neuzeit. Beiträge zur Geschichte der Diplomatie in der ersten Hälfte des sechzehnten Jahrhunderts nach den Aufzeichnungen des Freiherrn Sigmund von Herberstein,
Graz/Wien/Köln 1967, 74.

12 Picard, 1967, 77–79.

13 Picard, 1967, 74.

14 Picard, 1967, 77.

15 Beyer-Thoma, Hermann, Rerum Moscoviticarum Commentarii. Sigismund von Herberstein. Synoptische Edition der lateinischen und der deutschen Fassung letzter Hand Basel 1556 und Wien 1557, München 2007, 443–461.

16 Beyer-Thoma, 2007, 396.

17 Moritsch, 1989, 135.

18 Seifert, 1966, 20.

19 Picard, 1989, 106.

20 Picard, 1989, 107.

21 Picard, 1967, 83.

Schlittenfahrt durch eine russische Winterlandschaft. ÖNB, Wien, Inv. Nr. E6198CD.

mittel erneut gewechselt. Von hier aus ging es weiter mit dem Schlitten, was Herberstein etliches Unbehagen bereitete, denn das Tauwetter hatte an manchen Tagen bereits eingesetzt und hinterließ eine Wasserschicht auf dem noch gefrorenen See, was ihn nicht unbedingt sicher machte.[22]

Nicht immer war die Reise einfach zu bestreiten, die teils schwierige Wetterlage setzte der Delegation oft zu. Schneestürme, sumpfige Gebiete oder auch so manche Flüsse galt es zu überwinden. Geschuldet durch die äußeren Einflüsse, passierte es, dass sie nicht mehr in die Stadt hineingelassen wurden, da sie dadurch zu spät dort ankamen und so die Nacht unter freiem Himmel verbringen mussten.[23] In der synoptischen Edition der lateinischen und der deutschen Fassung letzter Hand ist die Beschwerde Herbersteins an einen moskowitischen Boten folgendermaßen wiedergegeben: *„ich wäre nit gewont under dem himel zu hauß / und undter den wilden thiern / sonder bey den leüten / und undter den Dächern zuwonen.“*[24]

Herberstein fasste all seine Eindrücke im lateinischen Reisebericht „Rerum Moscoviticarum Commentarii Sigmundi Liberi Baronis in Herberstain, Neyperg & Guettenhag“, zu Deutsch „Moscovia“, zusammen. Die mit dem Bericht verbundene Sozialforschung ist hier im weiteren Sinn als die Beobachtung politischer, sozialer und kultureller Gegebenheiten aus der Sicht des Autors zu verstehen. Als Basis für sein Werk dienten die kurzen Berichterstattungen an den jeweiligen Herrscher, die er vom Bestimmungsort aus alle zwei Tage verfassen musste.[25]

Die Schwerpunkte des Reiseberichts beinhalten die Beschreibung von Grenzen (politische, geographische, sprachliche, gesellschaftliche), Charakteristika und Unterschiede von Land und Leuten sowie die Beschreibungen von menschlichen Verhaltens-

22 Beyer-Thoma, 2007, 452.

23 Beyer-Thoma, 2007, 389–392.

24 Beyer-Thoma, 2007, 391.

25 Picard, 1989, 110.

Portrait Sigismund von Herberstein, dargestellt in seinem russischen zobelgefütterten Prunkmantel, Holzschnitt 1517. ÖNB, Wien, Inv. Nr. Port_00105237_01.

weisen. Seine Ziele waren nicht nur politischer Natur, sondern er betrieb auch Natur- und Sozialforschung. So widmete er der orthodoxen Religion ein großes Kapitel in seinen Aufzeichnungen, wobei er hier vor allem seine Achtung vor fremden Menschen und deren Religion zum Ausdruck bringt.[26]

Als Gesandter kam man meist reich beschenkt von seiner Mission nach Hause. Im Falle von Herberstein war es die Freundschaft des Großfürsten und ein russisches Ehrenkleid, worauf er besonders stolz war und sich deshalb darin oft abbilden ließ.[27] Wie in der folgenden ganzfigurigen Abbildung zu sehen ist.

Ziel dieser Portraits war die Selbstdarstellung, denn man wollte sich im fremden Gewand zeigen und inszenieren. Nicht nur Maximilian I. war ein Meister der Selbstinszenierung, sondern auch Sigismund von Herberstein, was seine zahlreichen Portraits in diversen Prunkmänteln beweisen.

Neben seiner Fahrt nach Russland unternahm Sigismund von Herberstein noch weitere Reisen, die von großer politischer Bedeutung waren. Diese waren nicht nur für das Reich von Belang, sondern förderten auch seine Karriere. Man kann durchaus sagen, dass Herberstein ein Abenteurer war, sonst hätte er so manche seiner Reisen gar nicht erst ausgeführt.

26 Seifert, 1966, 25.

27 Seifert, 1966, 20.

Drei Jahre nach seiner ersten Russlandreise verstarb Kaiser Maximilian I. am 12.01.1519. Herberstein war fünf Jahre als Gesandter im Dienste seiner Majestät und blieb auch danach dem Reich durch sein herausragendes diplomatisches Geschick erhalten. Insgesamt diente er 55 Jahre und unternahm über 60 diplomatische Reisen für folgende drei Herrscher: Kaiser Maximilian I., Ferdinand I. und Karl V.[28]

Im Alter von 80 Jahren starb er am 28.03.1566 in Wien und ist dort in einer Gruft in der Michaelakirche bestattet worden.

Abschließend kann man sagen, dass Sigismund von Herberstein ein facettenreicher Mensch war – er war nicht nur Diplomat, Beobachter, Humanist, Geograph –, er widmete vor allem sein ganzes Leben seinen Herrschern und viele benennen ihn nicht zu Unrecht als den Entdecker Russlands.

LITERATUR

Beyer-Thoma, Hermann, Rerum Moscoviticarum Commentarii. Sigismund von Herberstein. Synoptische Edition der lateinischen und der deutschen Fassung letzter Hand, Basel 1556 und Wien 1557, München 2007.

Ertzdorff, Xenja von, Sigmund von Herberstein als Geschichtsschreiber und Erzähler in seiner deutschen Ausgabe der Moscovia (Wien 1557), in: Kämpfer, Frank, Frötschner Reinhard (Hg.), 450 Jahre Sigismund von Herbersteins „Rerum Moscoviticarum commentarii" 1549–1999. Jubiläumsvorträge, Schriften zur Geistesgeschichte des östlichen Europa, Bd. 24, Wiesbaden 2002, 27–48.

Ertzdorff, Xenja von, Sigmund von Herberstein: Der Botschafter als Erzähler der Rerum Moscouticarum Commentarii (1549 FF.) und seiner deutschen Fassung der Moscovia (Wien 1557). In: Ertzdorff, Xenia von, Giesemann, Gerhard (Hg.), Erkundung und Beschreibung der Welt. Zur Poetik der Reise- und Länderberichte, Chloe, Beihefte zum Daphins, Bd. 34, Amsterdam/New York 2003, 335–363.

Geier, Wolfgang, Russische Kulturgeschichte in diplomatischen Reiseberichten aus vier Jahrhunderten. Sigmund von Herberstein, Adam Olearius, Friedrich Christian Weber, August von Haxthausen, Wiesbaden 2004.

Krones, Franz, Sigmund von Herberstein, ein Lebensbild. Mit besonderer Rücksicht auf die Beziehungen Herberstein's zur Steiermark und seine Schriften, Graz 1871.

Moritsch, Andreas, Geographisches in Herbersteins Moscovia, In: Pferschy, Gerhard (Hg.), Siegmund von Herberstein. Kaiserlicher Gesandter und Begründer der Russlandkunde und die europäische Diplomatie, Veröffentlichungen des Steiermärkischen Landesarchives, Bd. 17, Graz 1989, 135–145.

Pferschy, Gerhard (Hg.), Siegmund von Herberstein. Kaiserlicher Gesandter und Begründer der Russlandkunde und die europäische Diplomatie, Veröffentlichungen des Steiermärkischen Landesarchives, Bd. 17, Graz 1989.

Picard, Bertold, Beschreibung Moskaus der Hauptstadt in Russland samt des moskowitischen Gebietes 1557 von Sigmund Freiherr von Herberstein, Graz/Wien/Köln 1966.

Picard, Bertold, Das Gesandtschaftswesen Ostmitteleuropas in der Frühen Neuzeit. Beiträge zur Geschichte der Diplomatie in der ersten Hälfte des sechzehnten Jahrhunderts nach den Aufzeichnungen des Freiherrn Sigmund von Herberstein, Graz/Wien/Köln 1967.

Picard, Bertold, Herberstein als habsburgischer Diplomat, In: Pferschy, Gerhard (Hg.), Siegmund von Herberstein. Kaiserlicher Gesandter und Begründer der Russlandkunde und die europäische Diplomatie, Veröffentlichungen des Steiermärkischen Landesarchives, Bd. 17, Graz 1989, 101–116.

Seifert, Traudl (Hg.), Reise zu den Moskowitern 1526. Sigismund zu Herberstein, München 1966.

Wiesflecker, Hermann, Der Mensch Siegmund von Herberstein, In: Pferschy, Gerhard (Hg.), Siegmund von Herberstein. Kaiserlicher Gesandter und Begründer der Russlandkunde und die europäische Diplomatie, Veröffentlichungen des Steiermärkischen Landesarchives, Bd. 17, Graz 1989, 3–15.

28 Geier, Wolfgang, Russische Kulturgeschichte in diplomatischen Reiseberichten aus vier Jahrhunderten. Sigmund von Herberstein, Adam Olearius, Friedrich Christian Weber, August von Haxthausen, Wiesbaden 2004, VIII.

Maximilian Krüger

MAXIMILIAN I. UND DIE BRETAGNE

Die Herzöge der Bretagne waren für die französischen Könige des späten Mittelalters nicht weniger bedeutende Antagonisten als die Herzöge aus dem Hause Burgund, denn obwohl sie Kronvasallen waren, agierten sie als unabhängige Fürsten, die für ihre Länder den Status einer eigenen und souveränen Macht in Anspruch nahmen.

Die beiden Machtblöcke, die sich seit dem frühen 15. Jahrhundert den Zentralisierungsbestrebungen der Könige widersetzten, wiesen dabei eine Reihe von Gemeinsamkeiten auf. Wie die französische Krone hatten auch die beiden Fürstenstaaten moderne Institutionen entwickelt: eine effiziente Administration, ein komplexes Steuersystem und ein eigenes Heer. Die kalkulierte Zurschaustellung ihres hervorgehobenen Status manifestierte sich auch durch die an ihren Höfen zelebrierte immense Prachtentfaltung und in der Nachahmung der königlichen Ritterorden: Die Bretagne hatte ihren Hermelinorden, Burgund seinen Orden vom Goldenen Vlies.[1]

Auch das von ihnen ausgehende Bedrohungspotential war nicht zu unterschätzen. Bedingt durch die geographische Lage ihrer Herrschaftsgebiete empfahlen sie sich als natürliche Verbündete – den Engländern hatte die bretonische Halbinsel seit jeher als Brückenkopf nach Frankreich gedient – oder führten Stellvertreterkriege für die Gegner Frankreichs. Die Höfe von Nantes und Dijon fungierten zudem als Exilhöfe französischer wie landesfremder Prätendenten und bildeten Anziehungspunkte für gegen die Krone gerichtete Adelsoppositionen.

Vor allem in der zweiten Hälfte des 15. Jahrhunderts kam es zu einer Reihe von Adelsfronden, wie der Liga für das Allgemeinwohl, *ligue du bien public* (1465), welcher neben den Häusern von Berry, Alençon, Nemours, Bourbon und Armagnac auch Karl der Kühne (1433–1477) und Franz II. von der Bretagne (1435–1488) angehörten. Die Feudalherren, von denen jeder eigene Ambitionen verfolgte, konnten den Krieg für sich entscheiden, wobei sich der Burgunder als der gefährlichste Feind erwiesen hatte. Ludwig XI. (1423–1483) gelang es gleichwohl, sich zu behaupten und die Fürstenmacht zu brechen.[2] Der Gegensatz zwischen Burgund und Frankreich flammte indes bald wieder auf. Doch der Burgunderherzog, der den Hundertjährigen Krieg wieder aufleben lassen und gemeinsam mit England das französische Königtum niederringen wollte, verrannte sich in immer neue Kriege und stürmte blindwütig dem Abgrund entgegen.[3]

Mit dem Tod Karls des Kühnen in der Schlacht bei Nancy (5. Januar 1477) schien der burgundische Widersacher ausgeschaltet und das Haus Burgund dem Untergang geweiht, doch der Kaisersohn Maximilian verteidigte die angeheirateten Länder mit entschlossenem Kampfesmut. Der Habsburger, der aus französischer Perspektive zu einem Wiedergänger Karls des Kühnen zu werden drohte, knüpfte auch an das burgundische Bündnissystem seines Vorgängers an. Mit Hilfe des bretonischen Verbündeten hoffte Maximilian den französischen Staat zu zerschlagen und auf den Zustand vor dem Hundertjährigen Krieg zurückzuwerfen.[4] Als äußeres Zeichen der Annäherung wurde

1 Jones, Colin, Frankreich. Eine illustrierte Geschichte, Frankfurt am Main 1995, 123–124.

2 Kruse, Holger, Ludwig XI. (1461–1483). In: Ehlers, Joachim, Müller, Heribert, Schneidmüller, Bernd (Hg.), Die französischen Könige des Mittelalters. Von Odo bis Karl VIII. 888–1498, München 1996, 349–351.

3 Calmette, Joseph, Die großen Herzöge von Burgund, München 1996, 309–310.

4 Wiesflecker, Hermann: Kaiser Maximilian I. Das Reich, Österreich und Europa an der Wende zur Neuzeit, Bd. 1, Jugend, burgundisches Erbe und römisches Königtum bis zur Alleinherrschaft 1459–1493, München 1971, 319.

König Karl VIII. v. Frankreich, Kopie aus dem frühen 16. Jhdt. nach einem verlorenen Original eines französischen Malers. KHM, Wien, GG, Inv. Nr. 4432.

mit dem bretonisch-burgundischen Bündnisvertrag der am 2. September 1481 geborene zweite Sohn des burgundischen Hauses nach seinem Paten, dem Herzog der Bretagne, auf den Namen Franz getauft. Maximilian, der auch England als Verbündeten hatte gewinnen können, verhandelte bereits mit Spanien, als der unvermittelte Tod von Herzogin Maria (1457–1482) die politischen Verhältnisse in Burgund nachhaltig erschütterte.[5] Die Stände verweigerten dem Landesfremden den Gehorsam und handelten mit Frankreich den Frieden von Arras (1482) aus, mit welchem die Heirat von Maximilians Tochter Margarete (1480–1530) mit dem Dauphin verfügt wurde.[6]

Die Auseinandersetzungen zwischen der Bretagne und der Krone erreichten ihren vorläufigen Höhepunkt mit dem Verrückten Krieg *guerre folle* (1484–1488). Auf dem Thron saß mit Karl VIII. (1470–1498) ein dreizehnjähriges Kind, für das die ältere Schwester Anne de Beaujeu (1461–1522) die Regentschaft führte. Rechtliche Verbindlichkeit besaß die Vormundschaft nicht, weswegen sie von einem Schwager des Königs, Ludwig von Orléans (1462–1515), bestritten und damit die Machtfrage gestellt wurde. Die Herrschaft der Königsschwester aber blieb, trotz Appellation der Generalstände, unangreifbar. Ludwig von Orléans verbündete sich daraufhin mit Franz II. von der Bretagne, um den König aus der Hand der Beaujeu zu befreien.

Auch Maximilian, der sich niemals mit dem Friedensvertrag von Arras hatte abfinden können und dem eine Schwächung der französischen Krone gelegen kam, nahm Partei.[7] Im Frühjahr 1485 griff eine Fürstenfronde in der Guyenne zu den Waffen, während sich zeitgleich der bretonische Adel erhob. Das Feuer der Rebellion wurde aber rasch ausgetreten, und als der Süden befriedigt war, entsandte man das königliche Aufgebot in die Bretagne, das in der Schlacht bei Saint Aubin (28. Juli 1488) den kriegsentscheidenden Sieg errang.

5 Von Seggern, Harm, Die Geschichte der burgundischen Niederlande, Stuttgart 2018, 180.

6 Wiesflecker, Hermann, Maximilian I. Die Fundamente des habsburgischen Weltreiches, Wien/München 1991, 51–52.

7 Bulst, Neithard, Karl VIII. (1470–1498). In: Ehlers u. a., 1996, 366–369.

„Wie der plawkunig des hermlkunigstochter weg fueret“. Anne de Bretagne entscheidet sich für Karl VIII.
Weisskunig, Cod 3033.
In: Jahrbuch der Kunsthistorischen Sammlungen des Allerhöchsten Kaiserhauses, VI. Band, Wien 1889.

Franz II. war gezwungen, wesentliche Zugeständnisse an die Krone zu machen, unter anderem, dass seine Tochter nur mit Zustimmung des französischen Königs verheiratet werden durfte. Die Heiratsfrage stellte sich unmittelbar nach dem Frieden von Sablé (1488) mit dem überraschenden Tod des Herzogs. Für Karl VIII. wäre eine Heirat mit der Erbtochter die friedlichste Lösung der bretonischen Frage gewesen, wenn er nicht bereits mit Maximilians Tochter verlobt gewesen wäre und dafür das Herzogtum und die Freigrafschaft Burgund als Mitgift empfangen hätte; Länder, die für Frankreich nicht weniger wichtig waren als die Bretagne.[8] Allein der bretonische Adel und die Stände zeigten keine Bereitschaft, ihm dies zuzugestehen. Vielmehr setzten sie alles daran zu verhindern, dass die Bretagne als erledigtes Lehen in die *domaine royale* zurückfiel – was mit der Inthronisierung der elfjährigen Anna (1477–1514) zur Herzogin der Bretagne im Januar 1489 zum Ausdruck kam.

Die Herzogin versuchte durch das Reich Schutz vor dem übermächtigen Frankreich zu finden und stimmte daher einem Ehebund mit Maximilian zu. Kaiser Friedrich III. (1415–1493) aber tadelte seinen Sohn dafür, einen neuen Konflikt mit Frankreich heraufbeschworen zu haben, während er gleichzeitig im Krieg um die östlichen habsburgischen Erbländer mit den Ungarn stand. Alle Warnungen des Vaters, sich nicht für die Bretagne in die Bresche zu schlagen, schlug Maximilian in den Wind. Am 16. Dezember 1490 wurden die Heiratsverträge unterzeichnet und drei Tage darauf symbolisch durch einen Stellvertreter, der gerüstet das Hochzeitslager bestieg und sein entblößtes Bein unter die Bettdecke schob, vollzogen.[9]

Durch dieses Vorgehen aber sah sich Karl VIII. regelrecht gezwungen das Verwandtschaftsband zu zerreißen, denn eine Verbindung der Bretagne mit dem Reich, die Frankreich einer habsburgischen Bedrohung an seinen östlichen und westlichen Grenzen ausgesetzt hätte, war unannehmbar.[10] In dieser Existenzfrage seines Staates war ein Kompromiss nicht möglich; das Schwert musste entscheiden.

Die politischen Voraussetzungen für eine militärische Lösung waren überaus günstig: Maximilian war durch den Krieg in Ungarn gebunden, die mit ihm verbündeten spanischen Könige kämpften gegen die Mauren um Granada, das neue englische Königshaus der Tudors aber misstraute Maximilian, da er immer noch das Haus York unterstützte.[11] Unbehelligt marschierte Karl VIII. in die Bretagne ein und belagerte die designierte römisch-deutsche Königin in ihrer Hauptstadt Rennes. Die hoffnungslose Lage zwang Anna zu Verhandlungen mit Frankreich.[12] Die ihr von Karl VIII. gebotene Wahl, bei Aufrechterhaltung der Ehe mit Maximilian auf das Lehnsherzogtum zu verzichten, ließ ihr indes kaum eine andere Option, als einer Heirat mit dem König, zuzustimmen.[13] Anna entschied sich gegen das ungewisse Schicksal als römisch-deutsche Königin an der Seite Maximilians; sie wählte die französische Lilienkrone und blieb Herzogin der Bretagne. Das Herzogtum fiel damit in die Krondomäne zurück – den Valois war mit diesem Schachzug die territoriale Arrondierung und Konsolidierung Frankreichs gelungen.

Der politische Konflikt war damit noch lange nicht aus der Welt. Unmittelbar nach der Hochzeit brach ein heftiger Flugschriftenkrieg aus, der von Karl VIII. mit einem Informationsschreiben eröffnet wurde, in welchem er alle Schuld von sich wies und gleichzeitig bekundete, allein um des Friedens willen sein Verlöbnis mit der Tochter des

---

8 Wiesflecker, Hermann, Der bretonische Brautraub. In: Koppensteiner, Norbert (Hg.), Der Aufstieg eines Kaisers. Maximilian I. Von seiner Geburt bis zur Alleinherrschaft 1459–1493, Wiener Neustadt 2000, 115.

9 Hollegger, Manfred, Maximilian I. (1459–1519). Herrscher und Mensch einer Zeitenwende, Stuttgart 2005, 75–76.

10 Heinig, Paul-Joachim, Maximilian und die Frauen. In den Fängen der dynastischen Politik. In: Schmidt-von-Rhein, Georg (Hg.), Kaiser Maximilian I. Bewahrer und Reformer, Ramstein 2002, 69–81, 74.

11 Wiesflecker, Brautraub, 2000, 116.

12 Von Seggern, Niederlande, 2018, 204.

13 Bulst, Karl VIII., 1996, 369–370.

römisch-deutschen Königs aufgelöst zu haben.[14] Die königliche Hofpublizistik reagierte umgehend und erfand mit dem „bretonischen Brautraub" ihre Version der Geschichte, wonach Anna vom buckligen König gewaltsam zur Ehe genötigt worden sei, was antifranzösische Gefühle im Reich schürte. *„Eine solche Schande sei noch keinem Römischen König widerfahren und könne nur durch Blut abgewaschen werden"*, wetterte ein Zeitgenosse. Schon ging das Wort von einem Reichskrieg gegen Frankreich um, sah man das Geschlecht der Valois zerschmettert am Boden liegen. *„Die französischen Lilien werden welken"*, prophezeite der elsässische Humanist Jakob Wimpfeling (1450–1528). Doch das Reich, das hierin lediglich eine habsburgische Hausangelegenheit sah, verweigerte sich ganz und gar.[15]

Auf sich gestellt musste Maximilian seinen Rachekrieg fast ganz allein führen, der aber bald darauf im Frieden von Senlis (1493) mündete und dem bretonischen Ehekrieg wie dem burgundischen Erbfolgekrieg ein Ende setzte. Der für Maximilian vorteilhafte Friede machte deutlich, dass der Valois an einer Weiterführung des regionalen Konflikts mit den Habsburgern nicht interessiert war, da Karl VIII. seinen Blick bereits auf Neapel gerichtet hatte. Frankreichs Ausgreifen nach Italien aber eröffnete eine neue Dimension europäischer Hegemonialpolitik.

LITERATUR

Bulst, Neithard, Karl VIII. (1470–1498). In: Ehlers, Joachim, Müller, Heribert, Schneidmüller, Bernd (Hg.), Die französischen Könige des Mittelalters. Von Odo bis Karl VIII. 888–1498, München 1996, 363–382.

Calmette, Joseph, Die großen Herzöge von Burgund, München 1996.

Heinig, Paul-Joachim, Maximilian und die Frauen. In den Fängen der dynastischen Politik. In: Schmidt-von-Rhein, Georg (Hg.), Kaiser Maximilian I. Bewahrer und Reformer, Ramstein 2002, 69–81.

Hollegger, Manfred, Maximilian I. (1459–1519). Herrscher und Mensch einer Zeitenwende, Stuttgart 2005.

Jones, Colin, Frankreich. Eine illustrierte Geschichte, Frankfurt am Main 1995.

Kruse, Holger, Ludwig XI. (1461–1483). In: Ehlers, Joachim, Müller, Heribert, Schneidmüller, Bernd (Hg.), Die französischen Könige des Mittelalters. Von Odo bis Karl VIII. 888–1498, München 1996, 337–361.

Von Seggern, Harm, Die Geschichte der burgundischen Niederlande, Stuttgart 2018.

Wiesflecker, Hermann, Der bretonische Brautraub. In: Koppensteiner, Norbert (Hg.), Der Aufstieg eines Kaisers. Maximilian I. Von seiner Geburt bis zur Alleinherrschaft 1459–1493, Wiener Neustadt 2000, 115–118.

Wiesflecker, Hermann: Kaiser Maximilian I. Das Reich, Österreich und Europa an der Wende zur Neuzeit, Bd. 1, Jugend, burgundisches Erbe und römisches Königtum bis zur Alleinherrschaft 1459–1493, München 1971.

Wiesflecker, Hermann, Maximilian I. Die Fundamente des habsburgischen Weltreiches, Wien/München 1991.

---

14 Vgl. Wiesflecker, Kaiser Maximilian Bd I, 1971, 334.

15 Vgl. Wiesflecker, Fundamente, 1991, 75–76.

Marianne Oberladstätter

DER *LUDUS DIANAE* – GELEBTE ANTIKENREZEPTION IM DIENST HUMANISTISCHER HERRSCHERHULDIGUNG

Im Jahr 1501 wird die Burg zu Linz Schauplatz humanistischer Herrscherhuldigung. Sie wird Austragungsort für den *Ludus Dianae*, ein höfisches Festspiel zu Ehren von König Maximilian und seiner Gemahlin Bianca Maria Sforza.[1] Wohl niemand Geeigneteres als *Conrad Celtis Protucius*, Fürst der Humanisten und König der Poeten, hätte hierfür die Autorenschaft übernehmen können. (s. Kat. Nr. 18_01, 02)

Inspiriert von der antiken Komödiendichtung, griff Celtis für sein „Dianaspiel" zur Feder und schrieb ein mythologisches Schauspiel, das er in den Dienst der humanistischen Herrscherideologie stellte. Zum Ruhm der Dynastie und des allerhöchsten Fürsten! Er komponierte einen *Panegyrikus* (Herrscherlob) auf König Maximilian.[2] In Wettstreit mit der Huldigung des Fürsten tritt im Stück die Krönung des Dichters. Celtis macht sie zum Höhepunkt in seinem „Dianaspiel". Als Zeichen allerhöchster Poetenehre soll der Lorbeer ein (neues) Dichterhaupt schmücken. Zwei Mächte lässt Celtis in seinem Spiel gegeneinander antreten. Ein *do, ut des* lässt er schlagend werden: Am 1. März 1501 erhebt Maximilian I. Vincenz Lang, mit Humanistennamen *Vincentius Longinus Eleutherius*, einen Schüler und Freund von Celtis, in Linz zum *poeta laureatus*, zum lorbeerbekränzten Dichter. Damit ist das Reich an die Kunst und die Kunst an das Reich verwiesen.[3] Als Rahmenprogramm dient ein panegyrisches Schauspiel, bei dem alles zugegen ist, was Rang und Namen hat. Es darf sich der Vorhang heben für den *Ludus Dianae in modum comoediae coram Maximiliano Romanorum Rege in arce Linsiana Danubii actus.*

Mit dem *Ludus Dianae* tritt Celtis zum ersten Mal als königlicher Poet ins Rampenlicht. Die Liste der Schauspieler liest sich wie das *Who is who* humanistischer Gelehrsamkeit: Petrus Bonomus, Josef Grünpeck, Conrad Celtis, Johannes Stabius, Theoderich Ulsenius und Vincenz Lang. Sie alle sind Mitglieder der *Sodalitas litteraria Danubiana*, einem von Celtis gegründeten Humanistenzirkel, mit besonderer Vorliebe für Literatur und Dichtung. Es ist die Elite des Nordens, die hier erscheint, sozusagen der Geistesadel der Gelehrten und Dichter, alle im Dienste des Herrscherhauses.

Man kann nun Platz nehmen in der *großen Stube* der Linzer Burg und mit Spannung erwarten, was am 1. März 1501 hier in Szene gesetzt wurde. Die folgende Rekonstruktion des Schauspiels basiert auf Auszügen des lateinischen Originaltextes[4], der hier frei und nur sehr gerafft wiedergegeben wird.

Wer nun erscheint, ist *Mercurius*, der Götterbote, der die Befehle der „Himmlischen" zustellt.[5] Er erklärt in seinem Prolog Inhalt und Gang des Stückes. Wir erkennen in ihm vermutlich *Joseph Grünpeck Boioarius*, vielseitig und gewandt, sozusagen ein „humanis-

1 Schütz, Alfred, Die Dramen des Conrad Celtis, Univ. Diss., Wien 1948, 112ff.

2 Schmidt, Justus, Linzer Kunstchronik 3, 1952, 34ff.

3 Würtz, Johannes, Ludus Dianae. Zu Rudolf Steinbüchlers Gobelins im Kleinen Haus des Linzer Landestheaters. In: Oberösterreichische Heimatblätter 12, 1958, 39–44.

4 Kaltenbaeck, Johann, Die Dichterkrönung zu Linz 1501. In: Münchner Lesefrüchte 3, 1835, 50–62.

5 Zu den Göttern: Simon, Erika, Die Götter der Römer, Berlin 1990. – Der kleine Pauly, Lexikon der Antike [1–5], Stuttgart 1964–1975.

Ludus Diane in modum Comedie coram Maximili-
ano Rhomanorum Rege Kalendis Martijs et
Ludis saturnalibus in arce Linsiana danu-
bij actus: Clementissimo Rege et Regi
na ducibusque illustribus Medio
lani totaque Regia curia spe-
ctatoribus: p Petrum
Bonomum Re-
gi: Cancel.
Joseph Grun-
pekium Reg. Secre.
Conradum Celten: Reg:
Poe. Ulsenium Phrisium: Vin
centium Longinum in hoc
Ludo Laurea dona-
tum foeliciter et
iucundissi-
me repre
senta
tus

Titelblatt zum Ludus Dianae, Conrad Celtis, Nürnberg, 1501.
ÖNB, Wien, Druckschriftensammlung, Inv. Nr. 21 481-B.

tischer Tausendsassa“ im Dienst König Maximilians. Seine Vernetzung erfolgt in beide Richtungen, sowohl zum König wie auch zum Humanistenkreis um Celtis, der Grünpecks dichterisches Talent in dieser Rolle würdigt. *Mercurius*, vielfach in panegyrischer Verwendung, führt hier den Reigen der Nymphen an.

Diana, die Göttin der Natur und der Jagd, erscheint. In ihrem Gefolge Nymphen und Faune. In der Rolle der geschickten und zielsicheren Jägerin darf Petrus Bonomus vermutet werden, königlicher Diplomat und soeben Bischof von Triest. Diana, die jungfräuliche Göttin, tritt vor den König. Sie lobt seine Heldentaten und hebt auch die eigenen hervor: *„Einst Herrscherin und überall verehrt, bis nicht in Österreich ein Glücklicher geboren ward, der Gefahr und Hindernis verachtend auf die höchsten Felsenspitzen, in die tiefsten Seen und durch die weitesten Wälder dringt und immer Sieger ist. Ihn gilt es nun zu verehren, als den Herrn und Meister. [...].“*

Maximilian, der gewaltige Jäger! Er übertrifft, so lobt Diana, die früheren Vorfahren an Tapferkeit. Dem fürstlichen Jagd-Heros gebührt die Herrschaft. Von der Göttin Diana ist ihm Vollmacht verliehen, von ihr ist ihm Schutz gewährt. Der Chor fällt ein und untermalt ihre Worte. Diana singt nun mit den Nymphen und Faunen das Lob des Königs und der Königin. Sie alle umtanzen das Paar. Bevor Diana die Bühne verlässt, wünscht sie dem König, Bianca Maria möge ihm eine Vielzahl an Nachkommen zur Welt bringen. Sie möge die österreichischen Lande mit Erzherzögen füllen. Diana bedient sich hier ihrer erweiterten Schutzherrschaft über Frauen und die schwere Stunde der Niederkunft.

Silvanus und *Bacchus* betreten nun die Bühne, beide Schlüsselfiguren der Mythologie und hier zentrale Gestalten im Spiel. Sie sprechen ihren Teil – wie alle anderen Darsteller – in gebundener Sprache (hier in Distichen) und nehmen Bezug auf das tagespolitische Geschehen. Maximilian als *verus cultor iuris*, als wahrer Verehrer des Rechts, wird angerufen. In *Silvanus*, dem Gott des Waldes und der Hirten, wollen wir Celtis sehen:

„Fürst, dem nicht ohne Bedeutung der Name Maximus geworden, du wirst den Ruhm der Ahnen besiegen, sobald du ausziehst gegen die Türken und niederschmetterst den Feind der Christenheit. Zögere nicht! Bezähme die inneren Gärungen, der Name des deutschen Reichs soll weithin siegreich strahlen, zermalme vereint mit Frankreich das stolze Venedig und zieh aus mit voller Kraft wider das störrische Volk des Schweizerlandes.“

Mehrstimmig, zu Flöte und Zither übernimmt nun der Chor des Bacchus. Auch diesem verleiht Celtis eine tragende Rolle. Durch Tanz und Gesang sollen die Mitglieder zum Geschehen Stellung nehmen und den Worten der Lobpreisung Nachdruck verleihen. Es folgt der dritte Akt.

Bacchus und *Silenus*, mit ihnen der ausschweifende Schwarm der Bacchanten, erscheinen: *„Sei gegrüßt, König, du Krone der römischen Cäsaren! Ich werde Bacchus genannt, der Freudengeber, der die Gemüter zum Gesange stimmt.“*

Bacchus, wir hören Lang, lobt sich als Weinbringer und Lehrer der Rebkunst: *„[...] die Kärntner, Steyrer und die Österreicher am Kahlenberge feiern mich in heiligen Liedern, denn auf ihre Hügel hab ich segnend des Weines Sprossen gelegt. So preist mich das strahlende Wien [...] in lauten Gelagen, zu denen Faune und die Götter des Waldes kommen, welche vor allen den Herrscher rühmen, der meine Gaben fließen und Bacchische Freuden walten lässt.“*

Als Zeichen der Würde und Symbol seiner Pflicht, die er dem Herrscher gegenüber zu erfüllen hat, erhält der Schlesier Vincenz Lang nun im dritten Akt die Dichterkrone. Tiefe Stille herrscht in der *großen Stube*. Alles wartet begierig, was da kommen mag. Celtis entführt hier das Spiel in die Wirklichkeit. Die dichterische Freiheit erlaubt einen interaktiven Gang der Dramaturgie. Bacchus tritt nun in die Mitte und stürzt vor die Füße des Königs. In Demut bittet er um den Lorbeerkranz: *„Bin ich an Können ein Mann und an Wissen, erhabener Cäsar, dann nur bemerkst du mein Haupt, senkst du den Lorbeer auf*

Insignien des Collegium Poetarum, Begründung durch König Maximilian, 31.10.1501 Bozen, vermutlich von Celtis formuliert.
Archiv der Universität Wien, Signatur: Ladula XXXVII, Nr. 5.

mich! [...] Beim Zepter des Donnerers (Zeus) schwör ich: was ich nun singe, ist Preis, den ich nun preise, bist du. “[6]

Jetzt erhebt sich der König! Maximilian, er beugt sich dem Bittsteller entgegen und gibt dem knienden *Longinus* den Kuss des Friedens und den Ring aus Jaspis. Er bekrönt seinen Dichter mit dem Zeichen der Ehre. Jubel bricht aus und die Bacchanten besingen im Chor den ewigen Ruhm des erhabenen Herrschers und die Pflichten des neugekrönten Dichters. In heiligen Liedern soll dieser die Ehre feiern, die ihm eben zuteilgeworden war.

Es folgt nun ein Satyrspiel, ein heiteres, befreiendes Nachspiel, zum Vergnügen der Gäste und ohne tieferen Bezug zur Handlung. Ein trunkener *Silenus*, den Becher hochschwingend, reitet nun auf einem Esel ein. Stammelnd bittet er seinen König um Nachsicht:

„*Maximilian, der du hochberühmt durch Aventinische Abkunft, verzeihe unserem Scherze. Schwankend sitz ich Syllen und trunken auf dem Esel und Füße und Hände versagen den Dienst. [...].*“

Aufgenommen in die Liste ruhmreicher Herrscher, besingt *Silenus* Maximilian ob seines *römischen Stammes* und der Fortführung der antiken Caesarenwürde. Die dynastische Abstammung wird durch einen römischen Herkunftsmythos geadelt.

Silenus, ein beleibter und schwerfälliger Trunkenbold, ist Begleiter und Erzieher des Bacchus. Sein langohriger Kompagnon, der Esel, ist eine Anspielung auf die Schmach des Königs Midas, die ihn herzhaft erheitert hatte und die der Grund für seine Trunkenheit ist. Doch ist *Silenus* nicht einer jener ungehobelten Satoi, die *Diana erst aus dem Rohzustand herauszuführen und zu bilden* hat. Er ist ein Einzelgänger und Quell der Weisheit, die er im Rausch besingt.

Nun öffnen sich die Türen und die Dienerschaft bringt in goldenen Bechern perlenden Wein. Jetzt, wenn sich der gesamte Tross des Bacchus und alle im Saal auf das Alleruntertänigste gegen Maximilian neigen, erklingen Pauken und Hörner. Die Becher hoch, auf das Wohl des *gütigsten Königs* und der *gütigsten Königin*!

Ein letztes Mal erscheinen die Schauspieler. Vierundzwanzig Darsteller hat Celtis für dieses Spiel gewählt. Diana spricht und die Mitwirkenden wiederholen in mehrstimmiger Weise ihre Lobesworte. So endet das Schauspiel. Und was *Silenus* zum Schluss von seinem

6 Vgl. Würtz, 1958, 39 f.: Si qua mihi est virtus doctrinaque, maxime Caesar, imponas capiti laurea serta meo! Per superos ego iuro *tibi et per sceptra Tonantis: Cantabo laudes hic et ubique tuas.*

König erbat, das erfüllte dieser auf das Großzügigste: Mit wahrlich *cäsarischen Speisen* begünstigte und ehrte Maximilian am nächsten Tag die Darsteller.

Fügt man hier das Schicksal an, das dem *Ludus Dianae* widerfuhr, so muss man sagen, dass mit der einmaligen szenischen Aufführung auch ein *furor poeticus* (rauschhafte Dichterinspiration) zu Grabe getragen wurde. Das „Dianaspiel" ging im Mai des Jahres 1501 in Nürnberg in Druck. Der Verleger und Buchdrucker Hieronymus Höltzel – aus dessen Werkstatt die ersten Holzschnittwerke Albrecht Dürers stammen – wurde damit beauftragt.[7] Celtis hat mit dem *Ludus Dianae* ein Gesamtkunstwerk hinterlassen: die Vereinigung von Dichtung, Tanz und Musik. Für jede dieser Kategorien sind aus seiner Hand Angaben zum Ablauf der Nachwelt erhalten geblieben. Bühnenbild und Requisiten, Choreographie und Musik lassen Celtis auch als Dramaturgen glänzen.[8]

In den darauffolgenden Jahrhunderten wurde der *Ludus Dianae* für die Nachwelt in zwei Bildwerken konserviert. So ist jener Moment von 1501 in einem der Fenster im Linzer Mariendom festgehalten. Das sogenannte „Linzer Fenster" ist eine Glasmalerei, die in den Jahren 1914/1915 in Innsbruck gefertigt wurde. Es zeigt in der Abfolge bedeutende – besonders für die Stadtgeschichte wichtige – Habsburger, darunter auch Maximilian im Zuge der Dichterkrönung.

Der *Ludus Dianae* gilt als Impuls für eine bewegte und facettenreiche Theatergeschichte in Linz. Dieser Bedeutung wollte man sich auch im Jahr 1957 nochmals erinnert wissen und beauftragte den Maler Rudolf Steinbüchler (gest. 1985) mit zwei Tapisserien zum Schmuck der neugebauten Kammerspiele. In diesen farbenfrohen Wandbehängen ist der *Ludus Dianae* in seinen wesentlichen Momenten zusammengefasst und als „geistiges Erbe" der Humanistenherrlichkeit am Hof Maximilians konserviert.

APOLLS GÖTTERFUNKEN: DIE SODALITAS LITTERARIA DANUBIANA UND DAS COLLEGIUM POETARUM ET MATHEMATICORUM.

Am 1. Februar 1501 feierte der königliche Rat Blasius Hölzl seinen Geburtstag in Linz. Zahlreiche Humanistenfreunde – die sich zu dieser Zeit zu einem Symposium über die Bedeutung der Geschichtsschreibung in der Burg eingefunden hatten – waren eingeladen. Sie waren allesamt Mitglieder (*sodale*) der *Sodalitas litteraria Danubiana*. Dieser 1. Februar war ein doppelter Feiertag, auch Conrad Celtis feierte diesen Tag als seinen Geburtstag, doch sein Stolz erwuchs für das Jahr seiner Geburt: 1459, ein wahrlich *königliches* Jahr!

In seinen Gedichten feiert Celtis seinen Freund Hölzel als *patronus poetarum*, als einen Schutzherrn der Humanisten und einflussreichen Ratgeber am Hof Maximilians.[9]

Sie alle, die „Freunde der Literatur und Dichtkunst", sollten in einem Monat den *Ludus Dianae* einstudieren und vor dem Königspaar und der italienischen Gesandtschaft – dem Herzog von Mailand Lodovico il Moro und seinen Söhnen Francesco und Massimiliano – aufführen. Es war ein geistiger Kraftakt, mit dem Celtis die Bühne betreten und den Humanistenhimmel im Reich erhellt hatte.

Unermüdlich strebend, mit dem Ziel, seine Schöpfungen der möglichen Vollendung näherzubringen, zog Celtis einen Kreis von Gelehrten in seinen Bann. Apolls Götterfunke sollte die von ihm gegründeten Institutionen nähren:

Das an den antiken Autoren geschulte Latein galt als das literarische Medium der europäischen Bildungselite. Die souveräne Beherrschung der lateinischen Sprache

---

7 Der Erstdruck mit Notenbeigabe befindet sich heute in der Bayerischen Staatsbibliothek in München.

8 Müller, Jan-Dirk, Maximilian und die Hybridisierung frühneuzeitlicher Hofkultur. Zum Ludus Dianae und der Rhapsodia des Konrad Celtis. In: Hartmann, Sieglinge (Hg.), Kaiser Maximilian I. und die Hofkultur seiner Zeit, Wiesbaden 2009. 3–19.

9 Auhagen, Ulrike, Celtis und Horaz, Narr 2000, 65.

Dom zu Linz, Maria Empfängnis, sogenanntes „Linzer Fenster“, Linz 1915, Glasmalerei, Innsbruck 1914/15.
Foto Florian Voggeneder, Linz, Ars Electronica Center (AEC).

wurde zum Statussymbol in humanistischen Kreisen. Das wiederum setzte eine große Vertrautheit mit den antiken Quellen voraus. Celtis selbst sieht sich als Initiator einer Epochenwende, als Sprachrohr der Nation. Mit ihm möge die deutsche Barbarei ein Ende finden und die Geistesbildung einen Anfang nehmen. Der Wunsch des Dichters, Apoll möge den Helikon (Sitz der Musen in der Antike) verlassen und mit seiner Musenschar in Deutschland erscheinen, war nach Celtis und seinem Gelehrtenkreis nur durch das Studium humanistischer Disziplinen (*studia humanitatis*) zu erfüllen.[10] Apoll, Gebieter der Musen und Maß aller Dinge, er war das „Licht des Geistes", er solle seinen Schutzbefohlenen nahe sein.

Im Jahr 1497 hatte sich für den Donauraum eine Gelehrtengruppe formiert, die sich der Pflege und der Förderung humanistischer Literatur und Wissenschaften verschrieb. Die *Sodalitas litteraria Danubiana* war gegründet worden.[11] Als Inspirator erscheint Conrad Celtis, der sein Bildungs- und Wissenschaftskonzept darin klar formuliert hat. Doch er sollte hier nicht alleine glänzen. Etwa 40 Mitglieder hatte dieser Zirkel aufzuzählen. Neben den bereits erwähnten Darstellern im *Ludus Dianae* finden sich unter den *Sodalen* viele rühmliche Namen: Johannes Spießheimer, uns besser bekannt als *Johannes Cuspinian*, Johannes Krachenberger, der den Gelehrtennamen *Pierius Gracchus* führte, Ladisllaus Sunthaym, Johannes Stabius und Georg Tannstetter mit dem Humanistennamen *Collimitius*. Der Glanz humanistischer Herrlichkeit eilt dieser Liste voraus. Sie alle pflegten in diesem Gelehrtenverband den Gedankenaustausch in gemeinsamen humanistischen Zirkeln, sowie Symposien.

Sich einer breiten Gönnerschaft am Hof und zahlreicher freigebiger Freunde bewusst, gelang es Celtis, seine Pläne über den Nutzen und die Notwendigkeit von Poetik, Rhetorik und „humanistischer Naturwissenschaften" durchzusetzen. Die Frucht seiner Bemühungen war das *Collegium Poetarum et Mathematicorum*, das Kollegium der Dichter und Mathematiker, kurz Poetenkolleg genannt.[12] Am 1. Februar 1502 erfolgte die feierliche Eröffnung. Vincenz Lang hielt einen Panegyrikus auf Maximilian, der ihn als großen Förderer von Wissenschaft und Literatur lobt. Den Vorstand übernahm Conrad Celtis, selbst *poeta laureatus* der ersten Stunde (1487 wurde Celtis von Kaiser Friedrich III. in Nürnberg als erster Deutscher zum Dichter gekrönt). Diese humanistische Bildungseinrichtung umfasste vier Fachgebiete: Poetik, Rhetorik und zwei mathematisch-naturwissenschaftliche Disziplinen (Geometrie, Architektur, Astronomie und Astrologie). Celtis sah in seinem Poetenkolleg eine Erweiterung bzw. Ergänzung der Universität. Diese „Sonderstellung" lässt er Maximilian in der Gründungsurkunde[13] von 1501 in Bozen bestätigen. Die angebotenen humanistischen Studien verfolgten das Ideal des universal gebildeten *orator perfectus*, des vollkommenen Redners. Seine Gelehrsamkeit sollte nicht Selbstzweck sein, sondern richtete sich auf das öffentlich-politische Leben der Zeit. In den Mittelpunkt der Erziehung stellte Celtis die Geistesbildung und die damit verbundene Wiederherstellung der versunkenen antiken Eloquenz.

Das Poetenkolleg galt als eine privilegierte Institution außerhalb der traditionellen Universitätsstruktur. Die Absolventen erhielten – anstelle der Magister- oder Doktorwürde – den Dichterlorbeer *(laureatus pro poeta)*. Bei den zum Teil sehr pompösen Dichterkrönungen wurden eigens dafür hergestellte Insignien verwendet, um die Würde, den Rang und die akademische Qualität zu betonen. Für die Aufbewahrung der Dichter-In-

---

10 Conrad Celtis Amores, Liebesdichtung von der Antike bis zum Barock, Univ. Kiel, http://www.literaturwissenschaft-online.uni-kiel.de/wp- content/uploads/2015/10/Celtis_Zusammenfassung.pdf (13.11.2018).

11 Csáky, Moritz, Die Sodalitas litteraria Danubiana, Historische Realität oder poetische Fiktion des Conrad Celtis? In: 1050–1750. Die österreichische Literatur 2, 739–758.

12 Graf-Stuhlhofer, Franz, Lateinische Dichterschule, Das Collegium poetarum des Konrad Celtis 1501–1537. In: Grazer Beiträge, Zeitschrift für die Klassische Altertumswissenschaft 22, 1998, 211–214.

13 Eine Kurzfassung der Gründungsurkunde des Poetenkollegs online unter https://austria-forum.org/af/AustriaWiki/Poetenkolleg (04.01.2019).

signien (Zepter, Lorbeerkrone, Ring und Siegel) wurde die sogenannte Celtis-Kiste, eine Art Insignienschrein, angefertigt.

Conrad Celtis starb am 4. Februar 1508. Nach seinem Tod bestand das Poetenkolleg noch kurze Zeit weiter. Seine Bücher, die Insignien des Poetenkollegs und das Recht der Dichterkrönung wurden der Universität Wien übertragen. Im Zuge der Universitätsreform Kaiser Ferdinands I. (um 1530) wurde das Lehrprogramm des Poetenkollegs in die sogenannte Artistenfakultät, die Fakultät der *Freien Künste,* integriert, welche wiederum selbst in der Philosophischen Fakultät aufgegangen ist.

Conrad Celtis Protucius, überall tätig, wo es um Verherrlichung des Geistes ging, glänzte unerreicht und machtvoll in der Geisteswelt der Neuzeit. Kein anderer dieser Zeit hat ihn an Lebendigkeit und Geistesfreuden übertroffen. Ein vom Lorbeer bekränztes *vivo* (ich lebe) ließ Celtis den *protucius* (Vor-Meißler) der Nachwelt in Stein schlagen. Am Epitaph im Inneren des Wiener Stephansdoms erinnert jene Maxime an diesen großen Diener Apolls, der als Stern erster Ordnung nur für kurze Zeit am Himmel des deutschen Humanismus gestrahlt hatte.

LITERATUR

Auhagen, Ulrike, Celtis und Horaz, Narr 2000.

Csáky, Moritz, Die Sodalitas litteraria Danubiana, Historische Realität oder poetische Fiktion des Conrad Celtis? In: 1050–1750. Die österreichische Literatur 2, 1986.

Der kleine Pauly, Lexikon der Antike [1–5], Stuttgart 1964–1975.

Graf-Stuhlhofer, Franz, Lateinische Dichterschule, Das Collegium poetarum des Konrad Celtis 1501–1537. In: Grazer Beiträge, Zeitschrift für die Klassische Altertumswissenschaft 22, 1998.

Kaltenbaeck, Johann, Die Dichterkrönung zu Linz 1501. In: Münchner Lesefrüchte 3, 1835.

Müller, Jan-Dirk, Maximilian und die Hybridisierung frühneuzeitlicher Hofkultur. Zum Ludus Dianae und der Rhapsodia des Konrad Celtis. In: Hartmann, Sieglinge (Hg.), Kaiser Maximilian I. und die Hofkultur seiner Zeit, Wiesbaden 2009.

Simon, Erika, Die Götter der Römer, Berlin 1990.

Schauerte, Thomas, Dürer und Celtis. Die Nürnberger Poetenschule im Aufbruch, München 2015.

Schmidt, Justus, Linzer Kunstchronik 3, 1952.

Schütz, Alfred, Die Dramen des Conrad Celtis, Univ. Diss., Wien 1948.

Würtz, Johannes, Ludus Dianae. Zu Rudolf Steinbüchlers Gobelins im Kleinen Haus des Linzer Landestheaters. In: Oberösterreichische Heimatblätter 12, 1958.

Älteres Gebetbuch Maximilians I.
ÖNB, Wien, Inv. Nr. Cod. Vindob. 1907, Fol. 61 v.
(s. Kat. Nr. 16_17)

Inge Wiesflecker-Friedhuber

ZUR RELIGIOSITÄT KAISER MAXIMILIANS I.

Die Maximilian-Forschung ist sich einig, dass der Kaiser ein gläubiger Christ war, dass er sich als Römischer König und Kaiser als weltliches Haupt der Christenheit fühlte, dass er die kaiserliche Repräsentation, gepaart mit Selbstinszenierung, auch im kirchlichen Bereich mit allen ihm zu Gebote stehenden Mitteln pflegte, dass seine Kirchenpolitik im Reich und seinen Erbländern und gegenüber den Päpsten seiner Zeit wenig zu tun hatte mit seiner religiösen Einstellung und dass er bei allen zeitbedingten Formen seiner Frömmigkeit sehr wohl auch von kritischer Religiosität war.[1]

Charakteristisch für Maximilian war aber auch trotz seines starken, fast unerschütterlichen Gottvertrauens[2] die Furcht, seiner Sünden wegen das ewige Heil nicht zu erlangen, und er glaubte offenbar, dass ein durch regelmäßige religiöse Übungen bestimmtes Leben gottgefällig wäre und die Vergebung der Sünde brächte. Und wie alles, was ihm wichtig war und wovon er überzeugt war, schrieb der Kaiser, um sein Wissen, seine Erfahrungen festzuhalten und andere zu belehren, auch seine Vorstellungen vom religiösen Alltagsleben auf.

Diese ursprünglich eigenhändigen Aufzeichnungen Maximilians auf fünf Blatt Papier dürften sehr flüchtig niedergeschrieben gewesen sein. Sie sind in einer 1579 von Hugo Blotius, dem Leiter der kaiserlichen Hofbibliothek, angefertigten Abschrift in der Sammelhandschrift Cod. 9027 der Österreichischen Nationalbibliothek von fol. 112 bis 122 überliefert.[3] Diese Anweisungen für den Tagesablauf eines vorbildlichen christlichen Lebens sind meines Wissens von der Forschung noch nicht berücksichtigt worden und beleuchten doch eine weitere Seite von Maximilians Wesen.[4] Es muss dahingestellt bleiben, ob es sich um erste Entwürfe für ein nicht vollendetes Buch handelt, wie sich auch etliche andere in Maximilians Nachlass in Innsbruck fanden[5], oder nur um eine Sammlung von Anweisungen, die ins Reine geschrieben für den täglichen Gebrauch auf wenigen Folien Platz haben sollten.[6] Unklar ist auch, wann Maximilian das niederschrieb, sicher nach 1508, denn der einzige Datierungshinweis ist, dass sich Maximilian einmal als Kaiser bezeichnete. Was mit den originalen Aufzeichnungen Maximilians geschehen ist, ist nicht

1 Vgl. dazu insbesondere Wiesflecker, Hermann, Kaiser Maximilian I., Das Reich Österreich und Europa an der Wende zur Neuzeit, Bd. I, Jugend. Burgundisches Erbe und Römisches Königtum bis zur Alleinherrschaft 1459–1493, Wien 1971, 78 f. – Wiesflecker, Hermann, Kaiser Maximilian I., Das Reich Österreich und Europa an der Wende zur Neuzeit, Bd. IV, Gründung des habsburgischen Weltreiches. Lebensabend und Tod. 1508–1519, München 1981, 428 f. – Wiesflecker Hermann, Kaiser Maximilian I., Das Reich Österreich und Europa an der Wende zur Neuzeit, Bd. V, Der Kaiser und seine Umwelt. Hof, Staat, Wirtschaft, Gesellschaft und Kultur, München 1986, 151–178.
Wiesflecker, Hermann, Maximilian I.: Die Fundamente des habsburgischen Weltreiches, Wien 1991, 279–291. – Schlesinger, Ruth, Maximilians I. Beziehungen zu Kirche und Religion, ungedr. Phil. Diss., Graz 1979. – Hollegger, Manfred, Maximilian I. (1459–1519). Herrscher und Mensch einer Zeitenwende, Stuttgart 2005, 258–262. – Weiss, Sabine, Maximilian I.: Habsburgs faszinierender Kaiser, Innsbruck 2018, 145–147.

2 Es ist von ihm der Ausspruch überliefert: „Gott sorgt schon, es könnte noch schlimmer kommen!“

3 Der Titel der Abschrift auf fol. 112 lautet: „Maximiliani eius nominis Impereratoris Romanorum primi scripta quaedam adversaria ipsius manu, memoriae causa, rudi quadam Minerva exarata, ad vitam pie et innocenter transigendam pertinentia, mense Novembri anno 1579 ex autographis descripta ab Hugone Blotio, j. u. D., Consiliario et Bibliothecario Caesareo.“

4 Ich möchte diese Aufzeichnungen Kaiser Maximilians hier in der gebotenen Kürze vorstellen; sie verdienen aber zweifellos eine genauere Auswertung.

5 Vgl. dazu die Abschriften der Fragmente von *Gartnerey, Valknerey, Jägerey* in der Sammelhandschrift ÖNB Cod. 10.808, fol. 1–132, und vom *Haimlich Gejaidt Puech* in der Sammelhandschrift ÖNB Cod. 2834, fol. 178–190.

6 So könnte ein allerdings etwas unklarer Hinweis auf fol. 119 gedeutet werden.

Petrarcameister Hans Weiditz, Maximilian hört in Augsburg die Messe, Holzschnitt um 1518.
Albertina, Wien, Graphische Sammlung, Inv. Nr 1949/416.

bekannt. Aus den vielen Korrekturen in dieser Abschrift ist unschwer zu erkennen, dass Blotius mit der Schrift des Kaisers und seiner Latinität[7] zu kämpfen hatte.

Ziemlich ungeordnet brachte Maximilian in mehreren Ansätzen seine Gedanken zu Papier, manchmal sehr ausführlich, auch mit ausformulierten Gebeten, dann wieder nur ganz knappe Notizen. Maximilian wollte zu einem ganz intensiven Gebetsleben verpflichten mit unzähligen Gebeten, eigenen und denen der Kirche, sogar mit der Einführung des kirchlichen Stundengebets auch für Laien, der täglichen Bitte zu den Heiligen um ihre Hilfe, mit häufigen Beichten und Gewissenserforschungen. Es bleibt die Frage, für wen diese Anweisungen gedacht waren. Zweifellos dachte Maximilian an sich selbst, aber nicht nur, sicher hat er auch für seine Nachkommen geschrieben und zuletzt für einen großen Kreis von Menschen. Er redete den Adressaten seiner Ratschläge

7 Maximilian selbst bezeichnete sein Latein als „Reiterlatein", vgl. Wiesflecker, Bd. I, 75.

und Forderungen durchgehend mit „du“ an, wie er es auch in anderen seiner Bücher oder Buchentwürfen tat, aber dort nannte er dieses „du“ immer wieder Herzog oder König von Österreich, hier aber nie.[8]

Diese vorliegende Sammlung von Notizen behandelt das Thema gleichsam in mehreren Anläufen: Ein erster Teil (fol. 113–115), der sehr unvollständig und skizzenhaft wirkt, aber sehr persönlich gehalten ist, zeigt, dass sich der Kaiser wohl bewusst war, dass er für seine Regierungstätigkeit Gottes Hilfe braucht. Er betete beim Morgengebet, dass ihn Gott an diesem Tag an Leib und Seele beschützen möge und ihm seinen Schutzengel schicke, der seine Handlungen und Taten nach dem Willen Gottes leiten möge. Und während zweier Messen, die er hören sollte, betete er auch, dass er als Diener Gottes, der die Königsherrschaft durch die Barmherzigkeit Gottes erhalten habe, alle Verführung vermeiden und seine Feinde überwinden könne und dass ihm Gott auf die Fürbitte der Muttergottes, aller himmlischen Geister, der Propheten, Apostel, Märtyrer und aller Heiligen helfen möge. Das sollte wohl auch das nicht ausformulierte Gebet *Omnipotens etc. miserere famulo tuo imperatori* (Allmächtiger, erbarme dich deines Dieners, des Kaisers) ausdrücken. Maximilian vertraute auf die Hilfe Gottes für seine Regierungstätigkeit. Es folgen stichwortartige Anordnungen, an welchen Tagen das Salve regina gebetet werden und wann eine Vesper gehalten werden soll, und Anweisungen für Gebetbücher, unter anderem, dass die Gebete der hl. Brigitta von Schweden[9] in Maximilians Gebetbuch aufgenommen werden sollen. Kennzeichnend für Maximilians Passionsfrömmigkeit ist auch die Anweisung, jeden Freitag des Leidens Christi zu gedenken. Dieser entsprach ja auch, dass er sich, wenn immer es sich mit den Regierungsgeschäften vereinbaren ließ, in der Karwoche, vor allem an den Kartagen in ein nahes Kloster zu Gebet und Gottesdienst zurückzog.[10]

In einem zweiten Teil (fol. 117–119) wandte sich Maximilian mit der Einleitung *si vis vitam laicalem ducere ut sis secuurus vitae aeternae*, also wenn du das Leben eines Laien führen und trotzdem das ewige Heil erlangen willst, nach einer eindringlichen Warnung vor Todsünden weiteren Regeln für den Tagesablauf zu, der hier ausführlicher und etwas geordneter ist. Wenn den Adressaten beim Aufwachen schlechte Gedanken überfallen, aber die Zeit des Aufstehens noch nicht gekommen ist, dann soll er beten oder an die Passion Christi denken oder an das Leben der Heiligen oder an die eigenen Schwächen; dann kommt der Schlaf oder die Zeit ist nicht nutzlos vergangen. Nach dem Morgengebet beim Aufstehen und Anziehen und nach dem Frühstück soll er in die Kirche gehen und einem Priester die Beichte ablegen und nach empfangener Absolution andächtig eine Messe hören, und wenn es die weltlichen Geschäfte zulassen, eine zweite Messe mit Gebeten zu Gott, seinem Schutzengel, der Gottesmutter Maria, die von allen Christen verehrt wird und die sich niemals weigert, Fürbitte zu leisten, und zu vier Heiligen, die er sich ausgewählt hat, einem der zwölf Apostel, einem Märtyrer, einem Bekenner und einer heiligen Jungfrau. Die Feste dieser fünf Fürsprecher soll er besonders feiern mit Gebeten und Andachten, damit sie seine Helfer seien, bei Gott Gnade für seine Sünden zu erwirken. Leider wissen wir nicht, wen Maximilian für sich ausgewählt hat, aber hier wird die Bedeutung der Heiligen in Maximilians Religiosität besonders deutlich: Sie sollten ihm durch ihre Fürsprache in den Himmel helfen. Nach eigener Aussage war er ein großer Verehrer der Gottesmutter Maria[11] und eine ganz besondere Beziehung hatte er zum hl. Georg, der ihm als ritterlicher Heiliger und „Kämpfer gegen den türki-

8 Vgl. dazu die in Anm. 5 genannten Fragmente von Maximilians geplanten Büchern.

9 Maximilian brachte den Schriften dieser Heiligen besondere Wertschätzung entgegen; er gewährte dafür ein Druckprivileg und er förderte auch den von ihr gegründeten Salvator- oder Brigittenorden.

10 So z. B. 1496 in Füssen (RI XIV, 2/1, Nr. 3860), 1498 von Innsbruck aus nach Stams (RI XIV, 2/1. Nr. 6084), 1510 in Augsburg (Bericht des Donato de Pretis an den Markgrafen Francesco von Mantua do 1510 März 28 Augsburg, Mantua AS, Archivio Gonzaga, E/II/3, busta 439, Nr. 433–434), 1511 von Offenburg aus nach Gengenbach (Bericht des Donato de Pretis an die Markgräfin Isabella d'Esteddo 1511 April 19 Offenburg, Mantua AS, Archivio Gonzaga, E/LXI, busta 853, Nr. 409–410).

11 Maximilian bezeichnete sich selbst als großen Marienverehrer, vgl. Wiesflecker, Bd IV, 173, und er setzte sich für die Einführung des Festes der „Sieben Schmerzen Mariae“ ein, RI XIV, 4/1, Nr. 16338 (aus dem Gedenkbuch Maximilians von 1502).

schen Drachen“ nahestand, ja geradezu zu einer Identifizierung führte.[12] Sicher war Maximilians Georgsverehrung auch einer der Gründe für seine Bemühungen um den St.-Georgs-Ritterorden.[13]

Sehr genaue Vorschriften machte der Kaiser für das Fasten, zu welchen Zeiten gefastet werden sollte und dass dabei nur wenig von ungekochten Speisen genossen und nur einmal am Tag wenig getrunken werden sollte, damit den Fastenden nicht der Schwindel befällt. Wenn er täglich zu diesen fünf Fürsprechern, Maria und seinen vier Heiligen, betet, diese Regeln einhält und keine Todsünde begeht, wird der Adressat zweifellos das ewige Leben erlangen. Dann folgen noch Anweisungen für die Beichte und Buße, die dem Kaiser sehr wichtig waren.

Auf fol. 119v–122 findet sich die dritte Version eines Tagesablaufs unter der Überschrift *„Vita hominis laicalis et mechanici in omni gradu non paenitentiali comprehendendo“*. Hier versuchte Kaiser Maximilian seine religiösen Anweisungen im täglichen Leben von arbeitenden Menschen anwendbar zu machen und zugleich auch die Laien zum kirchlichen Stundengebet zu verpflichten. Er sprach den Adressaten seiner Anweisungen weiter in der Einzahl an, obwohl er sich hier offensichtlich an viele Menschen wandte. Leider sind die Anweisungen auch wieder ziemlich ungeordnet und mit vielen Wiederholungen und auch mit Widersprüchen niedergeschrieben. Maximilian begann mit grundsätzlichen Überlegungen über die Einteilung der 24 Stunden des Tages und über die Notwendigkeit für den Menschen, zu schlafen und seinen Lebensunterhalt durch Arbeit zu verdienen. Ausgenommen sind nur die Kleriker, die sich ganz dem Gebetsleben widmen können, und jene Menschen, denen ihre Eltern so viel hinterlassen haben, dass sie sich ganz um deren Seelenheil kümmern können. Der Adel ist aufgerufen, für Ehre und Gerechtigkeit die Armen und Unschuldigen mit dem Schwert zu verteidigen und durch Almosen zu unterstützen. Dem Menschen sind acht Stunden des Tages bestimmt als Zeit, seine Pflichten zu erledigen und damit seinen Unterhalt zu verdienen. Weitere acht Stunden sollen frommen Übungen und Gebeten gewidmet sein. Maximilian räumte ein, dass den Bauern und den Handwerkern und Kaufleuten in den Städten wegen der unterschiedlichen Länge der Tage je nach Jahreszeit und wegen der Reisen und der Märkte diese acht Stunden nicht als Maß vorgegeben werden können, aber für die anderen Menschen wollte er eine Regel aufstellen, wie sie sowohl der Arbeit als auch den frommen Übungen Genüge tun können.

Maximilian plante für den Tagesablauf ein strenges Zeitkorsett. Es wurde genau festgelegt, wie lange sein Adressat für seine täglichen Obliegenheiten brauchen darf, für das Anziehen und Ordnungmachen, für den Besuch der Gottesdienste, für das Essen, für die Erledigung seiner Arbeiten, wobei zwischen schwierigen und leichteren Geschäften abgewechselt und nach Möglichkeit alles Anstehende erledigt werden soll. Und zuletzt soll einem Spaziergang und den Gebeten vor dem Zubettgehen ein Schlaf von sechs Stunden folgen; nochmals handelte der Kaiser in einer *Declaratio* für das tägliche Leben nach der Uhr seine Vorstellungen vom Tagesablauf ab und entwickelte einen Plan, wie das Stundengebet untergebracht werden könnte. Er empfahl, um vier Uhr aufzustehen und nach dem Morgengebet, das vor dem Bett kniend zu verrichten ist, in die Frühmesse zu gehen und dort neben vielen anderen Gebeten nach dem Confiteor die drei Horen des Stundengebets Prim, Terz und Sext vor dem Sanctus zu beten und zum Ende der Messe die Non und dann die *hora vespertina* (Vesper). Danach folgen weitere Lebensregeln, nämlich die von Gott übertragenen Aufgaben bestmöglich zu erledigen, sich beim

12 Maximilian wurde als hl. Georg dargestellt, so z. B. die Radierung von Daniel Hopfer „Kaiser Maximilian als hl. Georg“ und das Steinrelief von Hans Daucher „Kaiser Maximilian als Ritter Georg“; vgl. dazu AK Maximilian I., 1459-1519, Österreichische Nationalbibliothek (Hg.), Ausstellung Österreichische Nationalbibliothek, Graphische Sammlung Albertina, Kunsthistorisches Museum (Waffensammlung) 23. Mai bis 30. September 1959, Wien 1959, Kat. Nr. 407, Abb. 53 und Kat. Nr. 536, Abb. 92.

13 Vgl. dazu Wiesflecker-Friedhuber, Inge, Maximilian I. und der St. Georgs-Ritterorden. In: Nikolasch, Franz (Hg.), Studien zur Geschichte von Millstatt und Kärnten, Klagenfurt 1997, 431–453.

Ruhen vor schlechten Gedanken und teuflischen Einflüsterungen zu hüten. Zu Mittag verordnete Maximilian seinem Adressaten ein ausreichendes Mahl, weil er ihm nur ein halbes Frühstück zugestanden hatte, denn in der Früh sei der Magen ein Dieb und nehme vom Essen und Trinken mehr, als er verdauen könne. Dem Essen soll zunächst eine Ruhestunde folgen und dann soll vier Stunden gearbeitet werden. Dann soll sich der Adressat mit Speise, Früchten und einem Trunk erfrischen. Wenn er dann noch alles nachgeholt hat, was tagsüber an Geschäften, Schriftlichkeiten und Gebeten unerledigt geblieben ist, soll er sich bis neun Uhr erholen, damit er dann einen ruhigen Schlaf findet. In der abschließenden Anweisung heißt es, wenn der Adressat die Auserwählung, also die ewige Seligkeit wolle, müsse er das Fasten, die Keuschheit und den Gehorsam bewahren, sich von den Sünden fernhalten und die Werke der Barmherzigkeit tun, denn sonst nützten ihm weder Gebete noch andere Leistungen.

Aus allen diesen Anweisungen spricht eine tiefe Frömmigkeit gepaart mit einem starken Sündenbewusstsein und der feste Glaube an die Wirkung der Gebete und der Fürsprache der Heiligen, während das Vertrauen in die eigenen guten Werke und Leistungen für die Erreichung des Himmelreichs zurücktritt. Auffallend ist auch, dass der Ablass im Denken Maximilians überhaupt keine Rolle spielte. Kaiser Maximilian dachte bei diesen Aufzeichnungen zwar nicht ausschließlich, aber zweifellos auch an sich selbst und legte sich gleichsam religiöse Lebensregeln zurecht. Dabei zeigt es sich deutlich, dass es sich wohl um eine Idealvorstellung handeln muss, der nur wenige Menschen und ein Herrscher nur in Ausnahmefällen gerecht werden konnten, aber sie ergänzen das Bild von Maximilians Frömmigkeit und seinen religiösen Vorstellungen.

LITERATUR

AK Maximilian I., 1459-1519, Österreichische Nationalbibliothek (Hg.), Ausstellung Österreichische Nationalbibliothek, Graphische Sammlung Albertina, Kunsthistorisches Museum (Waffensammlung) 23. Mai bis 30. September 1959, Wien 1959.

Hollegger, Manfred, Maximilian I. (1459-1519). Herrscher und Mensch einer Zeitenwende, Stuttgart 2005.

Schlesinger, Ruth, Maximilians I. Beziehungen zu Kirche und Religion, ungedr. Phil. Diss., Graz 1979.

Weiss, Sabine, Maximilian I.: Habsburgs faszinierender Kaiser, Innsbruck 2018.

Wiesflecker-Friedhuber, Inge, Maximilian I. und der St. Georgs-Ritterorden. In: Nikolasch, Franz (Hg.), Studien zur Geschichte von Millstatt und Kärnten, Klagenfurt 1997, 431–453.

Wiesflecker, Hermann, Kaiser Maximilian I., Das Reich Österreich und Europa an der Wende zur Neuzeit, Bd. I, Jugend. Burgundisches Erbe und Römisches Königtum bis zur Alleinherrschaft 1459–1493, Wien 1971.

Wiesflecker, Hermann, Kaiser Maximilian I., Das Reich Österreich und Europa an der Wende zur Neuzeit, Bd. IV, Gründung des habsburgischen Weltreiches. Lebensabend und Tod. 1508–1519, München 1981.

Wiesflecker Hermann, Kaiser Maximilian I., Das Reich Österreich und Europa an der Wende zur Neuzeit, Bd. V, Der Kaiser und seine Umwelt. Hof, Staat, Wirtschaft, Gesellschaft und Kultur, München 1986.

Wiesflecker Hermann, Maximilian I.: Die Fundamente des habsburgischen Weltreiches, Wien 1991.

Alexander Koller

KAISER UND PAPST UM 1500

KONFLIKT UND KONSENS IN DEN WECHSELVOLLEN ROMBEZIEHUNGEN MAXIMILIANS I.

Im Verlauf des 15. Jahrhunderts konnten das Papsttum und der Kirchenstaat nach der Rückführung der Kurie von Avignon nach Rom und der Überwindung der schismatischen und konziliaren Krisen neuerlich eine bedeutende politische und kulturelle Rolle im Kontext der italienischen Staatenwelt und weit darüber hinaus einnehmen und trotz allen Reformbedarfs eine ungebrochene symbolische Wirkung ausstrahlen, die letztendlich von Rom als Ort der Apostelgräber und päpstlicher Residenz ihren Ausgang nahm. Für das Reich und sein Oberhaupt waren folglich die Beziehungen zur römischen Kurie und zum Bischof von Rom ein nicht zu vernachlässigender Faktor bei allen bedeutenden politischen und kirchlichen Überlegungen. So viel steht fest, das Verhältnis zwischen Maximilian I. und den Päpsten seiner Zeit war über weite Strecken von gegenseitigem Misstrauen geprägt und eher von politischem Kalkül als religiösen Erwägungen geleitet. Am Ende seines Lebens bilanzierte der Kaiser resigniert und enttäuscht, nicht zuletzt wegen der mehrfachen gescheiterten Versuche, sich vom Papst oder einem seiner Vertreter zum Kaiser krönen zu lassen: *„… ich kann sagen, daß mir kein Papst, solange ich gelebt, je die Treue gehalten hat …“*[1] Diese Aussage ist in zweifacher Hinsicht bemerkenswert, denn neben dem klaren negativen Urteil scheint auch der Anspruch Maximilians durch, die Päpste wären ihm zu Treue verpflichtet gewesen. Dabei war umgekehrt Maximilian gehalten, den Nachfolgern des Petrus Gehorsam und Treue entgegenzubringen, denn dazu hatte er viermal im Rahmen von sogenannten Obödienzgesandtschaften ausdrücklich sein Wort gegeben. Dass es sich dabei um reine formale Akte Maximilians handelte, zeigen unter anderem nicht zuletzt seine scharfen Urteile über die römischen Päpste, seine Forderungen nach innerkirchlicher Reform und seine von ihm angeordnete Zweckentfremdung kirchlicher Gelder. Offensichtlich hatten bei Maximilian I. persönliche Frömmigkeitsformen und Glaubensüberzeugung keine Entsprechung in einem ausgeprägten Loyalitätsempfinden gegenüber dem in Rom residierenden geistlichen Oberhaupt der Christenheit. Auch in Rom selbst wurde dies so wahrgenommen. Nach dem Tod Maximilians 1519 gab es Stimmen im Kardinalskollegium, die feststellten, *„er [der Kaiser] habe sich nie viel um die Päpste gekümmert.“*[2] Allerdings hatten Päpste selbst maßgeblichen Anteil daran, dass ihr Verhältnis zu Maximilian mit wenigen Unterbrechungen von Distanz und Enttäuschung geprägt war. Die Entfremdung zwischen den beiden ranghöchsten Fürsten der Christenheit ließ auch sukzessive den Rombezug der kaiserlichen Würde schwinden[3] und schuf eine Kluft zwischen dem Reich und Rom, die sich mit dem Auftreten Luthers ab 1517 weiter verstärken sollte.

---

1 Wiesflecker, Hermann, Kaiser Maximilian I. Das Reich, Österreich und Europa an der Wende zur Neuzeit, 5 Bde., München 1971–1986, Bd. 4 (Gründung des habsburgischen Weltreiches. Lebensabend und Tod. 1508–1519) 1981, 414 unter Verweis auf Haltaus, Karl, Geschichte des Kaisers Maximilian des Ersten, Leipzig 1850, 262.

2 Voltelini, Hans von, Die Bestrebungen Maximilians I. um die Kaiserkrone 1518. In: Mitteilungen des Instituts für Österreichische Geschichtsforschung 11, 1890, 41–85, 574–626, hier 599.

3 Kohler, Alfred, Expansion und Hegemonie 1450–1559, Handbuch der Geschichte der Internationalen Beziehungen 1, Paderborn/München/Wien/Zürich 2008, 162.

Hans Burgkmair d. Ältere, Fictive Darstellung der nie zustandegekommenen Kaiserkrönung Maximilians I.: „Wie der Papst den weißen König zum Römischen Kaiser krönt", Holzschnitt aus dem „Weißkunig" von Marx Trautsaurwein, 1514–1516. Albertina, Wien, Graphische Sammlung, Inv. Nr. DG1934/133.

1. INNOZENZ VIII. – DER LANGE WEG ZUR ANERKENNUNG MAXIMILIANS

Obwohl Friedrich III. während des gesamten Pontifikats von Innozenz VIII. Cibo (1484–1492) an der Spitze des Reiches stand, zeichnete sich bereits das spätere Kaisertum seines Sohnes Maximilians ab, nachdem dieser 1486 in Frankfurt von den Kurfürsten zum römischen König gewählt worden war. Im Gegensatz zu anderen Fürsten erhielt der Papst über diesen Vorgang keine offizielle Benachrichtigung, was dieser als Affront betrachten musste. Vom Moment seiner Wahl an vergab Maximilian jedoch kirchliche Pfründen unter Anwendung des Rechts der „Ersten Bitten",[4] obwohl eine entsprechende Autorisierung durch Rom nicht erfolgt war,[5] denn diese setzte die übliche Gehorsamsleistung Maximilians gegenüber dem Papst voraus. Dazu sollte es schließlich erst 1488 kommen, als Maximilian sechs seiner Räte nach Rom entsandte, um für sich und seinen Sohn Philipp den geforderten Gehorsamseid für seine österreichischen und burgundischen Besitzungen abzulegen.[6] Für den Durchbruch hatte der Papst selbst gesorgt, als er 1487 zwei Legaten zu Maximilian sandte, um für einen Kreuzzug zu werben.[7] Zuvor hatte ihn Innozenz konsequenterweise nicht als römischen König tituliert. Neben den genannten kirchlichen und zeremoniellen Gründen behinderte allerdings auch die Politik einiger zentraler europäischer Akteure die Interessen Maximilians in Rom. So hintertrieben Wladislaw VII. (unter Verweis auf das Fehlen der böhmischen Kurstimme) und Matthias Corvinus, vor allem aber auch Karl VIII. von Frankreich, die Anerkennung der Frank-

4 Seyboth, Reinhard, Die Königserhebung Maximilians I. und die Stellung der Kurie im Licht der Reichstage von 1486 und 1487. In: Meuthen, Erich (Hg.), Reichstage und Kirche, Schriftenreihe der historischen Kommission bei der Bayerischen Akademie der Wissenschaften 42, Göttingen 1991, 41–54, 44.

5 Feine, Hans Erich, Papst, Erste Bitten und Regierungsantritt des Kaisers seit dem Ausgang des Mittelalters. In: Zeitschrift der Savigny-Stiftung für Rechtsgeschichte, kan. Abt. 20, 1931, 1–101, 38 f.

6 Seyboth, 1991, 52.

7 Seyboth, 1991, 51.

furter Königswahl. Eine philofranzösische Tendenz tritt im Pontifikat Innozenz' VIII. deutlich hervor auf Grund gemeinsamer (finanz)politischer Interessen, bei denen auch der in Florenz herrschende Lorenzo de' Medici und das Bankhaus seiner Familie eine Rolle spielten,[8] sowie im Zusammenhang mit dem sog. bretonischen Brautraub.[9] Bereits in diesem Pontifikat zeichneten sich zwei Konstanten ab, die das Verhältnis von Maximilian zu den Päpsten seiner Zeit bestimmen sollten: die Frage der Anerkennung seiner imperialen Würde bzw. der Kaiserkrönung und die zwischen Frankreich und dem Reich hin und her pendelnde (Allianz-)Politik der römischen Kurie.

2. ALEXANDER VI. – KEINE KAISERKRÖNUNG IN ROM

Am 19. März 1452 war Friedrich III. in Rom unter Anwendung der herkömmlichen Zeremonien an dem dafür vorgesehenen Ort, der Petersbasilika, zum Kaiser gekrönt worden.[10] Seinem Sohn Maximilian wurde diese Ehre zeitlebens nicht zuteil (s. Abb. S. 121) Verhindert wurde dieser Akt zunächst durch Rodrigo de Borja, der 1492 zum Nachfolger des hl. Petrus gewählt wurde und sich den Namen Alexander gab. Trotz zahlreicher historischer Verzerrungen und Fehlurteile konnte sich das negative Image dieses Papstes bis in die Gegenwart halten. Zunächst deutete allerdings alles auf ein gutes Einvernehmen zwischen Maximilian I. und Alexander VI. hin,[11] dem der Kaiser bald nach Pontifikatsbeginn die Obödienz abstattete. Eine Wende zeichnete sich ab, als Karl VIII. von Frankreich mit seinem Italienzug den jahrzehntelangen Kampf zwischen Frankreich und den Habsburgern um die Hegemonie auf der Apenninenhalbinsel einläutete. Alexander zog sich den Zorn Maximilians zu, nicht nur weil dieser Karl mit allen Ehren in Rom empfangen hatte,[12] sondern weil er die gegen die Aktionen Frankreichs in Italien gerichtete Hl. Liga nach anfänglicher Unterstützung wieder verlassen und sich Frankreich zugewendet hatte.[13] Gleichzeitig widersetzte er sich Maximilians Romzugsplänen in Verbindung mit der herkömmlichen Kaiserkrönung, offensichtlich wegen Bedenken, Maximilian könnte energische Forderungen hinsichtlich einer Kirchenreform erheben.[14] Dabei hielt sich der Kaiser selbst nicht vor Übergriffen auf den kirchlichen Bereich zurück, etwa bei der Verwendung von Pfarrern als Steuerbeamte zur Eintreibung des Gemeinen Pfennigs. Die Zweckentfremdung der Ablasseinnahmen in den ersten Jahren des 16. Jahrhunderts, die eigentlich für die Finanzierung eines Kreuzzugs gedacht waren und welche Maximilian gegen den Widerstand des päpstlichen Legaten Peraudi[15] für sich beanspruchte, bezeichnete der Maximilian-Biograph Wiesflecker als „weit schlimmeren Missbrauch" als denjenigen der Ablasskampagne von 1516/17, welcher die Reformation auslöste.[16]

8 Zur Achse Rom-Florenz-Paris unter Papst Innozenz VIII. Tewes, Götz-Rüdiger, Die römische Kurie und die europäischen Länder am Vorabend der Reformation, Bibliothek des Deutschen Historischen Instituts in Rom 95, Tübingen 2001, 257 ff.

9 Wiesflecker, V (Der Kaiser und seine Umwelt. Hof, Staat, Wirtschaft, Gesellschaft und Kultur) 1986, 169.

10 Wiesflecker, I (Jugend, burgundisches Erbe und Römisches Königtum bis zur Alleinherrschaft. 1459-1493) 1971, 60.

11 Wiesflecker, 1986, 169 f.

12 Scheller, Robert W., Kaiser Maximilian und die Päpste seiner Zeit. In: Hochrenaissance im Vatikan, Kunst und Kultur im Rom der Päpste I (1503–1534), Kunst- und Ausstellungshalle der Bundesrepublik Deutschland GmbH in Zusammenarbeit mit den Vatikanischen Museen und der Biblioteca Apostolica Vaticana. Katalogkoordination: Petra Kruse, Bonn 1999, 70–76, 71.

13 Wiesflecker, Hermann, Maximilian und die Päpste seiner Zeit. In: Römische Historische Mitteilungen 22, 1980, 147–165, 149.

14 Wiesflecker, 1980, 151.

15 Mehring, Gebhard, Kardinal Raimund Peraudi als Ablaßkommissar in Deutschland 1500–1504 und sein Verhältnis zu Maximilian I. In: Forschungen und Versuche zur Geschichte des Mittelalters und der Neuzeit, Festschrift Dietrich Schäfer, Jena 1915, 334–409.
Röpcke, Andreas, Geld und Gewissen. Raimund Peraudi und die Ablaßverkündung in Norddeutschland am Ausgang des Mittelalters. In: Brehmisches Jahrbuch 71, 1992, 43-80, vor allem 66.

16 Wiesflecker, 1986, 170.

3. PIUS III. – ENTTÄUSCHTE HOFFNUNGEN

Große Erwartungen knüpften sich für Maximilian an die Papstwahl von Francesco Todeschini-Piccolomini, der 1503 als Pius III. die Nachfolge von Alexander VI. antrat. Der neue Papst hatte wie sein Onkel Pius II. (Enea Silvio Piccolomini) eine große Affinität zum Reich, das er im Rahmen seiner Legation zum Regensburger Reichstag 1471 bereist hatte,[17] wo er vielleicht auch mit Maximilian zusammengetroffen war und dem er später – nach der zweiten Romreise Friedrichs III. – einen Fürstenspiegel übersenden ließ.[18] Pius III. sprach deutsch, verfügte über zahlreiche Kontakte nach Deutschland und hatte überdies als Kardinalprotektor die Interessen des Reichs am römischen Hof vertreten.[19] Eine Krönung Maximilians durch den Papst schien nun in greifbare Nähe gerückt. Der Kaiser jedenfalls traf bereits Vorbereitungen für den Romzug, als der Tod Pius' III. vier Wochen nach Beginn des Pontifikats die Hoffnungen Maximilians zunichte machte.[20]

4. JULIUS II. – DER PAPST ALS KAISER UND DER KAISER ALS PAPST

Nachfolger Pius' III. wurde Giuliano della Rovere, der sich den programmatischen Namen Julius gab und wie kein neuzeitlicher Papst nach ihm eine imperiale Symbolik mit dem Papsttum verknüpfte. Seine Feldzüge sicherten den territorialen Bestand des Kirchenstaates, indem sie Partikulargewalten an der Peripherie unterdrückten und den direkten Zugriff der römischen Zentrale auf die einzelnen Provinzen und Städte sicherstellten. Nach der Wiedereroberung von Bologna und Perugia wurde der Papst in Viterbo als zweiter Julius Caesar begrüßt. In Rom hielt er kurze Zeit später am Palmsonntag seinen triumphalen Einzug – sehr zum Missfallen des Zeremonienmeisters Paride de Grassi, der dieses Spektakel für unvereinbar hielt mit dem Gedächtnis des Todes Christi, das in diesen Tagen begangen wurde.[21] Ein Triumphbogen trug die Aufschrift: *Veni, vidi, vici*. Zudem wurde eine Münze aus diesem Anlass geprägt mit dem Schriftzug: IULIUS CAESAR PONTIFEX II. Es handelte sich dabei keineswegs um eine leere politische Rhetorik, sondern um den Ausdruck eines regelrechten politischen Programms, das sich durch enorme finanzielle Ressourcen, militärische Stärke und Expansionsstreben auszeichnete. Außerhalb des römischen Ambientes, v. a. nördlich der Alpen hielten jedoch bereits die Zeitgenossen dieses Auftreten für inkompatibel mit dem päpstlichen Amt, wie es etwa Erasmus von Rotterdam in den *Adagia* oder seinem Dialog „Der aus dem Himmel vertriebene Papst Julius" von 1518[22] oder Ulrich von Hutten in seinen Satiren formulierte.[23] Schon der Beginn dieses Pontifikats musste deshalb Maximilian I. den Eindruck vermittelt haben, dass er mit diesem Papst seine politischen Ziele auf der italienischen Halbinsel schwer-

17 Untergehrer, Wolfgang, Die päpstlichen *nuntii* und *legati* im Reich (1447–1484). Zu Personal und Organisation des kurialen Gesandtenwesens, LMU München 2012, elektronische Hochschulschriften, 377. Kramer, Hans, Agostino Patrizzis Beschreibung der Reise des Kardinallegaten Francesco Todeschini-Piccolomini. In: Santifaller, Leo (Hg.), Festschrift zur Feier des zweihundertjährigen Bestehens des Haus-, Hof- und Staatsarchivs, Wien 1949, 549–565; vgl. allg. zur Reichsversammlung dieses Jahres: Deutsche Reichstagsakten, Ältere Reihe, Bd. 22/2 (1471), bearb. von Helmut Wolff, Göttingen 1999.

18 Wiesflecker, 1971, 86.

19 Pastor, Ludwig von, Geschichte der Päpste, Bd. III (Geschichte der Päpste im Zeitalter der Renaissance von der Wahl Innozenz' VIII. bis zum Tode Julius' II.), Freiburg i. Breisgau 1926, 669 Anm. 2.

20 Wiesflecker, 1980, 152.

21 Rospocher, Massimo, Il papa guerriero. Giulio II nello spazio pubblico europeo, Annali dell'Istituto storico italo-germanico in Trento, Monografie 65, Bologna 2015, 73–91.

22 Seidel Menchi, Silvana (Hg.), Erasmo da Rotterdam, Giulio, Nuova Universale Einaudi 12, Torino 2014.

23 Fabisch, Peter, Julius exclusis e coelis. Motive und Tendenzen gallikanischer und bibelhumanistischer Papstkritik im Umfeld des Erasmus, Reformationsgeschichtliche Studien und Texte 152, Münster 2008; Stadtwald, Kurt, Roman Popes and German Patriots. Antipapalism in the Politics of the German Humanist Movement from Gregor Heimburg to Martin Luther, Travaux d'Humanisme et Renaissance 299, Genève 1996, 78–103.

Leonhard Beck, Der als Engel dargestellte Kardinal Cajetan mit dem Legatenkreuz in der rechten und den geweihten päpstlichen Ehrengeschenken (Schwert und Hut) in der linken Hand, Holzschnitt, 1518.
Stadtarchiv Augsburg, o. Sign.

lich würde umsetzen können. Dem besonderen Anliegen Maximilians, sich in Rom krönen zu lassen,[24] verschloss sich auch Julius. Der letzte Versuch Maximilians, nach Rom zu ziehen, scheiterte jedoch politisch und militärisch vor allem am Widerstand Venedigs, so dass sich Maximilian schließlich im Februar 1508 im Dom von Trient zum „Erwählten Römischen Kaiser" erklären ließ. Diese Maßnahme wurde von Julius gebilligt.[25] Weitere größere Konflikte mit Maximilian ergaben sich durch zwei abrupte Allianzwechsel des Papstes, zum einen, als Julius dem von ihm selbst initiierten Vertrag von Blois (1504)[26] noch vor der Ratifizierung den Rücken kehrte, und zum anderen, als er die gegen Venedig gerichtete Liga von Cambrai (1508) binnen eines Jahres nach der verheerenden Niederlage der Venezianer bei Agnadello spektakulär verließ.[27] Vor dem Hintergrund des neuerlichen Konflikts mit Julius wegen Venedig und dessen schwerer Erkrankung erwog der Kaiser zeitweise, das Papsttum in seine Gewalt zu bekommen.[28] In diesem Zusammenhang wurde auch die Absetzung des Papstes durch ein Konzil und die Papstwahl eines

24 Die Krönungsfrage bildete einen Hauptpunkt der Instruktion des Gesandten Arianiti von 1504, vgl. Stelzer, Winfried, Konstantin Arianiti als Diplomat zwischen König Maximilian I. und Papst Julius II. in den Jahren 1503–1508. In: Römische Quartalschrift für christliche Altertumskunde und Kirchengeschichte 63, 1968, 29–48, 34.

25 Wiesflecker, 1980, 154.

26 Wiesflecker-Friedhuber, Inge, Das Vertragswerk von Lyon – Blois – Hagenau 1503/1505. Die Diplomatie Maximilians I. zwischen Frankreich, dem Papst, Spanien und Venedig. In: Dünnebeil, Sonja, Ottner, Christine (Hg.), Außenpolitisches Handeln im ausgehenden Mittelalter: Akteure und Ziele, Forschungen zur Kaiser- und Papstgeschichte des Mittelalters, Beihefte zu J. F. Böhmer, Regesta Imperii 27, Wien/Köln/Weimar 2007, 185–211. Wiesflecker, 1980, 153.

27 Wiesflecker, 1980, 155.

28 Einige Forscher tendieren zu der Annahme, dass Maximilian lediglich die weltliche Herrschaft über Rom und den Kirchenstaat erlangen wollte, vgl. Ulmann, Heinrich, Kaiser Maximilian's I Absichten auf das Papstthum in den Jahren 1507–1511, Stuttgart 1888.

habsburgfreundlichen Kardinals, Matthäus Lang[29] oder Adriano Castellesi[30], erwogen. Auf dem Höhepunkt dieser Entwicklung gab Maximilian selbst brieflich gegenüber seiner Tochter Margarete und seinem Vertrauten Paul von Liechtenstein zu erkennen, sich – mit finanzieller Unterstützung der Fugger – zum Papst oder zu dessen Koadjutor wählen zu lassen.[31] Das auf Französisch verfasste Schreiben an Margarete vom 18. September 1511 aus Brixen endet mit der Schlussfloskel: *faet de la main de vostre bon père Max. futur pape* („eigenhändig, Euer guter Vater und künftiger Papst Maximilian") (s. S. 78). So phantastisch der Plan des Kaisers, selbst Papst zu werden, anmutet, in der historischen Forschung, die sich immer wieder dieses Themas angenommen hat, wird mehrheitlich die These vertreten, dass Maximilian um 1511 ernsthaft daran dachte, nicht nur Karl dem Großen, sondern auch dem Apostel Petrus nachzufolgen.[32]

5. LEO X. – ENTTÄUSCHENDES FINALE

Auch das Verhältnis zu Leo X. (Giovanni de' Medici), mit dem sich Maximilian in den letzten sechs Lebensjahren konfrontiert sah, entwickelte sich zwiespältig, auch wenn Wiesflecker auf Grund der Stärkung der habsburgischen Partei im Kardinalskollegium und der Übereinstimmung bei der Kreuzzugsangelegenheit eine leichte Verbesserung der bilateralen Beziehungen zu erkennen glaubte.[33] Unter den von Maximilian nach Rom entsandten Diplomaten[34] ragt der Bischof von Gurk, Matthäus Lang, heraus, der 1513 für Maximilian die Obödienz beim neugewählten Pontifex ablegte und von diesem nun den Kardinalspurpur erhielt. 1514 vermittelte er beim Papst einen Frieden zwischen dem Kaiser und Venedig [Verweis auf Exponat ASV].[35] Eine Bevorzugung Frankreichs an der römischen Kurie ist auch in diesem Pontifikat (Ausgleich mit Ludwig XII. 1513[36], Konkordat von Bologna 1515[37]) nicht zuletzt bedingt durch politische und militärische Entwicklungen auf der Apenninenhalbinsel erkennbar. Der vom Papst ab 1516 entwickelte Kreuzzugsplan fand die Unterstützung Maximilians.[38] In Anerkennung dieses Engagements zeichnete Leo X. den Kaiser mit den höchsten päpstlichen Ehrengeschenken, Schwert (*ensis*) und Hut (*biretum*), aus,[39] die der Kardinallegat Tommaso de Vio, genannt Cajetan, Maximilian während einer feierlichen Zeremonie auf dem Augsburger Reichstag am 1. August 1518 überreichte.[40] Dieser Reichstag war bereits über-

---

29 Wiesflecker, 1980, 157.

30 Fragnito, Gigliola, Castellesi, Adriano. In: Dizionario Biografico degli Italiani 21, Roma 1978, 665–671, 667; Jäger, Albert, Kardinal Hadrian in Tirol. Die Lösung des Rätsels: „Ob Kaiser Maximilian I. im Ernste Papst werden wollte?" In: Neue Zeitschrift des Ferdinandeums für Tirol und Vorarlberg 9, 1843, 15–66; ders., Über Kaiser Maximilians Verhältniss zum Papsttum. In: Sitzungsberichte der Wiener Akademie, phil.-hist. Klasse 12, 1854, 196–236.

31 Wiesflecker, Hermann, Neue Beiträge zur Frage des Kaiser-Planes Maximilians I. im Jahre 1511. In: Mitteilungen des Instituts für Österreichische Geschichtsforschung 71, 1963, 311–332.

32 Wiesflecker, 1963, 324; Schulte, Aloys, Kaiser Maximilian I. als Kandidat für den päpstlichen Stuhl 1511, Leipzig 1906; vgl. auch die Darstellung des Forschungsstandes im Zusammenhang mit diesem Problem im Anhang von Pastor, 1926, 1136–1139.

33 Wiesflecker, 1980, 162 f.

34 Nach Tewes, 2001, 312 waren die diplomatischen Vertreter Maximilians am römischen Hof ihren französischen und spanischen Kollegen im Hinblick auf ihre Herkunft und ihr politisches Gewicht unterlegen.

35 Sallaberger, Johann, Kardinal Matthäus Lang von Wellenburg (1468–1540). Staatsmann und Kirchenfürst im Zeitalter von Renaissance, Reformation und Bauernkriegen, Salzburg/München 1997, 99. Zu den Aufenthalten Langs in Rom vgl. auch Metzig, Gregor M., Kommunikation und Konfrontation. Diplomatie und Gesandtschaftswesen Kaiser Maximilians I. (1486–1519), Bibliothek des Deutschen Historischen Instituts in Rom 130, Berlin/Boston 2016.

36 Tewes, 2001, 356.

37 Wiesflecker, 1986, 176.

38 Wiesflecker, 1980, 162.

39 (Garms-)Cornides, Elisabeth, Rose und Schwert im päpstlichen Zeremoniell von den Anfängen bis zum Pontifikat Gregors XIII., Wiener Dissertationen aus dem Gebiet der Geschichte 9, Wien 1967, 110.

40 Wiesflecker, 1981, 388.

schattet durch den Ausbruch der Reformation,[41] wobei Maximilian in der Lutherfrage sich grundsätzlich auf der Seite des Papstes positionierte.[42] Bei der letzten großen politischen Frage, die Maximilian beschäftigte, nämlich die Regelung der eigenen Nachfolge, sah er sich vom Papst im Stich gelassen. Zum einen scheiterte der offensichtlich dilettantisch (Mission von Erasmus Ciolek)[43] betriebene Versuch, sich schließlich doch noch durch einen päpstlichen Legaten im Reich zum Kaiser krönen zu lassen, um die Chancen der Kaiserwahl seines Enkels zu erhöhen.[44] Zum anderen favorisierte Leo X. den Kurfürsten von Sachsen, Friedrich den Weisen, bzw. Franz I. von Frankreich als Kandidaten für die Kaiserkrone und stellte sich damit ein letztes Mal deutlich gegen Maximilian I. und die habsburgischen Interessen.[45]

41 Koller, Alexander, Rappresentanti del papa e Lutero. Nascita e prima sfida della nunziatura di Germania. In: Gottsmann, Andreas, Piatti, Pierantonio, Rehberg, Andreas E. (Hg.), Incorrupta monumenta Ecclesiam defendunt. Studi offerti a mons. Sergio Pagano, Collectanea Archivi Vaticani 106–109, Città del Vaticano 2018, III, 325–340, 328 f.

42 Wiesflecker, 1986,, 176; ders., 1980, 164.

43 Tewes, 2001, 312.

44 Voltelini, Die Bestrebungen Maximilians I. um die Kaiserkrone 1518.

45 Pastor, Ludwig von, Geschichte der Päpste, Bd. IV (Geschichte der Päpste im Zeitalter der Renaissance und der Glaubensspaltung von der Wahl Leos X. bis zum Tode Klemens' VII. [1513–1534]), Freiburg i. Breisgau 1925, 178f., 187 f.

LITERATUR

Fabisch, Peter, Julius exclusis e coelis. Motive und Tendenzen gallikanischer und bibelhumanistischer Papstkritik im Umfeld des Erasmus, Reformationsgeschichtliche Studien und Texte 152, Münster 2008.

Feine, Hans Erich, Papst, Erste Bitten und Regierungsantritt des Kaisers seit dem Ausgang des Mittelalters. In: Zeitschrift der Savigny-Stiftung für Rechtsgeschichte, kan. Abt. 20, 1931.

Fragnito, Gigliola, Castellesi, Adriano. In: Dizionario Biografico degli Italiani 21, Roma 1978, 665–671.

(Garms-)Cornides, Elisabeth, Rose und Schwert im päpstlichen Zeremoniell von den Anfängen bis zum Pontifikat Gregors XIII., Wiener Dissertationen aus dem Gebiet der Geschichte 9, Wien 1967.

Jäger, Albert, Kardinal Hadrian in Tirol. Die Lösung des Rätsels: „Ob Kaiser Maximilian I. im Ernste Papst werden wollte?" In: Neue Zeitschrift des Ferdinandeums für Tirol und Vorarlberg 9, 1843, 15–66.

Jäger, Albert, Über Kaiser Maximilians Verhältniss zum Papstthum. In: Sitzungsberichte der Wiener Akademie, phil.-hist. Klasse 12, 1854, 196–236.

Kohler, Alfred, Expansion und Hegemonie 1450–1559, Handbuch der Geschichte der Internationalen Beziehungen 1, Paderborn/München/Wien/Zürich 2008.

Koller, Alexander, Rappresentanti del papa e Lutero. Nascita e prima sfida della nunziatura di Germania. In: Gottsmann, Andreas, Piatti, Pierantonio, Rehberg, Andreas E. (Hg.), Incorrupta monumenta Ecclesiam defendunt. Studi offerti a mons. Sergio Pagano, Collectanea Archivi Vaticani 106–109, Città del Vaticano 2018, III, 325–340.

Kramer, Hans, Agostino Patrizzis Beschreibung der Reise des Kardinallegaten Francesco Todeschini-Piccolomini. In: Santifaller, Leo (Hg.), Festschrift zur Feier des zweihundertjährigen Bestehens des Haus-, Hof- und Staatsarchivs, Wien 1949, 549–565.

Mehring, Gebhard, Kardinal Raimund Peraudi als Ablaßkommissar in Deutschland 1500–1504 und sein Verhältnis zu Maximilian I. In: Forschungen und Versuche zur Geschichte des Mittelalters und der Neuzeit, Festschrift Dietrich Schäfer, Jena 1915, 334–409.

Metzig, Gregor M., Kommunikation und Konfrontation. Diplomatie und Gesandtschaftswesen Kaiser Maximilians I. (1486–1519), Bibliothek des Deutschen Historischen Instituts in Rom 130, Berlin/Boston 2016.

Pastor, Ludwig von, Geschichte der Päpste, Bd. III und IV, Freiburg i. Breisgau 1925 und 1926.

Rospocher, Massimo, Il papa guerriero. Giulio II nello spazio pubblico europeo, Annali dell'Istituto storico italo-germanico in Trento, Monografie 65, Bologna 2015, 73–91.

Stadtwald, Kurt, Roman Popes and German Patriots. Antipapalism in the Politics of the German Humanist Movement from Gregor Heimburg to Martin Luther, Travaux d'Humanisme et Renaissance 299, Genève 1996.

Sallaberger, Johann, Kardinal Matthäus Lang von Wellenburg (1468–1540). Staatsmann und Kirchenfürst im Zeitalter von Renaissance, Reformation und Bauernkriegen, Salzburg/ München 1997.

Scheller, Robert W., Kaiser Maximilian und die Päpste seiner Zeit. In: Hochrenaissance im Vatikan, Kunst und Kultur im Rom der Päpste I (1503–1534), Kunst- und Ausstellungshalle der Bundesrepublik Deutschland GmbH in Zusammenarbeit mit den Vatikanischen Museen und der Biblioteca Apostolica Vaticana. Katalogkoordination: Petra Kruse, Bonn 1999, 70–76.

Schulte, Aloys, Kaiser Maximilian I. als Kandidat für den päpstlichen Stuhl 1511, Leipzig 1906.

Seidel Menchi, Silvana (Hg.), Erasmo da Rotterdam, Giulio, Nuova Universale Einaudi 12, Torino 2014.

Seyboth, Reinhard, Die Königserhebung Maximilians I. und die Stellung der Kurie im Licht der Reichstage von 1486 und 1487. In: Meuthen, Erich (Hg.), Reichstage und Kirche, Schriftenreihe der historischen Kommission bei der Bayerischen Akademie der Wissenschaften 42, Göttingen 1991, 41–54.

Stelzer, Winfried, Konstantin Arianiti als Diplomat zwischen König Maximilian I. und Papst Julius II. in den Jahren 1503–1508. In: Römische Quartalschrift für christliche Altertumskunde und Kirchengeschichte 63, 1968, 29–48.

Tewes, Götz-Rüdiger, Die römische Kurie und die europäischen Länder am Vorabend der Reformation, Bibliothek des Deutschen Historischen Instituts in Rom 95, Tübingen 2001.

Ulmann, Heinrich, Kaiser Maximilian's I Absichten auf das Papstthum in den Jahren 1507–1511, Stuttgart 1888.

Untergehrer, Wolfgang, Die päpstlichen *nuntii* und *legati* im Reich (1447–1484). Zu Personal und Organisation des kurialen Gesandtenwesens, LMU München 2012, elektronische Hochschulschriften.

Voltelini, Hans von, Die Bestrebungen Maximilians I. um die Kaiserkrone 1518. In: Mitteilungen des Instituts für Österreichische Geschichtsforschung 11, 1890. 41–85, 574–626.

Schulte, Aloys, Kaiser Maximilian I. als Kandidat für den päpstlichen Stuhl 1511, Leipzig 1906.

Wiesflecker, Hermann, Kaiser Maximilian I. Das Reich, Österreich und Europa an der Wende zur Neuzeit, 5 Bde., München 1971–1986.

Wiesflecker, Hermann, Neue Beiträge zur Frage des Kaiser-Planes Maximilians I. im Jahre 1511. In: Mitteilungen des Instituts für Österreichische Geschichtsforschung 71, 1963, 311–332.

Wiesflecker, Hermann, Maximilian und die Päpste seiner Zeit. In: Römische Historische Mitteilungen 22, 1980, 147–165.

Wiesflecker-Friedhuber, Inge, Das Vertragswerk von Lyon – Blois – Hagenau 1503/1505. Die Diplomatie Maximilians I. zwischen Frankreich, dem Papst, Spanien und Venedig. In: Dünnebeil, Sonja, Ottner, Christine (Hg.), Außenpolitisches Handeln im ausgehenden Mittelalter: Akteure und Ziele, Forschungen zur Kaiser- und Papstgeschichte des Mittelalters, Beihefte zu J. F. Böhmer, Regesta Imperii 27, Wien/Köln/Weimar 2007, 185–211.

Albrecht Dürer und Mitarbeiter, Albrecht Altdorfer, Ehrenpforte, Gesamtansicht, 1515-1517.
Albertina, Wien, Grafische Sammlung, Inv. Nr. DG1935/978.
(s. Kat. Nr. 16_04)

Thomas Schauerte

DIE EHRENPFORTE

MAXIMILIANS MULTIMEDIALES SELBSTPORTRÄT UND SEINE ADRESSATEN

Um die Jahreswende 1517/18 war es endlich so weit: Nach gut zehn Jahren Vorbereitungszeit verließ der bis heute größte Holzschnitt der klassischen Kunstgeschichte unter der Aufsicht von keinem Geringeren als Albrecht Dürer die Nürnberger Druckerpressen. Die Ehrenpforte für Kaiser Maximilian I., gedruckt von 196 Stöcken auf 36 Großfolio-Bögen, stellt auf über zehn Quadratmetern Bildfläche in unzähligen einzelnen Szenen und Bildnissen, die sämtlich von deutschen Erläuterungen in Vers und Prosa begleitet werden, alles zusammen, was dem Kaiser für seine „Ehre" maßgeblich erschien: der erlauchte, bis in die Zeit des Trojanischen Krieges reichende Stammbaum im Zentrum der Komposition; begleitend dazu die unabsehbare Zahl der von Habsburg besessenen, vor allem aber beanspruchten Territorien bis hinein in die Neue Welt; die endlosen Reihen seiner Amtsvorgänger seit Julius Caesar sowie der verwandten und verschwägerten Glieder aus den Häusern des europäischen Hochadels; und schließlich die Folge seiner vorwiegend militärischen Heldentaten über den Seitenportalen. Noch 1517 – also nach dem „Redaktionsschluss" im Jahr 1515, das in den Turmsockeln zweifach genannt wird – wurde das Programm um die Seitentürme Albrecht Altdorfers mit Darstellungen der allumfassenden Kenntnisse und vortrefflichen Charaktereigenschaften des Kaisers ergänzt.[1]

Maximilian dürfte unter dem Eindruck seiner nachlassenden Lebenskräfte erleichtert gewesen sein, dass es ihm doch noch gelungen war, die vorwiegend weltlichen Aspekte seiner Person und Herrschaft in Gestalt der riesigen Bilderwand als eine Art multimediales Selbstporträt an die Nachwelt zu adressieren. All dies aber war ganz besonders mit Blick auf die mit Abstand größte kaiserliche Kunstunternehmung, das Grabmal und sein Figurenprogramm, von erheblicher Bedeutung. Denn hier hat die Forschung schon früh erkannt, dass zwischen beiden Kunstwerken von Anfang an enge Wechselbeziehungen bestanden haben. Sie sind am postum ausgeführten Monument in Gestalt der 24 szenischen Reliefs an der Tumbenwand auch noch heute greifbar[2].

Nicht zuletzt daraus resultiert die große persönliche Anteilnahme des Kaisers an dem ehrgeizigen Projekt der Ehrenpforte, die gerade für das Jahr 1517, also unmittelbar vor dem Abschluss der Arbeiten, besonders dicht dokumentiert ist[3]. Doch so kleinteilig und kompliziert die „Portenn der Eeren vnnd Macht" – so der offizielle Titel im Hauptportal – auch wirkt, ist ihr Konzept doch im Grunde einfach: Sie zeigt Maximilians unermessliche „Ehre" letztlich als Summe einer gewaltigen Addition, und so musste das Superlativische ihres Inhalts natürlich auch in der äußeren Gestalt der Ehrenpforte sinnfällig

1 Herleitung, Entstehung und Erläuterung bei: Schauerte, Thomas, Die Ehrenpforte für Kaiser Kaiser Maximilian I. Dürer und Altdorfer im Dienst des Herrschers, Kunstwissenschaftliche Studien 95, München/Berlin 2001; der Bildbestand am besten greifbar in: Chmelarz, Eduard, Die Ehrenpforte des Kaisers Maximilian I. In: Jahrbuch der Kunsthistorischen Sammlungen des Allerhöchsten Kaiserhauses, Bd. 4, 1–2, 1886, 289–319, mit Supplementband, Nachdruck, Unterschneidheim 1972. Zu literarischen Wechselwirkungen Müller, Jan-Dirk, Gedechtnus. Literatur und Hofgesellschaft um Maximilian I., Forschungen zur Geschichte der älteren deutschen Literatur 2, München 1982, 148–159.

2 Fischnaler, Konrad, Ein Wort über die „Ehrenpforte" und das „Grabmal" Kaiser Maximilians. In: ders., Ausgewählte Schriften, 2 Bde., Innsbruck 1936, Bd. 2, 42–47, hier 45. Eine Gegenüberstellung der Motive bei Frenzel, Monika, Der Kenotaph Kaiser Maximilians I. in der Hofkirche zu Innsbruck, Innsbruck 2003.

3 Vgl. dazu zuletzt Schauerte, Thomas, Der Kaiser dem Kaiser – Maximilians Ehrenpforte als kunsthistorischer Sonderfall. In: Pokorny, Erwin, Madersbacher, Lukas (Hg.), Maximilianus. Die Kunst des Kaisers. L'arte dell'Imperatore, Ausstellungskatalog Schloss Tirol 2019 (im Druck).

zum Ausdruck gebracht werden: Die Ehrenpforte sollte durch schiere Größe überwältigen, zugleich aber auch durch ihre Materialität als Holzschnitt die technische Überlegenheit der kaiserlichen Kunstproduktion schlagend demonstrieren.

Doch damit fingen auch schon die Probleme an.

Denn natürlich war die Bilderwand nicht fertig montiert zu bekommen, sondern musste erst aus 36 großformatigen Papierbögen zugeschnitten und zusammengesetzt werden. Dazu hätten aufgrund von Irrtümern und Verwechslungen insbesondere beim Stammbaum auch noch nachträgliche Überklebungen vorgenommen werden müssen[4]. So ist es kein Wunder, dass man sich diese Mühe offenbar nur selten gemacht hat, denn heute lassen sich nur noch fünf montierte Exemplare als gesicherte Erstausgaben nachweisen[5]. Hinzu kommt, dass der Nürnberger Rat bereits im Juli 1518 seinem Gesandten Melchior Pfinzing am kaiserlichen Hof mit spürbarem Unbehagen berichten musste, dass *gedruckt figuren, in kais. maj. triumpf gehorig*, von einem fliegenden Händler bei einer Kirchweih feilgeboten wurden, nachdem er sie vorher von einem Unbekannten auf dem Saumarkt in Nürnberg erworben hatte[6]. Dies bedeutet nichts anderes, als dass mehrere Erstausgaben schon unmittelbar nach dem Druck als unvollständig gelten mussten. Und da sich zudem eine „Gebrauchsanweisung" weder in handschriftlicher noch in gedruckter Form erhalten hat, blieb die korrekte Zusammensetzung und Montierung auf einer zusammenrollbaren Leinwand letztlich dem Geschick des Besitzers überlassen[7].

Ein weiteres Problem lag in dem Umstand, dass für den todkranken Maximilian kaum noch ein Jahr blieb, um die Ehrenpforte ihren Adressaten zuzuführen. Gemäß dem Inhalt des Riesenholzschnitts können sie in die folgenden vier Gruppen eingeteilt werden: Ganz pragmatisch betrachtet sind dies zunächst Maximilians unmittelbare Nachkommen sowie all jene Historiographen, Genealogen und Künstler, die mit der kaiserlichen Memoria, insbesondere mit dem Grabmal betraut waren und denen damit ein inhaltlicher Leitfaden an die Hand gegeben war.

W. Traut, Relief 24 Historien, V/9 Königskrönung Maximilian. Stift Stams.
(s. Kat. Nr. 16_05)

Für die zweite Gruppe der Empfänger lassen sich immerhin zwei Exemplare mit hinreichender Sicherheit zuordnen. So geht zunächst aus einem Brief Maximilians vom 1. September 1517 an Johannes Stabius hervor, dass er Kurfürst Friedrich dem Weisen von Sachsen eine Ehrenpforte zukommen lassen solle, sobald sie fertig gedruckt sei[8]. Zu Friedrich hatte der Kaiser aufgrund von dessen vielfach erzeigter Loyalität und Friedfertigkeit wohl das engste Verhältnis unter allen Reichsfürsten[9]. Außerdem ist seine Tochter Margarethe, Statthalterin der habsburgischen Niederlande, zu nennen, was angesichts mehrfacher, oft brieflicher Fachdiskussionen vor allem über genealogische Fragen als Selbstverständlichkeit anzusehen ist, zumal ihr Maximilian auch die Reinzeichnung des Riesenholzschnitts zur kritischen Drübersicht hatte zukommen lassen[10]. Sie erhielt ihr Exemplar am 17. Februar 1518[11]. Damit aber wurden zwei Fürsten mit der Übersendung der Ehrenpforte bedacht, die dem engeren beziehungsweise engsten Umkreis Maximilians angehörten und in deren Augen der aufwendige Riesenholzschnitt als kaiserlicher Gnadenerweis und Freundschaftsversicherung gegolten haben mag. Als solcher wäre er dann auch an zahlreiche weitere Getreue des Kaisers zu verteilen gewesen (bei vielen

4 Nachweis bei Meder, Joseph, Dürer-Katalog. Ein Handbuch über Albrecht Dürers Stiche, Radierungen, Holzschnitte, deren Zustände, Ausgaben und Wasserzeichen, Wien 1932, 210 ff.

5 In den Kabinetten in Berlin, Braunschweig, Kopenhagen, London, Stockholm.

6 Schauerte, 2001 (wie Anm. 1), Q 48.

7 Vgl. etwa das altkolorierte Exemplar der dritten Auflage in der Albertina, Inv.-Nr. DG 1935/984.

8 Ebd., Q 41.

9 Dazu zuletzt Kohnle, Armin, Kaiser, Reichstag, Reichsreform. Friedrich der Weise und das Reich. In: Syndram, Dirk, Fritz, Yvonne, Zerbe, Doreen (Hg.), Kurfürst Friedrich der Weise von Sachsen (1463–1525). Beiträge zur wissenschaftlichen Tagung vom 4. bis 6. Juli 2014 auf Schloss Hartenstein in Torgau, 20–27, hier 22 f.

10 Schauerte, 2001 (wie Anm. 1), Q 16–18, 30.

11 Ebd., Q 46.

Relief Kenotaph IV, Krönung Maximilians zum Römischen König, 1486.
Hofkirche, Innsbruck.

womöglich als Kompensation für ausstehende Zahlungen)[12], wie das Analogiebeispiel des ebenfalls 1517 vollendeten „Teuerdank" zeigt, das einem Schreiben Erzherzog Ferdinands vom 26. März 1526 an Maximilians langjährigen Sekretär Marx Treitzsaurwein zu entnehmen ist. Danach sollten insgesamt vier Truhen voller Bücher *under unsern adel und ander unser underthan in den funf Niederösterreichischen landen* [...] sowie in Vorderösterreich ausgeteilt und „verehrt" werden[13].

Doch die propagandistischen Eigenschaften der Ehrenpforte, die sie zu einer Art politischem „Groß-Flugblatt" machen, sind wohl erst bei der dritten Adressatengruppe zum Tragen gekommen. Sie wird zwar in keiner Quelle ausdrücklich benannt, ist aber daraus zu erschließen, dass Benedictus Chelidonius den kaiserlichen Auftrag erhalten hatte, sämtliche Erläuterungen ins Lateinische zu übertragen[14]. Eine solche Ausgabe dürfte vor allem auf den europäischen Adel gemünzt gewesen sein. Dies unterstreicht ein Blick auf die Wappensuite über dem Hauptportal, denn von den insgesamt 108 Wappen handelt es sich um zehn sogenannte Anspruchstitel, darunter die „Sieben Königreiche" Ungarn, Portugal, England, Böhmen, Dalmatien, Kroatien und Bosnien, deren Tradition allerdings unklar bleibt und die auf Ansprüche aufgrund von Verschwägerungen zurückgehen[15]. Hinzu kamen als Anspruchstitel bis 1515 noch 22 spanische oder mit Spanien verbundene Herrschaften, denn erst 1516 war mit dem Tod Ferdinands des Katholischen die Erbfolge von Maximilians Enkel Karl wirklich gesichert. Gerade bei der spanischen Wappensuite zeigt sich also eine der Hauptabsichten der Ehrenpforte: Fast beiläufig kommen diese Schilde daher und man muss sie in der kleinteiligen Vielfalt der Bilderwand nachgerade suchen. Doch haben sie keine geringere Funktion, als die habsburgischen Ansprüche als heraldisch-genealogische Tatsachen wie einen bildlichen Beweis für

12 Dazu sind wohl jene (Reichs-)Städte zu zählen, zu denen Maximilian ein engeres Verhältnis hatte; 1519 erscheint ein koloriertes, auf Leinwand gezogenes Exemplar in Nürnberg, vgl. Timann, Ursula, Untersuchungen zu Nürnberger Holzschnitt und Briefmalerei in der ersten Hälfte des 16. Jahrhunderts. Mit besonderer Berücksichtigung von Hans Guldenmund und Niclas Meldemann, Kunstgeschichte 18, Münster 1993, 90. Am Druckort muss dies freilich kein kaiserliches Geschenk gewesen sein.

13 Ebd., Q 56.

14 Ebd., Q 50.

15 Ebd., 133 f.

deren – oft genug fragwürdige – Legitimität zu präsentieren. Und im Falle von England, Portugal oder Dalmatien hätten die darin vorgetragenen Ansprüche bei Fürsten jenseits der Reichsgrenze geradezu als Drohkulisse verstanden werden können – doch ist es zum Druck einer lateinischen Gesamtausgabe eben nicht gekommen[16].

Wenn sich dennoch verschiedene Ausgaben der Ehrenpforte in fast allen größeren graphischen Sammlungen der Welt erhalten haben, so liegt dies also nicht am höfischen Geschenkverkehr, sondern an einer vergleichsweise banalen Tatsache, die schließlich zum letzten der vier Adressatenkreise führt: den Käufern der Ehrenpforte. Dass hier schon bei Lebzeiten Maximilians eine Nachfrage von Sammlern bestanden haben muss, zeigte bereits der Marktverkauf unter den Augen des Nürnberger Rats im Sommer 1518. Doch schon Karl V. wies am 22. April 1522 Hans Paumgartner d. J. ganz pragmatisch an, er solle aus dem Verkauf sowohl der Ehrenpforte wie des Teuerdank tunlichst 600 fl. erlösen[17].

Allzu stark an den Idealen der italienischen Renaissance orientiert, haben gerade Kunsthistoriker der älteren Generationen den Riesenholzschnitt aus der Dürer-Werkstatt eher geringgeschätzt. Stellvertretend für viele andere kommentierte etwa der berühmte Heinrich Wölfflin 1905 abfällig: *„Das holzgeschnittene Ungetüm der Ehrenpforte ist immer ein schwer verdaulicher Brocken für die Bewunderer Dürers gewesen. (...) die Komposition an sich ist eine ungefüge und die Behandlung teilweise doch eine sehr spröde.“*[18]

Über Geschmack lässt sich bekanntlich streiten; unstrittig aber sollte sein, dass das Monumentalwerk der Ehrenpforte den Zweck ihres Auftraggebers vollauf erfüllt hat: Trotz der geschilderten Probleme der Montierung und Verteilung hat sie bis 1972 zahlreiche Auflagen, Nachdrucke und Reproduktionen erfahren und fehlt in kaum einer Publikation oder Ausstellung zur *Ars Maximilianea*. So bewahrt sie die Memoria des Kaisers auch noch ein halbes Jahrtausend nach seinem Tod.

LITERATUR

Chmelarz, Eduard, Die Ehrenpforte des Kaisers Maximilian I. In: Jahrbuch der Kunsthistorischen Sammlungen des Allerhöchsten Kaiserhauses, Bd. 4, 1–2, 1886, 289–319, mit Supplementband, Nachdruck, Unterschneidheim 1972.

Fischnaler, Konrad, Ein Wort über die „Ehrenpforte“ und das „Grabmal“ Kaiser Maximilians. In: ders., Ausgewählte Schriften, 2 Bde., Innsbruck 1936, Bd. 2, 42–47.

Frenzel, Monika, Der Kenotaph Kaiser Maximilians I. in der Hofkirche zu Innsbruck, Innsbruck 2003.

Kohnle, Armin, Kaiser. Reichstag. Reichsreform. Friedrich der Weise und das Reich. In: Syndram, Dirk, Fritz, Yvonne, Zerbe, Doreen (Hg.), Kurfürst Friedrich der Weise von Sachsen (1463–1525). Beiträge zur wissenschaftlichen Tagung vom 4. bis 6. Juli 2014 auf Schloss Hartenstein in Torgau, 20–27.

Meder, Joseph, Dürer-Katalog. Ein Handbuch über Albrecht Dürers Stiche, Radierungen, Holzschnitte, deren Zustände, Ausgaben und Wasserzeichen, Wien 1932.

Müller, Jan-Dirk, Gedechtnus. Literatur und Hofgesellschaft um Maximilian I. Forschungen zur Geschichte der älteren deutschen Literatur, 2, München 1982.

Schauerte, Thomas, Die Ehrenpforte für Kaiser Kaiser Maximilian I. Dürer und Altdorfer im Dienst des Herrschers, Kunstwissenschaftliche Studien 95, München/Berlin 2001.

Schauerte, Thomas, Der Kaiser dem Kaiser – Maximilians Ehrenpforte als kunsthistorischer Sonderfall. In: Pokorny, Erwin, Madersbacher, Lukas (Hg.), Maximilianus. Die Kunst des Kaisers. L'arte dell'Imperatore, Ausstellungskatalog Schloss Tirol 2019 (im Druck).

Timann, Ursula, Untersuchungen zu Nürnberger Holzschnitt und Briefmalerei in der ersten Hälfte des 16. Jahrhunderts. Mit besonderer Berücksichtigung von Hans Guldenmund und Niclas Meldemann, Kunstgeschichte 18, Münster 1993.

Wölfflin, Heinrich, Die Kunst Albrecht Dürers, München 1919.

16 Lediglich der Separatdruck der 24 Historien, Ausgabe C, erschien etwa 1520 mit den lateinischen Verstiteln des Chelidonius (s.o.), vgl. ebd., 464 f.

17 Ebd., Q 54.

18 Wölfflin, Heinrich, Die Kunst Albrecht Dürers, München ^{3}1919, 245.

Sabine Weiss

KAISER MAXIMILIAN UND TIROL

Mit dem „Land im Gebirge“ war Maximilian zeitlebens eng verbunden, es war sein liebstes Land. Er wusste, dass sein Vater Friedrich III. im Jahr 1415 in Innsbruck geboren wurde und einige Jahre unter der Vormundschaft des Tiroler Landesfürsten verbracht hatte. Ihm war auch bekannt, dass der Kaiser seinem Vetter, Herzog Sigismund, im Jahr 1477 erlaubt hatte, sich künftig „Erzherzog von Österreich“ zu nennen. Natürlich erfuhr er darüber hinaus, dass sein Vater im Jahr 1485 vor Matthias Corvinus flüchtete und auf 28 Wagen seine wertvollste Habe sowie seine Tochter Kunigunde nach Innsbruck bringen ließ, auch selbst kurz hier verweilte.[1]

Maximilian seinerseits war im Jahr 1489 erstmals kurz in Tirol, danach für längere Zeit im Frühjahr 1490. Er überredete Erzherzog Sigismund zur Abdankung und übernahm am 16. März 1490 die Herrschaft. Er blieb allerdings nicht ständig in Tirol, denn er regierte auch noch die Niederlande. Zusätzlich musste er sich um das Heilige Römische Reich kümmern, denn 1486 war er zum Römischen König gewählt worden, also zum deutschen König, der im Hinblick auf die bevorstehende Kaiserkrönung in Rom bereits Römischer König genannt wurde.

Nach dem Tod seines Vaters, Kaiser Friedrichs III., wurde Maximilian im Jahr 1493 Oberhaupt des Heiligen Römischen Reiches und bereitete sich auf den Romzug vor, an dem er allerdings durch die Venezianer gehindert wurde, weshalb er sich am 4. Februar 1508 in Trient zum „Erwählten Römischen Kaiser“ proklamieren ließ.

Für den nun beginnenden, acht Jahre dauernden Venezianerkrieg war Tirol die territoriale und finanzielle Ausgangsbasis. Den Hauptanteil an der Finanzierung des Krieges leisteten die Tiroler Landstände. Doch sie wollten vor allem ihre Heimat schützen und erreichten im sogenannten Landlibell von 1511, dass ihre Truppen nicht außerhalb des Landes eingesetzt werden durften.

In Tirol ließ Maximilian die meisten Waffen herstellen. Im Jahr 1503 wurde die Gusshütte in Mühlau eingerichtet, sie goss Geschütze aller Kaliber, die Kalibereinteilung stammte von Maximilian; in den Plattnerwerkstätten in Mühlau und Innsbruck wurden Harnische hergestellt. Zur Aufbewahrung des Kriegsgeräts, zeitgenössisch „Zeug“ genannt, wurde in den Jahren 1500–1505 in Innsbruck ein neues Zeughaus an der Sill, außerhalb der Stadtmauern, errichtet.

Aber der König liebte an Tirol auch die vielfältigen Jagdmöglichkeiten. Besonders die Gämsenjagd hatte es ihm angetan, denn er war ein gewandter Kletterer. Dabei wäre er bei einer Jagd in der Martinswand im Jahr 1499 fast in den Tod gestürzt.[2]

Auf seinen Jagden kam Maximilian in engen Kontakt mit der einheimischen Bevölkerung, vor allem mit Jägern und Bauern. Die persönliche Bekanntschaft mit Tiroler Bauern spiegelt sich in seinem Ausspruch wider, Tirol sei *„ein grober Bauernkittel, aber trotzdem gut, warm und bequem.“*[3]

Jörg Kölderer, Jagd- und Fischereibuch, 1504, „Der Giessen auf der Langen Wiese“. ÖNB, Wien, Inv. Nr. Cod. 7962, Fol. 12 v. (s. Kat. Nr. 04_02)

1 Weiss, Sabine, Maximilian I. Habsburgs faszinierender Kaiser, Innsbruck/Wien 2018, 303 ff.

2 Weiss, Sabine, Kaiser Maximilian. Maximilian in neuem Licht. Goldenes Dachl – Martinswand – Triumphzug – Grabmonument, Tiroler Heimat 83, Innsbruck 2019 (im Druck).

3 Korenjak, Martin, Wie Tirol zum Land im Gebirge wurde. Eine Spurensuche in der Frühen Neuzeit. In: Bewegte Geschichte. Storia in movimento 21, Innsbruck/Wien 2012, 140–162, bes. 144.

Niklas Türing d. Ä., Reliefs vom Goldenen Dachl, 1500 fertig gestellt.
Foto Frenzel.

Innsbruck wurde durch Maximilian zum internationalen Treffpunkt. Fürsten und ausländische Gesandte kamen in die Stadt, um den Herrscher zu treffen. Er sorgte aber auch selbst für europaweite Verbindungen durch die von ihm hier eingerichtete Post; die Organisation überließ er der aus Italien stammenden Familie Taxis.

Maximilian erweiterte die Innsbrucker Hofburg, nutzte aber auch die günstig gelegene alte Residenz am Stadtplatz. Nach Erzherzog Sigismunds Tod (1496) ließ er sie mit einem Prunkerker versehen, dessen Dach mit feuervergoldeten Kupferschindeln gedeckt war und dem Anbau einen berühmten Namen gab: *Goldenes Dachl*. Auf ihm präsentierte er sich als neuer Tiroler Landesfürst mit seinen beiden Gemahlinnen Maria von Burgund und Bianca Maria Sforza von Mailand sowie mit seinen beiden Tiroler Vorgängern, nämlich seinem Vater Friedrich III. und seinem Vetter Sigismund.[4]

Maximilian kümmerte sich um die Hygiene in Innsbruck und befahl Brandschutzmaßnahmen. Die Häuser sollten mit Zinnen versehen werden, d. h. mit einer über das Dach hinaus hochgezogenen, zinnenbekrönten Mauer, um das Übergreifen der Flammen auf die Nachbarhäuser zu verhindern; demselben Zweck dienten die Grabendächer mit hochgezogenen Fassaden.

Maximilians Fürsorge galt auch den Armen der Stadt, ihnen ließ er täglich Almosen reichen. Selbst um die Aussätzigen kümmerte er sich: Im Jahr 1500 schärfte er der zuständigen Behörde ein, dass sie wie bisher ihre wöchentliche Ration Wein erhielten.[5] Für die alten und kranken Hofbediensteten gründete er im Jahr 1508 das Hofspital.[6]

Maximilian hat Tirol vergrößert: Im Jahr 1500 wurde ein Teil der vorderen Grafschaft Görz eingegliedert, im Jahr 1504 folgten die drei bayrischen Gerichte Kufstein, Kitzbühel und Rattenberg, im Jahr 1516 die sogenannten „Welschen Confinen" Riva, Rovereto, Ala und Cortina. Dieser um ein Drittel erweiterte Besitzstand blieb bis zum Ende des Ersten Weltkriegs (1918) bestehen.

Der königliche Landesfürst ließ Tirol in reich bebilderten Werken dokumentieren: Der Bestand an Tiroler Kriegsmaterial wurde in *Zeugbüchern* verzeichnet, die Jagdreviere sind im *Tiroler Jagdbuch* abgebildet, die Fischgründe im *Tiroler Fischereibuch*. Die Abbildungen in diesen Büchern stammen von seinem Hofmaler Jörg Kölderer, der damit ein wirklichkeitsgetreues Bild von Land und Leuten schuf, einzigartig in dieser Zeit.

LITERATUR

Korenjak, Martin, Wie Tirol zum Land im Gebirge wurde. Eine Spurensuche in der Frühen Neuzeit. In: Bewegte Geschichte. Storia in movimento 21, Innsbruck/Wien 2012, 140–162.

Weiss, Sabine, Maximilian I. Habsburgs faszinierender Kaiser, Innsbruck/Wien 2018.

Weiss, Sabine, Kaiser Maximilian. Maximilian in neuem Licht. Goldenes Dachl – Martinswand – Triumphzug – Grabmonument, Tiroler Heimat 83, Innsbruck 2019 (im Druck)

Wiesflecker, Hermann (Bearb.), Regesta Imperii 3, 1, Nr. 9768, Wien/Köln/Weimar 1996.

Wiesflecker-Friedhuber, Inge, Kaiser Maximilian I. und die Stadt Innsbruck, Archiv für österreichische Geschichte 138, Wien 2005.

4 Weiss, 2018, 317 ff.

5 Wiesflecker, Hermann (Bearb.), Regesta Imperii 3, 1, Nr. 9768, Wien/Köln/Weimar 1996.

6 Wiesflecker-Friedhuber, Inge, Kaiser Maximilian I. und die Stadt Innsbruck, Archiv für österreichische Geschichte 138, Wien 2005, 125–158.

Markus Wimmer, Christian Gepp

INNSBRUCK – WIENER NEUSTADT UND RETOUR? (1519–1946)

DES KAISERS TESTAMENT

In den Jahren zwischen 1943 und 1945 war die Stadt Wiener Neustadt Ziel vielfacher Luftangriffe, die vorwiegend von der 15. US-Luftflotte geflogen wurden. Die massiven Angriffe richteten sich gegen die dort ansässigen Rüstungsbetriebe, allen voran gegen die Wiener Neustädter Flugzeugwerke, in denen ein großer Teil der deutschen Jagdflugzeuge gefertigt wurden. Daneben beheimatete Wiener Neustadt Munitionsfabriken und einen strategisch bedeutenden Flugplatz.[1] Ende des Zweiten Weltkriegs 1945 blieben nur 0.43 % der Gebäude[2] in der Stadt unbeschädigt. Mehr als 900 Menschen verloren durch die Luftangriffe ihr Leben[3].

Beim 27. Luftangriff am 31. März 1945, der erneut die Rüstungsbetriebe treffen sollte, landeten zahlreiche Bomben im Stadtzentrum und zerstörten die Sankt-Georgs-Kathedrale in der Wiener Neustädter Burg. Seit 1519 befindet sich hier die Grablege Kaiser Maximilians I., der in der spätgotischen Kirche getauft wurde und diese testamentarisch als Ort seiner Grablege bestimmt hatte. Er wollte unter dem Altar der Kathedrale so bestattet werden, dass der Priester bei der Zelebrierung der heiligen Messe direkt über seiner Brust stehen musste. Die schweren Zerstörungen der Kathedrale hatten zur Folge, dass auch das Grab Maximilians erheblich in Mitleidenschaft gezogen wurde und der Sarg mit dem Leichnam des Kaisers geborgen werden musste[4].

Die Hofkirche in Innsbruck in der ehemaligen Residenzstadt Kaiser Maximilians I. war während des Zweiten Weltkriegs von Luftangriffen weitestgehend verschont geblieben, obwohl mehrere Häuser in der unmittelbaren Nachbarschaft schwer beschädigt wurden. Die wenigen Schäden an der Hofkirche waren bereits im Januar 1946 ausgebessert und die Bronzefiguren („Schwarze Manda“), die man zum Schutz vor Beschädigungen ins Umland in Sicherheit gebracht hatte, waren ebenfalls wieder an ihren angestammten Platz zurückgekehrt[5]. Dieser Umstand schien eine Überführung des Leichnams Kaiser Maximilians I. von Wiener Neustadt nach Innsbruck, in das intakte Grabmal in der Hofkirche nahezulegen. Der Landeskonservator von Innsbruck übermittelte eine fundierte Darstellung

---

1 Reisner, Markus, Bomben auf Wiener Neustadt. Die Zerstörung eines der wichtigsten Rüstungszentren des Deutschen Reiches, Berndorf 2014, 29–59.

2 Ebd., 4.

3 Ebd., 275.

4 Siehe hierzu das in der Ausstellung gezeigte Zeitzeugen-Interview mit Frau Hilde Schnötzinger.

5 Österreichisches Staatsarchiv (OESTA)/Haus-, Hof- und Staatsarchiv (HHStA)/Sonderbestände (SB)/Registratur des Haus-, Hof- und Staatsarchives (R)/Kurrentakten des Haus-, Hof- und Staatsarchives (K)/65/1946/Geplante Übertragung der Leiche Kaiser Maximilian I. von Wiener Neustadt nach Innsbruck/Abschrift des Schreibens des Landeskonservators von Tirol Januar 1946, fol. 2; darin zitiertes Archivmaterial: OESTA/HHStA/Urkundenreihe, Siegelabguß- und Typarsammlung, Staatsverträge Abschriften und Drucke/Habsburg-Lothringische Familienurkunden/1117/Testament Kaiser Maximilians I. samt einer Einfügung vom 11. Januar 1519 in Betreff des eingesetzten Regiments für die Erblande; OESTA/HHStA/Habsburg-Lothringische Hausarchive/Hausarchiv/Familienakten/17/Grabstätten und Leichenübertragungen, Geistliche Stiftungen; OESTA/HHStA/SB/Sonderbestände B/Nachlass Ernst Birk – Wissenschaftliche Materialien.

dieser Überlegung an das damalige Staatsdenkmalamt, der nachfolgende Überlegungen zu Grunde liegen.

Die Nachricht von der schweren Zerstörung der Sankt-Georgs-Kathedrale, von der nur noch die Wand an der Westseite stand, erregte in Innsbruck Besorgnis, da Kaiser Maximilian I. *„in Tirol immer noch die Liebe und Verehrung des Volkes besitzt, weil der ‚letzte Ritter' in Sagen und Mythen noch lebendig ist, weil der Gedanke unerträglich ist, dass seine sterblichen Reste unwürdig unter Trümmern liegen."* Der Tatsache, dass Kaiser Maximilian I. in seinem Testament die Sankt-Georgs-Kathedrale in Wiener Neustadt als seine letzte Ruhestätte bestimmt hatte, war sich der Landeskonservator durchaus bewusst. Ebenso vertrat er die Meinung, dass der ursprüngliche Plan Maximilians, sich in Innsbruck bestatten zu lassen, nicht an dessen Verärgerung über einige Innsbrucker Gastwirte scheiterte, die während des letzten Aufenthalts des Kaisers im November 1518 auf die Tilgung von Schulden drängten. Um ihrer Forderung Nachdruck zu verleihen, verweigerten die Gastwirte die Unterbringung von Pferden des Hofes in ihren Stallungen[6]. Vielmehr hatte Maximilian diese Entscheidung schon früher getroffen. Da die Hofkirche in Innsbruck erst im Jahr 1563 fertiggestellt wurde, stand sie nicht als Ort der Grablege zur Verfügung. Dennoch gab es bereits während ihrer Errichtung, im Jahr 1555, Bemühungen, den Leichnam Maximilians I. nach Innsbruck zu überführen, da hier das Grabmal nach den Vorstellungen des Kaisers errichtet wurde. Die Hofkirche erschien ohne den Leichnam unvollständig. Der Grund, warum die Überführung nicht erfolgt war, blieb dem Landeskonservator verborgen. Die sterblichen Überreste Maximilians I. verblieben, trotz bis ins 18. Jahrhundert fortgesetzter Bemühungen, in Wiener Neustadt. Auf Grund der Zerstörung der Sankt-Georgs-Kathedrale scheint dem Verfasser eine Veränderung der Situation eingetreten zu sein, denn selbst *„wenn man mit der Zeit in Wiener Neustadt an einen Neubau denken sollte, ist es nie mehr die Kirche, in der zu ruhen Maximilian bestimmt hatte."* Eine Überführung in die Kapuzinergruft in Wien schließt der Landeskonservator als *„unhistorisch und abwegig"* aus, da eine Gruft aus der Barockzeit nicht in Frage kommen könnte. *„Unter den obwaltenden Umständen gibt es nur die Möglichkeit die Gebeine Maximilians in jenem Land beizusetzen, das er wie kein anderes geliebt hat und wo ihm die grossartige Ruhestätte erwartet, die er selbst in allen Einzelheiten erträumt und festgelegt hat."*[7]

Das Staatsdenkmalamt übersandte das Schreiben des Landeskonservators an den Generaldirektor des Österreichischen Staatsarchives, der dieses am 24. Januar 1946 erhielt und umgehend an den Direktor des Haus-, Hof- und Staatsarchives zwecks Erstellung eines Gutachtens weiterleitete. Das Staatsdenkmalamt fügte vom Standpunkt der Denkmalpflege hinzu, dass die Verlegung des Grabes Maximilians I. nach Innsbruck die Wiederherstellung der Sankt-Georgs-Kathedrale erschweren dürfte[8]. Die Angelegenheit wurde einer ausführlichen Prüfung unterzogen, deren Ergebnisse im Gutachten vom 2. Februar 1946, das in vierfacher Ausfertigung erstellt wurde, zusammengefasst sind. Diesem ist das Nachfolgende zu entnehmen.

Der Maler und Gießer Gilg Sesselschreiber (1460/65–1520)[9] hatte 1501 die ersten Zeichnungen für die Bronzestatuen des Grabmals entworfen und begann 1508 mit deren Fertigung in der Gusshütte in Mühlau. Dies wird als Beleg herangezogen, dass Maximilian I. sich bereits sehr früh mit der Gestaltung seiner letzten Ruhestätte befasste. Als der Kaiser starb, waren nur wenige der 28 Bronzefiguren fertiggestellt. Die letzte, Chlodwig, wurde um 1550 von Gregor Laiminger (1490–1565) angefertigt[10]. 1514 wollte, nach Ansicht

6 Unterkircher, Carl, Chronik von Innsbruck, Innsbruck 1897, 369.

7 OESTA/HHStA/SB/R/K/65/1946/fol 2.

8 Ebd., fol. 3.

9 Vgl. Kobler, Friedrich, Sesselschreiber Gilg, in: Deutsche Biographie 24, 2010, 273–274, online unter: Deutsche Biographie, https://www.deutsche-biographie.de/pnd118764799.html#ndbcontent (30.01.2019).

10 Vgl. Egg, Friedrich, Löffler, Gregor, in: Deutsche Biographie 15, 1987, online unter: Deutsche Biographie, https://www.deutsche-biographie.de/pnd129149365.html#ndbcontent (30.01.2019).

Die Bergung des Sarges Maximilians I. 1946.
Stadtarchiv Wiener Neustadt, Fotonummer 6884 und 6900.

des Gutachters, Maximilian I. sein Grabmal in der Stiftskirche von Mondsee errichten lassen und bis zu dessen Vollendung in der Sankt-Georgs-Kathedrale von Wiener Neustadt beigesetzt werden. Erst seinem in Wels verfassten Testament vom 30. Dezember 1518 ist zu entnehmen, dass es sein *„endlicher Wille und Meinung"* ist, dass sein Leichnam in Wiener Neustadt bestattet werden soll. Dafür entwarf er ein genaues Konzept, wie u. a. die Statuen aufgestellt werden sollten. Auch der im Neukloster von Wiener Neustadt begrabene Leichnam der Eleonore von Portugal (1436–1467), der Mutter des Kaisers, sollte in die Sankt-Georgs-Kathedrale überführt werden. Darüber hinaus enthält das Testament noch weitere Verfügungen. Der vakante Bischofssitz Wiener Neustadt sollte wieder besetzt werden. In neun Städten in den Niederlanden und Österreich wurde die Stiftung von Spitälern vorgesehen und die Errichtung von zwei Sankt-Leopoldskirchen verfügt. Innsbruck sollte ein Spital und eine der Kirchen erhalten. Die Enkel Maximilians I., Karl V. (1500–1558) und Ferdinand I. (1503–1564), wurden als Exekutoren des Testamentes eingesetzt. Wie sich in der zweiten Hälfte des 16. Jahrhunderts in mehreren Berichten zeigte, wurden nur wenige dieser Verfügungen umgesetzt. Die Überführung des Leichnams der Mutter unterblieb, ebenso der Bau beider Sankt-Leopoldskirchen und auch die Errichtung der Spitäler. Die Unterlagen, die den Bau des Grabmals dokumentierten, ließ Kaiser Ferdinand I. in einem Haus in der Wiener Kärntnerstraße sammeln und von seinem Hofhistoriographen verwalten.[11]

Der Leichnam Maximilians I. wurde mit einem feierlichen Trauerzug von Wels nach Wiener Neustadt, unterbrochen von einer Begräbnisfeier im Wiener Stephansdom, überführt und anschließend beigesetzt. Bereits acht Jahre danach wurde jedoch Jörg Kölderer beauftragt, verschiedene Kirchen in Wiener Neustadt und Wien als Ort für die Grablege Kaiser Maximilians I. zu evaluieren. Dieser hielt jedoch an der Sankt-Georgs-Kathedrale fest und entwarf eine Skizze des Innenraums, in dem die Bronzestatuten aus Mühlau aufgestellt werden sollten. Der Verfasser des Gutachtens bezieht sich dabei auf einen Bericht Wilhelms von Schürff aus dem Jahre 1547. Das Gutachten geht weiters davon aus, dass die Errichtung der Innsbrucker Hofkirche in Zusammenhang mit der im Testament verfügten Sankt-Leopoldskirchen zu sehen ist. Das Testament sollte mit der dortigen Errichtung des Kenotaphs seine Erfüllung erhalten. Damit gewann die Überlegung, den Leichnam Maximilians I. nach Innsbruck zu überstellen, zunehmend an Bedeutung. Das einzige Hindernis war der letzte Wille des Kaisers, in dem Wiener Neustadt als Grablege festgelegt worden war. Diesen Zwiespalt versuchte Papst Pius IV. (1499–1565) mit einem Schreiben vom 11. November 1563 aus der Welt zu schaffen, in dem er schrieb: *„non obstante ultima dicti Maximiliani imperatoris voluntate, si forte corpus suuum* [sic!] *in ecclesia Novae Civitatis sepeliri mandavit caeterisque contrariis quibuscunque"*[12]. Kaiser Ferdinand I. und dessen Nachfolger bemühten sich um die Realisierung

11 OESTA/HHStA/SB/R/K/65/1946/fol 4.

12 Sinngemäße Übersetzung der Autoren: „obwohl der letzte Wille Kaiser Maximilians sagt, wenn etwa sein Körper in der Kirche Wiener Neustadt begraben wird, berichtet jeder andere Gegenteiliges."

des Vorhabens. So wurde 1578 die Überführung des Leichnams zwischen Kaiser Rudolf II. (1552–1612) und Erzherzog Ferdinand von Tirol (1529–1595) erneut thematisiert. Es wurde eine Kommission zusammengestellt, der auch der Bischof von Wiener Neustadt angehörte, die mit den Planungen der Überführungsfeierlichkeiten betraut wurde. In 11 Tagen sollte der Leichnam auf dem Landweg von Wiener Neustadt bis nach Kufstein transportiert werden. Man rechnete dabei mit Schwierigkeiten, die sich besonders aus der damaligen angespannten konfessionellen Situation ergaben. Zuvor hatte man bereits das Grab in Wiener Neustadt geöffnet und den morschen Sarg mit einem neuen umfasst. Gleichzeitig wurde eine Tafel entworfen, die BesucherInnen der Sankt-Georgs-Kathedrale darüber informieren sollte, dass Kaiser Maximilian I. „*ex suo testamento*" nach Innsbruck überführt worden sei. Die Finanzierung des Transportes, dessen Kosten auf mehr als 8.000 fl. geschätzt wurden, blieb ungeklärt. 1739 kam der Historiograph Marquard Herrgott (1694–1762) im Auftrag Kaiser Karls VI. (1685–1740) nach Wiener Neustadt und untersuchte das Grab, wobei er durch den vermoderten Sarg den Leichnam Maximilians I. erkannte. Da Kaiser Karl VI. die Öffnung des Grabes bereits Jahre zuvor abgelehnt hatte, entschied auch er sich dagegen.[13]

Diese fand erst rund dreißig Jahre später tatsächlich statt. Nachdem die Marmorplatte abgenommen wurde, entdeckte man einen hölzernen Sarg, der mit Leder überzogen und mit einem einfachen Kreuz verziert war. Die eisernen Bänder hielten ihn kaum noch zusammen. Daraufhin wurde der Sarg in einer feierlichen Zeremonie geborgen und geöffnet. Der Leichnam Maximilians I. befand sich in einer dreifachen, mit Kalk bestreuten Umhüllung. Neben ihm lag ein zerbrochenes, hölzernes und mit Goldverzierungen geschmücktes Kreuz, eine Bleitafel, ein kleiner Beutel aus rotem Samt und Reisig. Seine Hände waren durch einen Rosenkranz verbunden. Die sterblichen Überreste des Kaisers wurden anschließend enthüllt und in einen neuen hölzernen Sarg gebettet, der in einem Sarg aus Kupfer liegt und erneut in der Gruft bestattet wurde.[14]

Erst die schweren Luftangriffe, die Wiener Neustadt in den Jahren 1943 bis 1945 erschütterten und massive Zerstörungen an der Stadt verursachten, brachten den Sarg Maximilians erneut ans Licht. Damit trat auch die Idee der Überführung des Leichnams von Wiener Neustadt nach Innsbruck neuerlich in Erscheinung, bis diese mit dem neuerlichen Hinweis auf das Testament Maximilians I., in dem er selbst die Burgkirche von Wiener Neustadt als den Ort seiner Grablege festgelegt hatte, endgültig verworfen wurde.

LITERATUR

Egg, Friedrich, Löffler, Gregor, in: Deutsche Biographie 15, 1987, online unter: Deutsche Biographie, https://www.deutsche-biographie.de/pnd129149365.html#ndbcontent (30.01.2019).

Kobler, Friedrich, Sesselschreiber Gilg, in: Deutsche Biographie 24, 2010, 273–274, online unter: Deutsche Biographie, https://www.deutsche-biographie.de/pnd118764799.html#ndbcontent (30.01.2019).

Reisner, Markus, Bomben auf Wiener Neustadt. Die Zerstörung eines der wichtigsten Rüstungszentren des Deutschen Reiches, Berndorf 2014.

Unterkircher, Carl, Chronik von Innsbruck, Innsbruck 1897.

Vogl, Johann, Österreichisches Morgenblatt, 12, Wien 1847.

13 OESTA/HHStA/SB/R/K/65/1946/fol 4.

14 Vogl, Johann, Österreichisches Morgenblatt, 12, Wien 1847, 126.

KATALOG

Mit wissenschaftlichen Beiträgen von
Dr. Monika Frenzel *MF*
Dr. Matthias Pfaffenbichler *MPF*
Univ.-Prof. Dr. Nicole Riegel *NR*
DI Reinhard Munzel *RM*
Christian Gepp B.A.M.A. *CG*
Stefanie Heim, BA MA *SH*
Mag. Marianne Oberladstätter *MO*
Univ.-Prof. Dr. Mario Klarer *MK*
Mag. David Messner *DM*

RAUM_01-03

FOYER, STIEGENAUFGANG, KANONE

Im Foyer begrüßen den Besucher zwei großformatige Szenen aus dem Triumphzug: Herolde, Fanfaren und Wappenträger geleiten an den seitlichen Wänden ins Innere der Hofburg.

Im Stiegenaufgang führt ein Feldlager zur überdimensionalen Darstellung der Belagerung von Kufstein (KENOTAPH XIV).

Durch die Mündung eines Kanonenrohres betritt der Besucher die Ausstellung.

Maximilian liebte seine Kanonen, die großteils in Innsbruck gefertigt wurden, und gab ihnen skurrile Namen, wie z. B. Purlepauz und Weckauf v. Österreich (10_11, 10_12).

01_01, 01_02

TRIUMPHZUG KAISER MAXIMILIANS I.

ALBRECHT ALTDORFER UND WERKSTATT

um 1512–1515, Regensburg
Konzeption: Stabius und Maximilian I., Marx Treitzsaurwein
Vermittlung an Altdorfer sowie Skizzen: Jörg Kölderer

Federzeichnungen mit Aquarell- und Deckfarbenmalerei auf Pergament, jedes Blatt ca. 45 × 95 cm, erhaltene Blätter von fol. 49–109
Grafische Sammlung Albertina, Inv.-Nr. 25205-25263

Der „Miniaturen-Triumphzug", wie er wegen seiner Farbigkeit auch genannt wird, bildete das umfangreichste Auftragswerk Kaiser Maximilians I. Dieser hatte real nie stattgefunden, sondern stellte eine Verherrlichung des Erzhauses mit Hilfe der neuen Druckgrafik dar.

Maximilians Idee war es, mittels eines imaginären Festumzuges die wichtigsten Ereignisse seines Lebens, Schlachten wie Hochzeiten, verbrämt durch seinen Hofstaat, Herolde, Landsknechte sowie durch reich geschmückte Wägen, die seine Familie wie auch den Hausschatz zeigten, zu präsentieren. Die Miniaturen, auf kostbarem Pergament gemalt, waren vermutlich für den Kaiser selbst als exklusive Ausgabe bestimmt. Berittene Herolde, Bannerträger und Landsknechte eröffnen den Reigen. *MF*

01_01

02_01
KENOTAPH: RELIEF N° XIV
ALEXANDER COLIN

Carrara-Marmor, 83 × 56 cm, rückwärtige Schmalseite
Hofkirche Innsbruck, 1562–1566
„Eroberung der Feste Kufstein" Relief N° XIV

Maximilian kommandiert in Feldherrenpose das Abfeuern der Kanonen, während rund um ihn Landsknechte und Berittene kämpfen. Im „Spruch zu Köln" kommen die Gerichte Kufstein, Rattenberg und Kitzbühel 1504 zu Tirol. Im „Kufsteiner Blutgericht" rechnete er mit dem bayerischen Verteidiger der Festung ab und ließ die Anführer enthaupten. Die zerstörte Festung ließ er wieder aufbauen. *MF*

02_01

03_01

MAXIMILIAN I. IN RÜSTUNG

PETER PAUL RUBENS

Flämisch, um 1618
Eichenholz, 140,5 × 101,5 cm
Kunsthistorisches Museum Wien, GG, Inv. Nr. 700

Idealbildnis in Siegerpose mit glänzendem Harnisch und burgundischem Waffenrock.

Auf der Rüstung prangt mächtig das Emblem des Ordens vom Goldenen Vlies mit seinem Funken schlagenden Feuerstein. Die Rüstung selbst ist in Gold ziseliert und mit erhöhten Kanten und Stegen in Goldätzung gearbeitet.[1] Der Schaller ist – unüblicherweise – mit Perlen, Golddekor und Edelsteinen verziert. Über einer Binde in Blau-Weiß-Rot ist noch eine Krone befestigt, ebenfalls reich geschmückt. Die Gesichtszüge deuten auf einen älteren Mann hin, was jüngste Vermutungen in Frage stellt, dass es sich dabei um Philipp d. Schönen handeln könnte.[2] Im Hintergrund ist eine Seenlandschaft zu sehen und links ein roter, drapierter Vorhang.

Möglicherweise hat Rubens, wie Sabine Weiss[3] vermutet, verschiedene Elemente aus unterschiedlichen Bildern zusammengefügt: Der Waffenrock ist in ähnlicher Art auf einem Altargemälde zu sehen, welches Philipp d. Schönen und Johanna zeigt.[4]

Beachtlich ist die malerische Behandlung der Rüstung mit ihren glänzenden Metalleffekten, wobei es Rubens gelungen ist, schimmernde Glanzpunkte zum Ruhm des Herrschers hinzuzufügen. *MF*

1 In der Art des Lorenz Helmschmid (Schütz).
2 Diese Diskussion ist nicht folgerichtig, denn Philipp starb als 28-Jähriger und die Rubens-Darstellung zeigt einen älteren Kämpfer in Rüstung.
3 Weiss, Maximilian I., 2018, 360.
4 Brüssel, Musées royaux des Beaux Arts de Belgique, IN 2405, 2406.

LITERATUR:
AK Maximilian I. Triumph eines Kaisers, 2005, V. 46.
Weiss, Maximilian I., 2018, 112, 360.

03_01

RAUM_04

KAMMER

MAXIMILIANS RÜCKSCHAU AUF SEIN LEBEN

In der Hofburg zu Innsbruck, im Wappenturm (15_11, 15_12) ließ sich Maximilian eine „Kürnstube" einrichten, wo er Teile seiner Jagdtrophäen aufbewahrte. Er selbst hielt sich gerne dort auf, waren hier auch seine Vogelkäfige untergebracht. In einer getäfelten Stube ist Maximilian gleich zweimal präsent: durch die Dürer-Kopie (04_06) und zu Pferde im Reisekleid (04_09).

Er erinnert sich an seine Kinder (04_05), besonders an Margarete (04_10), mit der er im Alter ein sehr gutes Verhältnis hatte. Teile seiner Ruhmeswerke werden kurz vorgestellt, der Weisskunig (04_01), der Triumphzug (04_03) und das Jagd- & Fischereibuch (04_02).

04_01 (ohne Abbildung)

WEISSKUNIG

LEONHARD BECK, HANS BURGKMAIR D. Ä., HANS SCHÄUFELEIN, HANS SPRINGINKLEE (HS), TEXT MARX TREITZSAURWEIN

1505–1516, Ausgabe 1775

237 Holzschnitte, Druck auf Papier, 36 × 25 cm geschlossen, 37 × 47 cm geöffnet Kunsthistorisches Museum Wien, Bibl. 13948

Kaiser Maximilian I. konzipierte den Text zu seiner Biographie und diktierte ihn teilweise seinem Geheimsekretär Marx Treitzsaurwein v. Ehrentreitz. Der Weisskunig sollte seiner „Memoria“ und politischen Legitimation dienen. Es ist eine Mischung aus Heldenroman, Chronik und Fürstenspiegel, wobei manches geschönt wurde, was besonders in Maximilians Jugend nicht so reibungslos vonstatten ging (z. B. Entwicklung seiner Sprache).

Das Prosawerk beinhaltet wahre Begebenheiten, die von realen politischen Protagonisten erzählen und erst nachträglich durch verschlüsselte Namen verschleiert worden sind. Der Name „Weisskunig“ leitet sich von der Farbe Weiß ab, gleichzeitig verdeutlicht er auch Begriffe wie Reinheit und Weisheit. Weisskunig ist natürlich Maximilian selbst, die Bezeichnungen der anderen Herrscher hängen häufig mit heraldischen Zeichen zusammen, etwa blau (Lilien) für den französischen König = der „blaue König“, der „alte weiße König“ (= Friedrich III.), der „König mit den drei Kronen“ (= Papst), der „König vom Feuereisen“ (= Karl d. Kühne) oder „der König vom Wurm“ (= Lodovico Sforza), der „Hermelkönig“ (= Herzog der Bretagne) und „der König vom Fisch“ (= Doge v. Venedig) ...

Die Geschichte teilt sich in drei Abschnitte; der erste Teil berichtet die Lebensgeschichte seines Vaters Friedrich III., darauf folgt im zweiten Teil Maximilians Jugend, beginnend mit der Geburt, Ausbildung, seinen Interessen und Fertigkeiten, seinen musischen Bestrebungen bis zu seiner ersten Heirat, und im dritten Teil schließlich finden sich seine Feldzüge und Kriege wieder, aber auch seine verdienstvollen Taten, welche aber abrupt 1513 enden. Das Gesamtwerk blieb durch den Tod des Kaisers unvollendet und wurde erst 1775 publiziert.

Die Holzschnitte entstanden zwischen 1506 und 1514 und zeigen durch ihre relative Loslösung vom Text Eigenständigkeit und künstlerische Freiheit. Die wertvollsten stammen von Hans Burgkmair d. Ä., der sie auch meistens signierte (HB). Häufig gab es auch Änderungswünsche, sodass die meisten Blätter mehrfach überarbeitet wurden. Es sollten möglichst authentische Darstellungen der Ereignisse geschaffen werden.

Die drei zusammengehörigen poetischen Prachtwerke wie „Weisskunig“, „Theuerdank“ und „Freydal“ sind in literarischer Hinsicht fast durchaus eigenständige Werke Maximilians. Er hatte sie größtenteils seinen Geheimschreibern diktiert, bestimmte Motive der Abbildungen und korrigierte sie akribisch. Alle drei Werke haben ihre kulturgeschichtlichen Wurzeln in der höfischen Dichtung des Mittelalters – in Ritterroman und Minnesang – und auch in der seit der Antike gebräuchlichen Form der Biografie. *MF*

LITERATUR:

AK Kunst der Dürerzeit, 2012, Kat. Nr. 74.

AK Maximilian I. Innsbruck, 1969.

AK Maximilian I. Triumph eines Kaisers, 2005, 42 f.

Müller, Ziegler (Hg.), Ruhmeswerke, 2015.

Rupprich, Das literarische Werk Kaiser Maximilians, 1996, 47 ff.

Werner, Kaiser Maximilians Weisskunig, 2015.

04_02 (ohne Abbildung)

TIROLER FISCHEREIBUCH

JÖRG KÖLDERER, SECHS SZENISCHE MINIATUREN, 1504

Wolfgang Hohenleitner, Beschreibung der Tiroler Fischereigewässer

Papier auf Pergament, 32 × 22 cm, 61 Bl. Österreichische Nationalbibliothek Wien, Sammlung von Handschriften und alten Drucken, Inv. Nr. Cod. 7962, Fol. 3rAchensee, Fol. 26rHeiterwangersee, Fol. 26v Plansee, Fol. 12v Lange Wiese Prov. Schloss Ambras, seit 1665 Österreichische Nationalbibliothek

Im Fischereibuch werden nicht nur die Seen und Gewässer der Grafschaft Tirol erhoben, sondern auch Görz wird berücksichtigt. Da das Görzer Erbe 1500 an Maximilian fiel, könnte dies der Anlass für die Beschreibung der Gewässer in Tirol und Görz gewesen sein.[1]

Die Fischerei diente in Tirol vor allem zur Versorgung des Hofstaates, was in der Fastenzeit zu großem Bedarf führte. Das Fischereibuch zeigt anschaulich, dass dem Landesfürsten viele Seen, Wildseen, künstliche Teiche und Weiher zur Verfügung standen, es sollen 71 Seen und 40 Bäche gewesen sein. Schon Erzherzog Sigmund d. M., dem das wenig anstrengende Fischen näherstand als die kräfteraubende Hochgebirgsjagd, ließ eine ganze Reihe von Teichen anlegen für die Versorgung des Hofes.

Maximilian erfand die sog. „Panzen“, das waren Behälter, meist Holzfässchen, für gefangene Fische. Darin konnten sie lebend transportiert werden, um dann im Ambraser See (heutiges Einkaufszentrum DEZ) für den weiteren Bedarf der „Hofkuchlnotdurfft“ ausgesetzt zu werden.

Diese Behälter sind deutlich im Bild des Plansees zu erkennen (12_16).

Maximilian hatte für drei Seen besondere Vorlieben, weil er dort die Hochgebirgsjagd mit der Fischerei verbinden konnte: einmal den Achensee, den Heiterwangersee wie auch den Plansee.

Zudem wurde danach fröhlich gefeiert, gegessen und getanzt. Er ließ stattliche Fürstenhäuser errichten, auch zelebrierte man das Speisen im Freien, sodass man durchaus von „Kaiserlichen Picknicks“ sprechen kann, wozu man gerne Gesandte einlud.[2]

Schon immer waren Jagden in Tirol beliebte Möglichkeiten, hohen Gästen die Reichtümer des Landes, die Geschicklichkeit der Jäger – und hierbei vor allem Maximilian selbst an vorderster Stelle – sowie auch die höfische Damenwelt zu präsentieren.[3]

Im Weisskunig steht über ihn zu lesen: „*... aus angeborener natur und aus küniglichem gemüth der grösste* Jäger aller Zeiten“.[4]

Die Künstlerfrage, ob Kölderer nun der Schöpfer der Miniaturen sei, ist zu bejahen. Eine gewisse Naivität der Figuren, das Fehlen jeglicher Perspektive, aber doch die genaue Kenntnis der Örtlichkeit lassen über die Autorschaft des Hofmalers keine Zweifel aufkommen, handelt es sich dabei doch um Illustrationen einer Bestandsaufnahme, um Informationen, die für den Kaiser wichtig waren, und nicht so sehr um eigenständige Kunstwerke. Der Hofmaler Kölderer, welcher seit 1497 im Sold Maximilians stand, war für diese Aufgaben der richtige Maler, dem schon früh seine Rolle als Vermittler zufiel. *MF*

1 Nach dem Aussterben der Görzer Linie durch Leonhard v. Görz, der 1500 kinderlos verstarb, fiel das unter Meinhard II. geteilte Erbe zwischen ihm und seinem Bruder Albrecht an die Habsburger; AK Kunst der Dürerzeit, 2012, Kat. Nr. 92.

2 Die beliebten Goldforellen (goldvorchen) ließ er absieden und ein panget (= Bankett) mit dem gefangenen Wildbret veranstalten.

3 Berühmt wurde der Besuch der osmanischen Abordnung, wobei der Gesandte von Sultan Bajezid II. 1497 zum römischen König kam. Zur ersten Begegnung kam es am 24. Juli auf der Herzogswiese bei Stift Stams, wobei prächtige Zelte aufgebaut wurden. Maximilian erschien mit Bianca Maria und dem gesamten Hofstaat, zahlreiche Ehrengäste waren zugegen. Kölderer erinnert bei seinen Darstellungen zweimal an den Osmanen: sowohl beim „Plansee“ wie auch beim „Giessen auf der langen Wiese“ ist der Gesandte an seinem Turban beim Jagen zu erkennen. S. a. Beitrag „Orient trifft Okzident“, AK Triumph, 12 ff. Die Ausstellung in Stift Stams „In fried unnd einigkeit“ behandelt dieses Thema.

4 Zitiert aus Egg, Ein sonder Lustseelein, 1969, 68.

LITERATUR:

Egg, Ein sonder Lustseelein.
Egg, Pfaundler, Maximilian und Tirol, 1969.
AK Maximilian I. Innsbruck, 1969, 277.
AK Maximilian I. Triumph eines Kaisers, 2005.
AK Kunst der Dürerzeit, 2012, Kat. Nr. 99.
Weiss, Maximilian I., 2018.
Hochleithner, Das Fischereibuch Maximilians I., 2013.

04_03

TRIUMPHZUG HOLZSCHNITT

H. BURGKMAIR D. Ä. (66), A. ALTDORFER (32), H. SPRINGINKLEE (22), L. BECK (7), H. SCHÄUFFELEIN (2)

A. DÜRER – Reiter mit Standarten, Kleiner & Großer Triumphwagen als eigenständige Kunstwerke, 1516–18

Holzschnittfolge ursp. 210 HS, 117 Druckstöcke ausgeführt, nur von Burgkmair signierte Blätter
1. Ausgabe 1526, dann 1777 und 1796 (Schriftbänder schwarz, unvollendet)
Geöffnet: 96 × 42 cm
Kunsthistorisches Museum Wien, Bibliothek, Inv. Nr. 13388.

Das Programm für diesen Triumphzug erarbeitete Maximilian gemeinsam mit seinem Hofhistoriographen Johannes Stabius. 1512 diktierte er seinem Sekretär Marx Treitzsaurwein den Inhalt und sein Hofmaler Jörg Kölderer lieferte erste Skizzen, die bereits 1507 angefertigt worden sind. Die Holzschnitte wurden 1516 begonnen und durch den Tod des Kaisers unterbrochen. Erst 1526 ließ sie Erzherzog Ferdinand drucken. Weitere Ausgaben erfolgten im 18. Jhdt., wobei die Ausgaben in der Albertina wie auch im KHM auf das Jahr 1796 zurückgehen.

Der Hauptanteil der Arbeiten lag bei Hans Burgkmair, lieferte er doch mehr als die Hälfte der Holzschnitte (66), die er als Einziger auch signierte. Maximilian wollte in diesem Triumphzug seine Taten festhalten und dem Hause Österreich (und sich selbst) ein Denkmal setzen.

Zu Beginn sieht man Peco, den Verkünder des Triumphes, auf einem Fabeltier reitend und den Zug anführend, gefolgt von Pfeifern und Trommlern, Jägern, den Hofämtern, Musikern und Sängern, Narren, Mummereien, bewaffneten Truppen, Turnierreitern[1], Bannerträgern, Burgundische Heirat, Trophäenwagen, Spanische Heirat, Kriegsgefangenen, Edelleuten Landsknechten, exotischen Völkern und dem Tross.

Als großer Höhepunkt waren die Darstellungen des *„Großen Triumphwagens“* (8 Stöcke) geplant, welcher allerdings 1522 als eigenständiges Werk *Albrecht Dürers* herauskam. Der *„Kleine Triumphwagen“* zeigt Maximilian mit Familie im Wagen sitzend, während beim *„Großen Triumphwagen“* der Kaiser alleine dargestellt ist, umgeben von verschiedenen allegorischen Figuren zur Verherrlichung seiner Person.[2] Der Kaiser thront im vollen Krönungsornat im Prunkwagen, welcher von sechs Zweispännern gezogen und von personifizierten Herrschertugenden angeführt wird. Dürer gab den großen Triumphwagen auf eigene Kosten heraus. In den *Musikerwägen* (5) befinden sich Musiker und Sänger, so Lauten- und Gambenspieler, Posaunen, Schalmeien und Krummhornbläser sowie auf einem eigenen Wagen der berühmte Hoforganist Paul Hofhaimer, auf einem Orgelpositiv spielend.[3] Hofhaimer galt auf den vielen Reisen des Kaisers als blendender Virtuose und konnte als geübter Improvisator jederzeit beeindrucken, sei es auf Reichstagen oder sonstigen Zeremonien. Allerdings war das strapaziöse Leben nicht ganz nach dem Geschmack des Meisters, denn er war sehr erleichtert, dass er nach 30 Jahren unsteten Lebens nicht mehr „wye ain zigeyner“ herumziehen musste.[4] Als Orgelfachmann war er auch am Bau der neuen Orgel in der Stadtpfarrkiche St. Jakob beteiligt. *MF*

1 AK Kunst der Dürerzeit, 2012, Kat. Nr. 58–60.

2 In der Ausstellung „Werke für die Ewigkeit“ 2002 auf Schloss Ambras wurde der Holzschnitt-Triumphzug nachgestellt. AK Werke für die Ewigkeit, 2002, Kat. Nr. 1, 46.

3 Egg, Pfaundler, Kaiser Maximilian I. und Tirol, 1969, 112 ff, Kantorei; Kulturgüter in Tirol, Bd 6, 54 ff, Ortner

4 Neben Hofhaimer, vom Kaiser hochgeschätzt in den Adelsstand erhoben, war noch Heinrich Isaac als Komponist und Lehrer der Singknaben am Innsbrucker Hof tätig. Sein berühmtester Schüler wurde Ludwig Senfl, der seinem Lehrer Isaac als Hofkomponist nachfolgte.

LITERATUR:

Egg, Pfaundler, Kaiser Maximilian I. und Tirol, 1969, 112 ff.
Ortner, Maximilian I. Triumph eines Kaisers, Kulturgüter in Tirol, Bd. 6, 54 ff.
AK Kunst der Dürerzeit, 2012, Kat. Nr. 58–60.
AK Werke für die Ewigkeit, 2002.

04_04

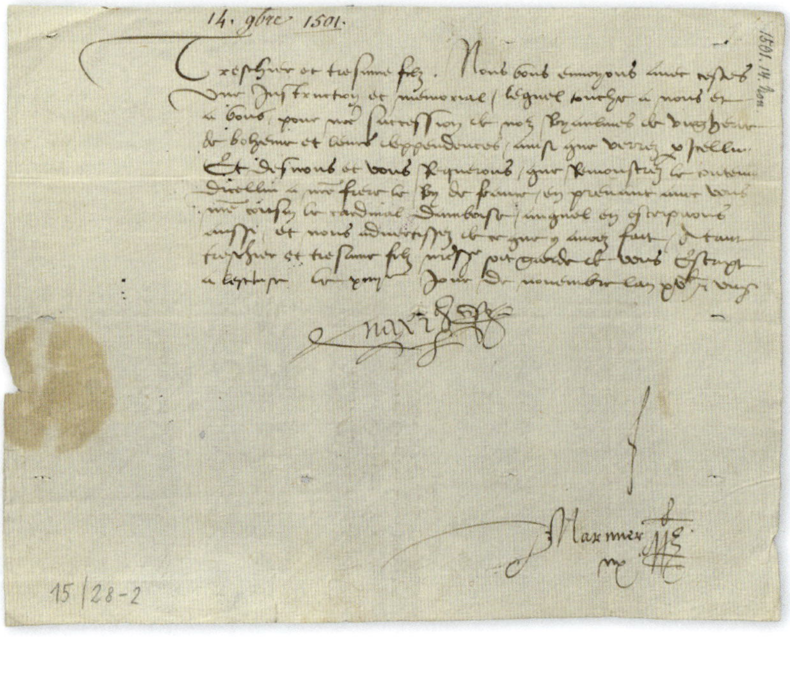
14. 9bre. 1501.
15/28-2

04_04

KORRESPONDENZ

14.11.1501

Handschrift, 1 Blatt, 18 × 22,3 cm
Österreichische Nationalbibliothek Wien, Sig. Autogr. 15/28-2

Maximilian I. schreibt an seinen Sohn Philipp I. (1478–1506). Der Brief ist mit der Unterschrift Maximilians I. Maxi(milianus)R(ex)s(ub)s(cripsit) und der Anschrift versehen.

Meistens verwendete er anstelle dieser großen Unterfertigung eine Kürzung: p(er) reg(em) p(er) s(e). *SH*

QUELLE:
Österreichische Nationalbibliothek, Korrespondenz, <http://data.onb.ac.at/rec/AC14166924> (09.04.2019).

04_05

ERZHERZOG PHILIPP DER SCHÖNE UND SEINE SCHWESTER MARGARETE

NIEDERLÄNDISCHER HOFMALER, MEISTER DER ST.-GEORGS-GILDE (?)

1494

Diptychon, Öl auf Eichenholz, 36 × 22 cm
Kunsthistorisches Museum Wien, GG, Inv. Nr. 4446 und 4447

Das Diptychon schließt an der Oberseite in Dreipassform ab und ist mittels Scharnieren verbunden. Die Dargestellten, die Kinder von Maximilian I. und Maria v. Burgund, sind einander zugewandt und dürften im Alter von 16 bzw. 14 Jahren gemalt worden sein. Vermutlich dienten die Bilder zur Eheanbahnung der spanischen Doppelhochzeit, welche 1496/1497 stattfand und einen wichtigen Grundstein in der habsburgischen Heiratspolitik legte (s. a. Protagonisten der spanischen Doppelhochzeit: 19_02–19_05)

Die Geschwister tragen Gewänder aus reichem Goldbrokat mit vegetabilen Mustern, Philipp den Orden vom Goldenen Vlies, Margarete einen Schmuckanhänger mit drei Perlen und einem mittigen Saphir. Der Goldgrund des Rahmens zeigt die Besitzungen in Schriftform, während im verloren gegangenen Original auch noch die Wappen zu sehen waren, ähnlich wie im Gemälde von Pieter van Coninxloo (07_07).

04_03

Während Margaretes Gemahl Juan nach einigen Monaten Ehe bereits 1497 starb, bekam Philipp d. Schöne, seit 1506 König von Kastilien, mit seiner Ehefrau Johanna sechs Kinder, darunter die beiden Söhne Karl (V.) und Ferdinand (I.)

Philipp verstarb völlig unerwartet im Alter von nur 28 Jahren, während Margarete nach glücklicher Ehe mit Philibert von Savoyen († 1504) Generalstatthalterin der Niederlande wurde. *MF*

LITERATUR:
Heinz, Schütz, KHM, Portraitgalerie, 1976, Nr. 22, Kat. Nr. 16.
AK Triumph, Innsbruck 2005, Kat. Nr. II, 18, 18a.
AK Kunst der Dürerzeit, 2012, Kat. Nr. 5.

04_06
MAXIMILIAN I.
ALBRECHT DÜRER
Urspr. 1518, Replik d. 19. Jhdts

Kreidezeichnung, schwarze Kreide, Farbkreide mit weißer Kreide gehöht
79 × 92,5 cm
Bezeichnet: *„Das ist keiser Maximilian den hab ich / Albrecht Dürer zw Awgspurg hoch oben awff / der pfaltz in seinem kleinen stüble künterfett / do man czahlt 1518 am mandag noch / Johannis tawffer“*
AD Monogramm mit fremder Hand
Bundesmobilienverwaltung Wien, Inv. Nr. MD 043649

Wie die Inschrift besagt, hat Dürer den Kaiser, der zu diesem Zeitpunkt schon kränklich und von Sorgen geplagt war wegen seiner Nachfolge und dem Verhalten der Kurfürsten, am 28. Juni 1518 in Augsburg gemalt. Diese Bestandsaufnahme wurde zur Vorlage für alle weiteren Dürerbildnisse: So wurde der Holzschnitt nach dieser Vorlage 1519 angefertigt und auch die beiden posthum entstandenen Bildnisse des Kaisers. Die Fassung des German. Nationalmuseums in Nürnberg (Wasserfarben auf Leinwand und später mit Ölfarben übermalt) sowie das Wiener Gemälde (Öl auf Lindenholz/ KHM) gehen auf diese Vorlage zurück. Beim Wiener Bild hat der Maler einige Änderungen vorgenommen: Maximilian trägt nun anstelle des roten Mantels mit blauem Untergewand eine mit großem Pelzkragen versehene, aus roter Seide bestehende, elegante Schaube. Statt des Reichsapfels hält er einen Granatapfel in Händen. Die Collane des Ordens vom Goldenen Vlies ziert nun nicht mehr den Kaiser selbst, sondern nur noch sein Wappen.

Seine Würde wird nicht mehr durch Attribute erzeugt, sondern allein durch seine Haltung und seine Ausstrahlung. Damit ist Dürer in der Renaissance angekommen und hat ein wahres Meisterwerk geschaffen. *MF*

LITERATUR:
Schütz, Kaiser Maximilian I. im Bildnis, 2005, 24 ff.
AK Kunst der Dürerzeit, 2012, Kat. Nr. 75.

04_07
IMAGINES GENTIS AUSTRIACAE: MAXIMILIAN I.
FRANCESCO TERZIO, 1558–1569
Stecher: Gaspar Patavinus

Kupferstiche auf Pergament, 16 Bl. / originaler Ledereinband
53,6 × 38 cm, 5 Bde
Kunsthistorisches Museum Wien, Kunstkammer, Inv. Nr. 5355 / Bl. 13r, 3. Bd

Das fünfbändige Werk von *Francesco Terzio* ist Erzherzog Ferdinand II. gewidmet und enthält insgesamt 74 ganzfigurige Bildnisse von Habsburger Herrschern, Familienangehörigen sowie wirklichen und imaginären Vorfahren, in Kupfer gestochen. Der dritte Band der Portraitserie war Kaiser Karl V. gewidmet. Blatt 13 zeigt Maximilian I. im Krönungsornat mit Krone, Reichsapfel, Feldherrenstab, Krönungsmantel und dem Orden vom Goldenen Vlies. Der Adler zu seinen Füßen hält das Szepter, während rechts und links Siegesgenien mit Lorbeerkränzen die Darstellung umrahmen. Der Kaiser steht erhöht auf einem Podest zwischen zwei Pilastern und verkröpftem Gesims. Zwei Inschriftentafeln rühmen ihn als strahlenden Sieger. [1]

Unterhalb des Podestes eine weitere Inschrift, die seinen Namen (MAXIMILIANUS I. IMP.) sowie weitere Ruhmestaten erwähnt. [2]

04_05

04_06

In der mittigen Lünette befinden sich ein Rad mit Schwertern, ein Granatapfel, verschiedene verschlungene Bänder und die Devise „PER TOT DISCRIMINA" („Durch so viele Gefahren"). *MF*

1 „QUOT VICTRIX MERUIT VIRTUS REPETITA CORONAS TOT SACRUM EXORNAT GLORIA CLARA CAPUT"
„Wieviel Siegeskronen die siegreiche Tugend immer wieder errang, Soviel strahlender Ruhm schmückt das ehrwürdige Haupt".

2 „O, CUI BELLIGERI PRAECORDIA MARTIS, ET ARDENSI DEXTRA FUIT, PARCE ATTONITO, ET TUA MAGNA SILENTI / FACTA, QUIS ILLA ETENIM SPERET NON LAEDERE PARVO / CARMINE, MAEONIO NISI MUSA SUPERBA COTHURNO".
„O du, der du das Herz des kriegerischen Mars und feurige Tapferkeit besaßest, bewahre deine großen Taten für den von Donner Gerührten und Schweigenden auf, denn wer könnte hoffen, jene nicht mit seinem kleinen Gesang zu entweihen außer der stolzen Muse mit ihren homerischen Versen".

LITERATUR:

AK Werke für die Ewigkeit, 2002, Kat. Nr. 2

04_08

JAGDARMBRUST AUS DEM BESITZ KAISER MAXIMILIANS I.

sowie Balthasar Gort (1520 verstorben) und Thomas Perger (erw. 1509–1515) Spanien (Aragon) sowie Innsbruck 1508–1519

Stahl, Holz, Bein, Hanf, 59 × 9,5 cm
Inschrift: *„SI DEVS PRO NOBIS QUIS CONTRA NOS"* (Wenn Gott für uns ist, wer ist gegen uns)
Inschrift innen: *„DILIGENTES ME DILIGO"* (ich wähle für mich sorgfältig aus)
Kunsthistorisches Museum Wien, HJRK, Inv. Nr. D 3

Die Verwendung der Armbrust als Jagdwaffe noch lange nach dem Aufkommen der Feuerwaffen, vor allem im Krieg, hängt mit der Lautlosigkeit ihres Schusses zusammen, wodurch das Wild nicht durch den Knall des Schusses vertrieben wurde. Die Hauptbestandteile der Armbrust sind der Bogen aus Stahl und die Säule aus Holz. Bei der Armbrust wird die Sehne beim Spannen in einer besonderen Vorrichtung, der Nuss, die an der Säule befestigt ist, eingehakt. Bei der Nuss handelt es sich um einen kurzen Beinzylinder mit einem halbrunden Ausschnitt der Sehnenrast. Die Nuss ist um ihre Achse drehbar und in eine Ausnehmung des Schaftes eingesetzt. In einer Stufe der Nuss rastet die Nase der Abzugstange ein. Beim Abdrücken gleitet die Nase der Abzugstange aus der Stufe und der Zug der Sehne lässt die Nuss nach vorne kippen und die Sehne freigeben, die ihrerseits den Bolzen antreibt. Das ermöglichte einerseits eine viel größere Bogenstärke, da man einen solchen Bogen auch mit mechanischen Hilfsmitteln spannen konnte, andererseits eine Erleichterung beim Zielen. Sämtliche Eisenteile der Armbrust sind bzw. waren vergoldet. Der Stahlbogen ist zudem mit geätzten Inschriften auf der Außenseite verziert. Links und rechts der Säule befindet sich jeweils das verschlungene Monogramm MM. Auf dem Bogen findet sich außerdem zweimal die Wappenmarke von Aragon. Die Sehne ist original erhalten. Die braun-rot lackierte Säule wird auf drei Seiten mit gemalten Ornamenten geschmückt und mehrfach mit dem Monogramm „MM" verziert. Die Bolzenrinne ist aus Bein gefertigt. Während die Stahlbogen zweifellos in Spanien gefertigt wurden, dürften die Säulen roh aus Spanien mitgeliefert und von den Hofkünstlern Maximilians I. dekoriert worden sein. Bei der Dekoration dürfte

04_07

04_08

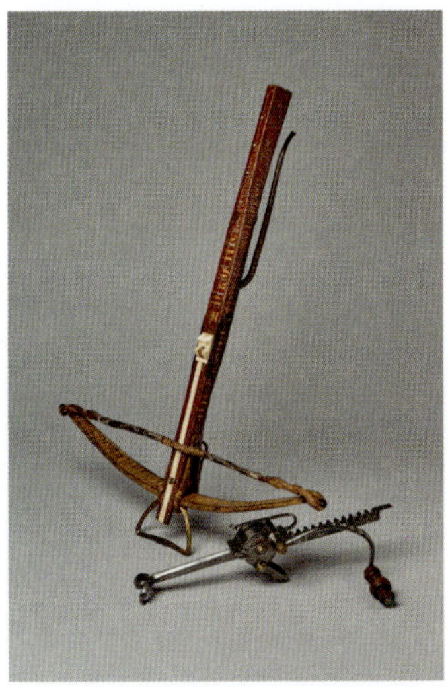

es sich um das Werk der beiden in Innsbruck tätigen Hofbognermeister Balthasar Gort (1520 verstorben) und Thomas Perger (erw. 1509–1515) handeln. *MPF*

LITERATUR:
Thomas, Gamber, Maximilian I., 1959, Nr. 600.
Thomas, Gamber, Katalog der Leibrüstkammer, Teil I., 1976, 205–206.
AK Hispania – Austria, 1992, 267.
AK Kunst der Dürerzeit, 2012, 91.
Haag, Wieczorek, Pfaffenbichler, Buderer (Hg.), Kaiser Maximilian I., 2014, 66.

04_09

KAISER MAXIMILIAN I. IM REISEKLEID ZU PFERDE
HANS HOLBEIN D. Ä.

1510/15, Augsburg

Silberstift auf beige-grundiertem Papier, weiß gehöht
15,4 × 9,4 cm
Inschrift: *„Der gross kaiser maximilian"*
nachträgl. in Rötel hinzugefügt
Staatliche Museen zu Berlin, Preußischer Kulturbesitz, Kupferstichkabinett,
Inv. Nr. KdZ 2509 105892

Ohne die Beschriftung, die auf Maximilian hinweist, würde man sich mit der Zuweisung schwertun – nichts deutet auf den Herrscher hin. Die Darstellung zeigt einen alten, müden Mann auf einem Pferd sitzend, der, mit Schwert und Stab (Fackel?) bewaffnet, die Zügel seines Pferdes lenkt. Ohne seine typische Physiognomie und ohne jegliche Zeichen der Macht gibt das Bild eine alltägliche Momentaufnahme wieder. Maximilian, der stets unterwegs war und sich nie lange wo aufgehalten hat – eine Ausnahme waren seine Jagden in Tirol –, sagte einmal selbst, *„der Steigbügel sei seine Residenz und der Sattel seine Heimat"* – Holbein ist es gelungen, eine berührende Darstellung eines alten, erschöpften Mannes wiederzugeben. Er leistete Unglaubliches: ständig zwischen Kriegsschauplätzen, Reichstagen und Geldbeschaffungsangelegenheiten zwischen Burgund – Augsburg – Innsbruck und Italien unterwegs – manchmal auch noch mit einem Abstecher nach Ostösterreich –, hatte er eine erstaunliche Kondition. Viel Kraft holte er sich bei seinen exzessiven Jagdausflügen ins Hochgebirge, wo er eigenhändig die Gämsen aus der Wand stach. Einige dieser außerordentlichen Abenteuer sind im Theuerdank wiedergegeben (12_17). Das Gewand, welches er auf Holbeins Zeichnung trägt, ähnelt seinem Jagdgewand, vor allem die Kopfbedeckung (*„ein stuzkäpplein mit großem Huth"*).[1] *MF*

1 AK Kunst der Dürerzeit, Kat. Nr. 89.

LITERATUR:
AK Maximilian I. Innsbruck, 1969, Kat. Nr. 567.
AK Kunst der Dürerzeit, 2012, Kat. Nr. 89.

04_10

MARGARETE VON ÖSTERREICH (1480–1530)
JEAN HEY, GENANNT MEISTER V. MOULIN

Um 1490

Öl auf Eichenholzplatte, 32,7 × 23 cm
Metropolitan Museum New York, Robert Lehmann Collection (1975),
Inv. Nr. 1975.1.130

Margarete war die einzige Tochter Maximilians I. und Maria von Burgund. Als ihre Mutter starb, war sie zwei Jahre. Sie wurde nach dem Friedensschluss von Arras 1483 mit dem Dauphin von Frankreich, Karl VIII. (1470–1498), verlobt und nach Amboise geschickt, wo sie unter der Obhut der Schwester des zukünftigen Königs, Madame Royale, Anne de Beaulieu, aufwuchs und eine relativ

04_09

sorgenfreie Kindheit erlebte. Erzogen als „Princesse royale", wurde ihr eine gute Ausbildung zuteil. Sie sollte die friedliche Verbindung zwischen den Häusern Habsburg und Valois gewährleisten. Doch es kam anders: Der erst 13-jährige Karl wurde nach dem Tod seines Vaters 1483 König und seine Schwester führte an seiner Stelle die Regierungsgeschäfte. 1488 begann die „Guerre folle" gegen den Herzog der Bretagne. In der Zwischenzeit hatte sich Maximilian mit der Tochter des bretonischen Herzogs, Anne, per procuram verlobt, was wiederum völlig unakzeptabel für Frankreich war. So belagerte 1491 der junge König Nantes und zwang unter Drohungen die junge Herzogin, die Maximilian ja noch nie gesehen hatte, zur Ehe mit ihm. Margarete hatte das Nachsehen und wurde 1493, im Vertrag von Senlis, ihrem Vater zurückgeschickt! Die nie vollzogene Ehe zwischen Anne und Maximilian I. wurde vom Papst annulliert und ist als „Bretonischer Brautraub" in die Geschichte eingegangen. Maximilian wurde die Braut weggeschnappt und die Tochter zurückgeschickt – das wurde zum Beginn der anhaltenden Feindschaft zwischen Habsburg und Frankreich.

Margarete wurde 1496/97 Teil der spanischen Doppelhochzeit (s. Kat. Nr. 19_02–05). Zudem wurde die kinderlose Margarete zur Erzieherin der Kinder ihres verstorbenen Bruders Philipp. Karl V., ihr Neffe, wuchs bei ihr auf und wurde von Margarete entscheidend geprägt[1].

Das Bild zeigt Margarete im Alter von zehn Jahren während ihrer Zeit in Frankreich. Die junge Prinzessin steht vor einem Landschaftsausblick, wo man ein Wasserschloss inmitten einer Hügellandschaft erkennen kann. Ihre Hände umschlingen einen Rosenkranz aus Perlen.

Sie trägt ein rotes Gewand aus Samt mit flachem Kragen, mit Hermelinstulpen. Eine große Haube verdeckt fast zur Gänze ein orangefarbenes Tuch, an dessen Rändern kleine Muscheln zu sehen sind. Sie entspricht dem burgundischen Schönheitsideal, eine möglichst hohe Stirn zu zeigen. Auffallend der kostbare Schmuck, ein Collier mit einem großen Rubin als Anhänger samt Perle.

Möglicherweise ist das Bild Teil eines Diptychons, wo der zweite Flügel verloren gegangen ist.

Der „Meister von Moulins" wird nach seinem Hauptwerk, einem Triptychon, so genannt.

Man hat Jean Hey, der als Maler am Hof von Moulin zu dieser Zeit gesichert ist, das Bild zugeschrieben. Allerdings gab es in jüngerer Zeit auch vereinzelte Zuschreibungen an Jean Prevost, der im Umkreis des Meisters von Moulin wirkte. *MF*

04_10

1 Philipp starb 1506 an den Folgen einer Lungenentzündung, wodurch bei seiner Gemahlin Johanna v. Kastilien ihre eigene Krankheit durchbrach: In geistiger Umnachtung lebte sie in einem Kloster in Tordessillas, offiziell als Königin von Kastilien. Die Kinder Eleonore, Karl, Isabella und Maria wuchsen bei ihrer Tante Margarete in Mecheln auf, während Ferdinand am spanischen Königshof bei seinem Großvater Ferdinand v. Aragon verblieb. Die posthum geborene Tochter Katharina war die ersten acht Jahre ihres Lebens bei ihrer Mutter, bis sie ihr Bruder Karl (V.) befreite.

LITERATUR:
Eichberger, AK Frauen, Kunst und Macht, KHM, 2018. Wiesflecker-Friedhuber, 1990, 159–161.

RAUM_05

KINDHEIT & JUGEND

Schon Maximilians Geburt war spektakulär: Ein Komet kündigte ein bedeutendes Ereignis an (05_01). Schon in frühester Jugend lernte der Erzherzog Krieg und Entbehrungen kennen, als die kaiserliche Familie in Wien belagert worden ist (05_04). Ein Doppelportrait zeigt seine Eltern (05_03), Kaiser Friedrich III. und Eleonore v. Portugal, die den Knaben schon früh in die Welt der Heldensagen einführte (05_06 a–c). Kinderszenen vom jungen Maximilian (Badeszene, Kinderstube – 05_07 a–b) in der Historia Friderici et Maximiliani. Im Weisskunig sieht man, „wie der jung Weisskunig lernet" (05_08 a–c), und das Prunkehrbuch (05_05) präsentiert den jungen Maximilian mit seinem Lehrer.

05_02

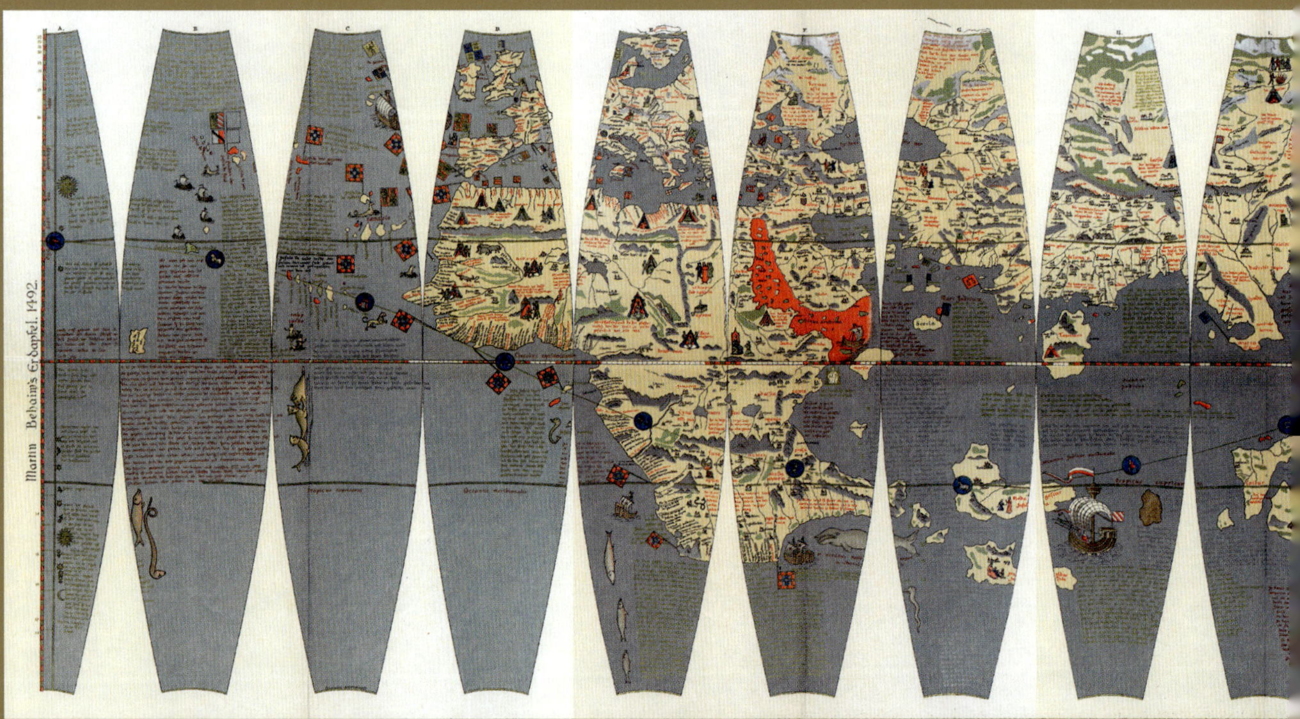

05_01

WEISSKUNIG DETAIL „GEBURT DES JUNGEN WEISSKUNIG“

LEONHARD BECK, HANS BURGKMAIR D. Ä., HANS SCHÄUFELEIN, HANS SPRINGINKLEE (HS), TEXT MARX TREITZSAURWEIN

1505–1516, Ausgabe 1775

237 Holzschnitte, Druck auf Papier, HS „F“ mit 140 Holzschnitten / Probedrucken
36 × 25 cm geschlossen, 37 × 47 cm geöffnet
Kunsthistorisches Museum Wien, Bibliothek, Inv. Nr. 13948

Der Landschaftsausblick zeigt eine sanfte Gebirgslandschaft inmitten eines mit Sternen übersäten Himmels mit einigen Kometen.

In einem von zwei korinthischen Säulen gerahmten Raum steht in einem Erker eine junge Frau, welche ein Kleinkind im Arm wiegt. Entweder ist es die Mutter oder eine Amme. Daneben befindet sich eine hölzerne geschnitzte Wiege mit IHS-Monogramm. Diese Wiege ist alpenländisch.

Ein Komet verkündet, so der Glaube in früheren Zeiten, eine Botschaft: Man sah darin meist ein Wunderzeichen. Und so setzte man die Geburt Maximilians einem Wunder gleich und sagte eine bedeutende Zukunft für den Neugeborenen voraus. *MF*

05_02

„ERDAPFEL“ – BEHAIM GLOBUS

MARTIN BEHAIM (Entwurf), GEORG GLOCKENDON d. Ä.

1491/1494 Nürnberg

Kugel aus diversen Verbundwerkstoff, Deckfarbenmalerei
Germanisches Nationalmuseum Nürnberg, WI 1826, Sammlung wissenschaftl. Instrumente

Zeitgleich mit Kolumbus erster Amerikafahrt zwischen 1491 und 1494 im Auftrag des Nürnberger Rates angefertigt, dokumentieren das Kartenbild und seine Beschriftungen das europäische Weltbild am Vorabend der großen Entdeckungen. Älteste erhaltene Darstellung der Erde in Kugelgestalt, d.h., der älteste Globus der Welt.
Konzept und Inhalt stammen vom weit gereisten Nürnberger Tuchhändler und Seefahrer Martin Behaim (1459–1507), die Anfertigung unternahmen der Buchmaler und Illuminist Georg Glockendon d.Ä., der Maler Hans Storch und der Schreiber Petrus Gagenhart sowie andere Nürnberger Spezialhandwerker. Der Globus war bestimmt für die „Kanzlei“ des Nürnberger Rates, später kam er in die Obere Regimentsstube des Rathauses. Behaim war als Kaufmann ausgebildet, führte das unstete Leben eines Abenteurers und machte am portugiesischen Königshof Karriere, im Umfeld der großen Seefahrer und Entdecker. Nach Nürnberg zurückgekehrt, wurde er zum Initiator für die Herstellung eines Globus. In diesem Jahr betrat Kolumbus erstmals die neue Welt. Amerika fehlt deshalb auf dem Globus. Aufgeführt sind etwa 2000 geographische Orte. Etwa 200 Miniaturbilder zeigen Herrscher und Städte, Landtiere, Seewesen, Schiffe. Im Unterschied zu mittelalterlichen Weltkarten fehlt die Darstellung des Paradieses.
Die Kartographie bezieht sich, wie auch hier, oft auf ältere Quellen wie Strabo, Plinius, Ptolemaios und Marco Polo. *MF*

LITERATUR:
Barbarics-Hermanik, Türkengefahr (Spätmittelalter/Frühe Neuzeit). In: Historisches Lexikon Bayerns, online unter < https://www.historisches-lexikon-bayerns.de/Lexikon/Türkengefahr_(Spätmittelalter/Frühe_Neuzeit)> (09.04.2019).

05_03

FRIEDRICH III. & ELEONORE V. PORTUGAL DOPPELPORTRAIT DER ELTERN MAXIMILIANS

ANTON DE BOYS

2. Hälfte 16. Jhdt

Kopie nach älterem Original – Augsburger Kunstkreis BURGKMAIR D. Ä. um 1468
Öl auf Leinwand, 114 × 100 cm
Prämonstratenserstift Wilten, Innsbruck

Die Eltern Maximilians sind als Halbportraits sitzend und einander zugewandt dargestellt.

Während Friedrich im vollen Herrscherornat mit Krone, Zepter und Schwert gezeigt wird, hält Eleonore ein Gebetbuch in ihrer Linken und eine Lilie in ihrer Rechten. Diese Attribute weisen

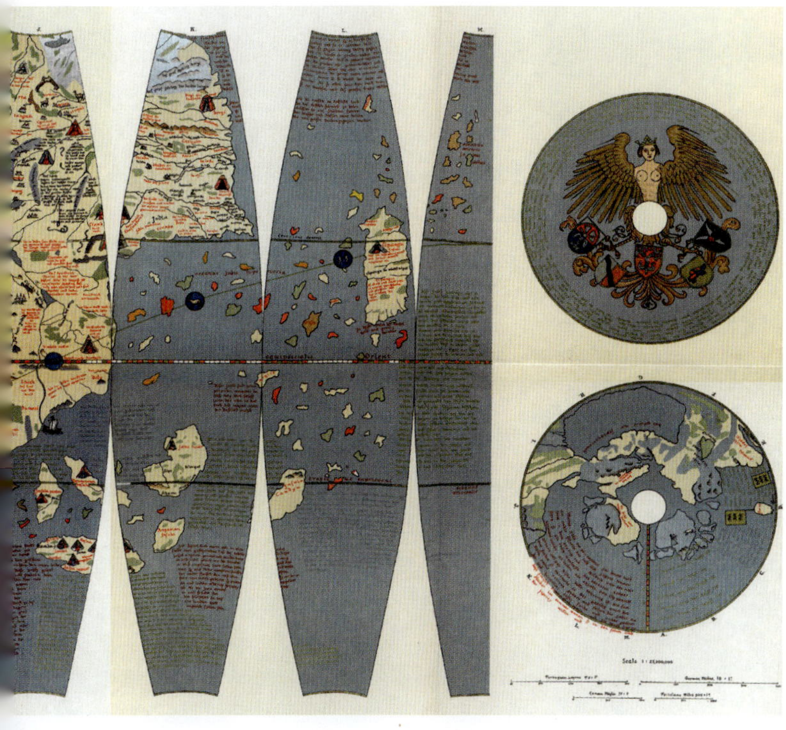

05_01

die Kaiserin als sehr fromm und keusch aus. Friedrich repräsentiert bereits das offizielle Herrscherportrait, so wie sich sein Sohn Maximilian später mit Vorliebe malen lässt.

Als Hintergrund zwischen den beiden erkennt man Wien und oberhalb ihrer gekrönten Häupter sind die jeweiligen Wappen (Reichsadler mit Bindenschild und Portugal) zu sehen.

Dieses Bild hatte eine Vorlage, deren Original nicht erhalten ist. In Ambras gibt es in der Portraitgalerie zwei Bilder, welche fast ident mit dem Wiltener (= ausgestellten) Bild sind, aber als zwei autonome Kunstwerke Burgkmairs d. Ä. angesehen werden. Sie sind ebenfalls nach dem verschollenen Bild entstanden. Wenn man nun bedenkt, dass Boys seit 1579 Hofmaler bei Erzherzog Ferdinand II. in Ambras war, sieht man, dass er aus den zwei Bildern eines gemacht hat. Nur durch den Ausblick auf Wien unterscheidet sich das Bild formal. Betrachtet man es näher, merkt man aber, dass das Wiltener Bild, besonders Eleonore, qualitativ etwas abfällt.

Friedrich trägt neben der Mitrenkrone auch noch eine Goldkette mit einem Anhänger, welcher den aragonesischen Kannenorden zeigt.[1] Die Gewänder sind aus reichem, vergoldeten italienischen Samtbrokat mit Granatapfelmuster, wobei Friedrich eine Art Umhang mit großem Pelzkragen trägt, während die Kaiserin in einem prachtvollen Kleid dargestellt ist, welches bei Hals und Ärmel einen weißen Pelzbesatz aufweist. Sie trägt eine Bügelkrone, vermutlich dieselbe, mit der sie 1452 in Rom gekrönt wurde. *MF*

1 Goldkette mit doppelt gehenkelten Vasen mit Lilien und vorne herunterhängendem Greif; Ordo temperantiae, gegründet von Ferdinand I. von Aragon für Adelige, die sich bei der Reconquista ausgezeichnet hatten oder nach Santiago di Compostela gepilgert waren.

LITERATUR:

AK Maximilian I. Innsbruck, 1969, Kat. Nr. 5.

AK Maximilian I. Triumph eines Kaisers, 2005, II_09.

Heinz, Schütz, KHM, Portraitgalerie, 1976, Kat. Nr. 7, 174.

05_03

05_04

„BUCH VON DEN WIENERN“ CODEX

MICHAEL BEHAIM (1420–1474?)

CHRONIK, 22 × 14,5 × 6 cm, 1462–1465 während der Belagerung Wiens entstanden Universität Heidelberg, Inv. Nr. Cod. Pal. germ. 386

Der bedeutende Sänger und Liedpublizist Michael Behaim, aus Sulzbach bei Weinsberg stammend, weilte während der Belagerung Wiens 1462 am Hofe Friedrichs III.

Dieser war mit seiner Gemahlin Eleonore und den Kindern nach Wien geflohen und wurde in der Burg von seinem eigenen Bruder *Albrecht VI.* belagert. Der junge Maximilian lernte bereits als Dreijähriger, was es heißt, zu hungern.

Der Kaiser wurde schließlich durch das Eingreifen des böhmischen Königs *Georg von Podiebrad* gerettet. Man einigte sich auf einen Kompromiss: Friedrich trat seinem Bruder Albrecht VI. für acht Jahre die Regentschaft für Niederösterreich ab und zog sich mit seiner Familie nach Wiener Neustadt (damals Steiermark) zurück. Albrechts Herrschaft war konfliktgeladen: Der Abzug des Kaiserlichen Hofes brachte wirtschaftliche Nachteile, Bürgermeister Wolfgang Holzer[1] nahm geheime Verhandlungen mit Friedrich III. auf. Als Albrecht dies erfuhr, ließ er den abtrünnigen Bürgermeister und seine Freunde öffentlich hinrichten. Dieses brutale Vorgehen bedeutete endgültig die Kippe – noch bevor es zu weiteren Eskalationen kam, starb Albrecht 1463 unvermutet, ein Giftmord wird nicht ausgeschlossen. Der Weg für Friedrich war frei, er handelte stets nach dem Motto, alles abwarten zu können und nichts zu übereilen, was ihm, gepaart mit seinem nicht gerade überbordenden Temperament, den Beinamen „Erzschlafmütze“ einbrachte.

Entsetzt und aufgebracht, wie sich die Bevölkerung ihrer Herrscherfamilie gegenüber verhielt, beschimpfte Behaim die Wiener wegen ihrer Treuelosigkeit auf das Gröbste. Seine Sicht war vermutlich nicht objektiv, bezog er seine Informationen über Holzer doch von Leuten, die ihm feindlich gesinnt waren.

Im *„Buch von den Wienern“*, einer Reimchronik, hielt er die Vorkommnisse mit 13.000 Versen fest. 1468 fiel er beim Kaiser in Ungnade, verließ den Wiener Hof und ging nach Heidelberg.

1472 kehrte er in seine Heimat Sulzberg bei Weinsberg zurück, wurde Schultheiß und kurze Zeit später ermordet. Behaim gilt als einer der bedeutendsten politischen Berufsdichter des Spätmittelalters. *MF*

1 Holzer, ursprünglich Kaufmann und Viehhändler, machte eine erstaunliche Karriere, es gelang ihm, in die Wiener bürgerliche Oberschicht aufzusteigen, er wurde politisch tätig, zuerst Ratsherr, dann Bürgermeister. War eine der schillerndsten Figuren der damaligen Zeit! Große rhetorische Begabung.

LITERATUR:

Karajan, Michael Beheims Buch von den Wienern, 1843.

05_04

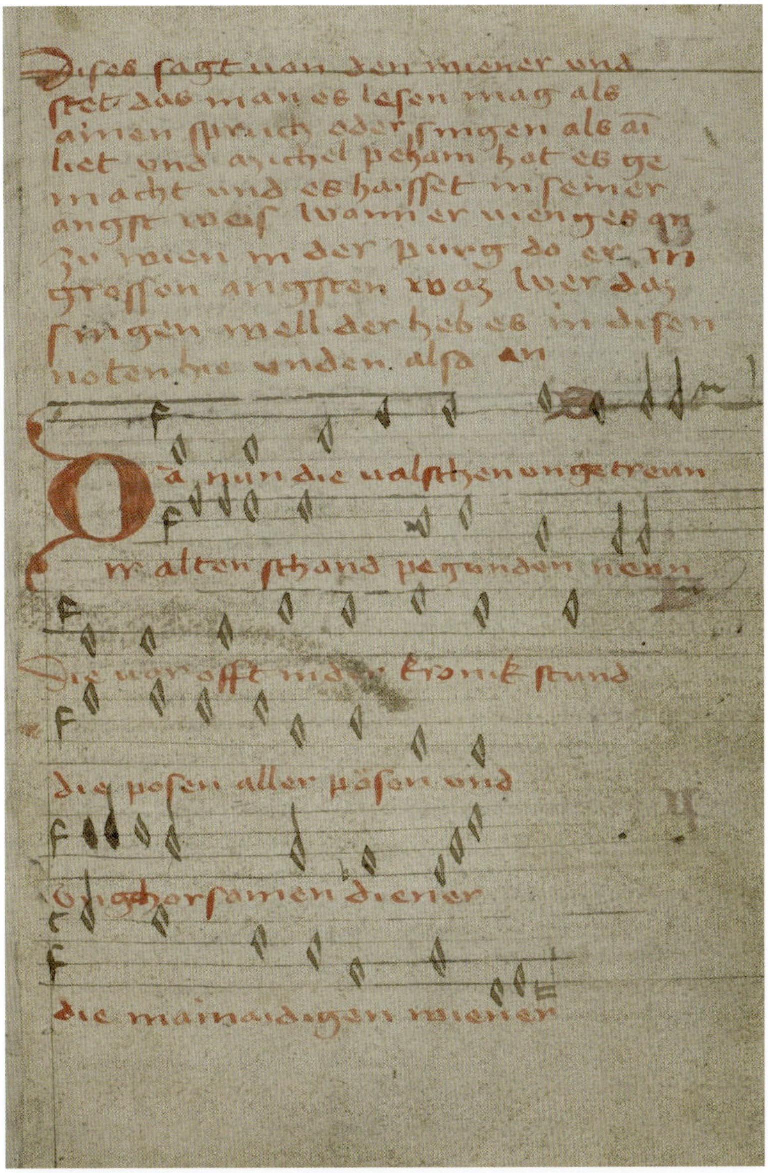

05_05

PRUNKLEHRBUCH AUCH A-B-C-LEHRBUCH

„LEHRBUCHMEISTER" – MALER UNBEKANNT, SCHREIBER WOLFGANG SPITZWEG

1466/67, vermutl. Wiener Neustadt

Pergament 28,5 × 22 cm
Österreichische Nationalbibliothek Wien, Inv. Nr. Cod. 2368, Fol. 12v, Faksimile-Ausgabe Graz 2004

Der erste Lehrer Maximilians war *Jakob v. Fladnitz,* seit 1449 Schulmeister an der Bürgerschule

zu St. Stephan. Er starb 1466, daraufhin folgte *Peter Engelbrecht* aus Passail, Chorherr und später Bischof von Wiener Neustadt. Dieser versuchte mit äußerster Strenge, vor allem das Latein dem jungen Maximilian schmackhaft zu machen – und erreichte das Gegenteil!

Der Wiener Bürger Stephan Heuner spendete für den Kaisersohn drei Lehrbücher, welche diesen erfreuen sollten. Die Menge an kleinen, versteckten Tierchen inmitten des Rankenwerkes mag Maximilian gefallen haben, auch seine spätere Beschäftigung mit edlen Büchern zeugt von dieser frühen Geschmacksbildung.

Der vorliegende Codex zeigt auf dem Blatt das *Alphabet* (deshalb auch *A-B-C-Lehrbuch* genannt)

mit seitlichem Rankenwerk, wo sich auf den Folgeblättern Affen, Vögel, Bären und drollige Wesen versteckten. In der Initiale „P" (für Pater Noster) befindet sich eine Miniatur, welche den Lehrer Fladnitz mit dem pausbäckigen Maximilian zeigt. Weiters enthielt diese Schrift die wichtigsten Gebete in lateinischer Sprache (mit deutscher Übersetzung). Im oberen Teil bekrönen drei Wappen (Portugal, Reichsadler, Bindenschild) das Blatt.

Das Lehrbuch war in Wiener Kanzleischrift verfasst, da Spitzweg ja als Schreiber tätig war. Der Meister der Malereien ist unbekannt, deshalb die Umschreibung mit „Lehrbuchmeister". Die Schrift dieser Lehrbücher diente später als Vorlage für den Druck des Älteren Gebetbuches von 1514. *MF*

LITERATUR:

AK Maximilian I. Innsbruck, 1969, Kat. 18.
AK Maximilian I. Triumph eines Kaisers, 2005, II.13.
Unterkircher, Maximilian I., 1983, 11 ff.
Weiss, Maximilian I., 2018, 43 ff.

05_06 a–c

HELDENSAGEN: ARTUS – GAREL

HANS STOCKINGER?

Um 1400–1410

Fresken
Schloss Runkelstein, Bozen
Restaurierung durch Jörg Kölderer im Auftrag Kaiser Maximilians
Hilfe der Zwerge – Kampf gegen Vulcan
Zusammentreffen Garels und Artus'
Siegesfest bei Artus: Die Tafelrunde

Maximilian besuchte 1501 Runkelstein und war beeindruckt von den Fresken der Bilderburg. Er beabsichtigte die Wandmalereien restaurieren zu lassen und suchte die „verständigsten Brixner Maler" – es erging ein Auftrag an die Werkstätte der Pacher und Friedrich wurde damit beauftragt,[1] ein Gutachten verfassen. Kölderer wurde ebenso involviert und schuf vermutlich die maximilianischen Wappen,[2] während Marx Reichlich ab 1508 die Renovierungsarbeiten leitete.

Maximilian dürfte in seiner Vorliebe für Heldensagen und Ritterromantik in Runkelstein in seinem Entschluss, die wichtigsten Heldensagen aufzeichnen zu lassen, bestärkt worden sein.[3] Zudem finden sich auch bei seinen weiteren Kunstunternehmungen jene Helden wieder, die er in Runkelstein angetroffen hat, so z. B. König Artus, Dietrich v. Bern (= Theoderich), Gottfried v. Bouillon, Karl d. Große. Bei seinem Grabmalsprojekt in der Innsbrucker Hofkirche[4] halten sie als *„Helden der Geschichte"* neben den Ahnen und Vorfahren Trauerwache. Speziell die höfische Artus-Literatur beeindruckte Maximilian ebenso wie die ritterlich geprägte Adelsgesellschaft, was sich an zahlreichen neu gegründeten Ritterorden als auch an der Turniermode der Zeit ablesen lässt. *MF*

1 Michael Pacher starb bereits 1498 während der Arbeiten am Salzburger Altar. Sein Werkstatt-Mitarbeiter Friedrich (nicht sein Bruder, nur zufällige Namensgleichheit), auch Lebenpacher (nach dem Löwen im Wappen) genannt, begab sich nach Innsbruck und erklärte sich bereit, die Renovierungsarbeiten in Runkelstein durchzuführen. Er sollte ein Gutachten erstellen, starb jedoch 1508. Stattdessen kam sein Schüler und Mitarbeiter Marx Reichlich nach Bozen.

2 Jörg Kölderer, Hofmaler Maximilians, ist quellenmäßig für Arbeiten in Runkelstein nachweisbar. Er wurde beauftragt, kleinere Arbeiten zu erledigen, war er doch um diese Zeit bei anderen Projekten eingesetzt. Stilistisch am nächsten ist Wappen, welches er im Auftrag Maximilians durch Übermalung des Vintlerwappes schuf. 1504 noch Königsadler (vor Kaiser-Proklamation).

3 Das *Ambraser Heldenbuch* ist eine Sammlung der wichtigsten mittelalterlichen Heldensagen, die Maximilian durch den Schreiber Hans Ried aufzeichnen ließ (s. a. 13_01–03).

4 Karl d. Große gehört zu jenen 12 Figuren, die in der Hofkirche nicht mehr ausgeführt worden sind.

LITERATUR:

Müller, Gedechtnus, 1982.
Paravicini, Die ritterlich-höfische Kultur des Mittelalters, 2011, 32, 108 ff.
Wiehn, Garelzyklus auf Schloss Runkelstein, 2014, 217 ff.
Weiss, Maximilian I., 2018, 310 ff.

05_06 a

05_06 b

05_06 c

05_05

Pater nos
ter qui es
in celis
sanctifice
tur nomē
tuum Adveniat regnū
tuum Fiat voluntas
tua sicut in celo et in ter
ra Panem nostrum quot

05_07 a–b

HISTORIA FRIDERICI ET MAXIMILIANI

JOSEPH GRÜNPECK, HERAUSGEBER „HISTORIA MEISTER“ [1] ODER ALBRECHT ALTDORFER?

Um 1508–10

90 Blatt mit 46 aquarellierten Federzeichnungen auf Papier, 28,7 × 21,1 cm
Österreichisches Staatsarchiv,
Inv. Nr. HHStAHS B9, Fol. 38r (Bad), 51v (3 Kinder)

Die Historia ist eine in Lateinisch verfasste Biografie, welche im ersten Teil die Geschichte von Friedrich III. schildert (13 Kap.), während im zweiten Teil Maximilians Lebensgeschichte von dessen Geburt bis hin zur Regierungsübernahme nach dem Tod des Vaters (32 Kap.) behandelt wird. Das Lehrbuch war dem heranwachsenden Enkel Karl gewidmet, dem die Leistungen und Taten seiner Vorgänger und Verwandten nähergebracht werden sollten.

Als Herausgeber fungierte der Humanist Joseph Grünpeck, seit 1497 Sekretär und Chronikschreiber des Kaisers. Maximilian selbst versah die Chronik mit Korrekturen.

Das Werk sollte als Grundlage für die zu dieser Zeit geplante lateinische Biografie Maximilians herangezogen werden, als deren Verfasser Conrad Celtis beauftragt worden war. Als dieser 1508 starb, wurde das Projekt nicht mehr weitergeführt und Maximilian wandte seine Aufmerksamkeit dem Weisskunig, seiner deutschsprachigen Biografie, zu.

Die Identität des Zeichners der Chronik ist nicht eindeutig geklärt. Charakteristisch ist sein zittriger Strich, die Zartheit der Zeichnungen, die pastose Farbigkeit, aber auch die gekonnten Landschaftsdarstellungen, die sehr stark an die Donauschule erinnern. Dworschak identifizierte ihn mit *Niclas Preu* aus Krems, der auch *„Historia Meister“* genannt wird (AK 1969). Aufgrund der hohen Qualität der Darstellungen wird jüngst auch *Albrecht Altdorfer* ins Spiel gebracht, jedoch gibt es keinen Beweis für diese Zuschreibung außer stilistischen Kriterien. Mit Sicherheit war es ein Künstler, der große Eigenständigkeit besaß und unmittelbar mit der Donauschule in Berührung war. Schütz [2] ist der Meinung, dass diese Handschrift aufgrund *„... der unmittelbaren Lebendigkeit ihrer Erzählkunst, der skizzenhaften beweglichen Figuren und den stimmungsvollen Landschaften als eines der Hauptwerke der Donauschule“* gilt.

Die Szenen, welche den jungen Maximilian zeigen, sind in ihrer Thematik außergewöhnlich und stellen eher seltene Interieurszenen dar, wie etwa das *„Erste Bad Erzherzog Maximilians“*, wo er eine Goldkette und den Erzherzogshut trägt und bereits stramm (als Neugeborener!) im Holzzuber steht. [3]

Die zweite Darstellung gibt einen *Blick in die Kinderstube* frei, wo alle drei Kinder des jungen Paares zu sehen sind: Philipp, Margarete und der kleine Franz in der Wiege, der noch im Jahr seiner Geburt gestorben ist. [4] Das Blatt mit Maximilian und Maria zeigt eine der raren Darstellungen dieser glücklichen, harmonischen Ehe, die durch den plötzlichen Unfalltod Marias ein jähes Ende gefunden hat. Margarete schaukelt die Wiege des Neugeborenen, während Philipp versucht, mit dem kleinen Bruder zu spielen. Die typischen pastosen Farbtöne im unteren Bereich des Bildes, wie die rosa, oliv, gelb und blau- Töne der Gewänder heben sich vor den bräunlichen Tönen der Wand zart ab. *MF*

1 *HISTORIAMEISTER* ist ein „Verabredungsbegriff“, da die Zuschreibung nicht gesichert ist. Während Benesch/Auer 1957 für die Verwendung „Historia Meister“ plädieren – diesen unbekannten Meister in der unmittelbaren Nähe der Donauschule ansiedeln und ihn am ehesten mit ERHARD Altdorfer, dem Bruder des großen Meisters, vergleichen, identifiziert F. Dworschak diesen 1969 als Niclas Preu.

2 AK Hispania – Austria, 1992, 175.

3 In der Historia steht, dass das Neugeborene bereits selbständig stehen konnte, was als Zeichen seiner außergewöhnlichen Begabung gewertet und als ein Wunder angesehen wurde. Fol. 38r.

4 Das Elternpaar, Maximilian und Maria, auf Besuch in der Kinderstube. Vermutlich das einzige Bild, auf dem der früh verstorbene Franz zu sehen ist. Auffallend bei beiden Szenen die alpenländische Wiege, mit IHS = Christus bezeichnet.

LITERATUR:

Benesch, Auer, Historia Friderici et Maximiliani, 1957, 39 ff.
AK Maximilian I., Wien 1559, 115 f.
AK Maximilian I. Innsbruck, 1969, Kat. Nr. 7, 13 f.
AK Hispania – Austria, 1992, Kat. Nr. 120.
AK Werke für die Ewigkeit, 2002, Kat. Nr. 17.
AK Kunst der Dürerzeit, 2012, Fol. 51v, Kat. Nr. 15.
Weiss, Maximilian I., 2018, Abb. 52, 111, 123.

05_07 a

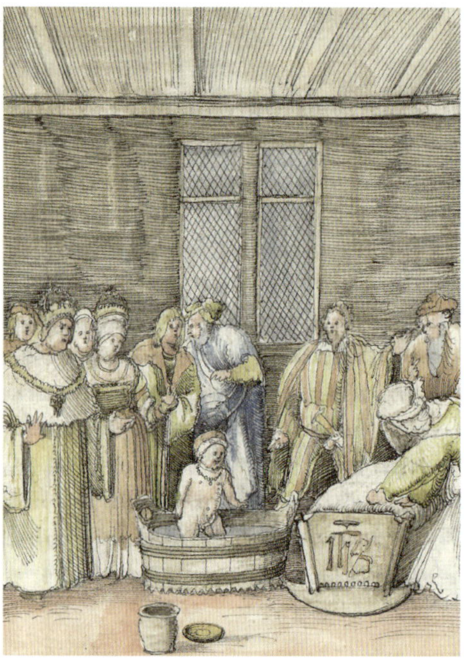

05_07 b

05_08 a–c (s. a. 04_01)

WEISSKUNIG

LEONHARD BECK,
HANS BURGKMAIR D. Ä.,
HANS SCHÄUFELEIN,
HANS SPRINGINKLEE (HS),
TEXT MARX
TREITZSAURWEIN

1505–1516, Ausgabe 1775

**237 Holzschnitte, Druck auf Papier,
36 × 25 cm geschlossen, 37 × 47 cm geöffnet
Kunsthistorisches Museum Wien, Bibliothek,
Inv. Nr. 13948**

Drei Holzschnitte:

Fol. 10 „Wie der Alt Weisskunig seinem jungen Sohn Edelknaben zugibt, um mit ihnen Kurzweil zu haben"

Fol. 11 „Wie der junge Weisskunig lernet"

Fol. 12 „Wie der junge Weisskunig die Kunst des Schreibens vorführt" *MF*

LITERATUR:

AK 1969, Rupprich, Literarisches Werk, S. 47 ff;
AK Maximilian I. Triumph eines Kaisers, 2005, 42 f.
AK Kunst der Dürerzeit, 2012, Kat. Nr. 74.
Werner, Kaiser Maximilians Weißkunig, 2015.

05_08 a

05_08 b

05_08 c

BURGUND

HERZOGTUM MIT POLITISCHEN AMBITIONEN (01-07)

Der Fürstentag in Trier, an dem Maximilian 14-jährig teilnehmen durfte, offenbarte dem jungen Prinzen erstmals Luxus und Glanz (06_03, 06_04). Die Väter Karl d. K. und Friedrich III. (06_01, 06_02) verhandelten auch wegen einer zukünftigen Ehe zwischen Maximilian und Maria v. Burgund sowie der Erhebung Burgunds zum Königtum, was aber an den maßlosen Forderungen Karls scheiterte. Erst nachdem Karl d. K. bei der Schlacht von Nancy 1477 gefallen war und Maria aufs Höchste seitens Frankreichs bedrängt wurde, verfasste sie einen Hilfebrief (06_07) an Maximilian, er möge unverzüglich kommen.

PARADIESGARTEN (08-14)

Die Ehe zwischen Maria v. Burgund (06_06) und dem Erzherzog v. Österreich (06_07) verlief ausgesprochen glücklich (06_10, 06_11, 06_16). Maximilians Kunstgeschmack wurde nachhaltig geprägt, er lernte erstmals ein blühendes Hofleben kennen. In den Palastgärten lernten sie die Sprache des Anderen. Diese Idylle wurde durch Kriege gestört, wo Maximilian um das Erbe Burgunds kämpfen musste. Der „Theuerdank" zeigt viele der Bedrohungen, deren ein junger Held ausgesetzt war (06_13). Ein Schaubuffet (06_14, 06_15 a–f) lässt burgundische Hofkultur erahnen. Die Jagd spielte eine große Rolle (06_18–06_20) und wurde der jungen Herzogin zum Verhängnis: Sie starb hochschwanger an den Folgen eines Jagdunfalls mit nur 25 Jahren.

06_01
KAISER FRIEDRICH III. (1415–1493)
STEPHAN GODL, 1522

Erster Entwurf Sesselschreibers 1515 kam nicht zur Ausführung. 1517 Auftrag an Söhne, wiederum erfolglos. Wurde vermutlich nach der Figur der Margarete in Angriff genommen.

Visierung: Jörg Kölderer,
Guss: Leonhart Magt.
Beeinflusst von Sesselschreibers erstem Entwurf. Bronze, H 250 cm
Inschrift: FRIDERICUS.TERCIUS. IMPERATOR. DIVI/IMPERATOR. MAXIMILIANI.PATER

Die schwerste Figur ist im vollen Krönungsornat mit Zepter, Krone, Schwert und Reichsapfel (teilw. ergänzt) dargestellt, blockhaft in der Form. Die für das Haus Habsburg typischen Gesichtszüge prägen ihn. Sein schwerer Mantel aus Brokat, unterschiedlich zu jenem des Hl. Röm. Reiches, ist mit kostbaren Schließen verziert und zeigt auf den Bordüren die 12 Apostel.[1]

1452 Krönung in Rom durch Papst Nikolaus V., gemeinsam mit seiner Gemahlin Eleonore v. Portugal, war er der letzte Herrscher, dem diese Ehre zuteilwurde. Seine Regierungszeit war geprägt durch Ausharren, Bedächtigkeit, Besonnenheit, aber auch durch Demütigungen und übermäßige Sparsamkeit sich selbst und seiner Familie gegenüber. Er achtete auf eine strenge Erziehung seines einzigen Sohnes Maximilian. Humanist mit großer Vorliebe für die Astronomie und Astrologie sowie die Gartenkunst. Unbeirrbar in seinen strengen Ansichten, ließ er sich nicht von Karl d. Kühnen, den er ob seiner grenzenlosen Verschwendungssucht nur mäßig schätzte, blenden und reiste vom Fürstentreffen in Trier unverrichteter Dinge ab. *MF*

1 Pluviale des Hl. Römischen Reiches sind in der Schatzkammer Wien ausgestellt – in der Barockzeit fertigte man neue Krönungsmäntel an. Das Umlegen des Krönungsmantels war der Höhepunkt dieses Teils der Krönungszeremonie. Erst danach wurden dem zukünftigen Herrscher die Insignien seiner weltlichen Macht, zum Beispiel Zepter und Reichsschwert, verliehen.

LITERATUR:

AK Maximilian I. Triumph eines Kaisers, 2005, V. 46.
Weiss, Maximilian I., 2018, 112, 360.

06_02
HERZOG KARL D. KÜHNE V. BURGUND (1433–1477)
STEFAN GODL, 1523/26

Erste Visierung bereits 1513, von Kölderer abgeändert

Guss Leonhart Magt, Bronze, H: 226,6 cm
Inschrift: KARL.HERZOG.ZU.BURGUND/ ZU BRABANT/ZU GELDERN/GAVE ZU FLANDERN

Karl d. Kühne, der Sohn Philipps d. Guten, heiratete in zweiter Ehe *Isabella v. Bourbon,* seine einzige Tochter *Maria* stammte aus dieser Verbindung.[1] In dritter Ehe mit der Schwester des engl. Königs, *Margarete v. York,* verbunden (kinderlos). Er lernte seinen späteren Schwiegersohn Maximilian als 14-Jährigen beim Fürstentreffen von Trier 1473 kennen, wo er als prunkvoller Fürst auftrat. Kurze Zeit später fiel der Burgunder bei der Schlacht v. Nancy im Jänner 1477. Dass die Verbindung der Kinder trotzdem realisiert werden konnte, war dem plötzlichen Tod Karls und den enormen Schwierigkeiten, mit denen sich Maria konfrontiert sah, geschuldet.[2]

Die Bronzefigur zeigt Karl in Rüstung mit dem Orden vom Goldenen Vlies. *MF*

1 Karl war in erster Ehe mit Catherine de Valois (1428–1446) verheiratet.

2 Oberhammer, Die Bronzestatuen am Grabmal Maximilians I., 1955, 99, 101, 127; Bundesdenkmalamt (Hg.), Das Grabmal Kaiser Maximilians I. in der Innsbrucker Hofkirche, Band XLVII, 1986, 371ff.

LITERATUR:

Bundesdenkmalamt (Hg.), Das Grabmal Kaiser Maximilians I. in der Innsbrucker Hofkirche, Band XLVII, 1986.
Oberhammer, Die Bronzestatuen am Grabmal Maximilians I., 1955.

06_01

06_02

06_03
FÜRSTENTREFFEN IN TRIER
BURGUNDER CHRONIK OD. „ZÜRICHER SCHILLING" DIEBOLD SCHILLING D. Ä., VERFASSER, HANS FRIES, MALER

199 aquarellierte Federzeichnungen
1480–1484, Bern, 37 × 25 cm
Zentralbibliothek Zürich, Inv. Nr. Ms A 5 S. 121

Diese umfangreichste Burgunderchronik gibt Auskunft über das *Fürstentreffen 1473 in Trier*, wo sich Kaiser Friedrich III. und sein Sohn Maximilian in Begleitung dreier Kurfürsten und zahlreicher deutscher Adeliger mit Herzog Karl d. Kühnen v. Burgund trafen.

Dieses Treffen dauerte vom 30. Sept.–25. Nov. 1473 und hatte zwei politische Ziele, die es zu verhandeln galt: die Erhebung Karls zum König und die Verheiratung seiner Tochter Maria mit EH Maximilian. Vordergründig ging es um die Durchführung eines Kreuzzuges, der jedoch nie zustande kam. Friedrich III. ließ sich und Maximilian in Augsburg mit Hilfe der Fugger neu einkleiden, konnte sich aber in keinster Weise gegenüber seinem Gastgeber behaupten. Karl gab alleine für die Garderobe seiner 2000 Bediensteten 40.000 Livres aus.[1]

Der Herzog überbot sich in prunkvoller Garderobe, luxuriösen Speisen und stattete auch die Räumlichkeiten des Treffens mit entsprechenden Luxusgütern wie kostbaren Tapisserien[2] aus.

Weder kam bei diesem Treffen der geplante Kreuzzug zustande, noch wurde Karl zum König erhoben, einzig dem Heiratsprojekt stand man wohlwollend gegenüber. Verärgert über die Ansprüche und die Prunksucht Karls, reiste Friedrich III. unerwartet nach zweimonatigem politischem Geplänkel ab.[3] Der junge 14-jährige Maximilian war aber zutiefst beeindruckt von der Zurschaustellung von Macht und Reichtum – dies öffnete ihm eine neue Sicht, die völlig konträr zu den Verhältnissen am Wiener Neustädter Hof war.

Auf der Darstellung sieht man vor dem Millefleur-Teppich,[4] welcher den Raum schmückt, an der seitlichen Tafel (re) sitzend Kaiser Friedrich III. mit Krone als ranghöchste Persönlichkeit, weiters an derselben Tafel vier Bischöfe/Kurfürsten und dem Habsburger vis-à-vis den Gastgeber Herzog Karl d. Kühnen. Auf der linken Tafel ist der junge Maximilian mit dem Erzherzogshut zu erkennen.

1 Frenzel, Burgund – Aufstieg & Glanz, 2019, 29–33.

2 Die Königswahl hing von den Kurfürsten ab (Goldene Bulle 1356), da konnte Friedrich keine Zugeständnisse machen, denn Karl beanspruchte den Titel „Römischer König" und nicht den über eines seiner Territorien.

3 Berühmt der „Millefleur"-Teppich Philipps d. Guten, um 1466, bestand urspr. aus acht Wandbehängen und Bordüren, aus Wolle und Seide, Gold- und Silberlahn, hergestellt in Brüssel von Johan le Haze (urspr. vollständige Zimmerausstattung „chambre"). Karl ernannte Le Haze zum Betreuer seiner Teppichsammlung und führte sie überall mit, so auch zum Fürstentag in Trier. Da er auch bei Kriegszügen nicht auf den gewohnten Luxus verzichten wollte, fiel der Tausenblumen-Teppich (H 306 × B 687 cm) nach den verlorenen Schlachten von Grandson und Murten 1476 in die Hände der Eidgenossen. Heute Tapisserie-Fragment im Historischen Museum Bern (Inv. 14). Gilt als kostbarstes Gewebe dieser Epoche!

4 Neben dem überreichen Blumendekor sind auch die Symbole des Ordens vom Goldenen Vlies, wie das Feuereisen, zu erkennen. Die Emblematik weist eindeutig auf Philipp d. Guten, den Vater Karls, als Auftraggeber.

06_04
WAPPENTEPPICH AUS BURGUNDERSCHATZ

Tournai (?)
H 208, B 812 cm, vollständig erhalten
Symbolisieren die Dynastie & die Herrschaft
1470 unter Karl d. Kühnen angefertigt
1476 bei der Schlacht von Grandson von den Eidgenossen erbeutet
Historisches Museum Bern, Inv. Nr. 15 a+b

Zeigt *Burgundisches Vollwappen* in dreifacher Folge: *goldene Lilien* (Abstammung französisches Königshaus der Valois) im ersten und vierten Feld, seit Philipp d. Kühnen 1363). Rot-weiße Umrahmung war vorgeschrieben, ohne Umrahmung nur der französische König.

Das zweite und vierte Feld: *Burgund gold-blau* schräg geteilt mit rotem Rahmen.Seit Johann ohne Furcht Mittelschild Wappen Flanderns mit *stehendem schwarzem Löwen auf Gold.* Unter Philipp d. Guten Hinzufügen von Brabant und Limburg mit *aufsteigendem rotem Löwen auf Weiß (Limburg)* und auf *Schwarz (Brabant).*[1]

Diese Vollform des Wappens übernahm Karl d. K. von seinem Vater, Philipp d. Guten. Starke Farbkontraste zeichnen diesen Wappenteppich ebenso aus wie eine flächige Darstellung, auf Fernwirkung bedacht. *MF*

1 Marti, Festkultur, AK Karl d. Kühne, 2008, Kt. Nr. 88 a,b (Abb 35 a, b), Inv. Nr. 15 a + b.

LITERATUR:

Marti, Festkultur, AK Karl d. Kühne, 2008

06_04

Von dem grossen köstlichen mal / das der hertzog von Burgunn dem keiser und anndern fürsten gab / und wie das mit ordnung und grossem richtům zů gieng

06_05

BURGUNDISCHE KRIEGSORDNUNG

Geschenk Karls d. K. an Maximilian
Maximilian versieht die Heeresordnung mit Randnotizen
1473
Pergament, eine Deckfarbeninitiale, H 31 × B 23 cm
Österreichisches Staatsarchiv, Sig. AT-OeStA/HHStA HS W 1096, Fol. 3r.

In Burgund war es unter Karl d. Kühnen üblich, Ordnungen zu verteilen, die jeweils ein verziertes Deckblatt enthielten. Die Wiener Handschrift, also jenes Exemplar, welches Karl d. Kühne dem jungen Maximilian geschenkt hat, ist inhaltlich ident mit der Heeresordnung, die der Burgunderherzog für sein Heer 1473 verfasst hat und die auch zur Anwendung kam. Diese Verordnung wurde jedem Heeresführer zur Amtseinführung überreicht. Es gibt einfachere Formen und luxuriösere Ausgaben.[1] Die Initiale des Wiener Exemplars zeigt Karl d. Kühnen am Thronsessel, wie er einem Untertanen die Heeresordnung überreicht. Ringsum sind Ranken mit verschiedenen Wappen versehen, das große Burgunderwappen, von zwei Löwen gehalten, befindet sich am unteren Rand.

Maximilian war über dieses Geschenk, das er von Karl d. Kühnen in Trier erhalten hat, hoch- beglückt und bewahrte es zeitlebens als ein kostbares Gut – war es doch die einzige Erinnerung an Karl d. Kühnen, den er nicht mehr lebend antraf. Er verehrte seinen zukünftigen Schwiegervater, besaß er doch all jene Eigenschaften, die seinem eigenen Vater in hohem Maße fehlten! *MF*

1 Eine luxuriöse Ausgabe befindet sich in London, British Library, Add. Ms 36619.

LITERATUR:
Marti, AK Karl d. Kühne, 2008, Kat. Nr. 48.
Weiss, Maximilian I., 2018, 58 f.

06_05

06_06

MARIA V. BURGUND (1457–1482)

Halbfigur im Profil
Tochter Karls d. Kühnen und erste Gemahlin Maximilians I.
NICLAS REISER (?)
Um 1500, posthum, nach verlorener Vorlage
Öl auf Holz, 79 × 46 cm (mit Rahmen: 91,7 × 71 × 6 cm)
Prov.: aus Ambraser Sammlung
Kunsthistorisches Museum Wien, GG, Inv. Nr. 4402

Dieses Gemälde, welches Maria v. Burgund nach links blickend vor einem Brokathintergrund ohne Landschaftsausblick zeigt, unterscheidet sich nur marginal von einem zweiten, in Ambras aufbewahrten Bild (GG 4400). Es zeigt sie im Gegensinn, nun nach rechts blickend. Handhaltung und Landschaftsausblick unterscheiden sich, die Dargestellte kaum: In beiden Fällen trägt sie den Hennin[1] mit einer Agraffe, ein oliv-grünes Gewand aus italienischem Damast mit Granatapfelmuster und eingeknöpften Ärmeln sowie eine goldene, mehrreihige Kette mit Perlenbesatz. Die weiten Ärmel sind mit weißem Pelz verbrämt, ein durchsichtiger Schleier hebt sich zart vom Hintergrund ab.

Beide Bilder dürften eine gemeinsame Vorlage haben, alle erhaltenen Portraits von Maria scheinen auf ein verlorenes Brustbild im Profil zurückzugehen.

Die Künstlerfrage ist nicht eindeutig geklärt: Gesichert ist, dass ein österreichischer Maler dieses Bild um 1500 im Auftrag Maximilians gefertigt hat. War es nun Hans Maler oder Niclas Reiser?

1510 erfolgte eine Bezahlung an *Hans, Maler aus Schwaz,* von 15 fl für *„zwei conterfettafeln, daran frau Maria von Burgund gemalt ist“.*[2]

Zieht man diese Quelle und die in den letzten Jahren stattgefundene Wiederentdeckung der Werke von *Hans Maler* heran, wären die beiden Portraits aus dem KHM wohl ihm zuzuweisen.

Allerdings wird das Gemälde meist *Niclas Reiser* (tätig 1498–1512), ebenfalls in Schwaz ansässig, zugeschrieben. Denn auch Reiser erhielt 1498 und 1500 von der Tiroler Kammer Zahlungen für Aufträge Maximilians (*„gemäl von unser vordern gemahel“*).

Egg schreibt das Gemälde eher dem älteren Maler Reiser zu, was von der Forschung übernommen wurde. Bleibt es bei der Datierung um 1500, kommt Hans Maler eher nicht in Frage, da war er noch zu jung. Bei einer um zehn Jahre späteren Datierung würde die

Zuschreibung an Hans Maler durchaus möglich sein. [3]

Daneben gibt es noch das Portrait von Michael Pacher (Privat-Sammlung Kisters), welches

1479 datiert ist und nach einer Zeichnung im Louvre gemeinsam mit der verschollenen Profilzeichnung entstanden sein dürfte. [4]

Kisters bezeichnet dieses Pacher-Portrait, aufgrund von Spezialuntersuchungen der Farbpigmente, als dasjenige, welches nach der Zeichnung im Louvre entstanden ist und Vorbildwirkung hatte. *MF*

1 Kopfbedeckung in Burgund: spitz zulaufender Hut mit befestigtem Schleier. Die Mode schrieb vor, dass die Damen einen möglichst hohen Haaransatz haben mussten – je höher, desto vornehmer!

2 Reg. 997, JB kh. Slg. II, 1884.

3 Hans, Maler von Schwaz, hat ein bedeutendes Ouevre hinterlassen, vor allem war er ein gefragter Portraitmaler, während man Niclas Reiser nur von dem von Egg zugeschriebenen Bild der Maria v. Burgund kennt.

4 AK Karl d. Kühne, 2008, Kat. Nr. 166, Friedrich Kisters, s. a. Louvre, Département des Arts graphiques, 158DR.

06_07

HILFEBRIEF VON MARIA V. BURGUND AN EH MAXIMILIAN

Verfasst am Hof der Maria v. Burgund in deutscher Sprache
Gent
Brief Pergament, dat. vom 26.03.1477
Österreichisches Staatsarchiv, Sig. HA Familienakten K 18, Fol. 101

Maria, Herzogin von Burgund, wird nach dem überraschenden Tod ihres Vaters am 05.01.1477 Alleinerbin. Sie muss die Regierungsgeschäfte führen und wird dabei von ihrer Stiefmutter, Margarete von York (06_08), unterstützt. Von allen Seiten bedrängt, suchte sie Hilfe bei Maximilian, wobei sie nicht wusste, ob er sich noch an das lose Heiratsversprechen gebunden fühlte. Sie ließ den Brief in deutscher Sprache verfassen und durch einen Boten heimlich außer Landes bringen. Darin forderte sie Maximilian auf, so schnell wie möglich zu ihr zu kommen und ihr beizustehen, *„sie werde ihm auch eine treue Gemahlin sein"*.

Ihre Angst war verständlich, denn als Erstes zog der französische König das *Herzogtum Burgund*, da es ein Kronlehen war, welches nicht an eine Frau übertragen werden könne, ein.

Weitere Eroberungen waren absehbar, da man glaubte, dass die Gelegenheit günstig sei. Natürlich war der französische König vehement gegen die Verbindung von Maria mit Maximilian, wollte er doch selbst eine eheliche Verbindung zwischen seinem Sohn, dem Dauphin Karl (VIII.), und Maria herstellen. Doch Maria lehnte entrüstet ab, sie sei nicht gewillt „ein Kind zu heiraten" [1]. Der französische König brachte daraufhin die Picardie und Teile des Artois in seine Gewalt, annektierte fast ohne Widerstand das Herzogtum Burgund, sodass sich Maria hilfesuchend an die Generalstände wandte. Diese nutzten ihre Situation schamlos aus und verlangten von Maria die Unterzeichnung des „Großen Privilegs" [2].

Friedrich III. sah, dass Eile geboten war, und schickte eine kaiserliche Gesandtschaft zu Maria, um die Ehe per procuram zu vollziehen [3]. Der Kaiser hatte alle Mühe, die Kosten für einen Brautzug zusammenzustellen. Maximilian brach am 21.05.1477 in Wien auf, überall auf seinem Weg wurde er gefeiert und immer mehr Leute schlossen sich dem Hochzeitszug an. In Köln war Maximilian am Ende seiner – bescheidenen – Mittel und schickte einen Hilferuf an seine Schwiegermutter Margarete v. York. Diese reagierte prompt und löste Maximilian mit 100.000 Gulden aus. Mit diesem Betrag konnte er seine Schulden bezahlen, sich selbst ausstatten und ein Brautgeschenk kaufen.

06_06

06_07

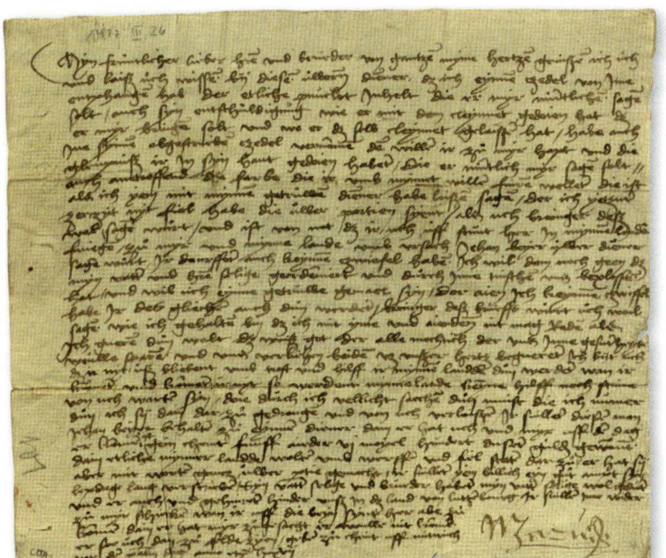

Am Abend des 18. August 1477 erreichte der Brautzug Gent: Maximilian ritt in silberner, mit Gold verzierter Rüstung, gemeinsam mit dem Erzbischof und Kurfürsten von Trier, Johann II., dem Markgraf Christoph v. Baden sowie in Begleitung von 1200 Mann, auf einem weißen Pferd ein. Das erste Treffen zwischen den Brautleuten fand noch am selben Abend im Schloss Ten Walle statt. Maximilian erschien nun in einem goldenen, kostbaren Gewand und überreichte der Braut sein Hochzeitsgeschenk.[4] *MF*

1 Karl VIII. war 1477 gerade mal sieben Jahre alt (1470–1498), Maria war 20 Jahre (1457–1482).

2 Das Große Privileg vom 11.02.1477 besagte, dass sie alle Gesetze ihrer Vorgänger zurücknehmen, die Militärausgaben kürzen und noch weitere Zugeständnisse machen musste. Sie musste die Schaffung eines 24-köpfigen „Großen Raths" hinnehmen, welcher den Generalständen großen Machteinfluss sicherte.

3 Die Abgesandten des Kaisers waren der Bischof Georg von Metz, Dr. Georg Heßler, der Herzog von Bayern sowie 300 gepanzerte Reiter, die Stellvertreter-Hochzeit fand am 21. April 1477 in Brügge statt.

4 Die Geschichte, wonach Maximilian, einem alten burgundischen Brauch gemäß, eine Blume im Mieder der Braut suchen musste, beruht auf Tatsachen. Erst nach mehrfacher Aufforderung traute sich der schüchterne junge Prinz, dem nachzukommen. Er fand schließlich eine Nelke, ein Zeichen der Gattenliebe.

LITERATUR:
Weiss, Maximilian I., 2018, 64 ff.

06_08
MARGARETE VON YORK (1446–1503)
UNBEKANNTER MALER, FLÄMISCHE SCHULE, 1468

Tochter von Richard Plantagenet, 3. Duke of York, 12 Geschwister, darunter 2 Könige Edward IV. und Richard III.
3. Gemahlin von Herzog Karl d. Kühnen
Öl auf Holz, 20 cm × 12 cm
Louvre, Paris, Inv. Nr. RG 1938-17

Die Hochzeit zwischen Karl d. Kühnen und Margarete am 3. Juli 1468 war selbst für burgundische Verhältnisse außerordentlich prunkvoll, sie fand in Brügge statt. Feste, Bankette, Turniere und Theatervorführungen für das Gefolge von 60 hochadeligen burgundischen und englischen Damen fanden statt – Olivier de la Marche[1] schildert als Organisator die Zeremonie ausführlich. Mit der Hochzeit, die ja ein politisches Signal war – die Braut war die Schwester des englischen Königs –, wollte man Frankreich brüskieren. Der Berichterstatter de la Marche versicherte, dass dies *„die schönste Hochzeit, an der ich zeit meines Lebens teilgenommen habe"*, war.[2] Der Glanz wurde auch verstärkt durch den Auftritt der Ritter vom Goldenen Vlies, ganz in Goldtuch gekleidet. Die Straßen der Stadt waren mit kostbaren Seiden- und Goldstoffen wie auch Tapisserien geschmückt. Die Braut selbst trug ein Gewand, welches weiß und mit Goldstickereien versehen war, sowie eine Krone, welche sie später dem Domschatz von Aachen vermachte, wo sie noch heute aufbewahrt wird.[3]

Die Ehe mit Karl blieb kinderlos, jedoch verstand sich Margarete mit ihrer Stieftochter Maria seit Anbeginn sehr gut, es verband sie eine innige Freundschaft. So stand Margarete Maria auch in der schwierigen Zeit nach dem Tod Karls d. Kühnen bei, löste Maximilian mit der Übersendung von 100.000 Gulden in Köln aus, damit er nach Burgund kommen konnte, und förderte das junge Paar, wo immer sie konnte.

Politisch versiert, war ihr Rat gerne gehört. Nach dem frühen Tod von Maria 1482 wurde sie die Erzieherin von Philipp d. Schönen, während Margarete am französischen Königshof als zukünftige Königin erzogen worden ist. Die Taufe von Erzherzog Karl, dem Enkel Maximilians, im Jahre 1500 erlebte sie noch – sie starb tiefbetrauert 1503 in Mechelen.

Auf dem Bild ist sie in burgundischer Tracht, einem Hennin mit zartem Schleier, geschnürtem Brustlatz und

06_08

hermelingeschmückten Manschetten dargestellt. Die Hände zum Gebet gefaltet, sieht man mehrere Ringe. Eine Agraffe mit großer Perle auf der Hennin-Stulpe und ein prächtiges Collier unterstreichen ihre vornehme Erscheinung. *MF*

1 Kraume, Glanzvolles Burgund, 2010, zitiert Olivier de la Marche und seine Beschreibung zur Hochzeit, 127 ff.

2 Kraume, Glanzvolles Burgund, 2010, alle in der Livree von Monseigneur gekleidet, trugen die Speisen auf, goldenes und silbernes Geschirr im Wert von 60.000 Mark wurde verwendet.

3 Vermutlich war es bei der Hochzeit eine andere Krone, da sie mit einem Durchmesser von 12,5 cm für ein menschliches Haupt zu klein gewesen wäre. Margarete ließ die Krone höchstwahrscheinlich für das wundertätige Marienbild im Dom von Aachen anfertigen, Lederfutteral ebenso erhalten.

LITERATUR:

Beaune, Arbaumont (Hg.), Olivier de la Marche. Memoires, 1884 – in modernem Französisch: Thiry, Splendeur de la Cour de Bourgogne, 1995.

AK Karl d. Kühne, 2012, Kat. Nr. 71, 72, 73, 74.

06_09

06_09

KAISER MAXIMILIAN I.
JOOS VAN CLEVE (1485–1540)

1510, nach älterem Vorbild, auf Rahmen datiert
Eichenholz 28,5 × 22,3 cm
Prov.: Erzherzog Leopold Wilhelm
Kunsthistorisches Museum Wien, GG, Inv. Nr. 972

Dieses Bild zeigt Maximilian nicht als Kaiser, sondern in jungen Jahren. Die Nelke in Händen haltend, deutet dies auf seine erste Verehelichung in Burgund hin. Zu diesem Zeitpunkt könnte das verloren gegangene Original in Burgund entstanden sein. Maximilian, weißhaarig (soll blond sein), trägt auffallend über einem mit Marderpelz gefütterten und mit Ausschlagkragen versehenen Brokatmantel die Collane des Ordens vom Goldenen Vlies.

Seine Aufnahme in den Orden fand am 1. Mai 1478 statt, was einen terminus post quem in der Datierung darstellt. Die Eheschließung war 1477 und das Bild zeigt einen jungen Mann, eine Nelke als Symbol der Gattenliebe in Händen haltend.

1510, als Joos van Cleve dieses Bild gemalt hat, war Maximilian schon älter, zum zweiten Mal verwitwet und als Kaiser auch mehr auf Repräsentation bedacht. Cleve schafft hier eine Replik, von denen es mehrere gibt.

Friedländer [1] hat dieses Bild als Erster Joos van Cleve zugeschrieben. Zwar hielt sich Maximilian 1510 in den Niederlanden auf, aber zu diesem Zeitpunkt dürfte er anders ausgesehen haben. Cleve und seine Werkstatt haben sich vermutlich an einer älteren Version orientiert.

Es gibt zahlreiche Wiederholungen dieses Themas, vermutlich sind einige der Bilder von Erzherzogin Margarete in Auftrag gegeben worden. Sie selbst besaß zwei Versionen davon. Im Rijksmuseum in Amsterdam [2] befindet sich ein ähnliches Bild, welches 1530 datiert ist und der Werkstätte van Cleve zugeschrieben wird. Es folgt im Typus dem Jugendbildnis, hier wie dort hält er eine Nelke in Händen. Maximilian wird nun als reiferer Mann dargestellt – dieses Bild wurde zum Logo der Ausstellung gewählt. *MF*

1 Friedländer, Die altniederländische Malerei, Bd IX, 1934, 139, Nr. 71b.

2 Inv. Nr. SK-A-3293, wird der Werkstätte Joos v. Cleves zugeschrieben und ist 1530 datiert. Maximilian als 40-Jähriger, dargestellt mit reiferen Zügen als am Wiener Bild, das Gewand und der Pelz ist sorgfältiger gemalt. In seiner behandschuhten Rechten hält er auch hier eine Nelke. Allerdings ist anzumerken, dass Maximilian nicht weißhaarig war, sondern dass die Darstellungen beim Jugendbildnis – auch im Statutenbuch des Ordens – blond sein sollten! Als 40-Jähriger – so auf dem Bild von Ambrogio de Predis – hatte er rötliche Haare! (12_07 Portrait ist 1501 datiert).

LITERATUR:

AK Maximilian I. Innsbruck, 1969, Kat. Nr. 554.

AK Hispania – Austria, 1992, Kat. Nr. 156.

AK Kunst der Dürerzeit, 2012, Kat. Nr. 2.

06_10

EH MAXIMILIAN UND MARIA V. BURGUND ALS VERLOBTES PAAR

UNBEKANNTER KOPIST NACH FLÄMISCHER VORLAGE

Um 1560/90

Feder in Grau, Graubraun und im Karnat rötlich laviert
25,3 × 17,6 – aus einem Codex herausgeschnitten
Prov.: Wiener Hofbibliothek, Cod. Min. 81
Albertina, Wien, Grafische Sammlung, Inv. Nr. 24425

Die Inschrift besagt, dass es sich um die erste Begegnung zwischen Maximilian und Maria gehandelt hat: *„in dergleychen habit hat Kayser maximilian* höchstlöblicher *gedechtnus sein verlobten Gemahel das Frewlein von Burgund erstlich besucht“*.

Diese anmutige Zeichnung, die keinerlei Portraithaftigkeit zeigt, stellt uns ein schüchternes junges Paar vor – der Bräutigam ergreift den Arm der jungen Frau, die züchtig und vornehm sich kaum wagt, ihn anzusehen. Er trägt eine gegürtete Schaube mit Beinlingen und Pantoffeln, die zu dieser Zeit noch nicht in Mode waren. [1] Ein Handschuh in seiner Rechten, ein Dolch im Gürtel und eine doppelte Halskette schmücken ihn. Unter einer Kappe (Erzherzogshut?) quillt sein schulterlanges, gelocktes Haar hervor. Marias langes, enggegürtetes Gewand ist im Hüftbereich mit Granatapfel-Muster verziert, der Saum mit Hermelin verbrämt. Sie trägt den Hennin, den typisch spitz zulaufenden Burgunderhut dieser Zeit. Ein Schönheitsideal war eine möglichst hohe Stirn zu haben. [2] Den langen Schleier hat sie über ihrem Unterarm drapiert. Beide sind als elegante Höflinge aus der Zeit um 1477 dargestellt. Historische Quellen berichten, dass die erste Begegnung im Schloss Ter de Walle stattgefunden hat und Maximilian ganz in Gold gekleidet war – es wird überliefert, dass sie sich sofort heftig ineinander verliebten, was im Hause Habsburg höchst selten der Fall war!

Über diese erste Begegnung schreibt der junge Maximilian an seinen Freund Sigmund v. Prüschenk: *„ich hab ein schöns froms tugendhafftes weib ... sie ist vom laib viel kleiner den die Rosina* [3] *und schneeweis, ein prauns haar, ein klains nassl, ein kleins heuptel und antlitz, praun undt grave augen gemischt, schön und lauter ...“* MF

1 Pantoffeln kommen erst ca. 100 Jahre später in Mode, s. a. AK Dürerzeit, Kat. Nr. 4.

2 Die Damen rasierten sich zu diesem Zweck, um der Mode zu entsprechen, den Haaransatz ab.

3 Rosina v. Kraig, seine erste Geliebte in Wiener Neustadt.

LITERATUR:
AK Hispania – Austria, 1992, Kat. Nr. 92.
AK Maximilian I. Triumph eines Kaisers, 2005.
AK Karl d. Kühne, 2008, Kat. Nr. 160.
AK Kunst der Dürerzeit, 2012, Kat. Nr. 4.

06_10

06_11

WEISSKUNIG, GARTENSZENE

LEONHARD BECK, HANS BURGKMAIR D. Ä., HANS SCHÄUFELEIN, HANS SPRINGINKLEE (HS), TEXT MARX TREITZSAURWEIN

1505–1516, Ausgabe 1775

237 Holzschnitte, Druck auf Papier
36 × 25 cm geschlossen, 37 × 47 cm geöffnet
Kunsthistorisches Museum Wien, Bibliothek, Inv. Nr. 13948, Fol. 51

Diese anmutige Gartenszene zeigt ein junges Paar im Garten sitzend, unschwer als Maximilian und Maria zu erkennen. Maximilian ist im Weisskunig immer gleich dargestellt, mit langem Gewand und Schaube, meist pelzverbrämt. Maria

06_11

unverkennbar durch den Hennin, den burgundischen Spitzhut, und ein Brokatgewand. Sie lernen die Sprache des anderen – Maximilian lernte rasch Französisch und auch etwas Flämisch, während Maria sich mit der deutschen Sprache schwertat. [1]

„Wir sässen in einem Rosengarten – gäbe es nicht den Krieg“.

Dem jungen Paar blieb nicht viel Zeit zur trauten Zweisamkeit, denn Maximilian musste schon bald für Burgund in den Krieg ziehen. [2]

Der Holzschnitt zeigt eine Gartenszene mit Rasenbank, Springbrunnen und schlendernden Paaren in einem abgeschlossenen *„hortus conclusus“*. Als Vorbild diente der damals vor allem in Burgund verbreitete „Roman de la rose“ (06_16). s. a. 04_01 WEISSKUNIG *MF*

1 Man konnte sich auch auf Latein, der Sprache der Gebildeten, verständigen. Allerdings sprach Maximilian zeitlebens ein schwer verständliches „Reiterlatein“.

2 Schlacht von Guinegate 1479, wo er seinen ersten Sieg über die Franzosen errungen hat.

06_12

STUNDENBUCH DER MARIA V. BURGUND

MEISTER DER MARIA VON BURGUND, ANONYMER KÜNSTLER

Gebetbuch um 1477

24 Kalendarium-Illustrationen, 20 ganzseitige und 32 kleinere Miniaturen, figürliche Initialen
22,5 × 15 cm
Österreichische Nationalbibliothek Wien, Inv. Nr. Cod. 1857, Fol. 14 v.
Faksimile-Ausgabe 1969

Sollte nach dem Tod ihres Vaters im Jänner 1477 als „schwarzes Gebetbuch“, also als Trauerbuch weitergeführt werden, aber ihre bevorstehende Hochzeit mit Maximilian v. Österreich im August 1477 ließ sie davon Abstand nehmen. Ab Fol. 35 wieder gibt es wieder Text und Bordüren auf weißem Grund.

Als Künstler wurde Nicolas Spierinc wie auch Liétard van Lathem öfters genannt, beide von Karl d. Kühnen hochgeschätzt.

Die bekannteste Miniatur daraus ist die ganzseitige Darstellung von Maria v. Burgund in der Kirche.

Maria sitzt im Vordergrund lesend, ein Gebetbuch prätentiös in Händen haltend. Man blickt durch ein großes Fenster in einen hochgotischen Kirchenraum, wo die Muttergottes mit dem Jesuskind vor dem Altar thront. Marias kostbare Kleidung, der spitz zulaufende Hennin mit zartem Schleier, ihre kapriziöse Handhaltung, das Schoßhündchen wie auch die wertvollen Schmuckstücke weisen auf die Herzogin hin. Im Inneren der Kirche knien rechts und links vor der Madonna, ebenfalls in eleganten Kleidern, jeweils eine junge Frau im Hennin und ein gelockter Mann. Dabei könnte es sich durchaus um Maria und Maximilian handeln, entstand das Stundenbuch doch im Jahr ihrer Eheschließung. Auf der gegenüberliegenden Seite findet man die Initiale „L“ mit prachtvoller Rankenmalerei an den Bordüren. Das Gebet über die „sieben Freuden Mariens“ wurde von Thomas Becket geschrieben.

Der Meister des Stundenbuches hat mit seinem „Blick aus dem Fenster“ einen völlig neuen tiefenwirksamen Raum geschaffen, der einer Bühne gleichkommt und gleichzeitig als „Rahmenhandlung“ fungiert. *MF*

LITERATUR:
Unterkircher, Das Stundenbuch der Maria von Burgund, 1993.

06_12

06_13 (ohne Abbildung)

THEUERDANK
LEONHARD BECK, HANS BURGKMAIR D. Ä., HANS SCHÄUFELEIN (HS), MELCHIOR PFINZING, HERAUSGEBER, NÜRNBERG

1517 Originalausgabe

35,4 × 25,6 cm (Buch), 34,7 × 24,4 cm (Blatt)
Mit Holzschnitten illustriertes Versepos, welches die Abenteuer Maximilians auf seiner Brautreise nach Burgund schildert.
Oberösterreichische Landesbibliothek Linz, Inv. Nr. CD16 M 1649

Das aufwändig gestaltete Buch wurde von Maximilian I. in Auftrag gegeben und ist das einzige der Druckwerke, dessen Fertigstellung der Kaiser 1517 noch erlebt hat. Eine limitierte Auflage mit 40 Stück zierten handkolorierte Seiten, welche vermutlich für Maximilian selbst vorgesehen waren. Weitere 300 Exemplare wurden auf Papier vom kaiserlichen Hofbuchdrucker Johann Schönsperger gedruckt, die Schlussredaktion erfolgte durch den Stiftsprobst von St. Sebald, Melchior Pfinzing, der auch die Identität der vorkommenden Persönlichkeiten beschrieb.

Denn es handelt sich dabei um die verschlüsselte Geschichte des Ritters Theuerdank (= Maximilian), welcher auf seiner Brautfahrt nach Burgund mannigfache Abenteuer bestehen muss. Die Übeltäter, die ihn ständig in Gefahr bringen, waren die Hauptleute Fürwittig, Unfalo und Neidelhart. Sie wollten die bevorstehende Hochzeit Theuerdanks mit der Königin Ehrenreich (= Maria v. Burgund) unter allen Umständen verhindern, was bis zur Ermordung des Helden führen konnte. Doch Theuerdank besiegt alle Hindernisse und trifft nach vielen Abenteuern am Hofe der Königin ein. Ehrenhold, welcher als Chronist alles aufgezeichnet hat und auf seinem Umhang ein Glücksrad trägt, berichtet der Königin von den Schandtaten. Die Übeltäter werden vor ein Gericht gestellt und zum Tode verurteilt. Ehrenreich verlangt von ihrem Helden noch die Teilnahme an einem Kreuzzug, erst dann wird sie ihn zum Gemahl nehmen. So ist Maximilian zum Schluss als Kreuzritter zu sehen, eine Utopie, der er ein Leben lang nachhing.

Das Konzept des Theuerdanks geht wohl auf Maximilian selbst zurück, die Textzusammenstellung dürfte eine Gemeinschaftsarbeit zwischen Siegmund v. Dietrichstein, Marx Treitzsaurwein und Probst Melchior Pfinzing gewesen sein. Letzterer war für die einheitliche Gestaltung der Verse und die Druckversion zuständig.

Die bildenden Künstler waren Hans Leonhard Schäuffelein (19), Hans Burgkmair (13) und Leonhard Beck, welcher den Hauptanteil (77) bewerkstelligte.

Dem Wunsche Maximilians folgend, handelt es sich dabei um eine gotische Fraktur, die Zierschriften nachahmte und Parallelen zu den Lehrbüchern des jungen Maximilian aufwies. Die *„Theuerdank-Type“* stellte hohe Anforderungen an die Stempelschneider, so auch die Verzierungen der Schnörkel bei den Initialen. Das Schriftbild wirkt klar, viele Schnörkel werden gesetzt. Sie liegt im Einflussbereich der Kanzleischrift Friedrichs III. und der Type des Älteren Gebetbuches und nimmt in der Typologie-Geschichte einen gesonderten Platz ein. *MF*

LITERATUR:
Füssel, Der Theuerdank von 1517, 2003.
Hollegger, Maximilian I., 2005.
AK Kunst der Dürerzeit, 2012, Kat. Nr. 73.
Müller, Ziegeler, Maximilians Ruhmeswerk, 2015.

06_14

MINIATUR-TRIUMPHZUG KAISER MAXIMILIANS I.
„GEBRAUCHSSCHATZ“ ALBRECHT ALTDORFER UND WERKSTATT; ENTWURF: JÖRG KÖLDERER

„Meister der Artillerie“
1512–1516, Innsbruck/Regensburg
Aquarell u. Deckfarbenmalerei mit Goldhöhungen auf Pergament, 45 × 120 cm
Bez. *„Die Clainod und der Schatz/des Kaiserlichen gebräuchs“*
Albertina, Grafische Sammlung, Inv. Nr. D 25232, Fol. 256, bez. 79

Fortsetzung des *„Schatzes der Andacht“* (fol. 255, bez. 78), ein Wagenzug mit mehreren Wägen, welche neben den kirchlichen auch die profanen Schätze präsentieren und von Schimmeln und Maultieren gezogen werden. Rotgekleidete, bewaffnete Bedienstete begleiten den Zug und tragen jeweils das Ehrenkränzel.[1]

Truhen mit dem sog. „Gebrauchsschatz“ beinhalten hermelinbesetzte Roben, Teppiche, vergoldete Teller und Tafelgerät. Mit kaiserlichem Wappen verzierte Tücher bedecken teilweise die wertvollen Schätze. Im Mittelpunkt steht der kostbarste Wagen, in welchem Doppelpokale, Kannen, Becher und Leuchter aus glänzendem Gold zur Schau gestellt werden.

Die Gepflogenheit, seine Schätze zur Schau zu stellen, hat Maximilian von Burgund übernommen. Karl d. Kühne präsentierte seine Reichtümer schon auf dem Fürstentreffen in Trier, Maximilian hat diese Schaubuffets übernommen.[2]

Winzinger[3] schrieb dieses Blatt dem „Meister der Artillerie“ zu, aufgrund seiner „fast katalogartigen Schilderungen der Einzelheiten, worunter der künstlerische Schwung etwas leide“. *MF*

06_14

1 Maximilian gab folgende Anweisung: Die Begleiter *„sollen alle die lob krenntzle aufhaben“...*

2 Im Weisskunig und auch auf anderen Darstellungen finden sich immer wieder sog. „Kredenzen“ (Schaubuffets) – zumindest druckgrafisch hat Maximilian diesen Brauch aus Burgund in das Haus Habsburg eingeführt.

3 Winzinger, Albrecht Altdorfer und die Miniaturen des Triumphzuges Kaiser Maximilians I, 1966, 157 ff.

LITERATUR:

Winzinger, Albrecht Altdorfer und die Miniaturen des Triumphzuges Kaiser Maximilians I. In: Jahrbuch der Kunsthistorischen Sammlungen in Wien, 62, 1966, 157–172. Albrecht Altdorfer und die Miniaturen des Triumphzuges Kaiser Maximilians I, 1966.

Koschatzky, Winzinger, Miniaturen zum Triumphzug, 1972, 50 f.

AK Hispania – Austria, 1992, Kat. Nr. 96.

AK Maximilian I. Triumph eines Kaisers, 2005, II.11.

06_15 a–e

SCHAUBUFFET

Nürnberger- od. Maximilianspokal, 15a, KK 110
Dürerpokal, 15b, KK 109
Akeleibecher, 15c, KK 95
Greifenklaue, 15d, KK 80
Natternzungenkredenz, 15e, KK 89
Kunsthistorisches Museum Wien, KK, Inv. Nr. 110, 109, 95, 80, 89

06_15 a

MAXIMILIANSPOKAL: ENTWURF ALBRECHT DÜRER [1]

Nürnberg um 1510, Silber getrieben, teilw. vergoldet und emailliert, H: 56 cm

Das Wappen im Inneren des Pokals, der Reichsadler und im Herzschild Burgund, weist auf Maximilian als Besitzer hin. Bereits im Nachlassinventar EH Ferdinands II. 1596 zu finden.

Die Buckel des Pokals an Fuß, Kuppa und Deckel sind zu Birnen umgedeutet und heben sich deutlich vom Reliefgrund ab. Am Knauf des Deckels zwei aufsteigende Distelzweige. Der Deckelpokal ist eines der frühesten Beispiele für das Aufkommen naturalistischer Motive und weist dadurch bereits in die Frührenaissance.

06_15 b

DÜRERPOKAL ENTWURF VERMUTL. ALBRECHT DÜRER

Nürnberg um 1500, Silber getrieben, teilw. vergoldet, H: 47,80 cm

Buckelpokal mit bekrönender Figur, als „wilder Mann“ in Fellkleidung dargestellt. [2]

Im Dresdner Skizzenbuch ist ein ähnlicher Pokal zu finden.

06_15 c

AKELEIBECHER

Nürnberg, um 1500, Silber, teilw. vergoldet, Email H: 31 cm – Doppelbecher

Als Akeleibecher werden jene Pokale bezeichnet, welche an eine Akeleiblüte erinnern – sie waren das abzuliefernde „Meisterstück der Nürnberger Goldschmiede“.

Auf drei vergoldeten Füßen stehend, mit schlanker Cuppa und ausladendem noppenförmigem Deckelbereich mit stilisierter Akeleiblüte in Email.

06_15 d

TRINKHORN-GREIFENKLAUE

2. H. 15. Jhdt, Norddeutschland
Horn, Büffelhorn, Fassung: Silber, Bronze vergoldet, H. 26 cm, L. 24,5 cm
Als Trinkgefäß in Verwendung
Beschriftung: help maria my dat hie deyn (oberes Band); help dat my (unteres Band)

Trinkgefäß wird von vergoldeten Greifen gestützt, damit es aufrecht stehen kann.

Aus Büffelhorn mit Vergoldungen, oberer Rand mit goldenen Buckeln.

06_15 e

NATTERNZUNGEN-KREDENZ

Nürnberg? Um 1450, H: 27 cm
Silber, vergoldet, fossile Haifischzähne, Citrin (Quarz)

Diente urspr. als Tafelgerät zur Warnung vor vergifteten Speisen und Getränken. Fossile Haifischzähne, die man für versteinerte Natternzungen hielt, gab es relativ häufig. Man glaubte, dass sie durch Schwitzen die Nähe von Gift anzeigen würden, und stellte das Gerät auf die Tafel.

Gotischer Vierpass mit Pflanzenbüschel, im oberen Teil ist es, gleich einem Blumenbouquet, mit fossilen, goldgefassten Haifischzähnen verziert, welche das Unheil bannen sollten. Bekrönt wird die Goldschmiedearbeit durch einen Citrin.

Friedrich III. hatte mehrere Exemplare in seinem Besitz, vermutlich stammt auch dieses aus diesem Umfeld. *MF*

1 Ähnlicher Entwurf von Dürer: Albertina Inv. Nr. 3185, Entwurf zu einem Doppelscheuer (Doppelpokal).

2 Wilder Mann = Wappen der Montforts, von denen EH Ferdinand II. den Pokal erworben hat.

LITERATUR:

AK Hispania – Austria, 1992, Kat. Nr. 97, 98.

AK Kunst der Dürerzeit, 2012, Kat. Nr. 80.

06_15 a

06_15 b

06_15 c

06_15 d

06_15 e

06_16
WEISSKUNIG – KREDENZ
LEONHARD BECK, HANS BURGKMAIR D. Ä., HANS SCHÄUFELEIN, HANS SPRINGINKLEE (HS), TEXT MARX TREITZSAURWEIN
1505–1516, Ausgabe 1775

237 Holzschnitte, Druck auf Papier
36 × 25 cm geschlossen, 37 × 47 cm geöffnet
Kunsthistorisches Museum Wien, Bibliothek, Inv. Nr. 13948, Fol. 50

Die Szene zeigt Maximilian gemeinsam mit Maria und seiner Stief-Schwiegermutter Margarete v. York an einer Tafel sitzend. Vor dem Erzherzog steht ein großer gefüllter Teller.

Die beiden Damen scheinen ihm Gesellschaft zu leisten, Maximilian, in Rüstung (!), prostet ihnen zu. Alle drei tragen Kronen, was eher der Phantasie des Zeichners geschuldet ist, denn weder Krone noch Rüstung trug man während des Essens.

Im linken Vordergrund ist eine „Anrichte“ zu sehen, wo Speisen wie auch Krüge bereitstehen. Auf der Tafel steht weiteres kostbares Tafelgeschirr, wie Pokale und Karaffen.

Hinter Maximilian eine Tapisserie und die offenen Fenster geben einen Blick auf ein Schloss frei. Im rechten Bildrand als Repoussoirfigur ein Bediensteter, in der Mode der Zeit gekleidet, und auf der gegenüberliegenden Seite sitzend zwei Hofdamen mit imposantem Kopfschmuck. *MF*

06_16

06_17
ROMAN DE LA ROSE – GARDEN OF PLEASURE
GUILLAUME DE LORRIS, JEAN DE MEUN, TEXT UNBEKANNTER FLÄMISCHER MALER, IDEALE GARTENANSICHT

Niederlande, Brügge
1490–1500
British Library, Inv. Nr. Harley 4425, Fol. 12v.

Der „Roman de la Rose“ ist ein im 13. Jhdt verfasster Versroman, welcher zu den erfolg- und einflussreichsten Werken der mittelalterlichen französischen Literatur zählt. Besteht aus 22.068 paarweise angeordneten, achtzeiligen Versen. Der erste Teil stammt von *Guillaume de Lorris*, welcher einen Traum erzählt: Er heißt deshalb „Roman de la Rose“, weil er „die ganze Kunst der Liebe“ enthalte: Diese schönste aller Blumen vergleicht er mit einer Dame. Ein verschlüsselter Roman von einem Paradiesgarten mit fröhlicher Gesellschaft, in dem den Liebenden verschiedene allegorische Figuren [1] hindern, zu seiner Rose zu gelangen. *Jean de Meung* setzt in der Erzählung fort, allerdings lässt er mythologische, astrologische und naturkundliche Kenntnisse einfließen und unterweist so den Leser. Dank der Hilfe von Amor gelingt es dem Liebenden, alle Widerstände zu überwinden und letztlich seine Rose zu pflücken.

Dieser Roman war weit verbreitet, es gab 20 frühe Drucke und über 300 Manuskripte. Viele der Handschriften enthalten Miniaturen (z. B. für Franz I.). Durch die Übertragung von *Geoffrey Chaucers* fand der Rosenroman Eingang in die englische Literatur. Bereits 1399 entbrannte ein Literatenstreit, in dem *Christine de Pizan* (1364–1430) sich gegen die negativen Äußerungen von Meung über die Frauen und die Liebe auflehnte.

Der Roman fand als quasi „Bestseller“ weite Verbreitung, besonders in Frankreich. Karl d. Kühne hatte ihn in seiner Bibliothek und so darf angenommen werden, dass Maria ihn kannte und möglicherweise auch Maximilian.

Die Darstellung zeigt den Initiationsweg von Armand, dem eine schöne junge Frau das Tor zum Paradiesgarten öffnet und ihn an der Hand nimmt. Im Garten selbst sieht man einen plätschernden Brunnen, der angenehme Kühle spendet [2]. Dahinter ein elegantes Paar, in burgundischer Mode gekleidet, sitzend, wobei der Jüngling mit der Laute spielt. Andere Paare spazieren im Liebesgarten, der von kleinen Mäuerchen, abgegrenzten Beeten und Orangenbäumen verziert wird. Analog zur Darstellung im Weisskunig [3] könnte es sich bei dem Paar auch um Maximilian und Maria handeln. Die umrahmende Leiste findet sich im Burgund des 15. Jahrhunderts häufig: Verziert mit bunten Blumen und Vögeln, gibt der Rahmen sozusagen den Blick in den Garten frei und lädt zum Spaziergang ein. [4] *MF*

1 Die Allegorien Müßiggang, Fröhlichkeit und Vergnügen trieben ein erotisch ausgelassenes Spiel und versuchten Armand vom Tugendpfad abzubringen.

2 Der Garten ist von jeher eine Metapher für das Paradies, in seiner Mitte steht immer ein Brunnen (s. Klostergärten), von dem die vier Paradiesströme wegfließen, später durch Wege symbolisiert.

3 S. a. 06_11, Maria und Maximilian lernen die Sprache des Anderen im Garten.

4 Die ersten Illustrationen zu diesem Roman stammen aus der Zeit um 1300 und waren in einfachen Formen gehalten. Die hier gezeigte Abbildung eines flämischen Malers aus dem 15. Jhdt zeigt noch einen „Hortus conclusus“, einen abgeschlossenen Garten mit erhöhtem Rasensitzplatz, Treillagen, die meist mit Rosen oder Geißblatt bewachsen waren – eine Idylle, zum Thema der Liebenden passend.

LITERATUR:
Frenzel, Gartenkunst in Tirol, 1998, 21 ff.

06_17

[A]Sez y fery et
hurtay
Et maintesfois
je escoutay
Se je orroye leans nulle ame
Le guichet qui estoit de charme
Me ouvrit une pucellette
Qui assez estoit gente et nette
Cheveulx eut blons come ung bassi
La char plus tendre que ung poussin
Front reluisant sourcilz voultis
Lentreoeil si nestoit pas petis
Ains fut assez grant par mesure
Le nez eut bien fait a droiture
Les yeulx eut vers come faulcons
Pour faire envie a tous homs
Doulce alaine eut et savouree
La face blanche et coulouree
La bouche petite et grossette
Et au menton une fossette

06_18
FEDERSPIEL (FALKENLUDER)

um 1500, oberitalienisch (wohl Mailand)
Seide, Vogelfedern, Gold- und Silberdraht
30 × 70 × 68 cm
Kunsthistorisches Museum Wien, HJRK, Inv. Nr. D 4

Das Federspiel diente dem Jäger bei der Beizjagd als künstlicher Vogel zum Zurückholen des Falken. Um das Aussehen des Federspiels der Beute des Falken anzunähern, sind an den Stoffbeutel zu beiden Seiten Vogelfedern angenäht. Darüber hinaus besitzt das Federspiel eine lange Schnur, die dazu diente, es in der Luft zu bewegen und so dem Falken den Eindruck einer fliegenden Beute zu vermitteln. An dem Stoffbeutel sind Schnüre befestigt, die es dem Falkner ermöglichten, dort Futter für den Falken anzubinden. Der Falke wurde dazu trainiert, auf Zeichen eines geschwungenen Federspiels zum Falkner zurückzukommen und mit Futter dafür belohnt zu werden. Bei unserem Federspiel sind in erhabener Stickerei am oberen Randstreifen Grotesken, an der Frontseite zwei Knaben bei der Eberjagd bzw. eine Falkenbeize auf Reiher und andere Wasservögel dargestellt. Die prunkvolle Ausführung mit Stickerei in Gold- und Silberdraht auf Seide machen es unwahrscheinlich, dass dieses Federspiel wirklich für die Jagd verwendet wurde, würden doch die scharfen Klauen des Raubvogels die Stickerei beschädigen. Es diente wohl primär zeremoniellen Zwecken. Für die wirkliche Jagd dürfte man Federspiele aus Leder verwendet haben. *MPF*

LITERATUR:
AK Maximilian I., Wien 1959, 218.
Gamber, Katalog der Leibrüstkammer, Teil I., 1976, 197.
Seipel, Herrlich Wild, 2004, 140.
Haag, Wieczorek, Pfaffenbichler, Buderer (Hg.), Kaiser Maximilian I., 2014, 68.

06_19
FALKENHAUBE

Um 1500, Oberitalien

Leder gepresst, vergoldet
8 × 6 × 7 cm
Kunsthistorisches Mseum Wien, HJRK, Inv. Nr. D 24

Von allen Formen der Jagd galt die Falkenjagd als die vornehmste, weil sich bei ihr das Tier dem Willen des Menschen unterordnete. Zu dieser Beizjagd wurden neben Falken auch die etwas größeren Habichte verwendet. Das Falkenhäubchen diente dazu, dem Vogel seine Sicht zu rauben, so dass er still auf der Faust des Jägers saß. Der so geblendete Vogel blieb ruhig auf der lederbehandschuhten Faust des Falkners sitzen. Nahm man die Falkenhaube unmittelbar vor dem Flug ab, so flog der nun sehende Vogel auf und stürzte sich auf seine Beute. Diese Hauben aus vergoldetem, gepresstem Leder stammen aus dem Besitz von Maximilian I. und seiner zweiten Gattin Bianca Maria Sforza. Dies zeigt die Wappenkombination, die sich auf den beiden Seiten der Falkenhauben befindet. Auf Maximilian wird durch den einköpfigen deutschen Königsadler und das Feuereisen des Ordens des Goldenen Vlieses hingewiesen, auf Bianca Maria Sforza durch das Mailänder Wappen. *MPF*

LITERATUR:
AK Maximilian I., Wien 1559, Nr. 598,
Gamber, Katalog der Leibrüstkammer, Teil I., 1976, 196.
Seipel, Herrlich Wild, 2004, 141.
Haag, Wieczorek, Pfaffenbichler, Buderer (Hg.), Kaiser Maximilian I., 2014, 69.

06_20
MARIA V. BURGUND AUF DER BEIZJAGD AUCH BEZ. „MARIA VON BURGUND ALS HERRSCHERIN INMITTEN DER WAPPEN IHRER UNTERTANENGEBIETE“

„EXCELLENTE CRONYKE VON VLAENDEREN“
Südliche Niederlande, wahrsch. Brügge, 15. Jhdt
Papier, Aquarellzeichnungen, 409 Bl
H 26, B 18,6 cm
Openbare Bibliotheek, Brügge, Histor. Fonds, Inv. Nr. Ms 437, Fol. 372v

Die flandrische Chronik reicht von den legendären Anfängen im 7. Jhdt bis ins Jahr 1478.

Maria bildet den Schlusspunkt, da durch ihre Heirat mit Maximilian v. Österreich eine neue Ära begann.

Maria ist auf einem Pferd, im Damensitz reitend, dargestellt. Auf ihrem aus-

06_18

06_19

gestreckten Arm sitzt ihr Jagdfalke. Das Pferd ist von einer Wappendecke mit dem Vollwappen Burgunds bedeckt. Hinter ihr eine Mauernische, wo über ihrem Haupt eine Krone schwebt – wohl eine Anspielung an ihre zukünftigen Aufgaben?[1] Alle 17 burgundischen Wappen sind entlang des Bildrandes aufgereiht, auch der Bindenschild ist darunter. Zentral in der Mitte das Wappen vom Stammesherzogtum Altburgund, welches ein Kronlehen war und von Ludwig XI. nach dem Tod Karls d. K. eingezogen worden ist.[2]

Die Jagdleidenschaft teilte Maria mit ihrem Gemahl – in Burgund war es vor allem die Falkenbeize und die Reiherjagd[3], an denen das junge Paar teilnahm. *MF*

1 Maria starb schon bald darauf – 1482 – als 25-Jährige an den Folgen eines Jagdunfalls.

2 Das jüngere Haus Burgund war ein Nebenzweig des französischen Königshauses Valois. Die Herzöge von Burgund gehörten zeitweilig zu den mächtigsten Herrschern Europas. Im Westen waren sie dem französischen König lehenspflichtig, im Osten dem röm.-deutschen Kaiser, traten jedoch mehr oder weniger als unabhängige Fürsten auf.

3 Der Burgunderhof besaß eine große Anzahl Jagdfalken und Jagdhunde – der Lieblingsfalke durfte sogar in Marias Kammer schlafen.

LITERATUR:
AK Karl d. Kühne, 2008, Kt. Nr. 162.

06_20

RAUM_07

TURNIER

MAXIMILIANS LIEBSTER SPORT

Eine Turnierszene (07_01) von Schäufelin zeigt, welch bedeutende Ereignisse Turniere um 1500 waren. Die bekanntesten Turniere von Maximilian wurden im Freydal (07_06 a–d) festgehalten. Prachtvolle Harnische (07_02–04) aus dem Besitz Maximilians zeigen vollendete Plattnerkunst, Renn- und Stechzeug dokumentieren die unterschiedlichen Turnierarten. Ein Diptychon (07_07) mit den Kindern Maximilians, Philipp & Margarete, dürfte zur spanischen Eheanbahnung entstanden sein.

07_01

RITTERLICHES TURNIER AUF EINEM STADTPLATZ

HANS LEONHARD SCHÄUFELIN (ZUSCHREIBUNG)

1509 süddeutsch/tirolisch

Wasserfarbe auf nicht grundierter Leinwand („Tüchlemalerei")
119 × 142 cm (Keilrahmen),
132,4 × 154,2 cm (mit Rahmen)
Familienstiftung Tratzberg, Jenbach – in Tratzberg nachweisbar seit 1592

Turniertreiben auf einem Stadtplatz, welcher festlich geschmückt ist: Über die Fensterbrüstungen der Erker, Altanen und Loggien sind goldene Brokattücher gehängt, die hohen Besuch andeuten.

Es sind zwei Turnierszenen zu erkennen: der erste Waffengang mit Lanzen (Vordergrund), der zweite rückwärts mit Schwertern. Abgegrenzt durch hohe Schranken, kämpfen jeweils zwei Kontrahenten gegeneinander und warten gerüstete Ritter auf ihren Auftritt. Musiker tönen rückwärts zum Signal: Posaunenbläser, Trommler und Pfeifer. Inmitten des Kampfgetümmels sieht man auch elegant gekleidete, sich lebhaft unterhaltende Männer, davor zwei sich balgende Kinder. Ein weiterer Musiker hat seine Laute neben sich abgelegt, um sich den Schuhriemen zu schnüren. Im Hintergrund ein Stelzengeher.

Ältere Forschungen haben versucht, den Stadtplatz mit Innsbruck oder dem Rennplatz zu identifizieren – beides stimmt nicht mit den topografischen Gegebenheiten überein.

Beim Schwertkampf im Hintergrund fällt ein größer wirkender *Turnierreiter* auf – da stellt sich die Frage, ob der Künstler nicht mit den Gesetzen der Perspektive vertraut war oder ob er diese Figur absichtlich größer – dem Bedeutungsmaßstab entsprechend – dargestellt hat?

Seine Rüstung hat eine vergoldete Sonne auf dem Brustpanzer und seine Helmzier ist mit einem großen Federbuschen und einer Eule verziert. Weiters finden sich Verzierungen auf der Pferdedecke, die auf Feuereisen hindeuten. Christof Metzger [1] konnte als Erster nachweisen, dass bereits im Freydal [2] Maximilian eine ähnliche Helmzier trägt (Eule), ebenso wie das Sonnensymbol auch maximilianisch zu deuten ist. Und nicht zuletzt ist die Bordüre des Pferdeharnischs mit Feuereisen verziert, ein Emblem des Ordens vom Goldenen Vlies.

Spannend ist auch der Umstand, dass alle Turnierreiter Groteskhelme tragen [3], was allerdings mit bloßem Auge kaum erkennbar ist. All diese Anzeichen weisen den mit dem Schwert Kämpfenden wohl eindeutig als *Maximilian* aus. Da dieser Herrscher sehr unstet war und sich nirgends lange aufgehalten hat, wird wohl am ehesten Tirol oder Augsburg als Schau platz in Frage kommen, wo er doch länger verweilte und gerne Turniere abhalten ließ und feierte.

Der Kontrahent Maximilians beim Schwertkampf trägt einen wachsenden Greif, der auch auf dem Rossharnisch (Geliegen) zu sehen ist, ebenso wie eine sitzende Frau mit Spiegel. Weiters einen Zaun mit dem Schriftband M A O R [4].

Kostümgeschichtlich sind verschiedene typische Modeerscheinungen um 1500 zu erkennen: gestreifte Umhänge, Mi-Parti (gestreifte Strumpfhosen), der Jüngling in rotem Gewand mit langen blonden Locken (im Hintergrund nochmals). Die Hofdamen sind in gehöriger Sicherheit auf der Loggia rechts oben dargestellt.

Als Vorlage dienten Schäufelin die *Turnierholzschnitte von Cranach* von 1506/09.

Wie Metzger nachgewiesen hat, weilte Schäufelin bis 1508 bei einem Auftrag in Niederlana und kehrte 1510 nach Augsburg zurück. Eine Datierung um 1509 scheint durchaus realistisch.

Möglicherweise handelte es sich bei diesem Turnierbild um das Festhalten eines besonderen Ereignisses, was vielleicht auch für die Wahl des Materials – Tüchleinbild – verantwortlich war. *MF*

07_01 (Detail)

1 Metzger, Hans Schäufelin als Maler, 2002, 266 ff; Metzger hat in seinen Forschungen über Schäufelin erstmals eine heutige Sichtweise dargestellt und auf die Verbindung mit Maximilian hingewiesen.

2 Turnierbuch Maximilians I., 1512–15, Miniaturen, s. 07_06.

3 Groteskhelme sind in den Innsbruckner Plattnereien entstanden, so z. B. Groteskhelm für Heinrich VIII. von England, ein Geschenk Maximilians, von Konrad Seusenhofer 1512–14.

4 Im Freydal trägt Wolfgang v. Polheim bei einem deutschen Gestech auf seinem Gelieger ähnliche Dekorationselemente.

LITERATUR:
AK Maximilian I. Innsbruck, 1969, Kat. Nr. 488.
Metzger, Hans Schäufelin als Maler, 2002, Kat. Nr. 14, 82 ff.

Für spezielle Hinweise danke ich Karl Schütz.

07_01

07_02

KÜRISS MAXIMILIANS I. LORENZ HELMSCHMID, PLATTNER

Um 1485, Augsburg

blankes Eisen, Messing, Leder
Kunsthistorisches Museum Wien, HJRK, Inv. Nr. A 62

Lorenz Helmschmid schuf einen eleganten Reiterharnisch, der sich stark am Modeideal des Spätmittelalters orientierte. Der Augsburger Plattnermeister betonte die Schlankheit des Trägers durch die stark eingezogene Taille. Die reiche Verzierung mit aufgenieteten und vergoldeten Messingzierleisten sowie die gezackten, lilienförmig ausgesägten Folgenränder vermitteln den Eindruck besonderer Kostbarkeit und betonen den hohen künstlerischen Anspruch des Plattners. Die Handschuhe mit langen, spitz zulaufenden Stulpen wirken wie aus Spitzenstoff gefertigt. Der Helm der Rüstung ist als Schaller mit halbem Visier ausgeführt. Zum Schutz von Hals und Kinn wurde ein in der Höhe verstellbarer „Bart" an der Brust befestigt. An der doppelt geschifteten Brust ist ein umlegbarer Rüsthaken befestigt. Die Spitzen der Armkacheln sind mit einer vergoldeten Messingkappe versehen. Die glatten Beinröhren enden in langen, sehr spitz auslaufenden Schnabelschuhen. Die schlanken Spitzen der Schuhe sind absteckbar, um dem Träger das Gehen zu Fuß zu erleichtern. Höchstwahrscheinlich wurde die Rüstung für den jungen König Maximilian I. gefertigt, der seit 1480 Rüstungen bei Lorenz Helmschmid bestellte. Der Augsburger Meister stand damals bereits in engem Kontakt zu Maximilians Vater, Kaiser Friedrich III. Seit dem von Jakob Schrenck von Notzing verfassten und 1601 erstmals erschienenen gedruckten Bildinventar der Ambraser Heldenrüstkammer von Erzherzog Ferdinand II. wird dieser Harnisch mit dem Namen des Erzherzogs Sigmund von Tirol (1427–1496) in Verbindung gebracht. Die Zuordnung zu Sigmund als Auftraggeber wurde jedoch in der jüngeren Forschung wiederholt in Zweifel gezogen, da der Landesherr von Tirol bisher nicht als Kunde des Augsburger Plattners Lorenz Helmschmid urkundlich nachgewiesen werden konnte und die Körpermaße nicht für den zum Zeitpunkt der Bestellung bereits 55 Jahre alten Träger sprechen. Möglicherweise handelt es sich bei der Zuordnung in der Heldenrüstkammer um ein Versehen oder der Harnisch wurde von Maximilian dem alternden Verwandten anlässlich dessen zweiter Heirat mit der jungen Katharina von Sachsen geschenkt. *MPF*

LITERATUR:
AK Maximilian I., Wien 1959, Nr. 487.
AK Hispania – Austria, 1992, Nr. 103.
Beaufort-Spontin, Pfaffenbichler, Meisterwerke der Hofjagd- und Rüstkammer, Wien 2005, Nr. 9.
AK Kunst der Dürerzeit, 2012, 326.
Haag, Wieczorek, Pfaffenbichler, Buderer (Hg.), Kaiser Maximilian I., 2014, 30.

07_03

RENNZEUG MAXIMILIAN I. INNSBRUCKER PLATTNEREI

VERMUTL. KONRAD SEUSENHOFER

Um 1515

Kunsthistorisches Museum Wien, HJRK, Inv. Nr. R IX

Für den Zweikampf mit scharfen Lanzen, das Rennen, entwickelte sich im Laufe des Spätmittelalters eine Spezialausrüstung, das Rennzeug, in der Form eines spätgotischen Halbharnisches. Sie bestand aus einem hutartigen Helm, einem steifen Bart, Brust und Rücken mit Rüst- und Rasthaken für die Lanze sowie aus knielangen Schößen, jedoch ohne Arm- und Beinzeuge. Die Arme wurden links durch einen großen fixierten Schild, die Renntartsche, rechts durch eine halbkreisförmige Stahlscheibe auf der Lanze (Brechscheibe) gedeckt. Dieses Rennzeug Maximilians I. war lediglich für das Festanzogenrennen eingerichtet. Beim Festanzogenrennen war eine eiserne Tartsche, die bis zum Sehschlitz hinaufreichte, mit zwei Schrauben an Kinn und Brust des Reitzeuges angeschraubt. Das Festanzogenrennen tritt innerhalb der acht verschiedenen Rennarten Maximilians I. nicht besonders hervor, hat aber schließlich alle anderen aufwändigen Rennarten überlebt. *MPF*

LITERATUR:
Thomas, Gamber, Katalog der Leibrüstkammer, Teil I., 1976, 166, s. S. 86 ff

07_03

07_02

07_04
STECHZEUGFRAGMENT MAXIMILIAN I.
JÖRG HELMSCHMID D. J.
Augsburg, 1494

Eisen, Leder, 190 × 70 × 70 cm
Kunsthistorisches Museum Wien, HJRK, Inv. Nr. S XV

Das Gestech war ein Zweikampf, bei dem die Turnierer eine mit einer dreizackigen Spitze versehene Lanze benutzten. Der Reiter versuchte bei diesem Sport, den Gegner aus dem Sattel zu stechen, was sich auch im Namen dieses Turniersportes widerspiegelt. Da der Reiter mit seinem Pferd dabei in die Gangart des Galopps kommen musste, sonst hätte er die Lanze nicht gerade halten können, und der gepanzerte Reiter und sein Pferd mehr als 600 Kilogramm schwer waren, wurde der Stoß mit der stumpfen Lanze mit einer gewaltigen Wucht durchgeführt. Daher waren beim Stechen besonders die Hals- und Kinnpartien des gegnerischen Reiters sowie seine Brust, die linke Schulter und seine beiden Hände gefährdet. Die sportliche Ausrüstung zum Gestech begann sich daher im Spätmittelalter aus Gründen der Sicherheit zum „schweren Stechzeug" zu entwickeln, um so die besonders gefährdeten Körperteile besser gegen Verletzungen zu schützen. Zunächst erhielt der Topfhelm eine Kinnverstärkung, so dass sich daraus der Stechhelm entwickelte. Die Lanze bekam einen runden Handschutz aus Stahl, die so genannte Brechscheibe. Im späten 15. Jahrhundert hatte sich dann aus diesen Anfängen der ganz spezialisierte Stechharnisch, das Stechzeug entwickelt. Mit seinen 40–45 kg war das Stechzeug etwa doppelt so schwer wie ein Feldharnisch. *MPF*

LITERATUR:
Thomas, Gamber, Katalog der Leibrüstkammer, Teil I., 1976, 144.
Haag, Wieczorek, Pfaffenbichler, Buderer (Hg.), Kaiser Maximilian I., 2014, 149.

07_05
HELMHAUBE
Innsbruck 1484

Erzherzog Sigmund von Tirol und Maximilian I.
Leinen, gesteppt, mit Werch gefüllt
Kunsthistorisches Museum Wien, HJRK, Inv. Nr. B44

Um den Kopf des Turnierers vor dem Anprall des gegnerischen Speers zu schützen, war dieser von einer Helmhaube aus mit Werch gefüttertem, gestepptem Leinen umschlossen. Diese Helmhauben wurden mit dem Stechhelm mittels angenähter Riemen fest verbunden, indem die Riemen so angebracht waren, dass sie den Kopf des Reiters praktisch frei schwebend innerhalb des Helmes festhielten, sodass er nicht direkt an die Helmwand anstoßen konnte. Diese Art der Anbringung geht aus einer Zeichnung eines in drei verschiedenen Ansichten gezeichneten Stechhelmes Albrecht Dürers um 1498 hervor. Bei dieser Zeichnung Dürers sieht man gut die Verschnürung der Helmhaube im Stechhelm. *MPF*

LITERATUR:
Thomas, Gamber, Katalog der Leibrüstkammer, Teil I., 1976, 152.
Beaufort-Spontin, Pfaffenbichler, Meisterwerke der Hofjagd- und Rüstkammer, Wien 2005, 78.
Haag, Wieczorek, Pfaffenbichler, Buderer (Hg.), Kaiser Maximilian I., 2014, 146.

07_04

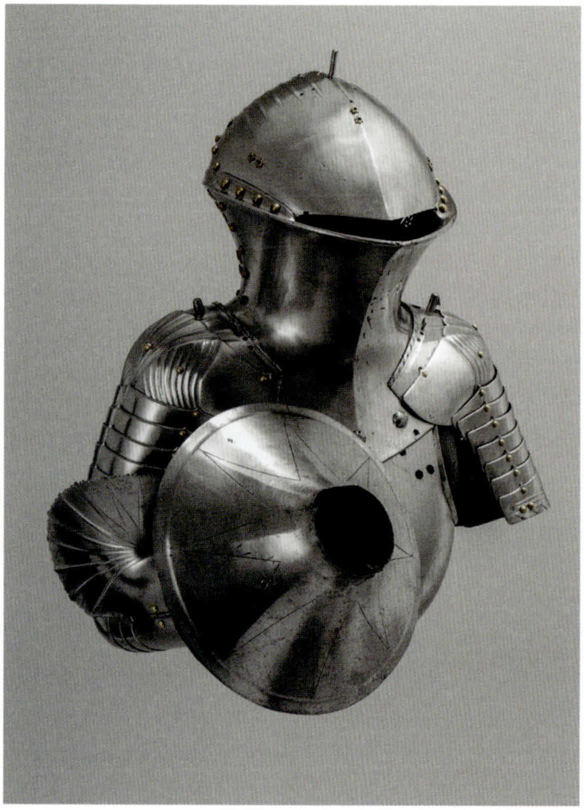

07_05

07_06 a–d

TURNIERBUCH „FREYDAL“

1512–1515, süddeutsch

Papier, Tempera- und Aquarellmalerei über Federzeichnung, in Gold und Silber gehöht
38,2 × 26,8 cm – 255 BL.
Prov.: Schloss Ambras
Kunsthistorisches Museum Wien, KK,
Inv. Nr. 5073, Fol. 34, 39, 97, 157

Obwohl es unvollendet geblieben ist, war das Turnierbuch „Freydal“ ein Teil des großen autobiographischen Zyklus Kaiser Maximilians I. Zu diesem Zyklus gehörten der „Theuerdank“ mit der poetisch-allegorischen Beschreibung seiner Hochzeitsfahrt nach Burgund sowie der „Weißkunig“, in dem er an seine Lebens-Regierungsgeschäfte erinnerte. Die Handschrift „Freydal“ war sicherlich wie auch die zu dem autobiographischen Zyklus gehörenden Werke „Theuerdank“ und „Weißkunig“ vorgesehen, in Holzschnitten zu erscheinen. Erhalten sind jedoch nur die Miniaturen dieses Prachtbandes. Dürer führte fünf der Miniaturen in Holzschnitt aus. Hatte der „Theuerdank“ die Brautfahrt nach Burgund zum Inhalt, in der der Held viele Kämpfe zu bestehen hatte, so ist der „Freydal“ die Erzählung seiner ritterlichen Minnefahrt. Von drei königlichen Jungfrauen zu einer abenteuerlichen Fahrt ausgeschickt, erlebt Freydal an vielen Orten Ritterspiele, bis ihn schließlich am Ende dieser Fahrt eine (Maria von Burgund) erhört. An jedem Turnierhof, 64 an der Zahl, besteht Freydal/Maximilian, der freudige Jüngling, jeweils ein Stechen, ein Rennen, einen Fußkampf und eine „Mummerey“, den nach den Turnieren abgehaltenen Maskenball. Auf jedem Blatt ist er dargestellt.

Das Werk hält die damalige Festkultur gebührend fest. Maximilian ist bei seinen Kämpfen stets siegreich hervorgegangen. Er ist an seinem goldenen und silbernen gestreiften Harnisch-Rock erkenntlich. Großes Aufsehen erregten die sog. *„Geschiftstartschenrennen“*, wo sich Bruststückteile durch einen besonderen Federmechanismus lösten und in die Luft katapultierten. Dieser Schreckensmoment war günstig, den Gegner zu überrumpeln und aus dem Sattel zu heben. *MF*

LITERATUR:
Leitner, Freydal, Wien 1880–1882.
AK Maximilian I., Wien 1559, 21 f., Nr. 69.
Thomas, Gamber, Katalog der Leibrüstkammer, Teil I., 1976, 170 f.
AK Hispania – Austria, 1992, 311 f.
Krause, Das Turnierbuch Freydal Kaiser Maximilians I., 2014, 167–180.
AK Karl d. Kühne, 2008, Kat. Nr. 170.
AK Kunst der Dürerzeit, 2012, Kat. Nr. 72.

07_06 a

07_06 b

07_06 c

97.
Her Niclas von firmian.

07_06 d

Hertzog fridrich von Sachsen.
Chur:

07_07

DIPTYCHON PHILIPP D. SCHÖNE & EH MARGARETE

PIETER VAN CONINXLOO

1493–95 Brüssel

Öl auf Eiche, 23,8 × 16,5 cm (ein Bild)
London, National Gallery, NG2613.1

Pieter van Coninxloo war einer der frühen, bedeutenden Hofmaler von Erzherzogin Margarete, bevor Bernhard von Orley diesen ersten Rang innehatte. Manche Forscher identifizieren ihn – darunter Max Friedländer erstmals – mit dem *„Meister der Magdalenen-Legende“*, welcher in ähnlicher Weise malte (s. a. 04_05). Dieses Bild war ein Geschenk an Heinrich VIII. und diente wohl zur Heiratsanbahnung. Zuerst war es in Windsor und heute in der National Gallery in London. Was auffällt, sind die viel weicheren, sanfteren Züge, die Coninxloo verwendet und wodurch es sich vom Diptychon des KHM unterscheidet. Die Geschwister wurden auf diesem Doppelportrait vermutlich im Alter von 15 bzw. 13 Jahren festgehalten.

Philipp besticht durch seine Ähnlichkeit mit seinem Vater – dieselbe Haartracht und Kopfbedeckung, wie sie auch Maximilian trug. Er ist als „kleiner Erwachsener“ mit Hermelinkragen und dem Orden vom Goldenen Vlies dargestellt. [1] Das große Burgunderwappen mit Ordenscollane und Erzherzogshut in der Mitte, umgeben von den Wappen der Erbländer. [2] Bei Margarete findet sich im oberen Teil ebenso das burgundische Vollwappen, wobei die zweite Hälfte des Wappens leer ist, [3] umrahmt von dem Bindenschild und dem Wappen von Altburgund.

Die Erzherzogin ist als junges Mädchen dargestellt, gleich wie auf dem Wiener Bild trägt sie auch hier ein Gold-Brokatkleid, eine Haube und ein auffälliges Schmuckstück. [4] *MF*

1 Aufnahme in den Orden 1482, sein Vater Maximilian bekam den Titel „Souverän und Vater des zukünftigen Ordenssouveräns“.

2 Auch der Bindenschild und Tirol sind erkennbar.

3 Dies würde die Vermutung bestärken, dass das Bild zur Eheanbahnung gemalt worden ist, also noch vor der spanischen Doppelhochzeit 1496, weil nichts auf Spanien hinweist!

4 Die Kleidung ist bei beiden ident, nur die Gesichtszüge unterscheiden sich – Coninxloo zeigt die Erzherzogin reifer – die Wiener Bilder erscheinen weitaus kindlicher.

LITERATUR:

Friedländer, Die altniederländische Malerei, Bd. IX, 1934.
AK Frauen, Kunst und Macht, 2018, Kat. Nr. 2, 1, 90.
AK Kunst der Dürerzeit, 2012, Kat. Nr. 5.

07_07

RAUM_08

ORDEN VOM GOLDENEN VLIES

EIN BURGUNDISCHER ORDEN VON GROSSER BEDEUTUNG

Ordensrobe und Collanen (08_01–03) sind auch heute noch wesentliche Bestandteile dieses 1430 gegründeten Ritterordens. Philipp d. Gute (08_05) wollte den Zusammenhalt seiner Adelsfamilien in seinen weit auseinander liegenden Territorien wie auch den Schutz der Kirche festigen. Das Statutenbuch zeigt die frühen Ordenssouveräne, darunter auch Maximilian (08_07 a–c), welcher als erster Habsburger aufgenommen worden ist. Die Symbole des Ordens, Feuerstein und Feuereisen, sind auch auf den Tapisserien (08_09) dieser Zeit zu sehen. Der Orden zählt zu den wenigen, die bis heute Bestand haben.

Diese Präsentation ist erstmals außerhalb Wiens zu sehen.

08_01

ORDENSORNAT VOM GOLDENEN VLIES

Radmantel, Untergewand und Bundhut (Chaperon)
18. Jhdt, Wien
Roter Samt mit Goldstickerei, 120 × 110 × 170 cm, Länge: 322 cm, Hutweite: 56 cm
Kunsthistorisches Museum Wien, Monturdepot, MD_TO_32_1,32_2,32_3

Der Orden vom Goldenen Vlies wurde 1430 durch den Burgunderherzog Philipp d. Guten anlässlich seiner Hochzeit gegründet.

Dieser Ornat eines Ordens wurde vermutlich unter Kaiser Karl VI. nach dem Vorbild eines mittelalterlichen Ornats angefertigt. Er besteht aus einem asymmetrisch geschnittenen *Radmantel* aus rotem Samt mit edler Goldstickerei, welche die Ordensembleme darstellt (Widderfell, Feuereisen und Feuerstein). [1] Die Stickerei am Saum zeigt den Wahlspruch Karls des Kühnen *„Je l'ai emprins"* („Ich habe es gewagt").

Zum Mantel, der auf der rechten Schulter gerafft wird, gehören ein *Untergewand* aus scharlachrotem Samt und ein *Bundhut* (Chaperon) mit reicher Goldstickerei, von dem ein 165 cm langes *Samtband* (Cornette) herabfällt.

Die Mitglieder dieses elitären Ritterordens mussten stets den Glaubenverteidigen und besondere Treue und Loyalität ihrem Herren gegenüber zeigen. Vertreter der bedeutendsten Adelsfamilien Burgunds waren im Orden vertreten. *MF*

1 Das Symbol des Ordens: das Widderfell (Jason und die Argonauten konnten das auf Kolchis aufbewahrte und von einem Drachen beschützte goldene Widderfell = Goldene Vlies entwenden).

LITERATUR:
AK Karl d. Kühne, 2008, 186 ff, Kat. Nr. 20, 21.
Kraume, Glanzvolles Burgund, 2010, 96 ff.

s. Beitrag S. 34 ff

08_01

08_02, 08_03 (ohne Abbildung)

COLLANEN VOM ORDEN VOM GOLDENEN VLIESBURGUND; NIEDERLANDE

19. Jhdt/Besitz EH Rudolf [1]

Gold, Email, 90 cm Länge
Original-Schatulle, eine Collane wird der Ordensrobe beigefügt
Wien, Ordensdepot

Die Collane ist eine goldene Gliederkette, an der das vergoldete Widderfell hängt. Die einzelnen Glieder bestehen aus dem *Feuerstein* [2], dargestellt als schwarz emaillierte Halbkugel mit weißen Tupfen und seitlich wegzüngelnden Feuerstrahlen, sowie aus jeweils zwei rahmenden *Feuereisen.* [3] Ihre hakenförmigen Griffe sind als Kettenglieder ineinandergehängt. Diese Symbole gehen auf den Gründer des Ordens, Herzog Philipp d. Guten von Burgund, zurück. [4] Sein Leitspruch *„Ante ferit quam flamme micet" („Zuvor der Schlag, dann glänzt die Flamme")* findet sich in seinem Wappen und wurde dann auf den Orden übertragen.

Die Collanen werden im Ordensdepot aufbewahrt und nur zu besonderen Anlässen wie der jährlichen Ordensmesse am Andreastag oder zu Ordensinvestituren ihren Trägern ausgehändigt.

Der oberste Herold oder Wappenkönig, der Toison d'Or, trug die *Potence,* den Wappenkragen mit anhängender Ordenskette. Diese Insignie wird heute nicht mehr verwendet. [5] *MF*

1 Johannes Graf Trapp ist der derzeitige Träger der Rudolfs-Collane.
2 Feuerstein ist eine besondere Gesteinsart, die, wenn man mit einem Eisen darauf schlägt, Funken sprüht und für das Anzünden des Feuers verwendet wurde.
3 Mit den Feuereisen schlug man auf den Feuerstein.
4 Gründung des Ordens anlässlich seiner Hochzeit mit Isabella v. Bourbon am 10.01.1430 in Brügge.
5 Kunsthistorisches Museum Wien, Weltliche Schatzkammer. Inv. Dep. 4, Leihgabe des Ordens vom Goldenen Vlies. 51 Wappenschildchen für alle lebenden Mitglieder, für den Souverän 2 (Zahl wurde von Karl V. festgelegt).

LITERATUR:
Terlinden, Der Orden vom Goldenen Vlies, 1970.
AK Karl d. Kühne, 2008, Kat. Nr. 16, 17.
Kraume, Glanzvolles Burgund, 2010, 96 ff.

08_04
REITERGULDINER
Privatbesitz

Doppelter Schauguldiner 1509 (Stempel von Ulrich Ursentaler), geprägt in Hall zur Annahme des Kaisertitels 1508.

* MAXIMILIANVS . DEI . GRA .
ROM . IMP . SEMP : AVG .
ARCHIDVX . AVSTRIE

Geharnischter Kaiser mit geschulterter Reichsfahne auf prächtig geschmücktem Ross rechts über der Jahreszahl.

Rückseite:

* PLVRIVMQ . EVROPE .
PROVINCIAR' . REX . ET .
PRINCEPS . POTENTISIM

Gekrönter Reichsschild umgeben von den Wappen Ungarn, Neapel, Dalmatien, Portugal, Böhmen, England und Österreich, darum 19 Schilde der habsburgischen Erblande.

08_05 (ohne Abbildung)
HERZOG PHILIPP III. DER GUTE, ORDENSGRÜNDER-STATUTEN- UND WAPPENBUCH DES ORDENS
Maler unbekannt, Burgund
Um 1481–1486

London, The British Library,
Inv. Nr. Harley Ms 6199, Fol. 57v

Um dem Drängen des Herzogs v. Bedford, dem Hosenbandorden beizutreten, zu entgehen, gründete Philipp einen eigenen Orden, denn er wollte nicht in totale Abhängigkeit zum englischen Königshaus geraten. Diese Gründung fand während der Hochzeit mit Isabella v. Bourbon, seiner dritten Gemahlin, am 10.01.1430 in Brügge statt.

Philipp legte die Ordensstatuten fest, die Zeremonien und die Ordens-Gewandung der Ritter.

Die Mitglieder mussten den Glauben verteidigen und treu und loyal gegenüber ihrem Herren sein.

Philipp d. Gute trägt auf der Darstellung die rote Ordensrobe, [1] den Bunthut und, der Mode der Zeit entsprechend, ganz spitze Schnabelschuhe. Im Hintergrund sieht man das Burgunderwappen, welches zu dieser Zeit aus den französischen Lilien, Altburgund (Stammlande) und dem schwarzen flandrischen Löwen bestanden hat. Als Helmzier diente ein Kolbenturnier-Helm. Die Collane trägt er eng um den Hals, im Gegensatz zu späteren Zeiten.

Ist die älteste von nur fünf Luxus-Abschriften. Großmeister werden als ganzfigurige Portraits dargestellt. Der älteste Band enthält die Statuten in der Fassung von Philipp d. Guten von 1446. Das Wappenbuch enthält die Portraits von Philipp d. Guten, Karl d. Kühnen und Maximilian. [2] *MF*

1 Mit nur bescheidener Goldstickerei am Saum.
2 Maximilian wurde am 30.04.1478 in Brügge in den Orden als Souverän aufgenommen, war dann bis 1491 „chef et père du souverain" – er war sozusagen „Platzhalter" für seinen Sohn Philipp.

LITERATUR:
AK Karl d. Kühne, 2008, Kat. Nr. 21, 186 ff.
Kraume, Glanzvolles Burgund, 2010, 96 ff.

08_06

08_04

08_06

ORDEN VOM GOLDENEN VLIES – ORDRE DE LA TOISON D'OR

SCHWAN CHRISTIAN FRIDRICH (HG.)

„Abbildung derjenigen Ritter-Orden, welche eine eigene Ordenskleidung haben. Nebst einer jedem Orden beigefügten Historischen Nachricht von dessen Ursprunge, Verfassung und Absicht".

Mannheim, 1791

57 kolorierte Kupfertafeln
Darstellung eines Ritters vom Orden vom Goldenen Vlies
Privatbesitz

Die Ordensrobe zeigt den aufwändig bestickten Radmantel aus rotem Samt, das scharlachrote Untergewand sowie den Bundhut (Chaperon) mit dem 165 cm langen Samtband (Cornette).

Auf der Goldstickerei entlang der Bordüre sind das Widderfell und die Ordensembleme

(Feuereisen und Feuerstein) zu erkennen. Der unterste Saum enthält einen Wahlspruch, der sich unter den Souveränen jeweils geändert hat. Prunkvoll ziert die Collane des Ordens mit dem Emblem [1] den Ritter.

Seine adelige Herkunft wird auch durch den roten Absatz seines Schuhs gekennzeichnet.

1 Ordensemblem geht auf die Jasonsage zurück: Jason konnte mit seinen Argonauten das auf Kolchis aufbewahrte und streng bewachte goldene Widderfell entwenden (= das Goldene Vlies).

LITERATUR:

Dünnebeil (Hg.), Die Protokollbücher des Ordens vom Goldenen Vlies, 2016, 17.

08_07 a–c

STATUTENBUCH DES ORDENS VOM GOLDENEN VLIES

GENT-BRÜGGENER SCHULE, FLANDERN

1519/20, Nachträge 1545 und 1559

Miniatur auf Pergament, 28,5 × 21,1 cm
Österreichische Nationalbibliothek Wien, Handschriften, Autographen- und Nachlass-Sammlung, Inv. Nr. Codex 2606, Fol. 55v–56r (Philipp d. Gute), Fol. 70v–71r (Karl d. Kühne), Fol. 76v–77r (Maximilian I.)

Das Prachtstatutenbuch des Ordens beinhaltet in seinem ersten Teil die Anfänge von Philipp d. Guten bis hin zu Karl V. Der Grundbestand umfasst 65 Artikel der Ordensstatuten, das *Wappenbuch* der ursprünglich 24 Ritter sowie weiterer Ritter, welche in der Folge aufgenommen wurden (163 insgesamt). Fünf Prachtdoppelseiten mit den Ordenssouveränen bis hin zu Karl V. Diese Portraits werden von Bordüren umrahmt, welche mit Blüten, Früchten, Insekten und dgl. verziert sind – eine mikrokosmische Vielfalt an Pflanzen wie Glockenblumen, Lilien, Steckrosen, Stiefmütterchen inmitten von Schmetterlingen, Vögeln und Schnecken ... in der Literatur als *„Flämischer Streumusterbesatz"* (Irblich) bezeichnet. Diese Miniaturmalereien findet man auch in ganz ähnlicher Weise beim Älteren Gebetbuch Maximilians (16_19).

Das Portrait von Maximilian zeigt ihn in jungen Jahren (vermutlich bei der Aufnahme) mit den öfter vorkommenden weißen Haaren – das sollte wohl blond sein! Ähnlich stellt ihn Joos van Cleve (06_09) dar auf seinem Bild mit der Nelke in Händen. Er trägt ein schwarzes Barett, einen prächtigen Brokatmantel mit Pelzkragen mit der Ordenscollane. In seiner behandschuhten Rechten hält er eine Schriftrolle, möglicherweise die Ordensstatuten *MF*

LITERATUR:

AK Maximilian I. Triumph eines Kaisers, 2005, 45 f.
Pastoureau, Castelbajac, Das große Wappenbuch der Ritter vom Goldenen Vlies, 2018.

08_08

HISTOIRE DE LA TOISON D'OR

VERSAMMLUNG DES KAPITELS VOM ORDEN VOM GOLDENEN VLIES

Miniatur, Künstler unbekannt

Koninklijke Bibliotheek Den Haag, Inv. Nr. Ms 76 E 10, Fol. 5v
Oder: Miniatur aus Guillaume Filastre „Histoire de la Toison d'Or", um 1472, Brüssel, Bibliothèque royale de Belgique, ms 9028, Fol. 6r – Karl d. K. als Souverän

Der Orden bestand aus einigen wichtigen Ämtern: der *Ordenssouverän*, der den Vorsitz innehatte und unter einem Baldachin saß. Der *Kanzler* (Stellvertreter des Herzogs) [1] wurde vom *„Greffier"* (Protokollführer, Archivar) unterstützt. [2] Der *Trésorier* (Schatzmeister) kümmerte sich um die Finanzen, Urkunden und Wertgegenstände des Ordens sowie um die Mäntel und Wappen der Ordensritter. Weiters der *Herold od. Wappenkönig, „Toison d'Or"* genannt, welcher die Zeremonien überwachte und die Botschaften des Herzogs den Ordensrittern mitteilte.

08_07 a

08_07 b

08_07 c

Das jährliche Ordensfest war am St.-Andreas-Tag, 30. Nov. – Anfangs wurden die Treffen in der Sainte-Chapelle in Dijon abgehalten, doch schon bald nach Flandern verlegt, weil ein Großteil der Mitglieder von dort kam. Man verlegte das jährliche Treffen auf den 02. Mai (günstigere Jahreszeit), Anwesenheit war Pflicht. Nur schwere Krankheit, Gefangenschaft oder Krieg waren Gründe, nicht zu erscheinen. Insgesamt wurden von der Gründung 1430 bis zum Ende des burgundischen Hauses Valois 1477 nur 12 Kapitel abgehalten. Tugenden wie Treue, Rechtschaffenheit, Ehrgefühl und Gehorsam gegenüber dem Souverän waren oberste Gebote. [3]

Die Darstellungen des Ordenskapitels ähneln sich: im Mittelpunkt erhöht unter Baldachin der Souverän, seitlich die Mitglieder, alle in ihren roten Roben. An einem Tisch vis-à-vis vom Souverän der Kanzler, der Trésorier und der Greffier. *MF*

1 Der Kanzler musste Prälat/geistl. Würdenträger sein, Doktor der Theologie od. Lizenziat einer der Fakultäten. Er bewahrte das Ordenssiegel in einem verschließbaren Kästchen und sprach bei Verfehlungen Strafen aus.

2 Der Greffier führte auch Buch über den Orden und seine Mitglieder.

3 Natürlich wollte der Herzog die vornehmsten Adeligen an sich binden. – Ordenskapitel dauerten oft mehrere Wochen und waren von demonstrativem Prunk begleitet: Glanzvolle Bankette, ein Umzug mit anschließendem gemeinsamem Gottesdienst waren Höhepunkte.

LITERATUR:
AK Karl d. Kühne, 2008, 186 ff, Kat. Nr. 20, 21.
Kraume, Glanzvolles Burgund, 2010, 96 ff.

08_09

HERALDISCHER TEPPICH AUS BURGUNDERSCHATZ

Burgundisches Wappen in Form eines Feuerstrahls
Burgundische Niederlande, 2. H. 15. Jhdt

Stickereien aus Seide, Gold- u. Silberfäden auf Leinen (heute: neuer Samt)
H 65 cm, B 90 cm
1476 bei der Schlacht von Grandson von den Eidgenossen erbeutet
Historisches Museum Bern, Inv. Nr. 17 a
Stickereien mit Feuerstrahl, Stein und Funken
3. Viertel 15. Jhdt
H 118 cm, B 87 cm
1476 bei der Schlacht von Grandson von den Eidgenossen erbeutet
Historisches Museum Bern, Inv. Nr. 310a

Philipp d. Gute hatte bei der Ordensgründung 1430 Feuerstrahl und Feuereisen als seine persönliche Bilddevise gewählt, oft ergänzt durch sprühende Funken. Beide wurden, verbunden mit dem Widderfell, zu den Symbolen und Erkennungszeichen des Ordens.

Auch Karl d. Kühne führte sie als herzogliche Abzeichen, verbunden mit einer Wort-Devise:
„Je l'ay empris" / „Ich habs gewagt".
Die Devise Philipps d. Guten lautete:
„Aultre n'aray" / „Eine andere werde ich nicht haben". *MF*

08_09

08_08

RAUM_09

LANDSKNECHTE

KRIEGSPROPAGANDA

Zwei Landsknechte (09_01 a–b) aus dem Triumphzug zeigen die typische Landsknechtstracht dieser Zeit. Der Feldküriss des obersten Landsknecht-Führers Jörg v. Frundsberg (09_04) ist ebenso zu sehen wie Helmbarten (09_05, 09_06) oder Flugblätter (09_02). Maximilian, der auch „Vater aller Landsknechte" (09_03 a–b) genannt wurde, ist auf einem Bild von Strigel in Rüstung mit den Herrschersymbolen zu sehen. Strigel schuf damit den Typus des offiziellen Herrscherportraits um 1500.

09_01 a–b (ohne Abbildung)

LANDSKNECHTE AUS DEM TRIUMPHZUG

ALBRECHT ALTDORFER UND WERKSTATT

Um 1512–1515, Regensburg

Konzeption: Stabius und Maximilian I., Marx Treitzsaurwein
Vermittlung an Altdorfer sowie Skizzen: Jörg Kölderer
Federzeichnungen mit Aquarell- und Deckfarbenmalerei auf Pergament, jedes Blatt ca. 45 × 95 cm
Erhaltene Blätter: 49–109
Albertina, Grafische Sammlung, Inv. Nr. 25205–25263

Landsknechte kommen häufig im Triumphzug vor, entweder als Banner- oder Lanzenträger, meist in den bunten Trachten ihrer Zeit. Charakteristisch sind die oft als „Mi-partie" bezeichneten mehrfärbigen Strumpfhosen, welche rückwärts eine Naht aufwiesen, sowie die geschlitzten Wämse und die Hüte mit breiten Krempen und Federn. *MF*

09_02

09_02

HERCULES GERMANICUS

JOHANNES TOLHOPF – TOLOPHUS † 1503

Um 1486–1493, Nürnberg

Einblattholzschnitt 26,5 × 16,5 cm
Albertina Wien, Inv. Nr. DG 1948/224r

Der Frühhumanist Johannes Tolhopf (Tolophus), ein Freund Conrad Celtis' und Peutingers, war Rektor an der Universität Ingolstadt. Er schuf seit 1492 Streitschriften zu politischen Ereignissen und bezeichnete sich gerne als „Herkules-Priester" – er wollte ein Buch über Herkules schreiben, doch lediglich dieser Holzschnitt zeugt noch davon.[1] Die Identifizierung von Maximilian mit Herkules wurde von Friedrich III. gefördert, war er doch ein Synonym für Stärke und Unbesiegbarkeit. Gleich ihm sah man in Maximilian einen *„Retter der Wissenschaft und Künste, einen Friedensbringer und den größten aller Helden ..."*

Auf dem Blatt wird Maximilian als röm.-deutscher König (1486) und als Sohn Friedrichs III. († 1493) bezeichnet, also ist es stimmig, das Blatt in dieser Zeitspanne zu datieren.

Gegenstand der Huldigung ist Maximilian, welcher als *„deutscher Herkules"* gepriesen wird.

Das Blatt teilt sich in zwei Hälften, im oberen Teil ist der gekrönte Herkules, auf einem Hügel stehend, zu sehen. Bekleidet mit einem Löwenfell, hält er in seiner Rechten eine Keule sowie in seiner Linken den thessalischen Zauberbogen mit schlangenumwundenem Pfeil. Am Gürtel hängt ein Köcher und ein Krummschwert. Sein langes, wallendes Haar wird von einer Pappellaubkrone verziert und zu seinen Füßen lehnt ein Wappenschild mit Emblemen.[2]

Der untere Teil zeigt in der Mitte Maximilian zu Pferd, auf dem Helm der Rüstung noch die Kaiserkrone tragend, begleitet von zwei Landsknechten. Darunter ist das Reichswappen mit Königsadler und dem Goldenen Vlies zu sehen. Verschiedene Abordnungen zeigen Maximilian als „Weltmonarch", Verbündete (Bannerträger aus Böhmen, Mailand, Ungarn, Griechenland und Serbien, Eidgenossen) im Kampf gegen seine Feinde. *MF*

1 Holzschnitt nur in zwei Exemplaren erhalten, auf der Rückseite Wappen des Tohopfs mit beschreibenden Versen: „Jani Tolhophi Germani Vatis Herculei/ Amorum Insignia ...".

2 Inschrift zwischen den Szenen in der Bildmitte (übersetzt): „Maximilian, Sohn des Kaisers Friedrich III., König über alle Könige und Herr über alle Herrscher, Mächtigster Herkules Deutschlands, Glorreichster Monarch der Welt".

LITERATUR:

AK Hispania – Austria, 1992, Kat. Nr. 162.
AK Maximilian I. Triumph eines Kaisers, 2005, 55.
AK Kunst der Dürerzeit, 2012, Kat. Nr. 31.

09_03 a

MAXIMILIAN I. – BILDNIS IN HALBER FIGUR

REPLIK NACH BERNHARD STRIGEL

1. H. 16. Jhdt, süddeutsch?

Öl auf Holz, 71,2,5 × 52,5 cm
Prov. 1818 aus Herrschaft Hollenburg erworben
Stift Herzogenburg, Inv. Nr. Mangold Verz. Nr. 55

Strigel entstammte einer Künstlerfamilie aus Memmingen, wo sein Vater Ivo Bildhauer war.

Kaiser Maximilian I. machte ihn zu seinem Hofmaler. Strigel schuf mit seinen Portraits einen neuen Bildnistypus, der dem Kaiser offenbar gefiel. Das offizielle Herrscherportrait um 1500 wurde von Strigel kreiert und fand zahlreiche Nachahmer. Es war meist ein halbfiguriges Bildnis, der Kaiser vor einer aus italienischem Seidendamast mit Granatapfelmuster gestalteten Wand mit oder ohne Landschaftsausblick. Die Herrschaftsinsignien wie Zepter, Krone, Schwert sowie ein prunkvoller Krönungsmantel über der Rüstung sind dabei obligatorisch. Da dieses Bildnis in vielen Fassungen existiert, hat es sehr zur Verbreitung des Aussehens Maximilians beigetragen.

Das vorliegende Gemälde basiert laut Schütz [1] auf verschiedenen Elementen, die zur Ausbildung dieser Bildnisgattung geführt haben: „... *die altniederländische Tradition mit den burgundischen Fürstenbildern ..., die Schaffung des Einzelbildnisses als Teil einer genealogischen Reihe wie auch die Bildnisse der italienischen Frührenaissance ...*" Strigel setzte die Vorstellungen des Kaisers perfekt um. Die Reproduzierbarkeit war ein wesentlicher Faktor, wobei der Hintergrund, die Rüstung wie auch die Krone wechseln konnten – die unverkennbare Physiognomie des Kaisers macht ihn aber immer erkennbar.

Das ausgestellte Bild aus Herzogenburg ähnelt sehr stark dem Original von Strigel im goldenen Harnisch, [2] wo in beiden Fällen ein Landschaftsausblick zu sehen ist. Nur die Profildarstellung unterscheidet sich: Während das ausgestellte Bild das charakteristische Profil des Kaisers zeigt, ist es im Wiener Portrait in etwas „abgemilderter Form" dargestellt. *MF*

1 Schütz, Die Entstehung des Repräsentationsportraits in der Zeit Kaiser Maximilians I., 2002, 16 ff.

2 KHM GG 922, um 1500, Bildnis in halber Figur im goldenen Harnisch (11_12).

LITERATUR:

AK Maximilian I. Innsbruck, 1969, Kat. Nr. 548.
AK Werke für die Ewigkeit, 2002, Kat. Nr. 38.
AK Maximilian I. Triumph eines Kaisers, 2005, 52 ff.

09_03 b

MAXIMILIAN I. – BILDNIS IN HALBER FIGUR

NACH BERNHARD STRIGEL

1507–08, süddeutsch

Öl, Holz, 85 × 52,5 cm
Kunsthistorisches Museum Wien, GG, Inv. Nr. 4401

Strigel setzte die Vorstellungen des Kaisers perfekt um. Die Reproduzierbarkeit war ein wesentlicher Faktor, wobei der Hintergrund, die Rüstung wie auch die Krone wechseln konnten – die unverkennbare Physiognomie des Kaisers macht ihn aber immer erkennbar.

Im ausgestellten Bild besteht das Abweichen darin, dass der Krönungsmantel anders gestaltet ist: ein Samtmantel mit prächtiger Bordüre aus Perlen und Edelsteinen sowie Goldstickereien.

Es gibt keinen Landschaftsausblick, sondern einen neutralen dunklen Hintergrund. *MF*

09_03 a

09_03 b

LITERATUR:
AK Werke für die Ewigkeit, 2002, Kat. Nr. 38.
Schütz, Die Entstehung des Repräsentationsportraits in der Zeit Kaiser Maximilians I., 2002.
AK Maximilian I. Triumph eines Kaisers, 2005, 52 ff.

09_04
REST EINES FELDKÜRISS
JÖRG VON FRUNDSBERG (1473–1528)
Art des KOLMAN HELMSCHMID
Um 1525, Augsburg

Eisen geätzt, Leder-Ätzung im späteren Stil des Daniel Hopfer
Kunsthistorisches Museum Wien, HJRK, Inv. Nr. A 375

Der Besitzer der Rüstung, genannt „Vater der Landsknechte", war Schöpfer des Landsknechtsheeres und ein berühmter Feldherr.[1] Er nahm 1492 am Vollzug der Reichsacht gegen Albrecht IV. Herzog von Bayern teil. 1499 kämpfte er im Schweizerkrieg Maximilians I. Von Maximilian wurde er 1503 zum Ritter geschlagen. Frundsberg bewährte sich in den Kriegen gegen Venedig zwischen 1508 bis 1513. Nach dem Krieg gegen Ulrich von Württemberg wurde er 1519 oberster Hauptmann von Tirol. Bis zu seinem Tode diente er Kaiser Karl V. Auf dem Marsch gegen Rom erlitt er in Bologna 1527 einen Schlaganfall, worauf er den Oberbefehl abtrat. *MPF*

1 Landsknechte waren zu Fuß kämpfende deutsche Söldner. Nach Schweizer Vorbild verwendeten sie die *Pike*. Frundsberg stellte i. A. des Kaisers Landsknechtheere auf und bildete diese auch aus. Aufgrund seiner langen Erfahrung kannte er die Techniken und verfeinerte sie. Die Landsknechte wurden nach einigen Siegen immer selbstbewusster und kämpften nur, solange ihr Sold („Söldner") gesichert war. Plünderungen waren häufig – der *Sacco di Roma* (nach Frundsbergs Tod) mit seinen Grausamkeiten und Plünderungen markierte einen Wendepunkt in der Geschichte der Landsknechte.

LITERATUR:
Gamber, Helmschmid, Ferdinand I. und das Thun'sche Skizzenbuch, 1975, 33.
Thomas, Gamber, Katalog der Leibrüstkammer, Teil I., 1976, 226

09_05, 09_06 (ohne Abbildung)
HELMBARTE
Um 1500, süddeutsch

Eisen, Holz
Kunsthistorisches Museum Wien, HJRK, Inv. Nr. A 219, A 208

Die schon Ende des 13. Jahrhunderts erwähnte Helmbarte[1] wurde eine der am weitesten verbreiteten Waffen der deutschen und schweizerischen Infanteristen. Sie war mit ihrer steifen Spitze, dem scharfen rückwärtigen Widerhaken und der beilartigen Schneide eine der gefürchtetsten Waffen, die sich sowohl zum tödlichen Hieb als auch zum Stich eigneten. *MPF*

1 Auch Hellebarde genannt. Der Vorläufer dieser Waffe wurde auch als „Rossschinder" bezeichnet. Hauptsächlich zwischen 1470 und 1530 von Schweizern und deutschen Landsknechten als Kriegswaffen in Verwendung. Weiterentwicklung als Ordonnanzwaffe für Palastgarden (weniger massiv/z. B. Schweizer Garde)

LITERATUR:
Thomas, Gamber, Katalog der Leibrüstkammer, Teil I., 1976, 199–200.

09_04

09_07
MINIATUR-TRIUMPHZUG KAISER MAXIMILIANS I.
PAULUS HOFHAIMER, ORGANISTEN MAISTER
ALBRECHT ALTDORFER/Entwurf: JÖRG KÖLDERER
1512/13 – erhalten als Kopie des 16. Jhdts – Dritter Musikerwagen

Aquarell- & Deckfarbenmalerei auf Pergament
Österreichische Nationalbibliothek Wien, Inv. Nr. Cod. Min. 77, Fol. 10r

Paul Hofhaimer († 1539) wurde von Maximilian sehr geschätzt, als „monarcha orgistrarum" hochgepriesen und in den Adelsstand erhoben. Fast zehn Jahre folgte er dem Kaiser im Sattel, „... um *zu*

09_05

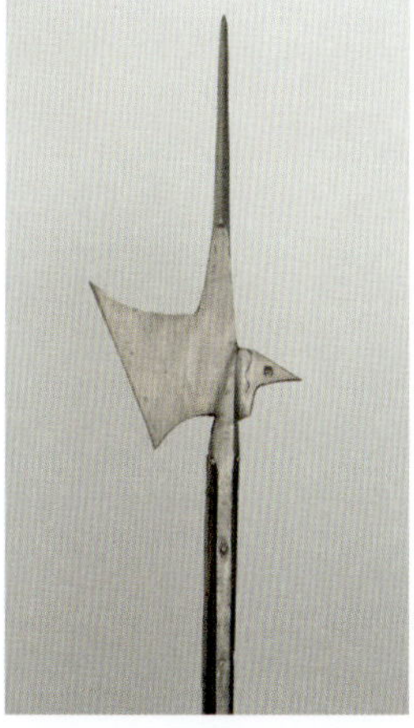

kuniglichen Tagen im Raich oder sunst ... mit seiner Kunst gewärtig sein mag“.

War des Kaisers „Visitkarte“ – er beeindruckte auf Reichstagen oder sonstigen Zeremonien.

Hatte viele Schüler, die sich „Paulomimen“ nannten. Zu Hofhaimer gesellten sich noch *Heinrich Isaac* und *Ludwig Senfl,* die des Kaisers exquisiten Musikgeschmack bedienten.

Auf der 2. Banderole steht: *„Paulus Hofhaimer/Organisten Maister“*
„ich hab die suessen Melodey, von Saitenspill gar mancherlay,
Quintern, Lautten, Tammerlin, das alles nach des Kaisers Sin,
Reuschpfeiffen, groß, datzu auch klein,
Die Harpfen mit gezogen ein“. Zwei Reiter auf Kamelen tragen Inschriftentafeln.

Vermutlich war Hofhaimer am 1. März 1501 an der Aufführung des *„Ludus Dianae“* in Linz

beteiligt, in dessen Pausen die Hofkapelle Oden des Horaz sang.[1] *MF*

1 Maister Hofhaimer erhielt in Linz ein Fass Wein und zwei Mut Getreide sowie 12 Gulden Unterhalt. S. a. 18_01_02.

LITERATUR:
AK Maximilian I. Triumph eines Kaisers, 2005, 75 f.
Ortner, Maximilian I. und die Musik, 2005, 55 ff.
Weiss, Maximilian I., 2018, 192 ff.

09_08

KENOTAPH-RELIEF N° XIII „SCHLACHT BEI REGENSBURG“ 1504

ALEXANDER COLIN
1562–1566, Innsbruck

Carrara-Marmor, Reliefgröße 83 × 56 cm
Inschriftentafeln: schwarzer Marmor mit geätzten Buchstaben
Hofkirche Innsbruck

Dichtes Kampfesgetümmel im Bayerischen Erbfolgekrieg. Charakterisiert durch die mannshohen Schilde des böhmischen Fußvolkes. Auf dem Entwurf von *Florian Abel*[1] sind sie ebenso erkenntlich. Auch der Hintergrund ist gekennzeichnet durch einen wilden Kampf Mann gegen Mann. Verbissen streitet man man mit Lanzen, Hellebarden und Morgensternen.

Im linken Teil des Reliefs ist die Szene dargestellt, wo Maximilian im Kampfesgeschehen verwundet wird. Ein Gegner sticht auf ihn ein – die Rüstung kann das Allerschlimmste abfangen, sein Pferd strauchelt, doch der Herzog v. Braunschweig eilt ihm zu Hilfe und stützt den Kaiser. Dank des heldenhaften Einsatzes konnte die Schlacht gewonnen werden.

Im Kölner Spruch 1505 teilt Maximilian Bayern neu auf: Die Linie Bayern-Landshut wird aufgelöst, stattdessen kommt Pfalz-Neuburg, das Haupterbe fiel den Münchner Herzögen zu.

Und Maximilian sicherte sich die Städte Kitzbühel, Kufstein und Rattenberg, die seit 1504 bei Tirol sind. *MF*

09_07

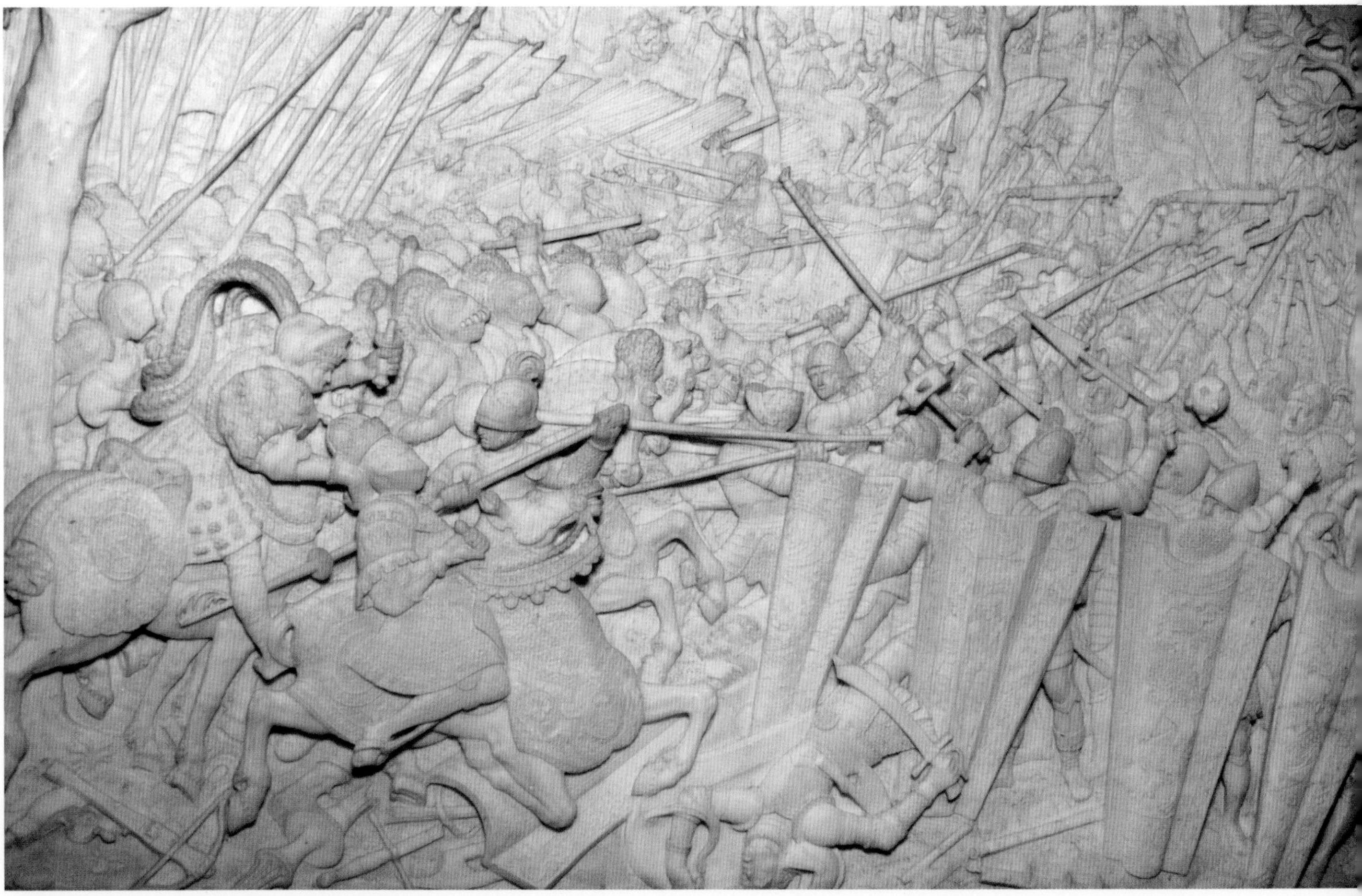

09_08

INNSBRUCK ALS WIRTSCHAFTSSTANDORT

PRODUKTION VON HARNISCHEN, KANONEN UND BRONZEFIGUREN

In den Innsbrucker Plattnereien stellten Mitglieder der Familie Seusenhofer (10_02) Rüstungen her, die weit über die Grenzen Tirols berühmt waren. Kanonen aus Innsbruck wurden kriegsentscheidend und heiß begehrt (10_05). Die Glockenproduktion der Familie Löffler (10_04) hatte ebenfalls einen sehr guten Ruf. Diese verschiedenen Faktoren machten, neben dem Bergbau und der Münzproduktion, Innsbruck und Tirol zu einem der wichtigsten Wirtschaftsstandorte um 1500.

Im Zeugbuch (10_11) sind die berühmtesten Kanonen Maximilians aufgelistet, alle mit kuriosen Namen versehen (Purlepauz, Weckauf, Schöne Kathl, Crocodil, Lauerpfeiff ...). Im Tiroler Landlibell (10_06) von 1511, einer Zimelie des Landes Tirol, bestätigt Kaiser Maximilian I., dass die Tiroler keinen fremden Kriegsdienst leisten, dafür aber ihr Land eigenständig verteidigen mussten.

10_01 a–c

SCHWAZER BERGBUCH INNSBRUCK LUDWIG LÄSSL

Schwaz, 1556 – auch als „Mutter aller Bergwerke“ bezeichnet

33,5 × 24 cm
197 Folien, 99 Miniaturen und 20 Falttafeln
Aus dem Deutsch des ausgehenden Mittelalters übertragen v. Dr. Heinrich Winkelmann
Tiroler Landesmuseum Ferdinandeum, Inv. Nr. Dip. 856b, Blatt 15

Das Schwazer Bergbuch, welches im gleichen Jahr wie das Buch von *Agricola, De re metallica, libri XII*, erschienen ist, hatte den Titel *„Von dem hoch- und weltberühmten Bergwerk am Falkenstain zu Schwaz in der fürstlichen Grafschaft Tyrol und anderen dazugehörigen Bergwerken“.* [1] Es ist eine berggeschichtliche Quelle ersten Ranges, gibt es doch in einzigartiger Weise Einblick in den Betrieb, den Arbeitsverlauf, die einzelnen Tätigkeiten seitens der Organisation wie auch seitens der Arbeitnehmer. Egg hebt das Schwazer Bergbuch auf denselben Rang wie das bereits zitierte Werk von Agricola. [2] Heute gibt es zehn handschriftliche Bücher, ein Prachtexemplar davon ebenfalls im Ferdinandeum (Codex 4312), wobei bei diesem aber die betriebliche Realität fehlt.

Gerade der genaue Ablauf mit den Zeichnungen der Bergknappen bei ihren Tätigkeiten macht einen großen Reiz dieses Buches aus. Die vorliegende, ebenfalls im Tiroler Landesmuseum bewahrte Handschrift ist die einzige, welche jemals als Faksimile-Ausgabe gedruckt worden ist.

Neben den Bergberufen sind auch die Arbeitsgeräte abgebildet und beschrieben. Man erfährt von den bereits großartigen sozialen Errungenschaften, wie der Krankenstation, der Altersversorgung und der Witwenpension.

Zudem ist auch die *Schwazer Wasserkunst* genau beschrieben, die damals eine Art Weltwunder war und gerne von Reisenden besichtigt wurde. Das Grubenwasser war eines der Hauptprobleme im Stollen – zuerst beschäftigte man 500–600 Bergleute in sechs Schichten als Wasserheber –, als das zu aufwändig wurde, beriefen die Gewerken einen Spezialisten. Der Wassertechniker Wolfgang Leuscher erfand ein doppeltes Kehrrad, das 1556 in Betrieb ging und mit dem das Erz wie auch die Grubenwässer in großen Eimern aus Ochsenhaut gehoben werden konnten. [3]

Die ausgestellten Städteansichten von *Innsbruck, Hall und Schwaz* sind topografisch präzise Werke, welche die Situation in der Mitte des 16. Jahrhunderts aufzeigen.

In *Innsbruck (a)* erkennt man deutlich die namensgebende Innbrücke mit dem Zollhäuschen, den Stadtturm und den die Altstadt umgebenden Stadtgraben. *Hall (b)* zeigt den Stapelplatz am Inn, wo das Holz für die Salzgewinnung gelagert worden ist, sowie den großen Rechen, der die Stämme aus dem Oberland auffangen sollte. In *Schwaz (c)* erkennt man die dichte Besiedelung, war es doch mit seinen 20.000 Einwohnern der zweitgrößte Ort der Monarchie. [4] *MF*

1 Der Herausgeber war vermutlich ein hoher Beamter der Bergbaubehörde in Schwaz. Egg, Der Schwazer Bergbau und sein Bergbuch, 1956.

2 Egg, Der Schwazer Bergbau und sein Bergbuch, 1956, Einleitung XV ff.

3 Die „Bulgenkunst“, auch „Pulgenkunst“ genannt, ist eine Maschine, die im frühen Bergbau zur Wasserhebung und Förderung eingesetzt wurde. Die Bulgenkunst gilt als die älteste Wasserhebemaschine, sie wurde bereits in den römischen Gruben zur Wasserhebung eingesetzt.

4 Zum Höhepunkt des Bergbaues lebten 12.000 Knappen in Schwaz. Die dichte Besiedelung kann man noch in der Knappensiedlung ablesen. Zudem gab es viele prächtige Paläste, die jedoch fast alle ein Opfer der Flammen während der Tiroler Freiheitskriege 1809 wurden.

LITERATUR:
Egg, Der Schwazer Bergbau und sein Bergbuch, 1956.

10_01 a

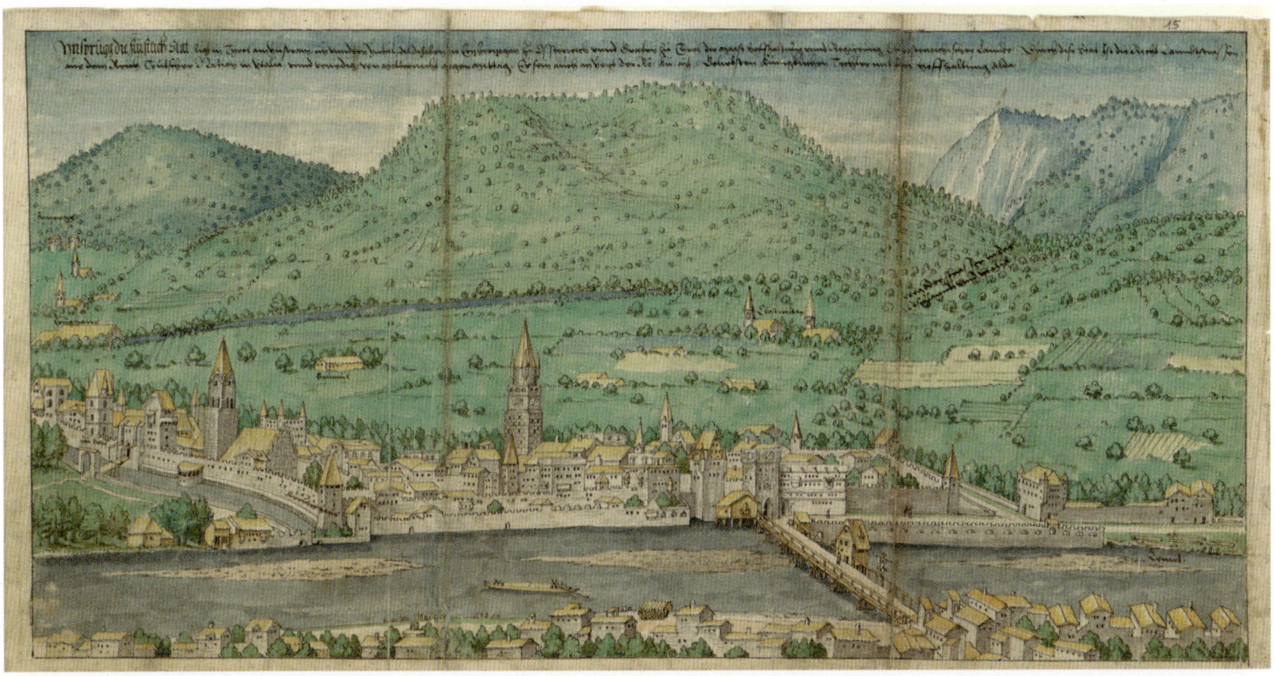

10_02

KÜRISS FÜR FELD UND TURNIER MATTHÄUS LANG VON WELLENBURG, SEIT 1519 FÜRSTBISCHOF VON SALZBURG (1468–1540)

ART DES KONRAD SEUSENHOFER

1511, Innsbruck

Blankes Eisen, Messing, Feuervergoldung, Leder, 216 × 85 × 55 cm
Provenienz aus Schloss Ambras, 1593 im Inventar erwähnt
Kunsthistorisches Museum Wien, HJRK, Inv. Nr. A 244

Der in der Art des Innsbrucker Hofplattners Konrad Seusenhofer gearbeitete Harnisch ist mit einer 1511 belegten Harnischsendung aus Innsbruck an Matthäus Lang, damals Bischof von Gurk, in Verbindung zu bringen, wobei allerdings kein Plattnername erwähnt wird. Falls es sich bei dieser Sendung nicht um ein Geschenk Maximilians an seinen für ihn so wichtigen Berater handelt, hat ihn der eitle Kirchenfürst anlässlich seiner Kardinalserhebung wohl selbst in Innsbruck bestellt. Matthäus Lang hatte 1508 Maximilian I. in Trient zum Kaiser ausgerufen und war als Vertreter Kaiser Maximilians maßgeblich an den Verhandlungen in Pressburg und Wien mit den jagiellonischen Brüdern König Wladislaw III. von Ungarn und Böhmen und König Sigismund I. von Polen beteiligt.

Riefelharnisch,[1] besonders prunkvoll, mit Streifenmuster versehen, die Fläche dazwischen mit allerlei Putti, Laubwerk & Fabelwesen verziert. Faltenvisier, Rücken mit Gesäßreifen, Brechrändern, Rüsthaken. Typisches Erzeugnis der Innsbrucker Hofplattnerei unter Seusenhofer. *MPF*

1 Riefelharnische sind Rüstungen mit geriffelter Oberfläche, welche zwischen 1500–1530 in Mode waren. Waren nicht nur sehr dekorativ, sondern boten auch eine erhöhte Sicherheit, da an den scharfen Graten ein Geschoss abprallte. Wurden auch *Maximiliansharnische* genannt, weil vermutlich Maximilian selbst in der 1504 in Innsbruck gegründeten Plattnerei kreativ tätig war. Er soll bei dem Herstellungsverfahren für eine Massenherstellung aktiv beteiligt gewesen sein.

LITERATUR:

AK Maximilian I., Wien 1959, Nr. 617.
Thomas, Gamber, Katalog der Leibrüstkammer, Teil I., 1976, 214–215.
AK Hispania – Austria, 1992, 295–296.
Beaufort-Spontin, Pfaffenbichler, Meisterwerke der Hofjagd- und Rüstkammer, Wien 2005, 104 f.
Haag, Wieczorek, Pfaffenbichler, Buderer (Hg.), Kaiser Maximilian I., 2014, 97.

10_01 b

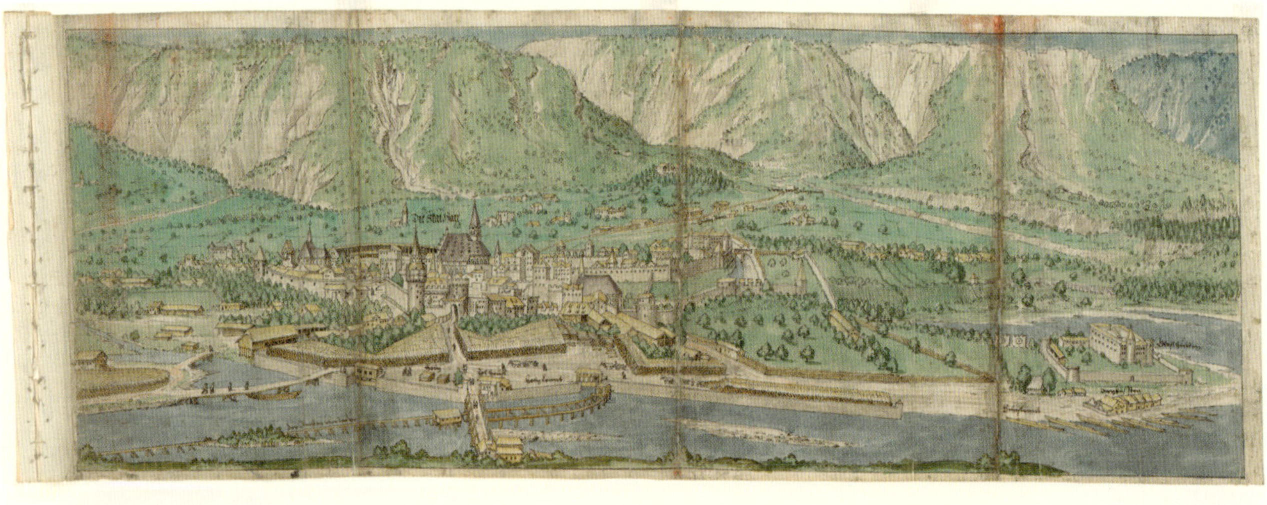

10_01 c

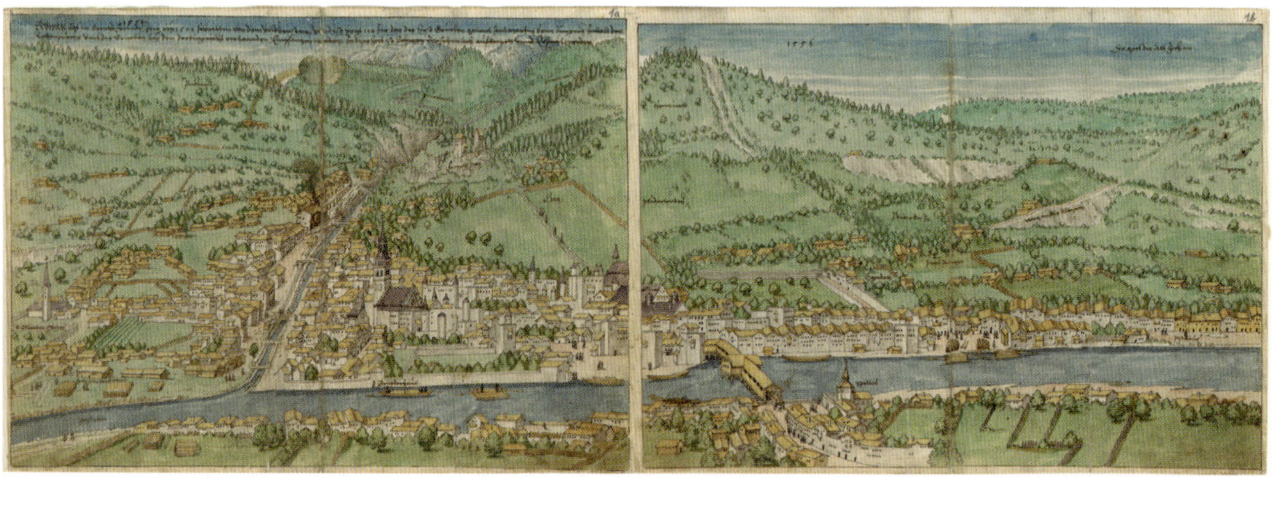

10_03

KÜRISS FÜR FELD UND TURNIER EITEL FRIEDRICH II. GRAF VON ZOLLERN (1452–1512)

ART DES KOLMAN HELMSCHMID

Um 1505/10, Augsburg

Blankes Eisen, Messing, Feuervergoldung, Leder Kunsthistorisches Museum Wien, HJRK, Inv. Nr. A 240

Dieser modische Harnisch folgt dem Vorbild textiler Kleidung. Er ist teilweise in breiten Falten getrieben. Zwischen den Falten sind in Goldschmelz Ranken mit eingestreuten Figuren und Tieren auf blauem Grund ausgebildet. Als Harnisch für Feld und Turnier gehören zu der Rüstung auch Wechselstücke, mit denen der Feldharnisch für den Kriegsgebrauch in einen Turnierharnisch umgewandelt werden konnte. Auf dem Mittelstreifen der Brust befindet sich das Goldene Vlies. Der Besitzer des Harnisches, Eitel Friedrich II. Graf von Hohenzollern, war ein erfolgreicher Feldherr, der in den Niederlanden kämpfte und das Amt des Obersthofmeisters und Reichserbkämmerers erhielt. Er war einer der Räte, denen Maximilian sehr vertraute. Als Berater Maximilians wurde er im Jahre 1500 Ritter des Ordens vom Goldenen Vlies. *MPF*

LITERATUR:
AK Maximilian I., Wien 1559, Nr. 615.
Gamber, Helmschmid, Ferdinand I. und das Thun'sche Skizzenbuch, 1975, 29.
Thomas, Gamber, Katalog der Leibrüstkammer, Teil I., 1976, 221.

10_04

GLOCKE

PETER LÖFFLER, GENANNT „LAIMINGER" (1468–1530)

Gemeinsam mit GREGOR LÖFFLER

1524

Innsbruck, Gießerei Büchsenhausen (ab 1503) Glockengießerei Grassmayr, Innsbruck

Peter Laiminger ist ab 1486 in Innsbruck nachweisbar, 1503 übernimmt er die Gusshütte am Gansbühel (= Büchsenhausen). Hier waren Weideplätze der Innsbrucker Gänse, deshalb hatten die Löfflers auch eine Gans im Wappen. Erlangte Ruhm als Glockengießer und vor allem als Kanonenhersteller. Die erste Figur in der Hofkirche war sein Werk (Johann v. Portugal).

Berühmtheit erlangte er, nachdem er für Maximilian das große Geschütz, die *„Humbserin"*, gegossen hatte. Auch die größte Glocke Tirols, die *„Maximiliana"* in Schwaz, geht auf ihn zurück (1502). Maximilian adelte die Familie Löffler, die ihren Betrieb immer weiter ausbaute.

Sein Sohn war *Gregor* (1490–1565), welcher sich den Ansitz Büchsenhausen [1] von Gregor Türing erbauen ließ. Er goss die Figur des Chlodwig in der Hofkirche (1548–50).

Hans-Christof Löffler arbeitete viel mit Alexander Colin zusammen. Mit der nächsten Generation, Christoph Löffler, endete die Gießereitätigkeit der Familie (1605 Verkauf).

Diese Glocke ist ein typisches Innsbrucker Erzeugnis aus dem Jahre 1524. Beide Löfflers, Vater *Peter Laiminger* und *Sohn Gregor,* arbeiteten gemeinsam an diesem Werk, das 455 kg wiegt und zwei Inschriften aufweist.In lateinischen Kapitalen:

10_02

10_03

o REX GLORIE CRISTE VENI
CVM PACE 1524

Unter dem Marienbild: Rechteckiges Firmenzeichen mit der Inschrift:

PETER LEIMINGER VND
GREGORI SEIN SVN GOS MICH 1524

Eine Muttergottes- und eine Kreuzigungsdarstellung sowie ein Hl. Petrus (Schlüssel) und ein Hl. Martin (Mantel, Schwert, Bettler) sind ebenfalls auf der Glocke als Bilder zu sehen. *MF*

1 Büchsenhausen war für ca. 100 Jahre die Heimat der Familie Löffler.

LITERATUR:
Egg, Pfaundler, Kaiser Maximilian und Tirol, 1969, 86ff.

10_05
GESCHÜTZMODELL „LAUERPFEIF“
PETER LÖFFLER (GENANNT LAIMINGER), GIESSER (ERW. 1488 – VOR 1530)

Innsbruck, 1507

Bronze gegossen
12,5 × 52,8 cm
Inschrift: *„ICH SIHE VND LAVR. ALS DER HAGL VND / SCHAVR VND HAIS DARUMB DIE LAVR / PFEIFF. NIMB HINWEG WAS ICH ERGREIFF“.*
Kunsthistorisches Museum Wien, HJRK, Inv. Nr. A 74

Das Geschützmodell des schweren Legstücks, ein Belagerungsgeschütz, weist eine reiche Dekoration auf. Reich profilierte Ringe teilen die Oberfläche in acht Felder, die in Relief die Herrschaftswappen und Embleme Maximilians I. zeigen. Im ersten Feld halten zwei geflügelte Greife das gekrönte Wappen des Römischen Königtums Germanien, im nächsten folgen in einem Schild die Königreiche England und Frankreich, Ungarn, Böhmen und Dalmatien. Im dritten Feld sieht man sein Ehewappen Österreich und Burgund. Das vierte Feld, das Mittelstück, füllen die Embleme des Ordens vom Goldenen Vlies, die Feuereisen und das Andreaskreuz. Die zwei weiteren Felder zeigen in einem Streifen Granatapfelranken, im nächsten ein Bandgeschlinge. Das siebte Feld enthält die Inschrift. Das letzte Feld schmücken schließlich wieder das Andreaskreuz, Distelblüten und Eicheln. Möglicherweise stammt der Entwurf von Jörg Kölderer (1470–1540), der auch die drei Zeugbücher in der Prunkausführung für den Kaiser Maximilian I. um 1512 schuf. Das längst schon eingeschmolzene Original war mit rund fünf Metern Länge ein ganz schweres Belagerungsgeschütz, ein sogenanntes „Hauptstück“. Als „die wolgestimbt Lauerpfeif“ ist es im Zeugbuch der österreichischen Lande auf fol. 2 v. 3 dargestellt. Die Datierung auf das Jahr 1507 beruht auf einer Notiz des Kaisers in seinem vor 1508 entstandenen Gedenkbuch. Außerdem hatte Maximilian 1508 den Titel eines „Erwählten Kaisers“ angenommen und somit wäre auf der Wappenfolge des Geschützes der Kaiseradler dargestellt. Die Lauerpfeif war mit ihrem Wappenprogramm eines der zahlreichen Propagandamittel des Kaisers Maximilian, mit denen er seine diversen Ansprüche geltend zu machen versuchte. Das Geschütz wurde von Peter Laiminger, genannt Löffler, 1507 gegossen. Es ist sehr wahrscheinlich, dass auch der Guss des Modells von ihm stammt. *MPF*

LITERATUR:
AK Maximilian I., Wien 1959, Nr. 610.
Egg, Der Tiroler Geschützguss 1400–1600, 1961, 82 f.
Thomas, Gamber, Katalog der Leibrüstkammer, Teil I., 1976, 198.
AK Hispania – Austria, 1992, Nr. 119.
AK Von Kaisers Gnaden, 2005, 95.
Beaufort-Spontin, Pfaffenbichler, Meisterwerke der Hofjagd- und Rüstkammer, 2005, Nr. 22.
Haag, Wieczorek, Pfaffenbichler, Buderer (Hg.), Kaiser Maximilian I., 2014, 61.

10_06
TIROLER LANDLIBELL
URKUNDE IM AUFTRAG KAISER MAXIMILIANS I.

Tirol, 23. Juni 1511
Urkunde auf Pergament
Innsbruck, Stift Wilten

Großes Privileg der Tiroler Landstände, das besagte, dass die Tiroler zu keinen fremden Kriegsdiensten herangezogen werden dürfen, dafür aber ihr Land selbst

10_04

10_05

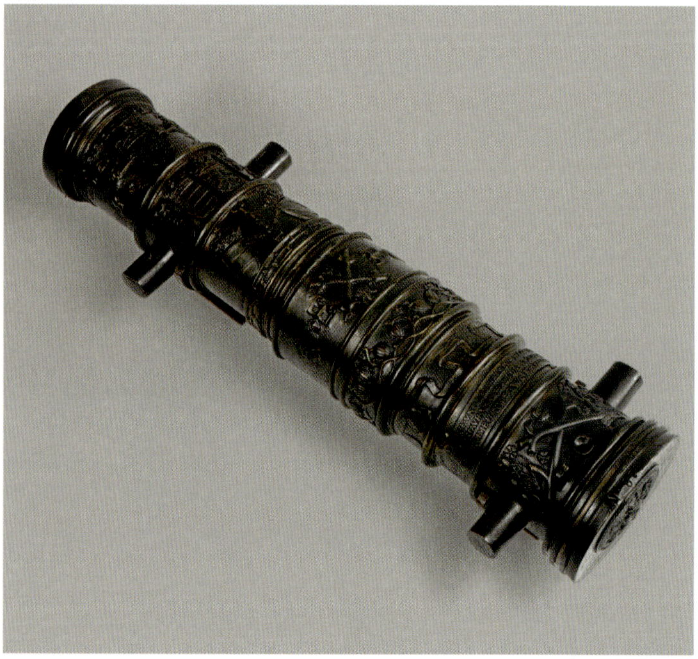

verteidigen müssen. Das war die Geburtsstunde der Schützen. Es umfasste zwei Gruppen: Das *Aufgebot* musste, je nach Gefahr zwischen 5.000 und 20.000 Mann, gestellt werden – jedes Landgericht und jede Stadt hatte eine festgelegte Anzahl Wehrfähiger, Monatssold 4 Gulden vom Land, 13 fl für Verpflegung vom Kaiser. Der *Landsturm* war die zweite Gruppe, die bei plötzlichem Einbruch des Feindes gestellt werden musste – alle Wehrfähigen von 18–60 Jahren zählten dazu. Ausrüstung musste jeder selbst besorgen, im Notfall konnte sie durch Waffen aus dem Zeughaus ergänzt werden. Bergknappen waren nicht dabei, die konnten nur vom Kaiser aufgeboten werden. Der Kaiser verpflichtete sich, keinen Krieg, der durch Tirol führte, ohne Einwilligung der Landstände zu führen. Das *Recht des Waffentragens* verband sich mit Vaterlandsliebe und Stolz!

Maximilian war somit der erste Förderer des Schützenwesens.

Diese Ordnung wurde nicht einseitig vom Herrscher, sondern von den Landständen mitbeschlossen. Die wichtigsten Bestimmungen daraus hatten bis 1918 Gültigkeit. *MF*

LITERATUR:
Stolz, Huter, Wehrverfassung und Schützenwesen in Tirol, 1960, 61 ff.
AK Maximilian I. Innsbruck, 1969, Kat. Nr. 480.
Egg, Pfaundler, Kaiser Maximilian I. und Tirol, 1969, 96 ff.

10_07, 10_08 (ohne Abbildung)

HAKENBÜCHSE

Um 1500, Österreich (Steiermark)

Eisen
Kunsthistorisches Museum Wien, HJRK, Inv. Nr. A 66, Inv. Nr. A 67

Die frühen Hakenbüchsen ähnelten in vielem mehr den Geschützen als unseren heutigen Gewehren. Gezündet wurden sie noch von Hand mittels einer brennenden Lunte, die an das seitliche Zündloch gehalten wurde. Sebald Pögl aus Thörl in der Steiermark war einer der bedeutendsten Erzeuger von Hakenbüchsen in den Erblanden. Dieser frühe österreichische Unternehmer lieferte zwischen 1498 und 1506 Kaiser Maximilian 9950 Hakenbüchsen zur Ausrüstung seiner Armeen und Zeughäuser.

Dieses schwere Gewehr besitzt einen Haken nahe der Laufmündung, der zum Auflegen dieser sogenannten Bockhakenbüchsen auf einen zerlegbaren Holzbock oder auf eine Mauerbrüstung diente. Die Hakenbüchse war die leichteste Form eines Geschützes und eine der modernen Landsknechtwaffen. Zu Beginn wurden die Hakenbüchsen mit Hilfe einer in der Hand gehaltenen Lunte abgefeuert. Da das Zielen und gleichzeitige Anbringen der brennenden Lunte einen Mann überforderte, wurden Hakenbüchsen meist von zwei Mann bedient. *MPF*

LITERATUR:
Thomas, Gamber, Katalog der Leibrüstkammer, Teil I., 1976, 203.
Thomas, Gamber, Katalog der Leibrüstkammer, Teil I., 1976, 202.
Kurzmann, Kaiser Maximilian I. und das Kriegswesen der österreichischen Länder und des Reiches, 1985, 146–147

10_06

10_09 (ohne Abbildung)
LANDSKNECHTSCHWERT
1500–1510, süddeutsch

Stahl, Messing, Holz
Kunsthistorisches Museum Wien, HJRK, Inv. Nr. A 147

Das Landsknechtschwert war durch eine kurze, breite Klinge und einen nach oben ausschwingenden Knauf charakterisiert. Auf dem Knauf finden sich durchbrochene Darstellungen der hl. Barbara und eines Liebespaars, die Parierstangen enden in schellenförmigen Kugeln. Da sich Landsknechte als Scheide oft mit einem Katzenfell behalfen, wird diese Militärwaffe auch als „Katzbalger“ bezeichnet. *MPF*

LITERATUR:
Thomas, Gamber, Katalog der Leibrüstkammer, Teil I., 1976, 187.

10_10
FECHTSCHWERT BLANKWAFFE
Um 1500, süddeutsch

Eisen, Holz, Leder
123 × 18,5 cm
Kunsthistorisches Museum Wien, HJRK, Inv. Nr. A 168

Der anderthalbhändige Griff des Schwertes ist mit Leder überzogen, welches Spuren von Bemalung in rot-weiß-roten Streifen trägt, ein Hinweis auf die Herkunft des Schwertes aus der habsburgischen Rüstkammer. Die Charakteristik des Schwertes als sportliches Fechtschwert zeigt die zwei ausgesparten stumpfen Handgriffe beim Ansatz und in der Mitte der schmalen Klinge. Wie Fechtbücher, etwa das von Hans Talhoffer, zeigen, pflegte man beim Fechten und Ringen vielfach die Waffe sowohl beim Griff als auch in der Klingenmitte zu halten. *MPF*

LITERATUR:
Gamber, Die mittelalterlichen Blankwaffen der Wiener Waffensammlung, Bd. 57, 1961, 37, Abb. 19.
Thomas, Gamber, Katalog der Leibrüstkammer, Teil I., 1976, 186.
AK Maximilian I. von seiner Geburt bis zur Alleinherrschaft, 2000, 213.
Haag, Wieczorek, Pfaffenbichler, Buderer (Hg.), Kaiser Maximilian I., 2014, 165.

10_10

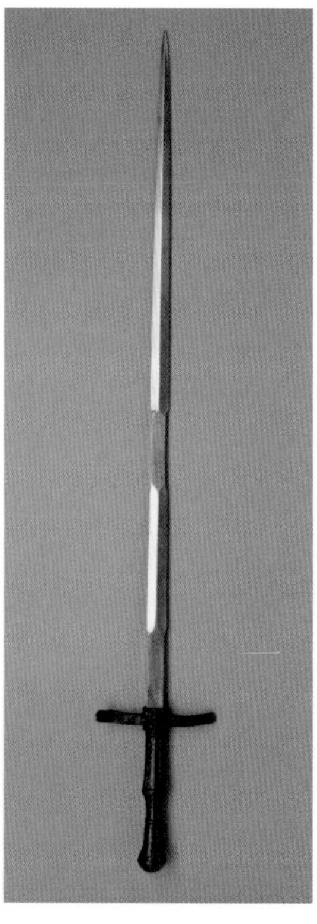

10_11
ZEUGBUCH VON ÖSTERREICH BARTHOLOMÄUS FREISLEBEN/JÖRG KÖLDERER
1512–1517, süddeutsch (?)

Pergamentcodex mit Federzeichnungen, Aquarell- und Deckfarbenmalereien, Gold- und Silberhöhungen, 42,7 × 28,3 cm
Kunsthistorisches Museum Wien, KK, Inv. Nr. KK 5074

Den Stolz Maximilians auf seine Artillerie spiegeln auch die Zeugbücher wider, in denen die einzelnen Kanonen abgebildet sind. Die Zeugbücher sind gleichsam gemalte Inventare der militärischen Ausrüstung, die sich in den verschiedenen Zeughäusern Maximilians befanden. *Bartholomäus Freisleben* wurde 1493 mit der Verwaltung der Zeughäuser von Innsbruck und Sigmundskron beauftragt. Nach seiner Ernennung zum Obersten Hauszeugmeister begann Freisleben mit der Zusammenstellung der drei Zeugbücher für die Arsenale von Tirol (Bd. 1), von Österreich und von Vorderösterreich. Das Zeugbuch von Österreich umfasste die Arsenale von Wien, Graz, Osterwitz und Görz. Maximilians Innsbrucker Hofmaler *Jörg Kölderer* und seine Werkstatt malten die Miniaturen in den drei im Kunsthistorischen Museum in Wien aufbewahrten Zeugbüchern. *MPF*

LITERATUR:
AK Maximilian I., Wien 1559, Nr. 604.
AK Maximilian I. Innsbruck, 1969, Nr. 475.
Thomas, Gamber, Katalog der Leibrüstkammer, Teil I., 1976, 213.
AK Hispania – Austria, 1992, Nr. 81.
AK Natur und Kunst, 1995, Nr. 3.
AK Ruhm und Sinnlichkeit, 1996, Nr. 10.
Egg, Die Erwerbung Tirols 1490, 2000, 91–97.
AK Maximilian I. Triumph eines Kaisers, 2005, Nr. 42.
AK Kunst der Dürerzeit, 2012, 346.
Haag, Wieczorek, Pfaffenbichler, Buderer (Hg.), Kaiser Maximilian I., 2014, 60.

10_12
BASILISK AUS ZEUGBUCH KAISER MAXIMILIANS I. JÖRG KÖLDERER
1512–1517, süddeutsch (?)

Pergamentcodex mit Federzeichnungen, Aquarell- und Deckfarbenmalereien, Gold- und Silberhöhungen
Kunsthistorisches Museum Wien, KK, Inv. Nr. 5074 Teil 1, Fol. 27 v, 28r

Die Zeugbücher spiegeln das große Interesse Kaiser Maximilians an der Entwicklung der modernen Artillerie wider. Seine Geschütze waren für die Zeit nach 1500 die modernsten ihrer Zeit. Die Zeugbücher sind gleichsam gemalte Inventare der Geschütztypen, die sich in den verschiedenen Zeughäusern Maximilians befanden. Die Basilisken waren ein Langrohrgeschütz mit einem Gewicht von etwa 6000 Kilogramm, es verschoss 6 bis 12 kg schwere Eisenkugeln und war das leichteste der Belagerungsgeschütze im Arsenal Maximilians.

Er gab ihnen liebevolle Namen wie „Crokodill“, „Steinpock“, beide reich verzierte Geschützrohre, auf deren kanneliertem Mittelstück das Königswappen und die Vlieskette unter der Kaiserkrone, umgeben von kleineren Wappen und den Symbolen des Ordens, zu sehen sind. *MPF*

LITERATUR:
Kurzmann, Kaiser Maximilian I. und das Kriegswesen der österreichischen Länder und des Reiches, 1985, 124.
Haag, Wieczorek, Pfaffenbichler, Buderer (Hg.), Kaiser Maximilian I., 2014, 60.

10_11

10_12

Basilisken · Crocodill
Es Crocodill mit der sterck sein
Manchen man hat pracht in pein
Dergleichen hab ich offt gethan
Die mir mit gwalt wolten vorstan
Dann wann mein atten recht berurt
Gar seltzam wers das ers nit spurt
Stempock
Stempock hayss ich mit dem nam mein
Wer wider mein herren wolt sein
Der wurd von mir gestossen hart
Nach des edlen Stempocks art

RAUM_11

DES KAISERS LIEBSTER BANKER

Die Goldene Schreibstube zeigt neben Jakob Fugger d. R. seinen Hauptbuchhalter Schwarz und einen Schrank (11_01), auf dem auch eine Lade mit „Ynnsprugg" bezeichnet ist und die Bedeutung des Innsbrucker Standortes belegt. Hier dreht sich alles um das Geld: Pfandbriefe, Schuldenlisten, Münzen, Gedenkbücher (11_02–06, 11_08–09) zeigen neben Portraits (11_04, 11_07) diese sehr intensive Beziehung zwischen dem Kaufmann und dem Herrscher.

11_01

GOLDENE SCHREIBSTUBE DER FUGGER

NARZISS RENNER

In: Trachtenbuch des Matthäus Schwarz, 1520–1560, fol. 28
Gemalt von Narciss Renner & Christoph Amberger
Augsburg

Herzog-Anton-Ulrich Museum Braunschweig, Kupferstichkabinett, Inv. Nr. h-27-067a-028

Abgebildet im Trachtenbüchlein des Matthäus Schwarz,[1] des Oberbuchhalters der Fugger, wurde dieses Kontor 1488 im Fuggeranwesen am Rindermarkt in Augsburg errichtet.

Den Namen bekam dieses Schaltzentrum der Fugger'schen Handelsbeziehungen durch die vergoldeten Leisten der Ahornvertäfelung. Schwarz, der seine Ausbildung in Venedig und Mailand absolvierte, trat 1516 als Neunzehnjähriger in Fuggers Dienste. Er verfasste auch ein *„Lehrbuch über eine Musterbuchhaltung"* und galt als Vertrauensmann von Jakob d. Ä.

In dem Bild sieht man Jakob Fugger d. Ä. mit seiner charakteristischen Goldhaube stehend und Schwarz schreibend vor einem großen Folianten. Urkunden liegen auf dem Tisch, Papier zerknüllt am Boden. Im Hintergrund sieht man einen hohen Schrank mit einzelnen Laden, die Beschriftungen tragen. Es sind die wichtigsten Handelsbeziehungen der Fugger, auch *„Inspruck"* ist darunter.[2]

Schwarz, der gleichermaßen als „Modenarr" galt, ließ sich in seinem Trachtenbüchlein über 40 Jahre lang zu den verschiedensten Anlässen malen und überliefert uns somit lückenlos die Entwicklung der Männermode im 16. Jhdt (12_15).

Man merkt, dass der Dargestellte modisch versiert war, achtete er doch penibelst und detailreich auf seine Kleidung. Unter einer pelzverbrämten Schaube trägt er ein Wams mit geschlitzten Ärmeln, eine kurze, enge Kniehose mit schwarzem Band und weißen Strümpfen sowie Kuhmaulschuhe.

Überschrift: „Als ich zu Herrn Jacob Fugger kam" (01.10.1516). *MF*

11_01

1 Matthäus Schwarz, Trachtenbüchlein, Gottfried-Wilhelm-Leibnitz-Bibliothek Hannover, s. u. 12_15.

2 Neben Innsbruck sind noch folgende Faktoreien angeführt: Rom, Venedig, Ofen (Budapest), Krakau, Mailand, Nürnberg, Antwerpen, Lissabon – zeigen den Umfang des Fugger'schen Handelsimperiums!

LITERATUR:
Fink, Die Schwarz'schen Trachtenbücher, 1963.
AK Maximilian I. Innsbruck, 1969, Kat. Nr. 292.

11_02

HALBGULDINER KAISER MAXIMILIAN I.

KHM MK 184634

11_03

KÖNIGSGULDINER KAISER MAXIMILIAN I.

BENEDIKT BURKHART, STEMPELSCHNEIDER

Vor 1508

KHM MK 17 ba

Geharnischtes Hüftbild des jungen Herrschers. Mit Kreuzblumenszepter in der Rechten und Schwert in der Linken, Königskrone.

Gekrönter Königsadler im Zentrum, flankiert von verschiedenen Wappen. Erstmals auf einer Münze ist EUROPA zu lesen.

Inschrift:

MAXIMILIANUS DEI GRA (tia)
ROM (anorum) IMP (erator)
SEMP(er) AUG (ustus)
RS: PLURIUMQ (ue)
EUROPE PROVINCIAR (um)
REX ET PRINCEPS POTENTISIM (us)

Die Münzstätte Hall war, als sie Maximilian übernahm, ein florierender Betrieb: Sie verfügte über gutes Personal und hatte in der Silberbeschaffung keine Schwierigkeit: Alles in Schwaz gewonnene Silber musste in Hall gegen einen festen Preis abgeliefert werden.

Der Guldiner Sigmunds d. Münzreichen von 1486 war die erste Groß Silbermünze im Wert eines Goldguldens, auch Taler genannt, und hatte jahrhundertelang eine führende Stellung. Sigmund hatte als Erster sein Portrait auf einer Münze darstellen lassen.

Maximilian konnte hier auf einem festen Fundament aufbauen. Ab 1495 ließ Maximilian in Sparberegg 1 Silbermünzen mit seinem Bildnis prägen. Jedoch war es für den Stempelschneider und Goldschmied Benedikt Burkhart nicht immer leicht, den Wünschen des Herrschers gerecht zu werden, der großen Wert auf Authenzität legte. 1501 bemängelte der Landesfürst, dass *„die Nase zu hoch, das Gesicht zu lang und die Brust zu dick sei“*[2].

Münzen, die viel im Umlauf waren, förderten Maximilians Propagandaabsichten ideal. *MF*

1 Der Ansitz Sparberegg (heutiges Damenstift) in Hall war die erste Münzprägestätte, erst 1567 unter EH Ferdinand II. wurde die Münzprägung in die Burg Hasegg verlegt.

2 Zit. aus Egg, Pfaundler, Kaiser Maximilian I. und Tirol, 1969, 98 f.

LITERATUR:

AK Maximilian I. Innsbruck, 1969, 65 ff.

Egg, Pfaundler, Kaiser Maximilian I. und Tirol, 1969, 98 ff.

11_04 (ohne Abbildung)

JAKOB FUGGER II. DER REICHE (1459–1525)

ALBRECHT DÜRER

Um 1520

Tempera auf Leinwand, 69,4 × 53 cm
Staatsgalerie Altdeutscher Meister, Augsburg, Inv. Nr. 717

Jakob Fugger d. R. und Maximilian verband nicht nur, dass sie gleich alt waren, sondern dass sie auch durch immense finanzielle Geschäfte aufs Engste miteinander verbunden waren. Maximilian benötigte für seine weitreichende Politik, seine Kriege und seinen Kampf um die Kaiserkrone immer mehr Geld, was durch landesfürstliche Einnahmen oder Reichssteuern nicht mehr bewältigt werden konnte. Er suchte bei süddeutschen Bankhäusern um Unterstützung an, denn erst die Gewährung von zahlreichen Darlehen machte seine Politik möglich. Unter ihnen war Jakob Fugger d. R. der Mächtigste. Allen Geschäften zum Trotz verband die beiden zeitlebens eine enge Freundschaft – sie ergänzten sich in vielen Dingen.

Jakob war der Jüngste von drei Brüdern (Ulrich, Georg & Jakob) und verbrachte seine Lehrzeit in Venedig. Schon früh zeigte er großes wirtschaftliches Talent: Nach 1487 bestimmte er de facto die Geschäftspolitik der Familie. Es begann mit seinem Einstieg in die Montanwirtschaft in Tirol und ab 1493 auch in Tschechien und der Slowakei (damals Ungarn).

Es gelang ihm zeitweilig, eine Monopolstellung am europäischen Kupfermarkt innezuhaben.

Fugger unterstützte Maximilian mit Geld, Waren und Kriegsmaterial. Im Gegenzug adelte der Kaiser Jakob Fugger: Ab 1507 nannten sie sich „von der Lilie“, 1511 Erhebung zum Freiherren und 1514 wurden die Fugger Reichsgrafen.

Im Banksektor arbeiteten die Fugger mit „stillen Einlagen“, was durchaus üblich war.[1] Es gelang Jakob, immensen Reichtum anzuhäufen und seine Gegenspieler auszuschalten. So finanzierte Fugger die Kriegszüge des Kaisers nach Italien und Frankreich, war an der Wiener Doppelhochzeit maßgeblich beteiligt und schließlich konnte er noch die Wahl Karls V. zum Kaiser durch gewaltige „Handsalben“[2] an die Kurfürsten durchsetzen. Er machte Politik und zog die Fäden – gleichzeitig betätigte er sich auch als Kunstmäzen und ließ 1512 die *Fuggerkapelle bei St. Anna* als Grablege der Familie errichten, eine der wichtigsten Bauten der deutschen Frührenaissance. Zudem stiftete er auch eine Wohnsiedlung für sozial Schwache, die sog. *Fuggerei*, die bis heute Bestand hat.

Auch *Albrecht Dürer*, der bedeutendste deutsche Maler dieser Zeit, portraitierte Jakob Fugger.

Ebenso wie das Portrait von Maximilian beim Reichstag in Augsburg 1518 in Form einer Kohlezeichnung entstanden, gab es auch hier eine Variante als „Tüchlein-Bild“[3].

Das Augsburger Bild zeigt Jakob Fugger als kühlen Rechner, mit Schaube und großem Pelzkragen vor neutralem blauem Hintergrund. Die charakteristische Goldhaube, die schon fast ein Markenzeichen Fuggers wurde, unterstreicht die Strenge des Antlitzes und offenbart gleichzeitig die Meisterschaft Dürers, die typischen Züge des Bankiers darzustellen. *MF*

1 So war z. B. Melchior v. Meckau stiller Teilhaber bei Fugger mit einem Vermögen von 150.000 Gulden. Der Tod Meckaus 1509 stürzte das Bankhaus in eine ernsthafte Krise; s. a. 16_15, 16_16.

2 „Handsalben“ waren Schmiergelder – es flossen immense Summen, um Francois I. von Frankreich auszustechen! Die Kurfürsten wurden in ihren Forderungen immer dreister – man spricht von 852.000 Gulden, die notwendig waren, um dem Habsburger Karl zum Wahlerfolg zu verhelfen.

3 Vgl. Maximilians-Portrait in Nürnberg, GNM, s. a. 16_01 a–c, Tüchleinbilder waren nicht von langer Dauer, wässrige Tempera auf ungrundierter Leinwand.

LITERATUR:

Herre, Die Fugger in ihrer Zeit, 1985.

AK Kunst der Dürerzeit, 2012, Kat. Nr. 95.

Wallenta, Kaiser Maximilian I. und Jakob Fugger der Reiche, s. S. 91 ff.

11_02

11_03

11_05 a–b

DAS GEHEIME EHRENBUCH DER FUGGER

WERKSTÄTTE DES JÖRG BREU D. J.

Augsburg 1545–1547, Nachträge 1548/49 und 18. Jhdt

Handschrift – 49,5 × 35 cm
Bayerische Staatsbibliothek München, Inv. Nr. CGM 9460, Bildnr. 52, 53

Familienchronik der Fugger. Die verschiedenen Linien – Fugger von der Lilie, vom Reh – sind jeweils paarweise authentisch dargestellt, jeweils mit ihren Wappen. Auf der gegenüberliegenden Seite Kurzbeschreibung ihres Lebens, ihrer Bedeutung. Dieser Text ist mit Ornamenten, Medaillons, Putti, Tieren eingerahmt. Die Chronik zeigt die Fugger am Höhepunkt ihrer Macht im 15. und 16. Jahrhundert. Nach 1600 zogen sie sich aus dem Geschäftsleben zurück und pflegten einen adeligen Lebensstil auf ihren Besitztümern.

Die Abbildung zeigt Jakob Fugger d. R. (1459–1525) mit seiner Gemahlin Sibylla Artzt (1480–1546). Er trägt eine schwarze Schaube und die charakteristische Goldkappe, während Sibylla mit einem golddurchwirkten Mieder, darüber einem schwarzen weitgeschnittenen Mantel sowie einer Haube dargestellt ist. Die Ehe blieb kinderlos; Sibylla heiratete schon bald nach dem Tod Jakobs den Augsburger Patrizier Konrad Rehlinger.

Inschrift:
„Herr Jacob Fugger / Herren Jacoben fuggers eelicher unnd letster Sone / welicher kain kind Eelichen erzeuget hat.
Fraw Sibilla Artztin / Herren Jacoben Fuggers Eelicher gemahl / stirbt Anno 1546“.

Nachtrag 18. Jhdt: Stammreihe der Grafen Fugger von Kirchberg und Weissenhorn.

Das *Ehrenbuch der Fugger* gilt als eines der bedeutendsten und wertvollsten Familienbücher des deutschsprachigen Raumes. *MF*

LITERATUR:
Wallenta, Kaiser Maximilian I. und Jakob Fugger der Ältere, 2019, Katalog, s. Beitrag Wallenta, S. 91.

11_06 (ohne Abbildung)

PFANDBRIEF DIETRICHSTEIN

Pergament, Siegel an Pergamentpressel, deutsch
Österreichisches Staatsarchiv, HHStA, Allg. Urkundenreihen 1500–1599, Sign. 1513 V19

Diese Urkunde belegt die Übertragung der Verwaltung über die Herrschaft Windischgrätz gegen eine Zahlung von 2.270 fl. durch Maximilian I. an Franz von Dietrichstein (1467–1522), den jüngeren Bruder von Siegmund von Dietrichstein (1484–1540). Siegmund stand in enger Verbindung mit dem Kaiser, sodass Maximilian I. in seinem Testament die Verfügung trifft, *„ebenso oft als seiner selbst in Todtenmesse und Gebet auch jedesmal Sigmund und des Dietrichstein'schen Hauses in liebender Fürbitte zu gedenken.“*[1]

Am 19. Mai 1513 wird diese Urkunde in Augsburg ausgestellt. *CG*

1 Wurzbach, Dietrichstein, Sigmund, erster Freiherr von Hollenburg, 1858, 299.

LITERATUR
Wurzbach, Dietrichstein, Sigmund, erster Freiherr von Hollenburg, 1858.

11_05 a

11_05 b

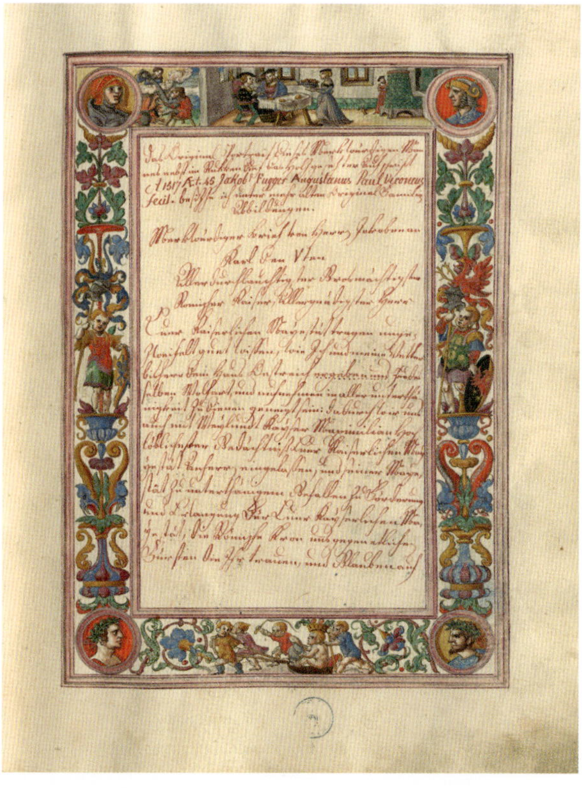

11_07
MAXIMILIAN I. IN GOLDENEM HARNISCH
BERNHARD STRIGEL
Um 1500

Lindenholz, 60,7 × 40,9 cm
Augsburg/Tirol
Kunsthistorisches Museum Wien, GG, Inv. Nr. 992

Bernhard Strigel, Hofmaler Maximilians, könnte dieses Bild 1503 gemalt haben, wo der Kaiser in Memmingen weilte. Es gibt von diesem Bildnistypus, dem offiziellen Herrscherbildnis um 1500, mehrere Fassungen. Die wohl bedeutendste ist jene im goldenen Harnisch mit den Herrscherinsignien. Das Halbfigurenportrait zeigt den Herrscher im Profil, in eine Landschaft blickend, die aus einem Felsen mit Wild und einem See besteht (Martinswand?). Hirsche und Gämsen stehen abschussbereit auf dem Felsen.

Er trägt hier denselben Mantel mit reich gestickter Bordüre und wertvoll verzierter Schnalle wie bei dem in Augsburg entstandenen Bild von 1510.

Strigel, der lange Zeit der einzige Portraitmaler Maximilians war, verglich sich selbst mit *„Apelles, dem es als Einzigem gestattet war, Alexander d. Gr. zu portraitieren“*[1].

Zieht man die verschiedenen Fassungen allein des KHM in Betracht, so scheint dieses Bild das früheste zu sein und diente vermutlich als Vorlage für alle weiteren offiziellen Herrscherbildnisse aus dieser Zeit (vor der Kaiserproklamation). *MF*

1 Schütz, Kaiser Maximilian I. im Bildnis, 2005, 26 ff.

LITERATUR:
Schütz, Kaiser Maximilian I. im Bildnis, 2005.

11_08, 11_09 (ohne Abbildung)
GEDENKBÜCHER

Codex, deutsch
Österreichisches Staatsarchiv, Allg. Verwaltungsarchiv/Finanz- und Hofkammerarchiv, Alte Hofkammer, Gedenkbücher, Epoche Maximilians I., Nr. 4 und Nr. 14

Bei den Gedenkbüchern handelt es sich um Aufzeichnungen der Hofkammerbuchhaltung, die Einblick in die komplexe Buchhaltung, die von den Hofbuchhaltern *Casius Hackeney* und *Jakob Villinger* geführt wurde, gewähren. Diese geben gleichzeitig Auskunft über die kaiserlichen Finanzen, indem sie alle Finanzgeschäfte, die von der Hofkammerbuchhaltung abgewickelt wurden, abbilden. Die Gedenkbücher sind aus den Jahren 1498 bis 1510 erhalten, wobei die Bücher Nr. 4 bis 17 eine organisatorische Einheit bilden. In der Ausstellung wird das Gedenkbuch Nr. 4 (1498), das nicht unmittelbar der Hofkammer zuzuordnen ist und Pfandschaften sowie Lehen verzeichnet, gezeigt. Ebenso sind Auszüge aus dem Gedenkbuch Nr. 14 (1503–1504) zu sehen, in dem Schulden eingetragen wurden. *CG*

11_07

RAUM_12

BIANCA MARIA SFORZA UND DAS HOFLEBEN

Im Mittelpunkt steht die Eheschließung Maximilians mit der Mailänderin Bianca Maria Sforza. Ambrogio de Predis malte den König wie auch seine Braut (12_07, 12_08).

Der Brautschmuck Bianca Marias (12_09) wurde von der Firma Swarovski exklusiv nachgebildet. Das Brautinventar gibt Auskunft über die reiche Ausstattung (12_04, 12_05). Im Augsburger Geschlechtertanz (12_10) wird die Mode der Zeit festgehalten, wie auch im Trachtenbüchlein des Matthäus Schwarz (12_13). Die Augsburger Monatsbilder (12_11) lassen die Besucher an einem reichen Festmahl teilnehmen.

Jagdszenen aus dem Theuerdank (12_15 a–d) zeigen waghalsige Abenteuer bei der Gämsenjagd, aber auch anschließende Picknicks für die Hofgesellschaft und ihre Gäste (Jagd- und Fischereibuch (12_14). Die Inszenierung einer höfischen Tafel gibt weitere Einblicke.

12_01
LEHRBUCH DER BIANCA MARIA SFORZA ALEXANDER DE VILLA DEI
Pavia od. Mailand, um 1478

Pergament, 27,6 × 20 cm
Österreichische Nationalbibliothek, Cod. 2369, Fol. 1r

Dieses Lehrbuch für den Lateinunterricht geht vermutlich auf Bona Sforza, der Mutter Bianca Marias, Mutter Biancas, zurück, wie Besitzeintragungen nachweisen, und wurde dann auch für Bianca Maria verwendet. Der Verfasser, Alexander de Villa Dei (* um 1170), hieß eigentlich Alexander Gallus und war ein Benediktiner-Chorherr aus Frankreich. Er wurde durch das Verfassen eines lateinischen Lehrgedichtes, „Doctrinale“ genannt, berühmt. Dieses Werk vermittelte Grundkenntnisse der lateinischen Grammatik.

Das Titelblatt zeigt als Initiale ein „S“ für „scribere“, wobei ein Schreiber (Lehrer?) dargestellt ist. Neben einem in Blau-Rot-Grün gehaltenen Blumen- und Girlandendekor als Randleiste sind noch verschiedene Darstellungen zu erkennen: oben mittig ein Schmuckstück, ein Vierpass mit rotem Stein und Perlen, und auf der unteren Dekorleiste ein Kranz, in dem sich ein Gebäude auf einem Podest befindet. Man kann auch die Initialen BL MA sowie ihren Wahlspruch „mit zait“ erkennen.

Auf der rechten Seite ist ein junges Mädchen am Schreibpult (Webstuhl?) sitzend zu sehen, wohl Bianca Maria selbst, mit der Fahne Savoyens. Im Alter von nur vier Jahren wurde sie mit dem 11-jährigen Philibert v. Savoyen verheiratet, der aber 17-jährig verstarb, noch bevor die Ehe vollzogen worden war. Ihre Mutter stammte ebenfalls aus dem Hause Savoyen. *MF*

LITERATUR:
Weiss, Die vergessene Kaiserin, 2010
AK Maximilian I. Innsbruck, 1969, Kat. Nr. 78

12_02
OFFIZIENBUCH BIANCA MARIA SFORZAS GEBETBUCH
Mailand 1499

Österreichische Nationalbibliothek, Sig. SN 2622, Fol. 5v

Das *Offizium*, auch Stundengebet genannt, wurde für Bianca Maria 1499 in Mailand hergestellt und enthält Gebete zum Hl. Geist in Reimform. Auf der bildlichen Darstellung kniet Bianca Maria vor einer Brüstung, welche mit Putti verziert ist, inmitten einer blühenden Landschaft mit bizarren Gebirgsformationen (Hinweis auf ihre neue Heimat in Tirol?).

Der Strahl Gottes, vom Hl. Geist in Gestalt einer Taube ausgehend, trifft die Betende. Darüber im rechten Eck Gott Vater mit Segensgestus, umgeben von Engeln dargestellt. *MF*

LITERATUR:
Weiss, Die vergessene Kaiserin, 2010.

12_01

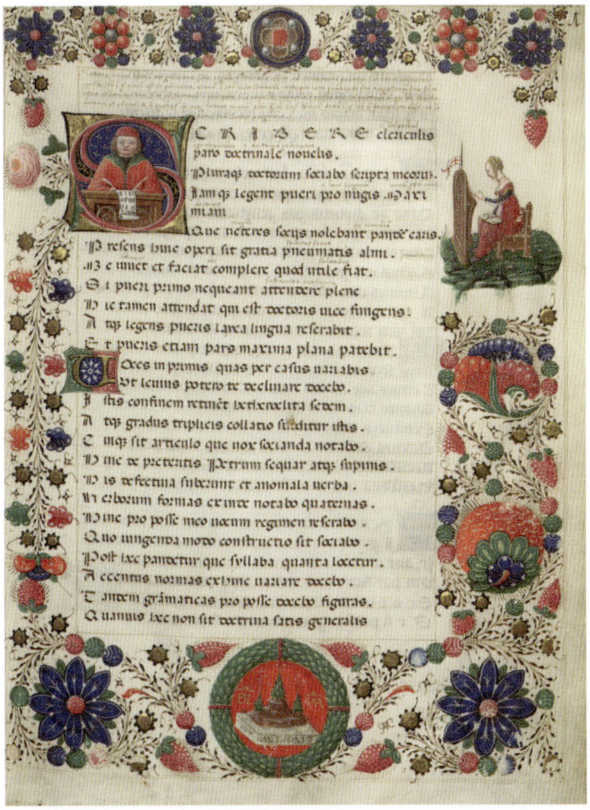

12_02

12_03

ANDACHTSBUCH DES BRIGITTENORDENS FÜR BIANCA MARIA SFORZA

TIROL?

Um 1495, Handschrift

Österreichische Nationalbibliothek, Sig. SN 2597, Fol. 2

Bianca Maria Sforza wurde 1495 Mitglied des Brigittenordens und besaß ein ihr gewidmetes Andachtsbuch, welches auch spezielle Gebete enthielt. Brigitta v. Schweden (1303–1373) hatte schon in früher Jugend Visionen, war 20 Jahre verheiratet und lebte am schwedischen Königshof. Nach dem Tod ihres Mannes am Heimweg einer Wallfahrt nach Santiago führte sie ein streng asketisches Leben und gründete 1349 den *Erlöserorden*, dessen Mitglieder sich *„Brigitten“* nannten. Ihren Visionen folgend, begab sie sich nach Rom, wo sie vom Papst die Bestätigung ihres Ordens einholte, pilgerte ins Hl. Land und wurde bald nach ihrem Tod heiliggesprochen. Ihre Visionen wurden 1475 erstmals in lateinischer Sprache veröffentlicht.

(Geburt Christi: Kind liegt nicht in einer Krippe, sondern am Fußboden.)

Auch in Tirol gab es Anhänger des Brigittenordens, *Florian Waldauf* gehörte dazu. Möglicherweise hat er Bianca Maria dafür begeistern können? *MF*

LITERATUR:
Weiss, Die vergessene Kaiserin, 2010.

12_03

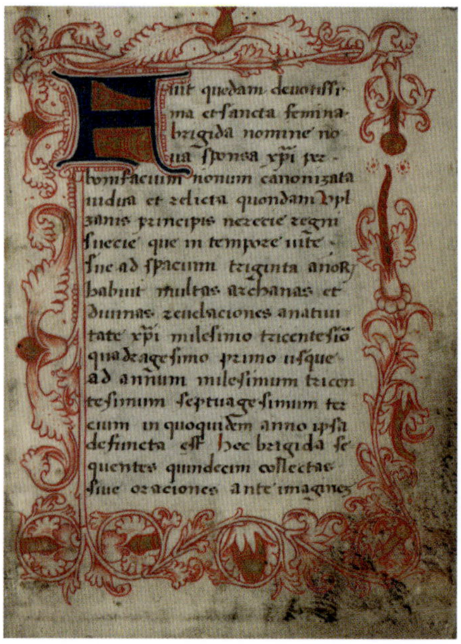

12_04

BRAUTINVENTAR VON BIANCA MARIA SFORZA

Einfache lateinische Aufschreibung vom 18. Nov. 1493 ohne Wertangaben (Buchform)
Österreichisches Staatsarchiv, Sig. AT-OeStA/ HHStA UR FUK 828

12_05

MITGIFT VON BIANCA MARIA SFORZA

MAILAND, NOTARIATSAKT V. 02.12.1493

Pergament, 48 × 182 cm
Österreichisches Staatsarchiv, Sig. AT-OeStA/ HHStA UR FUK 830/1

Die außerordentliche Länge der geschriebenen Aufzählung von 182 cm kündet von Vielfalt und Reichtum der Aussteuer Bianca Marias. Die Bedeutung zeigt sich auch darin, dass die Aussteuer sowohl in Mailand als auch in Innsbruck ausgestellt worden ist. [1]

12_04

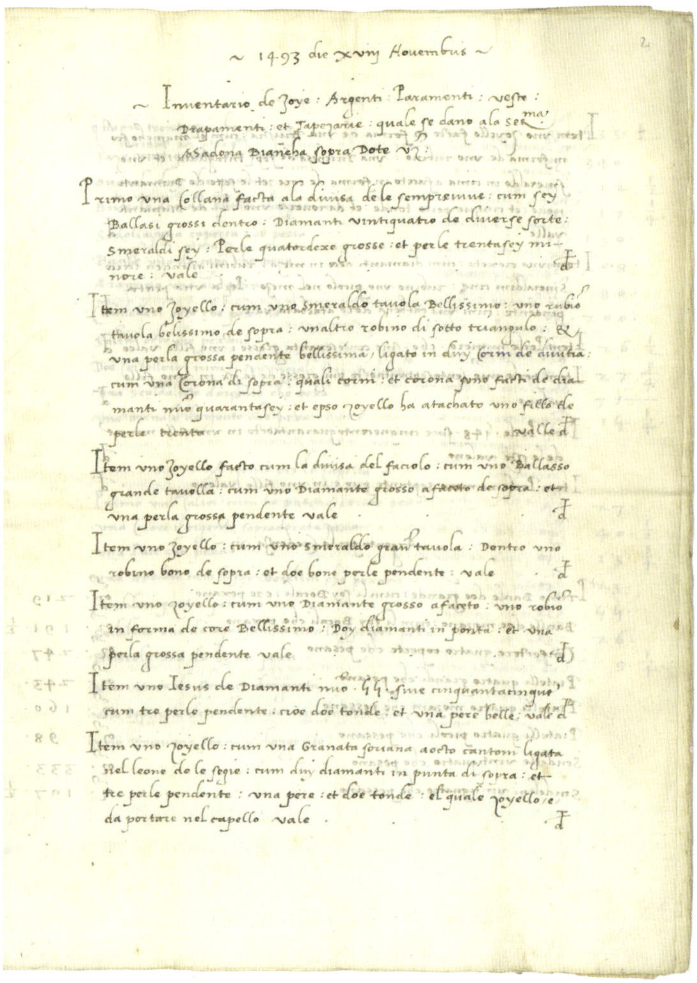

Mehr als 600 Pferde begleiteten den beschwerlichen Zug über die Alpen, wobei die kostbarsten Gegenstände auf Maulesel umgeladen werden mussten: erlesene Stoffe, Kleider und Paramente, aber auch persönliche Kleinodien, Silber für die Kredenz wie auch für die Hofkapelle, Sättel, Decken und Zaumzeug, Gegenstände der Körperpflege, silberne Fingerhüte, 9.000 Näh- und 9.000 Stopfnadeln, Bettwärmer, ein Stundenbuch (12_02), ein Doctrinale, ein lateinisches Lehrbuch (12_01) und ein Andachtsbuch (12_03), Epithalamien (12_06) sowie ihr reicher Juwelenbestand. Sogar ein eigenes Prunkbett brachte sie mit – dieses erbte später Ferdinand I.

Von der umfangreichen Garderobe wurde vieles weitergegeben: Allein 45 Kleidungsstücke verschenkte Bianca Maria, vorwiegend ihrem italienischen Hofstaat. Sie hatte aber immer noch … *„18 Gewänder aus verschiedenfarbigem Altas, Goldstoff, Samt oder Damast, weiters sie-*

ben Mäntel aus Goldbrokat, Taft, Atlas oder Samt … Gewänder aus Goldbrokat mit Hermelinfutter, aus schwarzem Samt mit Luchs verbrämt sowie aus karmesinrotem Atlas … ferner 24 Paar scharlachrote Strümpfe, 24 Paar Pantoffeln aus Brokat und Samt und 24 Paar Schuhe aus Seide, Samt, Damast und Atlas.“[2] *MF*

1 Antenhofer, Bianca Maria und ihr Hof im Spiegel ihres Brautschatzes, 2019, s. S. 62 ff; Weiss, Die vergessene Kaiserin, 2010, 60 ff.

2 Weiss, Maximilian I., 2018, 88 ff.

LITERATUR:

Antenhofer, Bianca Maria und ihr Hof im Spiegel ihres Brautschatzes, 2019.

Weiss, Die vergessene Kaiserin, 2010.

Weiss, Maximilian I., 2018.

12_06

EPITHALAMIUM – HOCHZEITSREDE DES MAILÄNDERS GIASON DEL MAIANO

HOCHZEITSREDE VOM 16.03.1494, LAT.

Österreichische Nationalbibliothek, Sig. SN Codes Seria Nova, 12.594, Fol. 2r

Epithalamium wird mit „Hochzeitsgedicht“ (Gelegenheitsgedicht) übersetzt; wird auch als „Hymenaios“ bezeichnet und war im alten Griechenland ein gesungenes Hochzeitslied. Bei Homer erstmals erwähnt. Enthält vor allem Segenswünsche und Prophezeiungen einer glücklichen Ehe.

Die kalligrafische Abschrift des Inkunabeldruckes der Rede stammt aus dem Jahre 1509.

Im Auftrag des Propstes der Kirche von Mailand, Johannes Petrus Visconti, für Bianca Maria hergestellt.

Auf der Zierseite sind zwei Portraits von Braut und Bräutigam in der Art des Ambrogio de Predis, einander zugewandt, zu sehen. Darunter das Wappen Maximilians, der Bindenschild und das Sforza-Wappen. *MF*

12_07

KAISER MAXIMILIAN I. AMBROGIO DE PREDIS

1502

Malerei auf Eichenholz, 44 × 30,3 cm
Bez. links unten: Ambrosius de/p(re) dis.m(edio)lanen(sis)/pinxit/1502
Darüber: MAX. RO/REX
Kunsthistorisches Museum Wien, GG, Inv. Nr. 4431

Ambrogio de Predis, welcher im Gefolge der Braut nach Innsbruck kam, hat vermutlich Skizzen von Maximilian angefertigt, bevor er nach Italien an den Hof Ludovicos zurückkehrte. Dieses signierte und datierte Portrait stammt aus dem

12_05

12_06

Jahre 1502 und dürfte auf Innsbrucker Vorzeichnungen basieren. Im Jahr der Hochzeit hat de Predis auch Bianca Maria portraitiert (12_08). Zu beiden Portraits gibt es in der Accademia in Venedig Vorstudien.

Maximilian ist im strengen Profil, nach links schauend, mit langem, offenem, rötlichem Haar und schwarzer Kappe, die sich kaum vom dunklen Hintergrund abhebt, dargestellt.

Er trägt ein goldenes Brokatkleid mit Pelzkragen und den Orden vom Goldenen Vlies.

Schütz[1] merkt an, dass diese Portraitdarstellung im strengen Profil für 1500 etwas altmodisch wirkt. Es könnte sein, dass dieses Bild gleichzeitig mit jenem der Bianca Maria 1493 skizziert, aber erst später realisiert worden ist oder dass die ursprüngliche Fassung nicht mehr erhalten geblieben ist. Maximilian wird dieses Bild geschätzt haben, zeigt es doch sein unverkennbares markantes Aussehen, seine *„gepogne adlerische nasen“*[2], dieses zu verbreiten in seinem Sinn gelegen war. *MF*

1 Schütz, Kaiser Maximilian im Bildnis, 2005, 24 ff.
2 So bezeichnet vom Nürnberger Humanisten Christoph Scheurl, Schütz, Maximilian I. im Bildnis, s. S. 18 ff.

LITERATUR:
AK Hispania – Austria, 1992, Kat. Nr. 155.
AK Werke für die Ewigkeit, 2002, Kat. Nr. 2.
Schütz, Kaiser Maximilian im Bildnis, 2005.
AK Kunst der Dürerzeit, 2012, Kat. Nr. 11.

12_08
BIANCA MARIA SFORZA
AMBROGIO DE PREDIS
Mailand 1493

Ölgemälde, 51 × 32,5 cm
National Gallery of Art, Washington, Widener Collection, Inv.-Nr. 1942.2.53

Zur Vermählung mit Maximilian I. entstanden, zeigt das Bild Bianca Maria in reichem Brautschmuck. Ein kostbares goldenes Brokatkleid mit eingeknöpften Ärmeln, welche *Camora* genannt werden,[1] da sie bei Bedarf abgenommen und ausgetauscht werden konnten.

Sie ist im Profil dargestellt, mit zusammengebundenem Haar und kleiner ins Gesicht fallender Haarsträhne, welche auch bei einem anderen Portrait von de Predis vorkommt (KHM, GG 5622). Die Braut trägt eine golddurchwirkte, juwelenbesetzte Haube mit langem Zopf, welcher mit Perlbändern verziert wird. Außergewöhnlich ihr wertvoller Schmuck als Agraffe wie auch als Perlenkette mit Anhänger.

Die Agraffe, welche auf den ersten Blick als Anhänger mit besonders kostbaren Steinen wahrgenommen wird, ist bei näherem Hinsehen ein Familienschmuckstück des Hauses Sforza, vermutlich ein Hochzeitsgeschenk.[2] Sie enthält die Devise der Sforza und auch die Edelsteine sind nicht zufällig, sondern ganz gezielt eingesetzt. Dieser Aufputz wurde links getragen, also auf der Herzseite, und zeigt die emotionale Verbundenheit zu ihrer Familie.

Das Schriftband gibt die Devise der Sforza wieder: *„MERITO ET TEMPORE“*[3]. Der für diese Darstellung übliche kleine Handbesen (ital. la scopetta), um den sich das Band schlingt, ist hier durch Juwelen geformt. Der hellblaue runde Stein symbolisiert den

12_08

12_07

Knauf des Stiels, der dunkelbraune längliche den Stiel selbst und die drei schimmernden Steine stellen die Borsten dar. Durch diese Symbolik gewinnt der Brautschmuck sehr an Bedeutung, es ist ein wichtiges Familienband, welches Bianca Maria da ausgehändigt bekommen hat. Vermutlich wurde das Schmuckensemble eigens für die Hochzeit angefertigt.

Eine Nachbildung des Brautschmuckes durch die Firma Swarovski zeigt diesen detailliert. Die Büste dazu schuf der Bildhauer Tibor Bogdan. *MF*

1 Weiss, Maximilian I., 2018, 88 f.
2 Für die Aufschlüsselung dieses Schmuckstückes bedanke ich mich sehr herzlich bei Dr. Hollegger.
3 ET TEM / RITO PO / ME RE → „Merito et tempore“ = „Durch Verdienst und mit der Zeit“

LITERATUR:
Weiss, Maximilian I., 2018.

12_09 a–c

REPLIKA DES BRAUTSCHMUCKES VON BIANCA MARIA SFORZA

VORLAGE: GEMÄLDE VON AMBROGIO DE PREDIS (12_08)

Mailand 1493

Ölgemälde, 51 × 32,5 cm
National Gallery of Art, Washington, Widener Collection, Inv.-Nr. 1942.2.53

SWAROVSKI WATTENS 2019
Künstler: ROBERT SCHWAIGER, ARNO RECHEIS
Technik: Bronzeguss mit galvanisierender Goldbeschichtung, Swarovski-Kristalle und Knüpfarbeiten

Dauerleihgabe BHÖ

12_09 a

12_09 b
Agraffe mit dem Motto der Sforza „MERITO ET TEMPORE“

12_09 c

12_10

AUGSBURGER GESCHLECHTERTANZ SÜDDEUTSCHER MALER

Augsburg, 1500

Öl auf Leinwand, 250 × 150 cm
Städtische Kunstsammlungen Augsburg, Maximilianmuseum, Inv. Nr. 3821

Für Augsburg waren *„Geschlechtertänze"* zentrale Ereignisse, an denen Patrizier und das reich gewordene Bürgertum teilnahmen. Fanden sie während eines Reichstages statt, war Maximilian I. ein gern gesehener Besucher, der sich mit Begeisterung unter die Tanzenden mischte. Organisiert wurden diese Veranstaltungen von der „Herrenstube", einer gesellschaftlichen Vereinigung der Oberschicht. Man erschien in prächtiger Gewandung, trug auch historische Kostüme und führte Reigentänze auf. Es gab meist eine ganze Abfolge von Festlichkeiten, Banketten, Turnieren und Tanzveranstaltungen, wie sie in den Augsburger Monatsbildern [1] (12_12) dargestellt werden. Die Geschlechtertänze fanden im Tanzhaus am Weinmarkt statt (1632 abgerissen).

Drei Fassungen des Gemäldes haben sich erhalten. Verschiedene Paare, die in modischer Kleidung promenieren, zeigen den Reichtum und die Vielfalt dieser Handelsmetropole. Behäbige Herren in schwarzer Schaube mit Pelzbesatz sind ebenso zu sehen wie Damen in prächtigen Kleidern mit phantasievollem Kopfschmuck. Man unterhält sich angeregt, spaziert und lässt sich bestaunen, während ältere Teilnehmer auf Bänken sitzen und das bunte Treiben beobachten. Eine erhöhte Musikertribüne im Hintergrund sorgt für musikalische Akzente. [2] *MF*

1 Langer, Wienecke-Janz, Augsburger Monatsbilder, 2007.

2 Für Hinweise danke ich Dr. Wolfgang Wallenta, Augsburg; der letzte Geschlechtertanz fand 1577 statt, welcher vermutlich auf der dritten Fassung des Gemäldes „Geschlechtertanz" festgehalten worden und an der Renaissancemode abzulesen ist (L 859).

LITERATUR:

Grünsteudel, Hägele, Frankenberger, Augsburger Stadtlexikon, 1998, 438.

Langer, Wienecke-Janz, Augsburger Monatsbilder, 2007

Wallenta, Kaiser Maximilian I. und Jakob Fugger, 2019, s. S. 91 ff.

12_11

AUGSBURGER MONATSBILDER JÖRG BREU D. Ä. UND WERKSTATT

Um 1525–1531

227 × 352 cm
Deutsches Historisches Museum, Berlin

Bei den *Augsburger Monatsbildern* handelt es sich um einen Zyklus, wo immer drei Monate mit ihren Tätigkeiten abgebildet wurden. Sie spiegeln eine heile Welt wider, wo die großen Probleme der Zeit ausgespart wurden – weder Reformation noch die Entdeckung der Neuen Welt berücksichtigte man –, stattdessen zeigen sie Themen, die allgemein gültig sind: Musik, Spiel, Tanz, Turnier, Schlittenfahrten und Freude am Leben, unterfüttert mit Alltagsszenen. Durch die Darstellung ihrer Wappen lernt man die wichtigsten Augsburger Patrizier kennen, die bekannten Familien Fugger, Rehlinger, Welser, von Stetten, Thurzo, Adler, Peutinger, Herwart. Prachtvoll ist auch die Mode präsentiert, die einen guten Einblick gibt und

12_10

zeigt, dass Kleiderordnungen, die Hoffart und Verschwendungssucht einzudämmen suchten, in diesen Schichten keine Gültigkeit hatten. Kurzweil und Geselligkeit sind die großen zeitlosen Themen dieser Serie. Lustbarkeiten und Repräsentationsformen des städtischen Patriziats sollten in all ihrer Vielfalt wiedergegeben werden.

Im Bild *Januar, Februar, März: der Winter* ist im linken Bildteil eine *Festgesellschaft* zu sehen, die entweder bei einem reichen Patrizier oder in einem größeren Versammlungsraum stattgefunden hat (Neujahrsfest?). Eine Kredenz präsentiert prunkvolle Schaugefäße, ein Kachelofen sorgt für Wärme und der Ausblick aus dem Fenster auf den winterlichen Weinmarkt erhöht die heimelige Stimmung. Eine noble Tafelgesellschaft hat Platz genommen, weitere Anwesende vergnügen sich mit diversen Spielen. Ein Schemel in der rechten unteren Ecke ist mit *37 Wappen* der Augsburger Oberschicht bemalt, die sich gut identifizieren lassen. Daneben steht ein *Almosensammler*, der die Speisenreste zusammentrug und von der Gesellschaft auch mit Geld bedacht wurde, um dieses an Bedürftige zu verteilen.

An der üppig gedeckten Tafel sind die drei berühmtesten Augsburger dieser Zeit vereint: der Stadtschreiber *Konrad Peutinger* in goldfarbenem Brokatgewand mit breitem Barett, neben ihm *Jakob Fugger d. R.* mit charakteristischer Kappe aus Goldbrokatfäden und schwerer Goldkette, mit seinem Nachbarn in ein Gespräch vertieft. Anschließend *Bartholomäus Welser*, Begründer des ebenso reichen Handelshauses, Schwager von Peutinger, der mit seiner Tischnachbarin, vermutlich Veronika Fugger-Gassner, plaudert. Eine Lautenspielerin sitzt vis-à-vis und unterhält die noble Gesellschaft.

Hinter der Tafel steht ein Spieltisch, an dem drei Personen Karten spielen.[1] Bei der Dame in dieser Runde handelt es sich um Sibylla Artzt, die Gemahlin Jakob Fuggers d. R., die nach dessen Tod 1526 Konrad Rehlinger ehelichte und großen Einfluss auf den Auftrag der Monatsbilder hatte.[2]

Des Weiteren wird auch noch das Tric-Trac-Spiel[3] von zwei Herren benutzt und ein Spielbrett für das Schachspiel hängt an der Wand. Das Schaubuffet[4] fällt durch repräsentative Trinkgefäße und Geschirr aus Zinn sowie Pokale und Kannen aus Gold auf (s. a. 06_15 a–e). Ein singulär unter den Trinkgefäßen stehendes dünnwandiges, filigranes Glas, wohl aus Venedig, beeindruckt ebenfalls.

Der Ofen – praktisches Relikt aus dem Mittelalter als Zentrum der Stube – wurde meist nach dem Hinterladerprinzip[5] beheizt und man erkennt bereits die Tendenz der verzierten, grün glasierten Reliefkacheln. Glasfenster zeugten ebenfalls von gediegenem Wohlstand, waren sie zu dieser Zeit noch keine Selbstverständlichkeit, sondern höchstens auf die Stube beschränkt. *MF*

1 Langer, Wienecke-Janz, Augsburger Monatsbilder, 2007, 58 f.

2 Jakob Fugger d. Ä. stirbt 1525. Da er auf den Monatsbildern zweimal dargestellt ist, dürfte für die Datierung 1525 ein Terminus ante quem sein. 1526 heiratet Sibylla bereits Rehlinger, der als Auftraggeber gilt. Es könnte aber auch eine Hommage an Fugger und er posthum dargestellt sein, dann passt 1530 als Datierung gut.

3 Tric-Trac-Spiel, auch „Langer Puff" genannt, ist mit dem heutigen Backgammon ident.

4 Schaubuffet oder Kredenz war burgundischen Ursprungs und wurde im adeligen Bereich gerne nachgeahmt. An der Anzahl der Stufen (= Tresur) konnte man erkennen, welchen Rang der Hausherr innehatte: Drei Stufen standen einem Grafen zu, der König durfte fünf Tresurs für sich beanspruchen. Es spricht alles dafür, dass die Szene des Festmahls im Hause Fugger stattgefunden hat – Jakob war 1514 zum Reichsgrafen erhoben worden.

5 Aus dem Nebenraum wurden die Öfen beheizt.

LITERATUR:

Langer, Wienecke-Janz, Augsburger Monatsbilder, 2007

12_11

12_12 a–d

FREYDAL – MUMMEREYEN

1512–1515, süddeutsch

Papier, Tempera- und Aquarellmalerei über Federzeichnung, in Gold und Silber gehöht
38,2 × 26,8 cm – 256 Bl.
Kunsthistorisches Museum Wien, KK, Inv. Nr. 5073, Fol. 8, 20, 92, 128

Die Turnierhandschrift *Freydal* im Kunsthistorischen Museum in Wien ist eines der prachtvollsten Kunstwerke seiner Art. Freydal zeigt in 256 reich vergoldeten Miniaturen die Turnierkämpfe und Feste Kaiser Maximilians I. Das Werk entstand um 1512/15 wohl im süddeutschen Raum und ist Teil jener Reihe von Druckwerken, die Kaiser Maximilian I. zur Verherrlichung seines eigenen Lebens vorgesehen hatte. Der rückwärtige Teil ist den Maskenveranstaltungen, den „*Mummereyen*" gewidmet. Nach Turnieren, die ja meist auch mit Banketten verbunden waren, veranstaltete man gerne auch noch eine abendliche Belustigung. Die Herren verkleideten sich bei den Tanzveranstaltungen. Dabei bekommt man einen kleinen Einblick in das Frauenzimmer von Bianca Maria Sforza, die häufig dargestellt und durch eine Krone gekennzeichnet ist. Eine Figur erscheint auf jedem Blatt: der *Wappenkönig* oder „*Toison d'Or*" – eine Übernahme aus burgundischen Zeiten, wie überhaupt die ganze Festabfolge aus Burgund stammt. Diese Figur, von Maximilian immer selbst gespielt, hat ein Netzgitter vor dem Gesicht und ist überaus prächtig gekleidet.[1]

Es scheint eine große Kurzweil für die Damen bei Hof gewesen zu sein, eine Veranstaltung, bei der von den Tänzern immer andere Kostüme getragen worden sind, während die Damen normale Hofkleidung trugen. Häufig erfolgten die Verkleidungen beim Besuch von hochrangigen Gästen, was das Spektakel noch erhöhte. Die Damen saßen am festlichen Tisch oder in der Ehrenloge, während die einheitlich gekleideten Herren zu den Klängen der Musik einzogen und sie zum Tanze aufforderten.

Allegorien bei den *Mummereyen*: Bedeutung der Farbe der drei Jungfrauen: weiß = Klarheit, Reinheit, rot = Feuer, das brennt und alle Dinge reinigt, und bei Liebe, grau= Übermut und Sättigung.

Ungelöst die Frage nach den Malern, vermutlich ein Großteil in Köln entstanden, ein einziges Blatt (fol. 116) ist signiert mit „NP" (Nikolaus Pfaundler?).

Martin Trumer war Hofschneider und musste die Kostüme herstellen, die Maximilian bestellte. Kostbare Stoffe und Pelze verschlangen dabei viel Geld. Diese Belustigungen scheinen immer unter einem anderen Motto gestanden zu haben, mal sieht man Verkleidete als Mohren, mal als Domino, mit Vogelmasken, als Bergleute, immer unkenntlich gemacht, um die Spannung zu erhöhen.

Diese Mummereyen gehören zu den eigenartigsten Bräuchen, die aus der Zeit des Kaisers bekannt sind. Einzuordnen zwischen alter Volksüberlieferung, höfischem Zeremoniell und karnevalsähnlichem Treiben mit immer neuen Masken, leben sie in den Tiroler Fasnacht-Bräuchen fort: Zwar ist das Publikum nicht mehr ganz so elitär, aber die Beliebtheit ist dieselbe geblieben. Maximilian liebte es, vor Botschaftern, Fürsten und dem Frauenzimmer zu glänzen durch seine phantasievollen Aufführungen – und unterhielt nach politischen Verhandlungen seine Gäste gerne mit Jagden, Banketten und Mummereyen, indem er selbst den Gastgeber spielte. *MF*

1 Der Wappenkönig trägt ein golddurchwirktes gegürtetes Kleid, mi-parti-Strumpfhosen, Kuhmaulschuhe sowie einen roten Hut mit Federbuschen. In seiner Rechten hält er eine Fackel.

LITERATUR:

AK Dürerzeit, 2012, Kat. Nr. 72.

AK Karl d. Kühne, 2008, Kat. Nr. 170.

Egg, Pfaundler, Kaiser Maximilian I. und Tirol, 1969.

Krause, Das Turnierbuch Freydal Kaiser Maximilians I., 2014, 167–180.

12_11 (Detail)

12_12 a

12_12 b

12_12 c

12_12 d

12_13
TRACHTENBÜCHLEIN DES MATTHÄUS SCHWARZ NARZISS RENNER 1520–1536
CHRISTOPH AMBERGER 1536–1560
AUGSBURG 1520–1560

137 Portraitminiaturen
Herzog-Anton-Ulrich-Museum, Braunschweig, oder Gottfried-Wilhelm-Leibnitz-Bibliothek, Hannover, Niedersächsische Landesbibliothek, Inv. Nr. Ms_XVII_988

Zeigt anhand der Miniaturen den Wandel der städtischen Kleidermode und stellt eine hervorragende Quelle für das Selbstverständnis und die Repräsentation eines süddeutschen Bürgers dar. Schwarz galt als „Kleidernarr“ und ließ sich über 40 Jahre bei allen möglichen Anlässen ganzfigurig malen, zuerst von *Narziss Renner*, später von *Christoph Amberger*.

Es beginnt mit seiner Geburt; zwei Aktzeichnungen halten die Proportionen seines Körpers fest. Wesentlich dabei erscheint, dass es ja weit mehr weibliche Modedarstellungen gibt, Schwarz überliefert nun die unterschiedlichsten Facetten männlicher Kostüme.

Er war Hauptbuchhalter bei Jakob Fugger d. R. und als solcher verfasste er ein kaufmännisches *Lehrbuch über Musterbuchhaltung*. Ist gemeinsam mit Jakob Fugger d. R. in der Goldenen Schreibstube dargestellt (11_01). *MF*

12_14
JAGD- UND FISCHEREIBUCH JÖRG KÖLDERER
AUSSCHNITT AUS JAGD AM HEITERWANGER SEE
1504, szenische Miniatur

WOLFGANG HOHENLEITNER, Beschreibung der Tiroler Fischereigewässer
Papier auf Pergament, 32 × 22 cm, 61 Bl.
Österreichische Nationalbibliothek, Sammlung von HS und alten Drucken, Sig. Cod. 7962, Fol. 26r
Universitätsbibliothek Innsbruck, Faks., Sign. 63740

Maximilian I. reitet im grau-grünen Jagdgewand im Vordergrund und sitzt in einer weiteren Darstellung abschussbereit mit Pfeil und Bogen in einem Boot. Seine Jagdmänner treiben Gämsen mit langen Spießen zu Engstellen, von wo man sie erlegen konnte. Im Vordergrund sieht man den geselligen Teil, man plaudert angeregt. Die Hofdamen um Bianca Maria Sforza tragen rote *„Cranach-Kostüme“* mit Jagdhüten und mischen sich unter die Gäste. Es dürfte sich um einen internationalen Besuch gehandelt haben, für den man eine Jagd veranstaltet hat. Mehrere Teilnehmer tragen einen Turban, die Quellen berichten vom Besuch einer spanisch-venezianischen Abordnung.[1]

Man trinkt und wartet plaudernd auf das Essen, wobei als besondere Delikatesse frische Saiblinge und Goldforellen serviert wurden.

Solche Jagdausflüge wurden gerne veranstaltet, um Delegationen in Erstaunen zu versetzen. Man könnte Maximilian als den „Erfinder des Picknicks“ bezeichnen, ließ er doch das erlegte Wild wie auch frische Fische vor Ort servieren.[2] Man liebte besonders Forellen, Saiblinge, Äschen, Barben, Karpfen, Hechte, Schleien, Flussbarsche und

12_13

12_14

Krebse. Im Teich beim Seekirchl in Seefeld gab es als besondere Delikatesse nur Neunaugen. Zum Fangen der Fische verwendete man Angeln, Netze und Reusen. In „Panzen“[3] wurden die gefangenen Fische lebend zum Ambraser See transportiert und dort ausgesetzt, bis sie der Hofkuchlmeister fing. *MF*

1 Weiss, Maximilian I., 2018, 388 ff spricht von einer spanisch-venezianischen Gesandtschaft, jedoch sind deutlich auch Turbane zu erkennen.

2 *„und danach mag der Landesfürst mit seinem Frauenzimmer botschaften und hofgesind bei disem see die gueten goltvorchen (= Goldforellen) absieden lassen und also ein panget (Bankett) mit den gefangenen Wildpret daselbs am gstat (= Gestade) zu verlegen, auch dartzu freid und lust mit tantzen haben …“* Egg, Pfaundler, Kaiser Maximilian I. und Tirol, 1969, 68.

3 Holzfässchen, angeblich Maximilians Erfindung zum Transport der Fische. Zu Fasttagen hatte der Hof großen Bedarf an Fischen, deshalb legte man im Ambraser See ein Reservoir an.

LITERATUR:

AK Kaiser Maximilian I., 1969, Kat. Nr. 277.

Egg, Pfaundler, Kaiser Maximilian I. und Tirol, 1969.

Weiss, Maximilian I., 2018.

12_15 a–d

THEUERDANK MAXIMILIANS JAGDABENTEUER – AUSWAHL

L. BECK, H. BURGKMAIR D. Ä., H. SCHÄUFFELEIN, HERAUSGEBER M. PFINZING

Erstausgabe Nürnberg, 1517

Kolorierte Holzschnitte, Bl 13
Universitätsbibliothek Innsbruck, Sign. 42.B.2, Fol. 45v
Faks. Ausgabe, Fol. 13, 20, 27, 42

Fol. 13: *„Theuerdank erlegt einen entgegenstürmenden Hirsch mit dem Schwert vom Pferd aus“.*
Von Hans Schäuffelein, geändert von Leonhard Beck
(12_15 a)

Fürwittig lädt Theuerdank zur Jagd ein, er hat seinen Jägern aufgetragen, einen Hirschen direkt auf Theuerdank zuzutreiben. Als der Hirsch Theuerdank entgegenstürmt und über ihn hinwegspringen will, stößt ihm dieser sein Schwert mitten ins Herz. Voller Falschheit gratuliert Fürwittig. Ehrenhold (mit Glücksrad) ist Zeuge. (Clavis: Jagd war in Brabant.)

Fol. 20: *„Eine weitere Gämsenjagd im Hochgebirge mit zahlreichen edlen Zuschauerinnen und mit Gebirge im Vordergrund“.*
Anonym
(12_15 b)

(Clavis: Die Gämsenjagd hat bei Innsbruck stattgefunden)

12_15 a

Fol. 27: *„Theuerdank erlegt einen großen Bären".*
Von Leonhard Beck
(ohne Abbildung)

Unfalo lädt Theuerdank ein, einen Bären zu töten. Er führt Theuerdank zum Bärenlager, wo er sofort angegriffen wird. Theuerdank kann aber ausweichen und sich verbergen. Theuerdank kann den Bären mit seinem Spieß erlegen. Alle schwärmen von dieser Tat und der Kühnheit des Helden. Ehrenbold beobachtet alles. (Clavis: Im Land ob der Enns hat Max so einen Bären erlegt.)

Fol. 42: *„Theuerdank vertreibt zwei Löwen mit einer Schaufel".*
Von Hans Schäuffelein
(ohne Abbildung)

Mit einer List führt Unfalo Theuerdank in ein Haus, in dem sich zwei Löwen befinden, die mutige Menschen nicht angreifen sollten. Als sie sich auf Theuerdank stürzen wollen, ergreift dieser eine Schaufel, die an der Wand lehnt, und schlägt mit aller Kraft auf die Löwen ein, sodass diese die Flucht ergreifen. (Clavis: in Utrecht.)

Theuerdank trägt auf allen Jagd-Abenteuern sein grün-graues Jagdgewand mit Eisenhut (Hirnhaube), Ehrenhold immer seinen roten Mantel mit dem Glücksrad-Symbol. Die Figuren haben Wiedererkennungswert, da sie in jedem Abenteuer gleich gekleidet sind. *MF*

LITERATUR:
Füssel, Der Theuerdank von 1517, 2003.

12_15 b

12_16
BIANCA MARIA SFORZA
NACH BERNHARD STRIGEL
1505–1510

Öl auf Holz, 76 × 43,5 cm
Kunsthistorisches Museum Wien, GG, Inv. Nr. 4404

Bianca Maria sitzt als Halbfigur unter einem Baldachin aus grünem Brokatstoff. Im Dunkel des Hintergrundes erkennt man vage eine Landschaft. Sie repräsentiert in einem kostbaren Gewand aus Goldbrokat mit eingeknöpften Ärmeln („camora"), die ausgetauscht werden konnten. Die bauschigen Hemdärmel werden bei den Schultern und am Ellbogen sichtbar und sind mit Schleifen angebunden. Sie trägt reichen Schmuck in Form vom Goldketten und Perlenschnüren sowie einen Anhänger mit Rubin und einer großen Perle. Weiters sind ein Kleinod mit hängender großer Perle am roten Samthut befestigt und verschiedene Ringe bemerkenswert. Nach der neuesten Mode trägt sie Handschuhe.

Am Brustlatz findet sich ihr gesticktes Monogramm und Symbole des Ordens vom Goldenen Vlies, wie Andreaskreuz und Feuereisen, was ihr als Gemahlin des Kaisers zustand.

Je älter sie wird, desto mehr wird erkennbar, dass sie nicht gesund war, immer deutlicher treten Anzeichen einer Basedow-Krankheit mit leicht hervortretenden Augen hervor.[1]

Bianca Marias Schmuck war legendär, sein Wert wurde mit 40.000 Gulden geschätzt. Maximilians Lieblingsenkelin Maria hat einen Teil davon geerbt.[2] *MF*

1 Weiss, Maximilian I., 2018, Abb. 82, 106; 234, 296.
2 Maria v. Ungarn (*1505) und Anna v. Ungarn (*1503), die beiden „Bräutchen", waren bei der Wiener Doppelhochzeit 1515 noch Kinder, 10 und 12 Jahre alt. Da dies auch für frühere Zeiten noch zu jung zum Heiraten war, verbrachten sie Jahre ihrer Jugend gemeinsam am Innsbrucker Hof.

LITERATUR:
AK Maximilian I. Triumph eines Kaisers, 2005, 71 f.
Weiss, Maximilian I., 2018, 94, 296.

12_16

AMBRASER HELDENBUCH

Das Ambraser Heldenbuch stellt eines der wichtigsten literarischen Denkmäler des frühen 16. Jahrhunderts dar. Der Inhalt dieses Buches deutscher Heldensagen ist allein deshalb von unschätzbarem Wert, weil von den 25 Erzählungen 15 nur im Heldenbuch überliefert sind. Diese Sammlung allein hätte Maximilian einen wichtigen Platz in der Kulturgeschichte gesichert. So finden sich darin die berühmten Sagen von Dietrich v. Bern, das Kudrun- und das Nibelungen-Lied und Klage, die Werke Hartmanns von der Aue (Iwein, Errek und Enite), Meier Helmbrecht ... der Kodex wurde so zum überragenden Wert für die Geschichte der deutschen Literatur.

Inwieweit Runkelstein den Kaiser zur Beauftragung der Sammlung der Heldenliteratur inspiriert hat, ist noch nicht definitiv geklärt, es dürfte aber eine wesentliche Rolle gespielt haben (13_03).

13_01

KAISER MAXIMILIANS TEXT-SPEICHER MITTELALTERLICHER LITERATUR

HANS RIED

1504–1510

Zeichnungen vermutlich von mehreren Künstlern, die nicht benannt werden können. Zuschreibung U. F. (Ulrich Funk?) nicht gesichert
ÖNB, WIEN, Cod. SN 2663, fol. Vv (Frontispiz) und fol.LIr

Das Ambraser Heldenbuch stellt eines der wichtigsten literarischen Denkmäler des frühen 16. Jahrhunderts dar. Der Prachtkodex beinhaltet insgesamt 25 deutschsprachige mittel-alterliche Erzählungen der ritterlich-höfischen Kultur wie z. B. Das Nibelungenlied oder Iwein, wovon 15 Erzählungen ausschließlich im Ambraser Heldenbuch überliefert sind. Zu diesen Unikaten zählen so wichtige Texte der mittelhochdeutschen Literatur wie Moriz von Craûn, Kudrun oder Erec.

Die Entstehungsgeschichte des Heldenbuchs ist nicht nur mit zahlreichen Mythen verbunden, sondern auch mit wissenschaftlichen Unsicherheiten. Nicht gänzlich geklärt ist, inwiefern die imposanten Freskenzyklen auf Schloss Runkelstein Maxilmilian I. zur Auftragserteilung des Ambraser Heldenbuchs bewogen haben. Auf diesen Fresken finden sich bedeutende Helden wie König David, Alexander der Große, König Artus und seine Tafelrunde oder Karl der Große. Als gesichert gilt, dass Maximilian I. nach einem Besuch auf Runkelstein, scheinbar zutiefst beeindruckt, die Restauration der Fresken veranlasst hat. 1502 ordert Maximilian I. einen Schreiber an, das „hel(l)denpuch an der Etsch“ abzuschreiben. Ob hier schon das Ambraser Heldenbuch gemeint ist, bleibt bis heute unklar. Sicher ist jedoch, dass der Bozner Zöllner Hans Ried 1504 seine Arbeit am Heldenbuch beginnt und 1516 fertigstellt. Der 243 Pergamentblätter umfassende, beidseitig beschriebene Prachtkodex war bis 1806 auf Schloss Ambras in Innsbruck, bevor er nach Wien gebracht wurde. Heute befindet sich das Ambraser Heldenbuch in den Beständen der Österreichischen Nationalbibliothek.

Neben der nicht vollständig nachvollziehbaren Entstehungsgeschichte birgt das Ambraser Heldenbuch noch eine große Anzahl weiterer ‚Rätsel‘: so ist nicht geklärt, welche Vorlagen Ried verwendet hat. Erschwerend kommt hinzu, dass es für die vielen unikal überlieferten Texte keine anderen mittelalterlichen Vergleichsmanuskripte gibt. Es wurde daher in der Editionswissenschaft versucht, die Vorlagen Rieds zu rekonstruieren bzw. Rieds frühneuhochdeutsche Versionen der Texte ins Mittelhochdeutsche „zurück“ zu übersetzen. Für diese Editionsunterfangen fehlt bis dato eine allographische, also zeichengetreue Gesamttranskription des Ambraser Heldenbuchs. Das ÖAW-go!digital-Projekt Ambraser Heldenbuch: Transkription und wissenschaftliches Datenset (2017–2019) unter der Leitung von Univ.-Prof. Dr. Mario Klarer setzt sich letzteres zum Ziel: zum ersten Mal wird der gesamte graphemische Bestand des Ambraser Heldenbuchs zeichengetreu gemäß der Text Encoding Initiative (TEI) transkribiert und aufbereitet. Zusätzlich zur Transkription von Buchstaben und Zeichen werden auch zahlreiche Metadaten wie Größe und Farbe von Initialen und Lombarden, Rubrizierungen sowie Vers- und Zeilenumbrüche berücksichtigt. Mittels des ÖAW-Projekts entsteht so ein einzigartiges Großkorpus von über 500.000 Wörtern, welches neue linguistische und literaturwissenschaftliche Analysen erlaubt.[1]

Das Titelblatt mit den zwei T’Recken, in deren Mitte sich der Tiroler Adler befindet, könnte einen Hinweis geben auf die Riesen Hymon und Thyrsus (?) *MK/DM*

1 Der Zöllner Hans Ried schrieb das Werk in der „frisch“ (Sommerfrische) in Innsbruck, weil es im Sommer in Bozen zu heiß war. Er zog sich dabei ein Augenleiden zu. Er verwendete eine einheitliche Sprache für unterschiedlichste Texte, nämlich ein südbayerisches Frühneuhochdeutsch, das der Kanzleisprache Maximilians ähnlich war.

LITERATUR:
Klarer, Mario (Hg.). Kaiser Maximilian I. und das Ambraser Heldenbuch. 2019. Wien: Böhlau.

13_02

13_02

MITTELALTERLICHES SKRIPTORIUM JEAN MIELOT, VIE ET MIRACLES DE NOTRE DAME, EN PROSE FRANCAISE

Paris, 1455

Bibliothèque Nationale de France, Fol. 19r

Mönch in einem Skriptorium vor Lesepult. Auf einem Scherenstuhl sitzend, schreibt er mit Feder an einem kalligrafischen Werk.

Viele Folianten sind zu sehen sowie Schreibutensilien. *MF*

13_03 (ohne Abbildung)

FRESKEN AUS SCHLOSS RUNKELSTEIN „TRIADEN" AM VINTLER'SCHEN SOMMERHAUS SOWIE TRISTAN-, GAREL- UND ARTUSLEGENDEN

HANS STOCKINGER (?)

Um 1385/1400

Schloss Runkelstein

Kaiser Maximilian I. besuchte Runkelstein 1501 und beauftragte Marx Reichlich, die dortigen Fresken zu restaurieren. Ihm waren die Sagen, die am Umgang und im Inneren des Sommerhauses dargestellt waren, bekannt. Die Triaden (Dreiergruppen) bildeten die drei größten christlichen Könige: Artus, Karl d. Gr., Gottfried v. Bouillon, und die drei berühmtesten Ritter, wie Parzival, Gawein, Iwein. Das Bildprogramm im Inneren des Sommerhauses zeigt die Iwein-, Garel-, Artus- und Tristansage.

Einige von den Darstellungen finden sich am Maximilians-Grabdenkmal wieder, so z. B. sind unter den „Helden der Geschichte" Artus und Gottfried v. Bouillon (Karl d. Gr. wurde nicht ausgeführt) ausgeführt worden. Weiss [1] sieht in seinem Besuch in Runkelstein eine Initialzündung zu einigen seiner folgenden druckgrafischen Werke, wie *Theuerdank* und *Freydal*.

Wesentlich scheint es, dass er bereits seit seiner frühesten Jugend Heldenepen

13_01

von den Erzählungen seiner Mutter her kannte und die ihn seit jeher fasziniert hatten. Möglicherweise war der Besuch auf Runkelstein ein Auslöser für seine Heldengeschichten, in die er sich selbst hinein„komponierte“ als eine Art Superheld seiner Zeit! *MF*

1 Weiss, Maximilian I., 2018, 252 ff schreibt, dass die Runkelsteiner Fresken Maximilian inspiriert hätten und dass er seiner ersten Gemahlin dadurch ein Erinnerungswerk schaffen wollte: Der *Theuerdank* erzählt die Abenteuer auf einer Brautfahrt nach Burgund und der Freydal von den Turnieren und Maskeraden, die dort stattgefunden haben.

LITERATUR:
Stiftung Bozener Schlösser (Hg.), Artus auf Runkelstein, 2014.
Weiss, Maximilian I., 2018.

13_01

RAUM_14

EXPEDITIONEN

AUFBRUCH IN NEUE WELTEN: INDIEN, GOA UND RUSSLAND

Im Teilungsvertrag von Tordesillas 1493 (14_04) wird die damalige Welt in zwei Hälften geteilt, um Handelskriege zu vermeiden: in den spanischen (Amerika) und in den portugiesischen Teil (Afrika, Asien).

Die Reise Sigmund v. Herbersteins nach Moskau sowie der Bündnisvertrag des Großfürsten Wassili III. mit Maximilian (14_05) sind Urkunden und Erfahrungsberichte, die über lange Zeit hinweg das Bild von Russland prägten (14_01, 14_02).

Der Tiroler Bartholomäus Springer nahm an einer Expedition nach Indien und Goa teil und verfasste darüber einen Reisebericht, den Burgkmair mit Holzschnitten illustrierte (14_06).

Selbst im Triumphzug werden die „Kalikuttischen Leut“ mitgeführt.

14_01
RERUM MOSCOVITICARUM COMMENTARII SIGISMUND VON HERBERSTEIN
1549

Handschrift, 39,5 × 20,5 × 2 cm
Österreichische Nationalbibliothek,
Inv. Nr. 63.A.15

Die *Rerum Moscoviticarum Commentarii* beinhalten einen Erfahrungsbericht der beiden Russlandreisen des Diplomaten Sigismund von Herbersteins. In den Jahren 1516 bis 1518 und 1525 bis 1526 reiste er insgesamt zweimal an den Hof des Großfürsten nach Moskau, um für Kaiser Maximilian I. beziehungsweise Karl V. Frieden zwischen Polen und Russland zu stiften.

Der lateinischen wie auch der deutschen Version seines Reiseberichts steht am Anfang ein ausführlicher Bericht über die Geschichte des Herrschaftswesens und die politische Situation. Der Hauptteil widmet sich vor allem der russisch-orthodoxen Religion (Ablauf der Eucharistie, Sakramente, Feiertage, Fasten usw.), daneben wird die Hin- und Rückreise nach Russland und der Empfang bzw. der dortige Aufenthalt geschildert.

Dieser Reisebericht wurde in der ursprünglich lateinischen Version im Jahre 1549 herausgegeben. Weitere Übersetzungen ins Italienische, Polnische und Russische folgten. Die deutsche Übersetzung, die sogenannte „Moscovia“, fand beim breiteren Publikum regen Anklang, da man dafür nicht unbedingt des Lateins mächtig sein musste. Die R M C stellen allgemein das wichtigste historische und ethnographische Werk zu Beginn des 16. Jhdts dar. Es prägte aufgrund seiner Beschreibungen lange die europäische Wahrnehmung von Russland. *SH*

LITERATUR:
Beyer-Thoma, Rerum Moscoviticarum Commentarii, 2007.
Ertzdorff, Sigmund von Herberstein: Der Botschafter als Erzähler der Rerum Moscoviticarum Commentarii, 2003, 335–363.
Seifert, Reise zu den Moskowitern 1526, 1966.

14_02
BILDERSAMMLUNG DER REISE SIGISMUND VON HERBERSTEINS
1560

Handschrift, 30,7 × 21 × 0,7 cm
Österreichische Nationalbibliothek Wien, Sig. MF 5704 NEU MIK
19.Bb.40 ALT PRUNK

Der originale Titel dieser Bildersammlung von 1560 lautet folgendermaßen: „Picturae variae quae generosum ac magnificum dominum Sigismundum liberum baronem in Herberstain Neyperg & Gutten. hag etc. varias legationes obeuntem exprimunt“. Diese Schrift wurde von Sigismund von Herberstein in lateinischer Sprache verfasst. Einige darin befindliche Holzschnitte zeigen Herberstein in verschiedenen Gewandungen, wie auch im russischen Prunkmantel. Dieser war ein Geschenk des Zaren, das er auf einer seiner Gesandtschaftsreisen nach Russland erhielt. *SH*

LITERATUR:
Pferschy, Siegmund von Herberstein, Bd. 17, 1989.
Österreichische Nationalbibliothek, Picturae variae quae generosum ac magnificum dominum Sigismundum liberum baronem in Herberstain ... varias legationes obeuntem exprimunt, <http://data.onb.ac.at/rec/AC09949140> (12.02.2019).

14_01

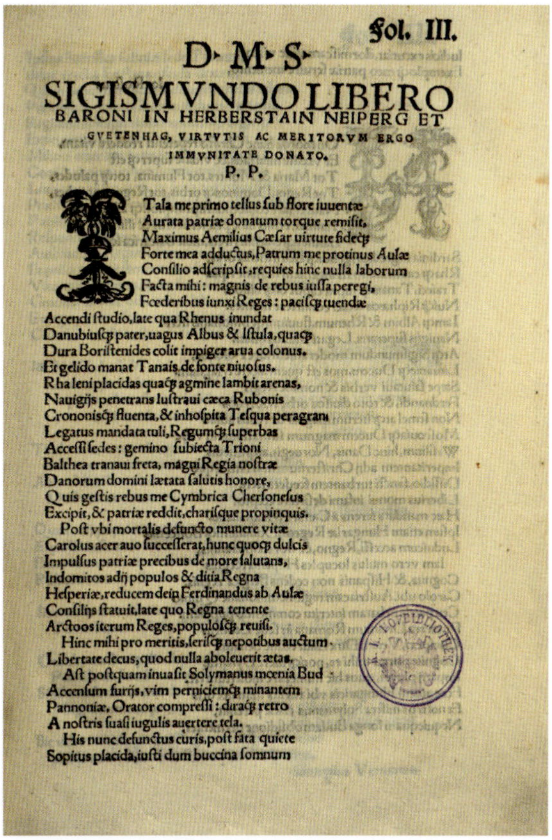
Fol. III.

D· M· S·
SIGISMVNDO LIBERO
BARONI IN HERBERSTAIN NEIPERG ET
GVETENHAG, VIRTVTIS AC MERITORVM ERGO
IMMVNITATE DONATO.
P. P.

Tala me primo tellus ſub flore iuuentæ
Aurata patriæ donatum torque remiſit,
Maximus Aemilius Cæſar uirtute fideq;
Forte mea adductus, Patrum me protinus Aulæ
Conſilio adſcripſit, requies hinc nulla laborum
Facta mihi: magnis de rebus iuſſa peregi,
Fœderibus iunxi Reges: paciſq; tuendæ
Accendi ſtudio, late qua Rhenus inundat
Danubiuſq; pater, uagus Albus & Iſtula, quaq;
Dura Boriſtenides colit impiger arua colonus.
Et gelido manat Tanais de fonte niuoſus.
Rha leni placidas quaq; agmine lambit arenas,
Nauigijs penetrans luſtraui cæca Rubonis
Crononiſq; fluenta, & inhoſpita Teſqua peragrans
Legatus mandata tuli, Regumq; ſuperbas
Acceſſi ſedes: gemino ſubiecta Trioni
Balthea tranaui freta, magni Regia noſtræ
Danorum domini lætata ſalutis honore,
Quis geſtis rebus me Cymbrica Cherſoneſus
Excipit, & patriæ reddit, chariſque propinquis.
Poſt vbi mortalis defuncto munere vitæ
Carolus acer auo ſucceſſerat, hunc quoq; dulcis
Impulſus patriæ precibus de more ſalutans,
Indomitos adij populos & ditia Regna
Heſperiæ, reducem deiꝑ Ferdinandus ab Aulæ
Conſilijs ſtatuit, late quo Regna tenente
Arctoos iterum Reges, populoſq; reuiſi.
Hinc mihi pro meritis, ſeriſq; nepotibus auctum.
Libertate decus, quod nulla aboleuerit ætas.
Aſt poſtquam inuaſit Solymanus mœnia Budæ
Accenſum furijs, vim perniciemq; minantem
Pannoniæ, Orator compreſſi: diraq; retro
A noſtris ſuaſi iugulis auertere tela.
His nunc defunctus curis, poſt fata quiete
Sopitus placida, iuſti dum buccina ſomnum

14_02

14_03

AUTOBIOGRAFIE DES SIGISMUND VON HERBERSTEINS

1551

Handschrift, Ledereinband, Papier, 21,5 × 18 × 6 cm
Österreichisches Staatsarchiv Wien, Sig. AT-OESTA/HHStA HS R 11

Sigismund Freiherr von Herberstein (1486–1553) publizierte neben seinen Reiseberichten auch drei Autobiographien. Die abgebildete Version von 1551 mit dem Titel „Familienbuch" ist mit einem kunstvollen Ledereinband versehen, beim Beschreibstoff handelt es sich um Papier. An der Vorderseite des Buches ist sein vergoldetes Wappen zu sehen, dieses zeigt das Stammwappen als gekrönten Herzschild mit einem silbernen Sparren. Dieser symbolisiert eine Pflugschleife, die auf die Ersten der Familie Herberstein Bezug nimmt und darauf hinweist, dass diese als Bauern Felder bestellten.

Einige Korrekturen und Ergänzungen hat Herberstein persönlich noch angebracht.

Neben zahlreichen Schwarz-Weiß-Abbildungen befinden sich auch ein Portrait des Großfürsten Vasilij III., Ivans des Schrecklichen, sowie eine Profilansicht von Kaiser Maximilian I. darin. *SH*

LITERATUR:

Seifert, Reise zu den Moskowitern 1526, 1966.
Pferschy, Siegmund von Herberstein., Bd. 17, 1989.
Österreichisches Staatsarchiv, Autobiographie des Siegmund von Herberstein <http://www.archivinformationssystem.at/detail.aspx?ID=11991> (12.02.2019).

14_04

KOPIE TEILUNGSVERTRAG VON TORDESILLAS 1493

GRENZLINIE ZWISCHEN SPANIEN UND PORTUGAL

Einblattdruck, Papier, lateinisch
Österreichisches Staatsarchiv, Haus-, Hof- und Staatsarchiv, Staatenabteilungen Spanien, Hofkorrespondenz 1–2

Die zunehmenden Besitzansprüche der Portugiesen und Spanier, die mit der Entdeckung der Karibischen Inseln durch Christoph Kolumbus (1451–1506) 1492 in ein unmittelbares Konkurrenzverhältnis traten, machten eine Regelung der Einflusssphären notwendig. Diese kam durch Vermittlung von Papst Alexander VI. (1431–1504) zustande, der am 4. Mai 1493 eine Linie von Pol zu Pol festlegte, die rund 500 km westlich der Kapverdischen Inseln verlief. Die päpstliche Bulle wurde gedruckt und bildete die Grundlage für den am 7. Juni 1494 geschlossenen Vertrag von Tordesillas, der eine neue Grenzlinie weiter westlich festlegte. *CG*

14_05

BÜNDNISVERTRAG MAXIMILIAN I. UND GROSSFÜRST WASSILI III.

Pergament, Goldbulle, russisch
Österreichisches Staatsarchiv, Haus-, Hof- und Staatsarchiv, Allgemeine Urkundenreihe, 1514 II–III

Mit dieser Urkunde besiegelten Kaiser Maximilian I. und Großfürst Wassili III. (1479–1533) ein 1514 abgeschlossenes Bündnis gegen König Sigismund I. von Polen (1467–1548). Auf Grund der gleichzeitigen Verwicklung Maximilians I. in die Kriege mit Venedig und Frankreich erlangte es jedoch keine größere Bedeutung. *CG*

14_06

MEERFAHRT NACH GOA & INDIEN REISEBERICHT: BALTHASAR SPRINGER 1505/06

HOLZSCHNITTE: HANS BURGKMAIR D. Ä. UNTER MITHILFE VON WOLF TRAUT

1509, Augsburg im Auftrag der Familie Welser

Kolorierte Holzschnitte (13), fol. 7
Bayerische Staatsbibliothek München, Inv. Nr. RAR 470

14_03

14_04

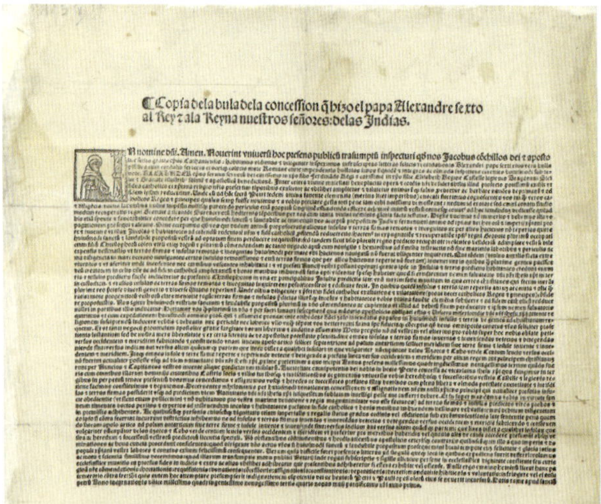

Copia dela bula dela concession q̃ hizo el papa Alexandre sexto al Rey y ala Reyna nuestros señores: delas Indias.

Durch den Teilungsvertrag von Tordesillas von 1493 (14_04), welcher die Handelswelt in zwei große Bereiche teilte, nämlich in den spanischen (W) und portugiesischen (O) Bereich, verlagerte sich der Handelsschwerpunkt von Venedig nach Lissabon. Große Handelshäuser, wie vor allem die Fugger und Welser, trachteten neue Verträge mit günstigen Konditionen abzuschließen. Die Welser, welche vor allem auf den Gewürzhandel spezialisiert waren, konnten nach einer Abgabe von 30 % an das portugiesische Königshaus frei über ihre Waren verfügen. [1] So verließen 14 große Handelsschiffe mit sechs Karavellen unter dem Kommando von Ameida am 25. März 1505 den Lissaboner Hafen. Am 12. September wurde indisches Festland gesichtet, am 22. Oktober trafen die Schiffe in Cannanore ein, wo sich Almeida zum Vizekönig ausrufen ließ, und am 1. November kam die Flotte in Conchin an. [2] Hier gab es bereits eine Festung, die in der Hand der Portugiesen war, und jede Menge Gewürze, die damals in Europa sehr begehrt waren, allen voran der Pfeffer. [3] Es muss eine sehr neuartige, exotische und farbenprächtige Welt für den biederen Tiroler Bartholomäus Springer gewesen sein! Er verfasste über seine Reise, die 602 Tage gedauert hatte und viele Abenteuer beinhaltete, einen *Reisebericht in lateinischer Sprache* für seine Auftraggeber, die Welser. [4]

Der Inhalt des spannenden Reiseberichts verbreitete sich rasch, sodass Burgkmair nach Springers Schilderungen fünf Holzschnitte schuf, welche 1508 erschienen sind. Die daraus bekannteste Darstellung zeigt den *„Triumph des Königs von Gutschin“*, von Eingeborenen auf einer Sänfte getragen und mittels eines Sonnenschirms beschützt. Alle Inselbewohner tragen nur einen Lendenschurz, der König noch eine große rote Kappe. Neben Elefanten sieht man auch ein Kamel, durchaus naturalistisch dargestellt. Diese Blätter dürften vermutlich Kölderer wie auch Altdorfer inspiriert haben, denn auch im Miniaturen-Triumphzug sind die sog. *„Kalikuttischen Leut“* zu sehen. *MF*

1 Weiss, Maximilian I., 2018, 182 ff.

2 Sämtliche Zeitangaben s. Weiss, op. cit.

3 In Augsburg, wo die großen Handelshäuser ihre Hauptniederlassungen hatten, sprach man von „den reichen Pfeffersäcken“ und meinte die Welser (die Fugger waren vor allem im Montan-Geschäft tätig).

4 Konrad Peutinger, wissenschaftlicher Berater Maximilians, war mit Margarete Welser verheiratet, dadurch gelangten Informationen aus erster Hand an Maximilian, Weiss, Maximilian I., 185.

LITERATUR:
Erhard, Ramminger, Die Meerfahrt, 1998.
Weiss, Maximilian I., 2018.

14_05

14_06

RAUM_15

DIE INNSBRUCKER RESIDENZ UM 1500

SPÄTGOTISCHE BAUGESCHICHTE DER HOFBURG

Anhand von alten Ansichten und Plänen vor der Barockisierung der Innsbrucker Hofburg wurde in einer kritischen Bauanalyse mithilfe verschiedenster Befundungen und digitalen Modellen die spätgotische Hofburg rekonstruiert. N. Riegel und R. Munzel ist es gelungen, das Aussehen der Hofburg vor 500 Jahren darzustellen.

15_01
HOF DER INNSBRUCKER BURG GEGEN SÜDEN (OHNE WOLKEN)

15_02
HOF DER INNSBRUCKER BURG GEGEN NORDEN (MIT WOLKEN)
ALBRECHT DÜRER
Um 1496

Aquarell über Silberstiftzeichnung, 33,5 × 26,2 cm/36,8 × 27,0 cm
Albertina Wien, Grafische Sammlung, Inv. Nr. 3057, 3058

Die *Albrecht Dürer* zugeschriebenen Hofansichten gegen Norden und Süden dokumentieren den Zustand des großen Burghofs vermutlich zu einer Zeit, als die Innsbrucker Residenz nach dem Tod Erzherzog Sigmunds (4. März 1496) definitiv in die alleinige Verfügung König Maximilians I. überging. Sie dürften ebenso wie ein drittes Aquarell, das die Stadt Innsbruck von Nordwesten zeigt (Wien, Albertina, Inv. Nr. 3056), im Zusammenhang mit Dürers erster italienischer Reise, die ihn über Trient nach Venedig führte und die sich durch eine Reihe von Landschaftsaquarellen punktuell nachverfolgen lässt, entstanden sein. Datierungsanhalt ist, wie Großmann gezeigt hat, in der Stadtvedute das eindeutig identifizierbare, dort eingerüstete Dach des Wappenturms, das nach einem Brand Anfang 1494 und dem erneuernden Wiederaufbau des Turms bis 1496 aufgerichtet wurde. Die *Ansicht mit Wolken* gibt eine menschenleere Erscheinung der von Süden, über das Haupttor an der Hofgasse betretenen Burg, doch ist sie von erhöhtem Standpunkt wohl im ersten Obergeschoss des Torturms angelegt. Die Größe des Burghofs entspricht in etwa dem heutigen, allerdings ist der bestehende Hof infolge der barocken Verbreiterung von Eingangs- und Quertrakt etwas kürzer. Zu sehen ist rechterhand auf der Ostseite ein aus heterogenen Bauteilen zusammengewachsener und durch einen polygonalen Turm erschlossener Flügel, dem auf Höhe des hofbegrenzenden Gangs ein höherer querliegender Trakt, das sog. *Paradeis*, folgt, welches von einem vielgestaltigen, durch Fachwerkerker gekennzeichneten Baukörper, dem *Frauenzimmerbau,* hinterfangen wird. Gegenüber dem Paradeis ist ein Wohnturm dem Burgkomplex einbezogen und mittels Fachwerkgängen über Arkaden dem Hauptflügel verbunden. Vom linken Bildrand angeschnitten erscheint der Erker eines Quaderbaus mit gezinntem Treppengiebel, der erst in *Dürers Hofansicht gegen Süden* auf der rechten Seite vollständig zu sehen ist: Es handelt sich um die *Hofkanzlei.* In der Ansicht ohne Wolken blickt der Betrachter gleichsam aus dem nördlichen Fachwerkgang beim Paradeis zurück auf den Burgeingang, den von Fachwerkannexen unterschiedlicher Höhe eingefassten Hoftorturm, hinter dem rechterhand die Zinnenfassade des *Burgriesenhauses* an der Hofgasse aufragt. Linkerhand, im Osten, erscheint der Südabschnitt des langgestreckten Flügels mit dem polygonalen Turm davor, welcher die seitlichen Treppenanläufe einfängt, doch in den Obergeschossen nicht etwa eine Wendeltreppe, sondern großzügige Erker aufgenommen haben dürfte. Beide Ansichten sind, wie in der Literatur vielfach beschrieben, durch minutiöse Darstellung baulicher Details gekennzeichnet, bis hin zum Fugenstrich der Quaderbemalung, der Profilierung und Materialität der Fenstereinfassungen sowie Hinweisen auf rezente Veränderungen und die Baustruktur. Überprüft man den Realitätsgehalt der Ansichten anhand historischer Grundrisse, aktueller Pläne und bauarchäologischer Befunde an der Burg, so ergibt sich in vielen Bereichen eine frappierende Wirklichkeitstreue, allein die räumliche Darstellung ist nicht konsequent nach den Regeln der Zentralperspektive angelegt, sondern folgt mit eher schlanken Proportionen teilweise dem Augenmaß, dem Zeitstil und der künstlerischen Intention, die zu erinnernde Gesamterscheinung des Hofes in eine Darstellung zu fügen und diese Darstellung als Bild überzeugen zu lassen. Wahrscheinlich aus Rücksicht auf die kompositorische Ausgewogenheit hat Dürer auch auf die Wiedergabe des Wappenturms im Süden und des Schatzturms neben dem Frauenzimmerbau im Norden verzichtet. Trotz dieser Konzessionen zugunsten künstlerischer Prinzipien belegt allein schon die Existenz beider einander ergänzender Ansichten das Interesse, einen historischen Zustand zu dokumentieren. Geringfügige Abweichungen, etwa in der Wiedergabe des Kanzleierkers, mögen als Korrekturen zu verstehen sein. Die *Ansicht mit Wolken* erinnert den Eintritt eines Besuchers in den halböffentlichen Hofraum. Die *Ansicht ohne Wolken* gibt eine Vorstellung vom Blick des Burgbewohners, allerdings nicht aus dem königlichen Logis im Frauenzimmerbau, sondern aus dem Gang auf der Grenze zu den privaten bzw. der engeren Hofgesellschaft vorbehaltenen Bereichen, zu denen der damals noch junge Künstler keinen Zutritt erhalten haben wird. Festgehalten ist der Zustand einer Residenz, die, aus Bürgerhäusern zu einem herzoglichen Stadtpalast gediehen, sich in ein königliches Stadtschloss zu verwandeln begann. Der damals jüngste Trakt, der *Frauenzimmerbau* mit seinem modischen Fachwerkaufsatz, dürfte, wenn auch im Kern noch von Sigmund angelegt, in den Jahren seit Maximilians Regierungsübernahme im Frühjahr 1490 im Hinblick auf die königliche Hofhaltung adaptiert, erweitert und vollendet worden sein. Weitere Veränderungen unternahm Maximilian vermutlich erst nach 1500. Die Barockisierung der Hofburg unter Maria Theresia hat die schon im 17. Jahrhundert als „melancholisch“ empfundenen Gebäude zu nicht geringem Teil integriert, doch dabei so nachhaltig überformt, dass die Aquarelle Dürers erst 1921 durch

15_01

15_02

15_03

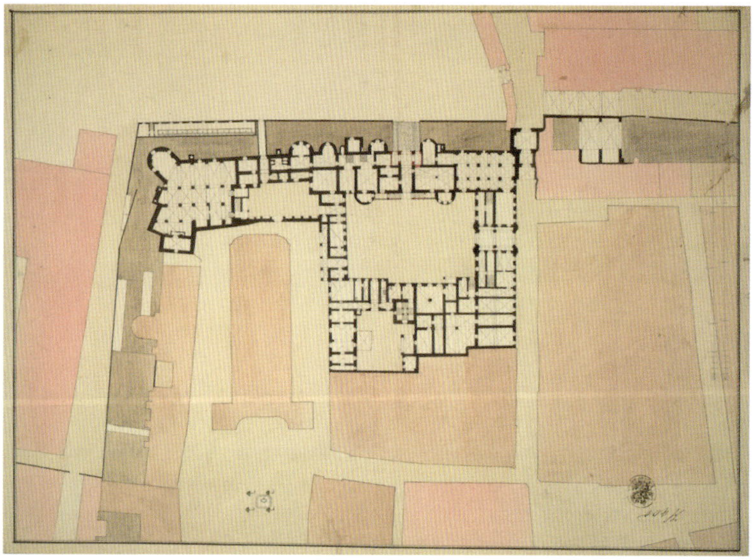

15_04

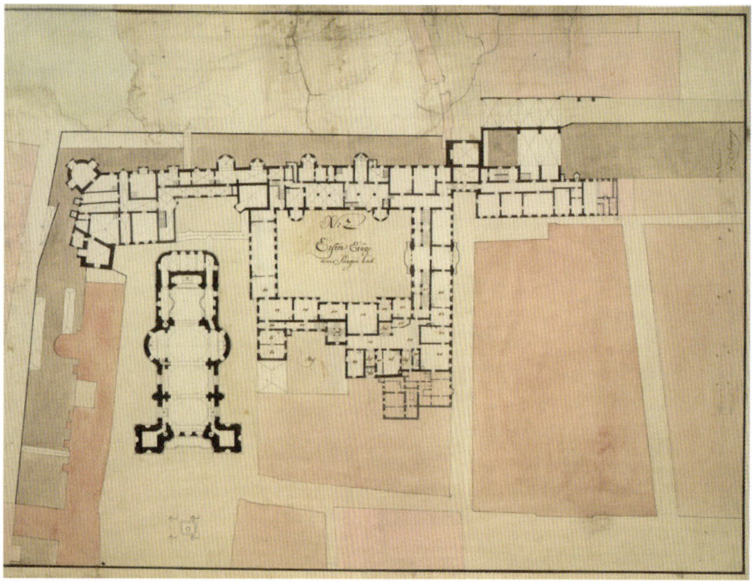

15_05

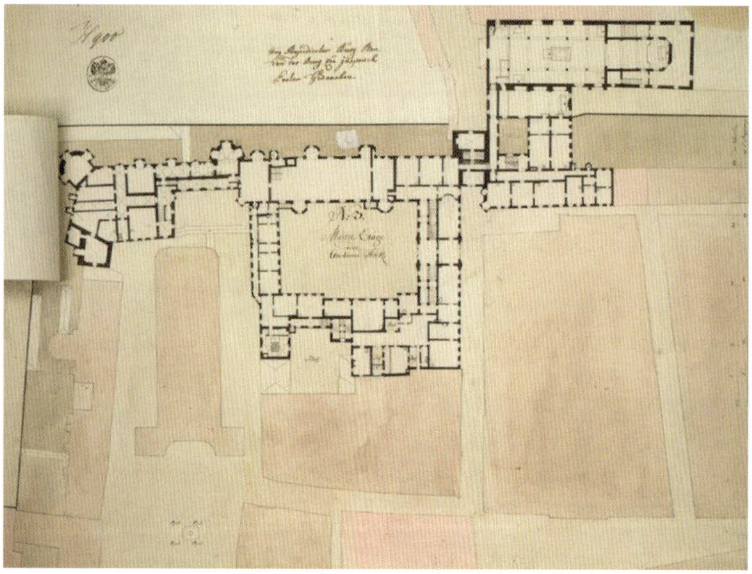

Moriz Dreger im Rahmen einer akribischen baugeschichtlichen Studie als Ansichten der spätgotischen Innsbrucker Burg identifiziert werden konnten. *NR*

LITERATUR:
Dreger, Innsbrucker Hofburg, 1921.
Großmann, Albrecht Dürer in Innsbruck, 2007, 227–240.
Metzger, Innsbruck Castle Court, 2013, 84 f.

15_03, 15_04, 15_05

SITUATIONSPLÄNE DER INNSBRUCKER BURG

JOHANN MARTIN GUMPP D. J. (1686–1765)/ CONSTANTIN JOHANN WALTER VON PFEILSBERG (1720–1781)

SITUATIONSPLAN UND GRUNDRISS VON ERDGESCHOSS UND TIEFGESCHOSS DER INNSBRUCKER BURG

Um 1756/1765

Lavierte Federzeichnung über Konstruktion in Graphit, 492 × 650 mm
Albertina Wien, Inv. Nr. AZ 7546

SITUATIONSPLAN UND GRUNDRISS VOM ERSTEN OBERGESCHOSS DER INNSBRUCKER BURG

Um 1756/1765

Lavierte Federzeichnung über Konstruktion in Graphit, 488 × 632 mm
Albertina Wien, Inv. Nr. AZ 7548

SITUATIONSPLAN UND GRUNDRISS VOM ZWEITEN OBERGESCHOSS DER INNSBRUCKER BURG (OHNE DECKKLAPPE)

Um 1756/1765

Lavierte Federzeichnung über Konstruktion in Graphit, 491 × 647 mm
Albertina Wien, Inv. Nr. AZ 7549

Die Zeichnungen, die Situationsplan und Grundriss verbinden, gehören zu einem größeren Plansatz, der den 1756 erreichten *Bauzustand der Innsbrucker Burg* und das ab Herbst 1765 realisierte *Umbauprojekt Maria Theresias* dokumentiert. Die Bestandsaufnahmen fußen auf einem Aufmaß, das um 1756 der damals schon betagte, primär als Festungsingenieur hervorgetretene Baumeister *Johann Martin Gumpp d. J.* im Zusammenhang seines ab 1754 durchgeführten Umbaus des Eingangsflügels sowie des unmittelbar nördlich an den

Wappenturm anschließenden Trakts und im Hinblick auf größere Veränderungsabsichten in kaiserlichem Auftrag hergestellt hatte. Wegen des Siebenjährigen Kriegs 1756–63 nicht weiterverfolgt, wurde das Vorhaben im Umfeld des Innsbrucker Aufenthalts Maria Theresias anlässlich der Vermählung ihres Sohnes Leopold im Sommer 1765 kurz vor Gumpps Tod wieder aufgegriffen und von dem *Ingenieur Constantin Johann Walter* überarbeitet. In einem zweiten Schritt bezog Maria Theresia ihren Hofarchitekten *Nikolaus Pacassi* in die Planung ein. Ob Walter die Grundrisse Gumpps verwendete oder umzeichnete, ist unsicher, die Beschriftung jedenfalls dürfte von Walter stammen, da sie graphologisch mit der der aufgeklebten Deckblätter, die Walters Umbauprojekt festhalten, übereinstimmt. Die auf Gumpp zurückgehenden Grundrisse ohne Deckblätter sind für die Baugeschichte der Hofburg von besonderem Quellenwert, da sie zu großen Teilen die Burg in ihrem seit dem 15. Jahrhundert *gewachsenen Zustand* überliefern und sich deshalb für eine Abgleichung selbst mit den ältesten Ansichten eignen. Überdies lässt sich aus der Überblendung mit aktuellen Aufnahmen erkennen, welche Mauerstrukturen bis heute entweder in ihrer Substanz erhalten oder in jüngeren Strukturen aufgegangen sind. Ungenauigkeiten kennzeichnen allerdings die Darstellung des kompakten Frauenzimmerbaus im Norden, da er zu Zeiten Gumpps nicht für Veränderungen vorgesehen war, die Bauaufnahme hier also keine Planungsgrundlage darstellte. Partiell wird die Korrelation mit der heutigen Situation dadurch erschwert, dass die Grundrisse variierende Laufniveaus in einem Geschoß zusammenfassen und dass die Geschoßhöhen im Rahmen der Barockisierung verändert wurden. Die Plananalyse verlangt deshalb die Einbeziehung zusätzlicher Quellen und bauarchäologischer Befunde.

Die Lage der Hofburg am Stadtrand nahe der Pfarrkirche ist anschaulich dokumentiert, deutlich die Position des großen, in Dürers Aquarellen überlieferten *Hofs*. Die schmaleren Hofseiten im Norden und Süden sind hier bereits zu tieferen Trakten erweitert, das Areal im *Westen mit der Kanzlei* an der Hofgasse hat sich seit der Zeit um 1500 vergrößert. Im *Osten* schiebt sich der *rechteckige Wappenturm* über die Feldseite der Burg hinaus in den Graben. In den Aufnahmen von Erd- und erstem Obergeschoß bilden sich die Verläufe der Stadtmauer und der Zwingermauer innerhalb des Ostflügels deutlich ab. Referenzpunkt ist hier das alte Rumer- oder Saggentor, das westlich des Wappenturms erhalten ist und die ehemalige Breite des städtischen Zwingers definiert. Seine stadtseitige Öffnung liegt auf der Linie der Stadtmauer, welche gegen Norden (linkerhand) ein Stück weit verfolgt werden kann. Eine Reihe kürzerer, kammartig disponierter Mauerzüge zwischen Hof und Stadtmauer gehören zu den ältesten, der Stadtbefestigung angelehnten Baulichkeiten, die von der Burg nach und nach vereinnahmt wurden. Bei dem großen kompakten Baukörper im Norden links des kleinen Binnenhofs handelt es sich um den erker- und turmreichen *Frauenzimmerbau*, der sich in den unteren Geschossen weitgehend in seiner spätgotischen Substanz erhalten hatte und der auch heute zum Teil noch besteht. Hingegen erklären sich mehrere halbrunde Annexe auf der Feld- wie auch der Hofseite der südlichen Hälfte des Flügels durch statisch notwendige und raumerweiternde Anbauten, mit denen Ferdinand I. nach einem Saalbrand 1534 den alten Strukturen größere Festigkeit verliehen hatte. Sie bestanden, wie auch anhand von Veduten erkennbar, bis zum Umbau unter Maria Theresia. Ab 1765 wurden insbesondere im Repräsentationsgeschoß des zweiten Stocks Raumgrenzen verändert, die Erschließung modernisiert und den Bedürfnissen des zeitgenössischen Zeremoniells angepasst. Das ehemalige Harnasch- bzw. Wappenhaus südlich (rechterhand) des Wappenturms, das schon unter Ferdinand I. mit dem Hofkirchenneubau verbunden worden war, wurde zum *Adeligen Damenstift* umgestaltet. Die Pläne liefern nicht nur wichtige Informationen zur ehemaligen Raumdisposition, sondern geben auch Hinweise zur vorbarocken Infrastruktur, zu Gang- und Treppenverbindungen, Kaminführungen sowie Abtritten und erlauben so, die ältere Funktionsweise des Stadtschlosses zu größeren Teilen zu rekonstruieren. *NR*

LITERATUR:
Oettinger, Hofburg, 1986, 65–76, 86.
Krapf, Die Baumeister Gumpp, 1980, 221ff.
Hanzl-Wachter, Hofburg zu Innsbruck, 2004, 15 f, 49ff.

15_06
LÄNGSSCHNITT DES RENNWEGTRAKTS DER INNSBRUCKER HOFBURG
ANTON RANGGER NACH OD. FÜR CONSTANTIN JOHANN WALTER V. PFEILSBERG 1765

Lavierte Federzeichnung in Schwarz über Bleistiftvorzeichnung, 26,3 × 73 cm
Tiroler Landesmuseum Ferdinandeum Innsbruck, Aigner'scher Codex, Inv. Nr. FB 1673, Fol. 3

Der 1765 datierte Längsschnitt gehört zu einem unvollständig überlieferten oder durch die Forschung nicht erschlossenen Plansatz, der den Zustand des Ostflügels der Burg unmittelbar vor dem von Maria Theresia angeordneten Umbau in seinen aufgehenden baulichen Strukturen offenlegt. Er bezieht sich explizit auf einen Grundriss, in den die Schnittlinie C-D eingetragen war. Zwar lässt sich dieses Blatt bislang nicht identifizieren, doch ergibt sich aus dem Vergleich mit den etwa gleichzeitig von *Constantin Johann Walter* überarbeiteten Bestandsaufnahmen *Johann Martin Gumpps d. J.*, dass der Schnitt zwischen der auf der alten Zwingermauer aufsitzenden Rennwegfassade und der Stadtmauerlinie gelegt ist, denn nur so konnte die gesamte Burg vom Wappenturm bis zum Frauenzimmerbau erfasst werden. Sehr deutlich offenbaren sich hier die unterschiedlichen Geschoßhöhen, die schon in den Kellern der später verschmolzenen Kernbauten angelegt sind und die so weit gehen, dass der Komplex bei annähernd gleich hohen Dächern vier oder auch fünf Geschosse aufnehmen konnte. Während der direkt an den Wappenturm anschließende, über fünf Kellerjochen aufgebaute Trakt erst zwischen 1754 und 1756 durch Gumpp in diese Gestalt gebracht worden war, dürfte sich der restliche Bau seit dem 16. Jahrhundert nicht fundamental verändert haben. Ferdinand I. hatte den großen Saal des zweiten Obergeschosses nach dessen Brand von 1534 gegen Süden erweitert, erhöht und mit schlanken Rundbogenfenstern versehen, und im letzten Drittel des 16. Jahrhunderts war der Frauenzimmerbau (rechts) aufgestockt und mit flachen Dächern ausgestattet worden. Im Vergleich zu heutigen Bestandsaufnahmen lässt der Schnitt klar erkennen, wie weit die Eingriffe ab 1765 reichten. Der Umbau zielte auf eine möglichst stufenlose Verbindung der älteren Bausubstanz, was in letzter Konsequenz sogar eine niedrigere

Neuwölbung der Pfeilerhalle unter dem Frauenzimmer zur Folge hatte. Allerdings unterzog man sich diesem Aufwand nur in den östlichen Jochen, über denen die auf den Rennweg ausgerichteten Repräsentationsräume zu liegen kamen. Westlich des Mittelgangs des Frauenzimmerbaus bewahrte man in den unteren Geschossen die in dem Längsschnitt dokumentierten spätmittelalterlichen Strukturen, die sich bis heute sichtbar erhalten haben. *NR*

LITERATUR:

Oettinger, Hofburg, 1986, 86 (Alte Pläne, II, 2).
Hastaba, Aigner-Codex, 1998, 18 f.
Hanzl-Wachter, Hofburg zu Innsbruck, 2004, 177, Nr. 38.

15_07

INNSBRUCKER BURG VON OSTEN

ANONYM

1525/34

Federzeichnung in Braun auf Bütten, 14/13,8 × 23,2/22,6 cm
Universitätsbibliothek Erlangen, Inv. Nr. B 458

Die ehemals dem Nürnberger Augustin Hirschvogel zugeschriebene Zeichnung gibt die *früheste bekannte Ansicht der Innsbrucker Burg von Osten.* Sie zeigt die repräsentative Feldseite des langgestreckten Schlosskomplexes von erhöhtem, nicht eindeutig lokalisierbarem Standpunkt in der heutigen Universitätsstraße, die in diesem Abschnitt der mittelalterlichen Wegführung zwischen Innsbruck, Rum und Hall folgt. Die Straße wurde seit dem 15. Jahrhundert vorwiegend durch den landesfürstlichen Hof genutzt als direkte Verbindung zur habsburgischen Nebenresidenz in Hall. Etwa auf halber Strecke zwischen Burg und Inn errichtete Maximilian ab 1494 sein neues, durch ein Rondell befestigtes *Zeughaus,* das einen wichtigen Vorposten der Burg darstellte und erlaubte, bei der Residenz selbst auf Fortifikation weitgehend zu verzichten. Gäste des Hofes wurden damals wie auch noch im 17. Jahrhundert nicht selten in Hall empfangen und von dort nach Innsbruck geleitet, um das Stadtschloss zuerst von seiner imponierendsten Seite wahrzunehmen. Aus der Perspektive des Zeichners dominiert die Burg blattfüllend die gesamte Stadtfront, als sei Innsbruck eine einzige große Residenz. Der Weg führt zwischen lockerer Bebauung und einem großen Garten direkt auf den Wappenturm zu, den schon Erzherzog Sigmund um 1465 vor das alte städtische Rumertor in den Graben gestellt hatte und der von Maximilian nach 1494 zum Wappenturm umgestaltet worden war. Über der bemerkenswert großen Loge und den Eckerkern fehlt sein zu Zeiten Maximilians steil aufragendes Hauptdach, das, erst 1496 aufgebaut, 1522 durch Blitzschlag zu Schaden gekommen und 1525 abgetragen worden war. Links des *Wappenturms* erscheint das seit 1465 bestehende *Harnaschhaus,* das unter Maximilian verändert und dann auch *Wappenhaus* genannt wurde. Es war als Äußere Burg über einen Gang beim Wappenturm der Hauptburg verbunden, die sich rechterhand des Turms ausbreitet. Aus historischen Quellennachrichten ist zu schließen, dass der Trakt unmittelbar nördlich des Turms bis zum ersten großen Erker mit dem durch Maximilian erhöhten Neuen Bau identifiziert werden darf, wobei das kleeblattförmig dekorierte Erkerfenster die Burgkapelle bezeichnet. Hieran fügen sich der reich durchfensterte Saalbau und das durch einen hohen Runderker definierte sogenannte *Paradeis.* In seiner Front sitzt dieser Flügel auf der alten städtischen Zwingermauer auf. Die Burg, im Laufe des 15. Jahrhunderts aus einer Reihe von Bürgerhäusern an der Stadtmauer zusammengewachsen, war schon durch Sigmund bis auf die Zwingermauer erweitert worden. Maximilian erhöhte den Flügel und versah ihn mit einem einheitlichen Grabendach hinter einer Mantelmauer, die durch einen Seegötterfries dekoriert gewesen zu sein scheint. Aus der Tatsache, dass 1534 ein Brand diese Bedachung und den darunterliegenden Saal zerstörte und Umbauten nach sich zog, ist zu schließen, dass die Zeichnung den Zustand der Burg zwischen 1525 und 1534 festhält. Im rechten Abschnitt gibt sie – proportional gestaucht – den großen, durch zwei mächtige Rundtürme gefassten und durch zahlreiche Erker ausgezeichneten *Frauenzimmerbau* wieder, den Maximilian vollendet hatte, in dem die *königliche Wohnung* lag und wo der *engste Hofstaat* beherbergt wurde. Der hochaufragende Turmhelm dahinter gehört zur Pfarrkirche St. Jakob. *NR*

LITERATUR:

Dickel (Hg.), Zeichnen seit Dürer, 2014, 279 f.

15_06

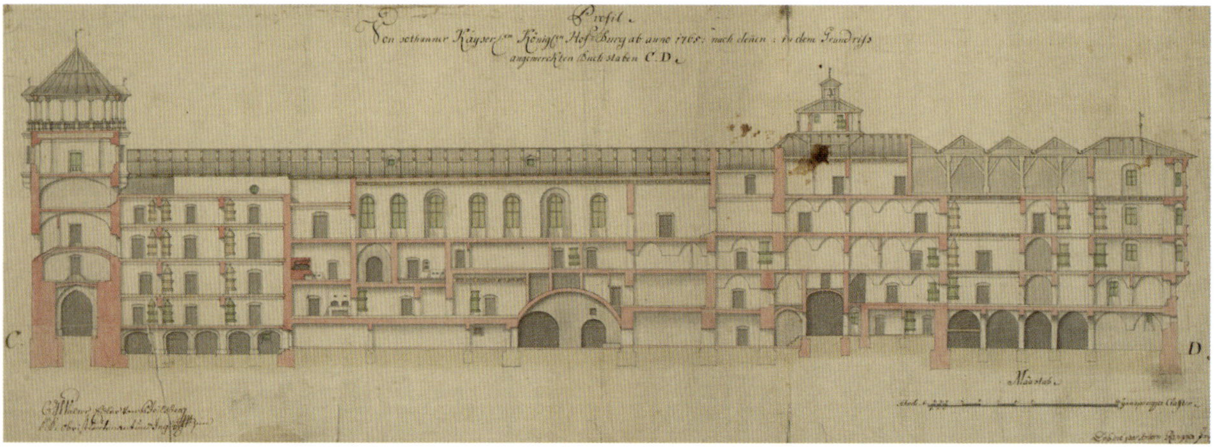

15_07

15_08

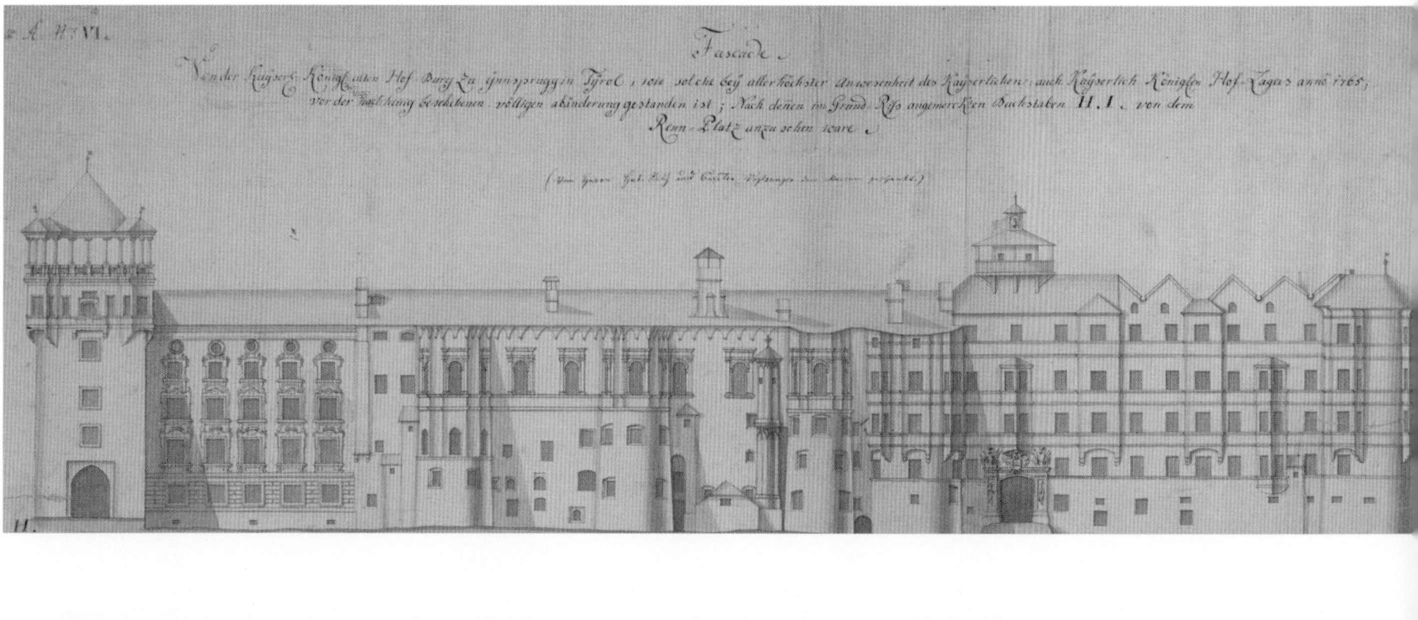

15_08

AUFRISS DER RENNWEGFASSADE DER INNSBRUCKER HOFBURG

CONSTANTIN WALTER VON PFEILSBERG (1720–1781)

1765

Lavierte Federzeichnung in Grau und Schwarz, ca. 26 × 68 cm, Tiroler Landesmuseum Ferdinandeum Innsbruck, Aigner-Codex, FB 1673, Fol. 2

15_09

ANSICHT DER RENNWEGFASSADE DER INNSBRUCKER HOFBURG

JOSEF LEOPOLD STRICKNER (1744–1826) ZUGESCHRIEBEN

Anf. 19. Jhdt nach älterer Vorlage

Aquarellierte Tuschfederzeichnung, ca. 22 × 59 cm Tiroler Landesmuseum Ferdinandeum Innsbruck, Aigner-Codex, FB 1673, Fol. 4

Beide Blätter sind einem durch Philipp Nerius von Aigner zu Aigenhofen (1736–1819) über Jahrzehnte zusammengetragenen Konvolut von Ansichten eingegliedert, mit denen der Jesuitenpater bedeutende Monumente Innsbrucks dokumentierte. Dabei standen offensichtlich weniger künstlerische als historische und besonders lokalgeschichtliche Gesichtspunkte im Vordergrund. Von Interesse war in erster Linie der Quellenwert der Bildzeugnisse, die teilweise umgezeichnet worden sein dürften, wie im Falle von Blatt 4, das dem Innsbrucker Maler Josef Leopold Strickner zugeschrieben wird und auf eine ältere Vorlage aus den Jahren um 1760 zurückgeht. Bei dem Blatt handelt es sich um eine der seltenen Gesamtansichten der Rennwegfront der Hofburg, vermutlich die zuverlässigste neben der sog. Erlanger Zeichnung aus den Jahren zwischen 1525 und 1534 (Kat. Nr. 15_07), zu der sie ein wichtiges Vergleichsstück und Korrektiv darstellt. Das Blatt überliefert auf eher unbeholfene Weise denselben Zustand der Innsbrucker Burg, den auch das von Constantin Walter von Pfeilsberg gezeichnete Blatt 2 wiedergibt: die Erscheinung vor 1765, dem Beginn des Umbaus unter Maria Theresia. Während jedoch der mit der Bauleitung betraute Architekt Walter einen maßstabsgenauen Aufriss bietet, der auf die Gegenüberstellung mit dem Zustand nach der Barockisierung zielt, ist Blatt 4 primär auf die Vergegenwärtigung des historischen Zustands angelegt, der in der Beschriftung explizit mit der „Maximilianischen Residenz“ identifiziert wird. Die Rennwegfront der Hofburg wird hier vom Wappenturm über den Neuen Bau, den Saalkomplex mit dem Paradeis bis zum Frauenzimmerbau sehr detailliert einschließlich Kaminen, Abtritten und unregelmäßig disponierten Fenstern nachbuchstabiert, bleibt jedoch hinsichtlich der architektonischen Strukturierung unverstanden. Bauplastischer Schmuck, wie die Bekrönung des Portals am Frauenzimmerbau, erfährt nur flüchtige Andeutung. Allerdings erhöht gerade der laienhafte Blick auf die Burg die Authentizität der Darstellung. Sehr viel deutlicher als in der Zeichnung Constantin Walters teilt sich hier mit, was der Kunstagent Philipp Hainhofer schon 1628 empfand und was die Veränderungen im 18. Jahrhundert gerechtfertigt zu haben scheint: *„Diese Alte Burg ist ain sehr weitleuffes gebew von villem underkommen, aber gar melancholisch und altfränckhisch erbawet [...].“*

Oettinger hielt Blatt 4 für eine Nachzeichnung nach Blatt 2, doch sprechen der sehr verschiedene Zugriff und minimale Differenzen, etwa in der Wiedergabe des Kapellenfensters im ersten Rundturm von links, eher für eine andere Vorlage. *NR*

LITERATUR:
Doering, Des Augsburger Patriciers Philipp Hainhofer Reisen nach Innsbruck und Dresden, 1901, 39.
Oettinger, Hofburg, 1986, 84, 86.
Hastaba, Aigner-Codex, 1998, 18 f.

15_09

15_10

SYNOPSE DER AUFRISSE DER RENNWEGFASSADE DER INNSBRUCKER HOFBURG IM ZUSTAND VOR (1765) UND NACH (1773) DEM UMBAU

JOHANN CONSTANTIN WALTER VON PFEILSBERG

1773

Lavierte Federzeichnung in Grau und Schwarz, 47,1 × 67,6 cm Albertina Wien, Grafische Sammlung, Inv. Nr. AZ 5212

Das durch *Walter von Pfeilsberg* bezeichnete Blatt konfrontiert zwei Aufrisse der Hauptschauseite der Innsbrucker Hofburg vor und nach dem unter Maria Theresia zwischen 1765 und 1773 erfolgten Umbau und dokumentiert ähnlich einem Arbeitsbericht die bei gleichbleibender Ausdehnung umfassenden Veränderungen, die die Auftraggeberin nie persönlich in Augenschein genommen hat. Der oben visualisierte Zustand entspricht im Wesentlichen dem aktuellen mit Ausnahme des heute fehlenden plastischen Schmucks über Portalen und Risaliten. Der Entwurf der spätbarocken Schaufront, die durch Eckrondelle eingefasst und durch zwei mehrschichtige, palastartige Risalite mit eigenen Einfahrten rhythmisiert ist, wird Maria Theresias Hofarchitekten *Nikolaus Pacassi* (1716–1790) zugeschrieben, die Ausführung oblag Walter von Pfeilsberg. Die besondere Leistung bestand in der weitgehenden Integration des Altbestandes, wie er im unteren Aufriss erscheint. Erhalten wurden sowohl der im Kern spätmittelalterliche Wappenturm und der nordöstliche Rundturm am Frauenzimmerbau, die einheitlich ummantelt und als Eckrondelle interpretiert wurden. Der unmittelbar an den Wappenturm anschließende fünfachsige Trakt, der bereits um 1754 unter Walters Vorgänger *Johann Martin Gumpp d. J.* (1686–1765) erneuert worden war, wurde zwar auf vier Fensterachsen reduziert, blieb hinsichtlich der Stockwerksebenen jedoch bindend für den gesamten, die Geschoßhöhen vereinheitlichenden Umbau. Nördlich grenzte an Gumpps Trakt der *alte Saalbau* der Burg, der mit seinen unregelmäßig disponierten Fenstern in den unteren Geschossen noch auf das 15. Jahrhundert zurückging und auf der Zwingermauer der mittelalterlichen Stadtbefestigung aufsaß. Ihm waren unter Ferdinand I. nach einem Brand von 1534 auf der Feldseite drei (und auf der Hofseite zwei) mächtige Rundtürme vorgesetzt worden, mit denen man die schon unter Maximilian I. aufgetretenen statischen Probleme nachhaltig zu beheben versucht hatte. Der südlichste (linke) Rundturm nahm im ersten Obergeschoß das Altarhaus der *Burgkapelle* auf. Das zweite Obergeschoß mit dem *Festsaal* und der sich nördlich anfügenden *Paradeisstube* hatte Ferdinand I. mit hohen Rundbogenfenstern in italianisierenden Ädikulen versehen, die Maximilians dichte Reihe von Kreuzstockfenstern ersetzten. Erhalten hatte Ferdinand hingegen das schlanke, von der Paradeisstube aus zugängliche *Abtrittstürmchen* und den großen Kamin. Diese die Geschichte der Schlossanlage und ihre Funktionen offenlegende, daher unregelmäßige, den Gestaltungsprinzipien einer barocken Schaufront widersprechende Strukturierung musste nach 1765 ebenso weichen wie die erkerreiche Fassade des Frauenzimmerbaus, an der bis dahin nur die hohen Dächer abgebaut und die Durchfahrt modernisiert worden waren. Als Bildquelle für die Baugeschichte der Hofburg, als Korrektiv älterer Ansichten und als Rekonstruktionsgrundlage heute von großem Wert, sollte die nüchterne Wiedergabe wohl vor allem das Ingenium des barocken Verwandlungskünstlers zur Anschauung bringen. *NR*

LITERATUR:
Oettinger, Hofburg, 1986, 68, 72, 86 (Alte Pläne, I, C 4).

15_11

ANSICHT DER HOFBURG MIT WAPPENTURM UND ÄUSSERER BURG VON WESTEN

ANONYM

Mitte 18. Jahrhundert

Lavierte Tuschfederzeichnung, 20,3 × 18,4 cm
Tiroler Landesmuseum Ferdinandeum Innsbruck, Inv. Nr. W 10437

Die mit einer ausführlichen Legende versehene Federzeichnung, die ehemals wohl einem größeren, nach Territorien geordneten Konvolut unsicherer Bestimmung zugehörte, gibt eine der seltenen Ansichten der Hofburg und der ihr über den Wappenturm verbundenen Äußeren Burg von der Stadtseite. Das Blatt ergänzte im selben Konvolut eine Ansicht des Burgkomplexes aus größerer Entfernung von Osten (TLM W 10438). Für die Darstellung der Stadtseite wählte der Zeichner die Vogelperspektive und verzichtete auf die Wiedergabe der Bebauung westlich der Stiftgasse, um die Trakte eindeutig zu identifizieren und ihre Koordination anschaulich werden zu lassen. Die etwas unbeholfene, in der Darstellung der Fenster schematische und hinsichtlich der architektonischen Details kursorische Zeichnung erfasst links die Hofgassenfassade der Burg, dahinter den Ostflügel und fokussiert auf das im Kern bis heute erhaltene Rumertor, das schon in mittelalterlicher Zeit aus der Stadt herausführte. Erzherzog Sigmund band es in der zweiten Hälfte des 15. Jahrhunderts dem Burgkomplex ein und schuf einen Verbindungsgang, der über der Durchfahrt in veränderter Gestalt zu erkennen ist. Östlich davor, im Stadtgraben, errichtete er den Saggenturm, den Maximilian I. ab 1494 in den Wappenturm verwandelte. Nach einem Blitzeinschlag 1522 wurde das vormals steile Dach des Turms 1525 bis auf das oberste Erkergeschoß abgetragen und später, vielleicht erst im 17. Jahrhundert, durch eine als Belvedere genutzte Loggia ersetzt, die bis zur Ummantelung des Turms durch ein Rondell unter Maria

15_10

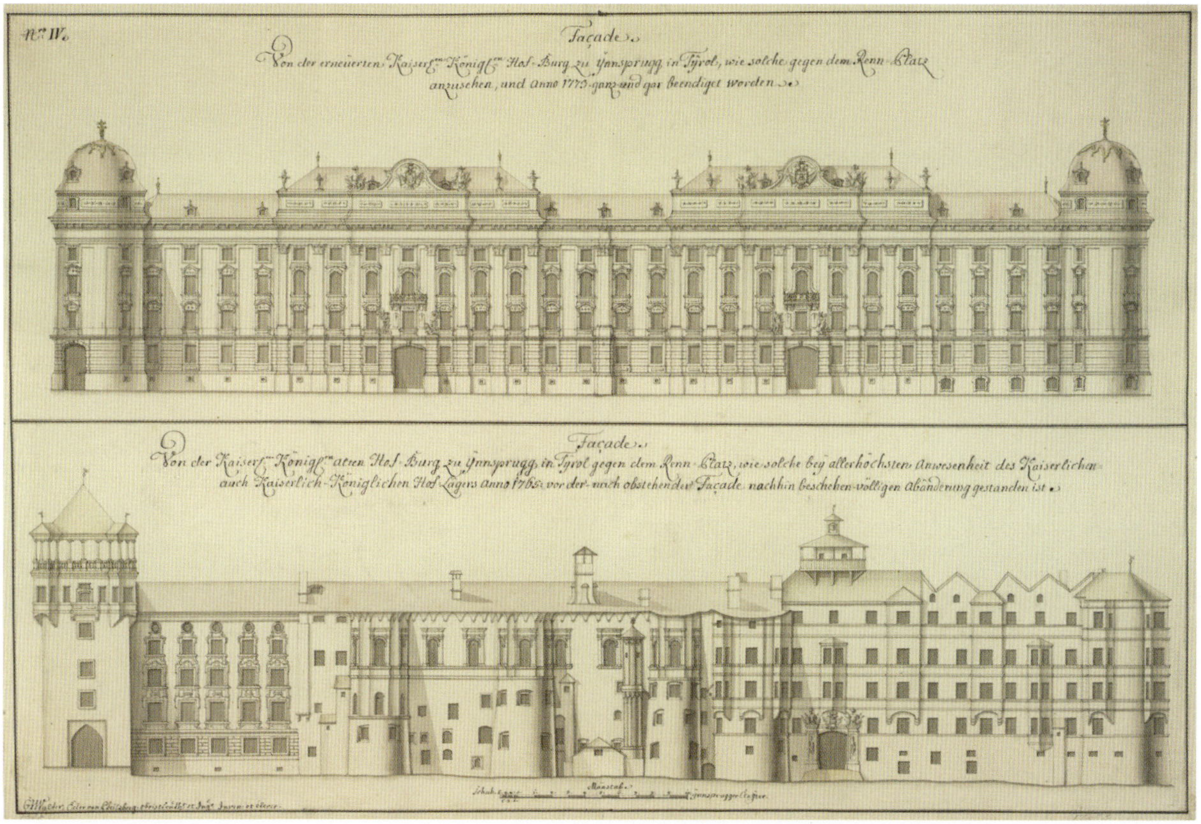

Theresia bestand. Der festgehaltene Zustand datiert das Blatt vor oder um 1765, das Jahr des Todes von Maria Theresias Gemahl Franz Stephan und der hierdurch ausgelösten Entscheidung der Kaiserin, die Äußere Burg, die von Erzherzog Sigmund unter Verwendung älterer Baulichkeiten als Harnaschhaus errichtet und seitens Maximilian erweitert und zum Wappenhaus umbenannt wurde, in ein adeliges Damenstift zu verwandeln. Maximilian hatte das Wappenhaus wahrscheinlich als Gästehaus genutzt und darin eine Kürnstube eingerichtet. Damit einher gingen Bemühungen, das stadtseitige Umfeld der Burg zu verschönern und in der Stiftgasse gehobene Funktionäre des Hofes anzusiedeln. Ein dem Wappenhaus verbundener Stall wurde an das südliche Ende der Stiftgasse verlegt. Die feldseitige Fassade, die wie die der Burg auf der städtischen Zwingermauer aufsaß, ließ Maximilian 1505 mit illusionistischen Wandmalereien zeitgemäß dekorieren. Nach der Wiener Doppelhochzeit von 1515, als die noch nicht volljährigen Königinnen Anna von Ungarn und Maria von Österreich in der Burg aufgenommen wurden, könnte der Kaiser sogar selbst im Wappenhaus logiert haben. Die Zeichnung zeigt den 1577 erhöhten Bau mit Quaderwerk und schlichten Rundbogenportalen im Erdgeschoß, großem Eckerker und kleinem Polygonalerker auf Höhe des ersten Stocks. Die Fensterverteilung dokumentiert die Integration älterer Bausubstanz. Kaiser Ferdinand I. verband die nun so genannte Äußere Burg mit der jenseits des Stadtgrabens neu errichteten Hofkirche, Maria Theresia verlängerte den Komplex, der in der Zeichnung als „Sumeranisches Haus“ benannt ist, um zwei weitere Häuser Richtung Süden. Seit 1930 befindet sich im Erdgeschoß der Stiftskeller, in dessen Ritterstube sich Maximilians Fassadenmalereien erhalten haben. *NR*

LITERATUR:
Oettinger, Hofburg, 1986, 84 (Alte Ansichten, 8).

15_11

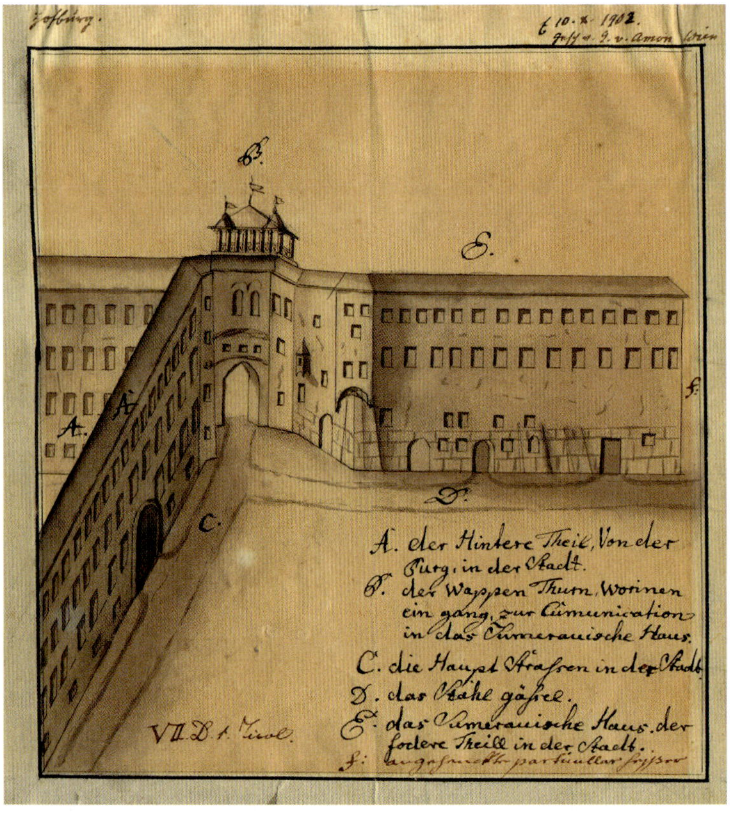

15_12
ANSICHT DES WAPPENTURMES ZU INNSBRUCK
MATTHIAS PERATHONER
1787

Tusche und Gouache auf Papier, 49,5 × 29,9 cm
Tiroler Landesmuseum Ferdinandeum Innsbruck, Inv. Nr. W 23520

Die Datierung des *„Abris des Wappen Thurns zu Innsbruck“* auf 1787 legt nahe, dass es sich um ein Erinnerungsbild des seit der Ummantelung im Rahmen des Hofburgumbaus 1765–73 nicht mehr sichtbaren Wappenturms handelt, für das auf einen 1750 gedruckten und in Marquard Herrgotts „Monumenta Augustae Domus Austriacae“ publizierten Kupferstich *Salomon Kleiners* zurückgegriffen wurde. Darüber hinaus reflektiert die Darstellung ein ebenfalls im Ferdinandeum aufbewahrtes größeres Gemälde (TLM Gem 3408), das – seinerseits auf Kleiner rekurrierend – 1777 von Matthias Perathoner geschaffen wurde. Wiedergegeben ist der Wappenturm in seinem seit dem frühen 17. Jahrhundert kaum mehr veränderten, 1733 zuletzt renovierten Zustand. Ursprünglich, unter Erzherzog Sigmund um 1465, als „Saggenturm“ vor die Zwingermauer in den Graben gerückt, stadtseitig an das alte Rumertor angelehnt und an drei Seiten großenteils freistehend, gab er zwischen der Äußeren Burg im Süden und der Hofburg im Norden Zugang zur Stadt. Zugleich enthielt er ein kleines Appartement als Rückzugsort für den Erzherzog. Nach einem Brand Anfang 1494 vermutlich in Mitleidenschaft gezogen, wurde der Turm durch Maximilian erneuert, ab 1496 mit einem hochaufragenden Helm versehen und von *Jörg Kölderer* zum „Wappenturm“ ausgestaltet. Das heraldische Programm erinnert an die Schaufront der Wiener Neustädter Burgkirche, konstituiert sich jedoch nicht primär aus der Genealogie des Hauses Habsburg als vielmehr aus Wappen jener Territorien, die sich entweder in habsburgischem Besitz befanden oder auf die Maximilian Anspruch erhob. Unsicher ist, inwieweit die später ergänzte und mehrfach restaurierte Dekoration Maximilians Konzept entspricht. Nicht nur die durchfensterte Mittelachse, die ein Wappen Ungarns, ein Altersbildnis Kölderers („Georg Walder“) mit Datum 1499 und ein Wappen Erzherzog Maximilians III., des Deutschmeisters (1558–1618), zeigt, sondern auch die gesamte Erkerzone sind sekundär überformt. Wenige Jahre nach einem Blitzeinschlag 1522 trug man den hohen Helm ab und deckte den Turm mit einem verborgenen Scharschindeldach, nach 1600 wandelte man das zweite Erkergeschoß schließlich zu einer *offenen Loggia* um. Die Zone oberhalb der Wappenreihen ist dementsprechend durch die Formensprache der Renaissance gekennzeichnet, auch wenn die großen dreipassförmig und rund gerahmten Wappen und selbst die gemalten Porträtbüsten hinter der Brüstung des

Balkongeschosses im Kern auf Kölderers Dekoration zurückgehen mögen. Die Inschrift über dem Portal nennt den Innsbrucker Maler Christoph Dax als den Künstler, der nach 1600 die Bemalung renoviert hatte. Dies dürfte auch für die geharnischten Torwächter zu Seiten der Durchfahrt gelten. Die Perathoner zugeschriebene Darstellung bleibt an Präzision sowohl hinter dem Kupferstich Kleiners wie dem Ölgemälde im Ferdinandeum zurück und geht insbesondere mit baulichen Details etwas nachlässig um. Im Unterschied zu Kleiner wird das Loggiengeschoß hier von kräftig kurvierten Balustersäulen getragen. Gegenüber den Vorlagen neu ist der durch das Tor gegebene Einblick in die Hofgasse, der den zwischen der Burg und dem Gang zur Hofkirche eingezwängten Wappenturm weniger als ein Monument des Hauses Österreich und vielmehr als – nun gleichsam verlorenes – Wahrzeichen Innsbrucks erfahrbar macht. *NR*

LITERATUR:

Oettinger, Hofburg, 1986, 84, Nr. 10.
Grossmann, Dürer in Innsbruck, 2007, 236 f.
AK Kunst der Dürerzeit, 2012, 180.
Hagen, Wappenturm, 2014.

15_12

MEMORIA

ERINNERUNGSKULTUR & RELIGION

Die Genese des berühmten Maximilian-Portraits (16_01 a–c) zeigt die Entwicklung von der Kreidezeichnung über den Holzschnitt bis hin zum berühmten Portrait, welches Dürer posthum 1519 gemalt hat. Die Ehrenpforte (16_04), ein weiteres wichtiges Ruhmeswerk und Vorlage für die Kenotaph-Reliefs, wird begehbar gemacht. Die 24 Original-Reliefs (16_05) aus Stift Stams übermitteln die wichtigsten Szenen aus dem Leben des Kaisers. Die Genealogia Maximiliani I zeigt die Bestrebungen der Historiographen, Maximilians Vorfahren möglichst weit zurückzuverfolgen und seine Abstammung von Hektor herzuleiten (16_06). Mittels Touchscreen blättert man in den 30 Federzeichnungen Kölderers zu den Figuren der Hofkirche (16_10), ebenso wie im Miniaturenkodex der Heiligen (16_09 a–b).

Das Rosenkranzfest von Dürer (16_12) zeigt Kaiser und Papst friedlich unter dem Schutz der Madonna knien. Weiters werden Maximilians Bemühungen um das Papsttum dokumentiert (16_13, 16_14) sowie die Schulden bei Bischof Melchior v. Meckau (16_15, 16_16) aufgezeigt. Eine Glocke (16_19) steht ebenso für die Religion wie auch das ältere Gebetbuch Maximilians, welches für den St.-Georgs-Orden in Auftrag gegeben wurde und Randzeichnungen von Dürer enthält (16_17).

16_01 a

MAXIMILIAN I.

ALBRECHT DÜRER

Urspr. 1518, Replik d. 19. Jhdts
Kreidezeichnung, schwarze Kreide, Farbkreide mit weißer Kreide gehöht, 79 × 92,5 cm
Albertina Wien, Inv. 4852
Bezeichnet: *„Das ist keiser Maximilian den hab ich / Albrecht Dürer zw Awgspurg hoch oben awff / der pfaltz in seinem kleinen stüble künterfett / do man czahlt 1518 am mandag noch / Johannis tawffer“*
AD Monogramm mit fremder Hand

Wie die Inschrift besagt, hat Dürer den Kaiser, der zu diesem Zeitpunkt schon kränklich und von Sorgen geplagt war wegen seiner Nachfolge und dem Verhalten der Kurfürsten, am 28. Juni 1518 in Augsburg gemalt. Diese Bestandsaufnahme wurde zur Vorlage von allen weiteren Dürerbildnissen: So wurde der Holzschnitt nach dieser Vorlage 1519 angefertigt und auch die beiden posthum entstandenen Bildnisse des Kaisers. Die Fassung des Germanischen Nationalmuseums in Nürnberg (Wasserfarben auf Leinwand und später mit Ölfarben übermalt) sowie das Wiener Gemälde (Öl auf Lindenholz/KHM) gehen auf diese Vorlage zurück. Beim Wiener Bild hat der Maler einige Änderungen vorgenommen: Maximilian trägt nun anstelle des roten Mantels mit blauem Untergewand eine mit großem Pelzkragen versehene elegante Schaube aus roter Seide. Statt des Reichsapfels hält er einen Granatapfel in Händen. Die Collane des Ordens vom Goldenen Vlies ziert nun nicht mehr den Kaiser selbst, sondern nur noch sein Wappen.

Seine Würde wird nicht mehr durch Attribute erzeugt, sondern allein durch seine Haltung und seine Ausstrahlung. Damit ist Dürer in der Renaissance angekommen und hat ein wahres Meisterwerk geschaffen. *MF*

LITERATUR:
Schütz, Kaiser Maximilian I. im Bildnis, 2005, 24 ff.
AK Kunst der Dürerzeit, 2012, Kat. Nr. 75.

16_01 b

KAISER MAXIMILIAN I.

ALBRECHT DÜRER

1519

Holzschnitt, 43,3 × 32,7 cm
Inschrift: *„Imperator Caesar Diuus Maximilianus/Pius Felix Augustus“*
Albertina Wien, Inv. Nr. DG1934/483

Die Kreidezeichnung diente für drei Werke als Vorbild: als unmittelbare Vorzeichnung für den *Holzschnitt* sowie als Vorlage für eine *Fassung in Wasserfarben auf Leinwand*, die später mit Ölfarben übermalt und gefirnisst wurde (Nürnberg GNM). Die Zeichnung ist als Zwischenstadium zu betrachten, bis Dürer sein berühmtes posthumes *Max-Portrait des KHM* schuf (Wiener KHM).

Eine bis heute unter Fachleuten noch nicht schlüssig geklärte Reihung der Kopien des *Holzschnittes*[1] vermutet im Exemplar der Albertina das *Original*. Gedruckt auf unregelmäßigem bräunlichem Papier, folgten nicht weniger als drei weitere Kopien. Man kann heute schwer entscheiden, was früher war: Holzschnitt oder Gemälde, man nimmt an, dass der Kaiser beides gleichzeitig in Auftrag gegeben hat.[2] Die einfache Reproduktion garantierte eine große Verbreitung. In der Ausstellung 1971 im GNM interpretierte man die Inschrift auf dem Holzschnitt folgend: *„Imperator Caesar **Diuus** Maximilianus/Pius Felix Augustus“*[3]. Der Ehrentitel „Der Göttliche“ wurde den römischen Caesaren erst n a c h dem Tode verliehen – dies würde beweisen, dass der Holzschnitt erst nach dem Tod von Maximilian, also 1519, angefertigt worden ist. Es sind Abdrücke von mindestens drei verschiedenen Holzstöcken bekannt, jedoch ist nur einer unmittelbar nach dem Riss von Dürer geschnitten worden. Der Holzschnitt, welcher mit seitlichen Säulen verziert worden ist, folgt im Portrait derselben Vorlage, dürfte aber etwas später entstanden sein, da der Dekor schon Renaissance-Ornamentik aufweist.

16_01 a

16_01 b

Es gab auch Kopien, so z. B. vom „Petrarcameister", welcher den urspr. Druckstock Dürers kopierte und weitere Holzschnitte lieferte. *MF*

1 Geisberger 1911 sah im Albertina-HS das Original, während und Musper 1942/43 eine Version aus Bamberg bevorzugte. AK Hispania – Austria, 1992, Kat. Nr. 158.

2 Baldass, Die Bildnisse Kaiser Maximilians I., 1913, 316 ff.

3 Der Ehrentitel „Diuus" wurde den römischen Caesaren erst n a c h dem Tode verliehen – *„Maximilian, in den Himmel erhoben, oberster Feldherr und Kaiser, der Milde, Erfolgreiche und Erhabene"*. Dieser von Oberhammer getätigten Theorie widersprach Pokorny, indem er festhält, dass schon Celtis auf seiner Kiste 1502 das Wort *„diuus"* angewandt hat und es durchaus auch für Lebende gebräuchlich war.

LITERATUR:

AK Maximilian I. Innsbruck, 1969, Kat. Nr. 258.

AK Albrecht Dürer, 1971, Kat. Nr. 259.

AK Hispania – Austria, 1992, Kat. Nr. 158.

Schütz, Kaiser Maximilian I. im Bildnis, 2005, 24 ff.

AK Kunst der Dürerzeit, 2012, Kat. Nr. 78.

16_01 c

MAXIMILIAN I.

ALBRECHT DÜRER

1519

Öl auf Lindenholz, 74 × 61,5 cm
Kunsthistorisches Museum Wien, GG,
Inv. Nr. 825

Das wohl berühmteste Dürer-Portrait wurde posthum gemalt, als Maximilian schon tot war. Dürer hat im Sommer 1518 in Augsburg die Kreideskizze angefertigt (16_01a), dann erfolgte der Holzschnitt (16_02b) und erst nach dem Nürnberger Bild („modello") entstand die Wiener Fassung. Maximilian ist als vornehmer Privatmann dargestellt, in einer mit Pelz verbrämten Seidenschaube. Seine grauen Haare werden von einem Barett bedeckt, auf welchem ein Medaillon befestigt ist. In seiner Linken hält er einen Granatapfel[1], der auf den Reichsapfel hindeuten könnte, wobei jedoch das Kreuz fehlt. Der bei Maximilian öfters vorkommende aufgeplatzte Granatapfel könnte laut Hollegger auf verborgene Herrschertugenden hinweisen.[2]

Der Orden vom Goldenen Vlies wird nun nicht mehr als umgehängte Kette getragen, sondern ist im oberen Bildrand festgehalten, umrahmt von der Collane und der Kaiserkrone. Der grüne einfärbige Hintergrund und die vornehme dunkelrote Seide des Gewandes unterstreichen die Würde dieses Bildes.

Schütz hält fest, dass *„... Dürer damit den neuen Typ des fürstlichen Repräsentationsporträts schuf, das allein durch Präsenz und Haltung des Porträtierten den Eindruck von Macht und Würde eines Herrschers vermittelt"*[3].

Die in römischen Majuskeln gehaltene Inschrift in lateinischer Sprache beginnt mit der Huldigung: *„Potentissimus Maximus et invictissimus Caesar Maximilianus ..."*[4]. *MF*

1 Granatäpfel werden allgemein religiös gedeutet, seit der Antike werden sie als Zeichen von Fruchtbarkeit, Wohlstand und Glück, aber auch von Macht und Reichtum angesehen.

2 Hollegger interpretiert den mit einem Spalt aufgeplatzten Reichsapfel, sodass die Kerne sichtbar werden, *„... mit angeborenen, zunächst verborgenen, dann aber nach und nach ans Licht kommenden hohen Anlagen, die sich zu Herrschertugenden auswachsen ..."*, s. Kat. Nr. 16_06. Ich danke Dr. Hollegger für diese Auskunft.

3 Schütz, Maximilian I. im Bildnis, s. S. 18–22

4 AK Kunst der Dürerzeit, 2012, Kat. Nr. 77, 292, darin die Transkription der Inschrift: *„Der allergrossmächtigste und unüberwindliche Kaiser Maximilian, der bei seinen Zeiten die meisten Könige und Fürsten in Vernunft, Schicklichkeit, Weisheit und Mannheit, vor allem aber an Kriegsruhm und Festigkeit übertroffen, ist geboren den 9. Tag des Monats März* (tatsächlich am 22. März!) *im Jahr des Heils 1459, hat gelebt 59 Jahre, 9 Monat und 25 Tag, ist mit Tod verschieden den 12. Tag des Monats Januar im Jahr 1519. Der Allmächtige geruhe der Seele seine göttliche Barmherzigkeit gnädiglich mitzuteilen"*.

LITERATUR:

AK Hispania – Austria, 1992.

Schütz, Maximilian I. und die Kunst, 2005, 155 ff.

Beitrag im Katalog: Schütz, Maximilian I. im Bildnis, 2019, s. S. 18 ff

AK Kunst der Dürerzeit, 2012.

16_01 c

16_02

RELIEF HEILIGE LIGA

NACH ALEXANDER COLIN

Nach 1565, Innsbruck?

Holz, 21,5 × 20 cm; Inschrift: RINT (vermutl. Restaurierung 19. Jhdt?)
Oberösterreichisches Landesmuseum,
Inv. Nr. S 668

Als Schöpfer dieses kleinen Reliefs wird im Oberösterreichischen Landesmuseum Hans Daucher (1468–1538) angegeben, was aber widerlegt werden muss, alleine schon durch die Lebensdaten des Künstlers. Die Vorlage dieses Reliefs ist eindeutig dem Relief Nr. X *„Bündnis gegen Frankreich"* des Kenotaphs in der Hofkirche Innsbruck zuzuordnen.

Alexander Colin schuf die Reliefs zwischen 1562–1565, wo Daucher schon längst tot war.

Es zeigt mit abgeschnittenem rechtem Teil (Pferd Maximilians, Hund und Ausblick auf Neapel) jene Situation, in der die Heilige Liga mit Handschlag 1495 besiegelt wird. In einer offenen Säulenhalle ist Maximilian mit dem greisen Papst Alexander VI. zu erkennen, wie sie per Handschlag das Abkommen besiegeln. Der Papst seinerseits reicht seine Linke dem Vertreter Venedigs und dieser gibt seine Hand Ludovico Sforza. Ziel dieses Bündnisses war es, den französischen König Karl VIII. aus Italien zu vertreiben. Karl VIII., welcher in Neapel zügellose Orgien feierte, wäre unschwer zu besiegen gewesen, allein, der Kaiser saß in Worms beim Reichstag fest, wo ihm die Kurfürsten keinerlei finanzielle oder militärische Hilfe zusagten, und Venedig und Mailand alleine waren zu schwach. So verstrich die günstige Gelegenheit und der französische König konnte ungehindert entkommen. *MF*

16_03

RELIEF HEILIGE LIGA: BÜNDNIS GEGEN FRANKREICH AM KENOTAPH

ALEXANDER COLIN

1562–1565

Carrara-Marmor, 83 × 56 cm
Inschriftentafel auf schwarzem Marmor, gehalten von Putti, mit Rollwerk verziert
Niederländischer Florisstil
Hofkirche Innsbruck, Relief Nr. X von insgesamt 24

Im Gegensatz zur obigen Beschreibung findet sich im Original ganz rechts noch das Pferd Maximilians, erkennbar an Wappen und Verzierungen an der Pferdedecke, sowie ein ins Bild laufender eleganter Hund. Hervorhebung der handelnden Figuren fast vollplastisch. Genaue Perspektive, begünstigt durch die kannelierten Säulen. (s. a. Kenotaph allgemein, 17_01) *MF*

LITERATUR:

Frenzel, Kenotaph, 2013, 28f.

16_04

EHRENPFORTE

ALBRECHT DÜRER & MITARBEITER, ALBRECHT ALTDORFER HANS SPRINGINKLEE, WOLF TRAUT, HANS SCHÄUFELEIN, LEONHARD BECK, HANS BURGKMAIR D. Ä. JOHANNES STABIUS & WILLIBALD PIRKHEIMER – HUMANISTEN, JÖRG KÖLDERER – ENTWÜRFE

1515–1517, 3. Ausgabe, 1559

Kolorierter Farbholzschnitt von 195 Druckstöcken auf 36 Foliobögen, 341 × 292 cm
Albertina Wien, Grafische Sammlung, Inv. Nr. DG1935/978

Geplant als monumentale Schauwand und beeinflusst von antiken Triumphbögen, sollte das gigantische Dekorationsprogramm der Ehrenpforte Maximilians Kaiserwürde inszenieren.

Der Innsbrucker Hofmaler Jörg Kölderer lieferte bereits 1506 erste Vorarbeiten dieses beeindruckenden Holzschnittwerkes, welches aus 241 Holzschnitten bestehen sollte, die jedoch nach Maximilians Tod nicht weiter bearbeitet worden sind.

Ausgeführt wurden letztlich 195 Druckstöcke, welche 1526 erstmals unter Ferdinand I. in Druck gingen. Die Kolorierung erfolgte im 18. Jhdt. Alles, was dem Kaiser zur Ehre gereichte, sollte dargestellt werden: Ausgehend vom monumentalen zentralen Stammbaum, umrahmt von Wappenreihen, welche die Besitztümer dokumentieren, bis zu den Amtsvorgängern, zurückreichend bis Julius Caesar, finden sich unzählige Szenen auf diesem Triumphbogen. Die Heldentaten („*Historien*") sind jeweils über den Seitenportalen situiert und bilden die Vorlagen für die Szenen des Kenotaphs (Hofkirche Innsbruck, Kat. Nr. 17_01).[1] Die Seitentürme stammen von *Albrecht Altdorfer* und vermitteln Charaktereigenschaften des Herrschers. Zentral im Mittelpunkt oberhalb des Stammbaumes befindet sich die Figur von Philipp d. Schönen, des einzigen und gerade verstorbenen Sohnes Maximilians. Er hat ihm in der Ehrenpforte ein bleibendes Denkmal gesetzt (s. a. Kat. Nr. 16_16).[2] Darüber thront majestätisch Maximilian I. im Krönungsornat, mit Bindenschild und dem Wappenschild mit Reichsadler (Herzschild Österreich-Burgund). Jan-Dirk Müller[3] wies bereits 1982 darauf hin, dass es sich bei dieser Anordnung um die Dreifaltigkeit handeln könnte: Maximilian-Philipp und der Reichsadler. Zeitgenössische burgundische Quellen nahmen bereits darauf Bezug. Schon Konrad Fischnaler[4] hat 1902 den Zusammenhang zwischen der Ehrenpforte und dem Innsbrucker Wappenturm (Kat. Nr. 15_02) hergestellt,

16_02

16_03

indem er die Idee einer Bilderwand dem Ganzen zugrunde legte. In diesem Kontext müsste auch die Wappenwand Friedrichs III. der Wiener Neustädter Burg erwähnt werden. Thomas Schauerte stellt den Zusammenhang zwischen der Ehrenpforte und den „Joyeuses Entrées" von Burgund her, indem er überzeugend die „selbstbewusste Repräsentation von Reichtum und Macht" aufzeigt.[5] In den Niederlanden auf echtem Wohlstand basierend, musste sich Maximilian mit einer Papierfassung begnügen, welche aber, vervielfältigt, in jeder Provinz seines Reiches aufgestellt werden konnte. Auch Maximilian wurden mehrere solcher Empfänge zuteil, so, als er 1508 kurz nach seiner Krönung zum „Erwählten Kaiser des Heiligen Röm. Reiches deutscher Nation" mit seinem Enkel Karl in Gent einzog. Die Weiterentwicklung von einem ephemeren Kunstwerk zu einer entsprechenden Präsentation auf Papier ist naheliegend – die Ehrenpforte geht in ihrer Intention aber weit darüber hinaus und sollte zukünftigen Herrschern als eine Art Fürstenspiegel dienen.

In der obersten mittleren Turmkuppel stellt Albrecht Dürer Maximilian mysteriös als Horapoll dar, ein Bild, das in seiner Emblematik viele Rätsel aufgibt und zum Teil auf die im 5. Jhdt entstandenen „Hieroglyphica" des Horus Apollon (= Horapoll) zurückgeht.[6] Willibald Pirkheimer hat im Auftrag von Maximilian 1512/13 die Übersetzung des Werkes aus dem Griechischen ins Lateinische übernommen.

Bemerkenswert sind noch die drei Wappen, welche am rechten Sockel zu sehen sind und sich auf die Künstler beziehen. Das erste Wappen ist jenes von *Stabius*, welcher als Gesamtredakteur die Produktion überwachte. Das mittlere und größte Wappen ist jenes von *Jörg Kölderer*, der den Entwurf lieferte und die engsten Kontakte zu Maximilian pflegte und vermutlich die Vorstellungen des Kaisers übermittelte. Das kleinste Wappen ist jenes von *Albrecht Dürer*, welcher mit seinem Künstlerkreis für die Holzschnittfolgen zuständig war. *MF*

1 Die 24 Historien, welche links und rechts des Mittelportals zu sehen sind, werden als Originale von Stift Stams gezeigt – s. a. Kat. Nr. 16_05.

2 Philipp d. Schöne, der einzige Sohn Maximilians und Maria v. Burgunds, starb völlig unvermutet an den Folgen einer Lungenentzündung 28-jährig.

3 Müller, Ziegeler, Maximilians Ruhmeswerk, 2015, darin Schauerte, Pour éternelle mémoire …, 2015, 118, bringt neben dem Hinweis auf Müller auch burgundische Beispiele von Echafauds, wo die Trinitätsdarstellung öfters vorkommt.

4 Fischnaler, Jörg Kölderer und die Ehrenpforte Kaiser Maximilians, 1902, 308 ff. Der maximilianische Wappenturm fiel der Barockisierung der Hofburg zum Opfer.

5 Joyeuses Entrées wurden zum Empfang eines neuen Herrschers, einer Braut und dgl. luxuriösest ausgerichtet und von Festessen und überbordenden Dekorationen begleitet. Es wurden Echafauds (= ephemere Bühnenarchitekturen) errichtet und tableaux vivants (= lebende Bilder) dargestellt, Schauerte, Pour éternelle mémoire …, 2015, 111 ff.

6 AK Kunst der Dürerzeit, 2012, Kat. Nr. 39, AK Werke für die Ewigkeit, 2002, Kat. Nr. 51.1. Demnach steht das Papyrusbündel für die vornehme Herkunft, der Stier für Männlichkeit und Bescheidenheit, der Basilisk als Sinnbild für die Ewigkeit, die Schlangen für die Wachsamkeit … Reichsadler und Hahn symbolisieren den Sieg Maximilians über Francois I. (rex gallus).

LITERATUR:

Fischnaler, Jörg Kölderer und die Ehrenpforte Kaiser Maximilians, 1902.

AK Hispania – Austria, 1992, 337, Kat. Nr. 148.

Schauerte, Die Ehrenpforte für Kaiser Maximilian I., 2001, 21f.

AK Werke für die Ewigkeit, 2002, Kat. Nr. 51, 51.1.

AK Maximilian I. Triumph eines Kaisers, 2005.

AK Kunst der Dürerzeit, 2012, Kat. Nr. 124, 81 ff.

Müller-Ziegeler, Maximilians Ruhmeswerk, 2015.

Schauerte, Pour éternelle mémoire …, 2015.

16_05

24 HISTORIENBILDER AUS DER EHRENPFORTE

ALBRECHT DÜRER, WOLF TRAUT, HANS SPRINGINKLEE, PETER FLÖTNER, RAPHAEL HOFHALTER (?), DARSTELLUNG DER SCHLACHT V. PAVIA NACHTRÄGL. HINZUGEFÜGT HIERONYMUS ANDREAE, FORMSCHNEIDER

1515 (Gesamtentwurf), 1517/18 (Vollendung Druckarbeiten)

Holzschnitt aus 195 Einzelstöcken (169 Druckstöcke der Ehrenpforte noch erhalten), 351 × 304 cm

Stift Stams, Grafische Sammlung

Historienbilder stammen aus der Ausgabe des Gesamtwerkes im Auftrag EH Karls (Karl II. v. d. Steiermark)

1559 (4. Auflage) v. Raphael Hofhalter in Wien gedruckt, kam auch als Separat-

16_04

ausgabe heraus (D). Es wurden die Historien der ersten Gesamtausgabe von 1517/18 verwendet.

Maße der einzelnen Blätter: 23 × 15 cm.

Die bedeutendsten Szenen der Ehrenpforte stellen zweifelsohne die 24 Historien dar, welche mit dem jugendlichen Maximilian beginnen, darauf folgen Kriegs- (weder chronologisch noch faktentreu) sowie Familiendarstellungen und Hochzeiten. Mit der Schlacht von Pavia, welche über die ursprüngliche Darstellungsweise hinausgeht, da sie erst unter Karl V. 1525 stattfand, endet dieser Bildzyklus. Bei der ursprünglichen Ausgabe war als Letztes ein leeres Feld, welches nachträglich befüllt worden ist, denn der Held von Pavia war nicht mehr Maximilian, sondern bereits sein Enkel Karl V.

Von den 24 Szenen stammen vier von *Albrecht Dürer* (2: Hochzeit Burgund, 15: Spanische Hochzeit Philipps, 22: Bündnis mit Heinrich VIII. und 23: Wiener Doppelhochzeit), während die weiteren Darstellungen seinen Schülern *Traut, Springinklee und Flötner* zugeschrieben werden. 1512 hatte Dürer die Gesamtleitung an der Ehrenpforte übernommen.

Mit Ausnahme des Blattes Nr. 22, der Begegnung Maximilians mit Heinrich VIII., hat Dürer keine Schlachtendarstellungen gemalt, sondern konzentrierte sich auf die politischen Ereignisse wie die Hochzeiten, welche entscheidend zur Stärkung und Erweiterung der Habsburger-Dynastie beigetragen haben. Die Heiratspolitik Maximilians, welche durch seine eigene wie auch durch die beiden Doppelhochzeiten entscheidenden Machtzuwachs für das Haus Habsburg verzeichnete, ist gekennzeichnet durch Zufall und Glück: Niemand konnte voraussehen, dass sich alles so gut fügen würde. Karl V., der große Erbe, herrschte über ein *„Weltreich, das so groß ist, dass die Sonne nicht untergehen würde“* (bedingt durch die span. Eroberungen in Südamerika). Zu viel für einen einzigen Regenten, sodass es 1521 zur Erbteilung kam: Karl regierte als Kaiser die spanischen Lande und Burgund, während seinem jüngeren Bruder Ferdinand die österreichischen Erblande, Böhmen und Ungarn zufielen (s. a. 19_01–19_13: Tu felix Austria nube).

Völlig neu war die Darstellung des jugendlichen Maximilian (Blatt 1), welcher im Harnisch mit gezücktem Schwert und Kanonenkugel sowie mit großem Straußenfedernbusch gezeigt wird. Begleitet wird die Szene von Attributen seiner Fähigkeiten und Lieblingsbeschäftigungen, wie Helmen zum Turnierkampf, Kanonen, Jagdhund mit Federspiel, Jagdhorn, Mörsern mit Kanonenkugeln, Schwertern und Jagdspießen. Er wird als Reorganisator der Artillerie und des Waffenwesens präsentiert. Der für die Historien typische Reim in Knittelversen lobt seine Frömmigkeit und Ritterlichkeit.[1] *MF*

1 So wird Maximilian als Erneuerer der Kriegskunst gerühmt durch den Einsatz von Geschützen und Kanonen, Pulverfässern seiner Artillerie, aber auch seine Leidenschaft für die Jagd und Falknerei, für das Turnierwesen, dessen glühendster Verfechter er wurde. Diese Darstellung Maximilians in den Historien ist *unikal*, sie findet sich weder am Kenotaph noch am Entwurf von Florian Abel.

LITERATUR:
Schauerte, Die Ehrenpforte für Kaiser Maximilian I., 2001.
Friesen, Schnellhammer (Hg.), Albrecht Dürer, 2008.

16_06

GENEALOGIA MAXIMILIANI I. CAESARIS

HANS BURGKMAIR D. Ä.

Historiografische Vorgaben: KONRAD PEUTINGER (Ausführung), aber auch JAKOB MENNEL, JOHANNES STABIUS und ABT JOHANNES TRITHEMIUS

Um 1510

Handschrift, 117 Bl., 77 kolorierte Holzschnitte 31 × 21 cm
Unveröffentlichtes Fragment, nur Probedrucke vorhanden
Österreichische Nationalbibliothek Wien, Sammlung von Handschriften und alten Drucken, Sig. Cod. 8048

Maximilian beschäftigte eine Reihe von Historiografen für die Erstellung seines Stammbaumes, welcher seine Wurzeln bis hin nach Troja zurückverfolgte und auch merowingische und fränkische Fürsten mit einbezog. Doch es kam, ob der engagierten Vorgaben, zu einem Gelehrtenstreit, sodass die Schriftfassung der Genealogia, welche 1512 veröffentlicht werden sollte, nicht abgeschlossen wurde und dadurch ein Fragment blieb.[1]

77 männliche Ahnen wurden mit Wappenschilden, Emblemen und Namensbezeichnungen versehen, alle

16_05

16_06

geharnischt (sitzend oder stehend). Die meisten Figuren sind Phantasieprodukte, vor allem ist das u. a. auch an den phantasievollen Rüstungen zu erkennen, welche eher an Kostümharnische – „all'antica" – erinnern.[2] Der Ahnherr Hektor, der von Homer als „edler Held" gefeiert und später als „Symbolfigur der Ritterlichkeit" stilisiert wurde, war da ganz im Sinne von Maximilians Auffassung von Heldentum.[3] Später genügte diese edle Abstammung nicht mehr und Maximilian wollte sein Haus bis zu Noah zurückverfolgen, sodass Burgkmair weitere Bildnisse zu liefern hatte. Die Idee mit Noah wurde verworfen, 15 Bildnisse ausgewählt und der trojanische Königssohn Hektor wieder als Ahnherr an den Anfang gesetzt.

Maximilian selbst ist sitzend im Vollharnisch und Herrscherornat dargestellt. Rechts ist sein Wappen (Königsadler) und links oben das Emblem des Rades mit Messern, einem aufgeplatzten Granatapfel und einer Kugel zu sehen.[4]

Manfred Hollegger, dem ich für diese Hinweise sehr dankbar bin, interpretierte diese aufgeplatzten Granatäpfel nicht im kirchlich-christlichen Sinn als Fruchtbarkeitssymbol, sondern *„Das damit angeborene, zunächst verborgene, dann aber nach und nach ans Licht kommende hohe Anlagen symbolisiert werden, die sich zu Herrschertugenden auswachsen"*.

Die dargestellte Kugel ist nicht der Reichsapfel (es fehlt das Kreuz), sondern sie symbolisiert dem im antiken Römischen Reich aus der Himmelskugel entwickelten Globus, dieser gilt als röm.-kaiserliches Machtsymbol und Sinnbild für die Weltenherrschaft.

Dazu kommt noch das Glücksrad mit den Messern – das alles könnte laut Hollegger unter Einbeziehung des Wappens wie folgt interpretiert werden:

„Maximilian, Römischer König und König zu Ungarn, Dalmatien und Kroatien, Erzherzog zu Österreich, Herzog zu Burgund, zu Steiermark und zu Kärnten, der aufgrund der Fülle seiner angeborenen Tugenden trotz vieler Widrigkeiten/Gefahren die Weltherrschaft erreichte oder genealogisch-dynastisch gedeutet, zumindest für seine Dynastie vorbereitete." MF

1 Abt Trithemius vom Kloster Sponheim fälschte die Ahnenabstammung, wodurch ein Gelehrtenstreit entbrannte. Die gängige Meinung, das Haus Habsburg hätte römische Ursprünge, wurde durch die Theorie des Troja-Stammbaumes noch getoppt.

2 Erzherzog Ferdinand II. ließ sich auf seinen Hochzeitsharnisch, wo er als Held Achill auftrat, ähnliche Löwenköpfe montieren (KHM, Schloss Ambras, „all'antica-Stil" von Jakob Topf, 1580).

3 Hektor war Sohn des Königs Priamos und wurde zum Stammvater des fränkischen Hauses. Homer wie auch Vergil beschreiben Hektor als tapferen, wagemutigen Kämpfer, der auch in die Reihe der neun kühnen Ritter (Neuf Preux) aufgenommen wurde. In Dreiergruppen wurden Vertreter der heidnischen Antike (Hektor, Alexander d. Gr., Julius Caesar), des Judentums (Judas Makkabäus, David, Prophet Josua) und des Christentums (König Artus, Karl. d. Gr., Gottfried v. Bouillon) dargestellt. Vgl. auch die TRIADEN von Schloss Runkelstein (13_01–03).

4 Granatäpfel mit aufgeplatzter Schale weisen auf Herrschertugenden hin, denn „der Granatapfel sei weder äußerlich schön, noch habe er süßen Geruch, doch im Innersten sei er mit *„vil edler mildigkait und wohlgemachten kornern begabet"*. Dies vermöge die *„verporgen schicklichait und mildigkeit mit der zeit nacheinander teglich zu pflanntzen und zu offenwaren"* (Kellner, Formen des Kulturtransfers am Hof Kaiser Maximilians I., 2013, 83–85), Clavis V, 2–3.

LITERATUR:

AK Maximilian I. Innsbruck, 1969, Kat. Nr. 520.
AK Hispania – Austria, 1992, Kat. Nr. 129.
AK Kunst der Dürerzeit, 2012, Kat. Nr. 20.
Friedrich, Müller, Spieß, Kulturtransfer am Fürstenhof, 2013.
Kellner, Formen des Kulturtransfers am Hof Kaiser Maximilians I., 2013, 83 ff.

16_07

MAXIMILIAN DIKTIERT MARX TREITZSAURWEIN

UNBEKANNTER KÜNSTLER

1512

Kolorierte Federzeichnung auf Papier, 31,5 × 21,3 cm
Österreichische Nationalbibliothek Wien, Sammlung von Handschriften und alten Drucken, Sig. Cod. 2835
Provenienz: Ambraser Sammlung, 1665 Hofbibliothek Wien

Marx Treitzsaurwein aus der Umgebung von Innsbruck war Kanzleischreiber bei Maximilian seit 1501. Neben Jörg Kölderer[1] war er sicher einer der am häufigsten beanspruchten Untergebenen. Denn Maximilian pflegte sehr penibel und genau seine Vorstellungen zu diktieren. Auf der Darstellung sieht man den Schreiber auf den Stufen vor dem Kaiser knien, zum Diktat bereit. Maximilian sitzt in Rüstung und mit Krone in einer Laube. Auf den seitlichen Bäumen hängen, neben

16_07

den Wappen des Reichs (li) und dem Bindenschild mit Burgund (re), auch noch verschiedene Lorbeerkränze. Die Funktion von Treitzsaurwein war wichtig und wurde neben Maximilian auch von seinen Nachfolgern geschätzt, sodass der Schreiber 1519 zum „Ritter von Ehrentreitz" ernannt worden ist.

So waren es vor allem die Themen des *Triumphzuges*, der *Ehrenpforte*, der *Sipp-, Mag- und Schwägerschaft* sowie des *Freydal*, die der Schreiber nach Maximilians Vorstellungen aufzeichnete und gemeinsam mit Skizzen und bildhaften Darstellungen Kölderers[2] in die Künstler-Werkstätten weiterleitete. *MF*

1 Jörg Kölderer, Hofmaler, Faktotum und Empfänger eines fixen Soldes, war von Maximilian in vielen Dingen einsetzbar, so u. a. auch zur ersten Illustrierung seiner Ideen, die dann, häufig mit Korrekturen seitens des Kaisers, weitergeleitet worden sind.

2 1501 bekommt Kölderer eine fixe Hofanstellung, dafür musste er dem Kaiser ein Vierteljahr uneingeschränkt zur Verfügung stehen. Maximilian dürfte mit ihm zufrieden gewesen sein, denn 1507 wird er als Hofmaler ganzjährig berufen. Allerdings musste er sich verpflichten *„sonst Niemand mit seiner Kunst zu dienen"*, und durfte nur zwei Gesellen und zwei Helfer anstellen, nicht ohne Wissen der Kammer.

LITERATUR:

Fischnaler, Jörg Kölderer und die Ehrenpforte Kaiser Maximilians, 1902.

AK Maximilian I. Triumph eines Kaisers, 2005, 16 ff.

AK Kunst der Dürerzeit, 2012, 80 ff.

16_08

VISIERUNG KENOTAPH KAISER MAXIMILIANS I.

FLORIAN ABEL († 1565)

Um 1561

Tempera auf Papier,
auf Leinwand kaschiert, 474 × 209,5 cm
Kunsthistorisches Museum Wien,
Schloss Ambras, KK, Inv. Nr. 4971

Die inmitten der Bronzefiguren stehende Tumba, welche den Kaiser nicht beherbergt, sondern ein Kenotaph (= leeres Grab) ist, zeigt auf ihren 24 Marmorreliefs die Summe des politischen Lebens Maximilians I. Hochzeitsdarstellungen, Verträge und Schlachtenszenen, nach dem Vorbild der Ehrenpforte (16_02) errichtet, wechseln einander ab. Die Idee eines Hochgrabes ist seit 1527/28 bezeugt, als Jörg Kölderer von Ferdinand I. den Auftrag erhielt, eine liegende Figur des Kaisers zu entwerfen. Dieser Entwurf ist nicht erhalten geblieben. Terzio wie auch Uschall lieferten 1556/57 weitere Entwürfe, die bereits Tumbawände, geschmückt mit Historien, sowie eine kniende Kaiserfigur vorsahen.

1561 wurde mit den *Brüdern Abel* aus Prag ein Vertrag geschlossen, wobei *Florian* den Entwurf (= Visierung) lieferte und seine Brüder *Bernhard und Arnold* diesen in Marmor umsetzen sollten. Florian Abel übertrug die Darstellungen der Ehrenpforte ins Breitformat, seine Brüder arbeiteten zögerlich und kamen nicht vom Fleck.[1] So wurde bereits 1562 der aus Mechelen gebürtige *Alexander Colin* in die Werkstätte aufgenommen, dem dann die Arbeiten übertragen wurden. 1566 waren die Arbeiten an den Reliefs abgeschlossen, während die Arbeiten am Tumbadeckel (Bronzefiguren Maximilian + Kardinalstugenden) bis ins Jahr 1584 andauerten. Colin schuf in nur drei Jahren 21 der 24 Reliefs, welche vom niederländischen Florisstil geprägt waren und die Hochrenaissance nach Innsbruck brachten (s. a. 17_01). Von Florian Abel, der 1565 starb, ist nur die Visierung mit den acht Reliefzeichnungen erhalten geblieben, die restlichen Arbeiten stammen entweder von einem unbekannten Künstler oder sind nicht überliefert.

Die Entwürfe sind zwar nicht ident mit den Ausführungen Colins, aber doch größtenteils erkennbar (von links nach rechts lesbar); die Reliefszenen werden von zwei Frauengestalten umrahmt, Fides (Glaube mit Kelch) und Spes (Hoffnung mit Anker). Florian Abel hat noch den Trophäenfries am Sockel des Kenotaphs entworfen, dieser wurde aber von Colin überarbeitet und von Hans Christoph Löffler gegossen.

Die Entwürfe Abels (16_06) halten sich an die Ehrenpforte (16_04), sind aber nicht immer mit den ausgeführten Reliefs (17_01) erkennbar – ein Versuch der Zuordnung sei trotzdem gestattet.[2]

Fakt ist, dass die Visierung Florian Abels nicht als definitiver Entwurf für Colin gelten kann. Sein Verdienst war es, das Hochformat der Ehrenpforte in ein Querformat für die Reliefs umgewandelt zu haben. War es der freie Zugang Colins zu den Vorarbeiten oder ist eine definitive Vorlage nicht erhalten geblieben – bis heute ist das Geheimnis um die Reliefs nichtvollständig entschlüsselt.

16_08

Darstellungen:

1. Schlacht von Hennegau 1479 = Relief II (Sieg der Franzosen bei Guinegate 1479) – Springinklee, Darst. 3
2. Rückeroberung der von den Ungarn eingenommenen Gebiete, 1490/91 = Relief VI (Einzug Maximilians in Wien) – Springinklee, Darst. 13
3. Einnahme von Stuhlweissenburg 1490 = Relief VII (Einnahme von Stuhlweissenburg) – Springinklee, Darst. 14
4. Hochzeit Philipps d. Schönen mit Johanna v. Kastilien = Relief XII (Vermählung Philipps mit Johanna v. Kastilien 1496) – Dürer, Darst. 15
5. Schlacht v. Geldern, die kämpferische Auseinandersetzung Maximilians mit den zum zweiten Mal revoltierenden Niederlanden 1494 = Relief XIX (zweiter Sieg von Guinegate gegen Frankreich 1513) – Springinklee, Darst. 19
6. Schweizer Krieg = Relief XX (Vereinigung der Kaiserlichen Truppen und der englischen Armee vor Thérouanne nach der (2.) Schlacht bei Guinegate 1513). Die Schweizer ließen den Kaiser im Stich und liefen für Geld zum Feind über. Der eigentliche Krieg gegen die Eidgenossen kommt am Kenotaph nicht vor. – Traut, Darst. 16
7. Krieg um die Krone von Neapel 1494/95 = Relief X (Bündnis gegen Frankreich 1495, Heilige Liga, wo sich Maximilian, der greise Papst Alexander VI., Lodovico Sforza und Ferdinand v. Aragon treffen) – Traut, Darst. 17
8. Bayerischer Krieg, Schlacht v. Regensburg 1504 = Relief XIII (Schlacht bei Regensburg 1504)
Traut, Darst. 18 *MF*

1 Die langsame Arbeitsweise der Brüder Abel war vermutlich ihrem Alkoholmissbrauch geschuldet: Beide verstarben 1563/64 an Delirium tremens. Von ihnen stammen drei Reliefs, die sich von Colin dahingehend unterscheiden, dass sie weitaus flacher gearbeitet waren und nicht über die hohe Qualität des Colin'schen Oeuvres verfügten (V, XXI, XXII).

2 Die Historienbilder sind nicht chronologisch oder faktengetreu gestaltet. Die Reliefs am Kenotaph kommen den tatsächlichen Ereignissen am nächsten. Eine Untersuchung der exakten Vorlagen Colins steht noch aus. Bezeichnung Abel – Relief Colin – Historiendarstellung mit Künstler.

LITERATUR:

Dressler, Colin, Diss. Freiburg im Breisgau, 1973, II/2.

Egg, Die Hofkirche in Innsbruck, 1974.

Wiesflecker, Kaiser Maximilian I., I–V, 1971–86.

AK Werke für die Ewigkeit, 2002, Kat. Nr. 53.

Frenzel, Kenotaph, 2003, 4 ff.

Haidacher, Diemer, Maximilian I., 2004.

16_09 a–b

DIE HEILIGEN DER SIPP-, MAG- UND SCHWÄGERSCHAFT KAISER MAXIMILIANS I.

UMKREIS DER DONAUSCHULE/KÜNSTLER AUS KÖLDERERWERKSTATT HISTORIOGRAPH JOSEPH MENNEL

1515

Kolorierte Federzeichnung auf Papier, 26,3 × 22,3 cm
Miniaturencodex D (A–C waren Vorlagen für Holzschneider)
Österreichische Nationalbibliothek Wien, Sammlung von Handschriften und alten Drucken, Sig Cod. Ser. n. 4711, Fol. 22, 38 exemplarisch

Jeweils zwei Heilige, auf einem Grünstreifen mit Landschaftshintergrund stehend, sind auf einem Blatt mit ihren charakteristischen Attributen zusammengeführt.

Heilige und Selige unter seiner Verwandtschaft zu haben, stellte ein besonderes Privileg dar.

Ein Höhepunkt in diesem Zusammenhang war die 1485 von Friedrich III. und Maximilian I. betriebene Heiligsprechung *des Markgrafen Leopold v. Babenberg*, der selbstredend in die illustre Reihe der Vorfahren aufgenommen wurde, ohne Rücksicht auf die tatsächliche Abstammung.

Dem Codex beigefügt ist eine Liste mit der Kurzbeschreibung der dargestellten Heiligen, die vielfach in Vergessenheit geraten sind. Die Historiografen Maximilians, hier insbesondere Jakob Mennel, erstellten Listen, welche der Kaiser häufig selbst durchsah. Erste Skizzen wurden dann mit den spezifischen ikonografischen Attributen versehen (Kölderer?) und nach Fertigstellung der Malereien (Werkstätte) den Holzschneidern übergeben. Landschaftliche Details (Bäume, Zweige, Berge ...) sprechen für ein Naheverhältnis des Künstlers zur Donauschule.[1]

Als Beispiele zwei Blätter aus der insgesamt 102 Darstellungen umfassenden Chronik:

Fol. 22 S. Carolus Magnus & S. Adelardus

Fol. 38 S. Brigitta & S. Colomanus

Hinter dem Hl. Adelardus (Adalardus, † 827) ist das Kloster von Corvey (od. Corbie) angedeutet, wo er als Abt tätig war. Als Enkel von Karl Martell gehörte er der fränkischen Oberschicht an und lebte zeitweilig am Hofe Karls d. Gr.

Seine große Mildtätigkeit wurde durch ein Wunder belohnt: Ein Wagen voll mit Käse und Fischen erschien vor dem Kloster und Adalardus verteilte die unverhofften Lebensmittel den Armen.

Daneben ist Karl d. Gr. († 814) im Krönungsornat dargestellt, wobei Rüstung und Krone stilistisch dem 16. Jhdt und nicht der Zeit Karls d. Gr. zuzuordnen sind. Der dürre Ast, welcher von rechts in das Bild hineinragt, ist ein typisches Merkmal der Donauschule. Der Sarg mit geöffnetem Deckel weist auf die kostbarsten katholischen Reliquien, nämlich den Schlüssel zum Grab des hl. Petrus, den Karl vom Papst erhalten habe, hin. Dies bestärkte Karl, die Übertragung der römischen Kaiserwürde für sich zu beanspruchen (Translatio Imperii), sodass es für Maximilian naheliegend war, Karl als seinen „legitimen Vorfahren" anzusehen.[2]

Die Hl. Brigitta († 523) entstammte einem schottischen Fürstengeschlecht (Thaumalurga). Mit 14 Jahren empfing sie klösterliche Weihen und lebte von

16_09 a

16_09 b

nun an mit sieben Gleichgesinnten in einer Höhle. Sie wirkte viele Wunder, u. a. heilte sie einen Mann, dem die Hand abgeschlagen wurde.

Der Hl. Coloman († 1012) war ein schottischer Königssohn. Auf einer Pilgerfahrt ins Heilige Land wurde er in Stockerau bei Wien als vermeintlicher Spion festgenommen und zum Tode verurteilt durch Erhängen. Die Leiche blieb zwei Jahre lang unversehrt, er wurde 1014 beerdigt und später seine Reliquien in Melk beigesetzt. In der Darstellung hält er einen Strick, weitere Marterwerkzeuge liegen am Boden. *MF*

1 Benesch – Auer, Historia, 1957 schreiben die Grundtypen bzw. erste Skizzen Kölderer zu, sprechen sich aber gegen eine Autorschaft Kölderers als Maler aus. Sie kommen zu dem Schluss, dass es wohl ein jüngerer Werkstätten-Mitarbeiter war, der bereits mit der Malweise der Donauschule in Kontakt gekommen sein musste. Sie weisen die Kölderer-Werkstätte als einen Sammelpunkt für junge Künstler aus, die der Donauschule zuzuordnen sind und weitaus fortgeschrittener in ihrer Malweise als ihr Meister und Hofmaler Kölderer waren.

2 Im Mittelalter wurde im Westen nach der Kaiserkrönung Karls des Großen in Rom durch Papst Leo III. am 25. Dezember 800 die Idee eines erneuerten Römerreichs vertreten. Leo III. sandte nach seiner Wahl die Schlüssel zum Grab des Heiligen Petrus als Zeichen eines Treueides an König Karl den Großen. Diesem wurde das Amt eines „patricius Romanorum" zugesprochen und er war somit Schutzherr über Rom. Seit dem 13. Jhdt wurde das Reich als „Heiliges Römisches Reich" bezeichnet. Maximilian I. sah in seiner Abstammungstheorie im fränkischen Herrscher Karl d. Gr. seinen legitimen Vorfahren: Der Konflikt mit Frankreich hatte durch diese Sichtweise eine seiner Wurzeln.

LITERATUR:

Benesch, Auer, Historia Friderici et Maximiliani, 1957, 102 f.

AK Maximilian I. Innsbruck, 1969, Kat. Nr. 609.

AK Werke für die Ewigkeit, 2002, Kat. Nr. 60.

AK Kunst der Dürerzeit, 2012, Kat. Nr. 22.

Quelle: ÖNB, Codex Ser. n. 4711, Anhang: Vita der Heiligen.

16_10

FIGUREN FÜR DAS GRABMAL KAISER MAXIMILIANS I.

JÖRG KÖLDERER & WERKSTATT

1522/23

Kolorierte Federzeichnungen, 30 Stück, 42 × 28,8 cm
Österreichische Nationalbibliothek Wien, Sig. Cod. Vind 8329

Der Hofmaler *Jörg Kölderer*, der ab 1518 auch Hofbaumeister war, leitete nach dem Tod Maximilians die Arbeiten am Grabmal. In dieser Zeit entstand das Album mit den 30 Zeichnungen. Es ist auf alle Fälle unvollständig, da ja zu diesem Zeitpunkt noch 40 bzw. 39 Figuren geplant waren. Erst 1555 gab es einen Figurenstopp durch Ferdinand I., als sich die Kirche bereits im Bau befand.

Auch hier kam Kölderer und seiner Werkstatt die Rolle des *Vermittlers* zu: Es sind sowohl die schon fertiggestellten, aber auch die noch auszuführenden Figuren festgehalten. 1519 mit dem Ende der Sesselschreiber-Ära waren acht Bronzefiguren abgeschlossen.[1] Vermutlich dienten die Zeichnungen als Kontrolle der schon ausgeführten Arbeiten und der noch zu liefernden Werke. In ihrer subtilen Farbigkeit zeigen sie uns die unterschiedlichen Stoffmuster und bestechen durch ihre abwechslungsreiche modische Vielfalt. Sie verdeutlichen, wie detailliert die Vorlagen für die Bronzegüsse waren. Es sind präzise und qualitätsvolle Zeichnungen, die bisher wenig beachtet worden sind.[2] Vermutlich auf die nicht erhaltenen *Entwürfe Sesselschreibers* zurückgehend, wurden sie dann von *Kölderer & Werkstätte abgezeichnet* und leicht modifiziert. Sie stellen so eine wertvolle Bestandsaufnahme im Arbeitsprozess der Bronzefiguren dar. *MF*

1 Drei Figuren sind wieder eingeschmolzen worden, darunter auch die Figur der Eleonore, weil ihre langen Haare nicht zufriedenstellend geglückt waren. Für die Auskunft danke ich Kollegin Maria Haller.

2 Sesselschreiber war ja ursprünglich Maler und widmete sich erst in Innsbruck dem Bronzeguss. Die Zeichnungen entsprechen in ihrer dekorativen Art nicht der Malweise Kölderers.

LITERATUR:

Oberhammer, Die Bronzestandbilder des Maximiliangrabes in der Hofkirche zu Innsbruck, 1939.

AK Maximilian I. Innsbruck, 1969, Kat. Nr. 607.

16_10
König Ladislaw, Erzherzog v. Österreich, König zu Hungern,Beham, Grave zu Habsburg

16_10
Fraw Eleonora Rö Königin aus Portugal, Kayser Friedrichs Gemahl und Kays. Maximilanus Mutter

16_11

AUFSTELLUNGSPLAN FÜR GRABMAL MAXIMILIANS I. IN DER GEORGSKIRCHE IN WIENER NEUSTADT

JÖRG KÖLDERER

1528

Papier, mit Beschriftungen über Raummaße und Positionierungen, 44,5 × 30 cm
Österreichisches Staatsarchiv Wien, Habsburgisch-lothringisches Familienarchiv, Sig. AT-OeStA/HHStAKe 3/4-3

Jörg Kölderer liefert König Ferdinand I. nach Prag einen genauen Bericht über den Fortgang des Grabmalsprojekts. Die *Pergament- od. Köldererrolle* hält den Zustand der 39 geplanten Figuren fest (22_01). Kölderer wurde von Ferdinand I. beauftragt, sich in Wien und Wiener Neustadt nach einem geeigneten Aufstellungsort umzusehen. In Wien befand er den *Stephansdom* als eine Möglichkeit und in Wiener Neustadt die *Benedektinerkirche und die Georgskapelle der Burg.* Kölderer favorisierte die Georgskirche und wollte die Tumba im Mittelschiff um drei Stufen erhöhen und die Standbilder jeweils auf steinerne Säulen stellen. Ihr Abschluss sollte höhenmäßig mit dem Abschlussgesims der Langhausgalerie korrespondieren.

Letztendlich scheiterten die Pläne für die Georgskirche an der Statik, denn sie ist im unteren Teil für eine Tordurchfahrt ausgehöhlt und hätte dem zentnerschweren Gewicht der Statuen nicht standgehalten. *MF*

LITERATUR:
AK Hispania – Austria, 1992, Kat. Nr. 180.
AK Werke für die Ewigkeit, 2002, Kat. Nr. 63.1, 63.2.

16_12

ROSENKRANZFEST

ALBRECHT DÜRER

Kopie vom Ende des 16. Jhdts nach Albrecht Dürer, Original im Dreißigjährigen Krieg schwer beschädigt (Nationalgalerie Prag)

1506

Öl auf Leinwand, 160 × 193 cm
Kunsthistorisches Museum Wien, GG, Inv. Nr. 1900

Dürer malte die Altartafel für San Bartolomeo, die Nationalkirche der deutschen Kaufleute in Venedig, während seines zweiten Aufenthaltes (1505–07). Das großformatige Werk rief Bewunderung hervor, Kaiser Rudolf II. erwarb es Ende des 16. Jhdts für seine Kunstsammlung in Prag. Zerstörung und unsachgemäße Restaurierung haben dem Original arg zugesetzt, sodass der Kopie des 16. Jhdts große Bedeutung zukommt.

16_11

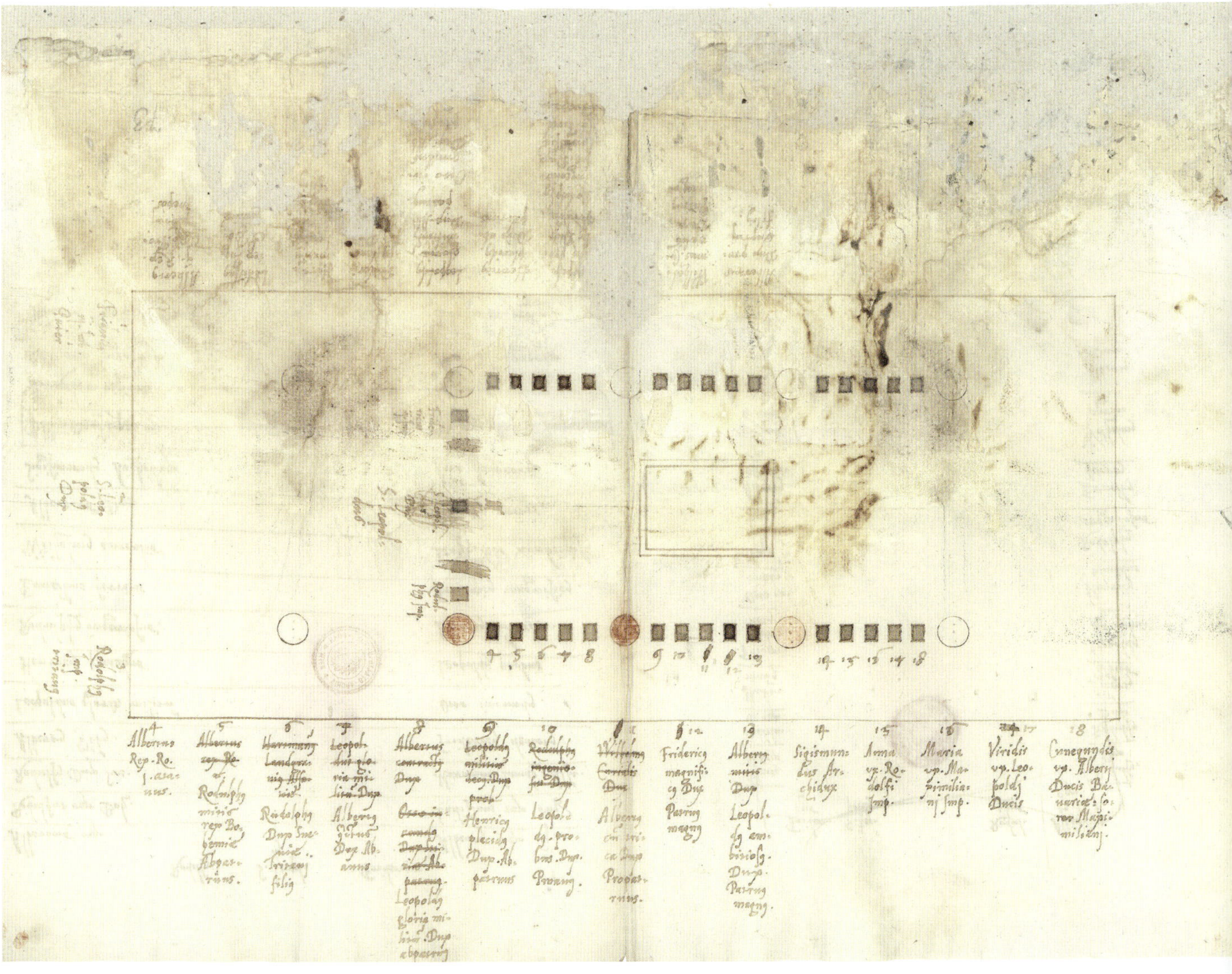

Der Maler hat ein zutiefst politisches Sujet gewählt: Kaiser und Papst knien einträchtig vor der Madonna, die Kränze aus Rosen verteilt. Im realen Leben standen sich die beiden mächtigen Herrscher skeptisch bis distanziert gegenüber: Julius II. Rovere als Papst und Maximilian I. als Kaiser werden im Venedigerkrieg (1508–16) zu erbitterten Gegnern.

Dürer malte viele zeitgenössische Portraits in dieses Bild, so den *Herzog von Braunschweig, Agnes Dürer, ein Mitglied der Familie Fugger, Conrad Celtis* – im Hintergrund unverkennbar *Dürer* selbst[1], der vor dem Baum steht und sein Freund *Willibald Pirkheimer*. Dürer stellt die Idee des Heiligen Römischen Reiches, die Maximilian vehement vertrat, bewusst in den Mittelpunkt und lässt Kaiser und Papst friedlich vereint vor der Madonna knien. Für das Portrait von Maximilian verwendete der Künstler eine Vorlage von *Ambrogio de Predis*, da er zu diesem Zeitpunkt Maximilian noch nicht persönlich begegnet war. *MF*

1 Die Darstellung Dürers erinnert an sein „*Selbstportrait im Pelzrock*“ von 1500, München, BSG. In der Hand hält er ein „cartellino“, auf dem zu lesen steht: „*Exegit quinque /mestrispatio. Albertus Dürer Germanus MDVI/AD.*“

LITERATUR:

AK Maximilian I. Innsbruck, 1969, Kat. Nr. 564.
AK Hispania – Austria, 1992, 178.
AK Maximilian I. Triumph eines Kaisers, 2005, Kat. Nr. IV. 27.
Weiss, Maximilian I., 2018, 197.

16_13 (ohne Abbildung)

SCHREIBEN MAXIMILIANS AN PAUL V. LIECHTENSTEN

Autograph, Codex, deutsch
Oberösterreichisches Landesarchiv, Herrschaftsarchiv Eferding-Starhemberg, Starhemberger Sig. HS 32

MAXIMILIAN SCHREIBT AN PAUL V. LIECHTENSTEIN OB SEINER GEPLANTEN PAPST-KANDIDATUR.
Max berichtet Liechtenstein, *„dass er beabsichtige, als Papst zu kandidieren, er wollte auch … keine Frau mehr anschauen und ein ganz keusches Leben führen … und sich keinen Vergnügungen und Ausschweifungen hingeben!*

Es ging darum, die zur Sammlung freigegebenen Kreuzzugsgelder in die Hand zu bekommen, um endlich mit dem Kreuz-

16_12

1 Maxmilian I.
2 Papst Julius II. Rovere
3 hl. Dominikus
4 Antonio Soriano
5 Kardinal Domenico Grimani
6 Burckhard v. Speyer (Almosier von San Bartolomeo)
7 Herzog Erich v. Braunschweig
8 Agnes Dürer
9 Mitglied der Fugger
10 Baumeister Hieronymus
11 Conrad Celtis
12 Willibald Pirkheimer
13 Albrecht Dürer
14 nordischer Landschaftshintergrund

zug ans Ziel zu kommen, aber auch als Nebeneffekt wären die Ablassgelder nicht schlecht gewesen! Aber – der Papst gesundete und der Traum war ausgeträumt!

Maximilian etc.
Edler lieber getrewer, uns zweyfelt nit, du tragst noch in frischer gedechtnus unsser anzaigen, die vor verschiner zeit gethan, aus was grundt und ursachen wir willen und mainung hetten, nach dem bapstumb wo wier anders dartzue khumen mechten zustellen, dan auf wier dan bisherr füer und füer unsser bedenkhen gehabt. Nun finden wir in uns selbs, auch in grund also ist uns nichts billicheres höcheres oder ersters zu zusteen, als berüert bapstumb zu überkhomen.

Und dieweil dan jetzo bapst Julius der jüngst kurtzlich gar tödlich krankh worden und als dir durch unßern hof und Tierolischen Cantzler Ciprian von Sernntein angezaigt ist, alle welt zue Rom gemaint hat, er sey mit todt vergang, haben wir demnach in uns selbst entschlossen vor berüerten unßern füernemen, sovil möglich ist, nachzukomen und dermassen handtlen und practiciern zu lassen, damit wier zu dem gedachten bapstum kumen mügen, und darauf yetzo sovil dem cardinal Adrianus so ein zeit lang wie du waist heraußen bey uns in Teütschen landten geweßen, die berierten sachen füerschlagen der uns dan gentzlichen dartzue ratet und vermainet, Es sol khainen mangl an den cardinalen haben, und an solchen zue hören von freüden gewainet, und nach dem du aber selbst wol ermessen und gedenkhen mahgst, wo der bapst also sturb [am linken Rand: daz ist des kaisers aigen wortlaut:] als sich gantz zuversehen ist dan er ist gar wenig, und daz daz er ist, seindt als nur frücht, und trinkt [21v] sovill mehr, dan dardurch sein uben khain bestandigkhai[t] hat und so er sturb, so ist er der von Gurkh von unns gevertigt geen Rom zu passiern, uns hinder daz bapstumb zwe helffen. Aber nach dem solches on ain merkhliche summa geltes, die wier darauf legen und uns gestern lassen miessen nicht wol beschehen mag, haben wier demnach angeschlagen zu notturft vor berierts unßers füernemen auf zusagen und versprechen den cardinaln und etlichen andern personnen in dissen sachen zuverhelffen bis in dreymal hundert tausent ducaten zugebrauchen und daz solches alles allain durch der Fukher pankh daselb zue Rom, endtlichen gehandelt bestelt und zuegesagt werde und beschechen mues und dieweil du aber waist wie disser zeit mit gelt nicht verfast sein, auch an unsserm vermügen nicht ist, yetzt gedachten Fugkher vorbestimb[te] Summa gelts halben, anders als mit unsseren clainodern zuvermügen und diesselben einzuesetzen.

Demnach empfelchen wier dir mit allem ernst und we[l]len daz du von stundan und auf daz aller fürderlichist bemelten Fukher vorberüert sachen und was uns dar[an] gelegen ist, mit bestem fugen, wie du wol zuthuen waist in gehaimb und auf die pflicht deiner ehr, uns al[s] unsser rathe verpundten ist zuerkhenen gebesst und darauf mit allem höchsten und bessten fleis, so müglichen ist, handlesst uns zue ehren und gevallen, die vor berüerten dreymal hundert tausent ducaten, zu disem handl in sein pankh geen Rom ains thails zuerlegen, und durch aln panchen gewis zu machen, in der gestalt, das sein factors daselben solch gelt, denen so inen durch unsser [22r] füersten und lieben andechtigen Matheußen bischoffen zue Gurkh, und ander unsser oratores so wir daselbst hin geen Rom verordnen angetzaigt werden gewislich zuentrichten und zu bezallen, und auf redliche zill, daz halb wie gemelt ist versprochen und versicheren, geben zuesagen und versprochen, und inen desthalben zusag zeteln, aus der pankh wie gewonhait ist geben.

Da entgegen wier ime alsdan die bessten vier truchen mit unssern clainodern mitsambt unßern lehen gewandt daz dan nicht dem reiche, sunder uns und dem haus Osstereich zuegehörig ist, und wir, wo wir daz bapstumb erlangen, nicht mer bedürffen dan wo wier und von merer ehren wegen zuvor kayser crönen lassen wolten wir, uns des heyllig hertzog Carl lehen gewant, daz wir mit uns zunemen willens sein, betragen zue füerpfandt einsemen wellen.

Und dan er uns yetzo zustundt in abschlag ob bestimbter summa, oder auf dein selbst versprechen, darumben wier dich auch versichern und vergwissen wolten zehenthausent ducaten par in dem wechßl geen Rom zue des obbemelten von Gurkh handten mache und uns solches aus obermelten ursachen dem sondern vertrawen nach so wier zue ime tragen, khaines wegs abschlache noch vertzeiche. So wellen wier dier sobaldt du obangezaigt unßer begeren von dem Fukher erlangen, daz uns dan zu stundt, und füerderlichist bey tag und nach zueschreyben sollest gnuegsamb bevelch quittung und anderer brieff die vorberüert thruchen und lehengewandt [22v] zu uberantwortten zu schikhen dieselben furtten, wie obensteet den obgenanten Fukher einzusetzen, und sover sich derselb Fukher in berierter handtlung merkhen lies, zu wissen wan wier solch unsser clainot und lehengewandt, wo er die in seiner gewaltsam hat, von in widerumb laßen wolten.

Sullest du ime antzaigen und zu erkhennen geben, dan wier der mainung sein, in zu bezallung vorberierter summa der dreymal hundert thausent ducaten und dartzue umb hundert thausent ducaten, die wier ime umb seine drey clainoder, so wier auch von im zu nemen, [am linken Rand: diß ist des kaysers aigner wortlaut:] wiewoll dy beriert summa nich werdig sein aber doch im gehaim zu ainem interesse vorberüerts seines darlehens zugeben willen sein, daz dan in ainer gantzen summa vc m xxxiii tausent gulden Reinisch bringen wierde auf des reichs hilfgelt so wir jetzo auf negst konfftigen reichstag von den stennden deselben reichs erlangen werden, desgleichen unsser erblichen füerstenthumb lande konfftigen hilf und stewren, und dartzue das gelt so uns vo unssern lieben brueder den könig von Hispanien ordinari jerlich geraicht wierdet verweißen und solchen alles zue erledigung unsser clainot vervalchen lassen, wo aber daz alles angetzaigte summa nit erraichet daz wir ime als dan umb die ubermas den dritthail alles unssers einkhombens obgedachts bapstumbs bis zue völliger bezallung zuestellen wellen, deßhalben er dan ainer aus seinen freundten der ime gevellig ist, zu uns an unssern hoff verordnen mag, den wellen wier zu unsserm schatz oder camermaister vorberiert unsser einkhumben zu handlen, auch sein [23r] dritthail zu empfachen und einzunemen, machen auch denselben in anderen unsseren sachen gebrauchen etc.

In die sein obangetzaigten sachen allen dein besten und müglichisten vleis nicht sparst oder underlassest, solches also gewißlichen zuerlangen, und ob die schon vorberüerts unsser begeren, ainmal oder mer, von dem selben Fukher abgeschlagen wurdte, nicht destminder widerumben anhalttest und dermassen handlest, damit uns obangetzaigt unsser begeren vervolge und bis darin nicht saumig oder lessig, sunder brauch also vleis, wie wir unsser vertrawen zu dir setzen und auch die eill und notturfft diesser zeit erfordert und was die in dem allem begegendt, uns solches füerder[gleichen] lichen zueschreybest, uns darnach dabey zuerichten daran thuestu uns sonder genediges gefallen, und wier wellen daz in kunfftig zeit mit allen gnaden geg(en) dir und die deinen erkhennen und zue gueten nit vergessen. Wier füegen dir auch zu wissen, daz uns unsser secretari Jancolla auf heut geschriben hat bey ainer aignen posst, daz die Ursiner, Colloneser und d(er) populus Romanus gentzlichen geschlossen sein und fiergenomben haben, [am linken Rand: diß ist des kaisers aigner wortlaut:] kainen bapst der Francösisch oder Hispanisch sey oder durch dissen gemacht werde zu haben oder anzunemen, und schikhen darauf ier treffentlich pottschafft im gehaimb zu uns, in schein zu begern, daz wier und der Francos mit dem bapsst nicht kriegen sulten darfüer zubitten, als die so neutrall sein an bapst umb und Romisch reich. Geben xvi Septembris anno undecimo 1511.

An herrn Paullußen von Liechtenstain etc. *CG*

16_14

BRIEF MAXIMILIANS AN SEINE TOCHTER EH MARGARETE/PAPSTIDEE

Une lettre de l'Empereur Maximilian à sa fille Marguerite v. 18.09.1511

Archive du Nord, série B, plus précisément, sous la cote B18856/30457

Maximilian teilt Margarete mit, dass er Papst werden möchte.

Auszug:

Sehr liebe und geliebte Tochter …

Und wir finden es aus keinem Grund gut, dass wir uns aufrichtig verehelichen sollten, haben aber weiter unsere Entschlossenheit und unseren Willen darauf gerichtet, niemals mehr eine nackte Frau zu besuchen …

Und wir entsenden morgen den Herrn Bischof von Gurk nach Rom zum Papst, um eine Form der Vereinbarung zu finden, dass er uns als Coadjutor annehme, damit wir nach seinem Tod versichert sein könnten, die Papstwürde zu erlangen und Priester zu werden und danach heilig zu sein, und dass es für Euch eine Notwendigkeit ist, dass Ihr nach meinem Tod gezwungen sein werdet mich zu verehren, worüber ich mich sehr ruhmreich fühlen würde …

Ich beginne auch die Kardinäle zu bestechen, wobei 200.000 oder 300.000 Dukaten mir einen großen Dienst erweisen werden bei der Parteilichkeit, die unter ihnen bereits vorherrscht …

Ich bitte Euch, haltet diese Angelegenheit vollständig geheim, obwohl ich fürchte, dass in wenigen Tagen die ganze Welt davon wissen muss.

Und Adieu sei von der Hand Eures guten ***Vaters Maximilian, des zukünftigen Papstes,*** *gemacht, am 18. September.* *CG*

16_15, 16_16 (ohne Abbildung)

URKUNDEN MELCHIOR V. MECKAU, FÜRSTBISCHOF VON BRIXEN

Aufschlüsselung der Schulden, welche Maximilian bei Meckau zwischen 1503–1505 hatte

Diözesanarchiv Brixen, Sig. O. A. 965

Melchior v. Meckau (1440–1509) war Dompropst zu Meissen und von 1488–1509 Fürstbischof von Brixen. Er entstammte einer Ministerialenfamilie und studierte in Leipzig und Bologna. Sein Vorgänger im Bischofsamte, FB Georg Golser, machte ihn zum Koadjutor und Maximilian ernannte ihn zu seinem persönlichen Ratgeber. 1488 wird er Fürstbischof von Brixen. Gilt als erster Humanist am Brixner Bischofsstuhl. Er unterstützte Maximilian immer durch Vorstreckung großer Geldsummen, so auch im Engadiner Krieg, was ihm die Kardinalswürde einbrachte.

Meckau häufte ein enormes Vermögen an (Bergbau Schneeberg) und wurde sogar Geldgeber für die Familie Fugger. Diese hatten kurzfristig hohe Schulden bei ihm. Nach Meckaus Tod ging sein Vermögen nicht an die Kirche, sondern zum Teil an eine Stiftung in Meissen. Der Papst focht das Testament an und vermutete, dass ein Teil des Vermögens aus Kirchengeldern stammte, so kam es zu Streitigkeiten – zum Glück für Fugger, der in der Zwischenzeit wieder liquid war und seine Schulden zurückzahlen konnte! Und Maximilian?

Die immense Höhe des Vermögens – das kleine Bergbaugebiet am Schneeberg warf nicht so viel ab – und die Reaktion des Papstes lassen den Schluss zu, dass ein Teil des Vermögens aus Kircheneinnahmen bestand, die Rom gerne zurückbekommen hätte.

16_14

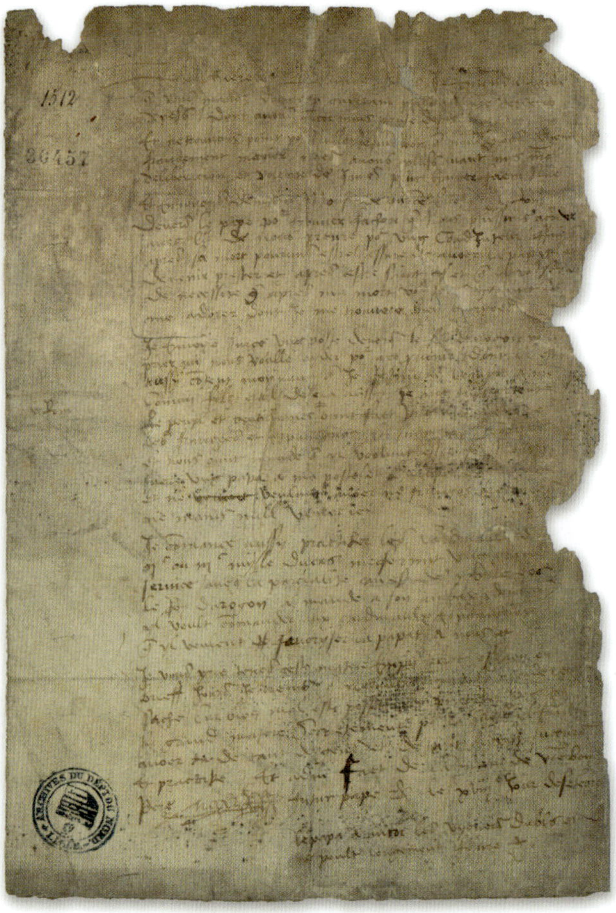

Wechselbriefe: Maximilian I. schreibt an Bischof Cristoff zu Brixen wegen der Wechselbriefe des Kardinals Melchior von Brixen, 16.10.1515, O. A. 1030

Der Nachfolger von Meckau *wurde Christoph v. Schrofenstein.*

Kaiser Maximilian schreibt *an Bischof Cristoff* zu Brixen wegen der Wechselbriefe des Kardinals Melchior von Brixen und der Fugger, die Papst Julius II. an sich genommen, dann aber den Fuggern übergeben hat, mit der Absicht, damit den Kaiser gegen die Venediger zu unterstützen. Bischof Cristoff, Nachfolger des Kardinals Melchior, hatte dann das Geld bei den Fuggern arrestieren lassen, sodass dem Kaiser ein Schaden von 60.000 Gulden erwachsen war und dieser die Belagerung von Lynngado aufgeben und das Kriegsvolk gegen Vincenza verlegen musste. Der Kaiser lädt nun den Bischof ein, auf den 24.10.1515 *MF*

16_17 (Abbildung siehe S. 114)

ÄLTERES GEBETBUCH KAISER MAXIMILIANS I.

NIEDERLÄNDISCH, BRÜGGE? 1486, in burgundischer Bastarda geschrieben

Österreichische Nationalbibliothek Wien, Sig. Cod. Vindob. 1907, Fol. 61v.

Der künstlerische Schmuck dieses Gebetbuches ist ein hervorragendes Beispiel der hochstehenden flämischen Miniaturkunst. Die fünf ganzseitigen farbenprächtigen Miniaturen sind in phantasievolle Rahmen gefasst, wobei die jeweils gegenüberliegende Schriftseite ebenfalls mit einem prachtvollen Zierrahmen geschmückt ist. Blumen, Insekten und Schmetterlinge wechseln einander in vielfältiger Weise ab. [1] Von derselben Hand wie die Vollbilder stammen auch die drei goldgrundierten Initialen, die aus zarten Ranken gebildet und mit kunstvollen Miniaturen gestaltet sind. Die übrigen Seiten sind mit zahlreichen einfachen Initialen verziert.

Eine Miniatur (fol. 61v) zeigt den jugendlichen, gekrönten Maximilian mit langem, goldblondem Haar und rotem Mantel mit Hermelinkragen. Er kniet im Gebet vor dem hl. Sebastian, dem Patron der Bogenschützen, der hier als Ritter in höfischer Rüstung wiedergegeben ist. Verschiedene Reminiszenzen an seine verstorbene Gemahlin sind nicht nur im Wappen (Herzschild Österreich und Burgund), sondern auch im Falken zu erkennen, welcher gerade einen Reiher schlägt. [2]

Maximilian ließ sich die Gebete nach eigenem Gebrauch eintragen, es war für ihn ein alltäglicher Gebrauchsgegenstand, wie auch diverse Spuren beweisen. *MF*

1 „Streublumenbesatz“ (Irblich) ähnlich wie auch im Statutenbuch des Ordens vom Goldenen Vlies (08_07).

2 Marie verunglückte während einer Falkenjagd mit 25 Jahren; siehe 114ff, Wiesflecker-Friedhuber.

LITERATUR:
Unterkircher, Maximilian I. – ein kaiserlicher Auftraggeber illustrierter Handschriften, 1983, 11 ff.

16_18 (ohne Abbildung)

PAPST LEO X., MAXIMILIAN I. UND VENEDIG

Vatikanisches Geheimarchiv

ASV AA ARM I–XVIII NR 3223: Ratifikationsurkunde, 29. März 1514
ASV MISC. ARM II, 52, ff. 83v–85v: Ratifikation („laudum prolatum“) Leos X. für die Einigung zwischen Maximilian I. und der Republik Venedig, Rom, 4. Mai 1514
ASV MISC. ARM II, 52, ff. 24v–26r: Schiedsspruch („Sententia“) Leos X. für die Befriedung Europas, Rom, 4. Mai 1514

Diese drei Dokumente illustrieren die schwierige diplomatische Situation in Oberitalien und geben Einblick in die Verhandlungen während des Krieges gegen die Republik Venedig.

Ratifizierung: Am *29. März 1514* ratifizierte Kaiser Maximilian I. den von Matthäus Lang (1468–1540) in Rom ausgehandelten, vorübergehenden Waffenstillstand mit der Republik Venedig.

Laudum prolatum: Die Urkunde vom *4. Mai 1514* ist das Ergebnis von langwierigen Verhandlungen über einen Ausgleich zwischen Maximilian I. und der Republik Venedig, der auf Grund der sich rasch verändernden militärischen Lage in Oberitalien bei Inkrafttreten bereits überholt war.

Sententia: Dieses Dokument ist der am selben Tag, *4. Mai 1514*, in Rom ausgestellte Vertrag zwischen Papst Leo X. (1475–1521), Kaiser Maximilian I. und Ferdinand II. von Aragon (1452–1516). Darin werden die zu dieser Zeit vorherrschenden Machtverhältnisse auf der Apenninenhalbinsel bestätigt. Ein Frieden mit der Republik Venedig ist nicht Teil des Vertrags. *CG*

16_19

GLOCKE

GIESSER ANONYM

1493, älteste Glocke der Glockengießerei

Gewicht: 66 kg, Durchmesser: 44,3 cm Glockengießerei Grassmayr, Innsbruck, Archiv Nr. 7.3.

Seit dem Jahr 1599 ist die Glockengießer-Familie Grassmayr in Innsbruck ansässig. Dieser älteste Familienbetrieb Österreichs, jetzt schon seit 500 Jahren tätig, hatte seine Ursprünge in Habichen im Ötztal. Die Zeichen der Zeit erkennend, schuf die Familie ein einzigartiges Glockenmuseum, wo man den Werdegang einer Glocke in anschaulicher Weise nachvollziehen kann. Ein Guss ist auch heute noch eine große Herausforderung. Nach wie vor wird nach den alten Gussregeln gearbeitet, einzig der elektrische Strom und eine Hebevorrichtung sind Annehmlichkeiten unserer Zeit. Zudem lernt man, dass Glockengießer auch höchst musische Menschen sein müssen, denn die Entwicklung geht vom einfachen Klangkörper zum komplexen Musikinstrument: Die Herausforderung besteht darin, dass das „Geläute“ mehrerer Glocken aufeinander in klanglicher Harmonie abgestimmt sein muss.

Dieses einzigartige Museum bereichert nicht nur die Kulturlandschaft Tirols, sondern wurde auch vielfach ausgezeichnet (Museumspreis, Maecenas-Preis).

Die älteste Glocke zeichnet aus, dass sie eine schwach abgefaste Henkelkrone besitzt sowie eine Inschrift in gotischen Minuskeln:

IHS + MARIA + HILF + UNS +
AUS + NOT +
MCCCCLXXXXIII

MF

16_19

DIE EWIGE GEDECHTNUS – DER KENOTAPH

Die 24 Reliefs des Kenotaphs werden mithilfe von Augmented Reality hautnah erlebbar gemacht und können am Ende der Führung als Original in der Hofkirche besichtigt werden.

In der Mitte steht die lebensgroße Figur Maximilians vom Tiroler Künstler Rudi Wach.

Im Vorraum wird das ITINERAR MAXIMILIANS (17_02) nachvollziehbar sein.

17_01

KENOTAPH – RELIEFSZENEN

ALEXANDER COLIN (21 RELIEFS), FLORIAN ABEL (VISIERUNG) BERNHARD & ARNOLD ABEL (3 RELIEFS)

1562–1566

24 Reliefs aus Carrara-Marmor, 83 × 56 cm
Hofkirche Innsbruck

Inmitten des Aufzuges der Bronzefiguren erhebt sich das Hochgrab, der sog. *Kenotaph* (= leeres Grab), als freistehende Tumba. Umgeben ist dieser von einem Prunkgitter, welches nach einem Entwurf von *Paul Trabel* angefertigt und 1589 fertiggestellt wurde. Jedoch beeinträchtigt dieses Gitter die Sicht auf die Reliefs.

Seit 1527/28 ist die Idee des Hochgrabes belegt, als König Ferdinand I. sich der Weiterführung des Grabmalsprojektes annahm und *Jörg Kölderer* beauftragte, eine liegende Figur des Verstorbenen zu entwerfen. Dieser nicht erhaltene Entwurf wurde durch einen weiteren von *Francesco Terzio,* nun erstmals mit kniender Figur, abgelöst. 1561 wurde mit den *Brüdern Abel* aus Prag ein Vertrag geschlossen, wonach sie 24 Reliefs in Marmor liefern sollten. *Florian Abel* schuf die Vorzeichnungen zu den Darstellungen, die er, ausgehend von der *Ehrenpforte,* ins Querformat übertrug (16_08). Die Brüder *Bernhard* und *Arnold* erarbeiteten drei Reliefs, während die Hauptarbeit von *Alexander Colin* durchgeführt worden ist. Dieser zeichnet nicht nur für 21 Reliefs verantwortlich, sondern wurde auch 1569 mit der Gestaltung der Figur des *knienden Kaisers* am Tumbadeckel beauftragt. Gegossen wurde diese Figur erst 1583 durch *Ludovico de Duca*[1], einen zufällig durch Innsbruck kommenden Gießer aus Sizilien.

Die Reliefs stellen eine Summe des maximilianischen Lebens dar: Von Hochzeiten und Kriegen wird erzählt, genauso wie von schicksalshaften Begegnungen des Kaisers.

Als Vorlage dienten schon Florian Abel die Szenen der *Historien* auf der Ehrenpforte (16_05).

Diese aus weißem Carrara-Marmor hergestellten Reliefs offenbaren *Colins* große Stärke: Auf nur 10 cm Tiefe arrangiert er höchst gekonnt Massenszenen, vernachlässigt nie die perspektivischen Regeln, indem er das Auge in die Tiefe führt, sei es durch architektonische Versatzstücke genauso wie durch verjüngende, immer kleiner werdende Figurengruppen, welche dann in Isokephalie übergehen. Durch seine geschickten Raumlösungen entstehen imaginäre Räume mit hohem Erzählwert. Er hat mit diesen Arbeiten Kunstwerke von großem Rang geschaffen, durchaus vergleichbar mit den weitaus berühmteren italienischen Bildhauern dieser Epoche.[2] Colin führte den niederländischen *„Florisstil“*[3] in Innsbruck ein, einen Dekorationsstil aus Rollwerk-Verzierungen, welcher vor allem bei den In-

17_01

schriftentafeln zu beobachten ist, die von kleinen Putti in unterschiedlichsten Posen gehalten werden.

Das Relief Nr. I, *die Vermählung Maximilians mit Maria v. Burgund,* verdeutlicht die perspektivischen Bestrebungen Colins sehr deutlich: Die Figurenszene im Vordergrund ist fast vollplastisch dargestellt und mithilfe der Zuschauerlogen wird das Auge in die Tiefe geführt in die Tiefe. Am Schnittpunkt steht der Flügelaltar und dahinter, nun schemenhaft klein, erkennt man noch den Mönchschor. Es ist ein grandioses Spiel der Perspektive, welches bei den Reliefs der Brüder Abel längst nicht so ausgeprägt ist (V, XXI, XXII, XXIII unter Mithilfe von Colin). *MF*

1 Die Gießer aus Innsbruck waren alle jung gestorben, atmeten sie doch ständig giftige Dämpfe ein. Dadurch verzögerte sich die Fertigstellung um einige Jahre.

2 Colin kam schon als arrivierter Künstler nach Innsbruck, wo er für den Rest seines Lebens blieb und zahlreiche Kunstwerke hinterlassen hat. Zuvor vollendete er den plastischen Schmuck am OH Bau des Heidelberger Schlosses (zerstört 2. WK), des Weiteren schuf er das Habsburger Grab im Prager Dom, die Grabmäler von EH Ferdinand II. und der Philippine Welser sowie über 200 Statuen für den Innsbrucker Hofgarten (aus Terrakotta, alle zerstört). Parallelen zu Sansovino ergeben sich in der Reliefkunst.

3 Benannt nach Cornelis Floris II. (1514–1575), welcher aus einer Verbindung zwischen römischen Grotesken mit Motiven des Rollwerks diesen Dekorationsstil entwickelte.

LITERATUR:

Dressler, Alexander Colin, Dissertation 1973, 46 ff.

AK Ruhm und Sinnlichkeit, 1996, 124 ff, 222 f.

Frenzel, Kenotaph, 2013.

17_02 (keine Abbildung*)

BRONZESTATUE VON MAXIMILIAN I. VON PROF. RUDI WACH

* Statue ist zum Zeitpunkt der Drucklegung des Katalogs noch nicht gegossen.

17_03

ITINERAR MAXIMILIAN I. – TIROLER STATIONEN

In dem zwischen Österreich, den burgundischen Niederlanden, Italien und Ungarn sehr weit gespannten Itinerar Maximilians I. gehört Innsbruck zu den bevorzugten Aufenthaltsorten des Kaisers. [1] Die exzellente Position zwischen den Herrschaftsgebieten im Westen und im Osten, der durch Salz- und Erzvorkommen genährte Wohlstand, die landschaftlich überaus reizvolle Lage und das umgebende ausgedehnte Jagdgebiet verliehen Innsbruck besondere Anziehungskraft. Durch Erzherzog Sigmund waren die elementaren Strukturen einer Residenz bereits geschaffen, zugleich aber Spielraum genug, neue Schwerpunkte zu setzen. Das erzherzogliche Stadtschloss ließ sich mit den begrenzten Mitteln, die Maximilian zur Verfügung standen, der königlichen Hofhaltung adaptieren. [2] Auch hatte Sigmund die bestehenden Burgen und Ansitze der Umgebung gepflegt und durch weitere kleine Schlösser ergänzt, so dass zahlreiche Orte als Zwischenstationen bei An- und Abreise, für diskrete diplomatische Treffen und für die Jagd zur Verfügung standen. [3] Demnach erstaunt es nicht, dass Maximilian seine Aufenthalte in Innsbruck regelmäßig durch Ausflüge in die Umgebung unterbrach.

Die Aufenthalte des Königs in Innsbruck exakt zu bestimmen, ist angesichts dessen außergewöhnlich hoher Mobilität zwischen benachbarten, nur ein paar Reitstunden auseinander liegenden Orten erschwert, auch lassen die Schriftquellen nicht immer eindeutig erkennen, ob Maximilian bei bestimmten Amtshandlungen zugegen war oder in seinem Namen agieren ließ. Vor allem aber liefert die Forschungslage keine gleichmäßige Basis. Eine systematische Publikation von Quellenregesten (Regesta Imperii XIV) liegt nur für die Jahre 1493 bis 1504 vor. Für die Phase vor der Alleinherrschaft Maximilians ist bislang kein Itinerar erstellt. Für die Zeit zwischen 1505 und 1508 konnte dankenswerterweise auf eine unpublizierte Zusammenstellung von Dr. Manfred Hollegger, Graz, zurückgegriffen werden, für die Jahre von 1508 bis Februar 1518 diente das 1899 von Victor von Kraus edierte Itinerarium als Grundlage, für das Jahr 1518 die Arbeit von Stälin 1862. [4] Notgedrungen lückenhaft, da weniger gut durch Quellen dokumentiert, bleibt das Itinerar Bianca Marias, welches Unterholzner 2015 zuverlässig erschlossen hat. [5]

Maximilian ist erstmals im Frühjahr 1489 in Innsbruck nachgewiesen, im März 1490 erfolgte die Regierungsübernahme. [6] Die Aufenthalte in den Folgejahren hingen für Maximilian von politischen Umständen, Regierungsaufgaben, der Präsenz auf Reichstagen, Kriegsunternehmen und vielen anderen Faktoren ab. Über mehrere Monate sich ausdehnende Aufenthalte in Innsbruck erlaubten die Zeitläufte kaum. Ausnahmen liegen zwischen Januar 1497 und April 1498, von November 1499 bis Februar 1500, in den Sommermonaten 1501 sowie zwischen September 1514 und März 1515. Bianca Maria traf von Mailand kommend an Weihnachten 1493 in Innsbruck ein. Nach den Hochzeitsfeierlichkeiten im März 1494 ist sie erst wieder von Sommer 1497 bis Frühjahr 1498 gemeinsam mit Maximilian in Innsbruck, dann von Sommer 1501 bis Ende 1502, in den Folgejahren weniger regelmäßig, in ihrem Todesjahr 1510 wieder hauptsächlich in Innsbruck. Die sehr viel geringere Mobilität der zweiten Gemahlin Maximilians ergab sich vor allem aus der Schwierigkeit, die enormen Kosten für die Verlagerung ihres Hofstaats aufzubringen. So kam es zu mitunter jahrelangen Absenzen, die mit einer zunehmenden Entfremdung der Ehepartner einhergingen. Auch an den häufigen Kurzausflügen Maximilians nahm Bianca Maria nur ausnahmsweise teil, der Radius war für sie enger gesteckt. [7]

Bei den Nachweisen der Anwesenheit Maximilians in der Innsbrucker Umgebung ist zu differenzieren zwischen Stationen, die primär bei An- und Abreise gewählt wurden, und solchen, die – bei längerer Präsenz in Innsbruck – eher dem Jagdvergnügen und der Diplomatie dienten, wenn auch Maximilian sich bemühte, das eine mit dem anderen zu verbinden, Umwege und Abstecher unternahm und sich kleinere Auszeiten leistete. Anhand des Itinerars lassen sich die am häufigsten gewählten Wege klar ablesen: Etwa von Füssen, Augsburg oder der Markgrafschaft Burgau kommend, machte Maximilian vielfach in Reutte halt, besuchte Heiterwang und das nahegelegene Ehrenberg, begab sich zuweilen nach Lermoos und querte den Fernpass mit Sigmundsburg. Hatte er Nassereith erreicht, wandte er sich nicht selten nach Osten über das Mieminger Plateau Richtung Innsbruck. Aus Wiener Neustadt, Linz oder auch aus München kommend, lag hingegen Kufstein, das sich seit dem Bayerischen Erbfolgekrieg 1504 in habsburgischem Besitz befand, am Weg, weiters Schwaz und Hall, wobei Abstecher an den Achensee, nach Sigmundslust bei Vomp und nach Thaur oder Melans eingeplant werden konnten. Richtung Süden verließ Maximilian Innsbruck entweder über Matrei und Steinach am Brenner Richtung Trient oder aber innaufwärts über Imst, Landeck, Sigmundsried, Nauders und den Reschenpass Richtung Mailand. Die vielfach nur als Ruinen erhaltenen Burgen und Ansitze, in denen der König auf diesen Strecken abstieg, waren teilweise an Hofbeamte, Unternehmer oder andere verdiente Untertanen verpfändet, verliehen oder geschenkt, welche sich um Pflege und Besserung der Anwesen kümmern sollten, Maximilian zumeist ein separiertes Appartement zur Verfügung stellten und ihn gastlich aufnahmen.[8] Ein gleichmäßiger Komfortstandard war unter diesen Bedingungen freilich nicht gegeben.

In der näheren Umgebung Innsbrucks zwischen Hall und der von Maximilian gelegentlich als Rückzugsort aufgesuchten Zisterzienserabtei Stift Stams, in der die Tiroler Landesfürsten seit dem Ende des 13. Jahrhunderts ihre Grablege besaßen und wo auch Bianca Maria 1511 bestattet wurde, standen ebenfalls Unterkünfte zur Verfügung, etwa Hörtenberg bei Flaurling, die Martinsburg bei Zirl oder die Burgen Vellenberg und Thaur, die von Vertrauensmännern Maximilians verwaltet wurden und, wie aus Maximilians Jagd- und Fischereibüchern hervorgeht, für kurze Besuche im Rahmen von Jagdausflügen genutzt wurden.[9] Fallweise erfuhren diese Ansitze Nachbesserungen und Umbauten, die der König selbst anordnete.[10] Einen gewissen Vorrang genoss unter ihnen das oberhalb von Zirl gelegene Schloss Fragenstein, das Maximilian seit 1497 nahezu jährlich aufsuchte. Die Pflege des Schlosses unterstand seit 1498 seinem Rat Zyprian von Serntein.[11] Im Umfeld ausgedehnterer Aufenthalte des Königspaars im Sommer 1501 bestimmte Maximilian u. a. die Erneuerung des Dachs und die Einrichtung einer neuen, vertäfelten Stube. Nachdem dies bis Sommer 1502 nicht geschehen war, verlangte er die unverzügliche Ausführung und ergänzende Maßnahmen in Bezug auf die Beheizung weiterer Stuben, die Badestube, Abtritte und den Ausbau der Zufahrtswege zum Schloss. Außerdem sollte für die Königin ein Altan geschaffen werden. Auch war eine malerische Ausstattung vorgesehen.[12] Offensichtlich dachte Maximilian an eine repräsentative Ausgestaltung, die auch deshalb nahelag, weil er Fragenstein zuweilen als Ort diplomatischer Begegnungen nutzte.

Auch wenn auf Fragenstein gelegentlich geurkundet wurde, diente der Komplex als Jagd- und Lustschloss, nicht etwa als Nebenresidenz. Diese Funktion kam vielmehr der Stadtburg Hasegg in Hall zu,[13] die, nur etwa zehn Kilometer von der Innsbrucker Hofburg entfernt, Maximilian zeitweise als Ausweichquartier diente, außerdem für den Empfang und die Beherbergung einer größeren Gästezahl verwendet werden konnte und wo die erste Begegnung sowie das Beilager von Maximilian und Bianca Maria stattgefunden hatten. Hall blieb als Ort des Empfangs auch später von Relevanz, weil der Inn stromaufwärts aus Rücksicht auf die Saline nur bis hier befahrbar war und Reisetätigkeit des Hofes per Schiff Richtung Osten von hier gewöhnlich ihren Ausgang nahm. Wie im Falle der Innsbrucker Hofburg, so war Sigmund der Münzreiche auch bei Hasegg als Bauherr aufgetreten und hatte auch hier eine gute Grundlage für weitere Ausbauten geschaffen, die 1499 einige Wohnräume, 1500 den Münzerturm und 1515, zu einem Zeitpunkt, als Maximilian auch an der Innsbrucker Stadtburg Umstrukturierungen vornahm, die Georgskapelle und ihre Verbindung zu den Privatgemächern des Kaisers betrafen. – Eine seitens der Autorin begonnene nähere Untersuchung des Itinerars Maximilians im Hinblick auf Vernetzung, auf Nutzungsschwerpunkte sowie Funktionsverschiebungen der Burgen und Ansitze der Umgebung Innsbrucks in Relation zur gleichzeitigen Bau- und Ausstattungstätigkeit ist noch nicht abgeschlossen. *NR*

1 Noflatscher, Räte und Herrscher, 1999, 61f.
2 Vgl. Riegel, Baugeschichte der Innsbrucker Hofburg, im vorliegenden Band.
3 Dankl, Bauten Erzherzog Sigmunds, 1986, 66–78.
4 Kraus, Itinerarium, 1899; Stälin, Aufenthaltsorte, 1862.
5 Unterholzner, Bianca Maria Sforza, 2015, 262–274.
6 Unterholzner, Bianca Maria Sforza, 2015; vgl. auch Weiss, Die vergessene Kaiserin, 2010, passim.
7 Wolf, Doppelregierung, 2005, 483–487.
8 Noflatscher, Räte und Herrscher, 1999, 207–218; Trapp, Tiroler Burgenbuch, 6, 1982, und 7, 1986.
9 Vgl. Niederwolfsgruber, Jagd- und Fischereibücher, 1992, 24.
10 Siehe beispielsweise Öttl, Vellenberg, 1982, 76–78.
11 Noflatscher, Räte und Herrscher, 1999, 209, 217.
12 Regesta Imperii XIV, 3,1, Nr. 12155; 4, 1, Nr. 16675; Kutschera, Fragenstein, 1982, 33.
13 Caramelle, Moser, Hasegg, 1982.

LITERATUR:

Kraus, Itinerarium Maximiliani I: 1508–1518, 899.
Stälin, Aufenthaltsorte Kaiser Maximilians I., 1862, 348–395.
Caramelle, Moser, Hasegg, 1982, 207–238.
Kutschera, Fragenstein, 1982, 29–56.
Öttl, Vellenberg, 1982, 73–106.
Dankl, Die Bauten Erzherzog Sigmunds, 1986, 66–78.
Trapp, Tiroler Burgenbuch, 1986.
Niederwolfsgruber, Kaiser Maximilians I. Jagd- und Fischereibücher, 1992.
Noflatscher, Räte und Herrscher, 1999.
Wolf, Die Doppelregierung Kaiser Friedrichs III. und König Maximilians, 2005.
Weiss, Die vergessene Kaiserin, 2010.
Unterholzner, Bianca Maria Sforza (1472–1510), 2015.

HUMANISMUS

ANTIKENREZEPTION DER FRÜHRENAISSANCE

Vom höfischen Festspiel, dem „Ludus Dianae", einer 1501 stattgefundenen humanistischen Herrscherhuldigung, zeugen die beiden Tapisserien aus Linz (18_01, 18_02). Maximilian war mit Bianca Maria anwesend und krönte mit einem Lorbeerkranz den Dichter Vincenz Lang („Eleutherius") zum „poeta laureatus". Der Text dieses Schauspiels stammte von Conrad Celtis, dem es gelang, ein Poetenkolleg zu gründen, wobei die Absolventen den Dichterlorbeer empfingen. In der „Celtis-Kiste" (18_03) wurden die Insignien und das Siegel des „Collegium poetarum et mathematicorum" aufbewahrt.

Ein Ausschnitt aus einem Deckenfresko von Julius Victor Berger, 1880 im KHM, zeigt Maximilian als Förderer der Künste, umringt von seinen beliebtesten Künstlern (Dürer, Colin, Burgkmair, Stabius, Springinklee, Sesselschreiber; 18_04).

18_01, 18_02

TAPISSERIEN ZUM LUDUS DIANAE „HULDIGUNG DER DIANA" „DICHTERKRÖNUNG"

RUDOLF STEINBUECHLER

1957, Linz

Höhe 314,5 cm (316, 5 cm), Breite 181 cm (185 cm), Wiener Webkunst, Wolle & Seide, mehrfärbig
Theaterarchiv Linz

Am 1. März 1501 erstrahlte die kaiserliche Burg in Linz im Licht humanistischer Herrscherhuldigung. Zu Ehren von König Maximilian und seiner Gattin Bianca Maria Sforza hat *Conrad Celtis*, der bedeutendste Humanist und Dichter seiner Zeit, ein panegyrisches Festspiel gedichtet, das unter dem Titel *Ludus Dianae* der Nachwelt erhalten geblieben ist.

Zur Eröffnung der Kammerspiele am Linzer Landestheater wollte man sich dieses historischen Schauspiels erinnert wissen und beauftragte 1957 den oberösterreichischen Künstler Rudolf Steinbüchler (1901–1985) mit der Fertigung von Kartons für zwei Wandbehänge zum Schmuck des sogenannten „Kleinen Hauses", das nach den Entwürfen des Architekten Clemens Holzmeister in den Jahren 1956 bis 1958 erbaut wurde.

Jener Moment von 1501 gilt als Impuls für eine bewegte und facettenreiche Theatergeschichte in Linz. Steinbüchler ist es gelungen, den Inhalt dieses Festspiels auf ein Maß zu reduzieren, das dem Betrachter trotz Minimalismus die Gewichtigkeit dieses Schauspiels vor Augen führt. In den beiden Tapisserien sind die zentralen Momente im *Ludus Dianae* festgehalten: das Herrscherlob (der *Panegyrikus*) auf Maximilian und die Dichterkrönung des Schlesiers Vinzenz Lang, *Longinus* genannt.

In der ersten Tapisserie „Huldigung der Diana" liest man in der Umrandung in Unzialschrift den vollen Titel der Veranstaltung: LUDUS DIANE IN MODUM COMEDIE CORAM MAXIMILIANO RHOMANORUM REGE IN ARCE LINSIANA ACTUS. Die Mitte bestimmen die Göttin Diana und König Maximilian. Nackt und nur knapp von einem Schleier verhüllt, tritt die Herrin des Waldes und der Jagd vor den König und rühmt seine Tapferkeit und sein Talent als Jäger. Dem fürstlichen Jagd-Heros gebührt die Herrschaft über ihr Reich.[1] Diana erscheint auch als Fruchtbarkeitsgöttin und wird der Mondgöttin Luna gleichgestellt. Ihre jungfräuliche Haarpracht schmückt deshalb eine Mondsichel auf dem Scheitel. Zu ihrer Seite thront Maximilian auf einem Faltstuhl über einem Maskenkapitell mit Januskopf (König des *Goldenen Zeitalters*, Gott des Anfangs und des Endes). Maximilian trägt die Kleidung eines Jägers. Sein Haupt bedeckt ein Waidmannshut. In seiner Art (auch) eine historische Reminiszenz, eine künstlerische Freiheit, die es erlaubt, darin den sogenannten Jodl-Hut, eine Geschichtsquelle per se für das Land Oberösterreich, zu erkennen. Musik und Tanz folgt auf Dianas Herrscherlob. Die drei Musiker sind ein Verweis auf vergnügliche Passagen im Stück.

Auch die Figuren im zweiten Wandbehang zur „Dichterkrönung" umranden Worte in Unzialschrift. Es ist die Bitte des Dichters um den Lorbeer: SI QUA MIHI

18_01

18_02

EST VIRTUS DOCTRINAQUE MAXIME CAESAR IMPONAS CAPITI LAUREA SERTA MEO! Als Zeichen des Ruhmes und als Symbol der dichterischen Pflicht bekrönt Maximilian das Haupt des Poeten *Longinus* mit dem Lorbeer. Damit ist das Reich an die Kunst und die Kunst an das Reich verwiesen – als ein stetes Geben und Nehmen. [2]

Longinus – Bacchus kniet demütig vor dem König, nur mit dem Lendenschurz bekleidet. Der Dichter im poetischen Feldzug für Ruhm und Ehre, für König und Reich. Bacchus führt in seinem Gefolge Nymphen und Faune, darunter *Silvanus* – Celtis, der Gott des Waldes. Ein Symbol für die Urkraft der Natur. Frauen seien vor ihm gewarnt! Steinbüchler lässt ihn eine Nymphe entführen.

Maximilian, zielstrebig und repräsentativ, thront hier auf einem Sockel, den der *österreichische* Bindenschild schmückt. Er ist der große Förderer von Wissenschaft und Literatur. Als Zeichen seiner Würde erscheint er im Ornat, das mit Reichsadlern gespickt ist. Sein Haupt schmückt die Krone des Heiligen Römischen Reiches deutscher Nation. [3]

Die Tapisserien sind eine Reminiszenz an die Humanisten-Herrlichkeit am Hof Maximilians. *MO*

1 Würtz, Ludus Dianae, 1958, 39–50.
2 Ebd., 44.
3 Simbrunner, Geschichte des Theaters in Linz 1501–2017, 2017, 9–11.

LITERATUR:
Würtz, Ludus Dianae, 1958, 39–50.
Simbrunner, Geschichte des Theaters in Linz 1501–2017, 2017, 9–11.

18_03
CELTIS-KISTE
UNBEKANNTER KÜNSTLER

lvieTempera auf Holz, 31 × 31 × 31 cm
Archiv der Universität Wien, Institut für Kunstgeschichte

Die sogenannte Celtis-Kiste [1] ist ein hölzernes Behältnis zur Aufbewahrung der Insignien des *Collegium Poetarum et Mathematicorum* (Kollegium der Dichter und Mathematiker), das 1501 von Maximilian auf Anraten von Conrad Celtis gegründet wurde. Ziel dieser Institution war es, Dichter und geschulte Redner sowie Diplomaten im Dienste des Hofes heranzubilden. Zur Bekräftigung der akademischen Qualität erhielt das Kollegium eigene Insignien für die Verleihung der Dichterwürde: das Zepter, den Ring, die Lorbeerkrone und den Siegelstempel (im Original erhalten) zur Beglaubigung von Promotionsurkunden.

Die Absolventen dieses Kollegs erlangten anstelle des Magister- oder Doktorgrades die Würde eines *poeta laureatus*, eines gekrönten Dichters. Der Vorstand des Kollegiums hatte das Recht, die Dichterkrönung vorzunehmen. Einen Dichter mit dem Lorbeerkranz zu krönen war eine antike Sitte, die in der Neuzeit wieder aufgenommen wurde und von Italien aus im humanistischen Norden Verbreitung fand.

Die Celtis-Kiste geht in ihrer Bedeutung weit über den reinen Aufbewahrungszweck hinaus, sie erreicht den Stellenwert eines Insignienschreins. Das ikonographische Programm für die Gestaltung geht auf Celtis zurück: Eine Seite zeigt den lorbeerbekränzten Apoll am Parnass, die Lira da bracchio – ein mittelalterliches Lauteninstrument spielend. Er ist der Gebieter der Musen und Schirmherr aller Künste. Er ist Symbol für Celtis' Weltsicht. Als Vorlage für diese Darstellung wird ein Holzschnitt des Hans von Kulmbach angenommen, ein Künstler aus dem Dürerkreis, dessen Stil jünglingshafte Frische, Unbeschwertheit und verhaltene Ruhe kennzeichnen. Die Darstellung der Philosophie mit Büchern und Zepter ist eine Anlehnung an Dürers Holzschnitt der Philosophia [2] in Celtis' Amores, eine in vier Bänden publizierte Liebeslyrik, die Celtis Maximilian widmete. In der Mitte des Bildes thront die alles beherrschende Philosophie.

Von ihrem Herzen weg führt ausgerollt ein Band mit den Anfangsbuchstaben der sieben freien Künste, der *Septem Artes liberales*. Von unten nach oben gelesen, erkennen wir darauf die griechischen Bezeichnungen für Grammatik, Logik, Rhetorik, Arithmetik, Geometrie, Astronomie und Musik. Anfang und Ende der Buchstabenfolge sind gefasst in den Kürzeln für *physica* (Φ) und *theologia* (Θ). Hier muss man jedoch – mangels wissenschaftlicher Übereinstimmung um die tatsächliche Bedeutung – im Unklaren bleiben. Die Kürzel aber sprechen für Celtis und seine Definition der Philosophie als Natur- und Gotteserkennt-

18_03

18_04

nis. Sie ist für Celtis, wie für Dürer, die allumfassende Welt-Weisheit.[3]

Die beiden anderen Seiten werden – gegenüberliegend – vom österreichischen Bindenschild und dem nimbierten Königsadler mit dem Brustschild Maximilians geschmückt. *MO*

s. a. Beitrag Oberladstätter, s. S. 107 ff

1 Gall, Die Insignien der Universität Wien, 1965.
2 Celtis-Kiste, online unter <https://geschichte.univie.ac.at/de/bilder/celtis-kiste> (11.12.2018).
3 Paideia, Blog für Philosophie, Politik und Kultur, Dürer und die Philosophie, online unter <http://diepaideia.blogspot.com/2017/06/durer-und-die-philosophie.html> (10.01.2019).

LITERATUR:
Gall, Franz, Die Insignien der Universität Wien, 1965.
AK Maximilian I. Innsbruck, 1969, Kat. Nr. 382.
AK Kunst der Dürerzeit, 2012, Kat. Nr. 35.

18_04
DIE MÄZENE DES HAUSES HABSBURG
JULIUS VICTOR BERGER
1890/92 nach Vorgaben von Museumsdirektor Albert Ilg

Öl auf Leinwand, 102 m², in zwei Teilen gefertigt
Ausschnitt: *Kaiser Maximilian I. als Förderer der Künste*
Kunsthistorisches Museum Wien, Deckengemälde im Saal XIX des Kunsthistorischen Museums (Goldener Saal)

Julius Victor Berger (1850–1902) war Maler und Professor an der Wiener Kunstgewerbeschule und später an der Akademie[1], als ihn der Museumsdirektor und Kunsthistoriker Albert Ilg[2] beauftragte, ein Deckengemälde zu schaffen, welches die Habsburger als Kunstmäzene zum Inhalt haben sollte. Kaiser Maximilian I., Kaiser Karl V., Erzherzog Ferdinand (II.) von Tirol, Kaiser Rudolf II. und die Erzherzoge Albrecht VII. und Leopold Wilhelm sowie Kaiser Karl VI. sollten mit ihren wichtigsten Künstlern dargestellt werden, in der Art der „Disputà" von Raffael, aufgelöst in einer Art „Santa Conversazione". Berger schuf ein großformatiges Deckengemälde mit lebhaften Gruppierungen. Als Vorlage für die Kunstmäzene galten Portraits der Kaiserlichen Sammlung und es entstanden eine Menge Einzelskizzen[3]. Im Mittelpunkt ist Kaiser Maximilian I., auf einem Scherenstuhl unter einem Baldachin sitzend, dargestellt[4].

Maximilian blickt nach rechts (spiegelverkehrt zu Dürers Vorlage). Neben ihm an prominenter Stelle sein Lieblingsmaler *Albrecht Dürer* (re) und auf den Absätzen der Treppe *Alexander Colin* (Bildhauer) und *Hans Burgkmair d. Ä.* (Maler). Der Kaiser studiert ein Blatt der *Ehrenpforte* (16_04), bei dem Dürer, aber auch *Johannes Stabius* (Hofhistoriograf) federführend mitgearbeitet haben. Zur Linken des Kaisers ist Stabius zu sehen, auf dem Treppenabsatz kniend *Hans Springinklee* (Maler, Grafiker), ebenfalls Mitarbeiter an den druckgrafischen Werken, und dahinter stehend *Gilg Sesselschreiber* (Maler, Gesamtkonzept der Grabmalsfiguren). Er hält eine Bronzestatue (Rudolf I.) in Händen. Auf den Stufen sind noch Versatzstücke eines Harnisches und die sog. „Lauerpfeif", ein Geschützmodell (10_05), zu entdecken.

An den seitlichen Teilen des Gemäldes sind links Rudolf II., Karl V. und Erzherzog Ferdinand II. dargestellt, während rechts Erzherzog Leopold Wilhelm, Karl VI., Albrecht VII. mit seiner Gemahlin Isabella Clara Eugenia als weitere Kunstsammler zu sehen sind.

Das fertiggestellte Bild entfachte große Begeisterung – Kaiser Franz Joseph gefiel es so gut, dass er das Honorar des Künstlers verdoppelte![5]

Heute ist es in der Neuaufstellung der Kunstkammer integriert. *MF*

1 Seine Schüler waren Gustav und Ernst Klimt sowie Franz Matsch; mit Makart war er zeitlebens freundschaftlich verbunden.
2 Ilg promovierte über die „Hynerotomachia Poliphili" (Kurztitel: „Traum des Poliphilo"), 1499 von Francesco Colonna. Es war einer der frühen Bestseller (Liebesgeschichte als Rahmenhandlung) und beeinflusste die Anlage von Renaissancegärten maßgeblich, so z. B. Bomarzo.
3 Als Vorlage für Maximilian diente Berger das Dürer-Portrait (GG Inv. Nr. 825); er fertigte eine Übertragungsskizze an, s. a. Kriller, Erdrich, Julius Viktor Berger und die Mäzene des Hauses Habsburg, 2016, 16 f.
4 Es ist gleichzeitig eine Hommage an Kaiser Franz Joseph, den Bauherren des Gebäudes, denn hinter Maximilian ist der österr.-ungar. Doppeladler, darüber ein vergoldetes Medaillon mit dem regierenden Habsburger, Kaiser Franz Joseph, zu sehen.
5 Kriller-Erdrich, Julius Viktor Berger und die Mäzene des Hauses Habsburg, 2016, 35, aus 10.000 Gulden wurden 20.000 Gulden.

LITERATUR:
Kriller, Erdrich, Julius Viktor Berger und die Mäzene des Hauses Habsburg, 2016.

„... TU FELIX AUSTRIA NUBE“

HEIRATSPOLITIK MIT EUROPÄISCHEN DIMENSIONEN

Die Heiratspolitik der Habsburger hat Maximilian entscheidend mitgeprägt: Die Idee seiner Doppelhochzeiten war genial, aber auch risikoreich, hatte er doch sein gesamtes dynastisches Potential in eine einzige Verbindung investiert. Bei der „Spanischen Doppelhochzeit“ (19_02–05) heirateten seine beiden Kinder Philipp und Margarete die Erben Juan und Juana von Spanien. Ein Paar schied durch Todesfall aus, das zweite brachte männliche Erben – und somit den Erbfall – zustande. Dasselbe passierte später noch einmal bei der „Böhmisch-Ungarischen Doppelhochzeit“(19_06–09), wo er seine Enkel verheiratete. Zwar waren die Bräutchen für eine Ehe noch zu jung, aber die Verträge waren geschlossen. Auch hier dasselbe Szenario: Ein Paar scheidet aus, das zweite hatte sogar 15 Kinder! Die Gebietserweiterungen sind mittels Landkarte zu erkennen. So wurde Maximilian zum Schöpfer des Habsburger Imperiums. Ein Ausblick auf die zukünftige Generation zeigt die Kinder Karl (19_10) und Ferdinand (19_11), beides nachfolgende Kaiser.

19_01
KENOTAPH, RELIEF I
„VERMÄHLUNG MAXIMILIANS MIT MARIA V. BURGUND“
ALEXANDER COLIN
1562–1566

Carrara-Marmor, 83 × 56 cm, rückwärtige Schmalseite
Hofkirche Innsbruck

Die politisch angebahnte Eheschließung fand am 19.08.1477 in Gent statt. Schon beim Fürstentreffen in Trier 1473 (06_03) wurde über das Heiratsprojekt gesprochen, es kam aber zu keinem Abschluss. Erst als Herzog Karl d. K. 1477 bei der Schlacht v. Nancy gefallen war und seine einzige Tochter zur gefragtesten Braut in ganz Europa aufstieg und heftigst bedrängt wurde, kam Bewegung in die vage Abmachung. Der flehentliche Hilfebrief der Alleinerbin, Maximilian möge doch unverzüglich kommen (06_07), gab den Ausschlag.

Im perspektivisch gestalteten Relief ist im Vordergrund das Brautpaar mit dem Bischof von Tournai, umgeben von den fast vollplastischen Figuren der Höflinge, zu sehen. Architektonische Versatzstücke wie Torbögen und Zuschauerlogen leiten das Auge in die Tiefe, wo genau am Schnittpunkt ein Flügelaltar mit Kreuzigung steht. Dahinter erkennt man noch einen Mönchschor.

Großartige Tiefenwirkung des tonnengewölbten dreischiffigen Kirchenraumes. Alexander Colin beherrscht das Spiel der wechselnden Perspektive meisterhaft und bringt mit diesen Reliefs die flämische Hochrenaissance nach Innsbruck. *MF*

LITERATUR:
Frenzel, Kenotaph, 2013, 10 ff.

19_02–10
HEIRATSPOLITIK IM HAUSE HABSBURG
„TU FELIX AUSTRIA NUBE“
Burgundische Heirat 1477
Spanische Doppelhochzeit 1493/94
Böhmisch-ungarische Doppelhochzeit 1515

Maximilian I. setzte den ersten Grundstock für eine Vergrößerung des Hauses: Mit seiner *Burgundischen Hochzeit* mit der Alleinerbin Maria gelang es nach vielen Kämpfen, das Haus Habsburg im Westen zu erweitern (19_01). Auf Anregung der spanischen katholischen Könige fand eine Eheverbindung zwischen Habsburg und dem Hause Trastamare statt (19_02, 03 und 19_04, 05). Maximilian zögerte zu Beginn, sein gesamtes dynastisches Potential in das *spanische Heiratsprojekt* zu setzen. Glück und Zufall spielten eine große Rolle: Der Erbfall trat tatsächlich ein und neben Spanien fielen auch Sizilien und die überseeischen Besitzungen der spanischen Krone an das Haus Habsburg. Zwei männliche Thronerben, Karl und Ferdinand, waren die Garanten für die immense Gebietserweiterung.

Ermutigt durch diese dynastischen Erfolge, strebte er noch eine Arrondierung im Osten seines Reiches an: Obwohl keine Kinder mehr vorhanden waren, bahnte er die Verbindung seiner Enkelkinder mit den Erben des Hauses Jagiello an. Bei der *Wiener Böhmisch-ungarischen Doppelhochzeit 1515* (19_06, 07 und 19_08, 09) waren alle Protagonisten noch Kinder! Die Ehen konnten erst nach Maximilians Tod vollzogen werden – und auch diese Erweiterung war ein wichtiger Baustein zur habsburgischen Großmacht und Vorrangstellung in Europa.

19_01

19_02

19_03

19_04

19_05

19_06

19_07

19_08

19_09

Spanische Doppelhochzeit: Ein Geschwisterpaar heiratet ein weiteres Geschwisterpaar

JUAN V. ASTURIEN (19_02)
ANTON DE BOYS
Um 1495
Kunsthistorisches Museum Wien, GG, Inv. Nr. 4662

⚭

MARGARETE V. ÖSTERREICH (19_03)
MEISTER DER MAGDALENENLEGENDE
1506
Kunsthistorisches Museum Wien, GG, Inv. Nr. 5615

PHILIPP D. SCHÖNE (19_04)
JUAN DE FLANDES
1496
Kunsthistorisches Museum Wien, GG, Inv. Nr. 3872

⚭

JOHANNA V. KASTILIEN (19_05)
JUAN DE FLANDES
1496
Kunsthistorisches Museum Wien, GG, Inv. Nr. 3873

Böhmisch-ungarische Doppelhochzeit: Hierbei musste Maximilian auf seine Enkelkinder vorgreifen und selbst eine Vertreterrolle für seinen noch minderjährigen Enkel spielen:

LUDWIG V. UNGARN (19_06)
HANS KRELL
1522
Kunsthistorisches Museum Wien, GG, Inv. Nr.4460

⚭

MARIA V. ÖSTERREICH (19_07)
HANS KRELL
Staatsgalerie Bamberg, Inv. Nr. 3564

EH FERDINAND (19_08)
DIPTYCHON NACH EINEM GEMÄLDE VON JAN CORNELISZ VERMEYEN
1531
Tiroler Landesmuseum Ferdinandeum, Inv. Nr. TLM 114

⚭

ANNA JAGIELLO (19_09)
DIPTYCHON NACH EINEM GEMÄLDE VON JAN CORNELISZ VERMEYEN
1531
Tiroler Landesmuseum Ferdinandeum, Inv. Nr. TLM 115

Jeweils ein Paar schied durch unvorhergesehene Todesfälle aus (Juan & Margarete, Ludwig & Maria), aber dank der Doppelhochzeiten blieb noch ein weiteres Paar, welches für den entsprechenden Nachwuchs sorgte, sodass der Erbfall eintreten konnte.

„... Andere mögen Kriege führen, du glückliches Österreich heirate“[1]! – Auf diese Weise hat Maximilian sein Reich entschieden vergrößert, sodass die nächste Generation unter Karl V. bereits von einem *„Weltreich, in dem die Sonne niemals untergeht“*, sprechen konnte – den Grundstein dazu legte Maximilian! *MF*

1 Ausspruch von Matthias Corvinus über Maximilian I.

LITERATUR:
AK Hispania – Austria, 1992, 390 ff.
AK Maximilian I. Triumph eines Kaisers, 2005, 64 ff.

19_10

KARL V. MIT JAGDFALKEN

MEISTER DER MAGDALENENLEGENDE, FLÄMISCHER MALER
1507

Öl auf Holz, 49 × 35,5 cm
Kunsthistorisches Museum Wien, GG, Inv. Nr. 4430
Inschrift auf unterer Rahmenleiste: *„Etatis septe anor quartuor mes XXI.dier“*
Auf Hemdsaum: *„Fis du roi- SPANNER.N.“*

Karl ist auf dem Gemälde als Siebenjähriger mit einem Jagdfalken dargestellt. Er verlebte seine Jugend zusammen mit seinen Schwestern Eleonore, Isabella und Maria am Hofe der Tante Margarete in Mechelen, während Ferdinand beim spanischen Großvater aufwuchs und Katharina, die Jüngste, die erst posthum geboren wurde, nachdem der Vater Philipp d. Schöne schon gestorben war, bis zu ihrem 10. Lebensjahr bei ihrer Mutter Johanna v. Kastilien in Tordesillas lebte.[1] EH Margarete ließ ihren Schützlingen eine gute Erziehung angedeihen und schulte vor allem den Kunstgeschmack Karls nachhaltig.

Auf dem Bild, welches dem „Meister der Magdalenenlegende“, der möglicherweise mit Pieter van Coninxloo ident ist (s. 07_07, 08), zugeschrieben wird, ist der junge Erzherzog in einem roten Gewand mit pelzverbrämter Schaube, einem gefältelten Hemd und einer Jagdkappe dargestellt. Auf seiner behandschuhten Linken sitzt ein Jagdfalke. *MF*

1 Karl kam als 16-Jähriger, als sein spanischer Großvater Ferdinand v. Aragon gestorben war, das erste Mal nach Spanien, um seine Mutter zu besuchen. Er befreite seine jüngste Schwester von ihrem schweren Los, bei der geisteskranken Mutter verweilen zu müssen, was für die Kranke einen schlimmen Einschnitt in ihres Daseins bedeutete, für Katharina aber den Beginn eines neuen Lebens darstellte.

LITERATUR:
Heinz, Schütz, KHM, Portraitgalerie, 1976, Kat. Nr. 20.
AK Maximilian I. Triumph eines Kaisers, 2005, VI_59.

19_11

EH FERDINAND I. ALS KIND

SÜDDEUTSCH, ÖSTERREICHISCH?
Um 1520 (wohl eher früher?)

Öl, Holz, 31 × 22 cm
Kunsthistorisches Museum Wien, GG, Inv. Nr. 4455

Erzherzog Ferdinand wurde 1503 als zweiter Sohn Philipps d. Schönen und der Johanna v. Kastilien geboren. Die Datierung des Bildes um 1520 ist deutlich zu spät, der junge Prinz dürfte vermutlich nicht älter als 10–12 Jahre sein.[1] Er wuchs am Hofe seines spanischen Großvaters Ferdinand v. Aragon auf, erlebte die spanische Kultur und wurde in seinem späteren Leben ein wichtiger Vermittler derselben.[2] Wahrscheinlich ist das Bild in Zusammenhang mit der böhm.-ungar. Doppelhochzeit 1515 entstanden, bei der alle Protagonisten noch Kinder waren (s. 19_08).[3] 1521 heiratete Ferdinand die ungarische Prinzessin Anna Jagiello, mit der er 15 Kinder hatte und eine glückliche Ehe führte. Bei der Herrschaftsteilung zwischen ihm und seinem Bruder Karl erbte er 1521 die österreichisch-ungarischen Besitztümer. Ohne ein Wort Deutsch zu sprechen, hatte er einen äußerst schwierigen Start: Türkenkriege, Bauernaufstände und die Reformation mussten bewältigt werden. 1531 zum römischen König ernannt, folgte er seinem Bruder Karl nach dessen Abdankung auch in der Kaiser-

19_10

würde nach. Es gelang ihm, diese in der „Casa Austria" zu verfestigen.[4] Seine Regentschaft war erfolgreich, obwohl er immer im Schatten seines Bruders stand. Er setzt die Grabmalsidee seines Großvaters fort und lässt in Innsbruck die Hofkirche erbauen zur Aufnahme der Bronzefiguren.

Auf dem Bildnis trägt Ferdinand reiche Kleidung: ein schwarzes Unterkleid mit rot-goldener Brokat-Schaube und gefälteltem Hemd mit dem Orden vom Goldenen Vlies, den er allerdings erst 1517 verliehen bekommen hat. *MF*

1 Für Schütz, Portraitgalerie, 1976, Kat. Nr. 24, ist das Bild eine Replik eines Bildes von 1520/21 nach einer Portraitaufnahme von 1515, Wiener Kongress.

2 Besonders in der Gartenkultur hat Ferdinand spanische Einflüsse nach Prag gebracht. Er legte dort den Königsgarten an, einen der frühen Renaissancegärten nördlich der Alpen.

3 Es stand zu diesem Zeitpunkt noch nicht fest, welcher der Enkel Maximilians als Bräutigam für Anna Jagiello in Frage käme.

4 Nicht der Sohn Karls, Philipp II., wurde der nächste Kaiser, sondern Ferdinands Sohn Maximilian II.

LITERATUR:
Heinz, Schütz, KHM, Portraitgalerie, 1976, Kat. Nr. 20.
AK Hispania – Austria, 1992, Kat. Nr. 205.
AK Werke für die Ewigkeit, 2002, Kat. Nr. 29.
AK Maximilian I. Triumph eines Kaisers, 2005, VI_60.

19_11

19_12

DIE FAMILIE KAISER MAXIMILIANS I.BERNHARD STRIGEL

1515–1520

Malerei auf Lindenholz, 72,8 × 60,4 cm
Kunsthistorisches Museum Wien, GG, Inv. Nr. 832

Diese Tafel gelangte 1520 in den Besitz des kaiserlichen Historiographen *Johannes Cuspinian,* welcher das Bild nun in die Darstellung der Hl. Sippe uminterpretierte, indem er Strigel beauftragte, die Rückseite der Tafel mit Joachim und Anna, Maria, Josef und Jesus, Elisabeth, Zacharias und Johannes d. T. zu bemalen. Ein weiteres Bild stellte die Familie Cuspinians dar, sodass daraus ein Diptychon wurde.[1]

Das Familien-Bildnis hält die Erinnerung an die *Wiener Doppelhochzeit* von 1515 fest, welche der Abschluss langwieriger Heiratsvermittungen war.[2] Der Humanist und kaiserliche Diplomat *Johannes Cuspinian* führte die Verhandlungen. Eine mögliche Erklärung, warum das Familienbildnis in den Besitz Cuspinians gelangte, wäre, dass es Cuspinian als Geschenk von Maximilian erhalten hätte, als Dank für sein Verhandlungsgeschick.[3]

Auf alle Fälle hält dieses Fensterbild mit Landschaftsausblick die Familie des Kaisers aus Anlass der böhm.-ungar. Doppelhochzeit mit einem Teil ihrer Protagonisten fest: Der Kaiser sitzt ganz links und ist im Profil dargestellt, in rotem, hermelinverbrämtem Mantel und mit dem Orden vom Goldenen Vlies. Ihm vis-à-vis sein einziger Sohn Philipp, der genauso wie seine neben ihm abgebildete Mutter Maria v. Burgund bereits verstorben war. Im Vordergrund sieht man die drei Kinder, nämlich Ferdinand und Karl[4] sowie den von Maximilian adoptierten Ludwig v. Ungarn, den er zum Reichsvikar ernannte und der 1525 bei der Schlacht v. Mohács fiel.

Die Namensinschriften über den Portraits wurden später hinzugefügt, über Maximilian steht „CLEOPHAS . FRATER . CARNALIS . IO= / SEPHI: MARITI DIVAE VIRG . MARIÆ; über Philipp dem Schönen: I / JACOBVS: MINOR EPVS: / HIEROSOLIMITANVS .; über Maria von Burgund: MARIA CLEOPHÆ SOROR / VIRG . MAR PVTATIVA MA= / TER TERA . D . N ., unter Ferdinand: III / IOSEPH IVSTVS, unter Karl: II / SIMON ZELOTES CONSO= / BRINVS . DNI . NRI ." *MF*

1 Diptychon seit 1919 abgetrennt, KHM, GG, Inv. Nr. 6411.

2 In Wien trafen mit Maximilian 1515 König Vladislav II. von Böhmen und Ungarn und König Sigismund I. von Polen, das Oberhaupt der Jagellonen-Familie, zusammen.

3 In der Literatur gibt es unterschiedliche Zuweisungen: Es könnte auch sein, dass das Bildnis erst 1520 im Auftrag von Cuspinan als Diptychon geschaffen wurde (Thümmel, 1980).

4 Zum Zeitpunkt der Wiener Doppelhochzeit war noch nicht entschieden, welcher der Enkel mit Anna v. Ungarn verheiratet werden würde – im Zweifelsfall wollte Maximilian selbst „einspringen". Die Bräutchen waren 1515 zehn (Maria) und zwölf (Anna) Jahre alt und verbrachten die Zeit bis zum Vollzug der Ehe am Innsbrucker Hof.

LITERATUR:
Thümmel, Bernhard Strigels Diptychon für Cuspinian, 1980, 97 ff.
AK Hispania – Austria, 1992, 178.
AK Maximilian I. Triumph eines Kaisers, 2005, VII_66. AK Kunst der Dürerzeit, 2012, Kat. Nr. 13.

CLEOPHAS FRATER · CARNALIS · IO=
SEPHI MARITI DIVAE VIRG · MARIAE
JACOBVS MINOR EPVS
HIEROSOLIMITANVS
IOSEPH IVSTVS
SIMON ZELOTES CONSO=
BRINVS DNI NRI

RAUM_20

TRIUMPHZUG

DER TRIUMPH EINES KAISERS

Diesen Triumphzug, welcher alle Höhepunkte des maximilianischen Lebens präsentiert, hat es real nie gegeben. Der Kaiser wollte mit druckgrafischen Mitteln sein Leben verbreitet wissen und so diktierte er seinem Schreiber Marx Treitzsaurwein (16_07) die Inhalte. Der Hofmaler Jörg Kölderer fertigte erste Skizzen nach den Vorstellungen des Kaisers an und überbrachte diese in die Werkstätte des Albrecht Altdorfer. Von diesem Miniaturen-Triumphzug sind in der Albertina 62 Folios erhalten. Diese wurden bereits 2005 zur Ausstellung „Maximilian I. – Triumph eines Kaisers" verfilmt und als 3D-Präsentation gezeigt. Mit modernster Technik ausgestattet, wird er auch diesmal zu sehen sein (15 Minuten).

20_01

TRIUMPHZUG KAISER MAXIMILIANS I.

ALBRECHT ALTDORFER UND WERKSTATT
KONZEPTION: JOHANNES STABIUS UND MAXIMILIAN I., MARX TREITZSAURWEIN
VERMITTLUNG AN ALTDORFER SOWIE SKIZZEN: JÖRG KÖLDERER

Um 1512–1515, Regensburg

Federzeichnungen mit Aquarell- und Deckfarbenmalerei auf Pergament, jedes Blatt ca. 45 × 95 cm
Erhaltene Blätter: 49–109
Albertina Wien, Grafische Sammlung, Inv. Nr. 25205–25263

Der „Miniaturen-Triumphzug", wie er wegen seiner Farbigkeit auch genannt wird, bildete das umfangreichste Auftragswerk Kaiser Maximilians I. Dieser hatte real nie stattgefunden, sondern stellte eine Verherrlichung des Erzhauses mit Hilfe der neuen Druckgrafik dar. Inspiriert von der antiken Triumphzugsidee, waren diese „Trionfi" in Italien weit verbreitet.

Man findet sie in Freskenzyklen, als Cassonegemälde und auf Stichen. Neben Mantegnas „Triumphzug Caesars" (1484–88, Mantua, heute Hampton Court) war auch die allgemeine Antikenrezeption der Zeit, wie etwa Petrarcas „Trionfi" sowie die Darstellungen in der Hypnerotomachia Poliphili" von Francesco Colonna (1499), beeinflussend.

Maximilians Idee war es, mittels eines imaginären Festumzuges die wichtigsten Ereignisse seines Lebens, Schlachten wie Hochzeiten, verbrämt durch seinen Hofstaat, Herolde, Landsknechte sowie durch reich geschmückte Wägen, die seine Familie wie auch den Hausschatz zeigten, zu präsentieren. Die Miniaturen, auf kostbarem Pergament gemalt, waren vermutlich für den Kaiser selbst als exklusive Ausgabe bestimmt.

Winzinger nahm 1972 eine Händescheidung vor und schrieb einzelne Darstellungen neben Albrecht Altdorfer auch Georg Lemberger zu (Meister der Artillerie, Zeichnungen im Gebetbuch und Meister der Historia).

Nach Abschluss der Vorarbeiten durch Johannes Stabius und Maximilian selbst diktierte der Kaiser seinem Geheimschreiber Marx Treitzsaurwein das detaillierte Bildprogramm.[1] Jörg Kölderer fertigte Skizzen an und vermittelte so zwischen dem Auftraggeber und den ausführenden Künstlern. Da Kölderer am Ende des Triumphzuges auf dem Autorenblatt prominent neben Johannes Stabius abgebildet ist, kommt ihm neben den ausführenden Künstlern eine tragende Rolle zu, nämlich die des Ideentransfers[2].

Auf die Vorarbeiten Kölderers beziehen sich auch Archivalien, in denen steht, *dass „Kölderer 1507 sechs Entwürfe zu einem nicht näher bezeichneten Triumphwagen geliefert hätte, von denen 5 vom Kaiser abgelehnt worden sind…"* Im selben Jahr entstanden auch 12 „Kalikutermendl" („Mer hab ich gemaltet 12 kalikuttermendl auf papier", JKS 2, 831; TZ fol. 107).[3] Im Jahre 1512 erhielt Kölderer eine Zahlung von einem Gulden für „ainen rohr, leder und gewichst tuech, darein er die zween triumfwägen gemacht" (JKS 2, 1057).

Diese beiden Quellen belegen eindeutig die Mitarbeit Kölderers am Triumphzug und halten fest, dass der Kaiser durch seinen Hofmaler nach Regensburg mitteilen ließ, was ihm wichtig war. Das Autorenblatt mit der Abbildung Kölderers unterstreicht diese Vermutung[4]. Es sind zwei Kopien aus der 2. H. des 16. Jhdts erhalten (ÖNB Wien und Bibl. National, Madrid) sowie das Original in der Albertina, welches aber von den ursprünglich 109 Blättern nur noch 62 kolorierte Folios aufweist. Der Zyklus ergab eine Länge von ca. 100 m und wurde 2005 zur Ausstellung in Innsbruck erstmals verfilmt. Nun wurde diese 3D-Stereo-Präsentation mit den neuesten technischen Mitteln aktualisiert und dem Publikum exklusiv zugänglich gemacht. *MF*

1 ÖNB, Sammlung von Handschriften u. alten Drucken, Codex 2835; AK Kunst der Dürerzeit, Kat. Nr. 52; s. a. Kat. Nr. 16_07.

2 AK Maximilian I. Triumph eines Kaisers, 2005, 16 ff, 42. Darin wird die Literaturlage zum Thema Kölderer behandelt, wobei seit Winzinger 1972 feststeht, dass der Tiroler die Vorarbeiten dazu geliefert hat.

3 Kalikuttermendel = Indianer od. Eingeborene, welche die Machtansprüche Maximilians auch außerhalb Europas – via Spanien – dokumentieren.

4 In der älteren Literatur findet sich die Mitarbeit Kölderers bestätigt, in jüngster Zeit wird sie stark in Zweifel gezogen. Allerdings scheint er bei allen Großprojekten des Kaisers auf, sodass man in ihm eher ein ausführendes, wichtiges *Verbindungsglied* zwischen den künstlerischen Intentionen Maximilians und den ausführenden Malern, wie etwa Altdorfer, sehen muss!

LITERATUR:

Winzinger, Miniaturen zum Triumphzug, 1972/73.
AK Maximilian I. Triumph eines Kaisers, 2005.
AK Kunst der Dürerzeit, 2012, Kat. Nr. 53
Müller, Ziegeler, Maximilians Ruhmeswerk, 2015, 381 ff.

20_01

Zymburg erzherzogin zu Osterreich
Margareth erzherzogin zu Osterreich vnd Burgundi
Johanna kunigin zu Castilia
Maria erzherzogin zu osterreich vnd Burgundi
Elizabeth Romische kunigin
Blanca maria Romische kunigin

20_01 a
Triumphzug Kaiser Maximilians I., vergoldete Ahnen und Vorfahren

20_01 b
Triumphzug, Wagen mit Familie Kaiser Maximilians I.

LETZTE REISE: KRANKHEIT UND TOD

ERINNERUNGSKULTUR

Maximilian starb am 12. Jänner 1519 in Wels, nicht ohne zuvor sein Testament nochmals geändert zu haben. Als „reuiger Sünder" wollte er vor Gott treten, ohne Standesunterschiede. Er wollte in Wiener Neustadt, der Burg seines Vaters, begraben werden. Zum Zeitpunkt seines Todes waren gerade einmal acht Figuren fertig und von der Hofkirche noch keine Rede! Das Drängen seitens Innsbrucks, als die Hofkirche gebaut und das Hochgrab (Kenotaph) fertig war, den Leichnam zu überführen, wurde stets abgelehnt mit der Aussage, dass der Herrscher dies selbst so verfügt hätte.

Bei einer der Bombardierungen von Wiener Neustadt im 2. Weltkrieg wurde die Georgskirche schwer getroffen und der Sarg beschädigt. Er musste geöffnet und die sterblichen Überreste erneut bestattet werden. Wiederum gab es Ansuchen seitens des Landeshauptmannes von Tirol, welche abgelehnt wurden – die Leiche mit dem Sarkophag blieb auch weiterhin dort, wo sie heute noch ruht. Eine Bildreportage schildert die dramatischen Ereignisse der damaligen Zeit.

21_01

DAS TOTENBILDNIS MAXIMILIANS I.

MONOGRAMMIST A. A.
1519

Tempera auf Papier mit Holzrahmen, 43 × 28 cm
Universalmuseum Joanneum GmbH Graz, Schloss Eggenberg & Alte Galerie
Inv. Nr. 392

Dieses erschütternde letzte Bild Maximilians wurde von einem bis heute unbekannten Künstler, vermutlich aus Wels, mit den Initialen A. A., unmittelbar nach dem Tod gemalt.

Es vermittelt in drastischer Realität, dass die letzten Wünsche des Kaisers, die Totenzeremonien betreffend, auch eingehalten wurden. In seinen testamentarischen Bestimmungen verfügte er, *„… dass sein Leichnam nicht einbalsamiert werden dürfe, dass die Haare geschoren, die Zähne ausgeschlagen, sein Körper gegeißelt, und mit Asche und Kalk bestreut werden sollte. In Leinwand, Seide und Damast gehüllt, sollte sein Leichnam der Öffentlichkeit präsentiert werden. Als demütiger Büßer wollte er vor Gott treten …“*

Das Grazer Bildnis, auf dem der Verstorbene nicht liegend, sondern fast schwebend wiedergegeben ist, zeigt als einzigen Schmuck auf einem schwarzen Bahrtuch ein goldenes Kleeblatt-Kreuz mit den Initialen des Künstlers. Die rote enganliegende Kappe bedeckt das geschorene Haupt und hebt sich vor dem grünen Hintergrund ab. Es unterscheidet sich vom Innsbrucker Totenbild [1] vor allem dadurch, dass dort die Liegeposition des Toten, eindeutig auf einem karierten Kopfpolster ruhend, dargestellt ist.

Das Grazer Totenportrait befand sich im Besitz des Augsburger Humanisten *Konrad Peutinger* und kam 1874 in das Joanneum. Ob es ein Auftragswerk Peutingers war oder dieser es zufällig erworben hat, lässt sich nicht mehr nachvollziehen. Bedingt durch die krankhafte Auszehrung Maximilians, welche verursacht wurde durch ein Gallensteinleiden, begleitet von Gelbsucht und Lungenentzündung, konnte uns der Künstler ein durch den Todeskampf entstelltes Antlitz, bar jeglicher Schmeichelei und erschütternd in seiner Realität, übermitteln.

Eine Inschrift ist am oberen Rand des Bildes angebracht: *„MAXIMILIAN REM(I)SCHER KAISER GEPOREN 1459 AM 22. TAG MARCI. VERSCHIDEN 1519 AM 12. TAG IANUARI UND DANACH CONTERFEIT WORDEN“.*

Das Bild dürfte unmittelbar nach dem Eintreten des Todes gemalt worden sein. *MF*

21_01

1 **Museum Goldenes Dachl, Öltempera auf Holz, 35 × 33 cm, Inv. Nr. Gem. 3152.**

LITERATUR:
AK Maximilian I. Innsbruck, 1969, Kat. Nr. 189.
AK Hispania – Austria, 1992, Kat. Nr. 182.
AK Werke der Vergänglichkeit, 2002, Kat. Nr. 66.
AK Kunst der Dürerzeit, 2012, Kat. Nr. 127.

EMPORE

DES KAISERS RUHMREICHE GEDECHTNUS

Der Blick von der Empore auf das Grabdenkmal am Ende der Ausstellung ist beeindruckend (22_02). Auf der Brüstung werden alle Figuren der Kölderer-Pergamentrolle (22_01) unter Glas dargestellt. Besonders hervorgehoben werden die 12 nicht ausgeführten Figuren, da Ferdinand I. 1555 einen Figurenstopp veranlasst hat.

Die Verbindung zwischen Hofburg und Hofkirche kann im Rahmen von Führungen geöffnet werden, vergünstigte Preise auf beiden Seiten laden zum Besuch ein.

22_01

22_01
PERGAMENTROLLE, AUCH KÖLDERERROLLE GENANNT
JÖRG KÖLDERER
JOHANNES STABIUS, KONRAD PEUTINGER, JAKOB MENNEL – HISTORIOGRAFEN
1512/14

Aquarellierte Federzeichnungen auf Pergament, 37 × 340 cm
Kunsthistorisches Museum Wien, KK, Inv. Nr. 5333
1819 aus Privatbesitz erworben

Die Pergamentrolle enthält 39 kolorierte Federzeichnungen, welche tatsächliche Ahnen und fiktive Vorfahren darstellen, welche die Herrschaftsansprüche Maximilians I. untermauern sollten. Als 40. Figur wäre Maximilian selbst gedacht gewesen. Alle Figuren sind beschriftet und mit ihrem Wappen versehen. Die feinen Federzeichnungen sowie die qualitätsvolle Kolorierung der Gewandung (Rüstungen, Ornate) sind ein Werk *Jörg Kölderers*. Gleichzeitig stellen sie eine Planungsstufe zum Grabdenkmal Maximilians dar. Wenngleich auch nicht alle Figuren exakt so ausgeführt wurden, gibt es doch Übereinstimmungen in Kleidung (z. B. Hennin Maria v. Burgunds) und in den Namen, bis auf Johann v. Portugal, welcher in der Literatur immer als Ferdinand v. Portugal bezeichnet wird.[1] Das Figurenprogramm stimmt also weitgehend mit dem Diktat überein, das Maximilian 1512 mit *Marx Treitzsaurwein* für den Triumphzug festlegte (16_07). Schon alleine die Zuordnung der Wappen zu den Figuren, ihre Kleidung, ihre Kronen und all die Sonderwünsche des Kaisers mussten Altdorfer nach Regensburg vermittelt werden. Dazu diente diese *„Köldererrolle"* in erster Linie. Sie steht demnach in engem Zusammenhang mit dem Triumphzug und der Grabmalsidee. Wie schon beim Triumphzug (20_01, Miniaturen-Triumphzug), wo auch die vergoldeten Figuren auf Wägen mitgeführt werden, übermittelte Kölderer die Ideen des Kaisers in die Regensburger Werkstätte Altdorfers.[2] Wegen dieses Ideentransfers, seiner Vermittlerrolle, aber nicht wegen seiner künstlerischen Leistung ist ihm als Autorenfigur des Triumphzuges ein bleibendes Denkmal gesetzt worden. Bedeutende Historiografen hatten die Herkunft der Familie Habsburg bis zu Hektor zurückverfolgt[3] – eine Mode der Renaissance, die auch von anderen Fürstenfamilien gepflegt worden ist.[4] *MF*

1 Johann v. Avis, Begründer des Hauses, gilt als einer der bedeutendsten portugiesischen Könige. Er heiratete 1387 Philippa v. Lancaster. Ihre Tochter Isabelle ehelichte 1430 Herzog Philipp d. Guten v. Burgund. (08_05). Johann, der die Linie von Maximilians Mutter repräsentiert, wird in der späteren Überlieferung immer als Ferdinand dargestellt – ein Fehler, der ständig weitertradiert worden ist.

2 Aus Kostengründen musste die Vergoldung unterbleiben – im Triumphzug kommt diese Darstellung das einzige Mal vor!

3 S. a. 16_04 Genealogia Maximilianus caesaris (16_06).

4 Auch die italienische Fürstenfamilie ESTE definiert ihre Abstammung von HECTOR (Ilias), ihre Schlösser in Ferrara und in Caprarola zeigen dazu ein umfangreiches Freskenprogramm.

LITERATUR:

Oberhammer, Die Bronzestatuen am Grabmal Maximilians I., 1955.
AK Hispania – Austria, 1992, Kat. Nr. 177.
AK Ruhm und Sinnlichkeit, 1996, Kat. Nr. 30.
AK Werke für die Ewigkeit, 2002, Kat. Nr. 56.
AK Ferdinand I., 2003, Kat. Nr. X 15.
AK Kunst der Dürerzeit, 2012, Kat. Nr. 21.

22_02

GRABDENKMAL KAISER MAXIMILIANS I.

GILG SESSELSCHREIBER, Gesamtkonzept, Entwurf und Guss von 11 Figuren, 3 eingeschmolzen
STEFAN GODL, Guss,
LEONHARD MAGT, Modelleur
GILG SESSELSCHREIBER, ALBRECHT DÜRER, HANS LEINBERGER, VEIT STOSS, Entwerfer BRÜDER ABEL, Planung Kenotaph
ALEXANDER COLIN, 21 Marmorreliefs
1502–1584
Hofkirche Innsbruck

Die Hofkirche zu Innsbruck beherbergt das *bedeutendste deutsche Kaisergrabmal* – allerdings mit einem leeren Hochgrab (= Kenotaph), denn Maximilian wurde, seinem eigenen Wunsche gemäß, in *Wiener Neustadt* beigesetzt. Zum Zeitpunkt seines Todes 1519 gab es die Hofkirche noch nicht, sie wurde erst zwischen 1553–1563 errichtet, um die Bronzefiguren des Grabmals zu beherbergen. Denn es gab technische, vor allem statische Probleme in der Georgskirche in Wiener Neustadt: Das Untergeschoss der Kirche wurde wegen einer Tordurchfahrt ausgehöhlt und die zentnerschweren Figuren hätte der Boden nicht getragen. Schon Maximilian hatte die Idee, die Figuren an Eisenketten aufzuhängen!

Doch Ferdinand I., Enkel und Testamentsvollstrecker Maximilians I., entschied anders: Er ließ in Innsbruck eine Kirche mit Kloster errichten, welches von Franziskanern betreut werden sollte. Der aus Trient stammende Baumeister *Andrea Crivelli* († 1557) und *Marx della Bolla* schufen nach dem Vorbild der Heiligkreuzkirche in Augsburg eine spätgotische Hallenkirche, die später eine barocke Stuckdekoration erhielt. In dieser Kirche sollte das Trauergeleit Maximilians den Mittelpunkt bilden. König Ferdinand I. erließ zwar 1555 einen Figurenstopp, sodass nicht alle ursprünglich geplanten 39 Bronzefiguren präsentiert werden konnten – jedoch ist der Aufmarsch der Vorfahren, Ahnen und Helden der Geschichte einzigartig!

Man errichtete von 1562–66 noch einen inszenierten Mittelpunkt, das Hochgrab, *Kenotaph* genannt. Auf dem Tumbadeckel kniet Maximilian (40. Figur), betend mit dem Blick zum Hochaltar, umgeben von den vier Kardinalstugenden: *Fortitudo, Temperantia, Justitia und Prudentia.*[1] Die Idee, Maximilians Leiche nach Innsbruck zu überführen, war bereits im 16. Jahrhundert vorhanden – allerdings berief sich Wiener Neustadt immer auf den testamentarischen letzten Willen des Kaisers, sodass das Hochgrab leer blieb.

Maximilian, welcher die Planung des Grabmals ständig überwachte, hatte wenig bis kein Verständnis für den langsamen Fortschritt. Sesselschreiber war ja Maler und musste die Technik des Bronzegusses erst erlernen, was kein leichtes Unterfangen war; zudem musste eine Gießerei eingerichtet werden. Es war die größte Kunstunternehmung, die es in Tirol je gegeben hat: Weder ein Papst noch ein anderer Kaiser konnten für sich in Anspruch nehmen, dass an ihrem Grabmal ganze 82 Jahre gebaut worden ist – ein *Jahrhundertkunstwerk,* welches in der Spätgotik beginnt, dann über die Hochrenaissance bis zum Manierismus führt und ein herausragendes Zeugnis der „Gedechtnus" darstellt. Hatte Maximilian in Burgund erstmals den Totenkult mit Ahnen und realen Vorfahren kennengelernt[2], steigerte er diesen nun, indem er überlebensgroße Bronzefiguren schuf, die die Präsenz seiner Familie und Vorfahren auf ewige Zeiten dokumentieren sollten. Wie bei fast all seinen Kunstwerken erlebte er die Fertigstellung nicht mehr, doch wird dieses Kunstwerk am besten seiner „Memoria" gerecht und entspricht seinem berühmten Spruch:

„Wer sich im leben kein gedechtnus macht, der hat auch nach dem Tod kein gedechtnus und desselben Menschen wird mit dem Glockenton vergessen".
Kaiser Maximilian I., Weisskunig *MF*

1 Die Tugenden wurden von Alexander Colin entworfen und 1570 von Hans Lendenstreich gegossen. Sie tragen bereits manieristische Züge: kunstvoll gedrehte Oberkörper (Figura serpentinata) mit zu kleinen Köpfen und kunstvollen Frisuren.

2 s. S. 23 ff, Frenzel, Kunst in Burgund, 2019, Grabmal der Isabella v. Bourbon, heute Rijksmuseum, Amsterdam.

LITERATUR:

Wiesflecker, Kaiser Maximilian I., Bd. IV, 1981, 425ff.

22_02
Blick von der Empore auf das Grabdenkmal Kaiser Maximilians I. in der Hofkirche

Autograph, 14.11.1501,
Österreichische Nationalbibliothek Wien,
Sig. Autogr. 15/28-2.

AUTORINNENVERZEICHNIS
(in der Reihenfolge der Beiträge)

Dr. Manfred Hollegger, Studium der Geschichte und Germanistik in Graz, Mitarbeiter und stellvertr. Projektleiter der Regesta Imperii XIV:. Maximilian I. am Institut für Mittelalter- forschung der Österreichischen Akademie der Wissenschaften. Wiesflecker Schüler,
Maximilian I. (1459–1519) Herrscher und Mensch einer Zeitenwende. Stuttgart 2005

Dr. Karl Schütz, Studium der mittleren und neueren Kunstgeschichte und klassischen Archäologie an der Universität Wien, Mitglied des Instituts für Österr. Geschichtsforschung.
Direktor der Gemäldegalerie des KHM Wien, v. 2001–2011 stellv. Generaldirektor.
Flämische Malerei von Jan van Eyck bis Pieter Brueghel d. Ä,. KHM, Wien 1981

Dr. Monika Frenzel, Studium der Kunstgeschichte und Mittelalterl. Geschichte an der Universität Innsbruck; Lehrauftrag über Tiroler Kunstgeschichte, Austria Guide seit 1993. Kuratorin „Irdische Paradiese – historische Gartenarchitektur in Tirol", „Maximilian I. – Triumph eines Kaisers", „Maximilian I. – Aufbruch in die Neuzeit", 2019, Kuratorin der laufenden Ausstellung.
„Gärten in Tirol – von der Renaissance bis heute" 1998, „Der Stadtführer" 2008, „Tirol – Land der Berge, zukunftsreich", 2018.

MMMag. Marco Freek, LL.M. ist Sekretär des Rektors der Medizinischen Universität Innsbruck und war an der Österreichischen Akademie der Wissenschaften Mitbegründer des Instituts für Atemgasanalytik. Er studierte Betriebswirtschaft, Politikwissenschaften, Volkswirtschaft und kanonisches Recht in Innsbruck, Notre Dame (Indiana, USA) und Wien. 2018 legte Marco Freek eine Monographie zur Rechts- und Sakralkultur des Ordens vom Goldenen Vlies – Kirchenrecht, Habsburgergesetz, Kulturgüterschutz – vor.

Annette Ahrens, BA, Studium der Kunstgeschichte Universität Wien und Prag, Spezialisierung Kunstgewerbe, Silber & Porzellan. Expertin für historische und aktuelle Tafelkultur. Tafelkulturistin.
„Sammlung Faltus- Wiener Porzellan Figuren des Rokoko", 2017.

Univ.- Prof. Dr. Nicole Riegel-Satzinger, Studium der Kunstgeschichte, Romanistik und Publizistik an der Universität Mainz, Berlin und Würzburg. 1994 Promotion, ausgezeichnet mit dem Hans-Janssen-Preis (Akademie der Wissenschaften zu Göttingen). Forschungsstipendium der Bibliotheca Hertziana, Rom (MPI). 2014 Habilitation, a.o. Professorin am Institut für Kunstgeschichte der Universität Würzburg. Schwerpunkte: *Kunst und Architektur der italienischen Renaissance, Kirchenfürstliche Residenzen sowie Bausteine eines Residenzprojektes. Kaiser Maximilian I. in Innsbruck.*

Di Mag. Petra Mayrhofer studierte an der TU Wien Architektur und an der Universität Wien Archäologie. Sie arbeitete in verschiedenen Architekturbüros, bevor sie ihre wissenschaftliche Tätigkeit bei Grabungen in Ephesos begann. Seither arbeitet sie an nationalen und internationalen Grabungs- und Bauforschungsprojekten. Seit 2014 unterrichtet DI Mag. Petra Mayrhofer als senior lecturer am Baugeschichteinstitut der Universität Innsbruck.

Hr Mag. Markus Wimmer, Studium der Betriebswirtschaft an der Johannes-Kepler- Universität Linz, Während seiner achtjährigen Tätigkeit im Wirtschaftsministerium wirkt er als Eigentümervertreter des Bundes für die Bundesimmobiliengesellschaft, die Schloss Schönbrunn Kultur- und Betriebsgesellschaft sowie die Schönbrunner Tiergartengesellschaft mit. Seit 2006 ist er stellvertretender Burghauptmann und für bauliche Agenden u.a. der Hofburg Wien und Hofburg Innsbruck sowie für das Rechenwesen der Burghauptmannschaft Österreich verantwortlich.

Di Reinhard Munzel gründete mit DI Philipp Möckl im Jahr 2000 die ArchimediX GmbH & Co. KG. Nach der Ausbildung zum Zimmermann absolvierte er ein Architekturstudium an der TU Darmstadt. Seit 1998 liegt sein Arbeitsschwerpunkt auf der digitalen Rekonstruktion historischer Bauwerke aller Epochen.

Univ.- Prof. Dr. Christina Antenhofer, Studium der Geschichte an der Universität Innsbruck, seit 2015 assozierte Professorin für Geschichte des Mittelalters und Historische Hilfswissenschaften am Institut für Geschichtswissenschaften und Europäische Ethnologie der Universität Innsbruck. Forschungsschwerpunkt *Bianca Maria Sforza.*

Univ.- Prof. Dr. Christina Lutter, Institut für Österr. Geschichtsforschung, Universität Wien, Mitglied der ÖAW, *Zwischen Hof und Kloster. Kulturelle Gemeinschaften im mittelalterlichen Österreich, Stabwechsel. Politische Kommunikation in der Frühen Neuzeit am Beispiel der diplomatischen Beziehungen zwischen der Republik Venedig und Maximilian I. (1495 1508).*

Univ.- Prof. Dr. Dagmar Eichberger, Studium der Kunstgeschichte, Geschichte & Archäologie an der Universität Heidelberg zehnjährige Lehrtätigkeit in Kanada und Australien, Erstellung einer sammlungsgeschichtlichen Datenbank zu *Margarete v. Österreich*, Mitbegründerin und Vorstandsmitglied (2008–2011) im Arbeitskreis für Niederländische Kunst- und Kultur- seit Oktober 2011 Vertretungsprofessorin und Forschungskoordinatorin im EU Projekt ARTIFEX.

Christian Gepp, B.A.M.A., geboren in Wien, studierte Physik sowie Geschichte und Wirtschafts- und Sozialgeschichte an der Universität Wien. Er ist Dissertant am Institut für Wirtschafts- und Sozialgeschichte und ist Lehrbeauftragter an verschiedenen Universitäten. Von 2008 bis 2017 arbeitete er als wissenschaftlicher Mitarbeiter an der Universität für Bodenkultur Wien in mehreren inter- disziplinären Projekten. Seit 2017 ist er Mitarbeiter der Burghauptmannschaft Österreich.

Dr. Matthias Pfaffenbichler, Studium an der Universität Wien Geschichte, Kunstgeschichte und Archäologie sowie in Paris Museumskunde. 1986–1989 Archivausbildung am Institut für österreichische Geschichtsforschung. Von 2002–2017 Unterricht an der Universität Wien am Institut für Österreichische Geschichtsforschung. 1986 bis 2017 war er im Kunsthistorischen Museum in Wien beschäftigt und ab 2012 Direktor der „Hofjagd- und Rüstkammer".

Dr. Wolfgang Wallenta, geboren in Dillingen, studierte an der Universität Augsburg die Fächer Geschichte und Politikwissenschaft. Für seine Dissertation "Katholische Konfessionalisierung in Augsburg 1548–1648" wurde ihm 2002 der bistumsgeschichtliche Förderpreis der Diözese Augsburg verliehen. Dr. Wolfgang Wallenta arbeitet als Historiker in Augsburg. Im Jahr 2009 erschien sein Buch "Augsburg & Italien – Eine 2000jährige Beziehung".

Stefanie Heim, BA MA, geboren in Brixlegg, Studium der Archäologie und Geschichte an der Universität Innsbruck. Doktoratsstudium Mittelalter- und Neuzeitarchäologie. Seit 2018 Assistenz der Kuratorin für die Sonderausstellung „Maximilian I. – Aufbruch in die Neuzeit" in der Hofburg Innsbruck.

Maximilian Krüger, M.A., studierte Geschichte, Politikwissenschaft und Germanistik an der Universität Mannheim. Nach seinem Studium, während dem er an den Lehrstühlen für Mittelalterliche und Neuere Geschichte beschäftigt war, arbeitete er als wissenschaftlicher Assistent und Dozent am Lehrstuhl für Neuere Geschichte, daneben war er Mitarbeiter am Historischen Institut und zuletzt als Lehrbeauftragter an der Universität Mannheim tätig. Schwerpunkte seiner Arbeit bilden Literatur-, Kunst- und Mediengeschichte um Kaiser Maximilian, Adelskultur und Rittertum wie auch Gesellschafts- und Landesgeschichte der italienischen Renaissance.

Mag. Marianne Oberladstätter, Studium der Kunstgeschichte an den Universitäten in Innsbruck und Salzburg, Schwerpunkt Mittelalter und Österreichische Kunstgeschichte.

Ass. Prof. i. R. Dr. Inge Wiesflecker-Friedhuber, Ab 1958 Mitarbeiterin an den Maximilian-Regesten, 1999–2001 Assistenzprofessorin am Institut für Geschichte der Universität Graz, seit 2009 Projektleiterin der Regesta Imperii XIV: Maximlian I. an der Abteilung Quellenforschung und Quellenedition / MIR des Instituts für Mittelalterforschung der Österreichischen Akademie der Wissenschaften. Zahlreiche Veröffentlichungen zur Person und Geschichte Maximilians I., Standardwerk: "Quellen zur Geschichte Maximilians I. und seiner Zeit (Ausgewählte Quellen zur Deutschen Geschichte der Neuzeit 14), Darmstadt 1996".

Univ.-Prof. Dr. Alexander Koller, geboren in Regensburg Studium der klassischen und romanischen Philologie sowie der Geschichtswissenschaft an der Ludwig-Maximilians-Universität München. 1993 Promotion an der Universität München im Fach Neuere Geschichte. Seit 1993 Referent für Geschichte der Frühen Neuzeit am Deutschen Historischen Institut in Rom.
2010 Habilitierung im Fach Neuere Geschichte an der Historisch-Kulturwissen-schaftlichen Fakultät der Universität Wien, Gastprofessur ebendort.

Dr. Thomas Schauerte, geboren in Aachen, Studium an den Universitäten Bayreuth und Berlin, Dissertation über Dürers „Ehrenpforte". Dürerspezialist, viele Publikationen und Ausstellungen. Freie Mitarbeit am GNM wie auch Forschungsstipendium in Wolfenbüttel. Leiter des Dürer-Hauses in Nürnberg, Berufung als Direktor der Museen von Aschaffenburg mit Sitz in Schloss Johannisburg.

Univ.-Prof. (Em.) Dr. Sabine Weiss, Studium der Geschichte in Graz, Wiesflecker – Schülerin, Mitarbeit an der Herausgabe der Regesten, Stationen in Wien und Rom, Universitätsprofessorin am Historischen Institut der Universität Innsbruck. Wichtige historische Publikationen, u.a. „Die vergessene Kaiserin: Bianca Maria Sforza, Kaiser Maximilians I. zweite Gemahlin", 2010, „Maximilian I., Habsburgs faszinierender Kaiser", 2018.

VERZEICHNIS AUSSTELLUNGSKATALOGE

Ausstellungskatalog Maximilian I., 1459–1519, Österreichische Nationalbibliothek (Hg.), Ausstellung Österreichische Nationalbibliothek, Graphische Sammlung Albertina, Kunsthistorisches Museum (Waffensammlung), Wien 1959.

Ausstellungskatalog Maximilian I. Innsbruck, Land Tirol Kulturreferat (Hg.), Landhaus, Tiroler Landesmuseum Zeughaus, Innsbruck 1969.

Ausstellungskatalog 1471 Albrecht Dürer 1971, Germanisches Nationalmuseum Nürnberg (Hg.), München 1971.

Ausstellungskatalog Imperial Austria, Treasure of art, arms & armor, From the state of Styria, Krenn Peter (Hg.), Karcheski JR. Walter, The Museum of fine arts Houston, 1992.

Ausstellungskatalog Hispania – Austria, Die Katholischen Könige Maximilian I. und die Anfänge der Casa de Austria in Spanien, Kunst um 1492, Bundesministerium für Wissenschaft und Forschung (Hg.), Land Tirol, Stadt Innsbruck, in Zusammenarbeit mit dem Spanischen Kulturministerium, Kunsthistorisches Museum Wien, Innsbruck Schloss Ambras, Milan 1992.

Ausstellungskatalog Natur und Kunst, Handschriften und Alben aus der Ambraser Sammlung Erzherzog Ferdinands II (1529–1595), Auer Alfred (Hg.), Ausstellung des Kunsthistorischen Museums, Wien 1995.

Ausstellungskatalog Maximilian I., Tiroler Ausstellungsstraßen, Kohler Alfred (Hg.), Mailand 1996.

Ausstellungskatalog Ruhm und Sinnlichkeit, Innsbrucker Bronzeguss 1500–1650, Von Kaiser Maximilian I. bis Erzherzog Ferdinand Karl, Tiroler Landesmuseum Ferdinandeum Innsbruck (Hg.), Innsbruck 1996.

Ausstellungskatalog Carolus, Charles Quint 1500–1558, Soly Hugo (Hg.), Van de Wiele Johan, Kunsthal De Sint-Pietersabdij a Gand, 1999.

Ausstellungskatalog Circa 1500, Leonhard und Paola. Ein ungleiches Paar, De ludo globi. Vom Spiel der Welt, An der Grenze des Reiches, Landesaustellung 2000 Mostra storica, Tiroler Landesmuseum Ferdinandeum Innsbruck (Hg.), Autonome Provinz Bozen-Südtirol, Autonome Provinz Trient, Mailand 2000.

Ausstellungskatalog Imperial Austria, Steirische Kunst- und Waffenschätze aus vier Jahrhunderten, Steiermärkisches Landesmuseum Joanneum (Hg.), Burg Rabenstein/ 2000.

Ausstellungskatalog Werke für die Ewigkeit, Kaiser Maximilian I. und Erzherzog Ferdinand II., Seipel Wilfried (Hg.), Kunsthistorisches Museum Wien, Sammlungen Schloss Ambras Innsbruck, Wien 2002.

Ausstellungskatalog Kaiser Ferdinand I. 1503–1564, Das Werden der Habsburgermonarchie, Seipel Wilfried (Hg.), Kunsthistorisches Museum Wien, Wien 2003.

Ausstellungskatalog Von Kaisers Gnaden, 500 Jahre Pfalz- Neuburg, Katalog zur Bayrischen Landesausstellung 2005, Bäumler Suzanne, Brockhoff Evamaria, Henker Michael (Hg.), Augsburg 2005.

Ausstellungskatalog Maximilian I. Triumph eines Kaisers. Herrscher mit europäischen Visionen, Hofburg Innsbruck, Monika Frenzel, Innsbruck 2005.

Ausstellungskatalog Karl der Kühne (1433–1477). Glanz und Untergang des letzten Herzogs von Burgund, Marti Susan, Borchert Till-Holger, Keck Gabriele (Hg.), Historisches Museum Bern, Bruggemuseum & Groeningemuseum Brügge, Kunsthistorisches Museum Wien, Brüssel 2008.

Ausstellungskatalog Die Fugger im Bild, Selbstdarstellung einer Familiendynastie der Renaissance, Begleitbuch zur Schatzkammerausstellung, Bayerische Staatsbibliothek (Hg.), München 2010.

Ausstellungskatalog Kaiser Maximilian I. und die Kunst der Dürerzeit, Michel Eva, Sternath Marie Luise (Hg.), Wien Albertina, München/ London/ New York 2012.

Ausstellungskatalog Nur Gesichter? Portraits der Renaissance, Tiroler Landesmuseum Ferdinandeum (Hg.), Innsbruck 2016.

Ausstellungskatalog Ferdinand II., 450 Jahre Tiroler Landesfürst / Jubiläumsausstellung, Haag Sabine (Hg)., Sandbichler Veronika, Schloss Ambras Innsbruck, Innsbruck 2017.

Ausstellungskatalog Frauen Kunst und Macht. Drei Frauen aus dem Hause Habsburg, Haag Sabine, Eichberger Dagmar, Jordan Gschwend Annemarie (Hg.), Ausstellung des Kunsthistorischen Museums Wien, Schloss Ambras, Wien 2018.

Ausstellungskatalog Kaiser Maximilian. Ein großer Habsburger, Kaska Katharina (Hg.), Österreichische Nationalbibliothek, Salzburg/Wien 2019.

LITERATURLISTE

Baldass Ludwig, Die Bildnisse Kaiser Maximilians I. In: Jahrbuch der Kunsthistorischen Sammlungen des Allerhöchsten Kaiserhauses, Bd 31, Wien 1913.

Beaufort-Spontin Christian, Pfaffenbichler Matthias, Meisterwerke der Hofjagd- und Rüstkammer, Wien 2005.

Benesch Otto, Auer Erwin, Die Historia Friderici et Maximiliani, Berlin 1957.

Bocher Guido, Das Erbe Kaiser Maximilians I. in Toblach. 1508–1511. Der Leidenweg zum Lerschach. Tirols ältester Kreuzweg 1519, Bozen 2009.

Borst Otto, Alltagsleben im Mittelalter. Mit zeitgenössischen Abbildungen, Frankfurt am Main 1983.

Calmette Joseph, Die großen Herzöge von Burgund, München 1996.

Coreth Anna, Dynastisch-politische Ideen Kaiser Maximilian I., 1950.

Dankl Günther, Die Bauten Erzherzog Sigmunds. In: Der Herzog und sein Taler. Erzherzog Sigmund der Münzreiche. Politik, Münzwesen, Kunst, AK Tiroler Landesmuseum Ferdinandeum, Innsbruck 1986.

Dickel Hans (Hg.), Zeichnen seit Dürer. Die süddeutschen und schweizerischen Zeichnungen der Renaissance in der Universitätsbibliothek Erlangen, Petersberg 2014.

Doering Oscar, Des Augsburger Patriciers Philipp Hainhofer Reisen nach Innsbruck und Dresden, Wien 1901.

Dreger Moritz, Innsbrucker Hofburg, 1921.

Drs., Zur älteren Geschichte der Innsbrucker Hofburg, in: Kunst und Kunsthandwerk 24, 1921.

Dressler Helga, Alexander Colin, Diss. Freiburg im Breisgau, II/2, Freiburg im Breisgau 1973.

Dünnebeil Sonja (Hg), Die Entwicklung des Ordens unter den Burgunderherzögen, in: Auer Leopold, Dünnebeil Sonja, Gasser Birgit-Charlotte, Pachta-Reyhofen Alexander (Hg), Das Haus Österreich und der Orden vom Goldenen Vlies, Graz 2007.

Ds., Die Protokollbücher des Ordens vom Goldenen Vlies, Teil 4: Übergang an das Haus Habsburg (1477–1480). In: Kieler Werkstücke, Reihe D: Beiträge zur europäischen Geschichte des späten Mittelalters, Frankfurt am Main, 2016.

Egg Erich, Der Tiroler Geschützguss 1400–1600, Innsbruck 1961.

Egg Erich, Pfaundler Wolfgang, Kaiser Maximilians I. und Tirol, Innsbruck 1969.

Egg Erich, Die Hofkirche in Innsbruck, Das Grabdenkmal Kaiser Maximilians I. und die Silberne Kapelle, Innsbruck 1974.

Egg Erich, Der Schwazer Bergbau und sein Bergbuch. In Das Schwazer Bergbuch (1556), Faksimile und Übertragung, Essen 1988.

Erhard Andreas, Eva Ramminger, Die Meerfahrt, Balthasar Springers Reise zur Pfefferküste, Mit einem Faksimile des Buches von 1509, Innsbruck 1998.

Fichtenau Heinrich, Die Lehrbücher Maximilians I. und die Anfänge der Frakturschrift, Hamburg 1961.

Fink August, Die Schwarzschen Trachtenbücher, Berlin 1963.

Fischnaler Konrad, Jörg Kölderer und die Ehrenpforte Kaiser Maximilians, Innsbruck 1902.

Franke Birgit, Welzel Barbara, Paläste und Zelte voller Kunst – zur Hofkultur Karls des Kühnen. In: Karl d. Kühne, Kunst, Krieg & Hofkultur, Historisches Museum Bern, Bruggemuseum & Groeningemuseum Brügge, Brüssel 2008.

Freek Marco, Zur Rechts- und Sakralkultur des Ordens vom Goldenen Vlies. Kirchenrecht, Habsburgergesetz, Kulturgüterschutz, Ordens- exemplar. Innsbruck / Wien 2018.

Frenzel Monika, Kenotaph – Das Hochgrab Kaiser Maximilians I. in der Hofkirche zu Innsbruck, Innsbruck 2003, 2. Auflage 2013.

Friedländer Max, Die altniederländische Malerei, Bd IX, Leiden 1934.

Friedrich Udo (Hg.), Müller Matthias (Hg.), Spieß Karl-Heinz, Kulturtransfer am Fürstenhof: Höfische Austauschprozesse und ihre Medien im Zeitalter Kaiser Maximilians I., Schriften zur Residenzkultur, Berlin 2013.

Friesen Ilse E., Schnellhammer Norbert P. (Hg.), Albrecht Dürer: Holzschnitte und Kupferstiche; Graphische Sammlung Stift Stams; Ergänzungsband, Stift Stams 2008.

Fritz Monika, Kaiser Maximilian I. und Innsbruck, Veröffentlichungen aus dem Stadtarchiv Innsbruck, Nr. 31, Innsbruck 1968.

Füssel Stephan, Der Theuerdank von 1517: Kaiser Maximilian und die Medien seiner Zeit, Köln 2003.

Gall Franz, Die Insignien der Universität Wien, Graz/Köln 1965.

Gamber Ortwin, Die mittelalterlichen Blankwaffen der Wiener Waffensammlung. In: Jahrbuch der Kunsthistorischen Sammlungen, Bd 57, Wien 1961.

Gamber Ortwin, Kolman Helmschmid, Ferdinand I. und das Thun'sche Skizzenbuch. In: Jahrbuch der Kunsthistorischen Sammlungen, Bd. 71, Wien 1975.

Grill Heinz, Maximilian I. und seine Zeit. Mit 52 Abbildungen, Innsbruck 1977.

Grossmann Ulrich, Albrecht Dürer in Innsbruck. Zur Datierung der ersten italienischen Reise. In: Großmann, Ulrich, Sonnenberger, Franz (Hg.), Das Dürer-Haus. Neue Ergebnisse der Forschung, Nürnberg 2007.

Haag Sabine, Wieczorek Alfried, Pfaffenbichler Matthias, Buderer Hans-Jürgen (Hg.), Kaiser Maximilian I. der letzte Ritter und das höfische Turnier, Mannheim 2014.

Hagen Christian, Vom Stadttor zum Wappenturm. Über Gestaltung, Funktion und Wahrnehmung eines repräsentativen Bauwerks in der Residenzstadt Innsbruck, Ostfildern 2014.

Haidacher Christoph, Diemer Dorothea, Maximilian I. Der Kenotaph in der Hofkirche zu Innsbruck, Innsbruck/Wien 2004.

Hanzl-Wachter Liselotte, Hofburg zu Innsbruck, Innsbruck 2004.

Heinz Günther, Schütz Karl, Kunsthistorisches Museum. Portraitgalerie zur Geschichte Österreichs 1400–1800, Wien 1976.

Herre Franz, Die Fugger in ihrer Zeit, Augsburg 1985.

Hochleithner Martin (Hg.), Das Fischereibuch Maximilians I., Faksimile und Transkription, 2013.

Hollegger Manfred, Maximilian I. (1459–1519). Herrscher und Mensch einer Zeitenwende, Stuttgart 2005.

Hollegger Manfred, Unerhörte Neuerungen. Maximilians I. Gesamt- staatsbestrebungen von Land und Herrschaft zu Staat und Hoheit, in: Noflatscher Heinz, Chisholm Michael A., Schnerb Bertrand (Hg), Maxmilian I. Wahrnehmung – Übersetzung – Gender. Innsbrucker Historische Studien 27, 2011.

Huinzinga Johan, Herbst des Mittelalters, Erstausgabe 1924, od. Stuttgart 2006.

Karajan Theodor Georg von (Hg.), Behaim Michael (Autor), Michael Beheim's Buch von den Wienern 1462–1465, Wien 1843.

Kellner Beate, Formen des Kulturtransfers am Hof Kaiser Maximilians I. Muster genealogischer Herrschaftslegitimation. In: Udo Friedrich (Herausgeber), Matthias Müller (Herausgeber), Karl-Heinz Spieß, Kulturtransfer am Fürstenhof: Höfische Austauschprozesse und ihre Medien im Zeitalter Kaiser Maximilians I., Schriften zur Residenzkultur, Berlin 2013.

Kluger Martin, Die Fugger. Die deutschen Medici in Augsburg und im bayrischen Schwaben, Geschichte Sehenswürdigkeiten, Touren, Augsburg 2006.

Koschatzky Walter, Winzinger Franz (Hg.), Die Miniaturen zum Triumphzug Kaiser Maximilians I. Faksimile- u. Kommentarband, Graz 1972.

Kralik Richard, Der letzte Ritter. Bilder aus der Jugend Kaiser Maximilians I., Brixen 1913.

Kraume Herbert, Glanzvolles Burgund. Blütezeit im Mittelalter, Darmstadt 2010.

Kraus Victor von, Itinerarium Maximiliani I: 1508–1518, Wien 1899.

Krause Stefan, "die ritterspiel als ritter Freydalb hat gethon aus ritterlichem gmute". Das Turnierbuch Freydal Kaiser Maximilians I. In: Haag, Wieczorek, Pfaffenbichler, Buderer (Hg.) Kaiser Maximilian I. der letzte Ritter und das höfische Turnier, Mannheim 2014.

Kriller-Erdrich Beatrix, Julius Viktor Berger und die Mäzene des Hauses Habsburg – ein Bilddenkmal zur Entstehungsgeschichte der Habsburgischen Sammlungen, Kunsthistorisches Museum Wien – Museumsverband, Haag. Sabine (Hg.), Wien 2016.

Kurzmann, Gerhard, Kaiser Maximilian I. und das Kriegswesen der österreichischen Länder und des Reiches, Wien 1985.

Kutschera Gerhild, Fragenstein. In: Trapp, Oswald (Hg.), Tiroler Burgenbuch, 6: Mittleres Inntal, Bozen 1982, 29–56.

Langer Christina, Wienecke-Janz Detlef (Hg.), Feste und Bräuche aus Mittelalter und Renaissance – Die Augsburger Monatsbilder, München 2007.

Lauro Brigitta, Die Grabstätten der Habsburger. Kunstdenkmäler einer europäischen Dynastie, Wien 2007.

Leitner Quirin v., Freydal. Des Kaisers Maximilian I. Turniere und Mummereien, Wien 1880–1882.

Lutter Christina und Unterholzner Daniela, Fürstin ohne Ort. Vom Scheitern der Bianca Maria Sforza, in: Braun u.a. (Hg), Frau des Kaisers, 2016.

Metzger, Christof, Hans Schäufelin als Maler, Berlin 2002.

Metzger Christof, Innsbruck Castle Court. Innsbruck Castle Court with Clouds. In: Robinson, Andrew, Schröder, Klaus Albrecht, Hinz, Berthold (Hg.), Albrecht Dürer. Master drawings, watercolors and prints from the Albertina.

Müller Jan-Dirk, Gedechtnus: Literatur und Hofgesellschaft um Maximilian I., Band 2 von Forschungen zur Geschichte der älteren deutschen Literatur, Forschungen zur Geschichte der älteren deutschen Literatur, München 1982.

Müller Jan-Dirk, Ziegeler Hans-Joachim, Maximilians Ruhmeswerk, Berlin 2015.

Niederwolfsgruber Franz, Kaiser Maximilians I. Jagd- und Fischereibücher, Innsbruck 1992.

Noflatscher Heinz, Räte und Herrscher. Politische Eliten an den Habsburgerhöfen der österreichischen Länder 1480–1530, Mainz 1999.

Noflatscher Heinz (Hg.), Jan Paul Niederkorn (Hg.), Der Innsbrucker Hof. Residenz und höfische Gesellschaft in Tirol vom 15. Bis 10. Jahrhundert, Wien 2005.

Oberhammer Vinzenz, Die Bronzestatuen am Grabmal Maximilians I., Innsbruck 1955.

Oberhammer Vinzenz, Das Goldene Dachl zu Innsbruck, Innsbruck/Wien/München 1970.

ÖKT, Kunsttopographie Band XLVII, Die Kunstdenkmäler der Stadt Innsbruck, Die Hofbauten, darin: Oettinger Ricarda, Hofburg, Adeliges Damenstift, Wien 1986.

ÖKT, ibidem, E. Scheicher, Das Grabmal Kaiser Maximilians I. in der Innsbrucker Hofkirche. Wien 1986.

Ortner Sonja, Maximilian I. und die Musik, Kulturgüter in Tirol, Bd 6., Innsbruck 2005.

Öttl Herta, Vellenberg. In: Trapp, Oswald (Hg.), Tiroler Burgenbuch, 6: Mittleres Inntal, Bozen 1982, 73–106.

Paravicini Werner, „Vernünftiger Wahnsinn". Karl d. Kühne, Herzog von Burgund (1433–1477), Stuttgart 2008.

Paravicini Werner, Die ritterlich-höfische Kultur des Mittelalters, Enzyklopädie deutscher Geschichte, München 2011.

Pastoureau Michel, Castelbajac Jean-Charles de (Hg), Das große Wappenbuch der Ritter vom Goldenen Vlies, Darmstadt 2018.

Pölnitz Götz von, Jakob Fugger, Kaiser, Kirche und Kapital in der oberdeutschen Renaissance. Tübingen 1949.

Pölnitz Götz von, Jakob Fugger, Quellen und Erläuterungen, Tübingen 1951.

Régnier-Bohler D. (Hg), in modernem Französisch, 1995: Beaune Henri, d'Arbaumont Jean (Hg), Olivier de la Marche, Memoires, 4 Bde, Paris 1883–1888.

Renner Elke Maria, Die abenteuerlichen Kriegszüge Kaiser Maximilians zwischen 1477 und 1482, Amsterdam/ Berlin 2009.

Sauer Benedikt, Hofburg Innsbruck. Wien / Bozen 2010.

Schauerte Thomas, Die Ehrenpforte für Kaiser Maximilian I., Dürer und Altdorfer im Dienste des Herrschers. Kunstwissenschaftliche Studien Band 95, München / Berlin 2001.

Schauerte, Thomas, Pour éternelle mémoire… / Burgundische Wurzeln der Ehrenpforte, In: Müller, Jan-Dirk, Ziegeler, Hans-Joachim (Hg.), Maximilians Ruhmeswerk: Künste und Wissenschaften im Umkreis Kaiser Maximilians I., Basel 2015.

Schauerte Thomas, Dürer und Celtis. Die Nürnberger Poetenschule im Aufbruch, München 2015.

Schütz Alfred, Die Dramen des Conrad Celtis, Univ. Diss. Wien 1948.

Schütz Karl, Kaiser Maximilian I. im Bildnis. In: Kulturgüterbroschüre des Landes Tirol, Nr. 6, Innsbruck 2005, 24 ff.

Schütz Karl, Die Entstehung des Repräsentationsportraits in der Zeit Kaiser Maximilians I., 2002.

Seipel Wilfried (Hg.), Herrlich Wild. Die höfische Jagd in Tirol, Wien 2004.

Simbrunner Josef, Geschichte des Theaters in Linz 1501–2017, Linz 2017.

Stadt Bozen (Hg.), unter Mitwirkung des Südtiroler Kulturinstitutes, Schloss Runkelstein, Die Bilderburg, Bozen 2000.

Stälin Christoph Friedrich von, Aufenthaltsorte Kaiser Maximilians I. seit seiner Alleinherrschaft 1493 bis zu seinem Tode 1519, in: Forschungen zur deutschen Geschichte, 1, 1862, 348–395.

Steinmetz Greg, Der reichste Mann der Weltgeschichte. Leben und Werk des Jakob Fugger, München 2016.

Stift Stams (Hg.), Albrecht Dürer. Holzschnitte und Kupferstiche, Graphische Sammlung Stift Stams, Ergänzungsband, Stams 2008.

Stift Wilten (Hg.), 850 Jahre Praemonstratenser Chorherrenstift Wilten. 1138 -1988, Innsbruck 1989.

Stiftung Bozener Schlösser (Hg.), Artus auf Runkelstein – Der Traum vom guten Herrscher, Runkelsteiner Schriften zur Kulturgeschichte, Bd 6, Bozen 2014.

Stolz Otto, Huter Franz, Wehrverfassung und Schützenwesen in Tirol von den Anfängen bis 1918, Innsbruck 1960.

Terlinden Charles de, Der Orden vom Goldenen Vlies, Wien 1970.

Thomas Bruno, Gamber Ortwin, Katalog der Leibrüstkammer, Kunsthistorisches Museum Wien, Teil I., Der Zeitraum von 500 bis 1530, Wien 1976.

Thümmel Hans Georg, Bernhard Strigels Diptychon für Cuspinian. In: Jahrbuch der Kunsthistorischen Sammlungen in Wien, 76, Wien 1980.

Trapp Oswald, Die Maximilianischen Gemälde im Friedberger Rittersaal, Wien/ Köln/ Graz 1969.

Trapp Oswald (Hg.), Tiroler Burgenbuch, 6: Mittleres Inntal, Bozen 1982, 7: Oberinntal und Ausserfern, Bozen 1986.

Ulmann Heinrich, Kaiser Maximilians I. Absichten auf das Papstthum in den Jahren 1507–1511, Festschrift zur Feier des fünfzigjährigen Professor-Jubiläums des Herrn Geh. Reg.-Rath prof. Dr. Eduard Baumstark am 14. Mai 1888. Stuttgart 1888.

Unger Helger (Hg.), Kaiser Maximilian I. Teuerdank. Die Geferlicheiten und eins Teils der Geschichten des loblichen streitbaren und hochberümbten Helds und Ritters Herr Teuerdanks, München 1968.

Unterholzner Daniela, Bianca Maria Sforza (1472–1510). Herrschaftliche Handlungsspielräume einer Königin vor dem Hintergrund von Hof, Familie und Dynastie, Univ. Diss. Innsbruck 2015.

Unterkircher Franz, Vollständige Faksimile-Ausgabe im Originalformat des Codex Vindobonensis Series Nova 2663 der Österreichischen Nationalbibliothek, Graz 1973.

Unterkircher Franz, Maximilian I. Ein kaiserlicher Auftraggeber illustrierter Handschriften, Hamburg 1983.

Unterkircher Franz, Das Stundenbuch der Maria von Burgund. Glanzlichter der Buchkunst, Codex Vindobonensis 1857 der Österreichischen Nationalbibliothek, Band 3, Graz 1993.

Weiss Sabine, Zur Herrschaft geboren – Kindheit und Jugend im Hause Habsburg, Innsbruck/Wien 2008.

Weiss Sabine, Die vergessene Kaiserin, Bianca Maria Sforza, Kaiser Maximilians zweite Gemahlin, Innsbruck 2010.

Weiss Sabine, Maximilian I. Habsburgs faszinierender Kaiser, Innsbruck/Wien 2018.

Werkner Patrick, Innsbrucker Burgen, in: Trapp Oswald (Hg), Tiroler Burgenbuch, Mittlers Inntal, 1982.

Werner Elke Anna, Kaiser Maximilians Weißkunig: Einige Beobachtungen zur Werkgenese der Illustrationen. In: Müller, Jan-Dirk, Ziegeler, Hans-Joachim (Hg.), Maximilians Ruhmeswerk: Künste und Wissenschaften im Umkreis Kaiser Maximilians I., Basel 2015, 349–380.

Wiehn Diana, Garelzyklus auf Schloss Runkelstein - Ein Rekonstruktionsversuch. In: In: Artus auf Runkelstein. Der Traum vom Guten Herrscher, Runkelsteiner Schriften zur Kulturgeschichte 6, Bozen 2014, 203–242.

Wiesflecker Hermann, Kaiser Maximilian I. Das Reich Österreich und Europa an der Wende zur Neuzeit, 5 Bände, Wien 1971–1986, siehe:

Bd I, Jugend. Burgundisches Erbe und Römisches Königtum bis zur Alleinherrschaft 1459–1493.

Band II, Reichsreform und Kaiserpolitik 1493–1500 Entmachtung des Königs im Reich und in Europa.

Band III, Auf der Höhe des Lebens. 1500–1508. Der große Systemwechsel. Politischer Wiederaufstieg.

Band IV, Gründung des habsburgischen Weltreiches. Lebensabend und Tod. 1508–1519.

Band V, Der Kaiser und seine Umwelt. Hof, Staat, Wirtschaft, Gesellschaft und Kultur.

Wiesflecker Hermann, Maximilian I., Die Fundamente des habsburgischen Weltreiches, Wien/ München 1991.

Wiesflecker Hermann, Maximilian und die Päpste seiner Zeit. In: Hochrenaissance im Vatikan. Kunst und Kultur im Rom der der Päpste I (1503–1534), Rom 1999.

Wiesflecker-Friedhuber Inge, Margarete. Erzherzogin von Österreich. In: Neue Deutsche Biographie (NDB), Band 16, Berlin 1990.

Wiesflecker-Friedhuber Inge, Kaiser Maximilian I. und die Stadt Innsbruck, in: Noflatscher Heinz, Niederkorn Jan Paul (Hg), Der Innsbrucker Hof, Residenz und höfische Gesellschaft in Tirol vom 15.-19. Jhdt, Wien 2005.

Winzinger Franz, Albrecht Altdorfer und die Miniaturen des Triumph- zuges Kaiser Maximilians I. In: JB der Kunsthistorischen Sammlungen in Wien, 62, Wien 1966.

Woelfflin Heinrich, Die Kunst Albrecht Dürers, München 1919.

Wolf Susanne, Die Doppelregierung Kaiser Friedrichs III. und König Maximilians (1486–1493), Köln/Weimar/Wien 2005.

Wurzbach Constant, Dietrichstein, Sigmund, erster Freiherr von Hollenburg. In: Biographisches Lexikon des Kaiserthums Oesterreich, Bd. 3, Wien 1858.

Würtz Johannes, Ludus Dianae, Zu Rudolf Steinbüchlers Gobelins im Kleinen Haus des Linzer Landestheaters. In: Oberösterreichische Heimatblätter 12, 1958, 39–50.

ABBILDUNGSNACHWEIS KATALOGTEIL

01_01, 02, Albertina, Wien, Inv. Nr. 2505-25263
02_01 Hofkirche Innsbruck, Marmor-Relief Kenotaph Nr. XIV
03_01 KHM, Wien, GG, Inv. Nr. 700

04 KAMMER

04_01 KHM, Wien, Bibl. 13948 (ohne Abb.)
04_02 ÖNB, Sammlung Handschriften, Cod. 7962, fol. 3r, 26r, 12v – Faks. UB Innsbruck, Sign. 63740 (ohne Abb.)
04_03 KHM, Wien, Bibliothek 13388, fol. 25 (Holzschnitt)
04_04 ÖNB, Wien, Sig. Autogr. 15/28-2
04_05 KHM, Wien, GG, Inv. Nr. 4446 und 4447
04_06 Bundesmobilienverwaltung, Wien, Inv. Nr. MD 043649
04_07 KHM, Wien, KK, Inv. Nr. 5355, Bl. 13r, 3. Bd
04_08 KHM, Wien, HJRK, Inv. Nr. D 3
04_09 Staatliche Museen zu Berlin, Preußischer Kulturbesitz, Kupferstichkabinett Inv. Nr. KdZ 2509 105892
04_10 Metropolitan Museum, New York, Robert Lehmann Collection, Inv. Nr. 1975.1.130

05 KINDHEIT & JUGEND

05_01 ÖNB, Wien, Sig. A-Wn Cod. 3033, Fol. 14v
05_02 gemeinfrei (GNM)
05_03 Prämonstratenserstift Wilten, Innsbruck
05_04 Universität Heidelberg, Sig. Cod. Pal. germ. 386
05_05 ÖNB, Wien, Sig. Cod. 2368, fol. 12v, Faksimile-Ausgabe Graz 2004
05_06 Schloss Runkelstein, Vintlersches Sommerhaus
05_07 Österreichisches Staatsarchiv, Sig. HHStA HS B9 fol. 51v (3 Kinder) und 38 r (Bad)
05_08 a–d KHM, Wien, Bibl. 13948, fol. 10, 11, 12

06 BURGUND

06_01 Hofkirche Innsbruck, Bronzefigur Friedrich III. (Foto Stefanie Heim)
06_02 Hofkirche Innsbruck, Bronzefigur Karl d. Kühne (Foto Stefanie Heim)
06_03 Zentralbibliothek Zürich, Burgunder Chronik od. „Züricher Schilling“, Inv. Nr. Ms A 5 S- 121
06_04 Historisches Museum, Bern, Inv. Nr. 15 a+b
06_05 Österreichisches Staatsarchiv, Sig. AT-OeStA/HHStA HS W 1096, fol. 3r
06_06 KHM, Wien, GG, Inv. Nr. 4402
06_07 Österreichisches Staatsarchiv, Sig. HA Familienakten K 18, fol. 101
06_08 Louvre, Paris, Inv. Nr. RG 1938-17
06_09 KHM, Wien, GG, Inv. Nr. 972
06_10 Albertina, Wien, Grafische Sammlung, Inv. Nr. 24425
06_11 KHM, Wien, Bibl. 13948, fol. 51
06_12 ÖNB, Wien, Sig. Cod. 1857, fol. 14v, 15r, Faksimile-Ausgabe 1969, Gebetbuch 1477
06_13 OÖ Landesbibliothk Linz, Inv. Nr. CD 16 M 1649
06_14 Albertina, Wien, Grafische Sammlung, Inv. Nr. D 25232, fol. 256, bez. 79
06_15 a KHM, Wien, KK, Inv. Nr. 110
06_15 b KHM, Wien, KK, Inv. Nr. 109
06_15 c KHM, Wien, KK, Inv. Nr. 95
06_15 d KHM, Wien, KK, Inv. Nr. 80
06_15 e KHM, Wien, KK, Inv. Nr. 89
06_16 KHM, Wien, Bibl. 13948, fol. 50
06_17 The British Library, London, Harley MS 4425, fol. 12v
06_18 KHM, Wien, Hofjagd- und Rüstkammer, Inv. Nr. D 4
06_19 KHM, Wien, Hofjagd- und Rüstkammer, Inv. Nr. D 24
06_20 Openbare Bibliotheek, Brügge, „EXCELLENTE CRONYKE VON VLAENDEREN“, Histor. Fons, Inv. Nr. Ms 437, fol.372v.

07 TURNIER

07_01 Schloss Tratzberg, Jenbach, Familienstiftung Tratzberg
07_02 KHM, Wien, Hofjagd- und Rüstkammer, Inv. Nr. A 62
07_03 KHM, Wien, Hofjagd- und Rüstkammer, Inv. Nr. R IX
07_04 KHM, Wien, Hofjagd- und Rüstkammer, Inv. Nr. S XV
07_05 KHM, Wien, Hofjagd- und Rüstkammer, Inv. Nr. B44
07_06 KHM, Wien, KK, Inv. Nr. 5073, fol. 34, 39, 97, 157
07_07 National Gallery, London, Sig. NG 2613.1, NG 2613.2

08 ORDEN VOM GOLDENEN VLIES

08_01 KHM, Wien, Monturdepot, Inv. Nr. MD_TO_32_1, 32_2, 32_3
08_04 Privatbesitz

08_05 London, The British Library, Harley, Ms 6199, fol. 57v
08_06 Schwan Christian Fridrich (Hg.), Der Orden vom Goldenen Vlies, 1791
08_07 ÖNB, Wien, Handschriften, Autographen- und Nachlass-Sammlung, Sig. Cod. 2606, fol. 55v–56r, fol. 70v–71r, fol. 76v–77r
08_08 Koninklijke Bibliotheek, Den Haag, Sig. Ms 76 E 10, fol. 5v
08_09 Historisches Museum, Bern, Inv. Nr. 310 a

09 LANDSKNECHTE

09_01 a–b Albertina, Grafische Sammlung, Inv.-Nr. 25205-25263 (ohne Abb.)
09_02 Albertina, Wien, Inv. Nr. DG 1948/224r
09_03 a Stift Herzogenburg, Inv. Nr. Mangold Verz. Nr. 55
09_03 b KHM, Wien, GG, Inv. Nr. 4401
09_04 KHM, Wien, Hofjagd- und Rüstkammer, Inv. Nr. A 375
09_05 KHM, Wien, Hofjagd- und Rüstkammer, Inv. Nr. A 219, A 208
09_07 ÖNB, Wien, Sig. Cod. Min. 77, fol. 10r
09_08 Hofkirche Innsbruck, Marmor-Relief Kenotaph Nr. XIII

10 INNSBRUCK – WIRTSCHAFT

10_01 Tiroler Landesmuseum Ferdinandeum, Inv. Nr. Dip. 856/15, 856 Blatt 2, 856 Blatt 17
10_02 KHM, Wien, Hofjagd- und Rüstkammer, Inv. Nr. A 244
10_03 KHM, Wien, Hofjagd- und Rüstkammer, Inv. Nr. A 240
10_04 Glockengießerei Grassmayr, Innsbruck, Archiv Nr. 2.23
10_05 KHM, Wien, Hofjagd- und Rüstkammer, Inv.-Nr. A 74
10_06 Stift Wilten, Innsbruck, Bibliothek
10_07, 08 KHM, Wien, Hofjagd- und Rüstkammer, Inv. Nr. A 66,67 (ohne Abb.)
10_09 KHM, Wien, Hofjagd- und Rüstkammer, Inv. Nr. A 147 (ohne Abb.)
10_10 KHM, Wien, Hofjagd- und Rüstkammer, Inv. Nr. A 168
10_11 KHM, Wien, KK, Inv. Nr. KK 5074, fol. 204
10_12 KHM, Wien, KK, Inv. Nr. 5074 Teil 1, fol. 27 v, 28r

11 GELDWIRTSCHAFT/FUGGER

11_01 Herzog-Anton-Ulrich Museum, Braunschweig, Sig. h-27-067a-028
11_02 KHM, Wien, Münzkabinett, Inv. Nr. 184634
11_03 KHM, Wien, Münzkabinett, Inv. Nr. 17 bα
11_04 Staatsgalerie Altdeutscher Meister, Augsburg, Inv. Nr. 717
11_05 Bayerische Staatsbibliothek München, CGM 9460, Bildnr. 52, 53
11_06 Österreichisches Staatsarchiv, HHStA, Allg. Urkundenreihen 1500-1599, 1513 V19 (ohne Abb.)
11_07 KHM, Wien, GG, Inv. Nr. 992

12 BIANCA MARIA SFORZA – HOFLEBEN

12_01 ÖNB, Wien, Cod. 2369, fol. 1 r
12_02 ÖNB, Wien, SN 2622, fol. 5v
12_03 ÖNB, Wien, SN 2597, fol. 2
12_04 Österreichisches Staatsarchiv, Sig. UR FUK 828
12_05 Österreichisches Staatsarchiv, Sig. UR FUK 830/1
12_06 ÖNB, Wien, SN Codes Seria Nova, 12.594, fol. 2r
12_07 KHM, Wien, GG, Inv. Nr. 4431
12_08 National Gallery of Art, Washington, Widener Collection, Inv.-Nr. 1942.2.53
12_09 Swarovski
12_10 Städtische Kunstsammlungen, Augsburg, Inv. Nr. 3821
12_11 Deutsches Historisches Museum, Berlin
12_12 KHM, Wien, KK, Inv. Nr. 5073, fol. 8, 20, 92, 128
12_13 Gottfried-Wilhelm-Leibnitz-Bibliothek, Hannover, Niedersächsische Landesbibliothek, Inv. Nr. Ms_XVII_988
12_14 ÖNB, Wien, Sammlung von HS und alten Drucken, Sig. Cod. 7962, fol. 26r; Faks. UB Ibk, Sign. 63740
12_15 Universitäts- und Landesbibliothek, Innsbruck, Sign. 42.B.2, fol. 13, 20, 27, 42
12_16 KHM, Wien, GG, Inv. Nr. 4404

13 AMBRASER HELDENBUCH

13_01 ÖNB, Wien, Codex Vindobonensis, Series Nova 2663, fol. Vv und LIr
13_02 Bibliothèque Nationale de France, fol. 19r
13_03 Schloss Runkelstein, Vintlersches Sommerhaus, Triaden & Tristan-, Iwein- und Artussagen

14 EXPEDITIONEN

14_01 ÖNB, Wien, Sig. Nr. 63.A.15
14_02 ÖNB, Wien, Sig. 19.8b.40
14_03 Österreichisches Staatsarchiv, AT-OeStA/HHStA HS Rot 11
14_04 Österreichisches Staatsarchiv, AT-OeStA/HHStAStAbt Spanien HofKorr 1–2
14_05 Österreichisches Staatsarchiv, OeSTA/HHStA UR AUT 1514 II-III
14_06 Bayerische Staatsbibliothek, München, Sig. rAR 470, fol. 12, 30
14_07 Albertina, Wien, Inv.-Nr. 25205-25263 (ohne Abb.)

15 RESIDENZ UM 1500

15_01, 02 Albertina, Wien, Inv. Nr. 3057, 3058
15_03, 04, 05 Albertina, Wien, Inv. AZ 7546, Inv. AZ 7548, Inv. AZ 7549
15_06 Tiroler Landesmuseum Ferdinandeum, Innsbruck, FB 1673, fol. 3
15_07 Universitätsbibliothek, Erlangen, Inv. Nr. H 62/ B 458
15_08, 09 Tiroler Landesmuseum Ferdinandeum, Innsbruck, Inv. Nr. FB 1673, fol. 4, fol. 2
15_10 Albertina, Wien, Inv. Nr. AZ 5212
15_11 Tiroler Landesmuseum Ferdinandeum, Innsbruck, Inv. Nr. W 10437
15_12 Tiroler Landesmuseum Ferdinandeum, Innsbruck, Inv. Nr. W 23520

16 MEMORIA

16_01 a Albertina, Wien, Sig. 4852
16_01 b ÖNB, Wien, Sig. Pk 4932
16_01 c KHM, Wien, GG, Inv. Nr. 825
16_02 Oberösterreichisches Landesmuseum, Sig S 668
16_03 Hofkirche Innsbruck, Kenotaph-Relief Nr. X
16_04 Albertina, Wien, Inv.-Nr. DG1935/978
16_05 Stift Stams, Grafische Sammlung
16_06 ÖNB, Wien, Sammlung von Handschriften und alten Drucken, Cod. 8048
16_07 ÖNB, Wien, Sammlung von Handschriften und alten Drucken, Cod. 2835
16_08 KHM, Wien, KK, Inv. Nr. 4971
16_09 ÖNB Wien, Sammlung von Handschriften und alten Drucken, Cod. Ser.n. 4711, fol. 22, 38
16_10 ÖNB, Wien, Cod. Vind. 8329, fol. 12, 14
16_11 Österreichisches Staatsarchiv, AT-OeStA/HHStAKe 3/4-3
16_12 KHM, Wien, GG, Inv. Nr. 1900
16_13 Oberösterr. Landesarchiv, Herrschaftsarchiv Eferding-Starhemberg, Starhenberger HS 32 (ohne Abb.)
16_14 Archive du Nord, série B, plus précisément, sous la cote B18856/30457
16_15, 16 Diözesanarchiv Brixen, O.A. 965 (ohne Abb.)
16_17 ÖNB, Wien, Cod. Vind. 1907, fol. 61v.
16_18 Vatikanisches Geheimarchiv, Sig. A. A., Arm. I-XVIII 3223r, v
16_19 Glockengießerei Grassmayr, Archiv Nr. 7.3

17 KENOTAPH

17_01 Hofkirche Innsbruck Kenotaph, 7reasons
17_02 Hofburg Innsbruck, keine Inv.-Nr. (ohne Abb.)
17_03 keine Inv. Nr. (ohne Abb.)

18 HUMANISTEN AM HOFE MAXIMILIANS

18_01, 02 Linzer Landestheater Theaterarchiv
18_03 Archiv Universität Wien, Institut für Kunstgeschichte, Inv. 114.1
18_04 KHM, Wien, Deckengemälde im Saal XIX des Kunsthistorischen Museums (Goldener Saal)

19 HEIRATSPOLITIK

19_01 Hofkirche Innsbruck, Kenotaph, Relief I
19_02 KHM, Wien, GG, Inv. Nr. 4662
19_03 KHM, Wien, GG, Inv. Nr. 5615
19_04 KHM, Wien, GG, Inv. Nr. 3872
19_05 KHM, Wien, GG, Inv. Nr. 3873
19_06 Tiroler Landesmuseum Ferdinandeum, Innsbruck, Inv. Nr. 114
19_07 Tiroler Landesmuseum Ferdinandeum, Innsbruck, Inv. Nr. 115
19_08 KHM, Wien, GG, Inv. Nr. 4460
19_09 Staatsgalerie, Bamberg, Inv. Nr. 3564
19_10 KHM, Wien, GG, Inv. Nr. 4430
19_11 KHM, Wien, GG, Inv. Nr. 4455
19_12 KHM, Wien, GG, Inv. Nr. 832

20 TRIUMPHZUG

20_01 Albertina, Wien, Inv. 25236, 25246

21 DIE LETZTE REISE

21_01 Universalmuseum Joanneum GmbH, Graz, Schloss Eggenberg & Alte Galerie, Inv. Nr. 392

21_02 Fotodokumentation Wiener Neustadt (ohne Abb.)

22 DIE EWIGE GEDECHTNUS

22_01 KHM, Wien, KK, Inv. Nr. 5333

22_02 HOFKIRCHE Innsbruck, Grabdenkmal Kaiser Maximilians I. (Foto Monika Frenzel)

BILDNACHWEIS

Albertina, Wien: 44, 116, 121, 128, 143, 170, 172, 195, 237, 238, 243, 247, 250, 277, 278, 279
Archiv der Universität Wien, Wien: 109, 268
Archives départementales du Nord, Lille, Frankreich: 78, 260
ARDIS Archaeology: 56
Bayerische Staatsbibliothek, München, Deutschland: 96, 211, 235
Bernisches Historisches Museum, Bern, Schweiz: 164, 192
BHÖ: 50
Bibliothèque Nationale de France, Frankreich: 229
Bundesmobilienverwaltung, Wien: 150
Deutsches Historisches Museum, Berlin, Deutschland: 220, 221
Frenzel M.: 24, 134, 286–287
Freek M.: 190
Germanisches Nationalmuseum Nürnberg: 154, 155,
Glockengießerei Grassmayr, Innsbruck: 204, 261
Gottfried Wilhelm Leibniz Bibliothek, Hannover, Deutschland: 223
Heim S.: 163
Herzog Anton Ulrich-Museum, Braunschweig, Deutschland: 93, 209
Koninklijke Bibliotheek Den Haag: 193
Kunsthistorisches Museum, Wien: 15, 16, 19, 20, 43, 60, 62, 80, 87, 88, 103, 145, 149, 150, 151, 155, 161, 167, 169, 170, 172, 174, 176, 182, 183, 184, 185, 186, 189, 196, 197, 203, 204, 206, 207, 210, 213, 217, 222, 225, 248, 254, 258, 269, 272, 273, 274, 275, 282–285
Landestheater Linz, Linz: 267
Metropolitan Museum of Art, New York: 77, 153
Munzel R.:46, 47, 49, 59, 60
Museo Catedralico de la Seo, Saragossa: 40
Musée du Louvre, Paris, Frankreich: 168
National Gallery London: 187
National Gallery of Art, Washington: 218
Oberösterreichisches Landesmuseum, Linz: 249
Openbare Bibliotheek, Brügge: 177
Österreichische Nationalbibliothek, Wien: 32, 71, 72, 83, 99, 100, 104, 108, 114, 133, 148, 159, 171, 191, 198, 215, 217, 230, 231, 233, 252, 253, 255, 256
Österreichisches Staatsarchiv, Wien: 65, 160, 166, 167, 216, 234, 235, 257
Orden vom Goldenen Vlies: 35, 36
Posselt&Zickgraf Prospektionen GbR, Marburg: 53
Rijksmuseum Amsterdam: 10, 25
Schloss Runkelstein, Bozen: 158
Schloss Tratzberg, Jenbach: 179, 180–181
Staatsgalerie Altdeutscher Meister, Augsburg: 91
Staatsgalerie Bamberg: 272
Staatliche Museen zu Berlin, Berlin: 152
Stadtarchiv Augsburg, Augsburg: 124
Städtische Kunstsammlungen Augsburg, Maximilianmuseum: 220
Stadtarchiv Wiener Neustadt: 138
Stift Herzogenburg, Herzogenburg: 196
Stift Stams, Stams: 130, 251
Stift Wilten, Innsbruck: 156, 205
Swarovski Kristallwelten, Wattens: 218, 219
The British Library, London: 28, 175
Tiroler Landesmuseen, Innsbruck: 131, 144, 199, 201, 202, 223, 226, 227, 240, 241, 242, 244, 245, 249, 271, 272
Universalmuseum Joanneum GmbH Graz,Schloss Eggenberg & Alte Galerie: 281
Universitätsbibliothek Erlangen, Deutschland: 49, 241
Universitätsbibliothek Heidelberg, Deutschland: 157
Voggeneder F., Linz, Ars Electronica Center (AEC): 111
Zentralbibliothek Zürich, Schweiz: 31, 165
7Reasons: 263

DIE BURGHAUPTMANNSCHAFT ÖSTERREICH BEDANKT SICH BEI FOLGENDEN LEIHGEBERN

(in alphabetischer Reihenfolge):

Albertina, Wien
Archiv der Universität Wien, Wien
Archives départementales du Nord, Lille, Frankreich
Bayerische Staatsbibliothek, München, Deutschland
Bayerische Staatsgemäldesammlungen, Augsburg, Deutschland
Bernisches Historisches Museum, Bern, Schweiz
Bundesmobilienverwaltung, Wien
Deutsches Historisches Museum, Berlin, Deutschland
Diözesanarchiv Brixen, Brixen, Italien
Diözesanarchiv Wien, Wien
Glockengießerei Grassmayr, Innsbruck
Gottfried Wilhelm Leibniz Bibliothek, Hannover, Deutschland
Herzog Anton Ulrich-Museum, Braunschweig, Deutschland
Kunsthistorisches Museum, Wien
Kunstsammlungen und Museen Augsburg, Augsburg
Landestheater Linz, Linz
Musée du Louvre, Paris, Frankreich
Oberösterreichisches Landesarchiv, Linz
Oberösterreichische Landesbibliothek, Linz
Oberösterreichisches Landesmuseum, Linz
Österreichische Nationalbibliothek, Wien
Österreichisches Staatsarchiv, Wien
Orden vom Goldenen Vlies
Stift Herzogenburg, Herzogenburg
Stift Stams, Stams
Stift Wilten, Innsbruck
Swarovski Kristallwelten, Wattens
Swarovski Optik, Absam
The State Historical Museum, Moskau, Russland
Tiroler Landesmuseen, Innsbruck
Universitätsbibliothek Heidelberg, Deutschland
Universitätsbibliothek Tübingen, Deutschland
Vatikanisches Geheimarchiv, Vatikan
Zentralbibliothek Zürich, Schweiz

SPONSOREN UND PARTNER

tirol Unser Land
INNS' BRUCK
SWAROVSKI KRISTALLWELTEN
SWAROVSKI OPTIK
tiroler landes museen
iKB
KOTÁNYI 1881
Imperial Austria
TIROLER IM HERZEN EUROPÄER IM GEISTE MAX 500 2019

IMPRESSUM

Auflage:
4 3 2 1
2022 2021 2020 2019

HAYMON verlag
Innsbruck-Wien
www.haymonverlag.at

ISBN 978-3-7099-3462-3

Buchgestaltung, Satz:
himmel. Studio für Design und Kommunikation, Innsbruck / Scheffau – www.himmel.co.at

Umschlag, Vor- und Nachsatz:
Zimmermann Pupp Werbeagentur

Umschlagabbildung:
Joos van Cleve, Kaiser Maximilian I., 1530, Rijksmuseum Amsterdam, Inv. Nr. SK-A-3293.

Gedruckt auf umweltfreundlichem, chlor- und säurefrei gebleichtem Papier.

Ausstellung

Projektleitung
HR Mag. Markus Wimmer

Assistenz der Projektleitung
Christian Gepp BA MA

Kuratorin
Dr. Monika Frenzel

Ausstellungsarchitekt
Gerhard Veigel

Artdirektor
Manfred Corinne, mrc Film

Assistenz der Kuratorin
Stefanie Heim, BA MA

Buch

Redaktion
Dr. Monika Frenzel
Stefanie Heim, BA MA

Grafik Ausstellung & Logo
Zimmermann Pupp Werbeagentur

MAXIMILIAN 1
AUFBRUCH IN DIE NEUZEIT

HOFBURG
INNSBRUCK

Burghauptmannschaft
Österreich